《中国投入产出理论与实践－2016》

编辑委员会

2016
中国投入产出
理论与实践

主编：董礼华 陈 璋 杨翠红

中国统计出版社
China Statistics Press

图书在版编目(CIP)数据

中国投入产出理论与实践. 2016 / 董礼华，陈璋，杨翠红主编. —— 北京 ：中国统计出版社，2018.5

ISBN 978－7－5037－8448－4

Ⅰ. ①中… Ⅱ. ①董… ②陈… ③杨… Ⅲ. ①投入产出分析－中国－文集 Ⅳ. ①F223－53

中国版本图书馆 CIP 数据核字(2018)第 057230 号

中国投入产出理论与实践 2016

编　　者/董礼华　陈璋　杨翠红
责任编辑/尹　伊
封面设计/李雪燕
出版发行/中国统计出版社
通信地址/北京市丰台区西三环南路甲 6 号　邮政编码/100073
电　　话/邮购(010)63376909　书店(010)68783171
网　　址/http://www.zgtjcbs.com
印　　刷/河北鑫兆源印刷有限公司
经　　销/新华书店
开　　本/787×1092mm　1/16
字　　数/651 千字
印　　张/27.75
版　　别/2018 年 5 月第 1 版
版　　次/2018 年 5 月第 1 次印刷
定　　价/128.00 元

编者说明

2016年8月19日—21日，中国投入产出学会第十届年会在张家口召开。本次年会共收到论文全文或摘要89篇，在年会上报告的论文有52篇。本届年会参会人员超过100人，分别来自高校、科研单位和统计系统。参会的专家和学者对每个专题都进行了深入和广泛的交流和讨论，这必将促进投入产出研究的发展和投入产出技术在各个领域中的推广。同时，本届年会继承了以往各届年会重视国际交流的传统，邀请日本投入产出学会团队参会做了大会报告，并参与分组研讨会，促进了国际间的交流与合作。

按照惯例，中国投入产出学会每次年会结束后由秘书处组织专家对参会论文进行匿名评审，经过筛选，编辑、出版论文集。秘书处总结以往的经验，根据理事长会议的建议和要求，考虑论文作者的意愿，并遵循"精选优选"的原则，组织、推进了本次评审工作。整个评审过程进行了两轮，最终入选34篇论文。

本论文集在专题设置上基本延续本届年会的研讨专题分组，同时考虑入选论文的实际情况。入选的34篇文章分为五个专题，包括：专题一供给侧结构性改革与十三五规划；专题二投入产出技术在资源环境中的应用；专题三区域经济一体化与协调发展；专题四投入产出基本理论及应用研究；专题五服务业的发展及其影响分析。本届年会论文集的主要特点如下：第一，密切关注现实热点问题，既有理论、方法研究和编表实践，又与中国经济发展实际热点问题紧密结合进行分析；第二，我国投入产出研究一如既往的与本领域国际前沿保持了很好的一致性。

需要说明的是，文中观点仅代表作者本人，不代表编者立场；由于水平有限，不足与错误之处在所难免，恳请广大读者批评指正！

编　者

2017年9月

目　录

专题一　供给侧结构性改革与十三五规划

专题二　投入产出技术在资源环境中的应用

专题三　区域经济一体化与协调发展

专题四　投入产出基本理论及应用研究

专题五　服务业的发展及其影响分析

专题一

供给侧结构性改革与十三五规划

创新驱动辽宁经济供给侧改革的路径研究

——基于投入产出视角的分析

田 冰 杨洪波 冯 伟

摘要:2016年5月,中共中央、国务院印发《国家创新驱动发展战略纲要》,明确提出“三步走”的创新驱动发展战略目标,计划在2050年建成世界科技创新强国。当前,辽宁经济正处于增速换挡、结构升级的关键时期,适应和引领经济发展的新常态,要求我们必须把创新驱动作为供给侧结构性改革的重要内容和关键环节。创新驱动发展的本质就是通过一系列的体制机制创新,促进科技与经济的有效结合,推动科技进步和产业转型升级,投入产出表为我们研究该类问题提供了有力的分析工具。本文以2012年投入产出表为立足点,运用投入产出分析的各类指标,构建以科技服务业为代表的创新型投入产出模型,依据模型计量结果深入挖掘创新与各产业部门之间的关联关系,揭示它们之间相互依存、相互影响以及相互作用方式,并通过与有关代表性省份在创新驱动发展方面的对比,探求辽宁产业技术进步和经济发展的本质特征及存在的主要问题,进而提出实现创新驱动供给侧结构性改革的发展路径,为推动辽宁老工业基地新一轮振兴提供思路性借鉴。

关键词:创新驱动 供给侧改革 传导路径 投入产出

一、引言

党的“十八大”提出实施创新驱动发展战略,强调科技创新是提高社会生产力和综合国力的战略支撑,必须摆在国家发展全局的核心位置。2013年,习近平在辽宁考察时强调:“要深入实施创新驱动发展战略,为振兴老工业基地增添原动力。”2015年,习近平参加十二届全国人大三次会议上海代表团审议时指出:“抓创新就是抓发展,谋创新就是谋未来。适应和引领我国经济发展新常态,关键是要依靠科技创新转换发展动力。”2016年,中共中央、国务院印发《国家创新驱动发展战略纲要》,明确提出“三步走”的创新驱动发展战略目标,计划在2050年建成世界科技创新强国。

实现创新驱动发展的本质就是通过一系列的体制机制创新,促进科技与经济的有效结合,推动科技进步和产业转型升级,以达到促进经济社会全面发展的目标。供给侧结构性改革的主要思路是:在适度扩大总需求的同时,着力提高供给体系质量和效率,增强经济持续增长动力，把创新驱动作为未来的突破口和着力点。

本文运用投入产出分析的各类指标，构建以科学研究和技术服务为代表的创新型投入产出模型，依据模型计量结果深入挖掘创新与各产业部门之间的关联关系，揭示它们之间相互依存、相互影响以及相互作用方式，并通过与有关代表性省份在创新驱动发展方面的对比，探求辽宁产业技术进步和经济发展的本质特征及存在的主要问题，进而提出实现创新驱动供给侧结构性改革的发展路径。

二、创新驱动辽宁经济发展的动力源部门辨识

创新驱动价值链是指围绕某一个创新的核心主体，以满足市场需求为导向，通过知识创新活动将相关的创新参与主体连接起来，以实现知识的经济化过程与创新系统优化目标的功能链节结构模式。与创新驱动价值链的各个环节相对应，可将相关产业分成三种类型：一是创新供给型产业部门，二是创新驱动型产业部门，三是创新需求型产业部门。

鉴于科技活动在创新价值链中的重要地位，本文依据 2012 年投入产出表，选取“科学研究和技术服务”作为创新驱动型产业部门进行分析。为此，下一步需要识别能够拉动和推动该产业发展的创新供给型产业部门和创新需求型产业部门。

（一）创新供给型产业部门辨识

把科学研究和技术服务作为创新驱动产业部门，通过对投入产出表中其它各产业部门对科学研究和技术服务投入流向及流量的分析，探讨与科学研究和技术服务有较强后向关联的产业部门，并将其定义为“创新供给型产业部门”。

对于后向关联强度的衡量可以从两个角度出发，一是直接后向关联强度，二是完全后向关联强度。直接后向关联指某产业的发展变化对上游产业的直接影响；完全后向关联不仅包括对上游产业的直接影响，还包括通过对其它产业的消耗所带来的对上游产业的间接影响。对应 2012 年投入产出表中科学研究和技术服务（部门代码 36）后向关联强度的指标有以下四个：

1. 直接后向关联强度：

直接消耗系数是指某一产品部门，在生产经营过程中单位总产出直接消耗的各产品部门的产品或服务的数量。科学研究和技术服务对其他部门的直接消耗系数（用 A_1 表示）：

$$a_{i,36}=\frac{x_{i,36}}{X_{36}}(i=1,2,\cdots,m)$$

直接分配系数是指某部门每一个单位的产品，直接分配给其他各部门的产品或服务数量，反映了该部门对其他部门直接贡献程度。其他部门对科学研究和技术服务的直接分配系数（用 A_2 表示）：

$$h_{i,36}=\frac{x_{i,36}}{X_i}(i=1,2,\cdots,m)$$

2. 完全后向关联强度：

完全消耗系数是指某部门每提供一个单位的最终产品，需要直接和间接消耗其他各部门的产品或服务数量。它不仅反映了国民经济各部门之间直接的技术经济联系，还反

映了国民经济各部门之间间接的技术经济联系，并通过线性关系，将国民经济各部门的总产出与最终使用联系在一起。科学研究和技术服务对其他部门的完全消耗系数(用 B_1 表示)：

$$b_{i,36}=a_{i,36}+\sum_{k=1}^{n} b_{i,k}\, a_{k36}(i=1,2,\cdots\cdots,m)$$

完全分配系数是指某部门每一个单位的产品，通过直接和间接分配给其他各部门的产品或服务数量，反映了该部门对其他部门直接和间接的贡献程度。其他部门对科学研究和技术服务的完全分配系数(用 B_2 表示)：

$$w_{i,36}=h_{i,36}+\sum_{k=1}^{n} w_{i,k}\, h_{k36}(i=1,2,\cdots\cdots,m)$$

利用上述四个指标，结合熵值法综合得分，最终得到辽宁省 2012 创新供给型产业部门的排名。值得注意的是，“教育”在创新供给型产业部门中表现并不突出，仅仅排在 26 位。这表明作为亟待加快创新驱动发展，实现经济社会转型升级的老工业基地，辽宁经过初高等教育培养的人才能够直接投身于科学研究和技术服务的比例仍然较低，同时，辽宁当前对于科技型人才的需求非常迫切，这在很大程度上造成了人才供需方面的矛盾(见表 1)。

表 1　辽宁省创新供给型产业部门排名

代码	部门名称	A_1	A_2	B_1	B_2	总分	排名
21	仪器仪表	0.027787	0.061676	0.039277	0.087180	0.663417	1
20	通信设备、计算机和其他电子设备	0.051775	0.030619	0.126008	0.074522	0.622426	2
12	化学产品	0.074777	0.008726	0.233163	0.027190	0.576632	3
36	科学研究和技术服务	0.041040	0.041040	0.052233	0.052234	0.536698	4
10	造纸印刷和文教体育用品	0.036755	0.026326	0.083426	0.059755	0.476120	5
30	交通运输、仓储和邮政	0.056427	0.010437	0.130649	0.024167	0.427455	6
22	其他制造产品	0.006121	0.045252	0.009246	0.068357	0.423970	7
31	住宿和餐饮	0.043516	0.020874	0.067123	0.032198	0.402585	8
19	电气机械和器材	0.039426	0.010911	0.073576	0.020364	0.311200	9
33	金融	0.030692	0.009814	0.073206	0.023409	0.277033	10
35	租赁和商务服务	0.021306	0.013363	0.048225	0.030247	0.254846	11
29	批发和零售	0.028107	0.005098	0.073926	0.013409	0.220558	12
3	石油和天然气开采产品	0.000085	0.000124	0.058322	0.084794	0.214990	13
11	石油、炼焦产品和核燃料加工品	0.025012	0.003395	0.092377	0.012518	0.211839	14
41	文化、体育和娱乐	0.008902	0.017478	0.016417	0.032232	0.209017	15
25	电力、热力的生产和供应	0.013471	0.004821	0.067362	0.024108	0.178724	16
15	金属制品	0.017404	0.005659	0.049151	0.015984	0.167792	17
32	信息传输、软件和信息技术服务	0.014545	0.009106	0.026208	0.016409	0.158951	18
34	房地产	0.014599	0.006316	0.030948	0.013389	0.140928	19
38	居民服务、修理和其他服务	0.010263	0.006897	0.020538	0.013801	0.120005	20
27	水的生产和供应	0.001290	0.011119	0.002614	0.022524	0.112702	21

续表

代码	部门名称	A_1	A_2	B_1	B_2	总分	排名
14	金属冶炼和压延加工品	0.000005	0.000000	0.116548	0.010564	0.111284	22
18	交通运输设备	0.011046	0.001737	0.040050	0.006330	0.094118	23
2	煤炭采选产品	0.000799	0.000918	0.026746	0.030727	0.088285	24
16	通用设备	0.006462	0.000954	0.048921	0.007227	0.080847	25
39	教育	0.006552	0.005232	0.011923	0.009521	0.080659	26
23	废品废料	0.000000	0.000000	0.007185	0.034769	0.072433	27
7	纺织品	0.000259	0.000335	0.018967	0.024493	0.064110	28
1	农林牧渔产品和服务	0.000938	0.000140	0.054181	0.008065	0.060756	29
24	金属制品、机械和设备修理服务	0.000356	0.001705	0.004772	0.022883	0.057715	30
9	木材加工品和家具	0.004269	0.002114	0.016422	0.008131	0.054819	31
4	金属矿采选产品	0.000000	0.000000	0.039184	0.010874	0.049981	32
28	建筑	0.007627	0.000674	0.015169	0.001340	0.044896	33
17	专用设备	0.004614	0.001273	0.016887	0.004659	0.044733	34
6	食品和烟草	0.000983	0.000103	0.039456	0.004133	0.041028	35
8	纺织服装鞋帽皮革羽绒及其制品	0.000842	0.000503	0.010868	0.006489	0.024630	36
13	非金属矿物制品	0.001874	0.000322	0.016410	0.002815	0.024627	37
26	燃气生产和供应	0.000063	0.000481	0.001422	0.010801	0.022616	38
5	非金属矿和其他矿采选产品	0.000000	0.000000	0.008182	0.007495	0.018380	39
37	水利、环境和公共设施管理	0.000248	0.000661	0.001844	0.004918	0.012858	40
42	公共管理、社会保障和社会组织	0.000921	0.000474	0.002035	0.001046	0.006756	41
40	卫生和社会工作	0.000000	0.000000	0.003759	0.002543	0.004881	42

(二)创新需求型产业部门辨识

把科学研究和技术服务作为创新驱动产业部门，通过对投入产出表中科学研究和技术服务对其它各产业投入流向及流量的分析，探讨与科技服务业有着较强前向关联的产业部门，并将其定义为“创新需求型产业部门”。

与后向关联强度一致，对于前向关联强度的衡量也从两个角度出发，一是直接前向关联强度，二是完全前向关联强度。直接前向关联指某产业的发展变化对下游产业的直接影响；完全前向关联不仅包括对下游产业的直接影响，还包括通过对其它产业的消耗所带来的对下游产业的间接影响。对应 2012 年投入产出表中科学研究和技术服务（部门代码 36）前向关联强度的指标有以下四个：

1. 直接前向关联强度：

科学研究和技术服务对其它部门的直接分配系数（用 C_1 表示）：

$$h_{36,j}=\frac{x_{36,j}}{X_{36}}(j=1,2,\cdots,n)$$

其它部门对科学研究和技术服务的直接消耗系数（用 C_2 表示）：

$$a_{36,j}=\frac{x_{36,j}}{X_j}(j=1,2,\cdots,n)$$

2. 完全前向关联强度：

科学研究和技术服务对其他部门的完全分配系数(用 D_1 表示)：

$$w_{36,j}=h_{36,j}+\sum_{k=1}^{n}w_{36,k}h_{kj}(j=1,2,\cdots\cdots,n)$$

其它部门对科学研究和技术服务的完全消耗系数(用 D_2 表示)：

$$b_{36,j}=a_{36,j}+\sum_{k=1}^{n}b_{36,k}a_{kj}(j=1,2,\cdots\cdots,n)$$

利用上述四个指标,结合熵值法综合得分,最终得到辽宁省 2012 创新需求型产业部门的排名(见表 2)。

排在前十位的创新需求型产业部门除科学研究和技术服务本身以外全部是第二产业,而且均为辽宁优势或重点发展的产业部门。这说明科学研究和技术服务所提供的产品和服务流向了对创新需求最高最紧迫的产品部门,也从数据方面验证了创新对经济发展和供给侧结构性改革的重要性。

表 2　辽宁省创新需求型产业部门排名

代码	部门名称	C_1	C_2	D_1	D_2	总分	排名
28	建筑	0.145244	0.012830	0.277370	0.024499	0.781827	1
36	科学研究和技术服务	0.041040	0.041040	0.052234	0.052233	0.498066	2
11	石油、炼焦产品和核燃料加工品	0.089337	0.012125	0.149341	0.020269	0.493061	3
18	交通运输设备	0.070460	0.011080	0.163459	0.025722	0.461136	4
15	金属制品	0.047230	0.015358	0.090826	0.029530	0.359244	5
14	金属冶炼和压延加工品	0.045947	0.004159	0.174632	0.015806	0.347305	6
19	电气机械和器材	0.039279	0.010870	0.093729	0.025934	0.307779	7
12	化学产品	0.031086	0.003627	0.120580	0.014069	0.247444	8
16	通用设备	0.019485	0.002877	0.104519	0.015430	0.198761	9
20	通信设备、计算机和其他电子设备	0.016290	0.009634	0.045886	0.027135	0.193956	10
25	电力、热力的生产和供应	0.020255	0.007249	0.055730	0.019944	0.186535	11
9	木材加工品和家具	0.016565	0.008201	0.038940	0.019277	0.164266	12
6	食品和烟草	0.018827	0.001972	0.073019	0.007649	0.145396	13
30	交通运输、仓储和邮政	0.015072	0.002788	0.066988	0.012382	0.143268	14
17	专用设备	0.012504	0.003449	0.060011	0.016553	0.141385	15
32	信息传输、软件和信息技术服务	0.013334	0.008349	0.026332	0.016485	0.138583	16
27	水的生产和供应	0.001356	0.011688	0.002713	0.023379	0.115928	17
4	金属矿采选产品	0.009457	0.002621	0.042137	0.011679	0.101245	18
22	其他制造产品	0.001224	0.009052	0.002648	0.019574	0.092784	19
21	仪器仪表	0.002655	0.005894	0.009932	0.022044	0.090172	20
13	非金属矿物制品	0.004839	0.000830	0.057153	0.009802	0.089778	21

续表

代码	部门名称	C_1	C_2	D_1	D_2	总分	排名
10	造纸印刷和文教体育用品	0.005203	0.003727	0.019175	0.013733	0.077480	22
29	批发和零售	0.009200	0.001669	0.032339	0.005865	0.074043	23
39	教育	0.006686	0.005339	0.011012	0.008793	0.073204	24
40	卫生和社会工作	0.005073	0.003431	0.016792	0.011357	0.068456	25
26	燃气生产和供应	0.000841	0.006387	0.002086	0.015844	0.068447	26
33	金融	0.006500	0.002079	0.024743	0.007911	0.065625	27
31	住宿和餐饮	0.006536	0.003135	0.017443	0.008367	0.065510	28
1	农林牧渔产品和服务	0.006062	0.000902	0.032780	0.004880	0.059735	29
35	租赁和商务服务	0.004059	0.002546	0.016649	0.010442	0.058670	30
38	居民服务、修理和其他服务	0.003536	0.002376	0.015141	0.010174	0.054269	31
42	公共管理、社会保障和社会组织	0.004117	0.002116	0.016945	0.008709	0.053271	32
7	纺织品	0.001508	0.001947	0.008235	0.010633	0.040368	33
5	非金属矿和其他矿采选产品	0.001229	0.001126	0.012066	0.011053	0.039450	34
8	纺织服装鞋帽皮革羽绒及其制品	0.001029	0.000614	0.014773	0.008819	0.034316	35
24	金属制品、机械和设备修理服务	0.000394	0.001891	0.002452	0.011753	0.033482	36
34	房地产	0.003347	0.001448	0.010802	0.004673	0.033423	37
37	水利、环境和公共设施管理	0.000861	0.002297	0.003480	0.009278	0.033346	38
2	煤炭采选产品	0.000365	0.000420	0.006961	0.007996	0.022054	39
41	文化、体育和娱乐	0.000496	0.000975	0.003322	0.006522	0.019181	40
3	石油和天然气开采产品	0.000019	0.000027	0.004147	0.006038	0.012263	41
23	废品废料	0.000009	0.000042	0.000342	0.001655	0.000086	42

三、基于与部分省份的创新驱动发展路径对比

鉴于本文研究是针对最新一次(2012 年)全国投入产出调查数据进行,为保持基础数据的一致性,以下与部分省份的对比也将以 2012 年数据为基准。根据《中国区域创新能力报告 2012》,辽宁创新能力排在江苏、广东、北京、上海、浙江、山东、天津之后,位居第八,考虑到北京、上海总部经济的影响,为增强数据可比性,选取江苏、广东、浙江、山东、天津作为对比研究省份。

(一)创新水平主要指标对比

研究与试验发展(R&D)经费投入强度是国际上通用的衡量一个国家或地区科技投入水平的核心指标,反映科技创新与经济发展的协调程度。2012 年,辽宁 R&D 经费投入强度仅为 1.57%,在全国 31 个省份中排第 11 位,分别低于江苏 0.81 个百分点、广东 0.60 个百分点、浙江 0.51 个百分点、山东 0.47 个百分点、天津 1.23 个百分点。

专利申请数量能从侧面进一步反映一个地区技术创新的活跃度。2012年，辽宁国内专利申请受理量为41152项，在全国31个省份中排第13位，在本文进行对比的省份中仅略高于天津（41009项）。其中：江苏（472656项）、广东（229514项）、浙江（249373项）、山东（128614项）分别是辽宁的11.5倍、5.6倍、6.1倍、3.1倍。

技术市场成交额是反映一个地区科技创新与转化能力的重要指标。2012年，辽宁技术市场成交额达到230.66亿元，在全国31个省份中排第7位，高于浙江（81.31亿元）、山东（140.02亿元），低于江苏（400.91亿元）、广东（364.94亿元）、天津（232.33亿元）（见表3）。

表3　2012年各省创新水平主要指标情况

省份	R&D经费投入强度		国内专利申请受理量		技术市场成交额	
	绝对量（%）	31个省份中的位次	绝对量（项）	31个省份中的位次	绝对量（亿元）	31个省份中的位次
江苏	2.38	4	472656	1	400.91	3
广东	2.17	5	229514	3	364.94	4
浙江	2.08	6	249373	2	81.31	14
山东	2.04	7	128614	4	140.02	9
天津	2.80	3	41009	14	232.33	6
辽宁	1.57	11	41152	13	230.66	7

（二）创新产业依存关系对比

1. 各省与创新驱动存在后向关联部门对比。从科学研究和技术服务对其他部门的完全消耗系数上看，辽宁排在前十位的行业分别是化学产品，交通运输、仓储和邮政业，通信设备、计算机和其他电子设备，金属冶炼和压延加工品，石油、炼焦产品和核燃料加工品，造纸印刷和文教体育用品，批发和零售，电气机械和器材，金融，电力、热力的生产和供应。

从与各省份横向对比上看，辽宁排在前十位的产品部门与其他五个省份重合度较高，一定程度上反映了创新驱动部门对供给侧产品的需求相对一致（见表4）。

表4　部分省份科学研究和技术服务对其他部门的完全消耗系数排名

（与创新驱动存在后向关联部门排名）

代码	部门名称	江苏	广东	浙江	天津	山东	辽宁
1	农林牧渔产品和服务	20	3	14	17	13	13
2	煤炭采选产品	13	19	16	16	20	23
3	石油和天然气开采产品	17	17	20	13	17	12
4	金属矿采选产品	6	22	25	24	21	21
5	非金属矿和其他矿采选产品	27	38	37	31	36	35
6	食品和烟草	21	10	24	22	16	19
7	纺织品	25	30	28	28	24	26

续表

代码	部门名称	江苏	广东	浙江	天津	山东	辽宁
8	纺织服装鞋帽皮革羽绒及其制品	35	26	34	32	27	33
9	木材加工品和家具	31	36	31	30	30	28
10	造纸印刷和文教体育用品	10	16	7	4	8	6
11	石油、炼焦产品和核燃料加工品	14	9	19	10	10	5
12	化学产品	2	1	4	6	2	1
13	非金属矿物制品	24	28	26	27	23	30
14	金属冶炼和压延加工品	1	4	1	3	3	4
15	金属制品	3	5	2	15	12	15
16	通用设备	23	24	18	18	15	16
17	专用设备	29	23	27	25	18	27
18	交通运输设备	36	32	21	20	28	18
19	电气机械和器材	7	14	6	11	5	8
20	通信设备、计算机和其他电子设备	19	2	12	5	1	3
21	仪器仪表	15	20	17	19	9	20
22	其他制造产品	12	29	33	29	25	34
23	废品废料	22	15	15	21	35	36
24	金属制品、机械和设备修理服务	32	40	29	40	38	37
25	电力、热力的生产和供应	11	6	9	9	7	10
26	燃气生产和供应	33	37	40	38	34	42
27	水的生产和供应	39	33	41	33	40	39
28	建筑	30	35	38	26	31	31
29	批发和零售	9	11	10	7	22	7
30	交通运输、仓储和邮政	5	7	3	1	4	2
31	住宿和餐饮	16	12	8	12	6	11
32	信息传输、软件和信息技术服务	28	21	22	34	29	24
33	金融	8	13	5	8	14	9
34	房地产	26	18	23	14	26	22
35	租赁和商务服务	4	8	11	2	19	17
36	科学研究和技术服务	38	27	13	35	11	14
37	水利、环境和公共设施管理	42	41	36	42	41	41
38	居民服务、修理和其他服务	18	25	32	23	32	25
39	教育	37	39	39	36	33	32
40	卫生和社会工作	41	42	42	41	42	38
41	文化、体育和娱乐	34	34	30	37	37	29
42	公共管理、社会保障和社会组织	40	31	35	39	39	40

2. 各省与创新驱动存在前向关联部门对比。从科学研究和技术服务对其他部门的完全分配系数上看，辽宁排在前十位的行业分别是建筑，金属冶炼和压延加工品，交通运输设备，石油、炼焦产品和核燃料加工品，化学产品，通用设备，电气机械和器材，金属制品，食品和烟草，交通运输、仓储和邮政。

从与各省份横向比较上看，辽宁除石油、炼焦产品和核燃料加工品外，其他排在前十位的产品部门与其他五个省份重合度较高，这与辽宁重化工业为主的经济结构相吻合(见表5)。

表5　部分省份科学研究和技术服务对其他部门的分配系数排名

(与创新驱动存在前向关联部门排名)

代码	部门名称	江苏	广东	浙江	天津	山东	辽宁
1	农林牧渔产品和服务	24	23	17	19	19	18
2	煤炭采选产品	33	42	41	15	21	34
3	石油和天然气开采产品	42	41	42	8	30	35
4	金属矿采选产品	41	32	39	30	29	16
5	非金属矿和其他矿采选产品	37	37	32	21	34	29
6	食品和烟草	19	11	16	9	6	9
7	纺织品	15	17	8	37	17	33
8	纺织服装鞋帽皮革羽绒及其制品	10	10	10	27	23	28
9	木材加工品和家具	13	18	20	38	26	17
10	造纸印刷和文教体育用品	22	6	14	23	16	22
11	石油、炼焦产品和核燃料加工品	30	29	33	13	13	4
12	化学产品	7	2	2	3	2	5
13	非金属矿物制品	17	16	19	11	12	12
14	金属冶炼和压延加工品	9	14	11	4	5	2
15	金属制品	16	7	13	16	14	8
16	通用设备	8	13	6	14	9	6
17	专用设备	5	22	15	22	7	11
18	交通运输设备	6	4	9	2	11	3
19	电气机械和器材	2	5	4	7	10	7
20	通信设备、计算机和其他电子设备	4	3	18	5	3	15
21	仪器仪表	18	27	25	36	31	32
22	其他制造产品	34	35	28	34	36	39
23	废品废料	36	31	31	31	41	42
24	金属制品、机械和设备修理服务	38	40	37	42	42	40
25	电力、热力的生产和供应	11	20	12	17	15	13
26	燃气生产和供应	39	36	40	39	38	41
27	水的生产和供应	40	38	38	41	40	38

续表

代码	部门名称	江苏	广东	浙江	天津	山东	辽宁
28	建筑	3	1	1	1	1	1
29	批发和零售	12	8	3	10	20	19
30	交通运输、仓储和邮政	20	15	22	6	22	10
31	住宿和餐饮	23	9	26	20	25	23
32	信息传输、软件和信息技术服务	1	12	21	29	18	20
33	金融	14	21	23	25	24	21
34	房地产	27	28	35	32	33	31
35	租赁和商务服务	21	26	24	18	28	26
36	科学研究和技术服务	25	19	7	12	4	14
37	水利、环境和公共设施管理	35	39	36	35	37	36
38	居民服务、修理和其他服务	29	34	27	28	32	27
39	教育	31	25	29	26	35	30
40	卫生和社会工作	26	24	5	24	8	25
41	文化、体育和娱乐	32	33	34	40	39	37
42	公共管理、社会保障和社会组织	28	30	30	33	27	24

(三)创新产业波及效应对比

所谓产业波及效应，是指在国民经济体系中，某产业的变化会按照不同的产业关联方式引起与其直接相关的产业的变化，然后导致与后者直接和间接相关的其他产业的变化，依次传递并导致影响力逐渐消减的过程。对产业波及效应的衡量，可以通过影响力系数和感应度系数进行定量分析。

从直接计算的影响力系数看，除浙江(1.0852)大于1以外，其他五个省份都小于1，其中：辽宁为0.9689，高于江苏(0.9596)、广东(0.8947)、天津(0.8499)、山东(0.8146)。这在一定程度上表明各省市的科学研究和技术服务对国民经济的影响程度低于各产业的平均水平。为更有针对性的研究创新产业作为各行业中间使用部分的影响力，本文认为以转换后的影响力系数作为横向比较的依据更为合理。

$$转换后的影响力系数=\frac{直接计算的影响力系数}{转换系数}$$

$$转换系数=\frac{中间使用}{总产出}$$

从转换后的影响力系数看，辽宁仅为1.3299，低于江苏(3.6970)、广东(3.1657)、浙江(1.5662)、天津(15.2912)、山东(1.4015)，在横向比较的六个省份中排名最后一位(见表6)。

表 6　部分省份科学研究和技术服务影响力系数

地　区	直接计算的影响力系数	转换后的影响力系数
江　苏	0.9596	3.6970
广　东	0.8947	3.1657
浙　江	1.0852	1.5662
天　津	0.8499	15.2912
山　东	0.8146	1.4015
辽　宁	0.9689	1.3299

从直接计算的感应度系数上看，进行比较的各省份均低于1，且低于各自的影响力系数，表明科学研究和技术服务受国民经济产业变动的波及程度较低，且低于对国民经济产业变动的影响程度。其中：辽宁为0.5439，高于江苏（0.3995）、广东（0.3961）、浙江（0.4735）、天津（0.3500）、山东（0.3638）。与计算转换后的影响力系数类似，为更有针对性的研究创新产业作为各行业中间使用部分的感应度，通过计算转换后的感应度系数对各省份进行横向比较。

$$\text{转换后的感应度系数} = \frac{\text{直接计算的感应度系数}}{\text{转换系数}}$$

$$\text{转换系数} = \frac{\text{中间使用}}{\text{总产出}}$$

从转换后的感应度系数看，辽宁仅为0.7466，在横向比较的省份中低于江苏（1.5390）、广东（1.4015）、天津（6.2974），略高于浙江和山东（见表7）。

表 7　部分省份科学研究和技术服务感应度系数

地　区	直接计算的感应度系数	转换后的感应度系数
江　苏	0.3995	1.5390
广　东	0.3961	1.4015
浙　江	0.4735	0.6834
天　津	0.3500	6.2974
山　东	0.3638	0.6259
辽　宁	0.5439	0.7466

综合比较各省份科学研究和技术服务的影响力系数和感应度系数不难发现，辽宁创新驱动产业部门对国民经济发展做出的贡献还相对偏低，科技与经济结合的效果有待进一步提高，科技创新的发展空间还很大。

四、从供给侧角度分析辽宁创新驱动的传导路径

通过对辽宁创新供给型和需求型产业部门的辨识以及各省对比情况来看，从供给侧角度可以得出辽宁创新驱动经济发展的传导路径，即：创新供给型产业部门作为创新前端构成了创新驱动的供给侧，而创新驱动又作为中端构成了创新需求型产业部门的供给侧。

在此，我们仅列举与创新驱动型产业部门（科学研究和技术服务）关系最为紧密的 10 个部门（见图 1）。

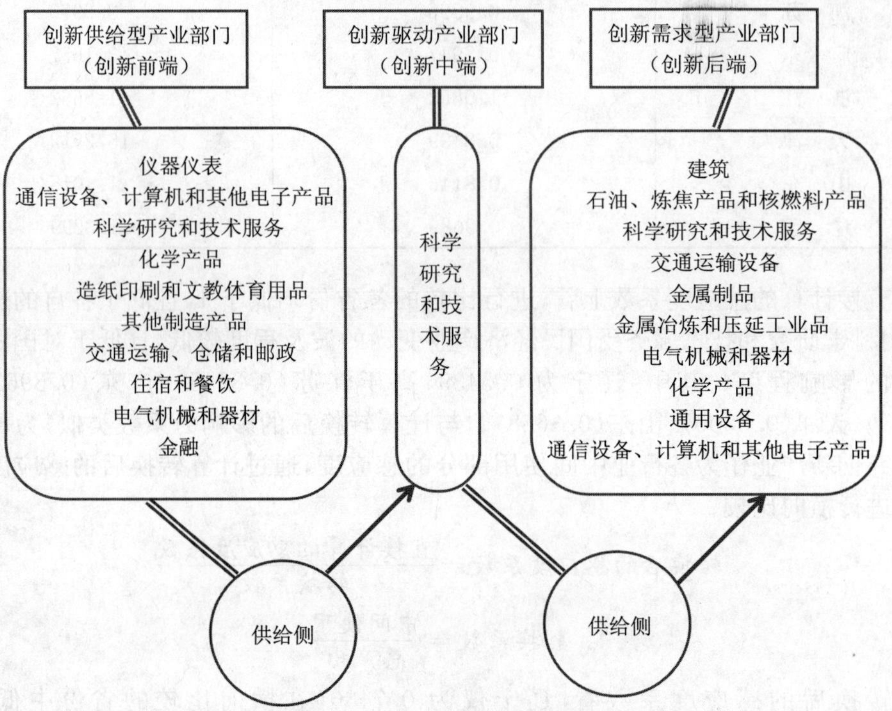

图 1　辽宁创新驱动传导路径

由图中可以看出，辽宁创新驱动产业部门的前向关联部门与后向关联部门并不是完全独立的，如“通信设备、计算机和其他电子设备”、“化学产品”以及“电气机械和器材”等，一方面作为创新供给型产业部门，为科学研究和技术服务业提供基本的设施设备供应；另一方面作为创新需求型产业部门，对科学研究和技术服务又有很高的需求。由这些与科学研究和技术服务存在关联层次供给的产业部门，结合创新驱动产业部门，共同构成了辽宁创新驱动经济发展的传导路径。

从创新驱动的传导路径来看，科学研究和技术服务所提供的产品和服务流向了对创新需求最高最紧迫的产品部门，表明创新对经济发展和供给侧结构性改革具有重要意义。供给侧改革的核心就是以创新提高效率，在当前经济步入新常态，从投资驱动到创新驱动转化的过程中，应高度重视科技创新对未来经济发展的影响，努力发挥其关键作用，综合来看，影响当前辽宁创新驱动经济发展的主要因素有以下三个方面。

(一)原始性创新投入欠缺导致创新前端供给动力不足

创新前端是指创新投入阶段，该阶段对应的产业部门是科技服务业及其供给部门如教育部门等。创新前端以知识创新和基础科学领域的创新为主，具有高难度、高投入、高风险特征；创新前端对科教条件、知识基础设施等创新资源禀赋要求高，创新驱动动力主要来自人力资本积累以及知识的获取、生产、交易和分配；原始性创新、战略性研究、基础性研究和前瞻性研究对知识基础设施的要求高。

创新驱动辽宁经济发展的动力源识别结果表明，“教育”在辽宁创新供给型产业部门中表现并不突出，仅仅排在26位，表明辽宁经过初高等教育培养的人才能够直接投身于科学研究和技术服务的比例仍然较低，作为亟待通过创新驱动加快发展的老工业基地，辽宁当前对科技型人才的需求非常迫切，这在很大程度上造成了人才供需方面的矛盾。

(二)科技中介服务功能不足导致创新中端衔接不畅

创新中端是指投入转化为创新产出的阶段，此阶段的创新难度主要体现为如何提高科技成果转化的效率。创新过程需要的不仅仅是知识和科技投入，更强调资本等要素的投入，创新主要来自基础应用研究领域，体现为科技创新和产品创新；创新过程对科教条件、基础设施等创新资源禀赋要求下降，更强调研发成果的转化及其商业化；创新驱动的主体不限于科教部门，企业成为重要的创新主体，更强调企业、高等院校和科研院所等多个创新主体的互动，创新驱动力主要来自产学研各部门进行优势互补的合作所带来的更高的科技成果转化效率。

从辽宁投入产出分析结果可以看出，科技服务产业在辽宁经济总量的比重尚不足1%，科技中介服务部门还有待发展壮大，科技中介服务功能还有待于进一步完善。

(三)新兴产业带动能力不强导致创新后端需求动力缺乏

从创新产业依存关系上看，辽宁创新驱动前向及后向关联部门多数与对比省份重合，一方面说明创新驱动部门对供给侧产品的需求相对一致，另一方面说明辽宁产业部门与其他省份重叠程度较高，应积极加快创新引导产业结构调整，提升产品市场竞争力。从创新产业波及效应上看，直接计算的辽宁创新产业部门影响力系数和感应度系数均小于1，创新驱动对国民经济发展做出的贡献还相对偏低；转换后的辽宁创新产业部门影响力系数和感应度系数在比较的省份中均相对较低，说创新驱动经济发展的作用仍不明显，科技与经济结合的效果有待进一步提高，科技创新的发展空间还很大。

辽宁传统产业比重大，高新技术产业和新兴产业发展相对缓慢，从创新需求型产业部门辨识结果来看，对于传统产业升级和结构调整具有重要牵动作用的战略性新兴产业排名靠后，占经济总量比重较低，表明新兴产品和新兴产业的规模化和市场化存在障碍，跟市场机制、风险投资等相关制度不完善有密切关系。

五、政策建议

从辽宁创新驱动的传导路径上看，未来应着力通过改善创新链条上的各个环节，形成创新要素的集成、协同和整合，从而带动经济健康发展。

(一)重视教育并鼓励创新创业，增强创新前端供给能力

在创新投入过程中，人力资本比物质资本更重要，高端创新创业人才的集聚变得更加关键。政府、企业和科研院所应当积极营建创新环境，引进和集聚一批创新人才。同时，推进实施大学生创业引领计划，鼓励高校开发开设创新创业教育课程，建立健全大学生创业指导服务专门机构，加强大学生创业培训，整合发展国家和省级高校毕业生就业创业基

金，为大学生创业提供场所、公共服务和资金支持，以创业带动就业。

(二)大力发展科技服务业，增强创新中端桥梁作用

当前经济发展已经从重视速度走向重视质量的新阶段，高质量的经济增长需要以创新作为发动机。科学研究和技术服务业在科技供给与需求之间扮演着桥梁和纽带的作用，能聚合创新要素、整合科技资源，促使先进科技更快地转化为现实生产力。要把加快发展知识产权事业作为提升经济综合实力的发力点，更加注重知识产权在经济发展战略中的核心作用，加紧国际知识产权布局，加快实施知识产权战略。

(三)积极发展新兴业态产业，增强创新后端需求能力

战略性新兴产业以创新为主要驱动力，辐射带动力强，加快培育和发展战略性新兴产业，有利于加快经济发展方式转变，有利于提升产业层次、推动传统产业升级，是全面实现老工业基地振兴，增强创新后端需求能力的重要举措。要以加速产业规模化发展为目标，选择具有引领带动作用，并能够实现突破的重点方向，依托优势企业，推动要素整合和技术集成，努力实现重大突破。加大政府引导和支持力度，培育一批创新能力强、创业环境好、特色突出、集聚发展的战略性新兴产业示范基地，形成新经济增长点，辐射带动辽宁经济发展。

参考文献

[1] 宋辉，李强．从投入产出模型看科技进步对中国产业结构升级的影响[J]．数量经济技术经济研究，2003(1)：103－107.

[2] 陈勇星，屠文娟，季萍，等．江苏实施创新驱动战略的对策研究[J]．科技管理研究，2012(20)：37－41.

[3] 陈锡康．投入占用产出理论及其应用[Z]．北京：中国统计出版社，1999.

[4] 夏天．创新驱动过程的阶段特征及其对创新型城市建设的启示[J]．科学学与科学技术管理，2010(2)：124－139.

[5] 林洁．基于投入产出表的山东省主导产业选择[D]．山东：山东大学，2010.

作者简介

田　冰，辽宁省统计局国民经济核算处处长，高级统计师，546869001@qq. com。

杨洪波，辽宁省统计局国民经济核算处主任科员，中级统计师，123606229@qq. com。

冯　伟，辽宁省统计局国民经济核算处主任科员，中级统计师，15811668@qq. com。

中国经济增长动力的转换

——基于投入产出分析的实证研究

周晓波　陈　璋　唐兆涵

摘要:近年来中国经济增长速度放缓,关于中国未来是否还能够维持过去那样的增长,学术界出现了许多不同的看法,而不同的观点又代表完全不同的政策走向。为了对中国现阶段的经济增长状况进行较为准确的判断,必须先对中国经济过去的增长特征有一定的认识。本文根据中国经济的现实情况,建立投入产出两部门理论模型,从理论上对过去中国经济增长方式进行了分析,得出了中国过去的高速经济增长加剧了经济结构不平衡,而经济结构不平衡又会反过来加速经济增长的结论。在此基础上,本文提出了衡量引进技术条件下经济增长动力的方法,对中国经济整体的动力转换情况进行了分析,认为中国经济增长放缓的原因在于中国正处于由过去的引进技术阶段步入引进技术向自主创新的过渡阶段,在此阶段经济增速虽然放缓,但经济结构的不平衡程度缩小。最后,本文找出了可能成为未来经济增长新动力的部门,并提出了相关建议。

关键词:经济增长　动力转换　引进技术　自主创新

一、引言

改革开放以来,中国经济持续高速增长,但成为全球第二大经济体后,经济增速却持续下滑,由原先的高速转为中高速增长。2000 年到 2010 年间,中国 GDP 的年平均增长率超过 10%,2007 年甚至达到了 14.20%的超高增速,这种经济增长速度是绝大部分国家都不可比拟的。2008 年美国金融危机爆发,继而引发全球性的经济危机,而中国经济增速恰巧也在这个时候下滑,GDP 增速由过去的两位数,逐渐下滑到了 2015 年的不到 7%。2001 年 11 月中国加入 WTO,在全球经济危机爆发之前,出口额增速稳定在 20%以上,个别年份甚至高达 35%左右,但从 2012 年开始,出口出现了大幅衰减,2015 年甚至为−2.88%,在近 30 年来,除了受到金融危机影响较大的 2009 年外,首次出现了负增长;而投资也出现了相似的情况,固定资产投资完成额增速在 2000 年之后的绝大部分年份都保持在 20%以上,而 2009 年开始,逐步下滑至 2015 年的 9.8%。与此同时,中国经济过去三十多年高速增长所积累的矛盾也逐渐开始显现。

对于中国经济增速下滑的原因，国内各界有不同的看法，大致可以归为两类，一类认为中国经济主要是受到一些如全球经济萧条、国内经济结构调整等内外部的因素影响，经济增速下滑只是短期现象；另一类则认为中国经济进入了一个和过去完全不同的全新阶段，经济的增长方式和过去完全不同，经济增速下滑是长期的、不可逆的。这种分歧的重要性不仅仅在于问题本身，更重要的是这种分歧会导致两种完全不同的宏观经济政策走向，而在中国的特殊国情下，经济政策的走向往往会对中国经济未来的发展产生重大影响。为了较为准确地判断中国经济目前的情况，必须要对过去三十多年中国经济增长的理论机制有较为深刻的认识。只有充分了解和认识过去中国经济的增长机制，才能形成当前中国宏观经济形式的判断基础，并在此基础之上来分析当前中国的经济情况，找出当前中国经济的矛盾所在，从而提出符合当前经济形式的经济政策。

在经济学的发展历史上，经济增长是一个十分重要的话题，有许多学者都将经济增长的内在机制与特征作为研究主题。技术进步在近代也是一个十分热门的话题，学者们在讨论技术进步问题时，通常是与"经济增长"同时出现。对于技术进步与经济增长之间的相互关系，学术界做了大量的研究分析，如比较经典的新古典增长模型中使用总量生产函数对影响经济增长的因素进行分解，认为导致人均产出增长的根本原因就是技术进步，在此之后，技术进步的概念被广泛地运用于经济增长分析。本文与目前主流观点相一致，认为技术进步是经济增长的核心动力。

对于中国这样的后发国家来说，技术进步应该分为三个阶段。

第一阶段为引进技术阶段，这个阶段以自由贸易为基础，主要通过引进技术，加速自己的技术进步，促进产业结构升级。在现实经济中，引进技术主要是通过产业转移来实现的，发达国家不断将他们的落后产业转移到发展中国家，对于生产力水平很低的发展中国家来说，即使是发达国家最落后的产业，对于他们来说也是较为先进的技术，引进这部分产业，能快速提高综合生产力水平。在这一过程中，资本发挥着至关重要的作用，不仅仅是国内的资本，也包括外资。只有保证充足的资本，这一阶段才能够顺利进行。也正因为资本对于提升生产力有重要的贡献，那么在收入分配中，这一阶段的特征就表现为，资本所占有的份额将会上升，社会收入分配差距扩大。

第二阶段为引进技术向自主研发的转变阶段，发展中国家在经过较长时间的引进技术后，自身已经具备一定的科研能力，一般会实施适度的贸易保护，资源进行重新配置，通过有选择的产业政策，打破发达国家的技术垄断，这一阶段，引进技术与自主研发同时进行，资本投入对于技术进步的贡献相对下降，而劳动投入对于资本的贡献相对上升。由于技术进步中引进技术的成分开始下降，总体的技术进步相对于第一阶段开始放慢，从而生产力水平和经济增长速度相对下降，收入分配结构开始改善。

第三阶段为自主研发阶段，发达国家可供引进的技术已基本完结，发展中国家想要进一步提高自身的技术水平，就必须通过自主研发，在这一阶段，将会出现许多新兴高技术产业，发展中国家的技术水平与发达国家已无"代际差别"，甚至在某些领域已实现赶超，资本投入对于技术进步的相对贡献已经下降至与发达国家相当的水平，生产力水平和经济增速也进一步下降，收入分配结构进一步改善。

下文将会论证中国经济增长速度由过去的高速增长转为中高速增长，是因为技术进步的方式发生了转变，即由过去的引进技术变为由引进技术向自主研发的过渡形式，同时也将伴随着经济结构和经济特征的变化。

二、引进技术条件下中国经济增长与不平衡结构

投入产出分析方法对于研究中国的经济问题具有得天独厚的优势，尤其是对于经济结构问题，能够从整体视角上进行系统和深入的分析，因此，本章将会建立一个两部门投入产出模型，从理论角度探讨两部门之间、两部门与经济总体之间以及收入分配结构等关于中国特殊经济增长方式的相互关系。之所以选用两部门，而不是单部门或者多部门，是因为单部门从本质上来说，还是属于总量分析，从单部门转为两部门，其性质已经从总量分析转为了结构分析，而只有结构分析才是最适应当前中国这样具有“不平衡”增长特征的国家。多部门模型虽然从理论上可能优于两部门模型，但是它们只是数量上的差别，并没有性质上的差别，他们往往能够得到类似的结论，而多部门模型分析难度却远远大于两部门，所以综合考虑，本文决定采用两部门模型。中国过去经济高速增长的关键原因在于引进技术，因此，本章的两部门模型也将以此为起点，从理论上解释过去中国经济高速增长的经济特征和过程。

(一)两部门理论模型的假设条件

表 1　两部门投入产出表

		中间产品		最终产品		
		非引进技术部门	引进技术部门	投资	消费+净出口	合计
中间产品	非引进技术部门	a_{11}	a_{12}	z_1	e_1	y_1
	引进技术部门	a_{21}	a_{22}	z_2	e_2	y_2
初始投入	劳动报酬	w_1	w_2			
	资本报酬	m_1	m_2			
	合计	v_1	v_2			

注：其中，z_1，z_2，e_1，e_2 为直接分配系数，其余均为直接消耗系数。

首先，定义 p 为两部门的技术水平差距，或者说引进技术所带来的技术进步，得到两部门理论模型的假设条件：

1. $m_2=\beta_m\times p+C_m$，$\beta_m\geqslant 0$，表示引进技术部门的技术水平领先越多，其单位产出中资本报酬份额不下降；

2. $w_2=\beta_w\times p+C_w$，$\beta_w\leqslant 0$，表示引进技术部门的技术水平领先越多，其单位产出中劳动报酬份额不上升；

3. $a_{22}=\alpha\times p+C_\alpha$，$\alpha>0$，表示引进技术部门的技术水平领先越多，其单位产出中对本部门产品的消耗上升。

在引进技术条件下，发展中国家花费大量的资本向发达国家购买大量的机械设备或者技术专利使用权等，大量的资本投入换来了高速的技术进步，其技术进步速度远远快于

自主研发情况下的技术进步。所以，作为引进技术部门的技术进步速度会远远快于非引进技术部门。在如此高速的技术进步速度下，引进技术部门无论是总产出增长还是 GDP 增长，都要快于非引进技术部门。根据分配的边际产品理论，假设 1 和假设 2 是显然的，即引进技术部门的资本报酬将会相对上升，劳动报酬将会相对下降，而对于假设 3 则需要进一步论证。

在引进技术条件确立之后，国内引进技术部门的技术水平将远远高于非引进技术部门，而部门的技术水平越高，纵向分工就越细，产品分类就越多，当两部门之间的技术水平差异较大的时候，就会出现引进技术部门对本部门产品的直接消耗系数上升。理论上，出现这种现象是因为统计口径和经济实体之间存在差异，因为某部门的技术进步带来新产品的出现时，统计上并不会马上将这种产品进入一个新部门，而只是计入原有部门的产品中，导致投入产出表中一个部门对应的现实产品数量越来越多，其表现形式就是单位产出中消耗本部门的产品数量上升，当引进技术部门和非引进技术部门的技术进步速度差异较大时，这种变化速度也就有较大差异，相对之下，就会出现引进技术部门对本部门产品的直接消耗系数上升这种现象。

工业部门作为引进技术的主体，显然是中国过去技术进步最快的部门。根据本文的假设，工业部门单位产出中消耗自身产品的数量将会上升。为了验证假设 3，本文选取国家统计局公布的 1987 年到 2012 年的投入产出表，并将其合并为工业部门和非工业部门的两部门投入产出表，虽然此处的工业部门并不同于本文所说的引进技术部门，只是在三次产业的划分下，工业部门最接近本文所说的引进技术部门。经观察，发现随着工业部门技术的进步，其列向结构的变化大致与本文所预期的相一致。这里的分析并没有考虑价格因素，因为根据经济学理论，技术进步将会导致产品价格下降，对直接消耗系数有负向作用，因此，如果经验事实证明了本文的假设，那么更能说明假设 3 的正确性。

表 2　1987 — 2012 年工业部门对工业部门直接消耗系数的变化

	1987 年	1992 年	1997 年	2002 年	2007 年	2012 年
工业部门	49.72%	50.25%	54.00%	52.80%	63.16%	61.34%

因为工业部门产品技术进步较快、生产链条较长等特点，上述的变化规律可能存在较大的特殊性，为此，需要对该假设条件进行更为严谨的论证。为了统一数据口径以及获得更大的样本量，本文选取世界投入产出数据库中 1995 年到 2011 年 40 个国家的投入产出表，并根据假设条件的需要，将 680 张投入产出表分别合并成两部门投入产出表。因为世界投入产出数据库的投入产出表为 35 部门，所以，每张表都可以有 35 种合并方法，根据现有的 680 张投入产出表，一共可以合并成 23800 张两部门投入产出表。其中部门 1 为 34 部门合并成的新部门，部门 2 为未合并的原部门。

根据 SDA 方法，可以将总产出增长率分解为三个部分：

$$\frac{X_t-X_0}{X_0}=\frac{(I-A_t)^{-1}Y_t-(I-A_0)^{-1}Y_0}{X_0}$$

$$=\frac{\Delta\ (I-A)^{-1}Y_0}{X_0}+\frac{(I-A_0)^{-1}\Delta Y}{X_0}+\frac{\Delta\ (I-A)^{-1}\Delta Y}{X_0}$$

其中，$\frac{\Delta(I-A)^{-1}Y_0}{X_0}$ 表示技术进步引起的总产出增长率，$\frac{(I-A_0)^{-1}\Delta Y}{X_0}$ 表示最终需求变化引起的总产出增长率，$\frac{\Delta(I-A)^{-1}\Delta Y}{X_0}$ 表示技术进步和最终需求变化的交互作用引起的总产出增长率，本文使用 $\frac{\Delta(I-A)^{-1}Y_0}{X_0}$ 衡量技术进步。因为每个该面板数据的截面样本量远远大于时间跨度，因此不需要对其进行单位根检验，直接判断是使用固定效应模型、随机效应模型还是混合回归模型。

根据 SDA 方法，对部门 2 的总产出进行分解，并将分解的结果 $\frac{\Delta(I-A)^{-1}Y_0}{X_0}$、$\frac{(I-A_0)^{-1}\Delta Y}{X_0}$ 和 $\frac{\Delta(I-A)^{-1}\Delta Y}{X_0}$ 作为自变量，将两个年度相应两部门投入产出表中部门 2 对自身的直接消耗系数的差值 Δa_{22} 作为因变量，其中 $\frac{(I-A_0)^{-1}\Delta Y}{X_0}$ 和 $\frac{\Delta(I-A)^{-1}\Delta Y}{X_0}$ 为控制变量，在排除 359 个与均值的偏差超过三倍标准差的高度异常值后，一共有 21743 个观察值。首先对面板数据使用包含常数项的 Hausman 检验，并统一使用更有效率的估计量(即随机效应估计量)的方差估计，经检验，p 值为 0.0843，在显著性水平为 0.05 的情况下，认为应该使用随机效应模型进行回归。接着使用 LM 检验，p 值为 0.4164，在显著性水平为 0.05 的情况下，接受“不存在个体随机效应”的原假设，认为在“随机效应”与“混合回归”二者之间应该选择“混合回归”。

表 3　混合回归结果

自变量	系数	稳健标准误	t 值	p 值
$\frac{\Delta(I-A)^{-1}Y_0}{X_0}\times 100$	0.0015700	0.00005670	27.71	0.000
$\frac{(I-A_0)^{-1}\Delta Y}{X_0}\times 100$	−0.0000187	0.00000717	−2.60	0.009
$\frac{\Delta(I-A)^{-1}\Delta Y}{X_0}\times 100$	−0.0001339	0.00022690	−0.59	0.555
常数项	0.0003210	0.00009260	3.47	0.001

根据回归结果，在显著性水平为 0.05 的情况下，认为 $\frac{\Delta(I-A)^{-1}\Delta Y}{X_0}$ 的变化对 Δa_{22} 没有影响，而 $\frac{\Delta(I-A)^{-1}Y_0}{X_0}$ 对 Δa_{22} 存在正向影响，$\frac{(I-A_0)^{-1}\Delta Y}{X_0}$ 对 Δa_{22} 存在负向影响，不过 $\frac{(I-A_0)^{-1}\Delta Y}{X_0}$ 的影响相对于 $\frac{\Delta(I-A)^{-1}Y_0}{X_0}$ 可以忽略不计。

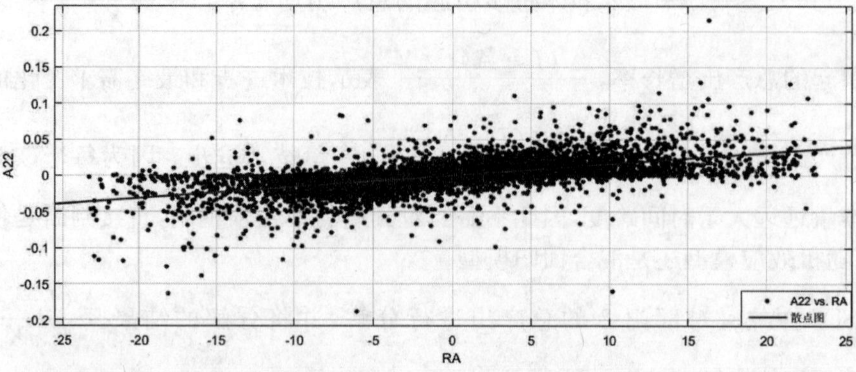

图 1　直接消耗系数 a_{22} 与技术进步的散点图

(二)引进技术方式与经济结构不平衡

本节通过两部门模型,发现引进技术方式和经济结构不平衡存在着密切的关系,即引进技术虽然带来了经济的高速增长,但也是带来中国经济"不平衡"结构的主要原因。在两部门分析框架内部,"不平衡"包含着多重含义,如部门规模的不平衡,收入分配的不平衡等等。

1. 两部门间规模的不平衡

在假设条件部分,本文已经说明,当一个部门的技术进步快于另一个部门的时候,单位产出中消耗本部门的产品数量将会上升,那么表现在直接消耗系数上,就是相应的直接消耗系数变大。在引进技术条件下,引进技术部门的技术进步速度是要远远快于非引进技术部门的,那么体现在直接消耗系数上,就是 a_{22} 变大,同时,通过求导的方法,能够分析一个变量的变化对于另一个变量的影响,因此,本文可以将引进技术部门与非引进技术部门的技术差距扩大对总产出的影响表示为 $\frac{dX}{dp}$,就有:

$$A=\begin{bmatrix} a_{11} & a_{12} \\ a_{21} & a_{22} \end{bmatrix}$$

$$(I-A)^{-1}=\begin{bmatrix} \frac{1-a_{22}}{-(a_{11}+a_{22}-a_{11}\times a_{22}+a_{12}\times a_{21}-1)} & \frac{a_{12}}{-(a_{11}+a_{22}-a_{11}\times a_{22}+a_{12}\times a_{21}-1)} \\ \frac{a_{21}}{-(a_{11}+a_{22}-a_{11}\times a_{22}+a_{12}\times a_{21}-1)} & \frac{1-a_{11}}{-(a_{11}+a_{22}-a_{11}\times a_{22}+a_{12}\times a_{21}-1)} \end{bmatrix}$$

当 $Y=\begin{bmatrix} y_1 \\ y_2 \end{bmatrix}$ 时,总产出:

$$X=(I-A)^{-1}Y=\begin{bmatrix} \frac{y_1+a_{12}\times y_2-a_{22}\times y_1}{-(a_{11}+a_{22}-a_{11}\times a_{22}+a_{12}\times a_{21}-1)} \\ \frac{y_2-a_{11}\times y_2+a_{21}\times y_1}{-(a_{11}+a_{22}-a_{11}\times a_{22}+a_{12}\times a_{21}-1)} \end{bmatrix}$$

$$\frac{dX}{dp}=\begin{bmatrix}\dfrac{\alpha\times a_{12}\times(y_2-a_{11}\times y_2+a_{21}\times y_1)}{(C_a+a_{11}-C_a\times a_{11}+a_{12}\times a_{21}+a\times p-a\times a_{11}\times p-1)^2}\\ \dfrac{-a\times(a_{11}-1)\times(y_2-a_{11}\times y_2+a_{21}\times y_1)}{(C_a+a_{11}-C_a\times a_{11}+a_{12}\times a_{21}+a\times p-a\times a_{11}\times p-1)^2}\end{bmatrix}$$

$$\begin{aligned}[-1\quad 1]\times\frac{dX}{dp}&=\frac{-a\times(a_{11}-1)\times(y_2-a_{11}\times y_2+a_{21}\times y_1)-\alpha\times a_{12}\times(y_2-a_{11}\times y_2+a_{21}\times y_1)}{(C_a+a_{11}-C_a\times a_{11}+a_{12}\times a_{21}+a\times p-a\times a_{11}\times p-1)^2}\\&=\frac{-a\times(a_{11}-a_{12}-1)\times[(1-a_{11})\times y_2+a_{21}\times y_1]}{(C_a+a_{11}-C_a\times a_{11}+a_{12}\times a_{21}+a\times p-a\times a_{11}\times p-1)^2}\end{aligned}$$

其中：

$$-a\times(a_{11}-a_{12}-1)>0$$

$$[(1-a_{11})\times y_2+a_{21}\times y_1]>0$$

$$(C_a+a_{11}-C_a\times a_{11}+a_{12}\times a_{21}+a\times p-a\times a_{11}\times p-1)^2>0$$

那么，有 $[-1\quad 1]\times\dfrac{dX}{dp}>0$，说明随着技术水平差距扩大，引进技术部门的总产出规模占社会总产出的比例扩大。引进技术部门的总产出规模相对扩大，意味着引进技术部门的资本投入以及劳动投入的规模也会相对扩大，那么引进技术部门对就业有更大的带动作用。

2. 收入分配的不平衡

同理，可以将引进技术部门与非引进技术部门的技术差距扩大，对列昂惕夫逆矩阵的影响表示为 $\dfrac{d\,(I-A)^{-1}}{dp}$，有：

$$(I-A)^{-1}=\begin{bmatrix}\dfrac{1-a_{22}}{-(a_{11}+a_{22}-a_{11}\times a_{22}+a_{12}\times a_{21}-1)} & \dfrac{a_{12}}{-(a_{11}+a_{22}-a_{11}\times a_{22}+a_{12}\times a_{21}-1)}\\ \dfrac{a_{21}}{-(a_{11}+a_{22}-a_{11}\times a_{22}+a_{12}\times a_{21}-1)} & \dfrac{1-a_{11}}{-(a_{11}+a_{22}-a_{11}\times a_{22}+a_{12}\times a_{21}-1)}\end{bmatrix}$$

$$\frac{d\,(I-A)^{-1}}{dp}=\begin{bmatrix}\dfrac{dL_{11}}{ap} & \dfrac{dL_{12}}{ap}\\ \dfrac{dL_{21}}{dp} & \dfrac{dL_{22}}{dp}\end{bmatrix}$$

其中：

$$\frac{dL_{11}}{dp}=\frac{\alpha\times a_{12}\times a_{21}}{(C_a+a_{11}-C_a\times a_{11}+a_{12}\times a_{21}+a\times p-a\times a_{11}\times p-1)^2}>0$$

$$\frac{dL_{12}}{dp}=\frac{\alpha\times a_{12}\times(1-a_{11})}{(C_a+a_{11}-C_a\times a_{11}+a_{12}\times a_{21}+a\times p-a\times a_{11}\times p-1)^2}>0$$

$$\frac{dL_{21}}{dp}=\frac{\alpha\times a_{21}\times(1-a_{11})}{(C_a+a_{11}-C_a\times a_{11}+a_{12}\times a_{21}+a\times p-a\times a_{11}\times p-1)^2}>0$$

$$\frac{dL_{22}}{dp}=\frac{\alpha\times(a_{11}-1)^2}{(C_a+a_{11}-C_a\times a_{11}+a_{12}\times a_{21}+a\times p-a\times a_{11}\times p-1)^2}>0$$

一般来说，$a_{21}<(1-a_{11})$，所以 $0<dL_{11}<dL_{12}$，$0<dL_{21}<dL_{22}$。

$$B_v=A_v(I-A)^{-1}$$

$$=\begin{bmatrix} w_1 & w_2 \\ m_1 & m_2 \end{bmatrix} \times \begin{bmatrix} \mathrm{L}_{11} & \mathrm{L}_{12} \\ \mathrm{L}_{21} & \mathrm{L}_{22} \end{bmatrix}$$

$$=\begin{bmatrix} \mathrm{B}_{11} & \mathrm{B}_{12} \\ \mathrm{B}_{21} & \mathrm{B}_{22} \end{bmatrix}$$

$$=\begin{bmatrix} \mathrm{L}_{11}\times w_1+\mathrm{L}_{21}\times w_2 & \mathrm{L}_{12}\times w_1+\mathrm{L}_{22}\times w_2 \\ \mathrm{L}_{11}\times m_1+\mathrm{L}_{21}\times m_2 & \mathrm{L}_{12}\times m_1+\mathrm{L}_{22}\times m_2 \end{bmatrix}$$

$$\frac{dB_{21}}{dp}=\frac{d(\mathrm{L}_{11}\times m_1+\mathrm{L}_{21}\times m_2)}{dp}$$

$$=m_1\times\frac{d\mathrm{L}_{11}}{dp}+m_2\times\frac{d\mathrm{L}_{21}}{dp}+\mathrm{L}_{21}\times\frac{dm_2}{dp}$$

$$=m_1\times\frac{d\mathrm{L}_{11}}{dp}+m_2\times\frac{d\mathrm{L}_{21}}{dp}+\mathrm{L}_{21}\times\beta_m>0$$

$$\frac{dB_{22}}{dp}=\frac{d(\mathrm{L}_{12}\times m_1+\mathrm{L}_{22}\times m_2)}{dp}$$

$$=m_1\times\frac{d\mathrm{L}_{12}}{dp}+m_2\times\frac{d\mathrm{L}_{22}}{dp}+\mathrm{L}_{22}\times\frac{dm_2}{dp}$$

$$=m_1\times\frac{d\mathrm{L}_{12}}{dp}+m_2\times\frac{d\mathrm{L}_{22}}{dp}+\mathrm{L}_{22}\times\beta_m>0$$

因为 $0<\frac{dL_{11}}{dp}<\frac{dL_{12}}{dp}$，$0<\frac{dL_{21}}{dp}<\frac{dL_{22}}{dp}$，所以 $\frac{dB_{21}}{dp}<\frac{dB_{22}}{dp}$。又因为 B_v 列向相加始终为 1，所以 $\frac{dB_{11}}{dp}<0$，$\frac{dB_{12}}{dp}<0$，且 $\frac{dB_{11}}{dp}>\frac{dB_{12}}{dp}$，又有 $\frac{dB_{22}}{dp}-\frac{dB_{12}}{dp}>\frac{dB_{21}}{dp}-\frac{dB_{11}}{dp}$。这个结果说明，当通过引进技术实现部门 2 的技术进步时，将会导致收入分配中，资本报酬的份额上升，劳动报酬的份额下降，收入分配结构恶化。同时，作为引进技术的部门 2，部门 2 的最终产品所带来的收入分配恶化效应要大于部门 1。

(三)引进技术对经济结构的影响

本部分通过两部门投入产出表，在两部门假设条件下，分析了引进技术对中国经济结构的变化的影响，得出了以下主要结论：

1. 随着技术的引进，引进技术部门与非引进技术部门的产出规模差距扩大，即引进技术部门的总产出在社会总产出中的比例上升。总产出比例上升的影响是明显的，比如对就业人数的影响。

图 2(见下页)是根据中经网统计数据库公布数据绘制的 1952—2015 年的第二产业就业人员占全部就业人员比重变化趋势图。从图中可以看出，1970 年之前，由于中国的工业化水平还比较低，工业产出占社会总产出的比例也比较低，当时工业就业人数占全部就业人数的比重不到 10%，而随着工业产出规模的扩大，所能吸纳的就业人员数量也越来越多，到最近几年，工业就业人数的比重已经达到 30%左右，其对资本投入也存在类似的影响。

2. 社会总体收入差距扩大。因为在生产单位 GDP 中，资本的贡献将上升，劳动的贡献下降，所以，在分配中，资本将占有更大的份额，同时，引进技术部门对社会总体收入差距的影响比非引进技术部门更大。基尼系数是介于 0 和 1 之间的一个数值，国际上常用来

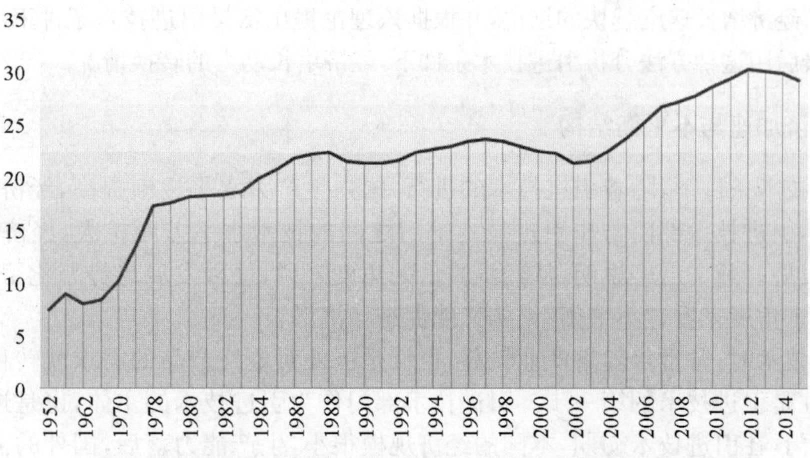

图2　1952—2015年第二产业就业人员占全部就业人员比重

判断收入分配公平程度，接下将使用基尼系数来验证在引进技术条件下，社会总体收入分配差距是否扩大。

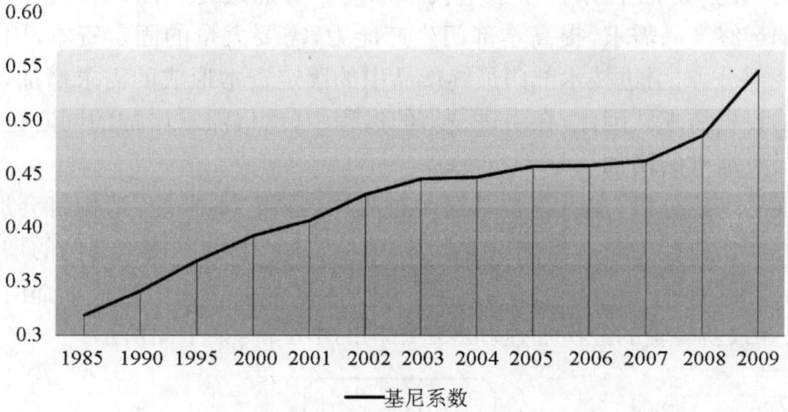

图3　1985—2009年基尼系数

上图是根据学者胡志军(2012)所计算出的数据，所绘制的1985—2009年基尼系数变化趋势图，从图中可以看到，在1985年，基尼系数只是略微超过0.3，在此之后，基尼系数不断增大，2009年已经达到0.55左右。这一指标反应社会总体收入差距确实存在扩大的趋势。

综合来说，引进技术是中国经济"不平衡"结构的主要原因，而"不平衡"结构无疑恶化了经济质量，在一定程度上给经济增长带来了一些不稳定因素，但是，另一方面，它却有利于经济增长速度。下文将会通过建立"经济加速与不平衡结构"理论，说明"不平衡"结构对经济增长存在加速作用。

三、引进技术条件下中国经济增长动力的转换

在本文开头已经提到，中国的中国经济增长的动力转换分为两个阶段，一是在引进技术条件下，经济动力的转换，二是由引进技术的增长方式向自主创新方式转换。本部分通过理论分析，将上文中的"经济不平衡结构"与"经济加速"相联系，得出在引进技术条件下，经济结

构越不平衡，经济增长速度越快的结论，并根据该理论提出衡量引进技术条件下经济增长动力的方法，最后用这种方法分析引进技术条件下，经济增长动力的转换情况。

（一）经济加速与不平衡结构

在引进技术条件下，随着引进技术的进行，国内生产力水平逐渐提高，经济不断增长，但另一方面，引进技术部门与非引进技术部门之间的技术水平差距扩大，经济日益向“不平衡”结构发展。前文已经说明，从经济质量的角度来说，这种发展趋势恶化了经济质量，但是从另一个角度来看，“不平衡”结构又能促进经济增长。

在引进技术时，常常伴随着产业转移，也就是国外对最终产品的需求就转移到国内来生产，这往往是引进技术的第一步。引进技术部门作为引进技术的主体，也是进行产业转移的主要部门，在引进技术初期，本国的经济规模很小，生产能力落后，国外的需求相对于国内的产能来说近乎是无限的，引进技术部门处于“供不应求”的状态，唯一制约引进技术部门发展的因素就是本部门产能不足。

为了解决产能的问题，就需要扩大投资，而由于生产技术的相似性，用于扩大引进技术部门产能的固定资产往往来自于引进技术部门自身的最终产品，引进技术部门为了适应国外大量的最终产品需求，提高本部门生产能力，需要大量的固定资本，固定资本形成属于投资的一部分，对引进技术部门最终产品中的固定资本形成的需求增加，即增加了引进技术部门的投资需求。因此，在引进技术的过程中，出口需求增加的同时也伴随着对引进技术部门投资需求的增加。

结合前面的理论分析，在引进技术这一过程中，经济“不平衡”结构将会加大，如引进技术部门的总产出占社会总产出的比重上升、单位 GDP 中引进技术部门的增加值比重上升、社会收入分配结构中资本的比重上升等，这些因素都会加快引进技术部门引进技术的步伐，最终又导致新一轮的经济加速和经济结构的不平衡，如下图所示：

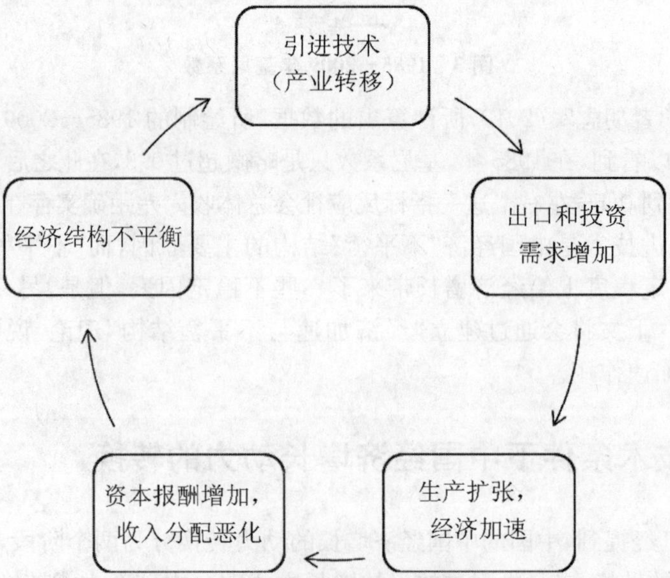

图 4　经济加速与不平衡结构

(二)引进技术条件下经济增长动力的衡量

根据前面的论述，在引进技术条件下，经济结构越不平衡，经济增长速度越快，那么，从各部门的不平衡情况就可以看出各部门经济增长动力的情况。本文使用完全投入系数来定义一个指标C，以衡量中国各部门经济增长动力(或者说引进技术动力)变化情况，选用完全投入系数的好处在于其列向相加和为1，这样就方便于不同行业之间的比较分析。在实际的投入产出表中，还有生产税净额与固定资产折旧，本文根据常用做法，将生产税净额和固定资产折旧视为资本报酬，得到以下指标：

$$C=V+min_{1997-2012}(V)$$

V＝完全生产税净额系数＋完全营业盈余系数＋完全固定资产折旧系数
　　－完全劳动者报酬系数

根据上述指标，每年每个部门都可以计算出一个V值，从而得到一个C值，需要注意的是，$min_{1997-2012}(V)$ 指的是1997年到2012年里各部门中最小的V值，这项本身不具有经济意义，主要是为了让最终的C值都为正，从而方便结果的阅读。同时，这种方法所计算出来的结果，主要是用来说明各个部门之间经济增长动力的排序关系，而不是它们之间的数量关系，因为它们之间的数量关系并不是线性的，所以参考价值有限。

(三)引进技术条件下经济增长动力的转换

经济增长动力转换在本文的分析框架下，至少含有两重含义，第一种含义即前面所说的中国经济由引进技术方式的增长转变为自主研发方式的增长，这是从经济整体动力的角度出发所说的转换；另外一种，除了经济增长阶段本身的转换外，在每个阶段内部，也存在着动力转换，如在引进技术条件下，从三次产业存在工业部门向服务业部门的转换，将国民经济分为19个部门后，也存在经济增长动力由一些部门转向另一些部门的情况。接下来，根据上文的计算方法对引进技术条件下经济增长的动力做更为细致的分析。

1. 三次产业经济增长动力的转换

下面是根据上述方法，选取1997年、2002年、2007年、2012年投入产出表计算的三次产业在引进技术条件下经济增长的动力，没有选用1992年以及之前的表，主要是出于当时经济波动过大以及统计精度等方面的考虑。

表4　引进技术条件下，三次产业经济增长动力情况

部　门	1997年	2002年	2007年	2012年
第一产业	0.135852	0.289535	0.13633	0
第二产业	0.669752	0.769201	0.878853	0.718413
第三产业	0.649192	0.753236	0.924554	0.749255

第二产业是在引进技术条件下受益最大的部门，它在引进技术初期，技术进步速度最快，经济增长动力也最强，但是随着中国经济体量的增大，需求相对不足，以及可引进的技术越来越少，第二产业的经济增长动力必然会开始衰减，技术较为落后的其他部门，进步的空间较大，技术进步速度相对加快。同时，从上表中可看到，第三产业的增长动力也十

分强劲，虽然在2007年之前，第二产业增长动力超过第三产业，但是并不存在明显差距，甚至从2007年开始，第三产业的增长动力超过第二产业，变为增长动力最强的部门，由于投入产出表每五年公布一次，这里所说的年份只是大致时间。在引进技术条件下，经济增长的动力由第二产业向第三产业转换。接下使用第二、三产业增加值占国内生产总值比重与本文的计算结果相对照，下图是根据中经网统计数据库公布数据绘制的1997年到2015年第二、三产业增加值占国内生产总值比重变化趋势图。

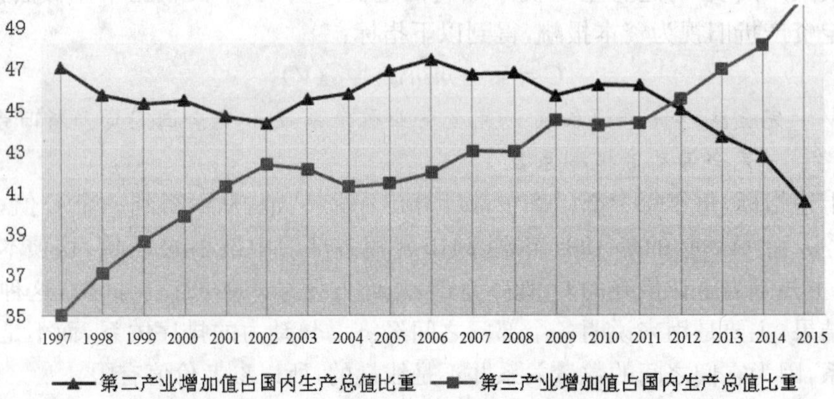

图5　第二、三产业增加值占国内生产总值比重

从上图中可以看出，第二产业的增加值占国内生产总值比重在大部分年份都稳定在46%左右，在2006年达到最大值，此后开始明显下降，这就意味着第二产业的增长动力开始下降。反观第三产业1997－2002年，其增加值占国内生产总值的比重持续上升，在2002年至2008年之间都比较稳定，在2008年之后的增长动力进一步上升，第三产业的增加值占国内生产总值比重在2012年超过第二产业。第二、三产业增加值占国内生产总值比重的变化趋势虽然不完全和本文的计算结果相一致，但是并不存在很大差别，因此可以认为本文的计算结果大体正确。需要注意的是，第三产业增加值的快速增长，不仅仅是纯技术因素，还与其过去经济发展偏向第二产业，第三产业本身发展程度过低有关。

2. 各部门经济增长动力的转换

为了观察更为详细的国民经济各部门的经济增长动力转换情况，将国民经济划分为农林牧渔产品和服务，采矿业，食品和烟草，纺织品，其他轻工业，石油、炼焦产品和核燃料加工品，化学产品，非金属矿物制品，金属制品，机械及其它制品，建筑，批发和零售，电力、热力和水的生产和供应业，交通运输、仓储和邮政，住宿和餐饮，金融、保险、房地产、租赁，教育、科研、医疗，公共管理、社会保障和社会组织，其他服务业等19个部门，下面是根据与上述方法和1997年、2002年、2007年、2012年投入产出表计算的19部门经济增长动力情况：

表5　引进技术条件下，各部门经济增长动力情况

部　门	1997年	2002年	2007年	2012年
农林牧渔产品和服务	0.1440	0.3103	0.1235	0.0000
采矿业	0.7660	0.8398	0.9910	0.8812

续表

部　门	1997 年	2002 年	2007 年	2012 年
食品和烟草	0.5704	0.7499	0.6117	0.5242
纺织品	0.6897	0.7108	0.7693	0.5660
其他轻工业	0.6576	0.7828	0.8385	0.6927
石油、炼焦产品和核燃料加工品	0.8846	0.8909	1.0158	0.9595
化学产品	0.7918	0.8926	0.9869	0.8509
非金属矿物制品	0.7591	0.7934	0.9996	0.8782
金属制品	0.7713	0.8445	1.0446	0.9155
机械及其它制品	0.8058	0.8714	1.0152	0.8497
建筑	0.6264	0.7183	0.9262	0.7420
批发和零售	0.7133	0.8503	1.1303	1.0377
电力、热力和水的生产和供应业	0.9400	1.0372	1.0796	0.9598
交通运输、仓储和邮政	0.8468	0.8332	1.0653	0.8076
住宿和餐饮	0.5238	0.8115	0.8367	0.4595
金融、保险、房地产、租赁	1.0581	1.0503	1.1713	1.0326
教育、科研、医疗	0.4472	0.5090	0.6404	0.4595
公共管理、社会保障和社会组织	0.4163	0.4736	0.3939	0.2724
其他服务业	0.6072	0.8361	1.0527	0.7660

表 6　引进技术条件下，经济增长动力的转换情况

1997 年		2002 年	
金融、保险、房地产、租赁	1.06	金融、保险、房地产、租赁	1.05
电力、热力和水的生产和供应业	0.94	电力、热力和水的生产和供应业	1.04
石油、炼焦产品和核燃料加工品	0.88	化学产品	0.89
交通运输、仓储和邮政	0.85	石油、炼焦产品和核燃料加工品	0.89
机械及其它制品	0.81	机械及其它制品	0.87
化学产品	0.79	批发和零售	0.85
金属制品	0.77	金属制品	0.84
采矿业	0.77	采矿业	0.84
非金属矿物制品	0.76	其他服务业	0.84
批发和零售	0.71	交通运输、仓储和邮政	0.83
纺织品	0.69	住宿和餐饮	0.81
其他轻工业	0.66	非金属矿物制品	0.79
建筑	0.63	其他轻工业	0.78

续表

1997 年		2002 年	
其他服务业	0.61	食品和烟草	0.75
食品和烟草	0.57	建筑	0.72
住宿和餐饮	0.52	纺织品	0.71
教育,科研,医疗	0.45	教育,科研,医疗	0.51
公共管理、社会保障和社会组织	0.42	公共管理、社会保障和社会组织	0.47
农林牧渔产品和服务	0.14	农林牧渔产品和服务	0.31
2007 年		2012 年	
金融、保险、房地产、租赁	1.17	批发和零售	1.04
批发和零售	1.13	金融、保险、房地产、租赁	1.03
电力、热力和水的生产和供应业	1.08	电力、热力和水的生产和供应业	0.96
交通运输、仓储和邮政	1.07	石油、炼焦产品和核燃料加工品	0.96
其他服务业	1.05	金属制品	0.92
金属制品	1.04	采矿业	0.88
石油、炼焦产品和核燃料加工品	1.02	非金属矿物制品	0.88
机械及其它制品	1.02	化学产品	0.85
非金属矿物制品	1.00	机械及其它制品	0.85
采矿业	0.99	交通运输、仓储和邮政	0.81
化学产品	0.99	其他服务业	0.77
建筑	0.93	建筑	0.74
其他轻工业	0.84	其他轻工业	0.69
住宿和餐饮	0.84	纺织品	0.57
纺织品	0.77	食品和烟草	0.52
教育,科研,医疗	0.64	住宿和餐饮	0.46
食品和烟草	0.61	教育,科研,医疗	0.46
公共管理、社会保障和社会组织	0.39	公共管理、社会保障和社会组织	0.27
农林牧渔产品和服务	0.12	农林牧渔产品和服务	0.00

从图表中可以看出,由于部门数量的增多,变化情况也比仅仅将经济划分为三次产业要复杂的多:农业部门 2002 年的增长动力相对于 1997 年有明显提高,但是依然和 1997 年、2007 年以及 2012 年一样,处于所有部门中的最低水平。1997 年增长动力十分强劲的纺织品部门,在之后的时期增长动力稳步上升,但到了 2012 年,该部门的增长动力出现了明显衰减。石油、炼焦产品和核燃料加工品部门在各个部门中也算是增长动力较为强大的部门,值得注意的是,在 2012 年各个部门增长动力都出现一定程度衰减的时候,该部门的增长动力只出现了很小的衰减,和 2007 年基本持平,可能得益于近几年核燃料加工业的进步。其他工业部门的增长动力也有一定程度的变化,但是大致稳定。在服务业中,批

发和零售部门以及其他服务业部门的增长动力出现了明显、稳定的上升趋势，很可能成为未来增长动力最强的几个部门。住宿和餐饮部门的增长动力在2002年也得到了较大幅度的提高，2007年的水平基本和2002年相当，但是2012该部门的增长动力却出现大幅度的衰减。金融、保险、房地产、租赁部门的增长动力一直十分强劲，虽然除了1997年以外，都不是增长动力最强的部门，但是和增长动力第一的部门也相差不大，且相对于其他部门，增长动力相对稳定，没有出现较大的变化，说明这是过去中国经济增长动力的重要来源之一。总体来看，不仅仅是整体经济增长动力从工业部门转向服务业部门，从工业部门内部来看，经济增长动力也逐渐从纺织品部门这样的低端产业转为较为高端的石油、炼焦产品和核燃料加工品部门。

(四)引进技术条件下经济增长的三个阶段

本文开头将中国的技术进步划分为三个阶段，类似的，在引进技术条件内部，经济增长同样可以划分为三个阶段，下图是通过与上文相同的计算方法，根据三次产业的总产出加权平均计算得出的经济增长动力变化趋势。

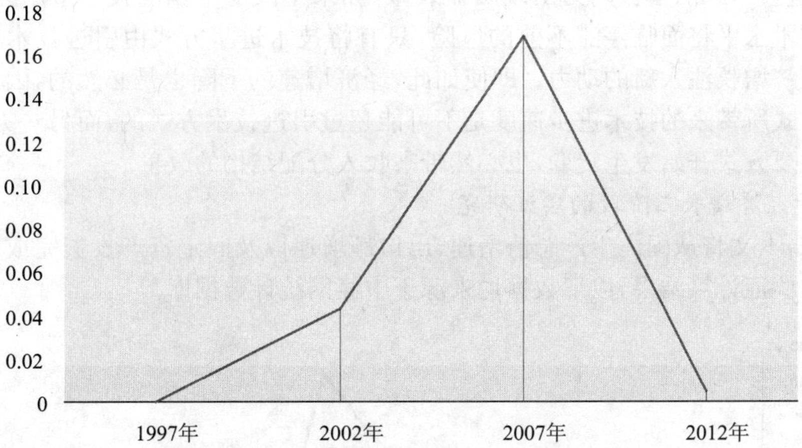

图6　引进技术条件下，经济增长的总体动力

由于投入产出表每五年公布一次，因此，只能根据现有数据大致将引进技术条件下的经济增长分为三个阶段。

1. 引进技术初期阶段

1997年前后到2002年前后为引进技术的初期阶段。在这一阶段，随着中国经济越来越开放，中国的引进技术力也度逐渐加大，不过中国在这一阶段的生产技术水平相对于发达国家还是很落后，发达国家淘汰的生产技术或者水平相对较低的生产技术也远超过中国，出于发达国家利益最大化原则，不可能一次性就将最先进技术转移给中国，必然是以引进发达国家淘汰的生产技术或者水平相对较低的生产技术开始的，如纺织品部门等。根据上文的理论可知，在这一阶段，中国的经济增速开始逐步上升，并且在“加速”作用下，经济增长速度将会越来越快；另一方面，各个部门之间的产出规模、收入分配差距都开始拉大，即中国的生产力不平衡结构开始初步恶化。

2. 引进技术加速阶段

2002 年前后到 2007 年为引进技术的加速阶段。从经济系统内部条件来看，在这一阶段，由于受到上文所说的“经济加速”的作用，引进技术速度已经很快，从经济系统外部条件来看，自 2001 年中国加入 WTO，中国经济对外开放程度达到一个全新的高度，这为外商在中国投资、发达国家产业转移到中国提供了优良的条件，从而大大促进了中国引进技术的速度。到了 2007 年前后，引进技术动力达到了历史最高峰，根据上文的理论分析，在 2007 年前后中国的技术进步速度达到历史最快，那么经济增长速度也应该达到历史最快，但是另一方面，引进技术条件下，经济结构和经济增速就像是一枚硬币的正反面，经济增速越快，经济结构也越不平衡，在经济增速达到最快的时候，中国经济生产力的不平衡程度也达到最大状态。

3. 引进技术末期阶段

大约在 2012 年前后为引进技术末期。在这一时期，发达国家对中国的产业转移基本已经进行到末期，可供中国引进的技术已经快要完结，同时中国很多领域的技术水平都已经达到国际领先水平，中国想要进一步提升技术水平，靠引进技术方式的增长空间已经十分有限，引进技术式的增长动力出现明显衰减，如果不改变中国的技术进步方式，那么中国的生产技术水平将面临停滞不前的风险，只有将技术进步方式由引进技术转为自主研发才能给经济增长注入新的动力。即使如此，经济增速的下降也是必然的，因为无论如何自主研发方式所带来的技术进步速度是不可能超过引进技术方式的，而另一方面，由于技术进步的主要方式开始发生转变，也必然带来收入分配结构的改善。

4. 关于经济增长三阶段的实证研究

接下来，本文将从国内生产总值增速、出口额增速以及固定资产投资完成额增速等方面的数据来验证计算结果，以下数据均来源于中经网统计数据库。

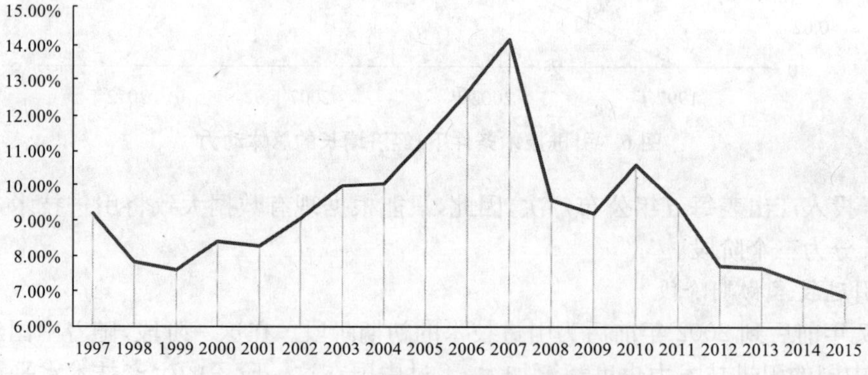

图 7　1997—2015 年国内生产总值增速

经济增长动力的最直接的表现就是国内生产总值增速，从上图的 1997 年到 2015 的中国国内生产总值增速来看，1997 年到 2007 大致是一个持续上升的趋势，经济增长速度由中高速加速为高速增长，到 2007 年达到最大增速。在此之后，国内生产总值增速开始下降，由高速增长转为中高速增长。这和本文之前所计算的经济增长的总体动力的变化趋势几乎完全一致。

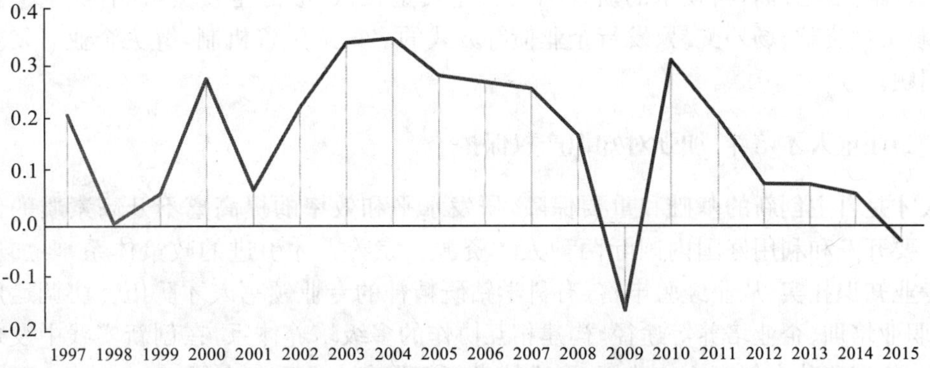

图 8　1997—2015 年出口额增速

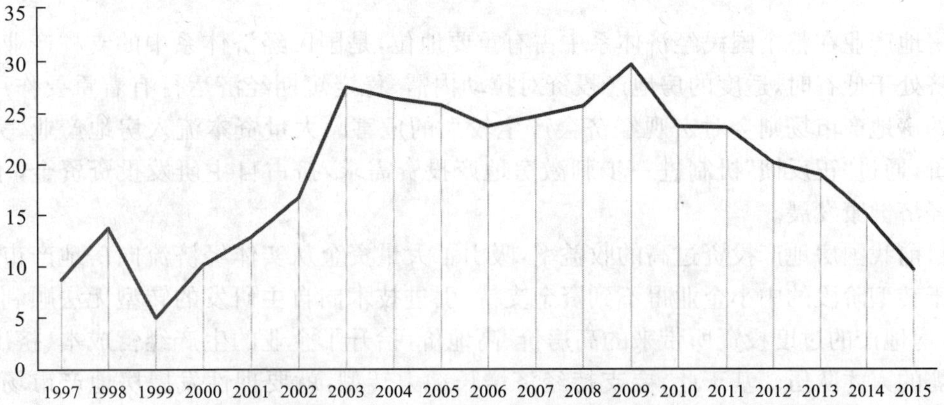

图 9　1997—2015 年固定资产投资完成额增速

按照传统西方经济学的理论，有三辆拉动经济增长的“马车”——投资、消费和出口，但是根据前文的分析，在引进技术条件下，拉动经济增长的其实只有两辆“马车”，即投资和出口。从上面两张图来看，2002 年到 2008 年是引进技术条件下，两辆“马车”动力最强劲的时期，这和本文的计算结果也相一致，而从 2008 年之后，投资和出口需求明显下降，标着着中国经济已经进入引进技术方式的末期。

四、政策建议

(一)推进财税体制改革，强化对创新活动的金融支持

良好的机制体制环境，是技术实现赶超和创新的关键，对产业升级和技术进步具有决定性作用。财税和金融体制改革则是体制机制改革的核心。要创新支持模式，形成普惠性为主、差异化为辅的政策支持模式。建立稳定的财政投入增长机制，增加研发专项基金投入，对技术创新亟需的投融资给予普惠性税率优惠。针对不同行业的具体情况，根据发展阶段和研发需求，设计和实施差异化的税收政策，建立健全对研发环节的税收优惠减免政策和针对自主研发产品的政府采购制度，适应不同产业的发展需求。

在金融支持方面，新技术的研发需要大量资金投入，应健全投资机制，建立包括风险投资、政策性贷款、场外交易、发行企业债等方式的多渠道融资机制，解决企业研发资金缺乏的问题。

(二)注重人才培养，加强对知识产权保护

人才是自主创新的基础和重要保障，研发水平和效率的提高离不开高素质的创新型人才。要开发和利用好国内国际两种人才资源。完善人才引进的政策体系，要加快构建一支专业知识扎实、从业经验丰富、有科学钻研精神的专业领军人才队伍。协调运用高等教育、职业培训、企业培养等途径，构建相互协作的多级培养体系，在创新实践中发现和培育人才，充实和壮大创新人才队伍，形成技术创新强有力的后备力量。

(三)理性发展房地产市场，保证资金正常运转

房地产业在整个国民经济体系中占有重要地位，是国民经济体系中的支柱产业之一。在经济处于低谷时，适度的房地产投资对拉动内需、稳定短期经济运行有着重要作用。但过热的房地产市场则会对宏观经济会产生较大的危害。大量资本流入房地产业，大幅抬高房价，通过“正反馈”机制进一步刺激房地产投资需求，挤占自主研发投资资金，不利于整体经济健康发展。

目前我国房地产投资过高的收益率，吸引了大量资金从实体经济流向房地产市场，大量处于转型阶段的中小企业得不到资金支持，引进技术向自主研发的转型无法顺利进行。同时，房地产的过度投资所带来的高房价、高地价，抬升了企业的生产经营成本、挤出了企业所需的人才队伍。基于此，要支持经济增长动力转型，就要理性发展房地产市场，尽快建立房地产发展的长效机制，在若干新区探索破解土地财政难题。要将房地产的发展控制在合理的区间范围，稳定社会预期，引导社会资源、社会焦点回归实体经济，为创新创业营造良好氛围。

(四)贯彻“一带一路”，消化过剩产能

随着引进技术向自主研发的过渡，中国的经济结构也将逐渐调整，从出口导向型经济过渡为内部需求主导的经济增长模式。然而随着全球金融危机的爆发，外部需求出现快速下降，世界经济长期低迷，这种平稳过渡显然已经难以实现。中国经济结构无法进行自然、缓慢的调整，产能过剩问题日益突出，这也成为了经济增长动力转换的一个重大负担。而“一带一路”战略的实施能够形成以产业级差为基础，要素流动为条件，市场利益为拉力的产业转移机制，有助于将拓展我国水泥、建材、钢铁、能源等多个过剩产业的市场需求，有利于中国度过经济的最艰难时期，为从引进技术向自主创新的转变创造空间和时间。

参考文献

[1] 林毅夫．中国经济下滑更多的是外部影响[J]．上海国资，2016(4)：58—59.
[2] 张军．宏观经济与供给侧结构性改革[J]．江南论坛，2016(5)：4—6.
[3] 袁富华．长期增长过程的“结构性加速”与“结构性减速”：一种解释[J]．经济研究，2012(3)：127—140.

[4]　中国经济增长前沿课题组，张平，刘霞辉等．中国经济增长的低效率冲击与减速治理[J]．经济研究，2014(12)：4－17.
[5]　林毅夫，张鹏飞．后发优势、技术引进和落后国家的经济增长[J]．经济学：季刊，2005，5(4)：53－74.
[6]　刘小鲁．知识产权保护、自主研发比重与后发国家的技术进步[J]．管理世界，2011(10)：10－19.
[7]　傅晓霞，吴利学．技术差距、创新路径与经济赶超——基于后发国家的内生技术进步模型[J]．经济研究，2013(6)：19－32.

作者信息

周晓波，中国人民大学经济学院，硕士研究生，asaswasas@163. com。
陈　璋，中国人民大学经济学院，教授、博士生导师，chzh8@vip. sina. com。
唐兆涵，中国人民大学经济学院，博士研究生，tzh0608@163. com。

投入产出供给推动模型的构建与实证分析

郑珍远　余秋菊　张茂盛

摘要：现代经济增长的过程，是经济增长与产业结构变动相互联系、相互促进、不断发展的辩证过程。改革开放以来，福建经济进入快速发展阶段，综合经济实力持续增强，产业升级步伐持续加快，人民生活水平持续提高，呈现出经济增长速度加快，经济效益提高的良好态势。但是，与发达地区相比较，福建经济总体发展水平仍然较低、产业结构不尽合理、第三产业发展滞后等。对经济增长的研究，国内外专家从不同角度进行了深入的研究，形成了不少研究成果。而利用投入产出技术来进行研究的论著却很少。鉴于此，本文试图从投入产出技术的角度对福建经济进行实证分析，以期加快福建产业结构的战略性转变，保障福建经济的持续，稳定、健康发展。

本文以福建省 1987 年、1992 年、1997 年、2002 年、2007 年、2012 年六张投入产出表为数据来源，通过对产品部门的重新分类构建价格换算指数编制福建省可比价投入产出表，在此基础上根据投入产出表二三象限的交叉平衡关系，构建出最初投入推动型投入产出交叉模型即投入产出供给推动模型，并从供给与需求相结合角度分析最初投入各个增加值细项对最终需求各个项目的推动效应，计算最初投入各个增加值细项的推动额、推动系数、推动依存度并进行动态比较分析。实证结果表明，福建增加值对最终需求各项的推动效应失衡、技术进步对最终需求扩张的推动力不足以及经济发展水平低于较发达地区等。为此，必须发挥出口服务贸易的优势，加强对外交流与合作、优化产品的出口结构、提高技术水平、加快第三产业的发展，促进产业协调发展等。

关键词：价格换算指数　可比价投入产出表　供给推动模型　推动效应分析

一、引言

改革开放以来，福建经济进入快速发展阶段，综合经济实力持续增强，产业升级步伐持续加快，人民生活水平持续提高，呈现出经济增长速度加快，经济效益提高的良好态势。但是，与发达地区相比较，福建经济总体发展水平仍然较低、产业结构不尽合理、第三产业发展滞后等。对经济增长的研究，国内外专家从不同角度进行了深入的研究，形成了不少研究成果。而利用投入产出技术来进行研究的论著却很少。鉴于此，本文试图从投入产出技术的角度对福建经济进行实证分析，以期加快福建产业结构的战略性转变，保障福建经济的持续，稳定、健康发展。

目前，产业结构的研究方法主要有计量经济分析法、投入产出分析法以及结构分解分析法等方法，且大多数文献中主要是从最终需求的角度对经济增长与产业结构的角度进行分析。比较有代表性的是：许健(2004)构建了投入产出需求拉动模型，而且给出了投入产出需求拉动模型的改进和扩展方法。汪芳(2008)基于投入产出模型，结合我国2002年投入产出表的数据，根据我国各个产业对于各项最终需求的依赖程度，将产业划分为"依赖消费型"、"依赖投资型"和"依赖出口型"等。陈楠，郑珍远(2009)从投入产出角度出发，建立了基于直接消耗系数的投入产出交叉模型，从而利用福建省2005年投入产出表分析了各行业最终使用细项与最初投入细项之间的内在数据关联。沈利生(2011)利用投入产出模型分析最终需求和三次产业增加值的关系计算分析了最终需求结构变动对产业结构变动的定量影响。宋瑞礼(2011)运用最初投入与最终需求两者之间的关系，其中利用投入产出表中的平衡关系式推导出了最终需求与最初投入之间的模型。郑珍远，陈楠(2012)选取2007年中国和福建省投入产出表数据，构建了最终需求拉动型投入产出模型，并以全国平均水平为标准对比分析了最终需求对最初投入以及进口方面的拉动效应。林发彬、何天扬(2012)运用投入产出技术，分部门计算比较消费、投资和出口的增加值诱发系数。付桂彦，郝正亚(2014)从最终需求的角度对产业结构进行研究，其中主要分析了最终消费的生产诱发系数、依赖度系数。

二、可比价投入产出表的编制及投入产出供给推动模型的构建

(一)可比价投入产出表的编制过程

本文以福建省1987年、1992年、1997年、2002年、2007年、2012年六张现价投入产出表为数据来源，通过对产品部门的重新分类构建价格换算指数编制福建省可比价投入产出表，在此基础上根据投入产出表二三象限的交叉平衡关系，构建出最初投入推动型投入产出交叉模型即投入产出供给推动模型。编制可比价投入产出表主要包括以下几个步骤：

第一，确定序列表表式、结构、部门分类。可比价投入产出序列表表式、结构和与现价表表式、结构基本相同。鉴于我国编制的1987年、1992年、1997年、2002年、2007年、2012年六张现价投入产出表的部门分类依据分别是国民经济行业分类标准GB/T 4754—1984、GB/T 4754—1994、GB/T 4754—2002和GB/T 4754—2011。因此，必须对六张现价投入产出表的部门分类进行调整，使部门分类口径前后一致。根据福建省省情，我们编制了36×36部门的六张投入产出表。

第二，价格指数的处理方法。由于价格的变化，不同年份的投入产出表之间也缺乏数据可比性，无法进行动态投入产出分析。因此，编制剔除价格变动的可比价投入产出表就显得十分必要了。在实践中，通常是利用价格指数缩减按当期价格计算的现价价值来得到可比价价值。缩减法又分为双缩法和单缩法。由于价格指数难以获取以及数据资料限

制等原因，大部分采用单缩法作为编制可比价投入产出表的主要方法，即假设中间投入和总产出的价格变动基本保持相同幅度。由此可见，在各部门分类口径一致的前提下，可比价投入产出表的编制关键就是寻找以基期当年价为基准的各部门的价格换算指数。

第三，价格换算指数的构建。构建价格换算指数首要问题必须确定对比的时期即基准年份，通常有两种：一种是将离现在比较近的不同度量的现在各年投入产出表数据通过价格换算指数都转换成以以前某一固定期为同度量的各年投入产出表数据，此时的以前某一固定期即为基年；另一种是将离现在比较远的不同度量的以前各年投入产出表数据通过价格换算指数都转换成以现在某一固定期为同度量的各年投入产出表数据，此时的现在某一固定期即为基年。本文选择离现在比较近的 2012 年作为基年，也即 1987 年、1992 年、1997 年、2002 年、2007 年五个年份的投入产出表数据都要通过价格换算指数逐步换算到均以 2012 年为基年的可比价投入产出表。由于目前我国各个产业部门的价格指数不完善，特别是省域产业部门的价格指数更是如此。因此，只能用连续五年的各个产业部门的环比价格指数连乘来获得定基价格指数即价格换算指数。

第四，可比价投入产出表的编制。构建好价格换算指数之后，就可以利用价格换算指数将以前各年不同度量的现价投入产出表转换为现在基年同度量的可比价投入产出表。即将以前各个年份的现价投入产出表的第一、第二象限分别乘以各个产业部门的价格换算指数，得到可比价投入产出表的各产业部门的中间使用、最终使用和总产出的数据。可比价投入产出表第三象限的数据可以通过各产业部门的可比价总产出与各产业部门的可比价中间投入合计之差来确定的，再利用劳动者报酬价格换算指数及固定资产折旧价格换算指数进行调整，得到可比价的劳动者报酬和固定资产折旧。对于社会纯收入可以用倒减方法获得。

第五，调整可比价投入产出表的平衡。

(二)投入产出供给推动模型的构建

众所周知，根据投入产出表的横向平衡关系与经济内容、纵向平衡关系与经济内容可以分别构建投入产出行模型与列模型，而且无论是行模型还是列模型都可以引入直接消耗系数与直接分配系数。其中，引入直接消耗系数的投入产出行模型与列模型分别为：$X=(I-A)^{-1}Y$ 与 $X=(I-\hat{A}_c)^{-1}N$；引入直接分配系数的投入产出行模型与列模型分别为：$Y=(I-\hat{H}_c)X$ 与 $X=(I-H^T)^{-1}N$。利用投入产出行模型可以从需求角度分析最终需求对经济的拉动作用，而利用投入产出列模型可以从供给角度分析最初投入对经济的推动作用。本文根据投入产出表中第Ⅱ、Ⅲ象限之间的交叉平衡联系，利用某部门的总投入等于该部门的总产出的关系，以总产出 X 作为连接桥梁，将投入产出列模型 $X=(I-H^T)^{-1}N$ 代入投入产出行模型 $Y=(I-\hat{H}_c)X$ 得到投入产出交叉模型 $Y=(I-\hat{H}_c)(I-H^T)^{-1}N$ 也即投入产出供给推动模型。利用投入产出供给推动模型可以从供给与需求相结合的角度分析最初投入对经济的推动作用。

三、基于投入产出供给推动模型的最初投入推动效应比较分析

(一)最初投入推动额的动态对比分析

最初投入推动额是指各个产业部门最初投入各个细项分别推动最终需求及其各个细项的数额,其计算公式为:

$$Y = \hat{H}_y (I - H^T)^{-1}(D + V + \mathrm{M})$$

其中 Y 为某项增加值对最终需求推动额向量,H^T 为直接分配系数转置矩阵,D、V、M 对应的分别是固定资产折旧列向量、劳动者报酬列向量、社会纯收入列向量。

从总体上分析,1987－2012 年福建省最初投入对最终需求的推动额分别为 14109093.94 万元、46377180.21 万元、39495398.17 万元、60475867.38 万元、104790788.05 万元、197017800.13 万元。由此表明,1987－2012 年福建省最初投入对最终需求的推动额呈上升状态。

从各个细项上分析,1987 年、1992 年以及 2007 年社会纯收入投入对最终需求的推动额最大,其分别为 7758879.58 万元、35987565.31 万元、47463850.04 万元;而 1997 年、2002 年以及 2012 年劳动者报酬投入对最终需求的推动额最大,其分别为 21057180.45 万元、29500036.49 万元、99790999.98 万元。由此可知:一是全社会各项收入的增加是最终需求扩张的主要因素。二是最初投入对最终需求的推动额呈现上升状态,即推动作用不断增强。

(二)最初投入推动系数的动态对比分析

最初投入推动系数是指各个产业部门最初投入各个细项推动最终需求各个细项的影响程度,其计算公式为:

$$V_i^N = \frac{Y_{iN}}{\sum_{i=1}^{n} N_i} \quad (i = 1, 2, \cdots, n)$$

其中,V_i^N 表示第 i 产业部门在第 N 项增加值的推动系数,Y_{iN} 表示第 i 产业部门在第 N 项增加值时对最终需求的推动额,$\sum_{i=1}^{n}$ 表示第 i 产业部门的增加值合计数。

1. 总投入推动系数的动态对比分析

从总体上分析,1987－2012 年最初投入对消费需求的推动系数分别为 0.783、0.533、0.548、0.520、0.486、0.400,对投资需求的推动系数分别为 0.435、0.381、0.434、0.421、0.523、0.574。由此表明:第一,最初投入对消费、投资需求的推动作用较强,对净出口需求的推动作用较弱。第二,最初投入对消费需求的推动作用不断减弱,而对投资需求的推动作用不断增强。同理对最初投入的细项进行分析可以得到,劳动者报酬投入、固定资产折旧投入以及社会纯收入投入分别对消费、投资需求的推动作用较强,对净出口需求的推动作用较弱,其中劳动者报酬投入对消费需求的推动作用整体呈现下降趋势,而对投资需求的推动作用呈现上升趋势;固定资产折旧投入对消费需求的推动作用呈现下降趋势,而

对投资需求的推动作用呈现缓慢上升趋势;社会纯收入投入对消费需求的推动作用呈现缓慢降低趋势,而对投资需求的推动作用呈现上升趋势。下面分别从最初投入各个细项对各产业部门的推动系数进行动态对比分析。

2. 劳动者报酬投入推动系数的动态对比分析

首先,对第一产业进行分析。1987－2012 年农业与林业的推动系数整体上呈现下降趋势,其中林业的推动系数从 1987 年的 0.047 下降至 2012 年的－0.004,是 1987 年的 0.14 倍。

其次,对第二产业进行分析。采掘业、纺织业、服装鞋帽皮革羽绒及其制造业、化学工业、交通运输设备制造业的推动系数波动较大。其中采掘业、纺织业的推动系数波动分别从 1987 年的－0.002、0.014 下降至 2012 年的－0.052、0.005,分别是 1987 年的 26 倍、0.36 倍。而服装鞋帽皮革羽绒及其制造业、化学工业、交通运输设备制造业的推动系数分别从 1987 年的 0.028、－0.001、－0.001 上升至 2012 年的 0.143、0.007、0.028,分别是 1987 年的 5 倍、－7 倍、－28 倍。

最后,对第三产业进行分析。交通运输、仓储及邮政业,信息传输、计算机服务和软件业,房地产业,居民服务和其他服务业,公共管理和社会组织的推动系数波动较大,其中交通运输、仓储及邮政业的推动系数从 1987 年的 0.023 下降至 2012 年的 0.011。而信息传输、计算机服务和软件业,房地产业,公共管理和社会组织的推动系数分别从 1987 年的 0.002、0.001、0.022 上升至 2012 年的 0.014、0.016、0.053,分别是 1987 年 7 倍、16 倍、2.4 倍。

由此可知,劳动者报酬投入对第一产业的推动作用明显减弱,尤其是对林业的推动作用转为反向推动作用;对制造业及建筑业的推动作用明显;对第三产业的生活服务部门的推动作用显著增强。

3. 固定资产折旧投入推动系数的动态对比分析

对第一产业进行分析。1987－2012 年第一产业部门的推动系数整体上呈现出逐步下降的趋势,其中林业、畜牧业的推动系数波动较大,分别从 1987 年的 0.033、0.048 下降至 2012 年的－0.001、0.004。

其次,对第二产业进行分析,采掘业、纺织业、服装鞋帽皮革羽绒及其制造业、化学工业、金属制品业、交通运输设备制造业、仪器仪表及文化办公用机械制造业的推动系数波动较大,其中采掘业、纺织业的推动系数分别从 1987 年的－0.003、0.018 下降至 2012 年的－0.048、0.006,分别是 1987 年的 16 倍、0.33 倍。而服装鞋帽皮革羽绒及其制造业、化学工业、交通运输设备制造业的推动系数分别从 1987 年的 0.031、－0.001、－0.002 上升至 2012 年的 0.121、0.01、0.032,分别是 1987 年 3.9 倍、－10 倍、－16 倍。

最后,对第三产业进行分析。交通运输、仓储及邮政业,教育,信息传输、计算机服务和软件业,批发和零售业,房地产业,居民服务和其他服务业的推动系数波动较大,其中交通运输、仓储及邮政业,教育的推动系数波动分别从 1987 年的 0.035、0.046 下降至 2012 年的 0.015、0.019,分别是 1987 年 0.43 倍、0.42 倍。而信息传输、计算机服务和软件业,批发和零售业,房地产业的推动系数分别从 1987 年的 0.011、0.02、0.133 上升至 2012 年的 0.053、0.032、0.204,分别是 1987 年 4.8 倍、1.6 倍、1.5 倍。

由此可知,固定资产折旧投入对第一产业部门的最终需求推动作用明显减弱;对第二产业部门的推动作用更加显著;对第三产业部门的整体推动作用较弱,但对批发和零售业、房地产业以及公共管理和社会组织的推动作用显著。

4. 社会纯收入投入推动系数的动态对比分析

首先，对第一产业进行分析。第一产业部门的推动系数整体上呈现出逐步下降的趋势，其中农业、林业的推动系数波动程度较大，分别从 1987 年的 0.06、0.027 下降至 2012 年的 0.006、−0.001。

其次，对第二产业进行分析。采掘业，通信设备、计算机及其他电子设备制造业，化学工业，交通运输设备制造业，仪器仪表及文化办公用机械制造业，建筑业推动系数波动较大。其中采掘业，通信设备、计算机及其他电子设备制造业的推动系数波动分别从 1987 年的−0.001、0.455 下降至 2012 年的−0.055、0.044，分别是 1987 年 55 倍、0.10 倍。而化学工业，交通运输设备制造业，建筑业的推动系数分别从 1987 年的−0.002、−0.005、0.025 上升至 2012 年的 0.01、0.039、0.259，分别是 1987 年−5 倍、−7.8 倍、10.4 倍。

最后，对第三产业进行分析。交通运输、仓储及邮政业，教育，信息传输、计算机服务和软件业，批发和零售业，金融保险业的推动系数波动较大，其中交通运输、仓储及邮政业，教育的推动系数波动分别从 1987 年的 0.045、0.052 下降至 2012 年的 0.012、0.007，分别是 1987 年 0.27 倍、0.13 倍。而信息传输、计算机服务和软件业，批发和零售业，金融保险业的推动系数分别从 1987 年的−0.002、0.003、0.004 上升至 2012 年的 0.024、0.072、0.014，分别是 1987 年−12 倍、24 倍、3.5 倍。

由此可知，社会纯收入投入对第一产业部门的最终需求推动作用明显减弱；对大部分的第二产业部门的最终需求推动作用明显增强，尤其是木材加工及家具制造业、建筑业的推动作用显著增强；对第三产业部门的整体推动作用较弱，但是对批发和零售业的推动作用相对较强。

(三)最初投入推动依存度的动态对比分析

最初投入推动依存度是指各个产业部门中最终需求各个细项对最初投入各个细项的依赖程度。其反映了各个产业部门增加值各个细项分别对最终需求的贡献程度的大小。其计算公式为：

$$U_i^N = \frac{Y_{iN}}{Y_i} \quad (i = 1, 2, \cdots, n)$$

其中，U_i^N 表示第 i 产业第 N 项增加值的推动依存度；Y_{iN} 表示第 i 产业第 N 项增加值对最终需求的推动额；Y_i 表示第 i 产业的最终需求合计数。

1. 总投入推动依存度的动态对比分析

从总体分析，1987—2012 年劳动者报酬投入的推动依存度分别为 38.74%、18.79%、53.32%、48.78%、42.75%、50.65%，社会纯收入投入的推动依存度分别为 54.99%、77.60%、35.67%、37.47%、45.29%、38.61%。由此表明：第一，劳动者报酬投入和社会纯收入投入的推动依存度较大，固定资产折旧投入的推动依存度较小。第二，社会纯收入投入对最终需求的推动作用逐渐下降，而其他投入的推动作用逐渐增强。同理对最初投入细项进行分析可得到，劳动者报酬投入、社会纯收入投入的推动依存度较大，而固定资产折旧投入的推动依存度较小，其中社会纯收入投入对最终需求的推动作用逐渐下降，而其他投入的推动作用逐渐增强。下面分别从最初投入的细项对各产业部门的推动依存度进行动态对比分析。

2. 劳动者报酬投入推动依存度的动态对比分析

从动态上分析：首先，对第一产业进行分析。第一产业部门的推动依存度在整体上呈逐渐上升的趋势，尤其是林业的推动依存度从1987年的51.36%上升至2012年的80%，是1987年的1.69倍。

其次，对第二产业分析。采掘业，建筑业，非金属矿物制品业，金属冶炼及压延加工业，通信设备、计算机及其他电子设备制造业的推动依存度变动较大，其中采掘业、建筑业的推动依存度分别从1987年的56.94%、75.69%下降至2012年的49.83%、53.08%，分别是1987年的0.88倍、0.70倍。而非金属矿物制品业，金属冶炼及压延加工业，通信设备、计算机及其他电子设备制造业的推动依存度分别从1987年的10.45%、5.89%、2.75%上升至2012年的43.95%、42.61%、46.98%。

最后，对第三产业分析。信息传输、计算机服务和软件业，文化、体育和娱乐业，金融保险业，房地产业，教育的推动依存度变动较大，其中信息传输、计算机服务和软件业，文化、体育和娱乐业的推动依存度分别从1987年的166.35%、120.56%下降至2012年的31.68%、63.16%，分别是1987年的0.19倍、0.52倍。而金融保险业、房地产业、教育的推动依存度分别从1987年的3.13%、1.08%、24.05%上升至2012年的36.18%、15.74%、75.99%，分别是1987年的11.56倍、14.57倍、3.16倍。

由此可知，劳动者报酬投入对第一产业部门最终产品的生产贡献程度显著增强，说明第一产业部门属于劳动密集型产业部门；对第二产业部门最终产品的生产贡献程度有所提高；对第三产业部门最终产品的生产贡献程度明显增强，且一半的产业部门对劳动者报酬投入的依赖程度较大。

3. 固定资产折旧投入推动依存度的动态对比分析

从动态上分析：首先，对第一产业进行分析。第一产业部门的推动依存度呈缓慢下降的趋势，其中林业的推动依存度分别由1987年的5.81%下降至2012年的2.88%，是1987年的0.50倍。

其次，对第二产业分析。采掘业，其他制造业，纺织业，金属冶炼及压延加工业，通信设备、计算机及其他电子设备制造业的推动依存度变动较大，其中采掘业、其他制造业的推动依存度分别从1987年的16.55%、20.93%下降至2012年的9.84%、10.11%，分别是1987年的0.59倍、0.48倍。而纺织业，金属冶炼及压延加工业，通信设备、计算机及其他电子设备制造业的推动依存度分别从1987年的2.58%、1.9%、0.71%上升至2012年的11.46%、13.06%、9.83%，分别是1987年的4.44倍、6.87倍、13.85倍。

最后，对第三产业分析。信息传输、计算机服务和软件业，文化、体育和娱乐业，交通运输、仓储及邮政业，金融保险业，教育的推动依存度变动较大，其中信息传输、计算机服务和软件业，文化、体育和娱乐业的推动依存度分别从1987年的186.31%、25.91%下降至2012年的26.04%、9.7%，分别是1987年的0.14倍、0.37倍。而交通运输、仓储及邮政业，金融保险业，教育的推动依存度分别从1987年的6.13%、1.13%、6.91%上升至2012年的13.93%、6.6%、10.25%，分别是1987年的2.27倍、5.84倍、1.48倍。

由此可知，固定资产折旧投入对第一产业部门的推动依存度较低，说明第一产业部门不属于资本密集型产业；对部分第二产业部门最终产品的生产贡献程度有缓慢提高；对第三产业中房地产业、金融保险业的贡献程度逐渐提高，说明房地产业与金融保险业属于资本密集型产业。

4. 社会纯收入投入推动依存度的动态对比分析

从动态上分析：首先，对第一产业进行分析。第一产业的推动依存度在整体上呈逐步下降的趋势，其推动依存度分别由1987年的30%左右下降至15%左右。

其次，对第二产业分析。石油加工、炼焦及核燃料加工业，通信设备、计算机及其他电子设备制造业，采掘业，其他制造业，建筑业的推动依存度变动较大，其中石油加工、炼焦及核燃料加工业，通信设备、计算机及其他电子设备制造业的推动依存度呈先下降后上升的变动趋势，其推动依存度分别从1987年的82.43%、96.54%下降至1992年及1997年的－435.62%、－152.69%，然后再分别上升至2012年的41.31%、43.19%。而采掘业、其他制造业、建筑业的推动依存度分别从1987年的26.51%、27%、13.09%上升至2012年的40.33%、42.23%、37.63%，分别是1987年的1.52倍、1.56倍、2.87倍。

最后，对第三产业分析。餐饮业，教育，信息传输、计算机服务和软件业，批发和零售业，文化、体育和娱乐业的推动依存度变动较大，其中餐饮业、教育的推动依存度呈逐渐下降的趋势，分别从1987年的68.8%、69.05%下降至2012年的25.49%、13.76%。而信息传输、计算机服务和软件业，批发和零售业，文化、体育和娱乐业的推动依存度呈逐渐上升的趋势，分别从1987年的－252.66%、13.44%、－46.47%上升至2012年的42.28%、50.95%、27.14%，分别是1987年的－0.17倍、3.79倍、－0.58倍。

由此可知，社会纯收入投入对第一产业部门最终产品的生产贡献程度显著降低；对第二产业部门最终产品的生产贡献程度明显降低，且依存度均由50%以上下降至50%以下；对部分第三产业部门最终产品的生产贡献程度有所上升。

四、主要结论与政策建议

1. 福建省全社会各项收入的增加是促进消费需求、投资需求扩张的主要因素。因此加大最终需求的扩张需要提高全社会收入水平，全社会各项收入主要包括居民收入、政府收入以及企业收入等。其中，提高居民收入的途径主要有建立最低生活保障机制、努力实践各项扶贫政策、鼓励居民自主创业等；提高政府收入的途径主要有开征税种、积极促进生产增加税收、处置废弃的国有资产以及积极促进经济发展增加税收总量等；提高企业收入的途径主要有实行企业管理机制与生产理念的创新、提高生产效率、提高企业自身与职工的成本意识以及降低企业的生产成本等。在保证经济持续增长的前提下，运用不同的方法去增加全社会各项收入水平，进而加强最终需求的扩张能力。

2. 福建省出口产品的技术含量较低。福建省应加大技术水平的提高，其中提高企业技术水平的重点在于创新，其原因在于：第一，福建省传统的产业较多，技术创新与制度创新能够提高传统产业的供给质量与效率，适应国内外市场的需求。第二，技术创新与制度创新能够在“互联网＋”时代形成新的增长点。其创新的主要途径有两种，其一是实施高端人才的引进计划，营造出人才充分发挥作用的良好环境，奉行公开公正、鼓励创新、尊重人才的准则。其二是实施“引进来，走出去”的政策，“引进来”主要是指将发达国家中较先进的技术水平引进企业，再结合企业自身的发展情况对技术水平进行改革与创新。“走出去”是指企业对外开拓市场，利用中国完善的对外贸易政策与优惠的税收政策将企业产品推广出去，打造自己的品牌。技术水平的提高不仅可以优化福建省的出口结构，而且还可以增强企业的附加值水平，进而提升自身的经济效益水平。

3. 福建省产业结构不协调。其中最初投入各项对第一产业部门的推动作用明显减弱，对第二产业部门的推动作用较强，而劳动者报酬投入对部分第三产业部门的推动作用显著，固定资产折旧投入与社会纯收入投入对大部分的第三产业部门的推动作用较弱。由此说明福建省最初投入对各个产业部门的推动力不均衡，进而导致产业结构发展不协调，低端产品严重过剩、中高端产品供给不足的局面。目前，福建省应着力进行结构性改革，通过企业在技术、产品、营销、管理等方面的创新提高供给质量与效率、加速经济升级换挡。因此，福建省在持续发展第一产业的同时，积极促进第二、三产业部门的发展，尤其是第二产业需做到增量与存量两方面的调整以及对先进制造业与现代服务业的发展。

参考文献

[1] 钟契夫，陈锡康，刘起运．投入产出分析(修订本)[M]．北京：中国财政经济出版社，1993.

[2] 董承章．投入产出分析[M]．北京：中国财政经济出版社，2000.

[3] 董承章，刘起运，苏汝劼．投入产出分析[M]．北京：中国人民大学出版社，2006.

[4] 廖明球．投入产出及其扩展分析[M]．北京：首都经济贸易大学出版社，2009.

[5] 陈锡康，杨翠红．投入产出技术[M]．北京：科学出版社，2011.

[6] 董承章，王守祯．投入产出学[M]．北京：中国统计出版社，2012.

[7] 向蓉美．投入产出法(第二版)[M]．四川：西南财经大学出版社，2013.

[8] 夏明，张红霞．投入产出分析理论、方法与数据[M]．北京：中国人民大学出版社，2013.

[9] 许健．投入产出需求拉动模型的改进与扩展[A].
许宪春，刘起运．2004 中国投入产出理论与实践 [C]．北京：中国统计出版社，2005：62—71.

[10] 汪芳．我国产业的诱发效应及生产的最终依赖度分析[J]．科学学与科学技术管理，2008(6)：120—124.

[11] 陈楠，郑珍远．投入产出交叉模型的构建与实证分析[EB/OL]．北京：中国科技论文在线[2009—01—14]. http://www.paper.edu.cn/releasepaper/content/200901—644.

[12] 沈利生．最终需求结构变动怎样影响产业结构变动——基于投入产出模型的分析[J]．数量经济技术经济研究，2011(12)：82—95.

[13] 宋瑞礼．最终需求与增加值的传导机制——基于 D—N 转化矩阵[J]．开放导报，2011(6)：88—91.

[14] 郑珍远，陈楠．最终需求拉动型投入产出模型的构建和比较分析——基于进口非竞争型投入产出表[A].

[15] 彭志龙，刘起运，佟仁城．2010 理论与实践[C]．北京：中国统计出版社，2012：151—159.

[16] 林发彬，何天扬．最终需求对福建经济增长诱发效应的比较研究[J]．学术评论，2012(6)：91—94.

[17] 付桂彦，郝正亚．基于投入产出模型的河北省居民消费结构对产业结构的影响分析[J]．产业经济，2014(25)：240—241.

作者简介

郑珍远，福州大学经济与管理学院统计系副教授，MAS 学位点负责人，硕士生导师。邮箱：fzdxzzy@163.com。

余秋菊、张茂盛，福州大学经济与管理学院，统计学硕士研究生。

互联网经济的规模和对各行业的影响

——基于全球十大经济体比较研究

沈　勇　阚凤云　钟雨龙　马　冲

摘要：选取 OECD 投入产出数据库，从产值和增加值两方面评测了全球十大经济体互联网经济的规模。在投入产出表基础上进一步建立 Ghosh 供给约束模型，实证测算各国互联网部门对其他部门的推动效应。发现自 2000 年以来，发达国家互联网部门对实体经济总的推动力呈上升趋势，推动力主要集中在商务服务、金融、批发零售三大生产性服务业。与主要发达国家相比，我国互联网与先进制造业融合走在世界前列，但互联网与生产性服务业、公共管理、卫生等部门的融合需要进一步加强。

关键词：互联网经济　供给约束　投入产出

一、引言

近年来，随着固定宽带、无线网络等基础设施水平的快速提高，个人计算机和移动设备的迅速普及，互联网逐渐渗透到经济生活的方方面面，对金融、制造、零售、能源、交通、教育、出版、传媒、医疗等各行各业都产生了重要影响。在全球新一轮科技革命和产业变革中，互联网与各领域的融合发展具有广阔前景和无限潜力，已成为不可阻挡的时代潮流。世界各国愈加认识到互联网经济所蕴含的巨大商业空间和潜在经济价值，纷纷加强了相关学术研究和政策探讨。2012 年，经合组织首次发布了《OECD 互联网经济展望》，将互联网经济定义为通过互联网维系的经济活动或纯粹依靠互联网的经济活动所产生的价值（OECD，2012），并提出了衡量互联网经济规模的三种方法。与此同时，美国、英国、德国、法国、日本、韩国等主要发达国家相继制定了各自的互联网经济发展战略，从基础设施、人才培养、鼓励创新、促进竞争等方面进行了具体部署。我国政府对互联网经济也高度重视，2015 年国务院发布了《积极推进“互联网+”行动指导意见》，要求推动互联网由消费领域向生产领域拓展，大力拓展互联网与经济社会各领域融合的广度和深度。相对而言，我国互联网起步较晚，但近年来发展很快，与主要经济体相比，国内互联网经济的规模究竟有多大，与实体经济融合程度如何，对各行业促进作用有何不同？显然，准确回答以上问题，对科学把握我国互联网经济现状和未来发展方向、合理制定相关政策具有重大理论和现实意义。

二、互联网经济规模的测算

关于互联网经济规模的测算，目前仍是一个存在广泛争议的话题，在理论和实践上都存在诸多难点。在理论上，“互联网”和“互联网经济”是两个不同的经济概念，“互联网”可以定义为物理网络与提供数据连通性的架构，而“互联网经济”是用来定义互联网在整个经济体系中所支撑经济转变的一个词语。“互联网经济”作为替代信息经济、信息产业而提出的全新概念，可能包括由互联网提供连通性所带来的全部用途和利益，涵义要更加宽泛，内涵和机理也尚未形成学术共识。在实践中，考虑到互联网的通用性、转换性等特点以及其深远的经济影响力，互联网活动与国民经济各行业存在相互渗透，在现行统计标准下，其边界无法做到清晰界定，这都导致了互联网经济的实际规模难以精确衡量。尽管存在诸多障碍，不同机构还是尝试提出了各种方法，包括直接、间接、建模三种估算方法。从已有文献来看，直接法具有简单易行的优点，应用最为广泛，它利用现有增加值、就业、产值等官方数据，对经济体系中与互联网密切相关的行业数据进行汇总加工，并作为 GDP 的一部分来表示互联网经济的宏观影响力。例如《OECD 信息社会评测指南》在 ISIC 国际产业分类标准下，通过衡量 ICT 行业的增加值来代表互联网经济的规模（OECD，2012）。汉密尔顿咨询公司（2009）则基于与互联网有关的工作岗位数量来估算美国互联网经济规模。波士顿咨询集团相关研究发现，基于互联网的各种活动约占英国 GDP 的 7.2%（BCG，2010）。德勤会计事务所对澳大利亚进行了一项类似研究，得到的估算值为 3.4%（Deloitte，2010）。麦肯锡（2011）对八国集团和金砖四国的研究也到了类似的结论，互联网经济的平均规模相当于 GDP 的 3.4%。

OECD 直接法在测算互联网经济规模时，涉及到相关行业合并，需要大量结构化信息。而投入产出表，是反映国民经济各部门相互联系、相互影响的核算账户，它根据 ISIC 产业分类进行部门划分，包含了丰富结构化数据，在测算互联网经济规模和考察互联网经济对各行业影响上具有独特优势。我们利用 OECD 于 2016 年 1 月最新发布的 2011 年投入产出表，对全球十大经济体的互联网经济规模进行测算。具体做法是根据 ISIC 产业分类将投入产出表中的 Computer，Electronic and optical equipment（计算机和电子设备制造），Post and telecommunications（电信业），Computer and related activities（计算机相关服务）三个产业合并为互联网部门，测算其在全部产值和增加值中的比重，计算结果如图 1 所示（见下页）。

从产值来看，我国互联网经济占本国总产出的比重达到 6.35%，在十大经济体名列第二，远高于印度的 4.25%和巴西的 4.8%，略高于美国的 6.14%和英国的 6.07%，仅次于日本的 7.59%，说明我国互联网部门已经初步建立了较为庞大的生产规模，在全球生产供应体系中占有一席之地。然而从增加值来看，我国互联网经济占本国 GDP 的比重仅为 4.59%，在十大经济体中仅排名倒数第四，不但远低于美、日、英等互联网强国，略低于德、法等欧洲传统发达国家，甚至不及新兴经济体中的印度。进一步从产值和增加值的对比来看，美国、英国、印度、加拿大的增加值比重高于产值比重，日本、德国、法国、意大利、巴

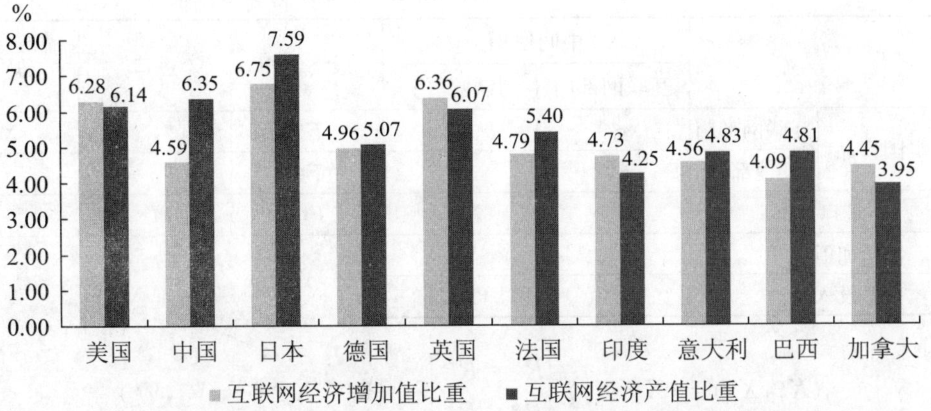

图1　全球十大经济体互联网部门占国民经济的比重(2011年)

西的增加值比重与产值比重大体相当,只有我国的增加值比重远低于产值比重。一般来说,增加值是一个经济体新创造价值,相比产值能更准确反映实际经济效益和质量。增加值比重不高,我们认为可能有两方面原因:第一,我国互联网经济大而不强,无论软件还是硬件,多项核心技术和关键零部件仍然掌握在主要发达国家手中,国内承接的更多是后期组装、服务外包等劳动密集型环节,从产业链条上看,存在增加值漏出效应。第二,相比发达国家而言,我国作为世界工厂,制造业仍占有很大比重。制造业产业链较长,增加值率普遍低于服务业。在我国互联网经济中,计算机和电子设备等制造业部门占据较高份额,相应拉低了互联网部门的总体增加值率。

三、互联网部门对各行业的促进

在比较了主要国家互联网经济的大体规模后,我们同样关注互联网部门对实体经济的促进作用,特别是对不同行业的影响差别,为此需要引入Ghosh供给约束模型进行相应的实证测算。

(一)Ghosh供给约束模型的引入

Ghosh供给约束模型最早由戴维斯和萨尔金(1984)创立,他们在传统Ghosh模型的基础上,保留了直接分配系数的概念,并把整个产业分为有约束产业r和无约束产业s两部分,假设当受约束产业r增加供给时,将推动无约束产业s的总产品。Ghosh供给约束模型最适合模拟经济体中某些供给不足的能源、交通、电力、通讯等基础设施对各产业的影响。Kerschner and Hubacek(2009)曾将Ghosh供给约束模型用于分析石油短缺对经济的冲击。OECD国家的大多数政策制定者目前都认为互联网与电力、供水和交通网络一样,是一种重要的公共基础设施。因此,我们可以借鉴供给约束模型,把整个经济区分为互联网部门和其他部门,当互联网部门产出增加时,会推动其他部门产出的扩大。

表1(见下页)是供给约束模型的简化形式,现在令产品的直接分配系数为$r_{ij}=x_{ij}/X_i$,直接分配矩阵为R,从而把表1表示为分块矩阵的列模型:

表 1　投入产出供给约束简化表

			中间使用		最终使用	进口	总产出
			互联网部门	其他部门			
中间投入	本国产品	互联网部门	x_{ij}^{rr}	x_{ij}^{rs}	F_i^r		X_i^r
		其他部门	x_{ij}^{sr}	x^{ss}	F_i^s		X_i^s
	进口产品		X_j^{mr}	X_j^{ms}	F_i^m	M_i	
增加值			V_j^r	V_j^s			
总投入			X_j^r	X_j^s			

$$(X_j^r, X_j^s) = (X_j^r, X_j^s)\begin{bmatrix} R^{rr} & R^{rs} \\ R^{sr} & R^{ss} \end{bmatrix} + (X_j^{mr}, X_j^{ms}) + (V_j^r, V_j^s) \tag{1}$$

R^{rr} 和 R^{rs} 为互联网部门 r 作为供给向部门 r 和 s 提供的中间投入量，R^{sr} 和 R^{ss} 为其他部门 s 作为供给向部门 r 和 s 提供的中间投入量。模型求解，得到：

$$X_j^s = (X_j^r R^{rs} + X_j^{ms} + V_j^s)(I - R^{ss})^{-1} \tag{2}$$

现在假定互联网部门的产出增加 ΔX_j^r，从而把(2)式改写成：

$$\Delta X_j^s = \Delta X_j^r R^{rs}(I - R^{ss})^{-1} \tag{3}$$

可以看出，其他部门的产出增量 ΔX_j^s 取决于直接分配系数 R^{rs} 及逆矩阵 $(I - R^{ss})^{-1}$。

(二)实证分析

我们选取 OECD 公布的全球十大经济体 34 部门投入产出表，进行部门合并和矩阵分块后建立 Ghosh 供给约束模型，依据公式(3)实证测算互联网部门对其他部门的推动效应。

1. 发达国家互联网部门对实体经济推动力呈上升趋势。总体来看，2000 年到 2011 年，七个最发达的工业化国家(G7)互联网部门对实体经济的推动力均呈现上升趋势。例如 2000 年，美国互联网部门每增加 1 单位产出，将推动其他部门 0.588 单位的产出，到 2011 年时每增加 1 单位互联网部门产出，推动其他部门产出提高到 0.672 单位。相应的，2000 年到 2011 年日本其他部门受互联网部门的推动力从 0.437 提高到 0.473，德国从 0.468 提高到 0.501，英国从 0.712 提高到 0.724，法国从 0.599 提高到 0.682，意大利从 0.793 提高到 0.850，加拿大从 0.520 提高到 0.548，七个发达国家同时出现了上升。尽管 2001 年互联网泡沫破裂一度冲击了互联网领域的投资，导致英国、德国在 2005 年的推动力出现下降，但到了 2011 年发达国家互联网部门对实体经济的推动力已经回升并超过 2000 年水平。在新兴经济体中，巴西、中国表现出了与英国、德国类似的趋势，推动力先降后升，只有印度较为特殊，推动力呈现逐渐下滑趋势。

表 2　2000 年、2005 年、2011 年互联网部门对其他部门的总推动力

年份	美国	中国	日本	德国	英国	法国	印度	意大利	巴西	加拿大	平均值
2000	0.588	0.684	0.437	0.468	0.712	0.599	0.695	0.793	0.921	0.520	0.642
2005	0.634	0.466	0.470	0.406	0.687	0.671	0.509	0.896	0.895	0.648	0.628
2011	0.672	0.617	0.473	0.501	0.724	0.682	0.400	0.850	0.960	0.548	0.643

2. 互联网部门对实体经济的推动力集中在商务服务、金融、批发零售三大生产性服务业。我们将互联网部门对各行业的推动力从大到小依次排序，并选取2011年各国受推动力最大的五个行业进行统计归纳，发现了一些较为普遍的规律(见表3)。其中，商务服务、金融、批发零售是受互联网影响最为显著的3个行业，它们受到的推动力在9个国家中均排名前5。此外，公共管理、建筑业、交通运输也是受互联网推动较为典型的行业，例如有6个国家公共管理受到的推动力在所有行业中排名前5。总体来看，在世界范围内互联网部门的推动效应集中在第三产业，互联网与服务业的融合程度要高于制造业，这既在一定程度上反映了当前“互联网＋”的发展现状，也揭示了未来推动互联网与制造业融合具有巨大的潜力和空间。

3. 我国互联网部门对行业的推动力存在独特性。与发达国家和10大经济体平均水平相比，我国互联网部门对各行业的推动力主要存在三点独特性。第一，国内先进制造业受到的互联网推动力要远高于发达国家。例如国内设备制造、电气制造、汽车制造受到的推动力为0.042、0.038、0.029，明显高于十国平均值0.020、0.014、0.020。说明作为制造业大国，我国非常重视互联网与先进制造业融合互动，颁布了两化融合等一系列政策措施，有意识发挥互联网产业的技术支撑和创新溢出效应，来强化制造业的国际竞争优势。第二，国内生产性服务业受到的互联网推动力要远低于发达国家。例如我国批发零售、交通运输、金融受到的推动力为0.030、0.014、0.022，明显低于十国平均值0.071、0.031、0.066。生产性服务业滞后是我国经济发展过程中的一个主要短板，通过引入互联网技术、互联网思维和互联网模式，提升改造生产性服务业的效率和质量，是未来发展的重要思路。第三，国内公共管理受到的互联网推动力不足，与主要发达国家差距明显。目前美国、日本等国正在大力推广电子政务，运用互联网技术强化跨部门审批的协同性，努力向全社会提供实时的公共服务，并将部分政府数据由公众共享，这在一定程度上为我国“互联网＋”政务的发展指出了方向。

表3　互联网部门对其他行业的推动力(2011年)

行　业	美国	中国	日本	德国	英国	法国	印度	意大利	巴西	加拿大	平均值
农　业	0.005	0.017	0.003	0.003	0.006	0.008	0.008	0.007	0.016	0.008	0.008
采掘业	0.008	0.017	0.000	0.001	0.006	0.001	0.002	0.002	0.052	0.021	0.011
食　品	0.019	0.023	0.011	0.016	0.018	0.024	0.025	0.030	0.034	0.012	0.021
纺　织	0.002	0.021	0.002	0.003	0.002	0.003	0.024	0.023	0.009	0.001	0.009
木　材	0.002	0.007	0.001	0.002	0.001	0.002	0.001	0.004	0.003	0.003	0.003
造　纸	0.025	0.007	0.006	0.029	0.010	0.016	0.006	0.017	0.013	0.010	0.014
原油加工	0.008	0.009	0.004	0.006	0.003	0.008	0.008	0.006	0.019	0.010	0.008
化学工业	0.016	0.025	0.021	0.020	0.016	0.021	0.018	0.019	0.033	0.006	0.020
塑料橡胶	0.005	0.013	0.009	0.006	0.003	0.006	0.006	0.009	0.008	0.003	0.007
非金属	0.003	0.014	0.003	0.005	0.003	0.004	0.004	0.009	0.006	0.002	0.005
金属冶炼	0.007	0.035	0.008	0.009	0.004	0.006	0.016	0.011	0.021	0.007	0.012
金属制品	0.009	0.008	0.005	0.011	0.004	0.010	0.012	0.021	0.007	0.003	0.009

续表

行　业	美国	中国	日本	德国	英国	法国	印度	意大利	巴西	加拿大	平均值
设备制造	0.011	0.042	0.024	0.028	0.006	0.014	0.017	0.031	0.018	0.005	0.020
电气制造	0.004	0.038	0.010	0.019	0.003	0.009	0.020	0.027	0.009	0.001	0.014
汽车制造	0.016	0.029	0.027	0.032	0.008	0.016	0.016	0.012	0.036	0.008	0.020
运输设备	0.015	0.008	0.003	0.004	0.010	0.021	0.009	0.009	0.006	0.003	0.009
废品废料	0.007	0.005	0.004	0.006	0.004	0.006	0.026	0.015	0.003	0.005	0.008
水电气	0.003	0.019	0.013	0.013	0.014	0.017	0.007	0.043	0.020	0.007	0.016
建　筑	0.020	0.061	0.027	0.018	0.042	0.037	0.032	0.053	0.023	0.041	0.035
批发零售	0.065	0.030	0.075	0.061	0.095	0.096	0.015	0.148	0.062	0.067	0.071
住宿餐饮	0.018	0.006	0.017	0.007	0.022	0.014	0.011	0.032	0.015	0.010	0.015
交通运输	0.015	0.014	0.016	0.031	0.051	0.024	0.040	0.072	0.025	0.019	0.031
金　融	0.071	0.022	0.033	0.047	0.122	0.078	0.035	0.057	0.088	0.110	0.066
房地产	0.030	0.022	0.011	0.009	0.031	0.028	0.001	0.016	0.006	0.025	0.018
租　赁	0.005	0.001	0.002	0.002	0.005	0.011	0.000	0.004	0.005	0.003	0.004
商务服务	0.075	0.068	0.051	0.044	0.090	0.113	0.011	0.081	0.175	0.029	0.074
公共管理	0.120	0.025	0.032	0.021	0.046	0.030	0.010	0.028	0.100	0.075	0.049
教　育	0.020	0.014	0.006	0.007	0.015	0.010	0.003	0.006	0.050	0.011	0.014
卫　生	0.046	0.007	0.026	0.017	0.039	0.021	0.006	0.028	0.071	0.018	0.028
社会服务	0.023	0.010	0.023	0.022	0.043	0.026	0.011	0.030	0.027	0.023	0.024
合　计	0.672	0.617	0.473	0.501	0.724	0.682	0.400	0.850	0.960	0.548	0.643

四、主要结论

本文选取 OECD 投入产出数据库，从产值和增加值两方面测评了全球十大经济体互联网经济的规模。发现从产值份额看，我国互联网经济在十大经济体名列第二，已经初步建立了较为庞大的生产规模，在全球生产供应体系中占有一席之地。然而从增加值份额看，我国与美国、日本、英国等主要发达国家相比仍存在较大差距。文章在投入产出表的基础上，进一步建立 Ghosh 供给约束模型，实证测算了各国互联网部门对其他部门的推动效应。发现 2000 年以来，发达国家互联网部门对实体经济总的推动力呈上升趋势，推动力集中在商务服务、金融、批发零售三大生产性服务业，此外公共管理、建筑业、交通运输也是受互联网推动较为典型的行业。与主要发达国家相比，我国互联网与先进制造业的融合走在世界前列，但互联网与生产服务业、公共管理、卫生等部门的融合需要进一步加强。

参考文献

[1] OECD. OECD Internet Economy Outlook 2012[J]. Oecd, 2012.

[2] Deighton J, Quelch J. Economic value of the advertising－supported internet ecosystem[J]. IAB Report, 2009.

[3] Kalapesi C, Willersdorf S, Zwillenberg P. The Connected Kingdom: How the Internet is Transforming the UK Econom y[J]. The Boston Consulting Group, 2010.

[4] Manyika J, Hazan E, Bughin J, et al. Internet matters: The Net′s sweeping impact on growth, jobs, and prosperity[M]. McKinsey & Company, 2011.

[5] Economics D A. The Connected Continent: How the internet is transforming the Australian economy[J]. Report prepared for Google Australia, 2011.

[6] Davis H C, Salkin E L. 1984. Alternative approaches to the estimation of economic impacts resulting from supply constraints[J]. The Annals of Regional Science(2).

[7] Kerschner, C. and K. Hubacek . 2009. Assessing the suitability of input－output analysis for enhancing our understanding of potential economic effects of Peak Oil. [J]. Energy (3).

作者简介

沈　勇，东北林业大学经济管理学院本科生，研究方向为经济统计。

阚凤云，北京国家税务局干部，英国曼彻斯特大学计算机学院硕士研究生，研究方向为数字经济。

钟雨龙，中国人民大学经济学院博士研究生，研究方向为互联网经济。

马　冲，内蒙古自治区节能与应对气候变化中心干部，经济学硕士，研究方向为产业政策。

基于SDA结构分解的北京市就业人口膨胀分析:2007—2012年

王继源　龙少波　周晓波　胡国良

摘要:根据2007年、2012年投入产出表,建立了北京市21部门就业人口结构分解模型,从消费、投资、出口、劳动强度、经济技术五个因素实证分析了北京市就业人口的膨胀原因。实证结果发现,消费和出口是北京市人口膨胀的主要驱动力量,批发零售业、工业的出口需求对就业的拉动分别高达190万人和171万人;经济技术虽然从总体上抑制了就业人口的增加,但却使内部经济结构发生了改变,导致房地产、金融、租赁和商务服务业的就业规模出现扩张。劳动强度对绝大部分行业呈现抑制作用,但加剧了信息软件和科学技术服务的就业人口膨胀。

关键词:人口膨胀　SDA结构分解　投入产出　就业

一、引言

近年来,我国大城市普遍遭遇人口膨胀。由人口膨胀所引发的交通拥堵、空气污染、环境脏乱等大城市病,日渐成为威胁城市经济社会可持续发展的最突出矛盾。为此,国务院在2014年底出台的《关于进一步推进户籍制度改革的意见》中,要求严格控制城区常住人口在500万以上的特大城市人口规模。而我国七个城区常住人口超过1000万的超大城市中,已经有北京、广州、天津先后明确了人口控制目标,上海和深圳也提出要完善流动人口管理。对于北京市来说,早在《2004年城市总体规划》就提出了2020年1800万的人口目标,然而这一目标提前十年就被突破,2015年两会期间北京市从京津冀协同发展的高度提出新的人口调控目标,强调到2020年全市常住人口要控制在2300万人。我们认为,实现北京市人口控制目标,前提是要找准人口膨胀的真正原因,从行业层面对原因进一步分解和细化,才能有可能在此基础上提出有针对性的政策措施。

二、文献综述

已有研究表明,一个国家或地区的总人口与就业人口之间存在一个大致的比例关系,这个比例关系会受到人口老龄化、劳动参与率等长期因素和宏观经济形势等短期因素的共同影响。但通常来说，就业人口占总人口的比重是相对稳定的，对于北京市，这个比例常年保持在53%上下。因此，可以将人口膨胀问题的重点转向分析就业人口膨胀，当前学术界对于北京市就业人口膨胀的原因大致有以下三类观点：

第一种观点是就业人口膨胀是二元结构下的城镇化过程。当农村存在过剩劳动力，城市收入高于农村生存工资时，收入差距就会吸引农村人口向城市持续流入。黄荣清(2005)对比了80年代以来北京市人口增长和城市化的关系，发现二者存在明显的相关性，90年代北京市城市化发展比80年代更为迅速，总人口增长也更为突出[1]。倪娜等(2012)发现2000年到2010年，北京市城镇率提高了8.5个百分点，城市发展新区和城市生态涵养区仍在吸纳大量农业人口市民化[2]。尹德挺(2013)等对比了国际上伦敦、纽约、东京的人口演变历程，发现城市化超过30%，农业人口会加速向城市流入从而造成城市人口膨胀，直至城镇化率超过70%，城市人口增速才会有所放缓[3]。胡兆量(2014)进一步认为，作为13亿人的大国首都，北京人口膨胀和城镇化率的关系要放在全国的背景下考量[4]。尽管北京市自身城镇化率在上世纪90年代就超过了70%，但直至2014年我国整体以及周边河北省的城镇化率仅为50%多，这对北京市人口膨胀产生了持续压力[5][6]。

第二种观点是就业人口膨胀是工业化背景下的产业结构升级过程。一个国家随着经济发展农业人口首先会向工业转移，到一定时点后工业人口又进一步向服务业转移。由于工业服务业主要集中在城市，农业人口的产业间转移就会带来城市人口的膨胀。马寿海(2008)通过对比产业结构比重、城镇化率、人口增长率等指标，认为北京市在1995年以前的人口增加主要是工业带动的，而1995年以后服务业发挥的作用越来越突出[7]。于涛方(2008)分析了2000年以来北京市的工业化进程，同样认为北京市已开始向后工业城市迈进，但他同时发现制造业在北京市依然扮演着主导产业的地位，对人口的拉动作用仍不容忽视[8]。

第三种观点是就业人口膨胀是市场机制下的循环累积因果过程。发达地区因为初始优势而超前于其他地区发展，这种发展优势会在市场正反馈作用下自我强化，导致“马太效应”发展快的地区会发展得更快，发展慢的地区将发展得更慢。地区差距扩大会引导人口流动，造成发达地区人口膨胀。王桂新(2012)认为市场机制是人口规模的自动调节器，但是这种调节作用只有在城市实际人口规模大于最大人口规模时较为稳定，因此市场机制会使城市呈现数量过少、规模过大的倾向[9]。

归纳三种主流观点可以看出，在我国地区、城乡发展不平衡的背景下，北京市就业人口膨胀问题属于经济特定阶段的必然现象(王桂新，2012；尹德挺，2013)[9][3]。无论是城镇化、工业化还是市场化所造成的人口膨胀，归根结底都离不开经济增长的支撑。因此，分解大城市经济增长的因素，并且实证测算这些因素对人口的作用程度，对于理解北京人口膨胀问题至关重要。相对于传统计量模型侧重于总量分析，在本文我们利用就业系数把人口膨胀纳入到一个多部门、分行业的投入产出框架，通过结构分解的方法来探寻北京市在2007年到2012年的人口膨胀原因。

三、方法与数据

投入产出结构分解(SDA)模型是利用两张或多张不同年份的静态投入产出表，将经济总的变化分解到各组成部分，从而找出产出变动或结构转变原因的实证方法。结构分解思想的起源可以追溯到投入产出法创始人列昂惕夫在上世纪四五十年代对美国静态投入产出表的比较研究。Skolka（1989）首次对结构分解做出了准确定义[10]，Fujimagari（1989）给出了结构分解的具体方法，他认为总产出变动可以利用核心投入产出公式 $X=(I-A)^{-1}Y$ 分解为技术变动和最终需求变动[11]。在此基础上，如果将总产出乘以相应的占用系数，结构分解模型的应用范围就可大大拓宽至劳动就业、增加值、能源消耗等各类问题。夏明（2003）曾选取 1987、1992 和 1997 三个年度的中国投入产出表，构建了一个包含技术、消费、投资、净出口在内的四因素 17 部门结构分解模型，分析了我国结构转变中劳动力转移的变化机制，该文章是将结构分解模型应用于就业人口分析的基础性文献[12]。在夏明的文章中，技术制度因素是一个广义概念，既包括与劳动生产率相关的就业系数，又包含与经济结构相关的列昂惕夫逆矩阵，导致分解的原因不够清晰。张华初（2008）在此基础上将技术制度因素进一步细分，选取 1997 年和 2002 年投入产出表构建了一个包括消费、投资、净出口、技术进步、就业系数的五因素 15 部门结构分解模型，发现净出口、投资、消费各拉动就业增长了 3.95％、2.63％、1.93％，“三驾马车”中出口的拉动效果最为显著，但启动消费才是扩大就业的根本途径[13]。在夏明和张华初的模型中，对进口产品都采取了竞争型处理方式，即在产品的使用和分配上不区分本国和进口产品，而在最终产品与总产品之间设置“进口”列，列出每个部门产品和进口总量。这种处理方法的优点是数据容易收集，应用也较为方便，但同时也存在两个缺陷：第一是由于直接消耗系数包含了进口产品，其稳定性要打上一个很大问号，第二是只计算出口与进口的差额因素对就业造成的影响，却忽略了出口规模本身的重要性，这会大大掩盖经济体对外依存度的重要性。以上两点缺陷在分析国家投入产出表时通常表现得不太突出，因为像中国这样的大国，本国生产能力很强，进口产品数量毕竟有限（陈正伟，2013）[14]。但是对于地区投入产出表来说，调入规模往往很大，像北京这样一个大都市，大量产品并不自己生产，一般不宜采用竞争型处理方式。本文利用进口系数矩阵对投入产出表的第一、二象限进行调整，并通过价格指数矩阵将 2012 年投入产出表转化为 2007 年可比价形式，在此基础上建立了一个包括消费、投资、出口、劳动强度、经济技术的五因素 21 部门结构分解模型。

为了分析 2007 年、2012 年北京市就业人口变化，假定 2007 年为基期，记为 0，2012 年为报告期，记为 1，则各部门就业人口变化情况列向量对应的两级分解公式如下：

$$\begin{aligned}\triangle L &= L_1 - L_0\\ &= \hat{l}_1 X_1 - \hat{l}_0 X_0\\ &= \hat{l}_1 (I-A_1^d)^{-1} F_1 - \hat{l}_0 (I-A_0^d)^{-1} F_0\\ &= \hat{l}_1 B_1 F_1 - \hat{l}_0 B_0 F_0\end{aligned}$$

其中，L 表示北京市总就业人口，$\hat{l}_i$ 表示劳动强度系数或就业系数，等于各部门从业人数 L_i 除以产值 X_i，A 表示直接消耗系数矩阵，B 表示完全需要系数矩阵，F 表示最终需求矩阵。

进一步，我们令：

$$\triangle \hat{l} = \hat{l}_1 - \hat{l}_0$$

$$\triangle \hat{B} = B_1 - B_0$$

$$\triangle F = F_1 - F_0$$

参考李景华(2004)给出的三因素模型全排列分解[15]，

$$E(\triangle\hat{l})=\frac{1}{3}(\triangle\hat{l})B_0F_0+\frac{1}{6}(\triangle\hat{l})B_0F_1+\frac{1}{6}(\triangle\hat{l})B_1F_0+\frac{1}{3}(\triangle\hat{l})B_1F_1$$

$$E(\triangle\hat{B})=\frac{1}{3}\hat{l}_0(\triangle\hat{B})F_0+\frac{1}{6}\hat{l}_0(\triangle\hat{B})F_1+\frac{1}{6}\hat{l}_1(\triangle\hat{B})F_0+\frac{1}{3}\hat{l}_1(\triangle\hat{B})F_1$$

$$E(\triangle F)=\frac{1}{3}\hat{l}_0B_0(\triangle F)+\frac{1}{6}\hat{l}_0B_1(\triangle F)+\frac{1}{6}\hat{l}_1B_0(\triangle F)F_0+\frac{1}{3}\hat{l}_1B_1(\triangle F)$$

$$\triangle L=\underbrace{E(\triangle\hat{l})}_{\text{劳动强度变动}}+\underbrace{E(\triangle\hat{B})}_{\text{经济技术变动}}+\underbrace{E(\triangle F)}_{\text{最终需求变动}}$$

在此基础上，我们进一步把最终需求 $\triangle F$ 分解为消费 $\triangle C$ 、投资 $\triangle IN$ 、和出口 $\triangle M$ (这里的出口是广义概念，泛指北京市以外所有区域的出口需求，既包含对国外的出口，也包括对国内其他省份的调出)：

$$E(\triangle F)=E(\triangle C)+E(\triangle IN)+E(\triangle M)$$

$$E(\triangle C)=\frac{1}{3}\hat{l}_0B_0(\triangle C)+\frac{1}{6}\hat{l}_0B_1(\triangle C)+\frac{1}{6}\hat{l}_1B_0(\triangle C)F_0+\frac{1}{3}\hat{l}_1B_1(\triangle C)$$

$$E(\triangle IN)=\frac{1}{3}\hat{l}_0B_0(\triangle IN)+\frac{1}{6}\hat{l}_0B_1(\triangle IN)+\frac{1}{6}\hat{l}_1B_0(\triangle IN)F_0+\frac{1}{3}\hat{l}_1B_1(\triangle IN)$$

$$E(\triangle M)=\frac{1}{3}\hat{l}_0B_0(\triangle M)+\frac{1}{6}\hat{l}_0B_1(\triangle M)+\frac{1}{6}\hat{l}_1B_0(\triangle M)F_0+\frac{1}{3}\hat{l}_1B_1(\triangle M)$$

最终将就业人口变动分解为：

$$\triangle L=\underbrace{E(\triangle\hat{l})}_{\text{劳动强度变动}}+\underbrace{E(\triangle\hat{B})}_{\text{经济技术变动}}+\underbrace{E(\triangle C)}_{\text{消费变动}}+\underbrace{E(\triangle IN)}_{\text{资本形成变动}}+\underbrace{E(\triangle M)}_{\text{出口变动}}$$

就业人口(SDA)结构分解模型主要需要两部分数据，一是各行业就业人数，二是北京市统计局最新编制的 2012 年和已编制的 2007 年 42 部门投入产出表。在就业人数上，由于 2007 年、2012 年投入产出表编制年份与 2008 年、2013 年经济普查年份相隔很近，我们假定 2004 年、2008 年、2013 年这三次经济普查期间各行业就业人数均是平滑过渡的，每年的就业按照固定变化率增减，便可倒推出模型所需的 2007 年和 2012 年各行业就业人数。

在模型计算前，还需要对官方投入产出表进行预处理：第一步，为提高直接消耗系数的准确性，我们利用进口矩阵对一二象限进行缩减，从而将竞争型投入产出表转化为非竞争形式。第二步，为避免价格因素对直接消耗系数的扰动，需要对 2012 年投入产出表进行价格调整，将其转化为 2007 年为基期的可比价形式。在本文我们参考刘起运，彭志龙(2010)的处理方法[16]，选取北京市统计局公布的工业品出厂价格指数(PPI)代表工业部门价格变化，选取农产品价格指数代表农业部门价格变化，选取建筑安装工程价格指数代表建筑部门的价格变化，选取居民消费价格指数(CPI)中的各服务部门分项数据代表服务业部门价格变化，最终构建出价格指数矩阵，对投入产出表进行价格缩减。需要指出的是，投入产出核算采取的价格体系均是生产者价格，与消费者价格相比并未包含运输费用、贸易加成和不可抵扣增值税，因此采取 CPI 数据代表服务业部门价格变动难免存在一定偏差，但在我国尚未发布服务业部门价格指数的情况下，也不失为一种替代选择。第三步，部门合并。参考国家统计局《国民经济行业分类》(GB/T 4754-2011)方法，进一步将相似度较高的部门合并,将煤炭采选产品,石油和天然气开采产品,金属矿采选产品,非金属矿和其他矿采选产品合并为“采矿业”部门;将食品和烟草,纺织品,纺织服装鞋帽皮革羽绒及其制品,木材加工品和家具,造纸印刷和文教体育用品合并为“轻工业”部门;将石油、炼焦产品和核燃料加工品,化学产品,非金属矿物制品,金属冶炼和压延加工品,金属制品合并为“重化工业”部门;将通用设备,专用设备,交通运输设备,电气机械和器材,通信设备、计算机和其他电子设备,仪器仪表,其他制造产品,废品废料,金属制品、机械和设备修理服务合并为“通用制造”部门;将电力、热力的生产和供应,燃气生产和供应,水的生产和供应合并为“水电气供应”部门,从而将原始 42 部门合并为 21 部门。

四、实证结果及分析

2007—2012 年北京市就业人口膨胀可以结构分解为劳动强度、经济技术、消费、投资、出口五大因素。我们计算各影响因素的具体数值,从总就业、三次产业就业、服务业细分行业就业的变化进行逐一分析。

(一)总就业人口

从总就业来看,北京市就业人口在五年时间共计增加了 246.47 万人。对总就业增长的各影响因素中,劳动强度和经济技术起到了抑制作用,最终需求起到了显著促进作用。这一结论与夏明(2003)对中国就业人口,谢立志(2006)对浙江、辽宁就业人口的分解结果在基本方向上是一致的[12][17]。

表 1 2007—2012 年北京市就业总量和三次产业就业量的结构分解

	劳动强度	经济技术	消费因素	投资因素	出口因素	合计
第一产业	−65248	−416243	−18166	8310	467347	−24000
第二产业	−1556685	−686351	95982	415858	1708514	−22683
第三产业	−2052806	−860582	1383809	400712	3640284	2511416
总就业	−3674739	−1963176	1461625	824880	5816145	2464733

具体来看,劳动强度因素在五年时间使北京市就业人口减少了 367.47 万人,显示出较强的抑制效果。这是由于,随着技术进步和生产率水平提高,就业系数迅速下降。五年来北京市得益于知识经验积累、管理水平改善、人均资本提高及已采用了更加先进的工艺和设备,同样产出水平所消耗的劳动力数量已经大大降低,全市就业系数从 2007 年的 0.0352 下降为 2012 年的 0.0245,降幅达到 30.35%。

经济技术因素对北京市就业人口膨胀也起到了一定抑制作用,五年来共减少 196.32 万人,效果弱于劳动强度因素。在这里,我们有必要对经济技术因素的内涵做出一定解释,投入产出里的技术概念是在定义直接消耗系数时引出的,SDA 结构分解模型延续了列昂惕夫假设,经济技术被定义为完全需要系数变动,反映的仍然是各种产品之间的投入消耗关系。但结构分解模型中的经济技术不再特指某一种产品的狭义投入结构,而是整个经济体广义投入结构变动对某一部门的影响,反映的是整个经济结构的变化。一般来说,随着经济发展和产业结构升级，劳动密集型行业会让位于资本和知识密集型行业，经济技术因素对全社会就业的影响通常是负向的。

最终需求因素显示了极强的就业带动效应，在五年时间共拉动了 810.26 万人，是北京市就业人口膨胀的主要原因。从传导过程来说，最终需求对就业人口的拉动作用是通过需求影响价格、价格影响供给、供给影响就业（劳动投入）来实现的。在全社会总供给不变的情况下，最终需求的增加首先会导致市场相应产品和服务短缺和产品价格上涨，价格上涨推高了企业利润率水平，促使企业扩大生产规模、增加劳动力投入数量，直至供给瓶颈的消除。显然，传导过程中产品或服务的需求价格弹性、企业供给函数同样会影响就业人口变化，但在这些因素相对稳定的情况下，起决定性作用的还是最终需求本身的变动程度。我们把最终需求按照“三驾马车”的视角拆分来看，出口是北京市就业人口膨胀的最主要因素，消费、投资也表现为正向作用，三者分别拉动了 581.61 万、146.16 万和 82.49 万就业人口。出口、消费、投资的数值大小反映出首都经济拥有较高的外向程度，本市就业情况受海外市场及国内其他地区的影响较为显著。相关数据显示，2008 年国际金融危机爆发后的外需下滑对北京市就业冲击很大，第四季度有近 100 万外来人口返乡，造成了全市就业人口大规模下降，然而随着大规模经济刺激带来的需求回暖，外来人口回流，北京市就业人口又快速增加。

(二)三次产业就业人口

从三次产业来看，第三产业是带动北京市就业人口膨胀的重要原因，第一、二产业则起到了微弱的抑制作用。2007 年到 2012 年，第一、二产业分别减少了 2.40 万人、2.27 万人，第三产业增加了 254.14 万人。由此看出，一方面北京市就业人口变化符合配第克拉克定律，工农业的劳动力正在向服务业转移，另一方面服务业就业增加量远大于工农业下降量，说明第三产业除了吸纳第一、二产业的转移人口外，还吸引了大量外来劳动力的持续流入。

具体从第一产业看，农业人口膨胀的主要因素是出口，投资的拉动效果非常微弱，二者分别带动了 46.73 万、0.83 万农业就业。经济技术是抑制农业人口膨胀的主要因素，劳动强度和消费也呈现抑制作用，三者分别减少了 41.62 万、6.52 万、1.82 万农业就业。值得注意的是，出口因素对农业就业的影响如此之大与预期存在一定偏差，从常识来说北京市农业比较优势不足，粮油肉蛋菜等主要农产品自产比例较低，供应高度依赖国外进口和省外调入，在此情况下对农业人口主要影响因素应是本地消费和投资，而不会是外需。为了搞清楚问题所在，我们查阅了 2007 年和 2012 年的北京市投入产出表，发现农业的净出口规模的确变化有限，但是进口、出口本身的贸易规模却大大增加了，农业部门的对外联系极大增强了。2007 年农业进口加调入之和为 285.89 亿元，出口加调出之和为 35.87 亿元，净进口 250.02 亿元，到了 2012 年进口加调入增加到 1097.20 亿元，出口加调出增加到到 786.48 亿元，净进口 310.72 亿元。五年间，净进口增加了 24.28%，出口规模却增加了 20 倍。农业部门的贸易比重改变是出口因素大大增加的主要原因。

第二产业中，出口同样是促进就业膨胀的主要因素，投资的正向作用也较为显著，而消费的影响效果相对微弱，三者分别拉动了 170.85 万、41.59 万、9.60 万工业就业。劳动强度是抑制就业人口膨胀的主要因素，经济技术的抑制效果也较为明显，二者分别减少了

155.67 万和 68.64 万工业就业。

第三产业中,出口依然是促进就业人口的主要因素,消费的促进作用较为明显,投资也不容忽视,三者分别拉动了 364.03 万、138.38 万、40.07 万服务业就业。劳动强度是抑制就业人口膨胀的主要因素,经济技术抑制效果也较为突出,二者分别减少了 205.28 万和 86.06 万服务业就业。我们注意到,从三次产业来看,消费对农业的影响为负,对工业的影响虽然为正,但数值很低,对服务业的影响为正且效果非常显著,这反映了北京市产业结构和消费结构升级较为明显,随着收入水平的提高,居民对生活必需品的消费需求下降,对普通物质产品的消费增长放缓,而对文化、教育、医疗等各类服务的消费需求大大增加。

(三)行业就业人口

在上文我们已经提到,第一、二产业事实上减少了北京市就业人口,第三产业才是造成北京市就业人口膨胀的重要原因。基于此,我们把分析的重点聚焦到第三产业,对服务业内部的细分行业进一步展开分析,具体结果见表 2。

表 2　2007—2012 年北京第三产业就业人口结构分解

行　业	劳动强度	技术因素	消费因素	投资因素	出口因素	合计
批发零售	−1237421	−364419	99302	54342	1904880	456684
交通运输	−403796	−143472	58117	19206	601407	131462
住宿餐饮	−47913	−216113	93730	14518	229937	74159
信息软件	228571	−33866	31567	148411	148	374831
金融	−14457	56857	56368	8455	53500	160723
房地产	−72681	29152	68583	83161	31490	139704
租赁和商务服务	−57202	31682	192063	41423	240778	448745
科学技术	110651	−117317	−2919	11902	327031	329347
水利环境	−26898	−15465	60536	847	12214	31234
居民服务	−67725	−69396	65879	12586	90303	31647
教育	−165194	−5064	221684	1352	33433	86211
卫生和社会工作	−41362	1773	104399	39	1387	66235
文化、体育和娱乐	−91895	−14044	78546	2628	95007	70243
公共管理	−165484	−890	255954	1842	18769	110191
合计	−2052806	−860582	1383809	400712	3640284	2511416

从第三产业内部看,劳动强度对绝大多数行业的影响为负值,但信息软件、科学技术两个部门劳动强度因素为正,分别拉动了 22.86 万和 11.07 万就业人口,似乎与常识相悖。我们认为可能有以下几种解释:第一,信息软件、科学技术行业产值存在低估。信息软件和科学技术对经济的推动力强,存在较大的正外部性,在我国相关产品和服务的定价没有完全市场化,知识产权保护制度尚不完善的情况下可能压低价格,导致部门实际产值被低估,单位产值的劳动消耗有所上升。第二,信息软件和科学技术属于战略性新兴产业,前

期利润率较高，吸引社会资本大量涌入，造成行业规模化扩张。粗放扩张模式虽然能够在短时间扩大绝对规模，但也可能导致行业整体效率、平均利润率、人均产值有所降低。特别是科学技术部门中，工程技术和管理业务占据很大比重，在房地产业蓬勃发展期，行业壁垒有所降低，众多中小工程设计单位竞相进入，可能提高了行业劳动强度。

经济技术对第三产业内多数行业的影响为负值，但金融、房地产、租赁和商务服务业为正，各拉动就业 5.69 万、2.92 万、3.17 万人。经济技术对就业的影响可以从产业结构变迁的视角理解，在我国“引进式技术进步”背景下，北京市呈现高端部门（通常为资本、知识密集型）和低端部门（通常为劳动密集型）并存格局。从技术进步方式看，高端部门主要依赖引进技术，低端部门主要依赖原发技术，由于引进技术比原发技术要相对容易，因此经济各部门技术增长速度存在差异，行业发展有快有慢，从而使各行业在国民经济中所占比例此消彼长，产业结构出现变迁（林毅夫，张鹏，2005）[18]。从投入产出的消耗关系看，高端部门的发展会降低对低端部门的消耗，低端部门的发展会提高对高端部门的消耗，综合作用的结果是国民经济对高端部门的消耗增加（陈璋，2011）[19]。进入新世纪以来，房地产成为中国经济增长的重要引擎，房地产的快速扩张使整个经济结构的重心发生了变化，国民经济对以房地产、金融为代表的高端部门消耗出现明显上升，房地产、金融、租赁等行业的相关就业快速膨胀。对于北京市来说，由于首都特殊地位和京津冀地区发展的不平衡，全市集中了大量外地购房需求，使房地产的支柱作用更加凸显。

最终需求对第三产业所有行业的影响均为正向，其中出口和投资的拉动效应非常集中，而消费的拉动作用则相对平均。具体来看，出口主要发生在批发零售、交通运输两个贸易行业，分别拉动了北京市 190.05 万、60.14 万人，占出口拉三产就业的 68.78%。投资主要发生在信息软件和房地产两个资本密集型行业，分别拉动了就业人口 14.84 万、8.32 万人，占投资拉动三产就业的 71.07%。消费主要发生在不可贸易部门，公共管理、教育、卫生和社会服务、租赁和商务服务、住宿餐饮分别拉动了 25.60 万人、22.17 万人、19.21 万人、10.44 万人、9.37 万人，5 个部门占消费拉动三产就业的 62.71%。通过最终需求的分析，我们可以确认批发零售业的出口因素是造成北京市就业人口膨胀的重要原因，北京市批发零售业的快速发展不但满足了本市需求，而且在事实上承担了北方物流中心和商品集散地的重要角色。批发零售业属于典型的劳动密集型产业，行业的积聚效应造成出口比较优势的自我强化，外需的持续拉动导致就业人口的迅速膨胀。

五、结束语

本文利用 2007 年和 2012 年北京市投入产出表，建立了 SDA 结构分解模型，从劳动强度、经济技术、消费、投资、出口五个因素分析了北京市总就业、三次产业就业和服务业细分行业就业人口膨胀的原因。实证结果发现：

第一，2007 年到 2012 年的五年时间，北京市就业人口累计增加了 246.47 万人。对总就业增长的各影响因素中，劳动强度和经济技术起到了抑制作用，而消费、投资、出口因素起到了促进作用，五大因素分别拉动了就业人口－367.47 万、－196.32 万、146.16 万、82.49 万、581.61 万人。出口因素是北京市人口膨胀的最主要因素。第二，从三次产业来看，第三产业是带动北京市就业人口增加的重要原因，第一、二产业则起到了微弱的抑制作用。对第三产业就业增长的各影响因素中,出口依然主要原因,消费的促进作用较为明显,投资也不容忽视,三者分别拉动了 364.03 万、138.38 万、40.07 万服务业就业。第三,批发零售业的出口需求是造成北京市就业人口膨胀重要因素。减少批发零售业人口,关键是要落实京津冀协同发展纲要对三地的功能定位,加快建设河北省全国现代商贸物流重要基地,疏解北京市的商品集散中心功能,从而使北京市批发零售业的主要服务对象从外需回归到首都自身需求。第四,房地产行业的高速发展,改变了北京市的经济技术结构,对房地产、金融、商务租赁的劳动消耗出现上升是经济特定发展阶段的必然现象,只是由于我国区域经济发展的不平衡进一步加剧了北京市房地产的过快膨胀。随着人口年龄结构的变化,房地产需求的高峰期将逐步结束,相关就业人口会呈现自然下降趋势。第五,劳动强度对绝大多数行业的就业人口起到了抑制作用,但信息软件服务、科研与技术服务两个部门劳动强度因素为正,分别拉动了 22.86 万和 11.07 万就业。对于这两个部门,有必要进一步优化产业组织,也可采取转移环节的办法,把部分实验基地、云计算中心、服务器中心转移至天津、河北,推动三地产业协作。

参考文献

[1] 黄荣清.1980 年代以来北京市城市化过程中北京人口分布的变化.[J]. 人口研究,2005,(9):19—26.

[2] 倪娜,易成栋,高菠阳. 2000—2010 年北京市人口空间分布与变动研究[J]. 城市发展研究,2012,(6):32—38.

[3] 尹德挺,张子谏. 首都人口问题的国际比较及其启示[J]. 数据,2013,(9):68—71.

[4] 胡兆量. 北京城市人口膨胀的原因及控制途径[J]. 城市问题,2014,(3):2—4.

[5] 王继源,陈璋,胡国良. 京津冀协同发展下北京市人口调控:产业疏解带动人口疏解[J]. 中国人口·资源与环境,2015,(10):111—117.

[6] 陈光,王继源. 北京市城乡一体化发展体制研究[J]. 现代管理科学,2015,(7):79—81.

[7] 马寿海. 北京人口城市化发展[J]. 人口与经济,2008,(1):53—55.

[8] 于涛方,陈修颖,吴泓. 2000 年以来北京城市功能格局与去工业化进程[J]. 城市规划学刊,2008,(3):46—54.

[9] 王桂新. 我国大城市病及大城市人口规模控制的治本之道——兼谈北京市的人口控制[J]. 探索与争鸣,2011,(7):50—53.

[10] Skolka,J. Input—output Structural Decomposition Analysis for Austria. [J]. Journal of Policy Modeling,1989,(11):45—66.

[11] Fujimagari D. The sources of change in Canadian industry output[J]. Economic Systems Research,1989,(2):187—202.

[12] 夏明. 中国结构转变中劳动力转移的实证分析—— 20 世纪 80 年代末 90 年代初与 90 年代中后期两个阶段的比较分析 [J]. 上海财经大学学报,2003,(4):45—49.

[13] 张华初. 中国就业结构演变的 SDA 分析[J]. 中国人口科学,2008,(2):42—49.

[14] 李景华. SDA 模型的加权平均分解法及在中国第三产业经济发展分析中的应用[J]. 系统工程,2004,(9):69—73.

[15] 陈正伟. 投入产出分析技术[M]. 成都:西南财经大学出版社,2013:54—59.

[16] 刘起运,彭志龙. 中国 1992—2005 年可比价投入产出序列表及分析.[M]. 北京:中国统计出版社,2010:3—5.

[17] 谢立志,佟仁城,许健. 辽宁、浙江就业情况的 SDA 比较研究[J]. 管理评论,2006,(1):19—21.

[18] 林毅夫，张鹏飞．后发优势、技术引进和落后国家的经济增长[J]．经济学(季刊)，2005，(10)：53－73.
[19] 陈璋，徐宪鹏，陈淑霞．中国转型期收入分配结构调整与扩大消费的实证研究——基于投入产出两部门分析框架[J]．经济理论与经济管理，2011，(5)：5－16

作者简介

王继源，中国宏观经济研究院国土开发与地区经济研究所助理研究员，博士，研究方向为产业结构、投入产出分析。联系电话：13716832514。

龙少波，重庆大学公共管理学院讲师，博士，研究方向为宏观经济分析。

周晓波，中国人民大学经济学院硕士研究生，研究方向为宏观经济、投入产出分析。

胡国良，国研智库助理研究员，博士后，研究方向为宏观金融、投入产出分析。

需求因素对河北省产业结构调整的影响分析

唐盼盼　刘新建

摘要：需求是影响产业结构的重要因素，不同的需求结构会对产业结构产生不同的影响。本文基于2012年河北省42部门投入产出表，根据投入产出表的平衡关系，把消费、净流出内生化，建立投资乘数模型，通过投资乘数模型把各类需求因素联系起来。选择发展水平较高的浙江省作为参照地区，通过替换模型中的相关因素数据为参照地区的数据，分析了结构因素变化可能对河北省经济特征的影响。

本文的分析表明，软化消耗结构，提高技术水平，加大各产业与服务业的融合，可以使投资乘数和产业结构明显向着有利于服务业的方向发展；在河北省现有经济结构的基础上，单纯的消费结构变动时，产业结构的变动方向与消费结构的变动方向基本一致；提高消费率对服务业的促进作用最大；净流出结构变动时，产业结构的变动方向与净流出结构的变动方向基本一致。

关键词：投入产出　投资乘数　最终需求　产业结构

一、引言

多年来河北省地区生产总值长期居全国第六位，经济总量较大，而分产业结构看，河北省服务业发展缓慢且长期低于全国平均水平，作为河北经济重心的工业部门主要为高能源资源消耗的低端产业。特别是近年来，河北省环境污染问题、资源产业转型问题凸显，使得产业结构转型成为河北省进一步发展的关键所在。

由于投入产出分析本身所具有的产业关联特点，关于产业结构问题的研究，有一大类是基于投入产出的。Baiding Hu & Michael McAleer(2004)运用中国1992年和1997年投入产出表研究了产业结构与产业关联的关系以及两者对经济的增长关系，从直接和间接投入产出系数方面反映结构变化，从投入变化即技术方面和最终需求变化反映经济增长情况[1]。Hitoshi Sasaki & Satoko Ueyama(2009)采用1997－2005年投入产出表研究了中国产业结构特点及其变动情况，发现中国材料和机械行业的国内生产诱导系数下降，进口系数上升，加入WTO后中国收入依赖外国需求的程度急剧上升[2]。成定平(2011)研究了以扩大消费和出口为目的的产业结构调整方向，建立动态投入产出模型，提出将投资倾向于诱发需求能力强的部门，从而扩大消费需求[3]。刘瑞翔等(2011)运用投入产出模型，从最终需求角度研究了中国经济增长的动因，得出总体上1987—2007年间出口、消费和投资增长对经济增长影响均很大，而增加值率和中间投入结构变动对经济增长的影响不明显，但在此期间的不同时间段“三驾马车”的拉动作用区别较大，且增加值率、中间投入结构效应变化也较大[4]。李华(2013)运用广东省2010年非竞争型投入产出表，分别计算了消费、资本形成、海外出口和省外调出对总产出、增加值的诱发量，并计算了各部门单位最终使用对省内、省外、海外的完全消耗量，指出在转型升级的同时不能忽略出口的协调带动作用[5]。朱林(2013)依据投入产出表的乘数理论，通过消费内生化，建立了投资对总产出的乘数模型，分析了财政投资对总产出的拉动乘数大小[6]。

本文基于2012年河北省42部门投入产出表，根据投入产出表的平衡关系，把消费、净流出内生化，建立总产出投资乘数模型和增加值投资乘数模型，通过投资乘数模型把各类需求因素联系起来。另外，选择发展水平较高的浙江省作为参照地区，通过替换模型中的相关因素数据为参照地区的数据，分析投资乘数和产业结构的变化，从而发现各不同因素对产业结构的影响。

二、理论模型

根据投入产出表的平衡关系，把消费、净流出内生化，建立总产出投资乘数模型和增加值投资乘数模型。

(一)总产出投资乘数模型

投入产出表行向基本恒等式：

$$X = AX + C + L + I \tag{1}$$

其中 X 为总产出列向量，A 为直接消耗系数矩阵，C 为消费列向量，L 为净流出列向量，I 为投资列向量，严格讲，为资本形成列向量。

把消费列向量 C 分解为消费结构 $\tilde{c}$ 和消费率 c 两个因子，把净流出列向量 L 分解为净流出结构 $\tilde{l}$ 和净流出率 l 两个因子。则根据(1)式可得出：

$$X = AX + \tilde{c}ca_vX + \tilde{l}la_vX + I$$

从而：

$$\begin{aligned} X &= [E - A - \tilde{c}ca_v - \tilde{l}la_v]^{-1}I \\ &= K_xI \end{aligned} \tag{2}$$

其中 $\tilde{c} = \left[\dfrac{c_1}{\sum_{i=1}^{n} c_i} \quad \dfrac{c_2}{\sum_{i=1}^{n} c_i} \quad \cdots \quad \dfrac{c_n}{\sum_{i=1}^{n} c_i}\right]'$，$c = \dfrac{\sum_{i=1}^{n} c_i}{\sum_{j=1}^{n} v_j}$，$a_v = \left[\dfrac{v_1}{x_1} \quad \dfrac{v_2}{x_2} \quad \cdots \quad \dfrac{v_n}{x_n}\right]$

$\tilde{l} = \left[\dfrac{l_1}{\sum_{i=1}^{n} l_i} \quad \dfrac{l_2}{\sum_{i=1}^{n} l_i} \quad \cdots \quad \dfrac{l_n}{\sum_{i=1}^{n} l_i}\right]'$，$l = \dfrac{\sum_{i=1}^{n} l_i}{\sum_{j=1}^{n} v_j}$

a_v 为分部门增加值率行向量，E 为单位阵，K_x 称为总产出投资乘数矩阵。

对于总产出投资乘数矩阵 K_x 中的任一元素 k_{ij}^x，其经济意义为增加 j 部门 1 单位产品作为投资品所引起的第 i 部门总产出的变化量，因此总产出投资乘数矩阵的列项之和 $\sum_{i=1}^{n} k_{ij}^x$ 表示，增加第 j 部门 1 单位产品作为投资品所引起的整个经济总产出的变化量，可以称为 j 部门总产出投资乘数。

(二)增加值投资乘数模型

投入产出表列向基本关系式：

$$V=(E-\hat{U})X \tag{3}$$

其中 V 是增加值列向量，$\hat{U}=diag[\sum_{i=1}^{n} a_{i1} \quad \sum_{i=1}^{n} a_{i2} \quad \cdots \quad \sum_{i=n}^{n} a_{in}]$，为中间投入率向量生成的对角阵。

将(2)式代入(3)式，可得出增加值投资乘数模型：

$$\begin{aligned} V &= (E-\hat{U})K_x I \\ &= (E-\hat{U})\left[E-A-\tilde{c}ca_v-\tilde{l}la_v\right]^{-1} I \\ &= K_v I \end{aligned} \tag{4}$$

K_v 为增加值投资乘数矩阵，增加值投资乘数矩阵 K_v 中任一元素 k_{ij}^v 表示为增加第 j 部门 1 单位产品作为投资品所引起的第 i 部门增加值的变化量，因此，增加值投资乘数矩阵的列项之和 $\sum_{i=1}^{n} k_{ij}^v$ 表示，增加第 j 部门 1 单位产品作为投资品所引起的整个经济增加值的变化量，称之为 j 部门增加值投资乘数。

三、河北省投资乘数与产业结构分析

本部分基于河北省 2012 年 42 部门投入产出表，分析了河北省总产出投资乘数和增加值投资乘数以及产业结构现状。

(一)部门划分

把 2012 年河北省 42 部门投入产出表合并为 7 部门投入产出表，这 7 部门分别为农林牧渔、设备制造业、其他制造业、其他工业、建筑、传统服务业、现代服务业。其中设备制造业包括金属制品、通用设备、专用设备、交通运输设备、电气机械和器材、通信设备、计算机和其他电子设备，仪器仪表。设备制造业技术含量相对较高。其他制造业一般为初级制造业。其他工业包括采选业，水、电、热、燃气生产与供应业，是消耗能源资源较多的部门。

对于现代服务业的概念，目前尚没有统一的定义标准，其基本内涵一般是指依靠高新技术和现代管理方法、经营方式，主要为生产者提供中间投入的知识、技术、信息相对密集的服务业[7]。参考 2005 年 8 月北京市统计局出台的北京市现代制造业和现代服务业的统计标准，以及投入产出表的分部门结构特点，本文中现代服务业包括信息传输、软件和信息技术服务业，金融业，房地产业，租赁和商务服务业，科学研究和技术服务业，水利、环境和公共设施管理业，教育部门，卫生和社会工作部门，文化、体育和娱乐业，传统服务业则包括批发零售业，交通运输、仓储和邮政业，住宿餐饮业，居民服务、修理业，公共管理、社会保障和社会组织部门。

(二)河北省总产出投资乘数分析

基于河北省 2012 年投入产出表，由(2)式可计算出河北省各部门总产出投资乘数，如表 1。

从表 1 可以看出，增加 1 单位农林牧渔产品作为投资品，可以使农林牧渔业增加 1.437 单位总产出，使设备制造业增加 0.231 单位总产出，依此类推，最终，增加 1 单位农林牧渔产品作为资本品，可以使整个经济总产出增加 3.960 单位，农林牧渔产品的总产出投资乘数是 3.960。总体观察，增加单位设备制造业产品作为投资品对总体经济总产出影响最大，其大小为 5.295 单位，说明设备产品投资对经济的带动作用最强。

表 1　2012 年河北省总产出投资乘数

部　门	农林牧渔	设　备 制造业	其　他 制造业	其他工业	建　筑	传　统 服务业	现　代 服务业
农林牧渔	1.437	0.317	0.381	0.268	0.322	0.277	0.254
设备制造业	0.231	1.578	0.323	0.318	0.398	0.254	0.306
其他制造业	1.439	2.064	2.835	1.481	2.079	1.371	1.302
其他工业	0.378	0.688	0.953	2.068	0.698	0.375	0.352
建筑	−0.389	−0.388	−0.388	−0.388	0.638	−0.386	−0.386
传统服务业	0.541	0.633	0.651	0.616	0.642	1.681	0.579
现代服务业	0.323	0.402	0.400	0.405	0.398	0.435	1.535
合计	3.960	5.295	5.155	4.768	5.176	4.007	3.942

对表 1 中数据行向比较，可以看出各部门对自身部门的总产出影响最大。从纵向分析，总体来说，投资对其他制造业的总产出投资乘数最大，说明其他制造业部门与各类部门的产业关联作用最强。另一方面，对建筑部门的总产出投资乘数基本上均为负值，这是因为河北省建筑部门缺口很大，2012 年河北省建筑部门的流入大于该部门总产出。当投资增加时，对建筑部门的需求增加，同时建筑部门需要大量流入，因此该部门总产出投资乘数为负值，这也说明河北省自身的建筑安装工程力量薄弱，缺乏竞争力。

(三)河北省增加值投资乘数分析

根据(4)式可得出 2012 年河北省增加值投资乘数矩阵，如表 2(见下页)。

从表 2 中看出，增加 1 单位任一部门产品作为投资品，对整个经济增加值的影响是一样的，都增加 1.743 个单位。根据凯恩斯乘数理论，在实际经济运行中，地区经济投资乘数为地区生产总值与总投资之比，也即投资率的倒数。2012 年河北省投资率为 57.36%，

表 2　2012 年河北省增加值投资乘数

部　门	农林牧渔	设　备制造业	其　他制造业	其他工业	建　筑	传　统服务业	现　代服务业
农林牧渔	0.858	0.189	0.227	0.160	0.192	0.165	0.151
设备制造业	0.056	0.384	0.079	0.077	0.097	0.062	0.074
其他制造业	0.315	0.451	0.620	0.324	0.454	0.300	0.285
其他工业	0.129	0.235	0.326	0.706	0.239	0.128	0.120
建筑	−0.104	−0.104	−0.104	−0.104	0.171	−0.104	−0.103
传统服务业	0.302	0.354	0.364	0.344	0.359	0.939	0.324
现代服务业	0.188	0.234	0.232	0.236	0.231	0.253	0.892
合计	1.743	1.743	1.743	1.743	1.743	1.743	1.743

投资率的倒数为 1.743，因此，在投资率确定的情况下，整个地区经济投资乘数是确定的，大小仅与投资率有关，表 2 中总体经济投资乘数符合凯恩斯乘数效应。

但增加值乘数在各产业之间的分配是不同的。分析表 2 可以看出增加值投资乘数与总产出投资乘数分布规律有一定相似性，各部门对自身部门的增加值影响最大，投资对其他制造业的增加值投资乘数最大。

（四）河北省产业结构现状

基于投入产出表的产业结构包括总产出结构和增加值结构。2012 年河北省产业结构如图 1 所示。

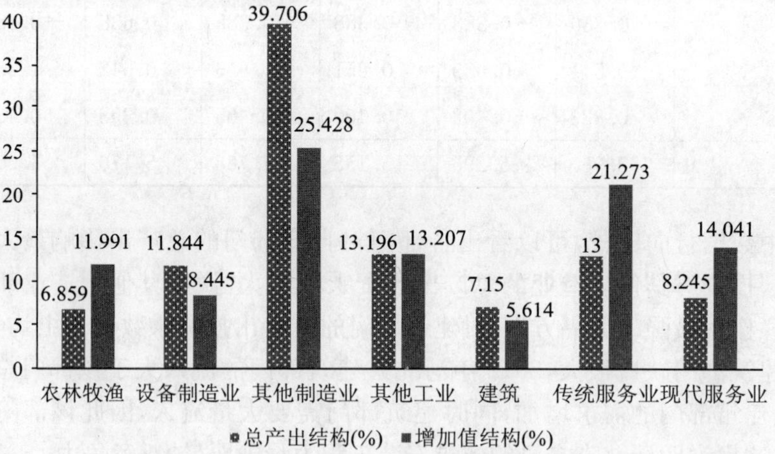

图 1　2012 年河北省产业结构

从总产出结构分析，2012 年河北省第二产业总产出占经济总产出比重超过 70%，其中，其他工业总产出比重为 13.196%。河北省能源资源基础产业比重较高；其他制造业总产出比重为 39.706%，其中仅金属冶炼和压延加工品部门的总产出，占经济总产出比重高达到 16.486%，河北省高能源资源消耗低端制造业比重高。河北省 2012 年第三产业总产出比重为 22.285%，现代服务业总产出比重仅为 8.245%。

各部门增加值结构与其总产出结构有较大差异。如图 1 所示，2012 年河北总体经济增加值率为 0.3413；当部门增加值率大于 0.3413 时，该部门增加值比重大于其总产出比重，当部门增加值率小于 0.3413 时，该部门增加值比重小于其总产出比重，因此从图 1 可以看出，制造业增加值率较低，农林牧渔、服务业增加值率相对较高。2012 年河北省第二产业增加值比重为 52.694%，比重偏高，第三产业比重较低。

四、影响河北省产业结构变动的因素分析

从(2)式和(4)式中可以看出，影响产业结构的因素有直接消耗系数矩阵 A 、增加值率行向量 a_v 、消费率 c 、消费结构 $\tilde{c}$ 、净流出率 l 、净流出结构 $\tilde{l}$ 以及投资 I ，然而在经济结构中，投资品的组成，在一定范围内是确定的，无法做大的改变，也即 I 保持不变，此时可通过改变 A 、a_v 、c 、$\tilde{c}$ 、l 、$\tilde{l}$ 来改变产业结构。当 A 、a_v 、c 、$\tilde{c}$ 、l 、$\tilde{l}$ 变化时，投资乘数大小会改变，从而产业结构会变化。

由(2)式可得出总产出结构为：

$$\eta_x=\frac{X}{\sum X}=\frac{K_x I}{\sum X}=K_x\tilde{i}\,i' \tag{5}$$

η_x 为总产出结构，$\sum X$ 为整体经济总产出，$\tilde{i}$ 为投资品结构，i' 为总投资在经济总产出中所占比重，也即总产出投资率。

由(4)式可得出增加值结构为：

$$\eta_v=\frac{V}{\sum V}=\frac{K_v I}{\sum V}=K_v\tilde{i}\,i \tag{6}$$

η_v 为增加值结构，$\sum V$ 为整体经济增加值，i 为总投资在经济总增加值中所占比重，也即增加值投资率，简称为投资率。

不同地区经济结构不同，也即不同地区投资乘数模型中的因素 A 、a_v 、c 、$\tilde{c}$ 、l 、$\tilde{l}$ 是不同的，现选择发展水平较高的浙江省作为参照地区，通过替换模型中的相关因素数据为参照地区的数据，分析投资乘数和产业结构的变化，从而发现各不同因素对产业结构的影响。

（一）中间投入结构对投资乘数和产业结构的影响

直接消耗系数矩阵表示的是中间投入结构，它反映的是技术经济联系和产业间的相互依存关系，是从供给方反映地区生产技术以及产业结构特点。

1. 替换中间投入结构后的总产出投资乘数

替换(2) 式总产出投资乘数模型中的河北省直接消耗系数矩阵为浙江省的直接消耗系数矩阵，根据直接消耗系数矩阵和增加值率向量的关系，当替换为浙江省直接消耗系数矩阵时，增加值率向量也需替换为浙江省增加值率向量，其他参数保持不变，得出直接消耗系数变动后的总产出投资乘数，如表 3(见下页)。

比较表 3 和河北省原总产出投资乘数表 1，替换总产出投资乘数模型中的直接消耗系数矩阵和增加值率向量为浙江省的数据后，各部门对其他制造业、现代服务业、设备制造业、传统服务业、建筑业的总产出投资乘数增大，对农林牧渔、其他工业的总产出投资乘数

表 3　2012 年替换为浙江中间投入结构后的总产出投资乘数

部　门	农林牧渔	设　备制造业	其　他制造业	其他工业	建　筑	传　统服务业	现　代服务业
农林牧渔	1.250	0.226	0.272	0.193	0.247	0.214	0.208
设备制造业	0.425	1.970	0.402	0.373	0.484	0.345	0.430
其他制造业	1.828	2.515	3.772	1.604	2.687	1.674	1.746
其他工业	−0.014	0.220	0.429	2.531	0.286	−0.003	−0.015
建筑	−0.387	−0.386	−0.386	−0.385	0.634	−0.385	−0.385
传统服务业	0.599	0.675	0.707	0.630	0.711	1.699	0.613
现代服务业	0.475	0.578	0.590	0.601	0.611	0.654	1.631
合计	4.176	5.798	5.787	5.546	5.662	4.198	4.229

减小。从总产出投资乘数方面分析，替换为浙江省 A 时可以提高其他制造业、现代服务业、设备制造业各部门总产出，而使农林牧渔、其他工业总产出减少。

2. 替换中间投入结构后的增加值投资乘数

我们再从增加值投资乘数进行比较，替换(4)式增加值投资乘数模型中的直接消耗系数和增加值率，为浙江省的直接消耗系数和增加值率，其他参数不变，得出直接消耗系数变动后的增加值投资乘数，如表 4。

表 4　2012 年替换为浙江中间投入结构后的增加值投资乘数

部　门	农林牧渔	设　备制造业	其　他制造业	其他工业	建　筑	传　统服务业	现　代服务业
农林牧渔	0.784	0.142	0.171	0.121	0.155	0.134	0.131
设备制造业	0.096	0.444	0.091	0.084	0.109	0.078	0.097
其他制造业	0.361	0.497	0.746	0.317	0.531	0.331	0.345
其他工业	−0.003	0.054	0.106	0.626	0.071	−0.001	−0.004
建筑	−0.088	−0.088	−0.088	−0.088	0.145	−0.088	−0.088
传统服务业	0.322	0.364	0.381	0.339	0.383	0.915	0.330
现代服务业	0.271	0.330	0.337	0.343	0.349	0.374	0.932
合计	1.743	1.743	1.743	1.743	1.743	1.743	1.743

比较表 4 和原河北省增加值投资乘数表 2，当替换增加值投资乘数模型中 A 和 a_v 为浙江数据时，对整个经济的增加值乘数不变，仍然为 1.743，这是因为在替换了 A 和 a_v 时，投资率并没有改变，仍为 57.36%，投资率的倒数为 1.743。分部门来分析，整体比较可以看出，对现代服务业、其他制造业、设备制造业、传统服务业的增加值投资乘数总体上增大，且对现代服务业的增加幅度最大，其他制造业次之。对其他工业的增加值投资乘数下降幅度最大，对农林牧渔部门增加值投资乘数下降幅度次之。建筑部门对建筑业的增加

值投资乘数减小，其他部门对建筑部门的增加值投资乘数增大。因此，从增加值投资乘数的变动看，A 变化后有利于产业结构向服务业和制造业的方向发展。

3. 替中间投入结构后的产业结构变化

根据(5)式和(6)式，得出直接消耗系数变动后的产业结构，如表5。

表5 2012年替换为浙江省中间投入结构后的产业结构

单位：%

部 门	原总产出结构	替换中间投入结构后的总产出结构	原增加值结构	替换中间投入结构后的增加值结构
农林牧渔	6.859	4.831	11.991	9.697
设备制造业	11.844	13.467	8.445	9.714
其他制造业	39.706	46.460	25.428	29.393
其他工业	13.196	4.550	13.207	3.604
建筑	7.150	6.510	5.614	4.754
传统服务业	13.000	13.006	21.273	22.415
现代服务业	8.245	11.176	14.041	20.425
合计	100.000	100.000	100.000	100.000

根据表5可以看出，变化后的产业结构与原产业结构有明显的差异，现代服务业、其他制造业、设备制造业、传统服务业增加值所占比重提高，特别是现代服务业增加值比重提高6.384个百分点。其他工业、农林牧渔、建筑业增加值所占比重下降，其他工业增加值所占比重下降了9.603个百分点，产业结构有明显的改善，且产业结构变动方向与乘数变动方向一致，由初级能源资源产业向设备制造业和服务业转变。以上结果的产生是直接消耗系数差异引起的，河北省和浙江省的直接消耗系数矩阵见表6和表7。

表6 2012河北省直接消耗矩阵

部 门	农林牧渔	设备制造业	其他制造业	其他工业	建筑	传统服务业	现代服务业
农林牧渔	0.148	0.000	0.070	0.000	0.004	0.014	0.001
设备制造业	0.008	0.234	0.035	0.040	0.092	0.019	0.058
其他制造业	0.199	0.428	0.339	0.121	0.499	0.144	0.090
其他工业	0.018	0.031	0.251	0.410	0.037	0.028	0.030
建筑	0.000	0.000	0.000	0.001	0.026	0.002	0.003
传统服务业	0.028	0.038	0.062	0.050	0.049	0.148	0.059
现代服务业	0.003	0.026	0.024	0.037	0.025	0.085	0.177

横向比较河北 A 与浙江 A 的差异，比较两地区各部门对其他工业的消耗，河北省除其他工业对自身消耗低于浙江省，以及建筑部门对其他工业的消耗略低于浙江省外，其余部门对其他工业的消耗均高于浙江省，特别是河北省其他制造业对其他工业的消耗系数为0.251，是浙江省的近3倍，这主要是因为河北省其他制造业中的高能源资源消耗部门，金

表 7　2012 浙江省直接消耗矩阵

部　门	农林牧渔	设　备 制造业	其　他 制造业	其他工业	建　筑	传　统 服务业	现　代 服务业
农林牧渔	0.049	0.000	0.034	0.000	0.013	0.017	0.010
设备制造业	0.077	0.386	0.022	0.018	0.076	0.019	0.073
其他制造业	0.150	0.286	0.548	0.022	0.482	0.081	0.100
其他工业	0.004	0.020	0.088	0.616	0.038	0.020	0.009
建筑	0.000	0.000	0.000	0.001	0.020	0.001	0.002
传统服务业	0.056	0.041	0.064	0.037	0.073	0.145	0.065
现代服务业	0.037	0.042	0.045	0.059	0.070	0.179	0.169

属冶炼和压延加工品部门产值占总制造业增加值的比重高达 28.227%；经济总体各部门对建筑部门的消耗均较小，具有大的波动性，比较两地区各部门对建筑部门的消耗，河北省略高于浙江省；因此，说明河北省经济是以高消耗能源资源为基础，产业层次较低。

比较两地区各部门对传统服务业的消耗，河北省除其他工业对传统服务业的消耗以及传统服务业对自身的消耗高于浙江省外，其余部门对传统服务业的消耗均低于浙江省；对于现代服务业的消耗，河北省除现代服务业部门对自身的消耗略高于浙江省外，其余部门对现代服务业的消耗均较大程度低于浙江省对现代服务业的消耗，河北省产业中融入服务业较少，特别是与现代服务业的结合较小，中间投入软化程度低。

比较两地区各部门对农林牧渔的消耗，河北省农林牧渔对其自身的消耗以及其他制造业对农林牧渔的消耗均较大程度高于浙江省，河北省农业基础雄厚。

相对于对其他部门的消耗，整体经济对制造业的消耗最多。制造业是国民经济最基础的部门，与其他部门的产业间联系最为紧密。分析河北省和浙江省对制造业的消耗结构，河北省其他制造业、其他工业、建筑部门对设备制造业的消耗略高于浙江省该三部门对设备制造业的消耗；而对于其他制造业的消耗，河北省农林牧渔、设备制造业、其他工业、建筑、传统服务业对其他制造业的消耗均高于浙江省，也即相对于浙江省，河北省消耗较多技术含量相对较低的其他制造业。

综上，软化消耗结构，提高技术水平，加大各产业与服务业的融合，可以使投资乘数和产业结构明显向着有利于服务业的方向发展。

(二)消费结构对投资乘数和产业结构的影响

消费结构是指在总的消费品中，各部门所占的比重。2012 年河北省消费结构为(8.732%、8.094%、15.560%、3.456%、0.844%、23.722%、39.591%)，2012 年浙江省消费结构为(7.453%、7.187%、27.383%、2.842%、0.162%、24.937%、30.037%)。

1. 替换消费结构后的总产出投资乘数

替换(2)式总产出投资乘数模型中的河北省消费结构为浙江省的消费结构，其他参数保持不变，得出消费结构变动后的总产出投资乘数，如表 8。

表 8 2012 年替换为浙江消费结构后的总产出投资乘数

部门	农林牧渔	设备制造业	其他制造业	其他工业	建筑	传统服务业	现代服务业
农林牧渔	1.437	0.316	0.380	0.268	0.322	0.276	0.253
设备制造业	0.224	1.571	0.316	0.311	0.391	0.247	0.299
其他制造业	1.560	2.185	2.956	1.602	2.200	1.492	1.423
其他工业	0.418	0.729	0.993	2.108	0.738	0.415	0.392
建筑	−0.394	−0.393	−0.393	−0.393	0.633	−0.391	−0.391
传统服务业	0.557	0.649	0.667	0.631	0.658	1.696	0.595
现代服务业	0.245	0.324	0.322	0.328	0.320	0.357	1.457
合计	4.046	5.381	5.241	4.854	5.261	4.093	4.028

比较表 8 和表 1，消费结构变动后，对其他制造业、其他工业、传统服务业的总产出投资乘数增加；对现代服务业、设备制造业、建筑业、农林牧渔的总产出投资乘数减小。计算变化后的总产出投资乘数矩阵与原总产出投资乘数矩阵之差，可以发现，对于同一行，数据均相同，如由表 8 和表 1，当消费结构变动时，无论增加哪一部门产品作为投资品，对现代服务业的总产出投资乘数均减小了 0.078 单位。这是因为，根据总产出投资乘数的定义，某部门的总产出投资乘数是指投资变化 1 单位，所引起的该部门总产出的变化量。因此，差矩阵第 i 行的意义，是指消费结构变动所引起的第 i 部门总产出的变化，而当消费结构变动，其他条件不变时，该部门总产出的变化量为该部门消费量的变化量，消费结构变动引起的该部门的消费变化量确定。因此，总产出投资乘数矩阵同一行的变化量均相等。

2. 替换消费结构后的增加值投资乘数

替换(4)式增加值投资乘数模型中的河北省消费结构，为浙江省的消费结构，其他参数保持不变，得出消费结构变动后的增加值投资乘数，如表 9。

表 9 2012 年替换为浙江消费结构后增加值投资乘数

部门	农林牧渔	设备制造业	其他制造业	其他工业	建筑	传统服务业	现代服务业
农林牧渔	0.857	0.189	0.227	0.160	0.192	0.165	0.151
设备制造业	0.055	0.382	0.077	0.076	0.095	0.060	0.073
其他制造业	0.341	0.478	0.646	0.350	0.481	0.326	0.311
其他工业	0.143	0.249	0.339	0.720	0.252	0.142	0.134
建筑	−0.106	−0.105	−0.105	−0.105	0.170	−0.105	−0.105
传统服务业	0.311	0.362	0.372	0.352	0.367	0.947	0.332
现代服务业	0.142	0.188	0.187	0.190	0.186	0.208	0.847
合计	1.743	1.743	1.743	1.743	1.743	1.743	1.743

比较表 9 和表 2，当替换增加值投资乘数模型中消费结构 c' 为浙江数据时，对其他制造业、其他工业、传统服务业的增加值投资乘数增大。对现代服务业、设备制造业、建筑、

农林牧渔的增加值投资乘数下降。替换为浙江消费结构 c' 时对整个经济的增加值乘数影响是不变的，仍然为 1.743，这是因为在替换了消费结构时，投资率并没有改变仍为 57.36%，投资率的倒数为 1.743，符合凯恩斯乘数效应。

变化后的增加值投资乘数矩阵与原增加值投资乘数矩阵相减得到一个差矩阵，同样为对于同一行，数值均相同。这是因为，由第四节第二部分第 1 点，总产出投资乘数矩阵同一行总产出投资乘数变化相同，又由于增加值率为确定常数，因此增加值投资乘数矩阵同一行变化均相等。

3. 替换消费结构后的产业结构变化

根据(5)式和(6)式，替换消费结构为浙江消费结构后的产业结构，如表 10。

表 10　替换消费结构为浙江消费结构后的产业结构变化　　单位：%

部　门	原总产出结构	替换消费结构后的总产出结构	原增加值结构	替换消费结构后的增加值结构
农林牧渔	6.859	6.732	11.991	11.967
设备制造业	11.844	11.510	8.445	8.345
其他制造业	39.706	41.387	25.428	26.950
其他工业	13.196	13.748	13.207	13.992
建筑	7.150	6.932	5.614	5.534
传统服务业	13.000	13.082	21.273	21.768
现代服务业	8.245	6.609	14.041	11.445
合计	100.000	100.000	100.000	100.000

比较表 9 和 10 可以看出，在总增加值投资乘数不变的情况下，各部门增加值投资乘数变动的方向与产业结构变动的方向一致。其他制造业、其他工业、传统服务业的产业比重增加。

对比产业结构变动方向与消费结构变动方向的关系，可以看出，部门产业结构变动方向与消费结构变动方向基本一致。然而当消费结构中其他工业比重由 3.456%减少为 2.842%时，其产出比重反而增加，这主要是因为当消费结构替换为浙江消费结构时，其他制造业的比重上升了 11.823 个百分点，有很大幅度的提高。根据河北省经济结构特点，其他制造业对其他工业的直接消耗系数较大，因此在消费结构中，当其他制造业比重上升较多而其他工业比重下降较小时，其他工业的产出比重并没有下降。

以上结果是消费结构的差异引起的。首先比较消费的来源即收入的差异，2012 年河北省城镇人均可支配收入 20543 元，农村人均纯收入 8081 元；2012 年浙江省城镇人均可支配收入 34550 元，农村人均纯收入为 14552 元。无论是城镇居民收入还是农村居民收入，河北省均较大程度低于浙江省。比较河北省消费结构和浙江省消费结构，它们之间产生较大差异的是其他制造业和现代服务业两部门。河北省对其他制造业的消费小于浙江省对其他制造业的消费 11.823 个百分点，这主要表现在浙江省对其他制造业中的食品和烟草消费比河北省高 3.472 个百分点，纺织服装鞋帽皮革羽绒及其制品比河北省高 3.574 个百分点，石油、炼焦产品和核燃料加工品比河北省高 1.867 个百分点，化学产品比河北省高 1.386 个百分点。对食品和烟草的消费比重差异主要体现在农村居民消费上，比较河北省和浙江省农村消费结构，浙江省农村居民对纺织服装鞋帽皮革羽绒及其制品的消费占总农村居民消费的比重，比河北省高2.623个百分点；对食品烟草的消费比重，比河北省高11.704个百分点；而其对农林牧渔初级农产品的消费比河北省低6.482个百分点。浙江省城镇居民对纺织服装鞋帽皮革羽绒及其制品的消费占城镇总居民消费的比重，比河北省高4.635个百分点；对石油、炼焦产品和核燃料加工品的消费比重，比河北高2.511个百分点。综上对于基本生活消费方面，浙江省无论是农村居民还是城镇居民消费结构均在一定程度上要高于河北省。

河北省对现代服务业的消费高于浙江省9.554个百分点。这主要表现在河北省对房地产的消费比浙江省高6.929个百分点，对金融部门的消费比浙江省高6.147个百分点。对房地产的消费无论是农村还是城镇，均较大程度高于浙江省，这主要是因为，在城镇化的进程中居民对房地产的消费需求比较高，2012年河北省城镇居民人均住房面积为32.51平方米，农村居民为35.01平方米；2012年浙江城镇居民人均住房面积为37.10平方米，农村为61.50平方米，浙江省城镇化已有一定规模，河北省正处于城镇化的加速发展阶段，因此其城镇化速度要大于浙江省，对房地产的消费需求要高于浙江省。对房地产的消费增加的同时，必然会伴随着居民对金融消费的大幅度增加。

（三）消费率对投资乘数和产业结构的影响

c 为消费率，是消费需求占总增加值的比重，2012年河北省消费率为41.70%，浙江消费率为44.04%。

1. 提高消费率后的总产出投资乘数

替换(2)式总产出投资乘数模型中的消费率为浙江省消费率，其他参数保持不变，得出消费率提高后的总产出投资乘数，如表11。

表11　2012年提高消费率后的总产出投资乘数

部门	农林牧渔	设备制造业	其他制造业	其他工业	建筑	传统服务业	现代服务业
农林牧渔	1.454	0.334	0.397	0.285	0.339	0.294	0.270
设备制造业	0.248	1.595	0.340	0.335	0.415	0.271	0.323
其他制造业	1.509	2.134	2.905	1.551	2.149	1.441	1.372
其他工业	0.401	0.712	0.976	2.091	0.721	0.398	0.375
建筑	−0.405	−0.404	−0.404	−0.404	0.622	−0.402	−0.402
传统服务业	0.578	0.670	0.688	0.652	0.679	1.717	0.616
现代服务业	0.359	0.438	0.436	0.442	0.434	0.471	1.571
合计	4.143	5.478	5.338	4.951	5.359	4.190	4.125

比较表11和表1，提高消费率后，计算变化后的总产出投资乘数矩阵与河北省原总产出投资乘数矩阵之差，同样为对于同一行，数值均相同。原因与第四节第二部分第1点类似。除对建筑部门的总产出投资乘数减少外，对其他各部门的总产出投资乘数均增大。

2. 提高消费率后的增加值投资乘数

替换(4)式增加值投资乘数模型中的消费率为浙江省消费率，其他参数保持不变，得出消费率提高后的增加值投资乘数，如表 12。

表 12　2012 年提高消费率后增加值投资乘数

部　门	农林牧渔	设备制造业	其他制造业	其他工业	建　筑	传统服务业	现代服务业
农林牧渔	0.868	0.199	0.237	0.170	0.202	0.175	0.161
设备制造业	0.060	0.388	0.083	0.081	0.101	0.066	0.079
其他制造业	0.330	0.466	0.635	0.339	0.470	0.315	0.300
其他工业	0.137	0.243	0.334	0.714	0.246	0.136	0.128
建筑	−0.109	−0.108	−0.108	−0.108	0.167	−0.108	−0.108
传统服务业	0.323	0.374	0.384	0.364	0.379	0.959	0.344
现代服务业	0.209	0.255	0.253	0.257	0.252	0.274	0.913
合计	1.818	1.818	1.818	1.818	1.818	1.818	1.818

比较表 12 和表 2，整体经济的增加值投资乘数由 1.743 增大为 1.818，这是因为当河北消费率替换为浙江消费率时，且在河北省净流出率不变的情况下，投资率下降为 55.02%，投资率倒数为 1.818，因此，总增加值投资乘数变为 1.818。分别比较对各部门的增加值投资乘数变化情况，变化后的增加值投资乘数矩阵与原增加值投资乘数矩阵之差得到的差矩阵，同样为对于同一行，数值均相同。原因与第四节第二部分第 2 点类似。除对建筑部门的增加值投资乘数减少外，对其他各部门的增加值投资乘数均增大。对现代服务业的增加值投资乘数增加最大，传统服务业次之，设备制造业最小。

3. 提高消费率后的产业结构变化

由表 12 知，当消费率增加，其他条件不变时，总的增加值投资乘数提高了，因此，产业结构的变动方向与乘数的变动方向不再一致。根据(5)式和(6)式，替换消费率为浙江消费率后产业结构如表 13。

表 13　2012 年提高消费率后的产业结构　　单位：%

部　门	原总产出结构	替换 c 后总产出结构	原增加值结构	替换 c 后增加值结构
农林牧渔	6.859	6.935	11.991	12.045
设备制造业	11.844	11.751	8.445	8.325
其他制造业	39.706	39.656	25.428	25.231
其他工业	13.196	13.176	13.207	13.102
建筑	7.150	6.598	5.614	5.147
传统服务业	13.000	13.239	21.273	21.523
现代服务业	8.245	8.645	14.041	14.627
合计	100.000	100.000	100.000	100.000

根据表 13 可以看出，当消费率增加，其他条件不变时，农林牧渔、传统服务业、现代服务业的产业比重增加；设备制造业、其他制造业、其他工业、建筑业的产业比重减小。这是因为，当消费率增加，其他条件不变时，消费结构中消费比重大的部门，其消费需求增加的绝对量也大，而消费又是总产出的一部分，因此该部门的总产出增量也大，则该部门总产出占整体经济总产出的比重增加。如在河北消费结构中，对现代服务业的消费占总消费的 39.591%，与其他部门相比最大，当消费率增加时，对现代服务业部门的消费所增加的绝对量也最大，又该部门消费包含于该部门总产出之中，因此提高消费率后，现代服务业的总产出比重增加，且因为现代服务业的增加值率较大，结果其增加值比重也会提高。

(四)净流出结构对投资乘数和产业结构的影响

净流出结构为各部门净流出占总净流出的比重，2012 年河北净流出结构为(3.213、2.970、30.262、—12.649、—23.735、8.137、—7.198)，负号代表净流入。2012 年浙江净流出结构为(—0.178、1.514、0.040、—0.697、0.00、0.292、0.028)。

1. 替换净流出结构后的总产出投资乘数

替换(2)式总产出投资乘数模型中的净流出结构为浙江省净流出结构，其他参数保持不变，得出净流出结构变化后的总产出投资乘数，如表 14。

比较表 14 和表 1，计算变化后的总产出投资乘数矩阵与河北省原总产出投资乘数矩阵之差，同样为对于同一行，数值均相同，原因与第四节第二部分第 1 点类似。分别比较对各部门的总产出投资乘数变动情况，净流出结构变动后，对建筑、其他工业、现代服务业、设备制造业的总产出投资乘数增大；对农林牧渔、其他制造业、传统服务业的总产出投资乘数减小。

表 14　2012 年替换为浙江净流出结构后总产出投资乘数

部门	农林牧渔	设备制造业	其他制造业	其他工业	建筑	传统服务业	现代服务业
农林牧渔	1.334	0.214	0.277	0.165	0.219	0.174	0.150
设备制造业	0.242	1.589	0.333	0.328	0.408	0.264	0.316
其他制造业	0.983	1.608	2.379	1.025	1.624	0.915	0.846
其他工业	0.538	0.849	1.113	2.228	0.858	0.535	0.512
建筑	0.009	0.010	0.010	0.011	1.036	0.012	0.013
传统服务业	0.397	0.489	0.507	0.471	0.498	1.536	0.435
现代服务业	0.457	0.536	0.534	0.540	0.532	0.569	1.669
合计	3.960	5.295	5.154	4.767	5.175	4.006	3.942

2. 替换净流出结构后的增加值投资乘数

替换(4)式增加值投资乘数模型中的净流出结构为浙江省净流出结构，得出净流出率变化后的增加值投资乘数，如表 15。

表 15　2012 年替换为浙江净流出结构后增加值投资乘数

部　门	农林牧渔	设　备 制造业	其　他 制造业	其他工业	建　筑	传　统 服务业	现　代 服务业
农林牧渔	0.796	0.127	0.166	0.099	0.131	0.104	0.090
设备制造业	0.059	0.387	0.081	0.080	0.099	0.064	0.077
其他制造业	0.215	0.352	0.520	0.224	0.355	0.200	0.185
其他工业	0.184	0.290	0.380	0.761	0.293	0.183	0.175
建筑	0.002	0.003	0.003	0.003	0.278	0.003	0.003
传统服务业	0.222	0.273	0.283	0.263	0.278	0.858	0.243
现代服务业	0.266	0.312	0.310	0.314	0.309	0.331	0.970
合计	1.743	1.743	1.743	1.743	1.743	1.743	1.743

比较表 15 和表 2，变化后的增加值投资乘数矩阵与原河北增加值投资乘数矩阵之差，同样为对于同一行，数值均相同，原因与第四节第二部分第 2 点类似。分别比较对各部门的增加值投资乘数变动情况，对建筑、现代服务业、其他工业、设备制造业的增加值投资乘数增大，其中对建筑部门增加最大。对其他部门的总产出投资乘数减小。

3. 替换净流出结构后的产业结构变化

根据(5)式和(6)式，替换净流出结构为浙江净流出结构后的产业结构如表 16。

根据表 16 和表 15，在总增加值投资乘数不变的情况下，产业结构变动方向与增加值投资乘数变动方向是一致的，如对建筑的增加值投资乘数增大，其产业结构比重也提高了。从净流出变动方向以及表 16 中产业结构变动情况可以看出，总体上净流出结构的变动方向与产业结构的变动方向基本一致，即部门净流出比重增加时该部门总产出和增加值所占比重也增大；部门净流出比重减小时该部门产业结构比重也减小。

表 16　2012 年替换为浙江净流出结构后产业结构　　单位：%

部　门	原总产出结构	替换净流出结构 后的总产出结构	原增加值结构	替换净流出结构 后的增加值结构
农林牧渔	6.859	4.836	11.991	8.453
设备制造业	11.844	12.042	8.445	8.585
其他制造业	39.706	30.790	25.428	19.715
其他工业	13.196	16.333	13.207	16.345
建筑	7.150	14.952	5.614	11.738
传统服务业	13.000	10.172	21.273	16.643
现代服务业	8.245	10.876	14.041	18.520
合计	100.000	100.000	100.000	100.000

然而，当净流出结构中设备制造业比重由 2.970 减少为 1.514 时，其产业比重反而有所增大，这主要是因为当净流出结构替换为浙江净流出结构时，其他工业、建筑业、现代服

务业在净流出中的比重均有很大幅度的提高，根据河北省直接消耗系数矩阵，该 3 部门对设备制造业的直接消耗系数均高于农林牧渔、其他制造业、传统服务业对设备制造业的消耗，特别是建筑业，其消耗设备制造业系数高达 0.092，且其在净流出中所占比重提高了 23.735。因此在净流出结构中，设备制造业比重下降较小，而其他消耗设备制造业较多的部门比重上升较多时，设备制造业的产出比重并没有下降，而是提高。

(五)净流出率对投资乘数和产业结构的影响

净流出率是总净流出占总增加值的比重，2012 年河北省净流出率为 0.938%，2012 年浙江省净流出率为 15.056%。

1. 提高净流出率后的总产出投资乘数

替换(2)式总产出投资乘数模型中的净流出率 l 为浙江省净流出率，其他参数保持不变，得出净流出率提高后的总产出投资乘数，如表 17。

表 17　2012 年提高净流出率后的总产出投资乘数

部门	农林牧渔	设备制造业	其他制造业	其他工业	建筑	传统服务业	现代服务业
农林牧渔	3.547	2.427	2.490	2.378	2.432	2.387	2.363
设备制造业	0.757	2.104	0.848	0.843	0.923	0.779	0.831
其他制造业	11.314	11.939	12.710	11.356	11.954	11.246	11.177
其他工业	−2.919	−2.609	−2.344	−1.230	−2.599	−2.922	−2.945
建筑	−8.469	−8.467	−8.468	−8.467	−7.442	−8.466	−8.465
传统服务业	3.742	3.834	3.852	3.816	3.843	4.882	3.780
现代服务业	−2.210	−2.131	−2.134	−2.128	−2.135	−2.098	−0.998
合计	5.762	7.097	6.956	6.569	6.977	5.808	5.744

比较表 17 和表 1，变化后的总产出投资乘数矩阵与原总产出投资乘数矩阵之差，同样为对于同一行，数值均相同，原因与第四节第二部分第 1 点类似。分别比较对各部门的总产出投资乘数变动情况，提高净流出率后，对农林牧渔、设备制造业、其他制造业、传统服务业的总产出投资乘数增加，对其他部门的总产出投资乘数减少。比较河北省净流出结构和总产出投资乘数变动情况，可以看出，在其他条件不变，净流出率提高时，部门净流出方向与部门总产出投资乘数变动方向一致，如农林牧渔为净流出，其部门总产出投资乘数增大；其他工业部门为净流入，其部门总产出投资乘数减小。

2. 提高净流出率后的增加值投资乘数

替换(4)式增加值投资乘数模型中的净流出率 l 为浙江省净流出率，得出净流出率提高后的增加值投资乘数，如表 18。

比较表 18 和表 2，整体经济的增加值投资乘数由 1.743 增长为 2.312，这是因为当河北净流出率替换为浙江净流出率时，且在河北省消费率不变的情况下，投资率变为 43.253%，投资率倒数为 2.312，因此，总增加值投资乘数变为 2.312。提高净流出率后，变化后的增加值投资乘数矩阵与原河北省增加值投资乘数矩阵之差，同样为对于同一行，数

表 18　2012 年提高净流出率后的增加值投资乘数

部　门	农林牧渔	设　备 制造业	其　他 制造业	其他工业	建　筑	传　统 服务业	现　代 服务业
农林牧渔	2.117	1.448	1.486	1.419	1.451	1.424	1.410
设备制造业	0.184	0.512	0.206	0.205	0.225	0.190	0.202
其他制造业	2.473	2.610	2.778	2.482	2.613	2.458	2.443
其他工业	−0.997	−0.891	−0.801	−0.420	−0.888	−0.998	−1.006
建筑	−2.270	−2.269	−2.269	−2.269	−1.994	−2.269	−2.269
传统服务业	2.090	2.142	2.152	2.132	2.147	2.727	2.111
现代服务业	−1.285	−1.239	−1.240	−1.237	−1.241	−1.220	−0.580
合计	2.312	2.312	2.312	2.312	2.312	2.312	2.312

值均相同，原因与第四节第二部分第 2 点类似。分别比较对各部门增加值投资乘数变动情况，对农林牧渔、设备制造业、其他制造业、传统服务业的增加值投资乘数增加，对其他部门的增加值投资乘数减少。部门净流出方向与部门增加值投资乘数变动方向一致。

3. 提高净流出率后的产业结构变化

根据(5)式和(6)式，替换净流出率为浙江净流出率后产业结构如表 19。

根据表 19 可以看出，当净流出率增加，而其他条件不变时，农林牧渔、设备制造业、其他制造业、传统服务业的产业结构比重增加；其他工业、建筑业、现代服务业的产业结构比重减小。部门净流出方向与产业结构变动方向一致，如河北省农林牧渔为净流出，其部门产业比重增加；而其他工业为净流入，其部门产业结构比重减小。这是因为在其他条件不变的情况下，净流出率增加时，净流出的部门相对原来流出更多；净流入的部门相对原来流入更多，缺口更为严重，而净流出包含于总产出中，因此净流出的部门产业比重增加，净流入的部门产业比重减小，部门净流出方向与产业结构变动方向一致。

表 19　2012 年提高净流出率后的产业结构　　单位：%

部　门	原总产出结构	提高净流出率 后的总产出结构	原增加值结构	提高净流出率 后的增加值结构
农林牧渔	6.859	35.608	11.991	63.484
设备制造业	11.844	16.358	8.445	11.895
其他制造业	39.706	172.297	25.428	112.524
其他工业	13.196	−37.970	13.207	−38.756
建筑	7.150	−111.663	5.614	−89.408
传统服务业	13.000	55.942	21.273	93.356
现代服务业	8.245	−30.572	14.041	−53.094
合计	100.000	100.000	100.000	100.000

五、结论

本文基于 2012 年河北省投入产出表，建立投资乘数模型，通过控制模型中单一参数变化，考察模型中不同因素对投资乘数和产业结构变化的影响。本文分析表明：

1. 中间投入结构对产业结构的影响非常显著，在生产中加大投入服务业产品，特别是现代服务业产品，软化消耗结构，提高技术水平，可以使投资乘数和产业结构明显向着有利于服务业的方向发展。制造业是国民经济最基础的部门，与其他部门的产业间联系最为紧密，河北省制造业主要为低端高能源资源消耗产业，仅金属冶炼和压延加工品部门产值占总制造业增加值的比重高达 28.227%，高端设备制造业发展明显不足。特别是随着对能源资源的不断消耗，使得目前河北省环境污染较为严重，原高能源资源消耗产业模式无法使经济可持续健康发展，因此提高技术水平，升级投入结构，是从供给端转变产业结构的有效途径。

2. 消费是拉动经济增长的基础因素，消费率提高对服务业的推动作用最大，且消费结构的变动方向与投资乘数和产业结构的变动方向是基本一致的，因此，提高消费率，优化消费结构，可有效促进产业结构的转型升级。收入是影响消费的最重要因素，提高人民收入是改善消费结构和消费率的突破口。2012 年，河北地区人均生产总值在全国排第 15 位，城镇居民人均可支配收入排第 20 位，农村居民人均纯收入排第 12 位，可以看出，工资水平未与经济增长相匹配，因此着力改善人民收入是河北省产业结构调整中的一个重要内容。

3. 净流出反映的是省内供需之差，根据 2012 年河北省净流出结构，可以看出，河北缺口较大的部门有其他工业、建筑业、现代服务业，根据这些部门的构成特点可知，河北省能源资源及高新服务业缺口较大；流出较大的部门是其他制造业，即传统制造业实力雄厚。而净流出结构变动时，产业结构的变动方向与净流出结构的变动方向基本一致。因此减小供需之差，平衡部门生产，可促进产业结构转型。

参考文献

[1] Hu B, McAleer M. Input - output structure and growth in China[J]. Mathematics and Computers in simulation, 2004, 64(1): 193－202.

[2] Sasaki H, Ueyama S. China's industrial structure and its changes in recent years: an analysis of the 1997 - 2005 input－output tables[R]. Bank of Japan, 2009.

[3] 成定平．扩大消费和出口的产业结构调整方向——基于动态投入产出模型的分析[J]．经济学家，2011(5):36－41.

[4] 刘瑞翔，安同良．中国经济增长的动力来源与转换展望[J]．经济研究，2011,7:30－41.

[5] 李华．需求对广东经济影响分析[C]//彭志龙，佟仁城，陈璋．2013 中国投入产出理论与实践．北京：中国统计出版社，2015:185－193.

[6] 朱林．中国财政投资拉动效应的演变趋势[C]//彭志龙，佟仁城，陈璋．2013 中国投入产出理论与实践．北京：中国统计出版社，2015:194－201.

[7] 夏杰长，张晓兵．我国现代服务业发展目标与战略思路[J]．经济研究参考，2012(46):3－10.

作者简介

唐盼盼，燕山大学硕士研究生，研究方向为数量经济学。邮箱:913903008@qq.com。

刘新建，燕山大学经济管理学院教授，工学博士，主要研究方向为数量经济学。邮箱：Lxj6309@126.com。

基于投入产出分析的航空运输业经济影响研究

——以浙江省为例

李晓津　李　玲　杨亚坤

摘要：航空运输业在现代综合交通运输体系中具有战略先导地位，是区域经济发展的重要引擎，科学准确地评价航空运输业在经济发展中的影响日益重要。本文应用浙江省2002年、2007年和2012年投入产出表，测算得到航空运输业的中间投入率和需求比率、影响力和感应力系数，并按照行业惯例从直接效益、间接效益、诱发效益和催化效益等四个层面定量测算浙江省航空运输业对区域经济及相关产业的影响。结果表明，浙江省航空运输业具有强劲增长的趋势，其在经济发展中的影响占浙江省GDP的比重自2007年之后有明显提高。最后根据分析结果提出了相应的政策建议。

关键词：航空运输业　投入产出分析　经济影响

一、引言

航空运输业是我国经济社会发展重要的战略产业。改革开放以来，我国民航业快速发展，行业规模不断扩大，服务能力逐步提升，安全水平显著提高，为我国改革开放和社会主义现代化建设做出了突出贡献，但当前民航业发展中不平衡、不协调的问题较为突出。本文基于投入产出模型和2002年、2007年和2012年三张投入产出表，测算浙江省航空运输业对区域经济的影响，研究成果将有助于政府准确定位航空运输业在国民经济中的作用，制定航空运输业发展规划和相关政策，对促进航空运输业与其他产业协调发展，引导航空运输业持续健康发展，保障民生和社会稳定等都具有重要意义。

二、文献综述

对于航空运输业的经济影响，国内外学者都进行过一定研究，但切入角度不同。Oxford Economics(1999)采用投入产出法定量研究英国航空运输业对国家宏观经济以及相关产业的影响，得出英国航空运输业对国家经济的发展贡献要远高于其他交通方式的结论。Button 和 Taylor(2000)运用计量模型测算国际航空运输对美国国民经济的影响，将航空运输业的贡献分为原生贡献、次生贡献、衍生贡献和永久贡献四部分，结论是国际航空运输促进了美国经济的发展。ICAO 研究显示航空运输业的繁荣发展对经济影响很大。

国内学者方茜和王军(2006)运用投入产出分析法，结合 1997 年和 2002 年四川省投入产出表，分析了制造业对四川省经济增长的作用，其研究结果显示制造业对四川省经济增长起到了决定性作用。陈林(2013)基于投入产出分析结合 2007 年北京市投入产出表，从直接经济贡献、后向波及效益、前向波及效益、消费效益四方面测算航空运输业对北京市的经济贡献。李秀婷等人(2014)在 1997 年以来的 5 张投入产出表的基础上，运用投入产出模型，分析了我国房地产业的产业关联效应，及其对经济增长、就业和物价的影响。

通过文献梳理，不难发现，在研究国家产业结构、产业对地区经济的影响方面，国内外学者较为广泛地应用投入产出法，并取得了一定的研究成果。通过本文的研究，航空运输业对浙江省区域经济的影响主要表现在两方面：一方面航空运输业通过消耗其他产业部门的资源对区域经济产生了拉动作用，另一方面航空运输业在完成客货运输的同时，还推动了相关产业的发展。通过运用投入产出法，可以从这两方面准确把握航空运输业对浙江省经济的影响。

三、研究设计

(一)投入产出表的调整

通过对比发现，浙江省 2002 年、2007 年和 2012 年 42 部门投入产出表的部门分类不完全一致且 42 部门投入产出表中"航空运输业"包含在"交通运输及仓储业"中，无法单独测算航空运输业的产业关联情况，据此本文参照浙江省 42 部门投入产出表分类情况和《国民经济行业分类标准》(GB/T4754－2011)，将浙江省 2002 年 122 部门投入产出表、2007 年 144 部门投入产出表和 2012 年 139 部门投入产出表调整为 45 部门投入产出表，其中单独保留"航空运输业"这一产业部门，将其他产业部门和数据进行合并处理，确保不同年份投入产出表部门划分的一致性。

(二)关键指标计算

基于投入产出模型，本研究对浙江省航空运输业经济影响研究测算包括以下几部分：首先应用投入产出法分析浙江省航空运输业的产业关联情况，并定位浙江省航空运输业的产业类型；其次，通过影响力系数和感应力系数测算其产业波及效应；最后从四个层面测算浙江省航空运输业的经济影响。具体计算公式如下：

1. 直接消耗系数和完全消耗系数

直接消耗系数它反映了单位总产出所消耗的其他部门的中间直接投入数量。计算方法如下：$a_{ij}=X_{ij}/X_j,(i,j=1,2,\cdots,n)$，其中，$a_{ij}$ 为 i 部门对 j 部门的直接消耗系数，X_j 为 j 部门的总产出，X_{ij} 为 j 部门在生产过程中对 i 部门的直接消耗量。所有部门的直接消耗系数所构成的矩阵称为直接消耗系数矩阵，记作 A。完全消耗系数反映了各部门之间直接消耗及间接消耗方面的联系。所有部门的完全消耗系数所构成的矩阵称为完全消耗系数矩阵，记作 B，其中 $B=(I-A)^{-1}-I$，其元素 $b_{ij}=a_{ij}+c_{ij}$，c_{ij} 为间接消耗系数。

2. 直接分配系数和完全分配系数

直接分配系数 r_{ij} 表示 i 部门总产出中，直接分配给 j 部门作为生产投入的部分所占的比重，用公式表示为：$r_{ij}=X_{ij}/X_i$，$(i,j=1,2,\cdots,n)$，r_{ij} 越大说明 j 部门对 i 部门的产品供给依赖程度高。所有部门的直接分配系数 r_{ij} 所组成的矩阵 R 称为直接分配系数矩阵。完全分配系数 d_{ij} 反映产品使用的完全去向，即 i 部门总产出中，j 部门对 i 部门所有直接消耗和间接消耗所占的比重，用公式表示为：$D=(I-R)^{-1}-I$。

3. 影响力系数和感应度系数

衡量某一产业部门对国民经济的拉动力和推动力可以分别用影响力系数和感应力系数。影响力系数反映某一部门增加单位最终需求对国民经济所有部门所产生的生产需求波及程度。

影响力系数的计算公式：$S_j=\dfrac{\sum_{i=1}^{n}\overline{b_{ij}}}{\frac{1}{n}\sum_{j=1}^{n}\sum_{i=1}^{n}\overline{b_{ij}}}$，$j=1,2,\cdots,n$。

影响力系数越大，说明该部门对其他部门的拉动作用越大。感应度系数表示当国民经济所有部门同时增加一个单位最终产品时，某一部门因此受到的需求感应程度与平均水平的比值。

感应度系数的计算公式：$E_i=\dfrac{\sum_{j=1}^{n}\overline{b_{ij}}}{\frac{1}{n}\sum_{i=1}^{n}\sum_{j=1}^{n}\overline{b_{ij}}}$，$i=1,2,\cdots,n$。

四、实证分析

(一)航空运输业的产业关联效应分析

1. 后向关联分析

通过计算航空运输业对各部门的直接消耗和完全消耗关系，可以掌握浙江省航空运输业的投入结构，浙江省航空运输业后向关联情况见表 1：

表 1　浙江省航空运输业后向关联分析

产业部门	直接消耗系数			完全消耗系数			所属产业类型
	2002 年	2007 年	2012 年	2002 年	2007 年	2012 年	
农、林、牧、渔业	0.0000	0.0000	0.0001	0.0208	0.0191	0.0056	第一产业
农、林、牧、渔服务业	0.0002	0.0000	0.0000	0.0009	0.0004	0.0001	第三产业
煤炭开采和洗选业	0.0000	0.0000	0.0000	0.0091	0.0068	0.0111	第二产业
石油和天然气开采业	0.0000	0.0000	0.0000	0.1329	0.3368	0.1117	第二产业

续表 1

产业部门	直接消耗系数			完全消耗系数			所属产业类型
	2002 年	2007 年	2012 年	2002 年	2007 年	2012 年	
金属矿采选业	0.0000	0.0000	0.0000	0.0043	0.0013	0.0009	第二产业
非金属矿及其他矿采选业	0.0000	0.0000	0.0000	0.0008	0.0007	0.0003	第二产业
食品制造及烟草加工业	0.0000	0.0296	0.0062	0.0166	0.0501	0.0104	第二产业
纺织业	0.0008	0.0093	0.0023	0.0189	0.0277	0.0086	第二产业
纺织服装鞋帽皮革羽绒及其制品业	0.0068	0.0048	0.0044	0.0164	0.0108	0.0068	第二产业
木材加工及家具制造业	0.0007	0.0001	0.0000	0.0080	0.0073	0.0010	第二产业
造纸印刷及文教体育用品	0.0037	0.0036	0.0019	0.0305	0.0146	0.0093	第二产业
石油加工、炼焦及核燃料加工业	0.1563	0.3398	0.1414	0.2048	0.3776	0.1616	第二产业
化学工业	0.0003	0.0001	0.0001	0.0744	0.0400	0.0218	第二产业
非金属矿物制品业	0.0000	0.0000	0.0000	0.0079	0.0042	0.0016	第二产业
金属冶炼及压延加工业	0.0000	0.0000	0.0000	0.0760	0.0345	0.0110	第二产业
金属制品业	0.0000	0.0000	0.0000	0.0151	0.0126	0.0027	第二产业
通用、专用设备制造业	0.0000	0.0000	0.0001	0.0227	0.0059	0.0033	第二产业
交通运输设备制造业	0.0718	0.0082	0.0006	0.1018	0.0124	0.0036	第二产业
电气机械及器材制造业	0.0000	0.0000	0.0000	0.0193	0.0081	0.0036	第二产业
通讯设备、计算机及其他电子设备制造业	0.0029	0.0004	0.0001	0.0341	0.0068	0.0019	第二产业
仪器仪表及文化办公用机械制造业	0.0005	0.0001	0.0000	0.0056	0.0012	0.0007	第二产业
工艺品及其他制造业	0.0016	0.0001	0.0000	0.0056	0.0016	0.0018	第二产业
废品废料	0.0000	0.0000	0.0000	0.0051	0.0100	0.0028	第二产业
电力、热力的生产和供应业	0.0097	0.0022	0.0086	0.0323	0.0219	0.0232	第二产业
燃气生产和供应业	0.0006	0.0007	0.0011	0.0018	0.0018	0.0017	第二产业
水的生产和供应业	0.0014	0.0002	0.0000	0.0030	0.0006	0.0002	第二产业
建筑业	0.0008	0.0064	0.0017	0.0052	0.0092	0.0021	第二产业
航空运输业	0.0542	0.0744	0.0352	0.0610	0.0810	0.0369	第三产业
其他交通运输业	0.0091	0.0029	0.0028	0.0318	0.0144	0.0123	第三产业
仓储业	0.0004	0.0002	0.0002	0.0051	0.0008	0.0004	第三产业
邮政业	0.0000	0.0001	0.0001	0.0008	0.0006	0.0009	第三产业
信息传输、计算机服务业	0.0125	0.0028	0.0012	0.0319	0.0070	0.0048	第三产业
批发和零售业	0.0192	0.0091	0.0100	0.0510	0.0337	0.0229	第三产业
住宿和餐饮业	0.0248	0.0109	0.0075	0.0390	0.0163	0.0098	第三产业
金融和保险业	0.0183	0.0136	0.0213	0.0376	0.0294	0.0390	第三产业
房地产业	0.0000	0.0009	0.0012	0.0033	0.0041	0.0032	第三产业

续表 2

产业部门	直接消耗系数			完全消耗系数			所属产业类型
	2002 年	2007 年	2012 年	2002 年	2007 年	2012 年	
租赁和商务服务业	0.1016	0.0299	0.0086	0.1898	0.0437	0.0159	第三产业
科学研究事业	0.0000	0.0000	0.0000	0.0034	0.0004	0.0000	第三产业
综合技术服务业	0.0129	0.0000	0.0000	0.0161	0.0014	0.0007	第三产业
水利、环境和公共设施管理业	0.0006	0.0009	0.0001	0.0014	0.0016	0.0003	第三产业
居民服务和其他服务业	0.0004	0.0022	0.0030	0.0029	0.0045	0.0039	第三产业
教育事业	0.0009	0.0072	0.0005	0.0027	0.0084	0.0010	第三产业
卫生、社会保障和社会福利业	0.0014	0.0000	0.0001	0.0033	0.0018	0.0004	第三产业
文化、体育和娱乐业	0.0002	0.0011	0.0005	0.0044	0.0021	0.0011	第三产业
公共管理和社会组织	0.0450	0.0000	0.0002	0.0496	0.0006	0.0006	第三产业

如表 1 所示，历年航空运输业的直接消耗主要集中在石油加工、炼焦及核燃料加工业，租赁和商务服务业，航空运输业，住宿和餐饮业，批发和零售业，金融和保险业六大产业部门。2002 年浙江省航空运输业对交通运输设备制造业，信息传输、计算机服务和软件业，公共管理和社会组织，综合技术服务业的直接消耗较大。2007 年变成食品制造及烟草加工业，纺织业，交通运输设备制造业和教育事业，2012 年又变成了电力、热力的生产和供应业，食品制造及药草加工业，纺织服装鞋帽皮革羽绒及其制品业，居民服务和其他服务业。随着时间的推移和经济的发展，航空运输业的需求消耗虽然主要集中在以上六大产业部门，但是也会有所变化，即航空运输业越来越多地通过与地方特色产业相结合来展现其影响力。从三大产业分类的角度来看，浙江省航空运输业的生产需求主要来源于第二产业和第三产业，且对第二产业的消耗大于第三产业。

2. 前向关联分析

通过计算浙江省航空运输业对各个部门的直接分配系数和完全分配系数，可以掌握其产业分配结构，浙江省航空运输业前向关联情况见表 2：

表 2　浙江省航空运输业前向关联分析

产业部门	直接消耗系数			完全消耗系数			所属产业类型
	2002 年	2007 年	2012 年	2002 年	2007 年	2012 年	
农、林、牧、渔业	0.0000	0.0000	0.0001	0.0208	0.0191	0.0056	第一产业
农、林、牧、渔服务业	0.0002	0.0000	0.0000	0.0009	0.0004	0.0001	第三产业
煤炭开采和洗选业	0.0000	0.0000	0.0000	0.0091	0.0068	0.0111	第二产业
石油和天然气开采业	0.0000	0.0000	0.0000	0.1329	0.3368	0.1117	第二产业
金属矿采选业	0.0000	0.0000	0.0000	0.0043	0.0013	0.0009	第二产业
非金属矿及其他矿采选业	0.0000	0.0000	0.0000	0.0008	0.0007	0.0003	第二产业
食品制造及烟草加工业	0.0000	0.0296	0.0062	0.0166	0.0501	0.0104	第二产业
纺织业	0.0008	0.0093	0.0023	0.0189	0.0277	0.0086	第二产业
纺织服装鞋帽皮革羽绒及其制品业	0.0068	0.0048	0.0044	0.0164	0.0108	0.0068	第二产业

续表

产业部门	直接消耗系数			完全消耗系数			所属产业类型
	2002 年	2007 年	2012 年	2002 年	2007 年	2012 年	
木材加工及家具制造业	0.0007	0.0001	0.0000	0.0080	0.0073	0.0010	第二产业
造纸印刷及文教体育用品	0.0037	0.0036	0.0019	0.0305	0.0146	0.0093	第二产业
石油加工、炼焦及核燃料加工业	0.1563	0.3398	0.1414	0.2048	0.3776	0.1616	第二产业
化学工业	0.0003	0.0001	0.0001	0.0744	0.0400	0.0218	第二产业
非金属矿物制品业	0.0000	0.0000	0.0000	0.0079	0.0042	0.0016	第二产业
金属冶炼及压延加工业	0.0000	0.0000	0.0000	0.0760	0.0345	0.0110	第二产业
金属制品业	0.0000	0.0000	0.0000	0.0151	0.0126	0.0027	第二产业
通用、专用设备制造业	0.0000	0.0000	0.0001	0.0227	0.0059	0.0033	第二产业
交通运输设备制造业	0.0718	0.0082	0.0006	0.1018	0.0124	0.0036	第二产业
电气机械及器材制造业	0.0000	0.0000	0.0000	0.0193	0.0081	0.0036	第二产业
通讯设备、计算机及其他电子设备制造业	0.0029	0.0004	0.0001	0.0341	0.0068	0.0019	第二产业
仪器仪表及文化办公用机械制造业	0.0005	0.0001	0.0000	0.0056	0.0012	0.0007	第二产业
工艺品及其他制造业	0.0016	0.0001	0.0000	0.0056	0.0016	0.0018	第二产业
废品废料	0.0000	0.0000	0.0000	0.0051	0.0100	0.0028	第二产业
电力、热力的生产和供应业	0.0097	0.0022	0.0086	0.0323	0.0219	0.0232	第二产业
燃气生产和供应业	0.0006	0.0007	0.0011	0.0018	0.0018	0.0017	第二产业
水的生产和供应业	0.0014	0.0002	0.0000	0.0030	0.0006	0.0002	第二产业
建筑业	0.0008	0.0064	0.0017	0.0052	0.0092	0.0021	第二产业
航空运输业	0.0542	0.0744	0.0352	0.0610	0.0810	0.0369	第三产业
其他交通运输业	0.0091	0.0029	0.0028	0.0318	0.0144	0.0123	第三产业
仓储业	0.0004	0.0002	0.0002	0.0051	0.0008	0.0004	第三产业
邮政业	0.0000	0.0001	0.0001	0.0008	0.0006	0.0009	第三产业
信息传输、计算机服务业	0.0125	0.0028	0.0012	0.0319	0.0070	0.0048	第三产业
批发和零售业	0.0192	0.0091	0.0100	0.0510	0.0337	0.0229	第三产业
住宿和餐饮业	0.0248	0.0109	0.0075	0.0390	0.0163	0.0098	第三产业
金融和保险业	0.0183	0.0136	0.0213	0.0376	0.0294	0.0390	第三产业
房地产业	0.0000	0.0009	0.0012	0.0033	0.0041	0.0032	第三产业
租赁和商务服务业	0.1016	0.0299	0.0086	0.1898	0.0437	0.0159	第三产业
科学研究事业	0.0000	0.0000	0.0000	0.0034	0.0004	0.0000	第三产业
综合技术服务业	0.0129	0.0000	0.0000	0.0161	0.0014	0.0007	第三产业
水利、环境和公共设施管理业	0.0006	0.0009	0.0001	0.0014	0.0016	0.0003	第三产业
居民服务和其他服务业	0.0004	0.0022	0.0030	0.0029	0.0045	0.0039	第三产业
教育事业	0.0009	0.0072	0.0005	0.0027	0.0084	0.0010	第三产业
卫生、社会保障和社会福利业	0.0014	0.0000	0.0001	0.0033	0.0018	0.0004	第三产业
文化、体育和娱乐业	0.0002	0.0011	0.0005	0.0044	0.0021	0.0011	第三产业
公共管理和社会组织	0.0450	0.0000	0.0002	0.0496	0.0006	0.0006	第三产业

由表 2 可以看出，航空运输业的前向关联产业主要集中在高技术制造业、教育事业、公共管理和社会组织，批发和零售业，以及纺织服装鞋帽皮革羽绒及其制品业等这些产业中，并且有从制造业、建筑业等第二产业向邮政业、技术服务业和金融业等第三产业慢慢转移的趋势。从产业分类的角度来看，浙江省航空运输业的前向关联产业主要是第二产业和第三产业，且第三产业的比例要大于第二产业。

(二)中间需求和中间投入分析

由图 1 可知，浙江省航空运输业的中间投入率于 2002－2007 年间均在 0.55 以上，即航空运输业每 100 单位产值增加，需要国民经济各产业部门 55 单位的初始投入，这说明浙江省航空运输业的生产经营高度依赖于其他产业部门。2007－2012 年浙江省航空运输业的中间投入率降为 0.2613，根据"中间投入率＋附加价值率＝1"可知浙江省航空运输业的附加价值率约为 74％。这表明浙江省航空运输业自身附加价值高，但在带动力方面有所不足。浙江省航空运输业的中间需求率 2002－2012 年一直维持在 0.5 以上，表明航空运输业对社会生产的直接支撑作用大。

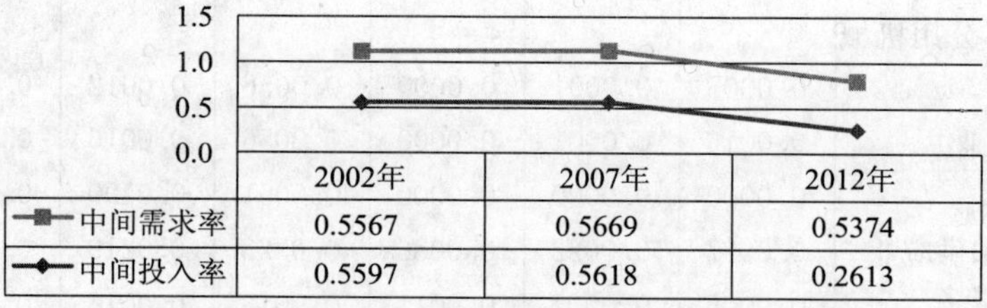

图 1　浙江省航空运输业中间需求率与中间投入率

根据中间需求率和中间投入率的大小，可将国民经济中的各产业部门划分为四种类型(见表 3)：

表 3　产业类型划分象限

产业类型定位	中间需求率(＜50％)	中间需求率(＞50％)
中间投入率(＜50％)	最终需求型基础产业	中间产品型基础产业
中间投入率(＞50％)	最终需求型产业	中间产品型产业

按照表 3 的划分标准，浙江省航空运输业在 2002－2007 年属于中间产品型产业，2007－2012 年转向中间产品型基础产业。这一动态发展，体现了近年来航空运输业正在逐步减少依靠国民经济增长带来的"引致需求"实现自身发展，转向依靠创新发展模式谋求自身发展。

(三)航空运输业的产业波及效应分析

以 2002 年为例，影响力系数是 0.8757，即表示浙江省航空运输业波及带动程度是各部门平均水平的 0.8757 倍。从对经济的拉动力和推动力来看，浙江省航空运输业历年的影响力系数和感应力系数都小于 1，说明这些年来浙江省航空运输业对后向关联产业部门的拉动能力和对前向关联产业的推动能力都一直低于社会平均水平，但是拉动能力和推动能力均具有增强的趋势。

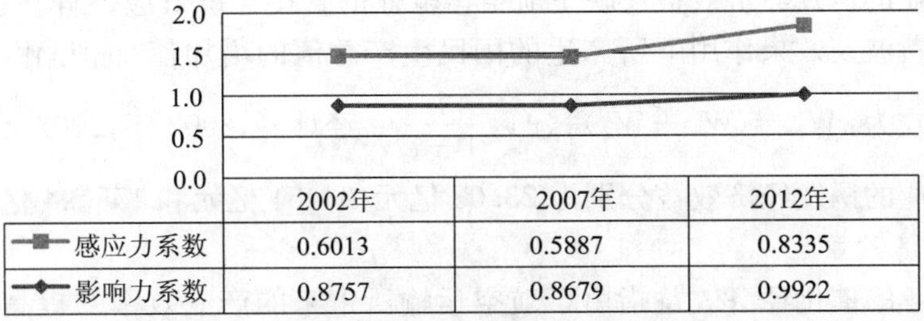

图 2　浙江省航空运输业影响力系数和感应力系数

(四)航空运输业对经济影响分析

1. 直接经济效益

航空运输业的直接经济效益反映了航空运输业所创造的直接经济收入，一般用航空运输业自身的产业增加值表示。增加值是价值量指标，反映产业在生产过程中新增加的价值，本文根据收入法计算，其数值等于劳动者报酬、固定资产折旧、生产税净额和营业盈余四部分之和，记为 ΔX。航空运输业的直接经济效益记为 W_1，它在数值上等于航空运输业的增加值，即 $W_1 = \Delta X$。

表 4　浙江省航空运输业直接经济效益　　单位:亿元

	2002 年	2007 年	2012 年
航空运输业增加值	8.66	24.82	142.07
国内生产总值(GDP)	8003.67	18753.73	34739.13
航空运输业直接贡献率	0.11%	0.13%	0.41%

2002—2007 年，产业增加值增长 2 倍，但是对 GDP 的贡献却几乎没有变化，这表示浙江省航空运输业还处于前期发展阶段，航空运输业的发展没有带动当地经济的发展或者是带动作用不显著；2007—2012 年，产业增加值增长接近 5 倍，对 GDP 的贡献显著提升，这表示浙江省航空运输业发展态势良好。

2. 间接经济效益

航空运输业的间接经济效益主要体现在航空运输业的后向关联效应和前向关联效应上。航空运输业间接经济效益记为 W_2，其计算公式如下：$W_2 = (\sum_{i=1}^{n} b_{ij} + \sum_{j=1}^{n} d_{ij}) \times \Delta X$，其中，$\sum_{i=1}^{n} b_{ij}$ 表示航空运输业对其他产业部门完全消耗系数之和，$\sum_{j=1}^{n} d_{ij}$ 表示航空运输业对其他产业部门完全分配系数之和，ΔX 表示航空运输业的增加值。例如航空设备制造业、石油加工业、采矿业等为航空运输业提供必不可少的航空器材、飞机燃料，对航空运输业的发展发挥较强的支撑作用；物流业、金融保险业和高技术产业把航空运输业的产品作为中间投入使用。经计算，2002 年，2007 年和 2012 年浙江省航空运输业的间接经济效益分别为 58.26 亿元，104.10 亿元和 434.12 亿元。

3. 诱发经济效益

航空运输业的诱发经济效益反映了航空运输业的直接经济效应、后向关联效应、前向关联效应在消费波及效果作用下所产生的国民生产总值的增加值，记为 W_3，则诱发经济效益的计算公式为：$W_3=(W_1+W_2)\times c\times\frac{1}{1-c}$。经计算，2002 年，2007 年和 2012 年浙江省航空运输业的诱发经济效益分别为 23.03 亿元、94.51 亿元和 155.94 亿元。

4. 催化经济效益

航空运输业的催化经济效益指由于航空运输所带来的产业效率的提高，减少商业成本以及吸引商业活动，如促进旅游业发展、吸引企业投资、扩大市场范围等所带来的经济产出，记为 W_4。由于催化效益特别难于量化，本文现只对其中的旅游催化效益和贸易催化效益的计算方法进行简要说明。

旅游催化系数公式为：$\frac{V_\partial\times V_0}{E}\times\frac{VA_{tourism}}{GDP}$，式中 V_a 是通过航空方式到达浙江省的旅客人数，V_0 是每位过夜旅客在浙江省的花费，E 是以浙江省为目的地的旅客的全部花费，$VA_{tourism}$ 是旅游增加值，GDP 代表现行价格的 GDP。

贸易催化系数公式为：$\frac{DE_a+M_a+RE_a}{DE+M+RE}\times\frac{VA_{trade}}{GDP}$，式中 DE_a 是浙江省通过航空方式的出口值，M_a 是浙江省通过航空方式的进口值，RE_a 是浙江省通过航空方式的再出口值，DE 是浙江省的全部出口值，M 是浙江省的全部进口值，RE 是浙江省的全部再出口值，VA_{trade} 是以现行市场价格的进出口增加值，GDP 代表现行价格的 GDP。

五、结论与建议

通过对浙江省航空运输业产业关联情况的分析，得出浙江省航空运输业后向关联效应强于前向关联效应。但是，浙江省航空运输业对后向部门的拉动能力和对前向部门的推动能力都低于社会平均水平，近十年来一直是这种情况，不过拉动能力和推动能力都在逐渐增强。浙江省航空运输业的直接经济效益增长很快，平均增速为 32.28%；间接经济效益和诱发经济效益也增长较快，平均增速分别为 22.24%和 21.08%。十年时间内，浙江省航空运输业经济效益增加值为 642.18 亿元，增长了大约 7 倍。

由此可见，浙江省航空运输业整体发展形势良好，但目前还没有与当地经济形成良好互动关系，其对浙江省 GDP 的贡献度还不明显。因此，随着国民经济水平的不断提升，民航市场化程度不断加深，无论对于当地政府还是航空运输企业来说，都应当充分认识到航空运输业对经济发展的重要贡献，同时应不断积极开拓谋求航空运输业发展的创新模式，实现航空运输业和地方经济的协同发展。

参考文献

[1] TANG Zhipeng, XIA Yan. Input－Occupancy－Output Analysis of Industrial Wastewater Discharge Coeffcients and Backward and Forward Linkages: Multi－Regional Occupancy[J]. Journal of Systems Science & Complexity, 2015, 06: 1344－1362.

[2] Margaret M. Calderon. Economic impacts of the Natural Forest Protection Program in Yunnan

Province, China: an input—output analysis[J]. Ecological Economy, 2008, 01: 66—73.

[3] Analysis of Input and Output of China's Agriculture Based on Canonical Correlation[J]. Asian Agricultural Research, 2011, 06: 9—11+15.

[4] Irwin, M. D. and Kasarda, J. D. Air passenger linkages and employment growth in U. S. metropolitan areas, American Sociological Review. 1991(56): 524—537.

[5] 中国投入产出学会课题组,许宪春,齐舒畅,杨翠红,赵同录. 我国目前产业关联度分析——2002年投入产出表系列分析报告之一[J]. 统计研究, 2006, 11: 3—8.

[6] 汪云林,付允,李丁. 基于投入产出的产业关联研究[J]. 工业技术经济, 2008, 05: 120—123.

[7] 余瑶. 批发零售业对河南省经济发展的影响研究[D]. 西南财经大学, 2012.

[8] 冯云婷. 再制造产业影响宏观经济的模型研究[D]. 大连理工大学, 2015.

[9] 王岳平,葛岳静. 我国产业结构的投入产出关联特征分析[J]. 管理世界, 2007, 02: 61—68.

[10] 程大中. 中国参与全球价值链分工的程度及演变趋势——基于跨国投入—产出分析[J]. 经济研究, 2015, 09: 4—16+99.

[11] 张靖. 中国投入产出核算矩阵的编制与应用研究[D]. 山西财经大学, 2013.

[12] 张智慧,刘睿劼. 基于投入产出分析的建筑业碳排放核算[J]. 清华大学学报(自然科学版), 2013, 01: 53—57.

[13] 李秀婷,刘凡,吴迪,董纪昌,高鹏. 基于投入产出模型的我国房地产业宏观经济效应分析[J]. 系统工程理论与实践, 2014, 02: 323—336.

[14] 朱庆华,冯云婷,田一辉. 基于投入产出法的中国再制造产业经济影响分析[J]. 中国软科学, 2014, 06: 34—43.

作者简介

李晓津,中国民航大学航空运输与经济研究所所长,教授,研究方向为产业经济学,运输经济学。邮箱:xiaojinli@vip.sina.com。

李 玲,中国民航大学管理科学与工程专业研究生。

杨亚坤,中国民航大学管理科学与工程专业研究生。

专题二

投入产出技术在资源环境中的应用

区域能源—环境治理投入产出模型的研制与实证[①]

宋　辉

摘要：针对我国区域目前编制投入产出表核算范围存在的局限性，本文以河北省为例，在2012年投入产出表基础上，一是通过科学部门分类，扩展收集调查有关污染物等数据，增加治理消耗结构，完成了能源一环境治理投入产出模型的构建与实证。二是对环境排放等一些基本概念，特别是在计算完全产污、治污、排污系数所用完全需要系数以及最终消费的污染，剔除模型省外因素影响等技术问题进行了系统研究。三是利用模型对河北经济一能源一环境治理发展现状，相互影响的关联特征进行了分析。最后结合实证情况提出了我国2017年编制投入产出表和做好环境治理统计的具体对策。

关键词：能源　环境治理　投入产出模型　河北省

一、研究意义

根据国务院办公厅1987年18号文件通知精神，每5年(逢2和7年)编制国民经济投入产出表，中间逢0和5年编制延长表，国家统计局等部门先后组织编制了我国和各地区11个年度的国民经济投入产出表或延长表，在宏观经济管理中发挥了重要作用。目前准备编制2017年投入产出表。但近30年仅限于各部门投入产出原有经济核算范围内(见表1)，与循环经济、节能减排、新产业形成的绿色发展要求尚有差距。

我国经济发展步入新常态，有关文献涉及能源－环境扩展投入产出表的研究成果不少，但多集中在理论探讨，缺少实证研究，实施起来存在较多问题。从技术层面看，一是对环境治理的一些基本概念模糊，排放量与产生量混淆；二是在计算完全产污、治污、排污系数时所用完全需要系数有误，导致计算结果失真；三是对最终消费的污染和治理活动尚未涉及，如何科学计算其污染和治理系数等缺乏研究。因此，将经济、能源、环境治理活动集于一表，进行该研究既能够从技术方法上统一认识，科学计算和揭示模型系统相互影响、相互作用的关联特征，又能通过实证为我国今后编制投入产出扩展表提供思路参考。

① 本文为国家统计科研计划重点项目《新常态下我国2017年投入产出扩展表的设计与试点研究》(编号：2015LZ23)阶段性成果。

表 1　目前我国区域编制的投入产出表

产出 投入		中间使用	最终使用及产生的污染			总产出
		1,2,…, n	消费	资本	净流出	
中间投入	1 2 ⋮ n	Z_{ij}	F_i			X_i
增加值		V_j				
总投入		x_j				

二、能源一环境治理投入产出表研制

(一)构建思路

1. 模型规模——产品部门划分和合并

我们以河北省为例,合理确定模型规模。利用其最新编制的 2012 年 42 部门和 139 部门投入产出表,考虑到该区域六大高能耗行业增加值占规模以上工业的 50%以上,能耗占规模以上工业的 70%以上的情况,以国家统计局制定的《投入产出部门分类》和《国民经济行业分类与代码》作为产品部门的划分和合并的标准,将国家统计部门规定的六大高能耗行业划分为 6 个高能耗产品部门:即煤炭开采和洗选业、石油加工炼焦和核燃料加工业、化学原料和化学制品制造业、非金属矿物制品业、黑色金属冶炼和压延加工业、电力热力的生产和供应业。对其进行重点分析。其余第一产业的农业和第二产业的其他工业行业、建筑业及第三产业中的公共交通部门、其他服务业、环境治理部门、公共设施管理部门作为低能耗产品部门。

表 2　能源一环境治理投入产出表 13 部门分类和来源

	编号	划分 13 部门	来自投入产出表 42 或 139 部门
高能耗部门	1	煤炭开采和洗选业	煤炭采选产品
	2	石油加工、炼焦和核燃料加工业	精炼石油和核燃料加工品,炼焦产品
	3	化学原料和化学制品制造业	基础化学原料,肥料,农药,涂料,油墨,颜料及类似产品,合成材料,专用化学产品和炸药、火工、焰火产品,日用化学产品
	4	非金属矿物制品业	水泥、石灰和石膏,石膏、水泥制品及类似制品,砖瓦、石材等建筑材料,玻璃和玻璃制品,陶瓷制品,耐火材料制品,石墨及其他非金属矿物制品
	5	黑色金属冶炼和压延加工业	钢、铁及其铸件,钢压延产品,铁合金产品
	6	电力、热力生产和供应业	电力、热力生产和供应

续表

	编号	划分13部门	来自投入产出表42或139部门
低能耗部门	7	农业	农产品,林产品,畜牧产品,渔产品,农、林、牧、渔服务
	8	其他工业行业	除六大高能耗产业部门外的其他工业部门
	9	建筑业	房屋建筑,土木工程建筑,建筑安装,建筑装饰和其他建筑服务
	10	公共交通部门	铁路运输,道路运输,水上运输,航空运输,管道运输
	11	其他服务业	除公共交通、环境治理、公共设施管理外的其他服务业部门
	12	环境治理部门	生态保护和环境治理(只取其中的环境治理部分)
	13	公共设施管理部门	公共设施管理(只取其中的公厕、化粪处理)

2. 能源—环境治理投入产出表设计

通常,生产部门在进行生产活动时会产生污染物,生产部门可以选择购买设备自行进行污染处理,也可以邀请专业的污染治理企业为其提供污染治理服务。对于前者,污染治理活动为该生产部门的辅助活动。污染治理过程中所产生的费用通常作为主要生产活动的投入,而不单独对污染治理活动进行核算。若在投入产出表中单独考虑污染治理活动,则需要对各生产部门所进行的污染治理辅助生产活动进行单独核算。这需要增加一系列污染治理部门。我们的做法如下:

在河北省2012年投入产出表的基础上进行扩展,设计区域能源—环境治理表(见表3)。该表属于非竞争型。中间使用和中间投入项目设置均包括生产部门和治理部门(自身治理部门及专门治理部门),把原投入产出表第一象限的消耗关系划分为四部分,即生产部门(这里将国民经济各部门进行简化称谓)对生产部门的消耗;生产部门对治理部门的消耗;治理部门对生产部门的消耗;治理部门对治理部门的消耗。其中生产部门和自身治理部门又进一步分为高能耗部门和低能耗部门两部分。其中,高能耗部门与低能耗部门依据表1进行划分。在表2中,将环境治理部门和公共设施管理两个部门单独在专门治理部门内反映。为剔除省外流入因素的影响,提高该模型计算各种系数的精度,将最终使用部分流入项剔除而列入主栏中间投入和增加值之间。

主栏总投入下设置污染物种类10种:即废水排放总量(万吨)、化学需氧量、氨氮、总磷、二氧化硫、氮氧化物、烟粉(尘)(总颗粒物)、固体废物(包括工业固体废物和生活垃圾)、一氧化碳、碳氢化合物。其中包含了生产部门和治理部门污染物产生量及治理部门的污染物治理量,均以实物量为单位反映。

总产出即可反映各产品部门的总价值量,又可反映污染物的总产生量和治理量。总排放量为各部门的产生量减去治理量,这样划分经济含义清楚。

Z_{ij}^{pp}为第j个生产部门消耗第i个生产部门货物或劳务的数量;Z_{ij}^{pc}为第j个污染治理部门消耗第i个生产部门货物或劳务的数量;Z_{ij}^{cp}为第j个生产部门对第i个污染治理部门的消耗;Z_{ij}^{cc}为第j个污染治理部门对第i个污染治理部门的消耗,根据辅助活动的定义,我们假设该部分中自身治理部门对自身治理部门的消耗部分为0;F_{ij}^{p}为最终使用各部分指

表 3　区域能源—环境治理投入产出表

<table>
<tr><td colspan="4" rowspan="4">产出
投入</td><td colspan="14">中间使用</td><td colspan="4" rowspan="3">最终使用</td><td rowspan="4">总产出/污染物总产生量</td></tr>
<tr><td colspan="6">生产部门</td><td colspan="6">自身治理部门</td><td colspan="2" rowspan="2">专门治理部门</td></tr>
<tr><td colspan="3">高能耗部门</td><td colspan="3">低能耗部门</td><td colspan="3">高能耗部门</td><td colspan="3">低能耗部门</td></tr>
<tr><td>1</td><td>…</td><td>6</td><td>7</td><td>…</td><td>11</td><td>1</td><td>…</td><td>6</td><td>7</td><td>…</td><td>11</td><td>12</td><td>13</td><td>消费</td><td>资本</td><td>其他</td><td>流出</td></tr>
<tr><td rowspan="14">中间投入</td><td rowspan="6">生产部门</td><td rowspan="3">高能耗部门</td><td>1</td><td colspan="6" rowspan="6">Z_{ij}^{pp}</td><td colspan="8" rowspan="6">Z_{ij}^{pc}</td><td colspan="4" rowspan="6">F_{ij}^{p}</td><td rowspan="6">X_i^p</td></tr>
<tr><td>…</td></tr>
<tr><td>6</td></tr>
<tr><td rowspan="3">低能耗部门</td><td>7</td></tr>
<tr><td>…</td></tr>
<tr><td>11</td></tr>
<tr><td rowspan="6">自身治理部门</td><td rowspan="3">高能耗部门</td><td>1</td><td colspan="6" rowspan="8">Z_{ij}^{cp}</td><td colspan="8" rowspan="8">Z_{ij}^{cc}</td><td colspan="4" rowspan="8">F_{ij}^{c}</td><td rowspan="8">X_i^c</td></tr>
<tr><td>…</td></tr>
<tr><td>6</td></tr>
<tr><td rowspan="3">低能耗部门</td><td>7</td></tr>
<tr><td>…</td></tr>
<tr><td>11</td></tr>
<tr><td colspan="2" rowspan="2">专门治理部门</td><td>12</td></tr>
<tr><td>13</td></tr>
<tr><td colspan="4">流入</td><td colspan="19">IN_j</td></tr>
<tr><td rowspan="4">增加值</td><td colspan="3">劳动者报酬</td><td colspan="6" rowspan="4">V_{mj}^{P}</td><td colspan="8" rowspan="4">V_{mj}^{c}</td><td colspan="5" rowspan="4"></td></tr>
<tr><td colspan="3">生产税净额</td></tr>
<tr><td colspan="3">固定资产折旧</td></tr>
<tr><td colspan="3">营业盈余</td></tr>
<tr><td colspan="4">增加值合计</td><td colspan="6" rowspan="2">X_j^P</td><td colspan="8" rowspan="2">X_j^c</td><td colspan="5" rowspan="2"></td></tr>
<tr><td colspan="4">总投入</td></tr>
<tr><td colspan="4">污染物产生量</td><td colspan="14">W_{jn}^{p}</td><td>R_{nj}</td><td colspan="3"></td><td>X_n^w</td></tr>
<tr><td colspan="4">污染物治理量</td><td colspan="6"></td><td colspan="8">W_{nj}^{c}</td><td colspan="5"></td></tr>
</table>

标（包括最终消费、固定资产形成和净流出）消耗的第 i 个生产部门货物或劳务的数量；F_{ij}^c 为最终使用各部分指标（包括最终消费、固定资产形成和净流出）消耗的第 i 个污染治理部门货物或劳务的数量；X_i^p 为生产部门的中间使用和最终使用的总产出；X_i^c 为污染治理部门的中间使用和最终使用的总产出；IN_{jw} 为第 j 个部门的省外流入的数量；V_{mj}^p 为中间使用中第 j 个生产部门消耗的第 m 项增加值；V_{mj}^c 为中间使用中第 j 个污染治理部门消耗的第 m 项增加值，由于在污染治理过程中需要支付一定的劳动者报酬和固定资产折旧，因此在该矩阵中除劳动者报酬和固定资产折旧外，生产税净额和营业盈余均为 0；X_j^p 为生产部门的中间投入与增加值合计的总投入 ；X_j^c 为污染治理部门的中间投入与增加值合计的污染治理部门总投入 ；W_{nj}^p 为第 j 个生产部门或治理部门排放第 n 种污染物的数量；W_{nj}^f 为第

j 个污染治理部门治理的第 n 种污染物的数量；R_{nj} 为最终使用中的居民和政府消费污染物产生量；X_n^w 为 n 种污染物产生的总量。

(二)模型平衡关系及计算

1. 能源—环境治理投入产出表存在如下平衡关系

(1)中间使用＋最终使用＝总产出

$$\sum_{j=1}^{11} Z_{ij}^{pp} + \sum_{j=1}^{13} Z_{ij}^{pc} + \sum_{j=1}^{3} F_{ij}^{p} = X_i^p,(i=1,2,\cdots,11) \tag{1}$$

$$\sum_{j=1}^{11} Z_{ij}^{cp} + \sum_{j=1}^{13} Z_{ij}^{cc} + \sum_{j=1}^{3} F_{ij}^{c} = X_i^c,(i=1,2,\cdots,13) \tag{2}$$

(2)生产部门增加值＋污染治理部门增加值＝增加值合计

$$\sum_{j=1}^{11} V_{mj}^{p} + \sum_{j=1}^{13} V_{mj}^{c} = V_m,(m=1,\cdots,4) \tag{3}$$

(3)生产部门污染物产生量＋治理部门污染物产生量＋最终使用污染物产生量－治理部门污染物治理量＝全社会污染物总排放量

$$\sum_{j=1}^{11} W_{nj}^{p} + \sum_{j=1}^{3} R_{nj} - \sum_{j=1}^{13} W_{nj}^{c} = W_n,(n=1,\cdots,10) \tag{4}$$

(4)中间投入＋增加值＝总投入

$$\sum_{i=1}^{11} Z_{ij}^{pp} + \sum_{i=1}^{13} Z_{ij}^{cp} + \sum_{m=1}^{4} V_{mj}^{p} = X_j^p,(j=1,2,\cdots,11) \tag{5}$$

(5)污染治理部门的中间投入＋污染治理部门增加值＝污染治理部门总投入

$$\sum_{i=1}^{11} Z_{ij}^{pc} + \sum_{i=1}^{13} Z_{ij}^{cc} + \sum_{m=1}^{4} V_{mj}^{c} = X_j^c,(j=1,2,\cdots,13) \tag{6}$$

(6)生产部门对自身污染治理部门的消耗＝自身污染治理部门总投入

$$diag(Z_{ij}^{cp}) = X_j^c,(j=1,2,\cdots,11) \tag{7}$$

2. 直接消耗系数指标的计算

(1)生产部门对生产部门的直接消耗系数

$$a_{ij} = \frac{Z_{ij}^{pp}}{x_j^p} \quad (i=1,2,\cdots,11;j=1,2,\cdots,11) \tag{8}$$

(2)生产部门对污染治理部门的直接消耗系数

$$\bar{a}_{ij} = \frac{Z_{ij}^{cp}}{x_j^p} \quad (i=1,2,\cdots,13;j=1,2,\cdots,11) \tag{9}$$

(3)生产部门增加值直接消耗系数

$$e_{mj} = \frac{V_{mj}^{p}}{X_j^p} \quad (m=1,2,3,4;j=1,2,\cdots,11) \tag{10}$$

(4)污染治理部门对生产部门的直接消耗系数

$$a_{ij}' = \frac{Z_{ij}^{pc}}{X_j^c} \quad (i=1,2,\cdots,11;j=1,2,\cdots,13) \tag{11}$$

(5)污染治理部门增加值直接消耗系数

$$e_{mj}' = \frac{V_{mj}^{c}}{X_j^c} \quad (m=1,2,3,4;j=1,2,\cdots,13) \tag{12}$$

3. 直接污染等系数指标的计算

(1)直接产污系数:是指生产部门或治理部门 j 单位产品所排放的第 n 种污染物的数量。

$$p_{nj}^{p}=\frac{w_{nj}^{p}}{X_{j}} \quad (n=1,2,\cdots,10;j=1,2,\cdots,11) \tag{13}$$

(2)直接治污系数:是指污染治理部门 j 单位产出所能治理的污染物数量。

$$w_{nj}^{c}=\frac{W_{nj}^{c}}{X_{j}^{c}} \quad (n=1,2,\cdots,10;j=1,2,\cdots,13) \tag{14}$$

4. 完全污染等系数指标的计算

完全污染等系数包括污染物的完全产污系数、完全排放系数、完全治理系数等指标。根据完全消耗系数等于直接消耗系数加全部间接消耗系数的经济关系,污染物的完全产生系数矩阵等于污染物的直接产生系数矩阵 A^{P} 与完全需要系数矩阵 $(I-A)^{-1}$ 之乘积,因此,只要求出完全需要系数矩阵 $(I-A)^{-1}$,利用该式可以方便地计算出各部门对污染物的完全产生系数。

在扩展投入产出表 2 中,记:

$$Z=\begin{bmatrix} Z_{11\times11}^{pp} & Z_{11\times13}^{pc} \\ Z_{13\times11}^{cp} & Z_{13\times13}^{cc} \end{bmatrix} \tag{15}$$

直接消耗系数矩阵记为:

$$A=\begin{bmatrix} A_{11\times11}^{pp} & A_{11\times13}^{pc} \\ A_{13\times11}^{cp} & A_{13\times13}^{cc} \end{bmatrix} \tag{16}$$

则,列昂惕夫逆矩阵为:

$$L_{24\times24}=(I-A)^{-1}=\begin{bmatrix} L_{11\times11}^{pp} & L_{11\times13}^{pc} \\ L_{13\times11}^{cp} & L_{13\times13}^{cc} \end{bmatrix} \tag{17}$$

(1)完全产污系数

$$G_{10\times11}=W_{10\times(11+13)}^{p}\begin{bmatrix} L_{11\times11}^{pp} \\ L_{13\times11}^{cp} \end{bmatrix} \tag{18}$$

其中 $W_{10\times(11+13)}^{p}$,为直接产污系数矩阵;$G_{10\times11}$ 中的元素 g_{ij} 表示生产 j 生产部门单位最终需求所完全产生的第 i 种污染物的数量。

(2)完全治污系数

$$T_{10\times11}=W_{10\times13}^{c}L_{13\times11}^{cp} \tag{19}$$

其中 $W_{10\times13}^{c}$,为直接治污系数矩阵;$T_{10\times11}$ 中的元素 t_{ij} 表示生产 j 生产部门单位最终需求所完全治理的第 i 种污染物的数量。

(3)完全排污系数矩阵

$$E_{10\times11}=G_{10\times11}-T_{10\times11} \tag{20}$$

$E_{10\times11}$ 中的元素 e_{ij} 表示生产 j 生产部门单位最终需求所完全排放的第 i 种污染物的数量。

(4)最终消费直接和完全产污系数

①最终消费(包括居民消费和政府消费)直接产污系数:表示最终消费 j 部门单位消费所直接产生的 n 种污染物数量。

$$W_{ij}^{p}=\frac{R_{nj}}{\sum Y_{j}}(n=1,2,\cdots,10;j=1,2) \tag{21}$$

②最终消费完全产污系数：表示最终消费（居民消费和政府消费）部门单位消费所完全产生的 n 种污染物数量。

最终消费活动所产生的污染物来自两个方面。一是居民或政府消费活动过程中直接产生的污染物，如居民所产生的生活废水、废气等。二是生产部门为满足居民或政府消费支出进行生产所完全产生的污染物，这一部分污染物的产生也是由于最终消费活动所引起的。因此计算居民消费完全产生的污染物需包括以上两个部分。

$$D = W^{p'} + W^{p}_{10\times(11+13)} \begin{bmatrix} L^{pp}_{11\times 11} \\ L^{cp}_{13\times 11} \end{bmatrix} \times \frac{Y_i}{\sum Y_i} \tag{22}$$

(三)模型数据来源及处理

1. 数据的来源

(1)河北省统计局最新编制的 2012 年国民经济 42 部门和 139 部门投入产出表。

(2)《2013 年河北环境统计年鉴》;《2012 年河北能源统计年鉴》;《2013 年河北经济年鉴》;《2013 年中国环境统计年鉴》。

(3)河北省环保厅 2012 年环境统计年报;《河北农业污染排放情况》调查资料、环保部门的“工业企业污染物排放及处理利用情况”调查资料。

(4)为获取各部门消耗结构数据，调用了河北 2012 年投入产出调查表数据库，一是对此次划分的 13 个产品部门所需数据在 5235 个企业的相关资料中进行了查询。二是设计了 2012 年扩展调查表对有关 12 个大型高能耗企业进行了调查，由于各种费用合计在工业成本费用报表中均有填报，此次调查企业只填报本企业治理费用和委托治理费用即可。

2. 数据的处理

(1)通过对搜集的数据及原投入产出调查的数据进行综合整理，得到各部门企业在治理过程中的自身治理部门和委托专业治理部门数据。根据各部门调查治理费用占总投入的比例，推算河北省污染治理数据，即得到扩展投入产出表的 Z^{pc} 。由于假定污染治理部门对污染治理部门的消耗为零，由此也确定了 X^c_i 。根据前面所述的横向模型关系得到 X^p_i 。

(2)根据调查表得到治理费用中的劳动报酬、固定资产折旧，二者共同构成污染治理部门的增加值合计 V^c_{mj} ，用原投入产出表第三象限增加值数据减去 V^c_{mj} 得到 V^p_{mj} 。继而得到污染治理部门的总费用 V^c_{mj} ，则加上 Z^{pc} 等于 X^c_j 。

(3)生产产品过程自身治理污染的费用即为自身治理部门对应的 Z^{cp} ，包括治理时投入的化学制品、电力、劳动力、折旧等，因此，自身治理部门的 Z^{cp} 等于 V^c_{mj} 加上 Z^{pc} 。对于自身治理部门而言，Z^{cp} 对角线元素和 X^c_j 相等。最后，根据关系式(1)得到总投入 X^p_j ，与原投入产出表总投入结果相同。

3. 剔除模型中省外流入因素

依据构建的 24 部门能源—环境治理投入产出表，为完全考虑本省的需求，确保计算各系数更加真实，提高分析研究的准确性，需要剔除模型中的省外流入数据的影响。计算过程为：

(1)将能源—环境治理表中间投入的 24 部门(生产和治理部门)分别用各部门的流入数据除以该部门总产出加流入数据减流出数据之和得出剔除比例：

$$剔除比例=(流入量\div 省内总需求)\times 100\%$$

$$省内总需求=总产出+流入-流出$$

(2)非竞争型表流量数据的计算

用剔除比例乘以该部门所有行流量得出新的缩小流量数据，然后用原始数据减去该缩小流量数据所得结果替换原流量数据即可。

各部门缩小流量数据=各部门所对应的行向量×各部门所对应的剔除比例数

非竞争型表流量数据=原流量数据-对应缩小流量数据

(3)非竞争型能源-环境治理投入产出表的形成

在主栏中间投入和增加值之间增加流入项的目的是为了模型的平衡，因此，按列将对应缩小流量数据相加，即得出各对应流入项数据，从而形成非竞争型能源-环境治理投入产出表。从整个过程看，剔除前和剔除后的中间投入流量合计均没有发生变化，只是结构数据剔除了省外流入因素的影响。

由于篇幅有限，我们将原表各部门数据计量单位由万元调整为亿元，且将增加值构成进行了合并，整理后形成模型见表 4。

表 4　能源-环境治理投入产出数据简表　　单位:亿元、万吨

投入＼产出			中间使用						最终使用		其他	总产出、污染物总产生量
		生产部门		治理部门		专门治理部门						
		高能耗部门	低能耗部门	高能耗部门	低能耗部门	环境治理	公共设施管理	消费	资本	流出		
中间投入	生产部门 高能耗部门	11884.3	8005.2	28.6	8.4	1.0	5.1	771.8	-976.1	6931.4	147.0	26806.7
	生产部门 低能耗部门	4633.8	15275.1	14.6	45.1	1.6	7.8	7763.0	8548.2	14664.8	95.4	51049.2
	治理部门 高能耗部门	160.7	0.0	0.0	0.0	0.0	0.0	0.0	0.0	0.0	0.0	160.7
	治理部门 低能耗部门	0.0	136.5	0.0	0.0	0.0	0.0	0.0	0.0	0.0	0.0	136.5
	专门治理 环境治理部门	0.1	0.9	0.0	0.0	0.0	0.0	9.7	0.0	0.0	0.0	10.7
	专门治理 公共设施管理	1.0	12.6	0.0	0.1	0.0	0.2	38.4	0.0	0.2	0.0	52.5
流入		3881.9	7463.8	6.0	14.6	0.6	2.9	3539.1	6693.7	0.0	54.8	0.0
增加值合计		6245.0	20155.1	111.4	68.3	7.4	36.4	0.0	0.0	0.0	0.0	0.0

续表　　单位:亿元、万吨

产出 投入		中间使用						最终使用			其他	总产出、污染物总产生量
		生产部门		治理部门		专门治理部门						
		高能耗部门	低能耗部门	高能耗部门	低能耗部门	环境治理	公共设施管理	消费	资本	流出		
总投入		26806.7	51049.2	160.7	136.5	10.7	52.5	0.0	0.0	0.0	0.0	0.0
污染物产生量(万吨)	废水	835760.5	55499.8	7448.7	140.0	0.0	0.0	183043.2	0.0	0.0	0.0	1081892.2
	化学需氧量	49.8	658.3	0.4	8.2	0.0	0.0	23.1	0.0	0.0	0.0	739.8
	氨氮	4.3	12.8	0.0	0.2	0.0	0.0	4.9	0.0	0.0	0.0	22.2
	总磷	0.0	9.8	0.0	0.1	0.0	0.0	0.0	0.0	0.0	0.0	10.0
	二氧化硫	114.3	199.3	0.9	0.5	0.0	0.0	10.2	0.0	0.0	0.0	325.3
	氮氧化物	47.2	135.5	0.3	0.3	0.0	0.0	10.1	0.0	0.0	0.0	193.4
	烟粉(尘)	3173.4	2268.7	21.9	5.7	0.0	0.0	13.4	0.0	0.0	0.0	5483.3
	固体废物	13095.5	31593.0	116.2	79.9	0.0	0.0	691.4	0.0	0.0	0.0	45576.0
	一氧化碳	0.0	50.4	0.0	0.1	0.0	0.0	0.0	0.0	0.0	0.0	50.5
	碳氢化合物	0.0	8.1	0.0	0.0	0.0	0.0	0.0	0.0	0.0	0.0	8.1
污染物治理量(万吨)	废水	0.0	0.0	600527	140057.8	6011.3	29522.9	0.0	0.0	0.0	0.0	776119.0
	化学需氧量	0.0	0.0	46.7	539.6	3.1	15.4	0.0	0.0	0.0	0.0	604.9
	氨氮	0.0	0.0	3.7	7.2	0.0	0.2	0.0	0.0	0.0	0.0	11.2
	总磷	0.0	0.0	0.0	6.1	0.0	0.0	0.0	0.0	0.0	0.0	6.1
	二氧化硫	0.0	0.0	34.1	125.3	5.4	26.4	0.0	0.0	0.0	0.0	191.2
	氮氧化物	0.0	0.0	0.8	6.6	0.3	1.4	0.0	0.0	0.0	0.0	9.1
	烟粉(尘)	0.0	0.0	3103.3	1799.1	77.2	379.2	0.0	0.0	0.0	0.0	5358.9
	固体废物	0.0	0.0	13060.5	5124.7	220.0	1080.2	0.0	0.0	0.0	0.0	19485.4
	一氧化碳	0.0	0.0	0.0	0.0	0.0	0.0	0.0	0.0	0.0	0.0	0.0
	碳氢化合物	0.0	0.0	0.0	0.0	0.0	0.0	0.0	0.0	0.0	0.0	0.0

三、河北能源环境与经济现状

(一)现状分析

1. 对经济发展的影响

2012 年河北生产总值达 26575 亿元,居全国第 6 位,三次产业比重分别为 11.99%、52.69%和 35.31%。六大高能耗部门在经济发展中有着重要的作用,其增加值占 24.49%,其中,黑色金属冶炼及压延加工业增加值占六大行业的 39.05%贡献最大,其次为煤炭开采和洗选业占 21.91%；第三为化学工业占 15.89%；电力、热力生产和供应业，非金属矿物制品业，石油加工、炼焦和核燃料加工业分别占 8.60%、8.16%和 6.40%，分别位居第四、五、六位。

2. 对能源消耗的影响

(1)能源消耗情况。2012 年河北能耗总量为 31170.4 万吨标准煤，其中高能耗部门为 18981.8 万吨标准煤，占全社会能耗总量的 60.9%。六大高能耗部门中，能耗最大的为黑色金属冶炼及压延加工业，占六大高能耗行业能耗总量的 56.7%；第二为电力热力生产和供应业，占 21.7%；其余四个高能耗行业为 20%。

(2)能耗系数分析。电力、热力生产和供应业每万元产出直接消费能源最多，为 1.7535 吨标准煤；其次是黑色金属冶炼和压延加工品为 0.9596 吨标准煤；非金属矿物制品为 0.6975 吨标准煤；煤炭采选业，石油、炼焦产品和核燃料加工品以及化学产品分别为 0.5039 吨标准煤、0.3558 吨标准煤和 0.2941 吨标准煤。由于存在间接消耗，每万元产出完全消费能源最多的也是电力、热力生产和供应业为 2.7987 吨标准煤；其次是黑色金属冶炼和压延加工品为 2.1121 吨标准煤；非金属矿物制品，化学产品，石油、炼焦产品和核燃料加工品以及煤炭采选业分别为 1.6759 吨标准煤、1.3015 吨标准煤、1.1501 吨标准煤和 0.9359 吨标准煤。六大高能耗部门的完全能耗系数较直接能耗系数有了显著提高。

3. 对环境污染的影响

2012 年该区域在各部门创造 26575 亿元生产总值时，污染物废水排放 305773 万吨(1081892 万吨－776119 万吨)。化学需氧量、氨氮、总磷分别排放 134.91 万吨、11.07 万吨、3.86 万吨；废气中的二氧化硫、氮氧化物、烟粉(尘)(总颗粒物)分别排放 134.12 万吨、184.33 万吨、124.39 万吨；固体废物达 26090.62 万吨；一氧化碳和碳氢化合物分别排放 50.51 万吨、8.11 万吨。从全省各部门污染物排放比重看，六大高能耗部门排放的二氧化硫、烟粉(尘)最大，分别为 60.5%、74.02%；其它工业行业排放固体废物、氮氧化物、化学需氧量是所占比重最大，分别为 96.77%、69.21%、80.29%。

(二)污染物系数分析

1. 产污系数分析

经计算，每万元废水直接排放量最多的是黑色金属冶炼和压延加工业为 0.0052 万吨；每万元二氧化硫直接产生量最多的是其他工业行业为 0.0085 吨，非金属制品业为 0.0062 吨；每万元直接产生氮氧化物最多的是其他工业行业为 0.0085 吨；每万元直接产生固体废物较多的是其他工业行业为 1.3436 吨、煤炭开采和洗选业为 0.8441 吨；每万元直接产生烟粉(尘)最多的是非金属矿物制品业为 0.5642 吨，其次是黑色金属冶炼和压延加工品为 0.1437 吨。

最终消费废水为每万元直接产生 0.0016 万吨，完全产生 0.0318 万吨；化学需氧量和氨氮每万元分别直接产生 0.0020 吨和 0.0004 吨，完全产生 0.1805 吨和 0.0059 吨；二氧化硫、氮氧化物和烟尘分别直接产生 0.0009 吨、0.0009 吨、0.0011 吨，完全产生 0.0773 吨、0.0467 吨、1.9292 吨；直接产生固体废物(生活垃圾)为每万元 0.0587 吨，完全产生为每万元 9.9059 吨。

2. 治污系数分析

煤炭开采和洗选业每万元产出直接治理废水 0.3669 万吨，直接治理固体废物 728.5933 吨；石油加工、炼焦和核燃料加工业每万元产出直接治理废水 0.1616 万吨，化学需氧量 0.7919 吨；非金属矿物制品业每万元产出直接治理固体废物 44.174 吨，烟粉 307.4317 吨，二氧化硫 0.2746 吨，氮氧化物 0.0026 吨。黑色金属冶炼及压延加工业每万元产出直接治理废水 0.4011 万吨；电力、热力的生产和供应业每万元产出直接治理烟粉(尘)1263.81 吨、二氧化硫 6.5576 吨，每万元产出完全治理烟粉 0.0561 吨、二氧化硫 0.0009 吨；建筑业每万元产出完全治理废水 0.0017 万吨，固体废物 0.4224 吨，烟粉 0.2372 吨；化学工业每万元产出直接治理固体废物 30.1419 吨。各部门每万元产出完全治理的污染物均高于直接治理的水平。

3. 排污系数分析

排污系数可以通过产污系数减去治污系数得出。煤炭采选业每万元产出完全排放固体废物 0.1815 吨、二氧化硫为 0.0012 吨、烟粉(尘)(总颗粒物)0.0024 吨；化学产品每万元产出排放固体废物 0.2235 吨，二氧化硫 0.0035 吨；非金属矿物制品业每万元产出排放烟粉(尘)为 0.0211 吨；黑色金属冶炼及压延加工业每万元产出排放烟粉(尘)为 0.0169 吨；电力、热力的生产和供应业每万元产出排放二氧化硫 0.0034 吨、烟粉尘 0.0033 吨，固体废物为 0.1074 吨。

四、启示与展望

(一)编制经济－环境投入产出表

研究表明，目前编制能源－环境治理投入产出表存在的难点在于许多调查企业不能将环境治理费用进行单独核算。为此，应分两步走：第一步，先编制经济－环境投入产出表(见表 5)；第二步，待数据提供条件成熟后编制本研究的能源－环境治理投入产出表。

表 5　经济－环境投入产出表

产出 投入		中间使用	最终使用及产生的污染			总产出及污染排放总量
		1,2,…,n	消费	资本	净流出	
中间投入	1 2 ⋮ n	Z_{ij}		F_i		X_i
增加值		V_j				
污染物排放	1	w_{1j}		r_{1j}		x_1
	2	w_{2j}		r_{2j}		x_2
	⋮	⋮		⋮		⋮
	m	w_{mj}		r_{nj}		x_m

表 5 是在我国目前编制投入产出表的主栏总投入下增设污染物排放量，包括废水、废

气和固体废物构成的成分。本研究列出 10 种污染物,实际根据需要可适当减少。一般企业对污染物排放量大都有统计,只要对最终消费部分进行补充调查即可。此模型所列污染物由于其治理活动没有分离,是与生产活动一起核算,故污染物应称为排放量而不应称其为产生量。投入产出模型关系在原来基础上增加了污染物排放量平衡关系,利用各部门污染物排放量可计算直接和完全排放等系数,应用起来可以提供许多有价值的信息。

(二)强化环境治理统计核算

一是强化企业环境治理费用的单独核算,包括污染物的产生、治理和排放数据的收集、整理和核算。建立环境统计主管部门与环境财务机构联合现场核查工作机制,配套严格的奖惩规定,使企业环境治理费用的分离核算考核制度得到有效的保障。二是实施环境统计标准化建设。制定完善企业环境统计标准化标准,为企业污染减排和环境管理提供更加有力的基础支持。

(三)研究展望

该研究构建的能源一环境治理投入产出模型,基本上将经济、能源、环境活动统一在一个模型中,包括中间使用中生产部门对治理部门、治理部门对生产部门的消耗关系的界定,各部门污染物的产生、治理、排放的含义以及完全需要系数的使用、最终消费污染物的计算等问题,其经济含义清楚、数学计算合理。本文仅是进行了初步应用,利用构建模型还能够进行经济、能源及环境的目标制定、预测等等,具有较强的理论和应用价值。下一步还应在以下方面进行探索。

1. 在存在环境治理活动的企业公司统计和会计核算中,如何将所发生的环境治理费用按照科学、准确的方法进行分离核算需要具体分析,不同行业核算方法有所不同,需要进一步规范。

2. 能源一环境治理表中治理部门对治理部门的消耗是在一般情况下作出的假定为 0 情景,符合目前经济运行的客观实际。但随着新产业、新业态和新商业模式的发展,治理部门对治理部门的消耗不存在性是否发生变化需要进一步研究。

3. 对农业、居民消费和政府消费污染物的产生、治理数据的收集及核算问题目前还没有一个统计标准,需要研究。

参考文献

[1] Cassing J. ,T. Kuhn, Strategic Environmental Policies When Waste Products are Tradable [J]. Review of International Economics,2003(11), pp. 495－511.

[2] Eurostat,Economy－wide material flow accounts and derived indicators, a methodological guide [R]. Luxembourg,2001.

[3] Wackernagel M. , Chambers N. , Simmons C. , Sharing Nature's Interest. Ecological Footprints as an Indicator of Sustainability [M]. Earthscan London,2000.

[4] World Wide Fund for Nature (WWF), Living Planet Report2000 [C]. Gland Switzerland,2000.

[5] Hartmut Hoh, Karl Schoer, Steffen Seibe, Eco－efficiency indicators in German Environmental Economic Accounting [J]. Statistical Journal of the United Nations Economic Commission for Europe,2002(19),pp. 41－52.

[6] Hoffren J. ,Measuring the Eco—efficiency of Welfare Generation in a National Economy. The Case of Finland [M]. Tilastokeskus,Tutkimuksia,2001.

[7] Matti Melanen, Jyri Seppala,Tuuli Myllymaa et al. ,Measuring regional eco—efficiency: case Kymenlaakso [R]. Helsinki Edita Publishing Ltd. ,2004,pp. 23—39.

[8] Yugo YAMAMOTO,Noboru YOSHIDA. Tohru MORIOKA and Yuichi MORIGUGHI,Material Flow Analysis of Technological Change and Eco—industrial Development in Steel Production Industry Using WIO Model[J]. Doboku Gakkai Ronbunshuu G,2005 (63),pp. 304—312.

[9] Timo Kuosmanen, Mika Kortelainen, Measuring Eco—efficiency of Production with Data Envelopment Analysis[J]. Journal of Industrial Ecology,2005(4),pp. 59—72.

[10] Koji Takase,Yasushi and Ayu Washizu,AN analysis of sustainable consumption by the waste input—output model[J]. Journal of Industrial Ecology. 2005 (1),pp. 201—219.

[11] Thijs Ten Raa and Ronald Schettkat,The Growth of Service Industries: the Paradox of Exploding Costs and Persistent Demand [M]. Edward Elgar Publishing Limited,2001.

[12] Yi Liu,Arthur P. J,Mol,Jining Chen, Material Flow and Ecological Restructuring in China:the case of phosohorus [J]. Journal of Industrial Ecology. 2004 (8),pp. 103—120.

[13] William McDonough, Michael Braungart,Cradle to Cradle [M]. North Point Press,2002.

[14] 张白玲.《环境核算体系研究》,中国财政经济出版社 2003 年版.

[15] 陈洁.《资源环境核算方法与问题研究》,《内蒙古财经学院学报》2005 年第 2 期.

[16] United Nations,Integrated Environmental and Economic Accounting (2003).

[17] 王金南,蒋洪强,曹东等.《中国绿色国民经济核算体系的构建研究》,《世界科技研究与发展》2005 年第 4 期.

[18] 徐松龄.《中国环境破坏的经济研究》,《环境经济影响的经济分析——理论、方法与实践》,社会科学文献出版社 2001 年版.

[19] United Nations. Integrated Environmental and Economic Accounting:An Operational Manual,New York,2000:9—21.

[20] 李慧凤.《从环境污染问题看价值理论的缺陷》,《商业现代化研究》2006 年第 3 期.

[21] 张士运. 社会核算矩阵的编制研究[M]. 北京:机械工业出版社,2014. 17—18.

[22] 雷明. 绿色投入产出核算理论与应用[M]. 北京:北京大学出版社,2000. 39—50.

[23] 廖明球等. 绿色 GDP 投入产出模型研究[M]. 北京:首都经济贸易大学出版社,2000. 5—14.

[24] 陈锡康,杨翠红. 投入产出技术[M]. 北京:科学出版社,2011. 269—287.

[25] 河北省统计局. 2012 年国民经济投入产出表(电子版). 2015.

[26] 国家统计局等编. 2012 中国环境统计年鉴[M]. 北京:中国统计出版社,2013. 48—52.

[27] 河北省人民政府等编. 2013 河北经济年鉴[M]. 北京:中国统计出版社,2013. 341—342.

[28] 国家统计局编. 2011 国民经济行业分类注释[M]. 北京:中国统计出版社,2011. 613—659.

[29] 谭亚蓉. 环境污染核算体系研究[M]. 北京:中国社会科学出版社,2013. 187—193.

作者简介

宋 辉,天津大学管理学博士,河北省统计科学研究所研究员、博士生导师。研究方向为统计学、投入产出分析。

中国低碳经济优化模型分析

——基于2012年I—O表[①]

张恪渝　廖明球

摘要：近十多年来，"温室效应"导致的全球性气候变暖给人类社会带来极大的危害，已经成为迫在眉睫的世界性环境问题。中国作为世界第一大的一次能源消费国以及最大的二氧化碳气体排放国，如何合理地进行产业规划以降低碳排放水平已经成为我国"十三五"规划的基本国策之一。基于此，本文以2012年投入产出表为产业结构，构建中国低碳经济优化模型，找出最优的产业结构，并计算出最低的二氧化碳排放总量和能源消耗量，优化结果显示：在于保证现有的经济增长速度、能源消耗水平及二氧化碳排放水平下，2017年最优的产业结构调整方案可以在能耗与碳排总量双重约束下经济产出达到最大，且相比基年能源强度下降26.04%，二氧化碳强度下降48.95%。①建筑业仍然是我国支柱产业，在国民经济的总体份额仍需扩大；②从生产的角度看，我国产业结构必须全面向第三产业转型，提高国民经济中第三产业的比重；③为了达到低碳经济的约束限制，大部分二产部门的生产规模都应有所降低，尤其是能源部门和金属加工业。

关键词：低碳经济　优化模型　产业结构

一、引言

中国正处在经济增长的高速阶段，同时也是转变生产方式、调整经济结构的关键时期。在工业化和城镇化的加速过程中，需要大量的能源消耗，伴随而来的是能源消费结构不合理、能源强度高、单位能源的二氧化碳排放量大等问题。进入21世纪以来，我国因极端气候所带来的影响愈发明显，由此也蒙受了巨大的经济损失。我国气象灾害所造成的直接经济损失是同期全球平均的8倍，相当于国内生产总值约1%（中国气象局，2016）。为了解决这一问题，我国政府在巴黎世界气候大会上承诺于2030年以前单位碳强度较2005年降低60%左右；此外，在《十三五年规划纲要》中我国也提出了"十三五"期间，碳排

① 本文受国家社会科学基金项目"中国低碳经济统计数据库及其量化模型研究"（项目编号：14BTJ026）资助。

放强度较 2005 年基础上降低 40%—45%的目标。我国目前正面临着稳定经济增长、提高人民生活质量以及限制二氧化碳排放总量等多重挑战。基于这种背景下，本文构建优化模型，将能耗、经济增长与碳排三位一体的进行考虑，不仅有助于科学合理的制定我国能源政策与温室气体减排政策，而且还有助于提升我国能源环境经济政策理论的研究水平，对于保障和促进我国实现“生态文明建设”的战略目标以及与经济快速的、可持续的发展提供了理论支持，因此有着重要的意义。

将经济增长、能耗与碳排量这三个变量放进一个体系研究的，其方法大致可分为两大类。

第一大类是单纯使用计量经济的方法。无论是时序模型还是面板数据模型，其思路分为两种：一是在研究经济增长与环境水平之间关系的 EKC 基础上加入了能源消耗变量；二是在研究经济增长与能源总量关系的生产函数框架内加入了碳排量这一要素。Ang[1]（2007）以法国 1960—2000 年能源消费、二氧化碳排放与 GDP 的数据，运用协整理论与误差修正模型研究了三者之间的动态因果关系，研究结果表明：在短期内，存在能源消费到 GDP 的单向因果关系，而长期则存在 GDP 到能源消费和二氧化碳排放的均衡关系。巴曙松、吴大义[2]（2010）基于 VAR 模型构建二氧化碳减排成本计算模型，定量分析了总能源消费和四种主要能源消费（煤炭、石油、电力、天然气）对宏观经济变量（产出、投资、就业）的影响。研究结论表明，各种主要能源消费的二氧化碳减排成本间存在显著差异，施行燃料转换政策对于中国是一个很好的选择。刘志雄[3]（2011）通过研究表明能源消费与经济增长之间存在双向 Granger 因果关系，能源消费促进经济增长，经济增长带动能源消费；碳排放与能源消费之间也存在双向 Granger 因果关系，能源消费对碳排放具有明显正效应。

另一大类是使用投入产出模型及其衍生类模型将经济增长、能源消耗及碳排纳入同一框架内考量。早在上个世纪 70 年代，Leontief[4]就提出了一种环境投入产出模型，将环境的污染与环境的治理纳入到一个体系内。赵欣娜、雷明[5]（2010）编制了我国 2007 年绿色投入产出表，引入能源消耗及污染排放，揭示了各部门与环境的联系。葛守中（2010）[6]同样使用中国 2007 年的投入产出表及能源年鉴中的数据，编制了“碳排”投入产出表。他将投入产出表的第一象限拆分，列方向将部门划分为能源部门与非能源部门，横向将能源部门所在的行扩展为两行，在第二行内加入该能源部门生产时所消耗的某种资源量，再根据该种能源的排放系数计算二氧化碳排放的数量，以此来确定碳排量与经济产出间的量化关系，而且还可以分析能源部门与非能源部门间的关联。苑立波、葛守中[7]（2013）在浙江省投入产出表的基础上建立了浙江省“碳排”投入产出表及其基本模型，给出了直接综合碳排系数、完全综合碳排系数等反映碳排放强度的表达式，可以从部门层面上分析碳排放的基本情况，对于碳排放核算和分析有较好的效果，为我国产业结构优化升级提供科学的定量依据。

本文将基于投入产出模型中分部门的数据，分别计算出我国的产业结构、能源消耗结构以及二氧化碳排放结构，然后以此构建低碳经济优化模型，找到我国 2017 年最优的产业结构以及最大的碳排潜力。

二、研究的方法论

优化方法是数学模型与应用科学技术结合的产物。优化问题主要包括一般线性规划方法、条件约束优化、无条件约束优化、整数规划、多目标优化等。目前应用最广泛的是线性规划法（Linear Programming，LP）。在 G. B. Dantzing[8]（1947）提出单纯型（Simplex Method）方法后，线性规划法开始大量应用于解决工业等方面的实际问题。在 Karmarkar（1984）发现内点法后，线性规划成为一个独立的理论分支，大量地运用在经济、管理以及环境等问题上。

低碳经济，其本质上就是在保证一定量经济产出的情况下，尽量将碳排放的总量控制在一定的程度。因此，基于传统线性规划模型的范式，我国低碳经济优化模型的一般形式可以表示为：

$$\max f(x) = c^T x$$

$$\text{s. t. } A_j x \leqslant b_j$$

$$x_j \geqslant 0, j = 1, 2, \cdots, \text{n}$$

表 1　能源转化系数

名称	煤炭	焦炭	原油	汽油	煤油	柴油	燃料油	天然气	电力
转换系数	0.7143	0.9714	1.4286	1.4714	1.4714	1.4571	1.4286	13.3000	1.2290

注：数据来源于《能源统计年鉴》；单位除天然气为万吨标准煤/万立方米，电力为万吨标准煤/万千万时，其余都为万吨标准煤/万吨。

1. 目标函数

本文中，目标函数设定为最大化我国各部门的产出量。

因此，$f(x) = i^T x = x_1 + x_2 + \cdots + x_{41}$。

其中，x 作为决策变量，x_j 代表了按照投入产出表中划分的 j 部门的总产出，部门数量及部门名称基于 2012 年中国投入产出表，本文基于研究目的将最原始的 139 个部门合并为 41 个，即 $j = 1, 2, \cdots, 41$；i 是一个系数全为 1 的标量（scaler），$i = [1, 1, \cdots, 1]^T$。目标函数 f 是将我国所有 41 部门的产出量进行加总，代表了最大化我国的总产出量。

2. 能源总消耗量约束

$$i^T A_e x \leqslant e_f$$

其中，$A_e = diag(\beta^T E)$。E 表示部门的直接能耗系数矩阵，由部门的能源消耗量除以该部门的总产出量；β 为各能源换算成标准煤的转化系数（具体数值见表 1）；$\beta^T E$ 代表了各部门生产单位产出一共消耗能源的数量，即综合能源生产率，是一个 1×41 的矩阵。e_f 为基于历史数据预测出的我国 2017 年能源使用量。约束条件（2）代表了将所有部门生产活动消耗的所有能源量进行加总，不超过既定的预测值。加入能源总量约束的原因在于低碳经济不光是对一国的碳排放总量进行限制，同样也需要保证合理的能源消耗结构。

3. 二氧化碳气体排放约束

$$i^T A_c x \leqslant c_f$$

其中，$A_c = diag(i^T C)$。C 表示直接碳排矩阵，由部门的二氧化碳排放量除以该部门的总产出量；$i^T C$ 表示各部门生产单位产出分别消耗的二氧化碳总量，同样为一个 1×41 的矩阵。c_f 同样是基于历史数据预测出的我国 2017 年二氧化碳排放总量。约束条件(3)代表了将所有部门生产活动所排出的二氧化碳气体进行加总，不超过既定的预测值。

4. 经济发展水平约束

$$i^T(I-A)x \geqslant y_f$$

A 为部门中间消耗系数矩阵，即使用投入产出表中的中间消耗象限计算而出；I 为 41×41 的单位矩阵；$(I-A)$ 代表了增加值系数矩阵；y_f 同样为预测出的我国 2017 年的 GDP 总量，由于我们是基于 2012 年的投入产出结构进行分析，因此在这里以 2012 年的价格水平为基期对 y_f 进行平减。约束条件(4)代表了将所有部门的增加值进行加总，总量不低于既定的 GDP 预测值。

5. 部门结构调整范围约束

$$lb_j \leqslant x_j \leqslant ub_j \ , j \in R^{41}$$

其中，lb_j 和 ub_j 分别表示部门 j 产出量的下界和上界。因为在现实情况中，一些重要部门的产出量不可能从 0 到正无穷的区间内变化，最多只能进行小范围调整，否则会影响整体经济运行。因此人为的给行业的变动加入上下界，可以让优化的结果更符合实际情况。此外，加入这条约束条件的另一个目的在于剔除可行解集合中出现的极端状况(例如一个国家只有 1 个或几个部门有产出量，其他部门均为零)。

6. 合理性约束

$$x_j \geqslant 0 \ , j=1,2,\cdots,41$$

代表了所有部门的产出量必须都为非负值。

本文构建的优化问题目的在于以 2012 年的经济结构(由于投入产出表数据的限制，这已是我国最新的产业结构数据)，按照现有的经济增长模式(保持现有经济增速、能源消耗速度以及碳排量增速)，如何进行产业结构调整可以使得总产出量(增加值)最优。以 2017 年作为预测年份原因有两个：其一使用外推法进行预测时，越远误差就会越大，影响优化结果的准确性；其二由于 2017 年是我国“十三五”规划的中间时点，可以参考本文得到的实证结果在中期进行一些结构性的微调，有着时效性与现实意义。此外，2017 年的总量仅是基于我国现有技术条件下的最优预测，并不考虑“十三五”期间各产业低碳发展过程中的技术进步。因此，碳排量及能耗量的增减变化只是由于产业结构调整造成的结果。

三、实证研究与分析结果

(一)最优产出方案

从整体看，2017 年三次产业增加值所占比重的优化结果分别为 6.07%、68.46%以及 25.47%。与基年相比，第一产业农林牧渔业占整体经济的比重变化不大，总产出量需要达到 11.2 万亿；而第二产业产出量的下降趋势较为明显，说明节能减排的约束对于工业部门整体产生了影响；第三产业占比则有小幅度的增加。我国经济总产出量相比 2012 年可以增加约 31.3%，而增加值比例上涨了约 34.4%。

表 2　部门产出量优化结果　　单位：万元

部门名称	2012 年(基期)	2017 年产出
1. 农林牧渔业	747385796	1121100000
2. 煤炭开采和洗选业	210565950	105300000
3. 石油和天然气开采业	98900995	148400000
4. 金属矿采选业	120044322	180100000
5. 非金属矿及其他矿采选业	56239849	84400000
6. 食品制造及烟草加工业	797499515	1196200000
7. 纺织业	340846021	511300000
8. 纺织服装鞋帽皮革羽绒及其制品业	279803834	419700000
9. 木材加工及家具制造业	177196078	265800000
10. 造纸印刷及文教体育用品制造业	282660673	424000000
11. 石油加工、炼焦及核燃料加工业	342759300	171400000
12. 化学工业	1152523833	1728800000
13. 非金属矿物制品业	441741609	220900000
14. 金属冶炼及压延加工业	1089318949	544700000
15. 金属制品业	312383906	468600000
16. 通用、专用设备制造业	699364169	1049000000
17. 交通运输设备制造业	649887540	974800000
18. 电气机械及器材制造业	499413920	749100000
19. 通信设备、计算机及其他电子设备制造业	675654898	1013500000
20. 仪器仪表	76460037	114700000
21. 工艺品及其他制造业(含废品废料)	65256795	97900000
22. 电力、热力生产和供应业	462165232	231100000
23. 燃气生产和供应业	27985509	42000000
24. 水的生产和供应业	16191322	24300000
25. 建筑业	1249356335	1874000000
26. 交通运输及仓储业	516512748	695800000
27. 邮政业	10567649	15900000
28. 信息传输、计算机服务和软件	188825122	283200000
29. 批发和零售业	442435435	663700000
30. 住宿和餐饮业	197415525	296100000
31. 金融业	351870078	527800000
32. 房地产业	305540197	458300000
33. 租赁和商务服务业	238817161	358200000
34. 研究与试验发展业	29219504	43800000
35. 综合技术服务业	124087085	186100000
36. 水利、环境和公共设施管理业	42256520	63400000
37. 居民服务和其他服务业	117610535	176400000
38. 教育	164042752	246100000
39. 卫生、社会保障和社会福利业	136266444	204400000
40. 文化、体育和娱乐业	49524412	74300000
41. 公共管理和社会组织	272263539	408400000

根据表2中41个部门(决策变量)产出量的结果看,在刨除价格因素后,2017年我国国民经济总产出量排名前6位的部门分别为建筑业,化学工业,农林牧渔业,食品制造及烟草加工业,批发和零售业以及通用、专用设备制造业。而相对增长幅度(相比基年的增长比例)排名前6的部门为邮政业,金融业,卫生、社会保障和社会福利业,批发和零售业,研究与试验发展业以及综合技术服务业。从2012—2017年的变化趋势看,相比2012年产出量需要下降(减少产能)的部门有5个,它们分别为煤炭开采和洗选业,石油加工、炼焦及核燃料加工业,非金属矿物制品业,金属冶炼及压延加工业以及电力、热力的生产和供应业;其中,降低幅度最高的是金属冶炼及压延加工业,比例达到50%左右。总产出比重下降的行业部门全部集中在第二产业。

其中,第二产业中的建筑业部类,不光总产出量排在41个行业之首,与基期2012年相比,产出量占总国民经济的份额同样应有所提升,涨幅约为2.3%,达到18.7万亿。其中,第二产业中的5个能源部门,与2012年相比,产量需要提升的有2个,分别为燃气生产和供应业以及石油和天然气开采业;剩下的煤炭开采和洗选业,电力、热力的生产和供应业以及石油加工、炼焦及核燃料加工业这三个部门的产出量绝对额度都应有所下降。二产中的制造业部类除非金属矿物制品业与金属冶炼及压延加工业这两个部门的产出量需要控制外,其余部门的总产值相比2012年都应有不同程度的增加。

第三产业中,所有部门的产能相比2012年都需要有所提升,平均增加比例约为50%。2012年,我国第三产业全部16个部门的产出量约占全国总产出量的20%;到了2017年,第三产业的产出量对于全国总量的贡献度上升至25.5%,其中,上升幅度最大的为文化、体育和娱乐业,产值需要提升2.21万亿,上升幅度高达50.06%。此外,交通运输及仓储业,金融业等5个部门的产值相比于2012年都需要提升1万亿以上。

综上可知,从生产的角度看,想要完成优化问题中的节能减排的约束,我国产业结构必须全面向第三产业转型,提高国民经济中第三产业的比重。此外,二产部门尤其是建筑业部类仍为我国支柱产业,但能源部门的产能需要有所限制,还有部分金属加工业的生产规模也都需要降低。

(二)能耗与碳排分析

我们通过前面的式约束条件2—4,可以计算出我国2017年41个产业部门各自的能源消耗量与二氧化碳排放量,然后再与增加值做比得到优化方案中各部门的能源强度及二氧化碳强度。

1. 能源消耗量分析

从整体的能源使用情况看,2012年能源消耗总量最高的部门是金属冶炼及压延加工业,占比高达23%。在2017年的优化方案中,金属冶炼及压延加工业所占比例下降至11.6%;而化学工业的能源消耗总量变为第1位,达到660890000万吨标准煤,是第二名交通运输及仓储业的约1.5倍。2012年中,能耗排名前5位的部门均为第二产业,占据了总能源使用量的63.06%;而在优化方案中,这个比例下降至53%,且交通运输及仓储业的能源使用总量占到总有部门的第二位。

从行业的能源强度看,优化方案中农林牧渔部门的能源强度相比基年有所上升,说明一产的能源强度对于我国能源总量的影响并不大。为了满足优化模型中能源总量的限制，41 个部门中有 39 个部门都必须降低现有的能源强度，且第二产业部类普遍需要比第三产业的能源强度多下降一些。其中，金属矿采选业，非金属矿及其他矿采选业，金属制品业等部门，能源强度相比 2012 年需要下降一半以上。

表 3　部门能源消费量优化结果　　单位：万吨标准煤/万元

部门名称	2012 年 能源强度（基期）	2017 年 能源强度
1.农林牧渔业	0.00001295760	0.00001600570
2.煤炭开采和洗选业	0.00011121200	0.00008726050
3.石油和天然气开采业	0.00005082340	0.00004505460
4.金属矿采选业	0.00006216830	0.00003397420
5.非金属矿及其他矿采选业	0.00007159820	0.00003497640
6.食品制造及烟草加工业	0.00002801700	0.00026319200
7.纺织业	0.00009170600	0.00004719670
8.纺织服装鞋帽皮革羽绒及其制品业	0.00002261300	0.00001168130
9.木材加工及家具制造业	0.00003177000	0.00001439990
10.造纸印刷及文教体育用品制造业	0.00006481950	0.00004447460
11.石油加工、炼焦及核燃料加工业	0.00024343800	0.00004035610
12.化学工业	0.00018990100	0.00004070630
13.非金属矿物制品业	0.00024971700	0.00020136600
14.金属冶炼及压延加工业	0.00037534600	0.00002999300
15.金属制品业	0.00006036430	0.00002660240
16.通用、专用设备制造业	0.00003389140	0.00004257160
17.交通运输设备制造业	0.00003042900	0.00016478600
18.电气机械及器材制造业	0.00002800140	0.00002725840
19.通信设备、计算机及其他电子设备制造业	0.00002418480	0.00000586342
20.仪器仪表	0.00002234700	0.00000613646
21.工艺品及其他制造业（含废品废料）	0.00004567540	0.00002868780
22.电力、热力生产和供应业	0.00018965100	0.00021731000
23.燃气生产和供应业	0.00010251400	0.00002928000
24.水的生产和供应业	0.00014272400	0.00007120420
25.建筑业	0.00001675700	0.00000333481
26.交通运输及仓储业	0.00014278800	0.00118469900
27.邮政业	0.00002226020	0.00001107370
28.信息传输、计算机服务和软件	0.00000845405	0.00000764646
29.批发和零售业	0.00000816338	0.00001474120
30.住宿和餐饮业	0.00004695400	0.00002581980
31.金融业	0.00000398215	0.00020131000
32.房地产业	0.00000324585	0.00000340585
33.租赁和商务服务业	0.00003329650	0.00003578710

续表　　单位:万吨标准煤/万元

部门名称	2012年 能源强度(基期)	2017年 能源强度
34.研究与试验发展业	0.00001531810	0.00000674402
35.综合技术服务业	0.00002190460	0.00001590440
36.水利、环境和公共设施管理业	0.00004242680	0.00002017830
37.居民服务和其他服务业	0.00001672590	0.00001172650
38.教育	0.0000743115	0.0000726938
39.卫生、社会保障和社会福利业	0.00001194650	0.00000650250
40.文化、体育和娱乐业	0.00000921439	0.00000538497
41.公共管理和社会组织	0.00001247530	0.00002230360

2. 二氧化碳排放量分析

从行业的二氧化碳排放总量看,基期2012年碳排总量最高的部门为电力、热力的生产和供应业,占总体比例的34.49%;而在优化方案中化学工业的碳排放总量排名第一,占比约20.6%。此外,在优化模型中,除去交通运输及仓储业外,碳排量前10的都属于第二产业部门。其中,煤炭开采和洗选业,非金属矿物制品业,电力、热力生产和供应业等9个行业的碳排总量相比2012年都需要有所降低;排放量需要下降最大的部门为电力、热力生产和供应业,二氧化碳排放数量要降低38.2万吨,降幅达到90%左右。这个结果说明了在二氧化碳排放总量的约束条件下,工业部门是“碳排大户”这一点依旧没有改变,但整体的排放数量相比2012年需要大幅降低。而一产农林牧渔业的碳排比例从0.78%上升至3.2%左右,表明了一产部门的“碳减排”潜力并不大。三产部门中只有仓储运输业需要降低现有碳排水平,其他部门都可以有不同程度的放松。

从二氧化碳强度看,优化模型中碳生产率(碳强度的倒数)排在前5位的是批发和零售业,信息传输、计算机服务和软件业,教育,金融业以及房地产业,全部属于第三产业部门;在前十位的也只有仪器仪表及文化办公用机械制造业和通信设备、计算机以及其他电子设备制造业这两个部门属于二产的制造业。

第二产业中的制造业部类,能源部类中所包含的5个行业,非金属矿及其他矿采选业,食品制造及烟草加工业等11个部门为了满足碳排总量的限制条件,相比基期都需要提升自身行业的碳生产率。其中,石油加工、炼焦及核燃料加工业与电力、热力的生产和供应业需要提高碳生产率近两倍才能满足优化条件。在这11个部门中,只有5个行业可以通过控制自身的产能而达到减排的目的,其余则都需要在保证现有产能增幅的前提下控制二氧化碳排放数量。因此,通过技术研发等手段提高第二产业部门的整体碳生产率水平,对我国实现减排目标意义重大。

在第三产业里,优化方案中有9个部门的碳强度相比基年需要提升,它们分别是信息传输、计算机服务和软件业,批发和零售业,金融业,房地产业,水利、环境和公共设施管理业,居民服务和其他服务业,研究与试验发展业,公共管理和社会组织以及文化、体育和娱乐业。这些部门相比其他服务业部门,有着经济产出高、碳排量相对较低等优势。即使相比基年的碳生产率略有下降,仍然可以保证碳排总量约束的目标。因此,若能大力发展上述行业，则会有事半功倍的效果：能够在保证经济总量增长的前提下，更有效的控制二氧化碳气体的排放。交通运输及仓储业是三产中唯一碳排总量排进前十的部门，从经济产出量看也排在优化结果的第 8 位（比起基年需要提升约 50％的产出量），属于我国经济发展的支出产业之一。作为我国经济产出的重要部分，如果未来可以将新能源、新材料等科技在交通运输部门多加推广及应用，减少该部门的碳排压力，很大程度上会有助于我国经济的“低碳”发展。

基于我们的优化模型结果，我国 2017 年能源强度整体比 2012 年下降 26.04％，二氧化碳强度下降了 48.95％，满足了“十三五”基本规划要求中所提出的单位 GDP 温室气体减排的目标。

表 4　部门碳排量优化结果　　单位：万吨/万元

部门名称	2012 年 碳排强度（基期）	2017 年 碳排强度
1.农林牧渔业	0.00002095250	0.00001590750
2.煤炭开采和洗选业	0.00054124600	0.00011233700
3.石油和天然气开采业	0.00012833700	0.00006730090
4.金属矿采选业	0.00003170100	0.00005860830
5.非金属矿及其他矿采选业	0.00011635600	0.00008045910
6.食品制造及烟草加工业	0.00004112030	0.00002537420
7.纺织业	0.00006254630	0.00008273060
8.纺织服装鞋帽皮革羽绒及其制品业	0.00001263330	0.00001991650
9.木材加工及家具制造业	0.00002505950	0.00002919760
10.造纸印刷及文教体育用品制造业	0.00013530100	0.00005778160
11.石油加工、炼焦及核燃料加工业	0.00297393600	0.00024680400
12.化学工业	0.00025898900	0.00016238900
13.非金属矿物制品业	0.00048163100	0.00023271300
14.金属冶炼及压延加工业	0.00078442900	0.00031068900
15.金属制品业	0.00002167050	0.00005554580
16.通用、专用设备制造业	0.00002900810	0.00003000520
17.交通运输设备制造业	0.00002136770	0.00002432160
18.电气机械及器材制造业	0.00001429510	0.00002244890
19.通信设备、计算机及其他电子设备制造业	0.00000530060	0.00001719890
20.仪器仪表	0.00000858348	0.00001875300
21.工艺品及其他制造业（含废品废料）	0.00003530640	0.00004499270
22.电力、热力生产和供应业	0.00293272300	0.00017725800
23.燃气生产和供应业	0.00033868400	0.00008900400
24.水的生产和供应业	0.00001927960	0.00013266800
25.建筑业	0.00001328730	0.00001889780
26.交通运输及仓储业	0.00029739400	0.00015554700

续表　　单位:万吨/万元

部门名称	2012 年 碳排强度(基期)	2017 年 碳排强度
27.邮政业	0.00045469700	0.00024736300
28.信息传输、计算机服务和软件	0.00000134174	0.00001273560
29.批发和零售业	0.00000592570	0.00001472490
30.住宿和餐饮业	0.00007361670	0.00005553940
31.金融业	0.00000311850	0.00000800366
32.房地产业	0.00000216506	0.00000441603
33.租赁和商务服务业	0.00011008200	0.00009015840
34.研究与试验发展业	0.00005570650	0.00011796200
35.综合技术服务业	0.00009471970	0.00007843650
36.水利、环境和公共设施管理业	0.00007384900	0.00008900340
37.居民服务和其他服务业	0.00002038840	0.00002623330
38.教育	0.00001180920	0.00001028680
39.卫生、社会保障和社会福利业	0.00004334510	0.00003802800
40.文化、体育和娱乐业	0.00001453210	0.00001575210
41.公共管理和社会组织	0.00001466710	0.00001511300

四、研究的结论

本文根据 2012 年“碳排”投入产出的结构，构建了基于经济、能耗与碳排放的总量控制优化模型。目的在于保证现有的经济增长速度、能源消耗水平及二氧化碳排放水平下，得到 2017 年最优的产出(产业结构调整)方案。可以在能耗与碳排总量双重约束下经济产出达到最大，且相比基年(2012 年)能源强度下降 26.04%，二氧化碳强度下降 48.95%。而后，在上面非限制模型的基础上又对碳排总量加入政策性的“减排”条件。相比上一个非限制优化模型，在满足最低限度经济增长的前提下，二氧化碳排放总量能够进一步下降约 22%。

其中，第二产业制造业中，增加幅度最大的几个部门为金属制品业，通用、专用设备制造业，交通运输设备制造业，电气机械及器材制造业，通信设备、计算机及其他电子设备制造业，仪器仪表及文化办公用机械制造业以及工艺品及其他制造业(含废品废料)，这些部门生产的产品大多属于模块化架构产品或属于大型复杂设备领域，是我国制造业优势的主要体现，因此需要加大投入，增加其产能。这也与我国“十三五”时期对于我国制造业的定位相一致。第三产业当中，所有的部门在原有基础上都应增加其产能，增幅在 50%以上的行业有邮政业，批发和零售业，卫生、社会保障和社会福利业，文化、体育和娱乐业，公共管理和社会组织，这些大多属于生活服务业，从侧面反映出我国生活服务业的可能效率并不够高，如果想在保证碳生产率及能源效率的前提下发展低碳经济，必须加大生活服务业的产出。

参考文献

[1] Ang, J. CO2 emissions, energy consumption, and output in France[J]. *Energy Policy*, 2007, 35(10): 4772－4778.

[2] 巴曙松，吴大义．能源消费、二氧化碳排放与经济增长—基于二氧化碳减排成本视角的实证分析[J]. 经济与管理研究，2010(6):5－11.

[3] 刘志雄．我国能源消费、经济增长与碳排放的关系研究[J]. 煤炭经济研究，2011(4)：37－43.

[4] Leotief W. National income, economic structure, and environmental externalities[J]. *The measurement of economic and social performance*, 1973(23): 565－576.

[5] 赵欣娜，雷明．中国 2007 绿色投入产出表编制及应用分析[J]. 经济科学，2011(4)：16－27.

[6] 葛守中．中国投入产出理论与实践[M]. 2010. 中国投入产出学会：604－615.

[7] 葛守中．浙江省"碳排"投入产出表编制方法研究[J]. 统计科学与实践，2013(3)：34－37.

[8] Dantzig, George B. On the Non－Existence of Tests of ′Student′s′ Hypothesis Having Power Functions Independent of σ[J]. *The Annals of Mathematical Statistics* 1949, 11 (2):186 - 92.

作者简介

张恪渝，首都经济贸易大学数量经济学博士生。研究方向为数量经济学。

廖明球，首都经济贸易大学经济学院教授，博士生导师。研究方向为投入产出方向，国民经济核算与分析，计量经济分析。

三种原则下我国地区碳减排责任分摊研究①

赵慧卿　郝　枫

摘　要：本文在对我国省际贸易隐含碳排放测算的基础上，就三种原则下地区间碳减排责任分摊结果进行了比较，发现：山西、内蒙古、辽宁、山东等省际贸易隐含碳排放净调出量较大的地区在生产者责任原则下的分摊比重明显高于消费者责任原则下的比重，而北京、天津、上海、浙江、广东等省际贸易隐含碳排放净调入量较大的地区则相反。对上述地区，单纯按照生产者或消费者责任原则来分摊减排任务均有失公平。由于共同责任原则强调将贸易隐含碳排放在生产地和消费地按比例分摊，故该原则下的分摊比重介于生产者和消费者责任之间。依据该原则进行责任分摊，既有利于消费地选择低碳的消费模式，也有利于生产地采用低碳的生产方式，对实现全国总体减排目标大有裨益。

关键词：贸易隐含碳排放　生产者责任原则　消费者责任原则　共同环境责任原则

一、引言

目前，减少碳排放已成为国际社会的广泛共识。然而，由于攸关各国切身利益，对于"谁来减，减多少"等问题，国际社会存在严重分歧。各国不同的历史背景与发展现状、迥异的资源禀赋与发展模式，已使减排方案设计困难重重；而大范围的国际贸易及其伴生的碳转移与"碳泄漏"，则令碳排放测算及减排责任分摊问题变得更为复杂。因为按照"污染避难假说"，环境标准相对严格的国家，减排压力较大，对产业的影响就大。为了避免低碳政策带来的不利影响，资本就会转移到环境标准相对宽松的国家，导致产业和碳排放的非正常转移。而为了吸引外资，低收入国家会竞相放松环境标准，从而破坏了碳减排的国际合作机制。

目前，贸易中的隐含碳排放已经成为国内外学术界关注的焦点问题，因为贸易隐含碳排放与碳减排责任的界定密切相关，直接影响各利益相关方在减排问题上的博弈。在这

①　基金项目：全国统计科学研究项目（2016LY77）："我国碳市场发展背景下的碳排放权分配方案优化统计研究"。

种形势下，如何合理确定贸易隐含碳排放的减排责任，变得尤为迫切。如果单纯强调生产者责任，将加重处于弱势的发展中国家的负担；而如果单纯强调消费者责任，则难以调动生产者节能减排的积极性，二者均不利于全球减排目标的实现。在这种背景下，“共同责任原则”正在获得更多的支持。

上面是关于国际碳减排责任分摊问题，实际上，在一国内部各地区之间同样存在贸易隐含碳排放的责任分摊问题。改革开放以来，我国各地区经济开放度明显提高，省际间贸易往来日益频繁，贸易伴生的大量碳排放转移使省际责任分摊成为一个必须面对的课题。本文拟就不同原则（生产者责任原则、消费者责任原则和共同责任原则）下我国地区间的碳减排责任分摊结果进行比较分析，力图为责任分摊决策机构提供有益的决策依据。

二、文献回顾

国外学者已对碳减排责任分摊原则进行了卓有成效的研究。从研究现状来看，主要包括生产者责任原则、消费者责任原则及生产者和消费者共同责任原则。

生产者责任原则，也被称为领土原则。一直以来，国际社会基本都采用该原则作为环境政策制定的基本依据。目前，联合国政府间气候变化专门委员会（IPCC）公布的国家碳排放数据，也依据该原则计算。该原则在学术研究中应用广泛：Chang 和 Lin（1998）遵照生产者责任原则，使用投入产出模型，按照生命周期中最终使用路径将碳排放分配到各个生产部门，计算了澳大利亚、英国、德国及台湾地区的碳排放；Lenzen（1998）和 Kim（2002）在生产者责任原则的基础上，分别计算了澳大利亚和韩国的碳排放；基于该原则，何琼（2010）也对我国 2007 年各部门生产过程中的直接和间接碳排放进行了测算。在生产者责任原则下，一个国家或地区进口商品隐含的碳排放由其生产地“买单”，由此产生的“碳泄漏”和公平性问题已经受到越来越多学者的质疑。随着地区间贸易规模的不断扩大，就基于生产者责任原则的核算方法能否合理地界定减排责任，并推动减排措施的有效实施等问题上，学术界已出现较大争议。越来越多的研究开始转向基于消费者责任原则计算碳排放，并重新界定碳减排责任。

基于消费者责任原则计算的国家碳排放，等于该国领土内的碳排放加上进口隐含碳排放，再减去出口隐含碳排放。在这种方法下，分配给发展中国家的减排责任有所下降，发达国家的减排责任相应提高。由于其有助于避免发达国家向发展中国家的“碳泄漏”，因而相比生产者责任原则更为公平。该原则在学术研究中日益受到重视。Ferng（2003）指出，一些国家通过大量和奢侈的消费长期享受高标准的生活水平，给环境带来巨大压力；基于受益原则，碳排放责任应归于产生污染的驱动因素，而不是直接的污染生产者。Peters（2008）也认为，“消费排放”应成为国际气候变化谈判中界定碳排放责任的重要指标。国内有关消费者责任的研究还处于起步阶段。樊纲等（2010）根据最终消费与碳减排责任的关系，计算发现中国超过 20%的国内实际排放是由他国消费所致，并从福利角度讨论了以消费排放作为公平分配指标的重要性。在考察我国各地区碳减排责任时，汪臻等（2012a）运用多准则决策方法，建立了消费者责任视角下区域间碳减排责任分摊模型。然而，如果仅按照消费者责任原则确定国家（地区）减排责任，则生产者就没有动力改进生产技术以降低碳排放强度。而消费者虽然在理论上会去选择那些碳排放强度较低的生产者，但现实中受成本等因素的制约，他们往往不会考虑这些环境问题。因而从全局来看，不利于总体减排目标的实现。

依据生产者和消费者共同责任原则对碳减排责任加以测算，能更全面准确地划定环境责任。这种分摊原则可同时促使生产者和消费者改变其环境行为，是一种有效的激励机制，已被越来越多的学者证明是最优分配方案。国际上，基于共同责任原则探讨分配方案的文献有 Rodrigues et al(2006)、Lenzen(2007)等。然而，目前基于共同责任原则的研究主要停留在理念层面，将该原则应用于实际定量研究较少，国内此方面的实证研究尤其缺乏。徐盈之等(2013)运用区域间投入产出模型，从生产者和消费者共同责任的角度定量测算了 1997 年和 2002 年我国八大区域的碳减排责任及分行业碳减排责任的区域差异，并将碳减排责任与碳减排效率结合起来研究各区域的碳减排潜力。汪臻等(2012b)在共同责任原则下，构建了我国区域间碳减排责任分摊模型。

综上可见，虽然国内外已积累起大量碳减排责任分摊的研究成果，但对一国内部、尤其是我国各地区间责任分摊的定量测度很少。究其原因，数据约束构成最大制约。一方面，尽管学术界注意到贸易隐含碳排放对责任分摊的影响，但地区间贸易隐含碳排放测算并非易事，其严重依赖于地区间投入产出表。遗憾地是，目前我国尚未公布此类官方数据，有关分析往往基于学者推算的数据展开，使得实证分析受到很大限制。另一方面，由国家层面向地区层面细化时，地区数据、尤其是计算碳排放所需的地区分行业能源数据获取难度较大。现有研究中能源数据来源不一，结果存在较大差异，严重损害了其可比性。

因此，本文在扩展数据范围并提高数据质量的基础上，力图准确测算地区碳排放量，在此基础上对三种原则下的地区碳减排责任进行比较，以期为国家分配各地区碳减排任务提供有益参考。

三、研究方法与数据

(一)研究方法

这里采用某省碳排放量占 30 个省区(不包括西藏)之和的比重作为该省所分摊到的减排责任。在生产者责任原则下，i 省碳排放量采用生产碳排放 $C_{i,p}$，即生产地领土内产品生产所排放的二氧化碳。在消费者责任原则下，i 省碳排放量采用消费碳排放 $C_{i,c}$，其计算公式如下：

$$C_{i,c} = C_{i,p} - \sum_j C_{ij} + \sum_j C_{ji} \tag{1}$$

式中，C_{ij} 为 i 省调出给 j 省的产品隐含碳排放量，C_{ji} 为 i 省从 j 省调入产品所隐含的碳排放量。

在共同责任原则下，将省区间贸易隐含碳排放在生产地和消费地按比例进行分配。这里设 w 为 i 省对其净调入碳排放所负责任比例[①]，此时，i 省碳排放量 C_i 为：

① 考虑到消费地通过调入产品，既节省了产品生产的能耗，又避免了空气污染，从省际贸易中获益大于生产地，理应多分摊责任，故本文假设该比例为 60%。

$$C_i = C_{i,p} + w(\sum_{j \neq i} C_{ji} - \sum_{j \neq i} C_{ij}) \tag{2}$$

根据《中国能源统计年鉴》中的能源数据可算得各省生产碳排放量，但省区间调入、调出产品隐含碳排放量的计算则需要依据省区间投入产出表的贸易流量数据。投入产出表的基本平衡关系式为：

$$X = (I - A)^{-1} Y \tag{3}$$

其中，X、A、Y 分别表示总产出向量、直接消耗系数矩阵和最终需求向量，$(I-A)^{-1}$ 为列昂惕夫逆矩阵，表示生产单位最终产品对各投入部门产品的完全需求。

各地区的最终产品 Y，一部分用于本地区居民最终消费或企业资本积累，一部分通过国内、国际贸易调往其他地区或国家。将 i 省调出给 j 省的部分用 E_{ij} 表示，依据式(3)，可计算 i 省生产 E_{ij} 所投入的全部产品价值 X_{ij}：

$$X_{ij} = (I - A_i)^{-1} E_{ij} \tag{4}$$

X_{ij} 与 i 省分部门碳排放强度向量 c_i 的乘积，即 i 省生产调出品 E_{ij} 所产生的完全碳排放量 C_{ij}：

$$C_{ij} = c_i[(I - A_i)^{-1} E_{ij}] \tag{5}$$

需要注意，我国编制和使用的均为竞争型投入产出表。其假设进口产品与国内同类产品相同，具有竞争关系。进口产品同国内产品一样进入中间需求和最终需求，但其并不排放 CO_2。因此，需从式(5)的直接消耗系数矩阵中剔除进口的影响：

$$C_{ij} = c_i\ [(I - (I - \hat{M}_i) A_i)^{-1} E_{ij}] \tag{6}$$

式中 $\hat{M}$ 为进口系数对角矩阵，其按各部门进口量占国内总需求的比例确定(石敏俊等，2012)。将式(6)的 C_{ij} 矩阵代入式(1)和(2)，即可得到消费者责任和共同责任原则下 i 省的碳排放量。

(二)数据说明

本文采用刘卫东等编制的中国 2007 年 30 个省区(不包括西藏)间投入产出表。直接消耗系数矩阵 A_i 的计算采用国家统计局公布的 2007 年中国地区投入产出表。为了和计算 CO_2 排放数据时的部门分类一致，将投入产出表均合并为 6 个部门[①]。目前我国所有投入产出表最新数据为 2007 年，虽然 2007 年数据时效性降低，但鉴于各地区投入产出结构及对外贸易结构较为稳定，其很大程度上能够反映长期碳排放转移的地区分布特征。

在计算生产碳排放量时，多数文献直接利用“地区能源平衡表”中分部门的终端能源消费数据，没有考虑工业部门能源加工转换过程中的投入量，造成对工业部门碳排放量的低估。故本文将能源加工转换过程中火力发电、供热等的能源投入计入工业部门，得到 2007 年各省分部门各类能源消费实物量数据。利用(IPCC)提供的碳排放系数，进一步计算各省各部门能耗对应的 CO_2 排放量，具体计算公式为：

$$C_i = \sum_j E_{ij} \times NCV_j \times CEC_j \times COF_j \times (44/12) \div 10^6 \tag{7}$$

式中，C 代表 CO_2 排放量(单位：kg)，下标 i 代表部门，下标 j 代表能源种类，E_{ij} 为 i 行业消耗 j 种能源的实物量(kg 或 m^3)；NCV_j 为 j 种能源的平均低位发热量(来自《中国

---

① 农业、工业、建筑业、交通运输邮电仓储业、批发零售住宿餐饮业、其他服务业。

能源年鉴》,单位:kJ/kg),CEC_j 为IPCC提供的 j 种能源的碳排放系数(见表1,单位:kg/GJ),COF_j 为 j 种能源的碳氧化因子(IPCC默认为100%),44/12为碳排放系数转化为 CO_2 排放系数的折算系数。

最后,用各省分部门 CO_2 排放量除以投入产出表中该部门的总产出,即可得到各省分部门单位产值 CO_2 排放强度向量 c_i 。

表1　IPCC提供的碳排放系数　　单位:kg/GJ

能源	系数	能源	系数	能源	系数	能源	系数
原煤	25.8	原油	20.0	燃料油	21.1	焦炉煤气	12.1
洗精煤	25.8	汽油	18.9	其他石油制品	20.0	炼厂干气	18.2
焦炭	29.2	煤油	19.5	液化石油气	17.2	其他煤气	12.1
其他焦化产品	26.6	柴油	20.2	天然气	15.3	水电、核电	0.0

资料来源:IPCC:2006《国家温室气体排放清单指南》。

四、三种原则下地区减排责任分摊结果

(一)生产者责任原则下地区减排责任分摊结果

由上述方法和数据计算出各地区生产碳排放量,进而得到生产者责任原则下各地区的碳减排责任分摊比重,结果如图1。

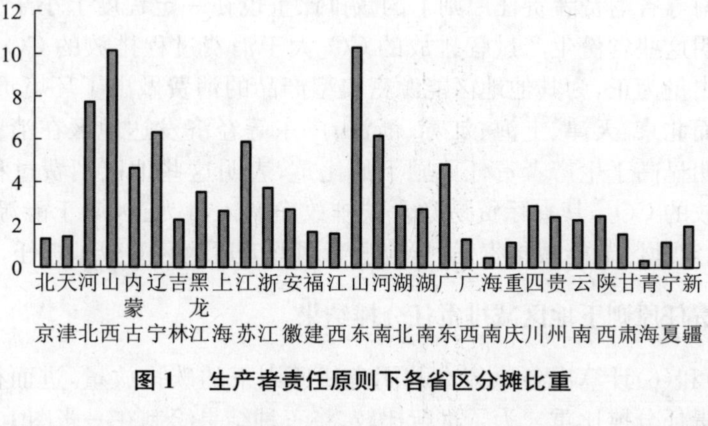

图1　生产者责任原则下各省区分摊比重

由图1可以看出,我国省区间碳减排责任分摊比重差异较大。在生产者责任原则下,受生产碳排放总量的影响,山东和山西两省分摊到的比重最高,分别为10.29%和10.15%。其次为河北、辽宁、河南、江苏,其分摊比重均在5%以上,碳减排责任较重。而青海、海南、重庆、宁夏、广西等地减排责任分摊比重相对较小。综合来看,减排责任分摊比重较高的地区多为能源富裕省份或经济发达地区,而比重较低的地区则多为西部欠发达地区或工业不发达地区,其对能源的需求较低,致使生产碳排放较少。

(二)消费者责任原则下地区减排责任分摊结果

根据式(1)和(6)计算出各地区消费碳排放量,进而得到消费者责任原则下各地区的碳减排责任分摊比重。为了和生产者责任原则下的分摊结果进行比较,将两种结果绘制在一张图上,见图 2。

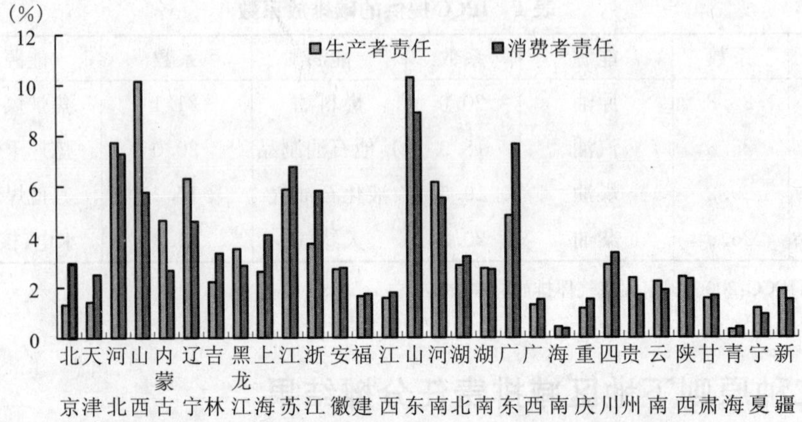

图 2　生产者和消费者责任原则下各省区分摊比重

由图 2 不难看出,对于某些贸易隐含碳排放净流量较大的地区(如山西、广东等),两种原则下的分摊结果差异较大。消费者责任原则下,山西省分摊到的比重大大下降,由生产者责任原则下的 10.15%降为消费者责任原则下的 5.77%,碳减排压力得到较大幅度地缓解。此外,内蒙古、辽宁、山东分摊比重也有较为明显的下降。其他能源富裕地区,如河北、黑龙江、河南等省消费者责任原则下的减排比重也在一定程度上小于生产者责任原则下的比重。表明这些省份生产过程排放的 CO_2 大于消费过程排放的 CO_2,其省际贸易隐含碳排放净调出量为正,为其他地区能源密集型产品的消费做出了环境贡献,属于能源环境的受损者。而北京、天津、上海、江苏、浙江、广东等经济发达地区在消费者责任原则下的分摊比重则明显高于生产者责任原则下的比重,表明这些地区消费过程排放的 CO_2 大于生产过程排放的 CO_2,其省际贸易隐含碳排放净调入量为正,属于能源环境的受益者。因此,国家在确定地区节能减排责任时,应适当调整上述地区的减排责任。

(三)共同责任原则下地区减排责任分摊结果

根据式(2)和(6)计算出各地区在共同责任原则下的碳排放量,进而得到该原则下各地区的碳减排责任分摊比重。为了进行比较,将三种结果绘制在一张图上,见图 3。

与生产者和消费者责任原则不同,共同责任原则强调将贸易隐含碳排放在生产地和消费地按比例进行分摊,故其分摊比重介于生产者和消费者责任原则之间。据此测算,山东省分摊到的减排比重最高(9.45%),山西、河北、广东、江苏、河南、辽宁的减排比重也均在 5%以上。究其原因,山东、山西、辽宁分摊比重较高,主要由较高的生产碳排放拉动;广东、江苏较高的分摊比重,则主要由消费碳排放拉动。由于青海、海南、宁夏、广西等省区的生产和消费碳排放均较小,共同责任原则下其分摊比重很小(不足 2%)。显然,对于贸易隐含碳排放净调出或净调入量大的地区(如山西、内蒙古、辽宁、山东、北京、天津、上海、

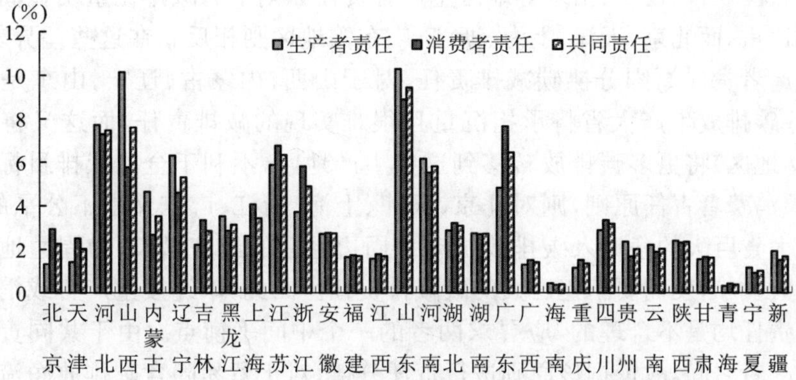

图3　三种原则下各省区分摊比重

浙江、广东)，该原则更为合理。汪臻等(2012a)在消费者责任视角下对地区碳减排责任的分摊结果显示，上海、北京、山东、新疆、河北、浙江和广东分摊到的碳减排量较高。对于经济总量相对较小的北京和新疆来说，较高的减排量难以完成，并将进一步阻碍全国减排目标的实现，故其分摊结果不尽如人意。徐盈之等(2013)采用共同责任原则，其研究结论(中部和东部沿海区域的碳减排总责任位居全国第一、第二位，西部及京津地区减排责任较小)与本文上述结果基本一致。但由于其测算分析基于 1997 年和 2002 年我国八大区域展开，未能提供省级责任分摊结果，故其政策价值受到很大限制。总之，通过与同类研究比较，本文测算结果具有较好的政策参考价值。

我国政府尚未将碳减排责任分摊到各个省区，但对完成全国减排总体目标而言，这将成为一个必然选择。中共十八大报告指出，在设计地区减排责任时，应“坚持共同但有区别的责任原则、公平原则和各自能力原则”，本文分摊结果高度符合这一要求。一方面，将省区间贸易隐含碳排放在生产地和消费地按比例分配，既体现了共同责任原则，也体现了公平原则。另一方面，本文使用碳排放比重界定各地区减排责任，由于碳排放量与地区经济总量(减排能力)挂钩，从而明确体现了各自能力原则。据此，山东、广东等省区有能力而且应当承担更多的减排责任，而青海、海南等地则相反。

综上，依据共同责任原则分摊地区碳减排责任是一种合理选择。该原则下，生产地和消费地共同对贸易隐含碳排放负责，体现了受益与责任的匹配，有利于调动各地减排积极性。这种分摊方式构成一种有效的激励机制，既有利于消费地选择低碳的消费模式和生活模式、激励其对生产地进行资金与技术支持，也有利于对生产地施加压力，促使其采用先进生产技术以降低碳排放强度。故从总体减排有效性出发，国家在分配各地区碳减排责任时，共同责任原则分摊方法是不二之选。

五、主要结论

本文首先运用 2007 年我国 30 个省区间投入产出表，对省际贸易隐含碳排放进行了测算。在此基础上，对生产者责任原则、消费者责任原则和共同责任原则下我国地区间碳减排责任分摊结果进行了比较分析，得到如下结论：

1. 不同的责任分摊原则对某些省份的分摊结果有显著影响，如从生产者和消费者责任来看，山西、内蒙古、辽宁、山东等地区生产者责任原则下的减排比重明显高于消费者责任原则下的比重，而北京、天津、上海、浙江、广东等地区则相反。在这些差异较大的地区，如果按照生产者责任原则分摊碳减排责任，对于山西、内蒙古、辽宁、山东是非常不公平的，因为这些碳排放生产大省将承担沉重且很难实现的减排责任，而这又将导致消费地（一般是发达地区）将更多碳排放转移到这些生产地区，不利于全国减排目标的实现。相反，如果按照消费者责任原则，则对北京、天津、上海、浙江、广东又是不公平的，因为这些碳排放消费大省巨大的净调入碳排放拉动了周边地区的经济增长，为周边地区的经济发展做出了很大贡献，反而要承担巨大的碳减排责任。因此，单纯按生产者或消费者责任原则分摊减排责任均是不合理的，应寻求两者的一个中间平衡点。由于共同责任原则的分摊比重介于二者之间，故依据该原则进行责任分摊，对于贸易隐含碳排放净流量巨大的地区是一种更公平的选择。其既有利于消费地选择低碳的消费模式，也有利于生产地采用低碳的生产方式，对实现全国总体减排目标大有裨益。

2. 对我国而言，面对日益严峻的资源与环境压力，合理界定各地区减排责任、强化生产者与消费者共同责任理念，制定公平有效的减排责任分摊方案，既充分保障欠发达地区的发展权，又能充分调动发达地区的减排积极性，达成使各地区积极参与的减排协议，是我国中央政府和高层决策者必须重视的当务之急。同时，发达地区不应再通过"碳泄漏"和省际贸易转移其减排压力，而应通过开发新技术降低碳排放，并通过资金与技术援助带动欠发达地区减少碳排放。欠发达地区也不应重走发达地区"先污染、后治理"的老路，而应从中汲取教训，探索人与自然和谐发展的新模式。

参考文献

[1] 樊纲，苏铭，曹静．2010. 最终消费与碳减排责任的经济学分析[J]. 经济研究(l)：4－14.

[2] 国家统计局国民经济核算司．2011. 2007 中国地区投入产出表[M]. 北京：中国统计出版社．

[3] 何琼．2010. 基于投入产出法的隐含碳测算[J]. 中国科技论坛(9)：112－116.

[4] 刘卫东、陈杰、唐志鹏．2012. 中国 2007 年 30 省区市区域间投入产出表编制理论与实践[M]. 北京：中国统计出版社．

[5] 石敏俊，张卓颖．2012. 中国省区间投入产出模型与区际经济联系[M]. 北京：科学出版社：157－181.

[6] 汪臻，赵定涛，洪进．2012a. 消费者责任视角下的区域间碳减排责任分摊研究[J]. 中国科技论坛(10)：103－109.

[7] 汪臻，赵定涛．2012b. 开放经济下区域间碳减排责任分摊研究[J]. 科学学与科学技术管理(7)：84－89.

[8] 徐盈之，张赟．2013. 中国区域碳减排责任及碳减排潜力研究[J]. 财贸研究(2)：50－59.

[9] 赵慧卿．2013. 我国各地区碳减排责任再考察——基于省际碳排放转移测算结果[J]. 经济经纬(6)：7－12.

[10] Chang Y F and Lin S J. 1998. Structural decomposition of industrial CO_2 emissions in Taiwan，An input－output approach [J]. Energy Policy，26(1)：5－12.

[11] Ferng J. 2003. Allocating the responsibility of CO_2 over－emissions from the perspectives of benefit principle and ecological deficit[J]. Ecological Economics，46：121－141.

[12] Kim J H. 2002. Changes in consumption patterns and environmental degradation in Korea [J]. Structural Change and Economic Dynamics，(13)：1－48.

[13] Lenzen M. 1998. Primary energy and greenhouse gases embodied in Australian final consumption: an input—output analysis [J]. Energy Policy, 26(6):495—506.

[14] Lenzen M. 2007. Agregation(in—) variance of shared responsibility: a case study of Australia[J]. Ecological Economics, 64(1):19—24.

[15] Peters G P and Hertwich E G. 2008. CO_2 embodied in international trade with implications for global climate policy [J]. Environmental Science and Technology, 42: 1401—1407.

[16] Rodrigues J, Domingos T, Giljum S. 2006. Designing an indicator of environmental responsibility [J]. Ecological Economics, 59 (3) : 256—266.

作者简介

赵慧卿，天津商业大学经济学院副教授，经济学博士。研究方向为资源与环境统计。邮箱：zhq88282209@126.com，电话：13820389639。

郝　枫，天津财经大学统计系，教授，经济学博士。研究方向为宏观经济统计分析。

中日贸易隐含碳排放测算及责任分配研究①

金继红　居义義

摘要：2015 年第 21 届联合国气候变化大会通过的《巴黎协定》确立了将全球平均气温较工业化前水平升高控制在 2 摄氏度之内的宏观目标，《巴黎协定》无疑是全球应对气候变化进程中迈出的关键一步，但资金、技术、减排力度、责任分配方案问题仍然尚未达成一致。中国作为全球碳排放最大的国家，面临着来自发达国家的巨大压力，但这样的高排放水平与承担着大量碳泄漏密切相关。本文利用 WIOD 世界投入产出数据库、《中国能源统计年鉴》、《日本统计年鉴》等数据，使用进口产品在进口国生产时的碳耗系数，分别从生产和消费的角度，尤其是区分加工贸易所导致的再出口隐含碳，对经典投入产出模型进行补充，准确地测算两国进出口贸易隐含碳排放量。同时用各行业的中间投入总和除以其净产出，得到各行业作为生产者应该承担的比例，探讨隐含碳排放责任的分配。结果得出 2002—2011 年，中国生产者责任和日本消费者责任的占比有所增加，日本通过从中国进口高排放强度部门的产品用于本国中间投入，形成了碳排放转移，此部分的排放责任也应由日本进口中间投入的消费者共同承担。最后基于双边贸易隐含碳的测算结果以及责任分配分析提出相应的政策建议。

关键词：中日贸易　隐含碳　双边投入产出模型　共同责任原则

一、引言

2015 年第 21 届联合国气候变化大会闭幕之前，多方寄希望在巴黎能够达成应对气候变化的终极方案，最终《巴黎协定》确立了将全球平均气温较工业化前水平升高控制在 2 摄氏度之内的宏观目标，并指出各缔约方将以"自主贡献"的方式参与全球应对气候变化行动。所有缔约方至少每两年提交一次温室气体排放的国家清单以及执行和实现国家自主贡献取得的进展，同时发达国家须公布其向发展中国家提供的资金、技术转让和能力建设情况的信息。

① 教育部人文社科项目"基于国际产业分工的贸易中隐含碳与减排责任分担量化研究"(14YJAGJW002)。

《巴黎协定》无疑是全球应对气候变化进程中迈出的关键一步，但协定既未赋予具体减排承诺及足够的法律约束力，也未充分要求新兴发展中国家承担与国情能力相符的责任，在资金、技术、减排力度、责任分配方案问题仍然尚未达成一致。中国作为全球碳排放最大的国家，面临着来自发达国家的巨大压力，但多年来中国一直是全球应对气候变化事业的积极参与者，同时中国的高排放水平与承担着大量碳泄漏密切相关。正如习近平主席在气候变化巴黎大会开幕式上的讲话所指出的，“巴黎协议应该有利于照顾各国国情，讲求务实有效。应该尊重各国特别是发展中国家在国内政策、能力建设、经济结构方面的差异，不搞一刀切。”在强调数据披露与自主贡献的《巴黎协定》新背景下，致力于精确测算考虑贸易隐含碳的一国碳排放量，并呼吁重新构建科学公平的排放责任分配原则，对中国意义重大。

以贸易隐含碳测算为对象的研究主要可分为以下几个尺度：省际尺度、单一国家尺度、双边贸易尺度以及多国尺度，计算方法以投入产出法为主。双边贸易隐含碳计算中，由于加工贸易本身具有一般以投入劳动力为主、中间产品投入较少、加工过程碳排放量较少的特点，如果根据“进口比例假设”进行估算——即各部门中间产品中进口与国内生产的比例等于最终产品中进口与国产的比例，所有部门使用的 i 部门中间投入品中，进口投入品所占比例相同——将加工贸易生产中使用的中间产品和最终产品以同样的本国碳耗系数计算，得到的双边贸易隐含碳排放量测算结果会有较大误差。因此如何界定加工贸易造成的隐含碳一直是多区域投入产出模型的难点。已有诸多学者将将进口分为为 $M=A^m(I-A)^{-1}d+A^m(I-A)^{-1}e+y^m$ 三部分，即用于国内中间投入的进口 $A^m(I-A)^{-1}d$，用于国内最终消费的进口 y^m 和用于出口的进口 $A^m(I-A)^{-1}e$，并将最后这部分作为加工贸易计算贸易隐含碳[Julio Sanchez－Choliz，等(2004)；G. I. pekTunc 等(2007)；Xianbing Liu 等(2010)]，以解决测算加工贸易造成的隐含碳的问题。

以隐含碳责任分配为对象的研究主要有生产、消费、共同责任原则区分以及一般均衡模型。其中共同责任原则主张，商品生产是生产者和消费者共同作用的结果，随之产生的污染理应由双方共同承担[徐盈之等(2014)]。在国际贸易的情境下，出口贸易在为进口国提供便利的同时也为出口国创造了经济产值和就业机会，因此这部分的污染排放也应该由两国共同承担。早期研究中，Ferng(2003)、Wiedmann 等(2006) 提出在生产链上，生产者与消费者的隐含碳排放责任比例为 1∶1，以此来消除重复计算的问题。Lenzen(2007) 则认为，现实中生产者和消费者往往是不对等的，按照 1∶1 的比例计算不符合现实，应当对出口和进口中隐含碳排放责任进行分配，生产者应该承担的比例利用各行业的增加值除以其净产出(总产出减去行业内交易额)得到。生产者负责原则核算下一国应当承担的排放量 PR 为，$PR=e(I-A^d)^{-1}y^d=e(I-A^d)^{-1}(y^r+y^x)=E^r+E^x$（$y^r$ 为国产品投入生产的本国最终产品部分，y^x 由国产品投入生产的出口部分)。消费者负责原则核算下一国应当承担的排放量 CR 为，$CR=e(I-A^d)^{-1}y^r+e(I-A^d)^{-1}[A^m(I-A^d)^{-1}y^d]+e(I-A^d)^{-1}y^m=E^r+E^m$（$y^m$ 为进口的最终需求产品)。共同责任原则核算下一国应当承担的排放量 SR 为，$SR=\lambda PR+(1-\lambda)CR$。$\lambda$ 表示出口和进口中隐含碳排放责任的分配，即各行业的中间投入总和除以其净产出(总产出减去行业内交易额)得到各行业作为生产者应该承担的比例，广泛应用于区域间碳排放责任分配文献中[徐盈之等(2014)；赵定涛等(2013)；Ning，(2013)；秦昌才等(2007)]。基于产业链分配角度，Karl Steininger 等（2014）发现如果工业化程度高的国家基于消费者责任原则制定单边气候政策，全球碳利用效率和公正水平都可以提高。

二、模型与数据来源

（一）单区域隐含碳测算模型

传统投入产出模型中经济体分为 n 个部门，总产出 x 可由中间投入 Ax 以及最终需求 y 的和表示。

$$x = Ax + y \tag{1}$$

A 表示直接投入系数矩阵，在非竞争环境下中间投入 Ax 进一步分解为国内中间投入 A^d 以及进口中间投入 A^m 。对应的非竞争投入产出模型进一步拓展为：

$$x^m = A^m (I - A^d)^{-1} y^d + y^m = A^m (I - A^d)^{-1} d + A^m (I - A^d)^{-1} e + y^m \tag{2}$$

其中 x^m 表示总进口，y^d 表示国内最终使用，y^m 表示用于国内最终使用的进口。总进口 x^m 分解为用于国内中间投入的进口 $A^m (I - A)^{-1} d$ ，用于国内最终需求的进口 y^m ，以及用于出口的进口 $A^m (I - A)^{-1} e$ 三个部分，最后部分即为加工贸易部分。y^d 包括了国内最终消费支出，固定资本形成总额，存货增加，出口其他国家。

二氧化碳排放方面，各部门直接排放量的计算方法为

$$F_j = \sum_k E_{jk}^t \times EF_j \times (1 - CS_j) \times O_j \times M \tag{3}$$

其中 $j = 1, 2, \cdots, 16$ 表示国民经济 16 部门，$k = 1, 2, \cdots, 12$ 种燃料类型，E_{jk}^t 表示表示部门 j 基于燃料类型 k 的年度能源消费总量（太焦，10^12J），EF_j 表示第 j 类型燃料的碳排放因素（t－c/TJ），CS_j 表示第 j 类型燃料未被氧化而作为原材料所占比重，O_j 表示第 j 型燃料被氧化的比率（燃烧率），M 是二氧化碳对碳的分子重量比（44/12）。本文已将作为生产原料的燃料从能源端消费量中排除，CS 为零，排放因子如表 1 所示。

表 1　不同化石能源的碳排放因子（EF）与碳氧化比率（O）

能源种类	煤	焦炭	焦炉煤气	原油	汽油	煤油	柴油	燃料油	液化石油气	炼厂干气	其他石油产品	天然气
碳排放因子 EF（t－c/TJ）	25.80	29.20	12.10	20.00	19.10	19.60	20.20	21.10	17.20	15.70	20.00	15.30
碳氧化率 O	0.90	0.90	0.99	0.98	0.98	0.98	0.98	0.98	0.98	0.98	0.98	0.99

资料来源：涂正革（2012），其他参考 IPCC（IPCC，Greenhouse Gas Inventory：IPCC Guidelines for National Greenhouse Gas Inventories，Bracknell，England；United Kingdom Meteorological Office，1995）。

直接二氧化碳排放系数向量为：

$$F = \left\{ \frac{F_j}{X_j} \right\} \tag{4}$$

故本国完全排放系数向量即为 $F (I - A)^{-1}$ ，进口国平均完全排放系数为 $F_f (I - A_f)^{-1}$ 。

在处理其他进口国的完全排放系数时，闫云凤(2013)假设进口产品与出口产品的生产技术相同，都采用本国的排放系数计算其隐含碳，这样计算出的进口隐含碳为通过进口避免或减少的碳排放，而不是进口产品中实际的隐含碳。该方法计算简便，对于碳排放强度较高的国家进口隐含碳计算结果将偏高。魏本勇(2009)在计算中国进口隐含碳处理其他进口国的完全排放系数时，使用了日本的完全碳排放水平，因为日本的第一大出口国为中国。金继红(2004)在研究韩日双边贸易隐含碳时使用了两国的平均碳排放强度代替进口国的碳排放强度。本文使用中国和日本各自的完全排放系数计算双边贸易隐含碳，使用两国的完全碳排放强度矩阵的平均矩阵处理其他国家的贸易隐含碳。一方面便于计算，另一方面日本碳耗水平远低于全球平均水平，而中国是高碳耗水平高排放国家，平均值是一个较为有效的其他国家完全排放系数估计值。

综上，一国总二氧化碳排放：

$$\begin{aligned} f &= f^d + f^m = F\,(I-A)^{-1}y + F_f\,(I-A)^{-1}m = f^1 + f^2 + f^3 + f^4 + f^5 \\ &= F\,(I-A)^{-1}d + F\,(I-A)^{-1}e \\ &\quad + F_f\,(I-A_f)^{-1}\,A^m\,(I-A^d)^{-1}d + F_f\,(I-A_f)^{-1}\,A^m\,(I-A^d)^{-1}e \\ &\quad + F_f\,(I-A_f)^{-1}\,y^m \end{aligned} \tag{5}$$

f^1 为用于满足国内消费需求的国内中间投入的隐含碳；f^2 为用于出口的国内中间投入的隐含碳；f^3 为用于满足国内中间投入需求的进口的隐含碳；f^4 为用于出口的进口的隐含碳；f^5 为用于国内最终消费需求的进口的隐含碳。

根据责任分配原则不同，生产碳排放与消费碳排放计算方法将分别列出，而本文关注的贸易碳排放计算方式如下所示：

$$生产者责任制下一国碳排放 = f^1 + f^2$$

$$消费者责任制下一国碳排放 = f^1 + f^3 + f^5$$

$$出口隐含碳 = f^2 + f^4$$

$$进口隐含碳 = f^3 + f^4 + f^5$$

(二) 双边贸易隐含碳测算模型

在双边贸易隐含碳中，R 国对 S 国的出口隐含碳为：

$$e_R = e_{RS} + e_{Row} \tag{6}$$

$$\begin{aligned} f_R^2 &= F_R\,(I-A_R)^{-1}\,e_R \\ &\Rightarrow F_R\,(I-A_R)^{-1}\,e_{RS} + F_R\,(I-A_R)^{-1}\,e_{Row} \\ &\Rightarrow f_{RS}^{I} + f_{RS}^{II} \end{aligned} \tag{7}$$

f_{RS}^{I} 为满足对 S 国出口的本国中间投入；f_{RS}^{II} 为满足对其他国家出口的本国中间投入。

R 国从 S 国进口做加工贸易出口的隐含碳为

$$\begin{aligned} f_R^4 &= F_S\,(I-A_S)^{-1}\,A_R^m(I-A_R^d)^{-1}e \\ &\Rightarrow F_S\,(I-A_S)^{-1}\,A_R^m(I-A_R^d)^{-1}\,e_{RS} \\ &\quad + \bar{F} \times A_R^m(I-A_R^d)^{-1}\,e_{RROW} \\ &\Rightarrow f_{RS}^{III} + f_{RS}^{IV} \end{aligned} \tag{8}$$

f_{RS}^{III} 为满足对 S 国出口的来自 S 国的进口中间投入；f_{RS}^{IV} 为满足对 S 国出口的来自其

他国家的进口中间投入。$\bar{F}$ 表示除中日两国外其他国家的平均完全排放系数估计值，在本文中使用中日两国完全碳排放强度矩阵的平均矩阵，即

$$\bar{F}=\frac{1}{2}[F_R(I-A_R)^{-1}+F_S(I-A_S)^{-1}]$$

R 国完全排放系数矩阵 $F_R(I-A_R)^{-1}$ 中，A_R 不直接使用国际投入产出表中 A_R^m 与 A_R^d 的和的形式，而是直接用 R 国单边投入产出表 $A_R=\{X_{ij}/X_j\}$ 计算，S 国完全排放系数矩阵 $F_S(I-A_S)^{-1}$ 同理，以排除国际投入产出表的整合误差，确保完全排放系数的精确。

所以，共同责任分配原则下双边贸易隐含碳中 R 国对 S 国排放量为：

$$\begin{aligned} f_{RS} &= f_{RS}^{I}+f_{RS}^{IV}+f_{SR}^{III} \\ &\Rightarrow F_R(I-A_R)^{-1}e_{RS}+\bar{F}\times A_R^m(I-A_R^d)^{-1}e_{RROW} \\ &\quad +F_S(I-A_S)^{-1}A_R^m(I-A_R^d)^{-1}e_{RS} \end{aligned} \tag{9}$$

S 国对 R 国排放量为：

$$\begin{aligned} f_{SR} &= f_{SR}^{I}+f_{SR}^{IV}+f_{RS}^{III} \\ &\Rightarrow F_S(I-A_S)^{-1}e_{SR}+\bar{F}\times A_S^m(I-A_S^d)^{-1}e_{SROW} \\ &\quad +F_R(I-A_R)^{-1}A_S^m(I-A_S^d)^{-1}e_{SR} \end{aligned} \tag{10}$$

(三)隐含碳责任分配模型

责任分配方面，以双边贸易隐含碳测算模型为基础建立双边贸易隐含碳责任分配模型。生产者负责原则核算下一国应当承担的排放量(PR)为：

$$PR=F(I-A^d)^{-1}y^d=F(I-A^d)^{-1}(y^r+y^x)=f^r+f^x \tag{11}$$

其中 y^r 为国产品投入生产的本国最终产品部分，y^x 由国产品投入生产的出口部分。

消费者负责原则核算下一国应当承担的排放量(CR)为：

$$\begin{aligned} CR &= F(I-A^d)^{-1}y^r+F(I-A^d)^{-1}[A^m(I-A^d)^{-1}y^d]+F(I-A^d)^{-1}y^m \\ &= f^r+f^m \end{aligned} \tag{12}$$

其中 y^m 为进口的最终需求产品。

研究共同责任原则核算的核心问题，就是确认共同责任中生产者责任与消费者责任对应的分配比例。假设共同责任原则核算下一国应当承担的排放量 SR 为：

$$SR=\lambda PR+(1-\lambda)CR$$

其中 λ 表示生产者责任在共同责任中的占比，本文使用各行业的中间投入总和除以其净产出(总产出减去行业内交易额)，得到各行业作为生产者应该承担的比例向量，作为分配比例依据。该方法广泛应用于区域间碳排放责任分配文献中[徐盈之等(2014)；赵定涛等(2013)；Ning(2013)；秦昌才等(2007)]，本文基于此模型，进一步讨论中日两国在双边贸易隐含碳中，需要生产者和消费者共同承担的碳排放责任。

(四)数据来源

投入产出表方面，两国 2000、2005、2011 三个年度非竞争型双边投入产出表均来自于世界投入产出数据库(WIOD)，该数据库中世界投入产出表更新至 2011 年，共 35 部门。

表 2　中日双边投入产出表 16 部门

序号	部门	序号	部门
1	农林牧渔业	9	金属冶炼及压延加工业
2	食品制造及烟草加工业	10	开采和洗选业
3	纺织材料、纺织商品、皮草皮革及鞋类	11	通用机械及建筑业
4	木材加工、家具、造纸印刷及文教体育用品制造业	12	电器机械及器材制造业
5	化学工业	13	电力、煤气与水供应业
6	橡胶与塑料业	14	批发贸易、零售业及其他业务
7	石油加工、炼焦及核燃料加工业	15	生活消费及公共社会保障服务业
8	非金属矿物	16	运输

碳排放方面，两国 2000 年度与 2005 年度的二氧化碳直接排放数据来自于 WIOD 二氧化碳排放账户数据，该数据库中二氧化碳排放数据更新至 2009 年，共 35 部门。2011 年两国二氧化碳直接排放数据根据各部门能源消耗推算，能源消耗数据分布来自《中国能源统计年鉴》和《日本统计年鉴》。其中，《中国能源统计年鉴》统计口径为 37 部门，《日本统计年鉴》为 16 部门，故最后统一合并为 16 部门。由于 2011 年碳排放数据为推算结果，且统计口径有所不同，可能存在误差。

三、中日双边贸易隐含碳测算

总量上看，2000 年、2005 年、2011 年中日生产、消费隐含碳排放量计算结果如图 1 所示。

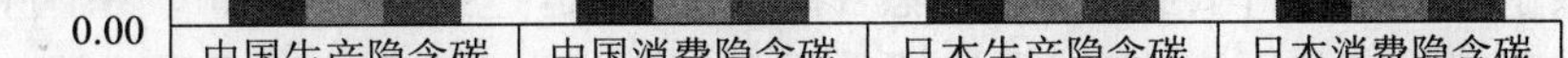

	中国生产隐含碳	中国消费隐含碳	日本生产隐含碳	日本消费隐含碳
■2000年	3377.53	3343.87	1211.03	1508.59
■2005年	6195.05	6031.17	1300.77	1701.78
■2011年	9349.53	9225.20	1526.66	1841.06

图 1　两国生产、消费隐含碳(单位:百万吨)

根据本文隐含碳测算模型，一国的生产隐含碳来自于用于满足国内消费需求的国内中间投入，以及用于出口的国内中间投入。日本生产隐含碳排放水平较为稳定(1211.03mt→1300.77mt→1526.66mt)，相比之下中国总体生产隐含碳排放量巨大，且在 2000—2007 年间增长迅速(3377.53mt→6195.05mt→9349.53mt)。

一国的消费隐含碳来自于用于满足国内消费需求的国内中间投入，用于满足国内中间投入需求的进口投入以及用于国内最终消费需求的进口投入。中国总体消费隐含碳也呈现增长趋势（3343.87mt→6031.17mt→9225.20mt），且整体排放水平高于日本（1508.59mt→1701.78mt→1841.06mt）。由于日本的进口隐含碳高于出口隐含碳，较现行生产者原则，消费者原则下承担的碳排放责任较多，中国的情况则相反。

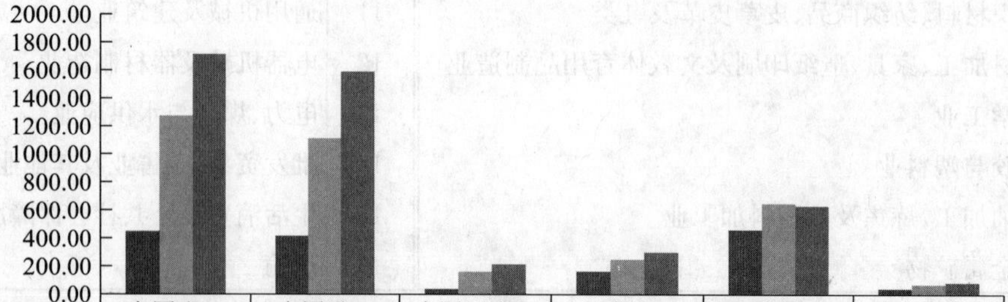

	中国出口	中国进口	中国再出口	日本出口	日本进口	日本再出口
2000年	449.09	415.42	38.11	163.14	460.70	41.75
2005年	1273.69	1109.81	162.44	248.09	649.11	72.43
2011年	1714.57	1590.24	214.21	300.54	631.55	85.46

图 2　中日出口、进口、再出口隐含碳（单位：百万吨）

根据本文隐含碳测算模型，中国 2000 年出口隐含碳为 449.09mt，进口隐含碳为 415.42mt，净出口 336.7mt。2005 年出口隐含碳为 1273.57mt，进口隐含碳为 1109.81mt，净出口 163.88mt，是 2000 年的 4.86 倍。中国是贸易隐含碳净出口国，出口隐含碳增长迅猛。2011 年中国出口隐含碳进一步上升，为 1714.57mt，进口隐含碳为 1590.24mt，净出口 124.33mt，贸易隐含碳顺差较 2005 年有所下降。

日本 2000 年出口隐含碳为 163.14mt，进口隐含碳为 460.70mt，净进口 297.56mt。2005 年出口隐含碳为 248.09mt，进口隐含碳为 649.11mt，净进口 401.01mt。与中国的情况相反，日本是贸易隐含碳净进口国，从 2000 年到 2005 年进口与出口隐含碳均大幅增长。2011 年日本出口隐含碳进一步上升至 300.54mt，进口隐含碳则下降为 631.55mt，净进口 331.01mt，贸易隐含碳逆差较 2005 年有所下降。

再出口贸易方面，2000 年中国的再出口贸易隐含碳排放与日本相差不大（中国 38.11mt，日本 41.75mt），2005 年的再出口贸易隐含碳排放为 162.44mt，是 2000 年的 4.26 倍，占总出口贸易隐含碳的 12.75%，远远超过日本同年的 72.43mt。2011 年日本再出口隐含碳小幅上升，中国再出口贸易隐含碳继续增长，达到 300.54mt。中国和日本都属于加工贸易程度较高的国家，但根据计算结果显示，中国的再出口贸易隐含碳对总贸易隐含碳的贡献远高于日本。同样是加工贸易，在进口环节上，日本用于国内中间投入并最终作为出口产出的进口商品碳排放强度较高，同时加工的过程附加的隐含碳较少，通过进口含碳量高的原料转移了一部分加工贸易隐含碳，导致贸易隐含碳排放水平较低。日本的加工贸易模式位于整个产业链中高附加值、低碳环保的环节，而中国的再出口贸易模式通常位于产业链下游的加工组装，贸易规模的扩大和再出口贸易额占比的提升只会提高中国的总体隐含碳排放水平。

双边贸易隐含碳上，从 2000 年到 2011 年中国是双边贸易中隐含碳的净出口国，且净出口排放缺口快速增长，中国在中日双边贸易处于逆差，但双边贸易隐含碳呈现顺差的现象始终存在。

考虑到中日两国的国际分工，中国出口到日本的产品以能源密集型和劳动密集型产品为主，而日本出口到中国的产品以资本密集型和技术密集型产品为主，可以说中日双边贸易存在着较为明显的碳泄漏。

表 3　双边贸易隐含碳排放　　单位：百万吨

	来自国内中间投入	来自其他国家进口中间投入	来自双边贸易进口中间投入	总量
2000 年中国	54.59	38.11	1.37	94.07
2000 年日本	12.64	41.75	8.64	63.03
2005 年中国	100.98	162.44	4.92	268.34
2005 年日本	30.94	72.43	27.87	131.23
2011 年中国	126.65	214.21	9.67	350.54
2011 年日本	46.68	85.46	39.19	171.33

比较 2000 年中日两国双边贸易隐含碳的来源不难发现，两国在“来自其他国家进口中间投入”的隐含碳排放量相当（中国 38.11mt，日本 41.75mt），但“来自本国中间投入”的部分，中国出口到日本的隐含碳明显多于日本出口到中国的隐含碳，这与中国相对于日本较高的碳排放强度有关，也与两国因国际分工不同导致的的贸易结构不同有关。

与 2000 年相比，2005 年中国出口到日本的隐含碳中“来自其他国家进口中间投入”的隐含碳排放量达到 162.44mt，占国中国出口到日本的隐含碳总量的 60.54%，较 2000 年大幅上升。加入 WTO 之后成为“世界工厂”的中国，与世界各国的对外贸易发展迅速，逐渐成为加工贸易大国，对原材料的进口需求以及对发达国家的出口贸易均增长迅猛，而日本并非中国的主要原材料来源国家，中国却是日本的主要原材料和零部件半成品来源国家，这就解释了中国“来自日本的进口中间投入”产生的隐含碳仅为 4.92mt，而日本“来自中国的进口中间投入”产生的隐含碳仅达 27.87mt。

2011 年这一趋势进一步扩大，中国出口到日本的隐含碳中“来自其他国家进口中间投入”的隐含碳排放量达到 214.21mt，较 2005 年上升了 31%。日本“来自中国的进口中间投入”产生的隐含碳进一步上升，达到 39.19mt。

总体而言，中日双边贸易隐含碳排放来源结构呈现出以“来自其他国家进口用于中间投入满足双边贸易出口”来源为主导、中国来自本国投入产生的隐含碳排放量相对较大，而日本来自从中国进口用于中间投入产生的隐含碳排放量相对较大的特点。

从产业角度看，日本第三产业双边贸易隐含碳在总体双边贸易隐含碳中的占比高于中国。本文重点针对受贸易影响较大的第一和第二产业做进一步分析。

从部门角度看，两国双边贸易隐含碳横向结构分解如表 4 所示。其中，A 栏代表排放最多的 5 个部门的双边贸易隐含碳排放量的测算结果（2000 年至 2011 年，两国排放结构较为稳定，前五部门相同，仅在次序上有所区别）；B 栏目显示了该部门的完全碳排放系数，以及在全部部门中该部门的完全碳排放系数名次，反应了该部门的碳排放强度因素；C 栏显示了该部门的双边贸易出口额，以及在总双边贸易出口额中该部门出口额的占比，反应了该部门的贸易额因素；D 栏显示了该部门双边贸易隐含碳中再出口隐含碳的排放量。不难发现，2000

年至 2011 年中国双边贸易中隐含碳排放最多的部门分别是化学工业，石油加工、炼焦及核燃料加工业，非金属矿物，金属冶炼及压延加工业，开采和洗选业等部门。其中非金属矿物部门主要受到高排放强度影响，化学工业部门主要受到较高的双边贸易量影响，金属冶炼及压延加工业部门同时受两种因素影响。2000 年至 2011 年日本双边贸易隐含碳排放最多的部门分别是化学工业，石油加工、炼焦及核燃料加工业，非金属矿物，金属冶炼及压延加工业，开采和洗选业等部门。其中非金属矿物和开采与洗选业部门主要受到高排放强度影响，化学工业与金属冶炼及压延加工业部门主要受到较高的双边贸易量影响。

表 4 双边贸易隐含碳结构分解

	2000→2005→2011		A	B		C		D
	部门	排序	双边贸易隐含碳(mt)	碳排放强度 (mt/m US$)	排序	双边贸易额 (m US $)	占比 (%)	再出口贸易隐含碳 (mt)
			10.11 →	1.26 →		1113.12 →	6.69%→	5.10 →
	化学工业	2→4→3	18.46 →	0.60 →	4→6→6	2733.23 →	7.70%→	11.98 →
			41.53	0.62		10182.84	11.73%	27.82
			2.58 →	1.00 →		250.68 →	1.50%→	1.17 →
	石油加工、炼焦及核燃料加工业	5→5→2	6.35 →	0.57 →	6→7→7	459.75 →	1.30%→	3.99 →
			26.03	0.98		841.76	0.97%	13.95
			7.95 →	2.89 →		679.10 →	4.08%→	2.51 →
中国	非金属矿物	4→3→5	3.01 →	2.80 →	2→2→2	957.26 →	2.70%→	10.40 →
			14.25	1.16		2056.86	2.37%	13.51
			15.12 →	1.28 →		2723.92 →	16.35%→	5.84 →
	金属冶炼及压延加工业	1→1→1	2.77 →	0.99 →	3→3→3	6247.81 →	17.60%→	22.98. →
			68.78	0.79		12793.76	14.74%	50.62
			7.95 →	0.91 →		2021.56 →	12.13% →	3.68 →
	开采和洗选业	2→2→2	2.58 →	0.62 →	7→5→5	1571.36 →	4.42%→	20.83 →
			60.82	0.43		1607.85	1.86%	18.15
			5.81 →	0.25 →		4012.40 →	14.67%→	3.24 →
	化学工业	3→4→4	8.36 →	0.21 →	7→6→9	8385.00 →	11.91%→	3.42 →
			12.60	0.07		15816.30	11.65%	6.12
			1.98 →	0.28 →		417.35 →	1.52%→	1.38 →
	石油加工、炼焦及核燃料加工业	4→5→3	3.54 →	0.20 →	6→7→3	1292.98 →	1.84%→	1.94 →
			15.11	0.43		3402.07	2.50%	7.19
			4.41 →	1.03 →		529.26 →	1.94 →	2.69 →
日本	非金属矿物	5→3→5	8.69 →	1.12 →	2→2→12	1221.98 →	1.74%→	3.80 →
			3.85	0.02		2676.62	1.97%	2.21
			12.94 →	0.38 →		5637.26 →	20.61 →	7.08 →
	金属冶炼及压延加工业	1→2→2	21.52 →	0.27 →	5→5→5	8715.12 →	15.37%→	9.83 →
			33.87	0.17		23018.31	16.95%	14.61
			7.49 →	0.62 →		53.94 →	0.20%→	5.77 →
	开采和洗选业	2→1→1	21.90 →	0.73 →	3→3→4	224.53 →	0.32%→	14.34 →
			38.75	0.34		578.86	0.43%	23.36

四、中日双边贸易隐含碳责任分配量化

对共同责任原则下碳排放责任在生产者和消费者之间的分配研究，不仅对单个国家的总体排放责任分配意义巨大，对于贸易隐含碳也具有适用性。中日两国的双边贸易中，出口不仅满足了进口国的最终消费和中间使用，也为出口国增加了经济产值和就业机会，因此这部分的排放责任也应由两国共同承担。

表 5　两国生产、消费隐含碳责任分配　　单位：百万吨

	生产者责任原则	消费者责任原则	共同责任原则
2000 年中国	3322.95	3343.87	3329.27
2000 年日本	1198.39	1508.59	1369.91
2005 年中国	6094.07	6031.17	6080.65
2005 年日本	1269.83	1701.78	1512.57
2011 年中国	9222.87	9225.20	9262.84
2011 年日本	1479.98	1841.06	1687.52

从总量上看，共同责任原则下，2000 年至 2011 年日本隐含碳排放相对稳定略有增长，中国减排压力仍然巨大，分别是同年日本水平的 2.44 倍、4.02 倍、5.48 倍。在共同责任原则核算方法下，中国需要承担的碳排放责任与现行生产者原则相比较少，日本承担的碳排放责任较多。

表 6　共同责任原则下双边贸易隐含碳　　单位：百万吨

	A 自国内中间投入		B 自他国中间投入		C 自双边贸易中间投入		合计		
	国内生产者	国内消费者	国内生产者	他国生产者	国内生产者	他国消费者（中/日）	现行原则	共同责任原则	
2000 年中国	33.18	21.41	23.23	14.87	0.84	0.53	94.07	83.26	37.07
2000 年日本	6.68	5.96	19.55	22.20	4.04	4.61	63.03	36.76	
2005 年中国	67.97	33.01	107.54	54.90	3.00	1.93	268.34	226.68	94.28
2005 年日本	15.72	15.22	33.05	39.38	12.70	15.17	131.23	78.61	
2011 年中国	89.79	36.86	146.20	68.02	5.98	3.70	350.54	300.34	116.77
2011 年日本	19.97	26.71	36.70	48.76	17.69	21.51	171.33	104.76	

2000 年，在共同责任原则下中国在双边贸易隐含碳上需要承担 83.26mt 的排放责任（生产者原则下排放责任为 94.07mt）。其中 A 栏来自国内中间投入的部分，33.18mt 由中国国内生产者承担，21.41mt 由中国国内消费者承担；B 栏来自从其他国家进口中间投入的部分，23.23mt 由中国国内生产者承担，14.87mt 由其他国家消费者承担；C 栏来自双边贸易进口中间投入的部分，0.84mt 由中国国内生产者承担，0.53mt 由日本消费者承担。

日本在双边贸易隐含碳上需要承担 36.76mt 的排放责任(生产者原则下排放责任为 63.03mt)。其中 A 栏来自国内中间投入的部分,6.68mt 由中国国内生产者承担,5.96mt 由中国国内消费者承担;B 栏来自从其他国家进口中间投入的部分,19.55mt 由中国国内生产者承担,22.20mt 由其他国家消费者承担;C 栏来自双边贸易进口中间投入的部分,4.04mt 由中国国内生产者承担,4.61mt 由日本消费者承担。该计算方法对 B 栏第二项数据重新区分,分别添加到中日两国的生产者和消费者责任,剔除这一影响后两国双边贸易隐含碳中由其他国家承担的消费责任共计 37.07mt。同样的,2005 年及 2011 年共同责任原则下中日两国双边贸易隐含碳责任来源明细如表 7 所示,为便于分析,将此明细按照"中国生产者"、"中国消费者"、"日本生产者"、"日本消费者"、"其他国家消费者"的最终承担者区分。

表 7　共同责任原则下双边贸易隐含碳汇总 　　　单位:百万吨

	2000 年	2005 年	2011 年
中国生产者	57.25	178.50	241.97
中国消费者	26.01	48.18	58.37
日本生产者	30.27	61.47	74.35
日本消费者	6.49	17.15	30.41
其他国家消费者	37.07	94.28	116.77

由上表可以看出:

2000 年,在双边贸易隐含碳排放中,中国生产者责任(36%)>日本生产者责任(19%)>中国消费者责任(16%)>日本消费者责任(4%)。中国消费者责任(26.01mt)大于日本消费者责任(6.49mt),这与 2000 年双边贸易中,中国处于逆差的背景是吻合的。此外,中日两国的双边贸易隐含碳中约 24%是由其他国家消费者引起的(37.07mt),其中 40.12%是来自于中国为满足对日本出口而从其他国家进口的投入,59.88%是来自于日本为满足对中国出口而从其他国家进口的投入,不应当由两国的生产者和消费者承担,而是由其他国家消费者承担。

2005 年,双边贸易隐含碳排放的格局基本不变,中国生产者责任(44%)>日本生产者责任(15%)>中国消费者责任(15%)>日本消费者责任(4%)。中国生产者所应承担的责任占比上升,并在绝对量上也有大幅增长。

2011 年,双边贸易隐含碳排放责任有所变化,中国生产者责任(46%)>日本生产者责任(11%)>中国消费者责任(14%)>日本消费者责任(6%)。中国生产者所应承担的责任进一步上升,而日本消费者责任也有所上升。尽管 2000—2011 年间双边贸易中中国一直处于逆差地位,但是中国的高碳排放强度和不断扩大的中日贸易规模使得中国对日隐含碳净出口。日本通过从中国进口排放强度高的部门的产品用于本国中间投入,形成了碳排放转移,此部分的排放责任应由日本消费者共同承担。此外,2011 年中日两国的双边贸易隐含碳中约 23%是由其他国家消费者引起,共计 116.77mt,较 2000 年有大幅增长,体现出这一时间段中加工贸易在中国的迅速发展。

另外需要补充的是,虽然中国消费者责任从占比下降了 6%,但这一下降主要由于中国生产者责任增长过快，导致消费者责任占比减少，而非绝对量的减少，相反中国消费者责任从2000年的26.01mt增加至2011年的58.37mt，也从一个侧面说明了中国生产者应当承担的责任不容忽视，在后巴黎时代的节能减排工作仍然任务艰巨。除了图中"中国生产者责任"、"日本生产者责任"、"中国消费者责任"、"日本消费者责任"和"其他国家消费者"的分类，还有一部分责任是原由其他国家生产者承担，实则由中国或日本的消费者引起的，在共同责任原则下，计算"中国消费者责任"和"日本消费者责任"时应当加上此部分责任。但由于数据和计算方法的限制，在本文的模型中无法计算这一部分的责任，若在本文编制的双边非竞争投入产出表的基础上继续整合，编制40国多边投入产出表，同时将双边责任分配模型拓展到多边责任分配模型则可实现这部分隐含碳的责任测算。而构建基于多边非竞争投入产出表的共同责任分配模型，也是本文目前研究方向展望。

五、结论与建议

(一)结论

本文通过建立中日双边投入产出隐含碳测算模型和责任分配模型，测算2000—2011年两国的生产、消费和贸易隐含碳，探讨共同责任原则下两国的排放责任分配，主要结论有：

第一，从一国排放上比较。与日本相比，中国总体生产隐含碳排放量巨大，且在2000—2011年间增长迅速。双边贸易隐含碳总量上，2000—2011年间，从中日双边贸易平衡看中国是净进口方，但从双边贸易隐含碳看中国是净出口方，且净出口排放缺口快速增长，这主要由于中国的排放强度较高，且双边贸易规模不断扩大。

第二，双边贸易隐含碳来源上比较。中国来自本国投入产生的隐含碳排放量相对较大，两国均以"来自其他国家进口用于中间投入满足双边贸易出口"(再出口贸易)来源为主导，日本来自从中国进口用于中间投入产生的隐含碳排放量相对较大。

第三，双边贸易隐含碳分产业看。排放高的行业分别受到排放强度、贸易量和再出口贸易程度因素中的一种或几种影响，化学工业，石油加工、炼焦及核燃料加工业，非金属矿物，金属冶炼及压延加工业，开采和洗选业等部门是中国的减排重点，但政策侧重点有所不同。尤其是再出口贸易隐含碳方面，中国的再出口贸易隐含碳对总贸易隐含碳的贡献远高于日本。同样是加工贸易，在进口环节上，日本用于国内中间投入、并最终作为出口产出的进口商品碳排放强度较高，同时加工的过程附加的隐含碳较少，通过进口含碳量高的原料转移了一部分加工贸易隐含碳，导致贸易隐含碳排放水平较低。日本的加工贸易模式位于整个产业链中附加值高、低碳环保的环节，而中国的再出口贸易模式通常位于产业链下游的加工组装，贸易规模的扩大和再出口贸易额占比的提升只会提高中国的总体隐含碳排放水平。

第四，从一国排放责任上比较。中国减排压力仍然巨大，但在共同责任原则核算方法下，中国需要承担的碳排放责任与现行生产者原则相比较少，日本承担的碳排放责任较多。双边贸易隐含碳排放责任上，2000—2011年中国生产者和日本消费者责任占比有所增加，日本通过从中国进口排放强度高部门的产品用于本国中间投入，形成了碳排放转移，此部分的排放责任也应由日本消费者共同承担。

(二) 政策建议

第一，提高能源利用效率。非金属矿物部门是中国受较高的碳排放强度影响导致双边贸易隐含碳排放较高的部门，减排的侧重点是优化中国依赖煤炭的能源结构，以及提高碳排放强度高的部门的能源利用效率。

第二，对同部门的不同企业使用差异化税率。金属冶炼及压延加工业部门同时受到相对较高的碳排放强度和对日出口贸易额影响，对这些部门的减排指标不加以严格控制，或者扩大这些部门的出口额，会大大恶化中国的整体二氧化碳排放情况，不利于可持续发展的实现。减排侧重点是采取同一部门不同企业间的差异化税率，对高附加值、低排放量的企业给予出口减税、免税待遇来鼓励企业积极进行高附加值产品的开发，对于高耗能企业的出口产品征收较高的税率或者取消税收优惠，鼓励企业提高资源利用效率或者淘汰落后产能和工艺。

第三，逐步取消对加工贸易的鼓励政策。金属冶炼及压延加工业部门较高的再出口贸易隐含碳排放水平与其较高的加工贸易程度有关。减排侧重点是逐步取消对加工贸易的鼓励政策，对外商投资企业中以加工贸易为主的企业实施严格审批，限制高耗能、高污染和高碳排放量的企业的建立；积极扶持低碳经济，严格区分低耗能项目和高耗能项目，采取不同的管理审批策略。

第四，清洁生产机制 CDM 潜力巨大。本文研究分析结果显示，2000－2011 年间中国生产者所需承担的排放责任和日本消费者所需承担的排放责任均显著增长。由于发达国家在国内实现碳减排的成本较高，利用清洁生产机制 CDM 在发展中国家进行直接投资可以以较低的成本完成本国减排目标，中日两国如通过 CDM 项目合作有望实现双赢，且潜力巨大。

参考文献

[1] Ferng, Y. Y. Laike, Y. China's Foreign Trade and Climate Change: A Case Study of CO2 Emissions [J]. Energy Policy, 2010, 38(01): 350－356.

[2] G. I. pekTunc, SerapTurut－As－ık, ElifAkbostanc. CO2 emissions vs. CO2 responsibility: An input - output approach for the Turkish economy [J], Energy Policy 2007(35): 855－868.

[3] Julio Sanchez－Choliz, Rosa Duarte. CO2 emissions embodied in international trade: evidence for Spain [J], Energy Policy 2004(32): 1999－2005.

[4] Xianbing Liu, Masanobu Ishikawa, CanWang, YanliDong, Wenling Li. Analyses of CO2 emissions embodied in Japan - China trade [J], Energy Policy38(2010)1510－1518.

[5] Karl Steininger, Christian Lininger, Susanne Droege, Dominic Roser, Luke Tomlinson, Lukas Meyer. Justice and cost effectiveness of consumption－based versus production－based approaches in the case of unilateral climate policies [J]Global Environmental Change 2014(14): 75－87.

[6] Ning Chang. Sharing responsibility for carbon dioxide emissions: A perspective on border tax adjustments [J]. Energy Policy 2013(59): 850－856.

[7] Wiedmann, T. Lenzen, M. Sharing Responsibility along Supply Chains－A New Life－Cycle Approach and Software Tool for Triple－Bottom－Line Accounting[R], Ireland: Trinity College Dub-

lin,2006.

[8]　丛晓男,王铮,郭晓飞．全球贸易隐含碳的核算及其地缘结构分析[J]. 财经研究,2013,39(1):112－121.

[9]　秦昌才,黄泽湘．碳排放责任模式的理论与实践[J]. 财经科学 2012(7)：118－124.

[10] 涂正革．中国的碳减排路径与战略选择——基于八大行业部门碳排放量的指数分解分析[J]. 中国社会科学，2012.03:78－94.

[11] 徐盈之,吕璐．基于投入产出分析的我国碳减排责任分配优化研究[J]. 东南大学学报(哲学社会科学版)2014,16(3):15－22.

[12] 闫云凤，赵忠秀,王苒．中欧贸易隐含碳及政策启示——基于投入产出模型的实证研究[J]. 财贸研究 2012(2):76－82.

[13] 闫云凤．国际贸易、碳溢出与我国外贸结构低碳转型———基于非竞争进口型投入产出模型的实证研究[J]. 贸易经济．2013(3):90－97.

[14] 赵定涛,杨树．共同责任视角下贸易碳排放分摊机[J]. 中国人口·资源与环境 2013(11):1－6.

作者简介

金继红,东华大学旭日工商管理学院副教授,博士。研究方向为区域经济与投入产出分析,贸易与环境问题等。邮箱:jh_jin@dhu.edu.cn。

居义義,名古屋大学国际开发研究科博士研究生。

基于投入产出分析的纳入碳交易行业选择

吴开尧　费小龙

摘要：本文采用投入产出法，对 2012 年上海碳排放进行核算，包括对各个行业碳排放、直接碳排放系数、完全碳排放系数，消费支出、资本形成、进出口与省内外贸易对应的碳足迹，以及反映行业部门之间的碳关联的碳影响力和感应力系数。在这些指标的基础上对上海市国民经济行业进行分类，拟找出高碳足迹行业，中等碳足迹行业和剩余低碳排放行业，将之视为环境经济技术约束下的上海市碳交易行业选择的依据。

关键词：投入产出　碳排放　碳足迹　碳交易　行业选择

一、引言

为了降低温室气体排放、发展低碳经济，我国先后提出并逐步建立了一些制度保障和政策激励机制，其中碳排放交易体系是一项利用市场手段协调经济发展与环境保护之间关系的制度方法，能够促进温室气体减排，解决环境污染问题的同时降低全社会减排成本，促进经济持续健康发展。对于我国碳交易市场发展的路径，专家的共识是：逐步实现“从自愿到强制”、“从特定行业到整体经济”、“从区域试点到全国市场”、“从一级现货市场到二级金融市场”、“从国内到国外”。2011 年 10 月底，国家发展改革委批准了 7 个省市及特区（北京、天津、上海、重庆、湖北、广东及深圳）开展碳排放权交易试点。2015 年 12 月联合国气候大会召开前，中国明确提出计划于 2017 年启动全国碳排放交易体系。

我国碳排放交易制度设计主要包括总体布局、总量设置、机制设计和监管方法等。由于我国面临复杂的发展问题，同时发展问题与环境、资源、气候问题相互交织，碳市场制度设计必须考虑种种约束性条件。投入产出表是反映一定时期各部门间相互联系和平衡比例关系的一种平衡表，通过碳排放流量的引入可以拓展为碳排放投入产出表。后者可全面系统地反映国民经济各部门之间的环境、经济的投入产出关系，揭示生产过程中各部门之间相互依存和相互制约的环境经济技术联系。投入产出碳排放分析通过编制碳排放的投入产出表、建立相应的数学模型，研究碳排放问题，为碳排放相关的经济分析、政策模拟、计划论证和经济预测提供信息依据，当然也能够为我国碳排放交易制度的设计提供信息参考。

不管是全国碳排放交易体系的顶层设计，还是地方试点到全国碳市场的过渡，都涉及碳市场覆盖范围的行业选择这个重要的问题。本文按照 SEEA 的核算原则以及 IPCC 提供的各种能源碳排放系数，在《上海市 2012 年投入产出表》与《上海市 2012 年分行业能源平衡表》的基础上，编制能源环境拓展的投入产出表；采用投入产出法，计算碳排放完全需求矩阵，进而对 2012 年上海碳足迹进行核算，包括对上海的消费支出、资本形成、进出口与省内外贸易对各行业部门的碳排放足迹，以及反映行业部门之间的碳关联的碳影响力和感应力系数；在这些指标的基础上对国民经济行业进行分类，拟找出高碳足迹行业，中等碳足迹行业和剩余低碳排放行业，并将之作为上海市碳交易行业选择的主要依据。

二、文献综述

基于投入产出的碳排放研究文献很多，与本文有关的有两类文献分别为碳排放核算和国内碳足迹核算的应用研究。

(一)碳排放核算

有两种主要的投入产出碳排放核算方法（吴开尧，杨廷干，2016）[1]。其一，是基于生产的原则，使用 SEEA（UNSD，2003，2012）所遵循的核算准则，计算一个国家或区域内经济活动所产生的直接排放，具有良好的政治和环境的边界，方便测度，是国际协议和各国环境管制政策常用的依据。其二，是基于消费的方法，假设所有经济活动的目的是为了满足最终消费，通过累计供应链所隐含的碳排放，得出最终消费所对应的全部隐含碳排放，也即所谓的碳足迹。国内外学者使用过这两种方法做了很多实际核算和分析探讨，比如马晓微、李彬、张梦莹、等（2015）[2]、李惠民、冯潇雅、马文林（2016）[3]，Kanemoto、Moran、Lenzen，et al.（2014）[4]，Wiedmann(2009)[5]等。

(二)碳足迹核算的应用研究

主要包括：(1)居民消费碳足迹规模、构成及强度影响因素研究，比如：张金锁、李朋林等（2014），姚亮、刘晶茹、王如松、尹科等（2013），耿涌、董会娟等（2012），陈志刚、赵荣钦等（2010），赵荣钦、黄贤金、钟太洋等（2010），王文秀等（2010），朱勤、彭希哲、陆志明等（2010），陈红敏等（2009）等等。(2)省际、国际贸易中“隐含碳”的变化以及原因分析，比如：唐志鹏、刘卫东、公丕萍（2014）[6]，石敏俊、王妍、张卓颖等（2013），闫云凤（2011），赵玉焕（2011），何琼（2010），齐晔等（2008）等等。(3)固定资产投资所对应的碳足迹，专门研究较少见，多见于多区域间碳排放转移的文献中，如刘红光、范晓梅（2014）[7]，姚亮、刘晶茹（2010）[8]等等。

综上分析，碳足迹的投入产出分析研究方法已经比较成熟，且研究方向多样，但是多是消费、投资、贸易所对应的碳排放核算与影响因素的研究，比较少见将碳排放投入产出分析方法用于碳交易的制度设计。本文将在以往研究的方法基础上，针对该方面开展探索性的研究。

三、研究方法和数据

本文采用碳足迹的投入产出分析方法求取行业水平的各类碳排放和碳足迹指标与系数,系统地定量反映国民经济各部门之间的环境、经济的投入产出关系。基于这些指标与系数的数量表现,采用行业分类的方法,作为纳入碳交易行业选择的依据。数据来源是《2012 年上海市投入产出表》、《2013 上海统计年鉴》中的国民经济核算数据以及《2013 上海能源统计年鉴》中的综合能源平衡表和分行业能源品种消费量表。

(一)关于投入产出法

运用投入产出法来进行环境经济分析,重点是考察总产出、最终产出与中间产出的数量平衡关系,据此由最终产出来推算总产出的过程,其关键是直接消耗系数的确定。直接消耗系数反映了各部门的直接经济技术联系,记作 a_{ij},即 j 部门生产的单位件产品直接消耗了 i 部门的产品数量。故有直接消耗矩阵 A 表示为:

$$A=\{a_{ij}\}_{n\times n} \tag{1}$$

(二)行业合并处理

为了将《上海市 2012 年投入产出表》与《上海市分行业能源品种消费量表 2012》中的各行业相对应,合并的规则参考吴开尧、朱启贵、刘慧媛(2014)[9]给出的行业归并的标准:

1. 将通用、专用设备制造业数据进行合并为一类。
2. 将金属制品、机械和设备修理服务并入到金属制品大类中。
3. 将批发和零售贸易业与住宿和餐饮业合并为一类。
4. 将交通运输及仓储业和邮政业合并为一类。
5. 将通信设备、计算机及其他电子设备制造业与信息传输、软件和信息技术服务合并为一类。
6. 将教育事业,金融保险业,房地行业,租赁和商务服务业,旅游业,科学研究事业,居民服务和其他服务业,水利、环境和公共设施管理,卫生、社会保障和社会福利事业,文化、体育和娱乐业,公共管理和社会组织合并为第三行业及其他。

(三)完全需求矩阵的运算

本着尽量保持部门多样性和数据精确度的原则,经过细致地调整和归并,得到了 26 个部门的行业分类的投入产出表。(参考《中国经济行业面价值型能源强度演变分析——基于混合型能源投入产出可比价序列表》)。再根据整合后的投入产出表计算出完全需求矩阵 $(I-A)^{-1}$。

(四)碳排放完全需求矩阵

同样根据上述行业归并原则,将《上海能源统计年鉴》中的分行业能源消费量进行整合,得到 26 个行业部门所消耗的各种能源量。再基于 IPCC 给出的各种能源碳排放系数,根据能源的燃料热值将其换算为等当量的标准煤消耗量(不包括电力与热力),即可计算出各个行业部门的完全燃烧二氧化碳排放量并排列成 1×26 的矩阵，右乘 $q-1$ 得到各行业部门的直接碳排放强度系数 c（此时认为 c 是 26 个因子的列向量）。

将 c 对角化（各个因子放在对角线上）得到 26×26 的对角矩阵 C，显然，碳排放完全需求系数矩阵 T 的计算公式：

$$T = C \times (I - A)^{-1} \tag{2}$$

（五）各消费、投资等因素的碳足迹计算

在整合归并后的投入产出表的最终产出部分提取农村居民消费支出、城镇居民消费支出、政府支出、资本形成总额的矩阵，标记为 FA、FB、FC、FD（均为 26×1 矩阵）。

将矩阵右乘 T，得到的即是该种项目的碳足迹总量。

（六）国内省外净流出与进出口贸易的碳足迹计算

在国内对省贸易和进出口贸易的过程中，需考虑隐含碳。

隐含碳是指在商品的生命周期内，从原材料到最终产品包括运输在内的整个过程的碳排放。上海市在与外省以及他国的贸易中，当产品流入则造成隐含碳流入，反之，形成隐含碳流出。为方便计算，我们假定上海与其他省和其他国家的技术水平、碳排需求结构、能源利用效率等因素完全相同，则令上海市向省外以及他国净流出的最终产品矩阵 G。

根据完全消耗矩阵 B，分别右乘 G 可求出上海对外省和其他国家贸易的直接与间接需求的各产品价值量。再根据碳排放强度，不难计算出隐含碳。

（七）碳排放与碳足迹的数量关系

根据投入产出模型，上海市生产碳排放 FS 与上述各类型碳足迹的数量关系可以表示为：

$$FS = FA + FB + FC + FD + FG \tag{3}$$

碳排放是从生产的角度来核算区域碳排放供给，碳足迹是从最终产品消费的角度来核算碳排放需求。前者往往是区域碳减排计划的依据，而后者是一个区域碳排放的主要驱动因素。

（八）碳足迹影响力和感应力分析

影响力系数反映了国民经济在生产一个产品时，对其他部门生产需求的影响程度；感应力系数是指，国民经济在投入一个单位最终使用时，受到其他部门的需求的感应程度，也就是需要其他部门对这个部门提供的产出量。影响力系数和感应力系数分别反映了一个部门在整个社会生产过程中的向后关联和向前关联的强度。

影响力系数用 F_j 表示，即第 j 部门增加一个单位的最终使用，对其他部门的生产需求造成的波及程度，表达式为：

$$F_j = \frac{\sum_{i=1}^{n} \bar{b}_{ij}}{\frac{1}{n}\sum_{i=1}^{n}\sum_{j=1}^{n} \bar{b}_{ij}} \tag{4}$$

注：$\bar{b}_{ij}$ 为 i 部门对 j 部门的完全需求系数，当 $i \neq j$ 时，$\bar{b}_{ij}=b_{ij}$；当 $i=j$ 时，$\bar{b}_{ij}=b_{ij}+1$。

感应力系数用 Ei 表示，即其他部门均增加一个单位的最终使用时，对第 i 部门生产需求的波及程度，表达式为：

$$E_i=\frac{\sum_{j=1}^{n}\bar{b}_{ij}}{\frac{1}{n}\sum_{i=1}^{n}\sum_{j=1}^{n}\bar{b}_{ij}} \tag{5}$$

在计算过程中，需要对完全需求矩阵 $B=\{b_{ij}\}_{n\times n}$ 左乘直接碳排放强度矩阵 C，在按照以上方法即可得到各行业部门的碳排放的影响力和感应力系数。

四、碳核算结果的解析

(一)碳排放与碳足迹

2012 年上海市碳排放为 1.3459 亿吨，其人均碳排放为 5.655 吨。碳排放排在前十的行业分别为：交通运输、仓储与邮政（31.01%），黑色、有色金属冶炼及压延加工业（22.89%），化学原料及医药制造业、化学纤维制造业、塑料制品业（12.89%），其他服务业（7.06%），石油加工、炼焦及核燃料加工业（11.18%），批发和零售贸易业、住宅和餐饮业（4.76%），非金属矿物制品业（2.49%），建筑业（1.99%），造纸、印刷、文体制造业（0.96%），农林牧渔业（0.76%），以上十个行业的碳排放占总的 95.99%。

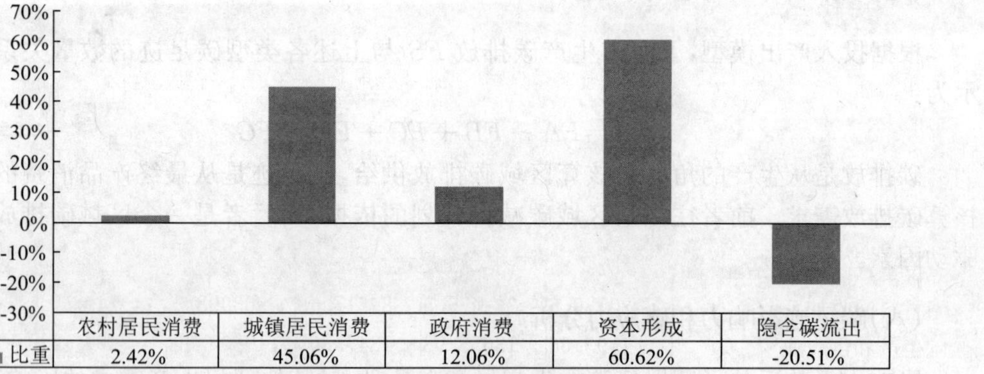

图 1　各项目碳足迹比重

如图 1 所示，基于投入产出模型计算，2012 年农村居民消费支出产生的碳足迹为 326.25 万吨，城镇居民消费支出的碳足迹为 6064.50 万吨，政府消费支出的碳足迹为 1266.64 万吨，由资本形成产生的碳足迹为 8158.40 吨，隐含碳净流出 2712.67 万吨，分别占上海市碳排放的 2.42%、45.06%、12.06%、60.62% 以及 −20.15%。可见，消费和投资的碳足迹分别站到了上海市生产碳排放的 60%左右，为了满足最终产品需要，上海通过对外贸易输入约占生产碳排放的 20%隐含碳。

(二)分项目碳足迹的行业分布

表1显示的是按照碳排放规模排序的各行业最终产品项目对应的碳足迹、碳排放的详细情况。

表1　分行业按最终产品项目对应碳足迹　　单位:吨

项　目	农村居民消费	城镇居民消费	政府消费	资本形成	隐含碳流出	碳排放
合计	**3262533**	**60644984**	**16226379**	**81584038**	**−27126682**	**134591252**
交通运输、仓储和邮政	639319	13381517	4190517	10284071	13245174	41740598.3
黑色、有色金属冶炼加工业	696771	12354052	2784523	37410134	−22439045	30806434.5
化学产品	337956	6292757	1437082	5523233	3760967.6	17351995.9
石油加工、炼焦、核燃料加工业	733811	13058278	4334887	11372924	−14457546	15042354.2
其他服务业	198622	3164548	2303588	2683111	1151666	9501534.8
批发和零售贸易、住宅和餐饮业	74560.8	1582103	216962.2	1007152	3520379.6	6401157.64
非金属矿物制品业	69154.2	1260014	141063.9	7105582	−5226833	3348981.06
建筑业	4760.56	99233.99	16760.14	2400043	163311.22	2684108.914
造纸、印刷、文体制造业	25198.2	565459.5	117149.3	391422.9	197466.07	1296696
农林牧渔业	275908	5040811	131171	145733.3	−4570403	1023220
纺织业	56256.1	1136323	70669.78	317679.6	−716672.4	864256.11
通用、专用设备制造业	3286.03	61463.47	12500.68	166252.5	578414.15	821916.83
金属制品业	6995.25	125218.4	40892.03	343086.1	287863.83	804055.614
交通运输设备制造业	6282.99	91702.31	10267.24	110397.4	563371.21	782021.151
农副食品、饮料、烟草加工	32676.7	633956.4	9191.991	43905.7	−24954.98	694775.781
纺织服饰、鞋、帽、皮革加工	13805.9	337998.8	12273.04	67420.11	134967.05	566464.88
电器机械及器材制造业	1952	34270.31	9778.086	87285.68	89772.52	223058.6
工艺品及其他制造业	51333	824328.3	261993.1	896792.8	−1848728	185719.18
木材加工、家具制造业	2349.75	54427.58	3596.453	102801.8	9293.7558	172469.3338
电力、热力的生产和供应业	4685.03	64741.23	14104.96	53096.93	−13469.46	123158.692
通讯设备、计算机制造业	629.36	13843.38	2883.048	16225.3	42294.601	75875.6887
废旧材料回收加工业	20739.6	383475.5	84617.68	963998.2	−1418574	34257.02
燃气生产和供应业	1193.66	13655.98	1347.865	10803.69	−5429.114	21572.077
仪器、办公用器材制造业	188.473	5369.042	1175.758	3953.269	7177.6774	17864.219
水的生产和供应业	824.322	10049.92	1733.199	4538.917	−10741.92	6404.4384
采矿业	3274.07	55386.53	15651.07	72392.66	−146402.5	301.834

注:隐含碳流出一栏中的负号代表该行业的隐含碳流入。

对消费支出进行分析,可以看出在农林牧渔业、农副食品,纺织业,非金属矿物制品业,批发和零售贸易,住宅和餐饮业等与居民生活相关的行业上,无论农村居民还是城镇居民的碳足迹占比要远远高于政府消费产生的碳足迹占比。而在其他服务业,政府消费产生的碳足迹比重为14.2%,居民方面仅为不到6%。除此之外的行业中,居民消费和政府消费的占比大致相同,而城镇居民消费产生的碳排放远远高于其他两个。

再对消费支出和资本形成两方面进行比较，只在非金属矿物制品业，黑色、有色金属冶炼及压延加工业和建筑业方面，资本形成所产生的碳足迹比重远高于消费支出。剩余 20 多个行业部门，消费支出的碳足迹比例都高于资本形成所产生的碳足迹比例。

但是无论是消费支出还是资本形成，依然是交通运输、仓储与邮政，化学原料及医药制造业，化学纤维制造业，塑料制品业，黑色、有色金属冶炼及压延加工业这些行业的碳足迹占了总量的绝大多数。消费支出还是资本形成将加总之后，这些行业比重几乎相同。

此外，在贸易隐含碳方面，农林牧渔业，石油加工、炼焦、核燃料加工，黑色、有色金属冶炼，化学原料、医药、橡胶塑料制品加工等行业对隐含碳流入贡献较大。而向外流出的隐含碳主要集中在交通运输，其他服务业和化学原料、医药、橡胶塑料加工。

（三）各项系数的计算结果

表 2 列示的是按照碳排放规模排序的各行业的直接碳排放系数、完全碳排放系数、碳足迹影响力系数和感应力系数的详细情况。

表 2　各行业部门的碳足迹影响力系数和感应力系数

项　目	直接排放系数	完全排放系数	影响力系数	感应力系数	碳排放
交通运输、仓储和邮政	0.798887	4.359353	4.299165	2.171878	41740598
黑色、有色金属冶炼加工业	1.401301	9.500228	9.369061	2.633347	30806435
化学产品	0.360711	2.583963	2.548287	1.318233	17351996
石油加工、炼焦、核燃料加工业	1.182903	4.897895	4.830271	1.585181	15042354
其他服务业	0.052741	0.536097	0.528695	0.56751	9501535
批发和零售贸易、住宅和餐饮业	0.081492	0.335661	0.331026	0.467849	6401158
非金属矿物制品业	0.551013	1.120052	1.104588	1.273612	3348981
建筑业	0.058504	0.073902	0.072882	1.283443	2684109
造纸、印刷、文体制造业	0.117228	0.218584	0.215565	1.196542	1296696
农林牧渔业	0.318036	0.844171	0.458917	0.858651	1023220
纺织业	0.262403	0.710446	0.700637	1.078557	864256.1
通用、专用设备制造业	0.020197	0.047519	0.046863	1.210056	821916.8
金属制品业	0.073219	0.126693	0.124944	1.368214	804055.6
交通运输设备制造业	0.014588	0.030717	0.030293	1.040745	782021.2
农副食品、饮料、烟草加工	0.036226	0.061609	0.060758	0.405159	694775.8
纺织服饰、鞋、帽、皮革加工	0.062955	0.106852	0.105377	0.622542	566464.9
电器机械及器材制造业	0.00981	0.020315	0.020034	1.158363	223058.6
工艺品及其他制造业	0.080444	0.468711	0.462239	0.951832	185719.2
木材加工、家具制造业	0.042477	0.066008	0.065096	0.916766	172469.3
电力、热力的生产和供应业	0.007012	0.031119	0.03069	0.479431	123158.7
通讯设备、计算机制造业	0.001215	0.005603	0.005526	0.670808	75875.69
废旧材料回收加工业	0.100036	0.52505	0.517801	0.686542	34257.02
燃气生产和供应业	0.010853	0.015375	0.015163	0.660288	21572.08
仪器、办公用器材制造业	0.005222	0.006496	0.006406	0.636658	17864.22
水的生产和供应业	0.011925	0.017652	0.017408	0.400935	6404.438
采矿业	0.00385	0.016341	0.030395	0.354942	301.834

结果显示，各类系数在行业中的表现有差异，但是碳排放最大的四个行业的各类系数相应有最大的值，说明这四个行业在碳排放方面有着关键性的地位。它们不仅具有最大的直接碳排放系数和完全排放系数，既积极影响着其他行业，也容易受到其他行业变动的波及。

此外，26个行业部门中有较多的行业的感应力系数大于1，说明了国民生产部门的碳足迹变动（主要是政策影响和能源结构变化影响）很容易造成这些行业的碳足迹情况发生变化。另外，除了其他服务业，感应力系数小于1的行业其影响力系数极小，表明这些行业对整体的变化不够敏感，一般为低碳足迹、低碳排放强度、能源结构比较合理的行业。

而将各个部门的影响力系数和感应力系数相比较，不难看出绝大多数行业之间的向后关联和向前关联的强弱存在普遍的一致性。

五、纳入碳交易行业的选择

（一）基于行业分类的选择

由于碳交易市场的建立依据是通过市场机制促进CO_2减排，首先应该与我国国内节能减排的目标相一致，其次要尽量降低全社会减排成本，再次碳交易市场的设计需要考虑环境、经济、技术和政治兼容协调的原则。作为碳交易市场很重要的一环，行业覆盖范围必须体现上述的目标和原则。最开始纳入的行业应该是碳排放规模和强度较大的行业，同时需要考虑经济上的无损性、技术上的可行性。

本文基于投入产出模型的分析，不仅提供了各个行业的碳排放总量数据，同时提供了基于国民经济生产技术联系的直接排放系数、完全排放系数、碳感应力系数和影响力系数，以及基于最终产品规模结构的消费、投资和贸易碳足迹。我们可以基于这些指标比较各个行业的碳排放供需规模和强度，从而为碳交易的行业覆盖范围的选择提供依据。

表3是按照上述各类指标的数量表现对26个行业的排序，为了节省篇幅，行业的首四个字被提取出来以表示各类行业，唯交通运输设备制造业使用“运输设备”以区别于交通运输、仓储和邮政业。

我们可以发现，除了投资碳足迹和贸易碳足迹有所不同外，这些行业排序具有明显的相似性。所以，基于碳排放规模的行业排序被用于进一步的行业归并，并作为碳交易行业选择的依据，具体说明如下：

将交通运输、仓储与邮政，化学原料及医药制造业、化学纤维制造业、塑料制品业，黑色、有色金属冶炼及压延加工业，石油加工、炼焦及核燃料加工业这四个行业归为A类行业。该类行业为碳排总量大强度高，且碳影响力系数、碳感应力系数均远大于1的行业，主要是重工业行业和交通运输行业，其碳足迹占总量的77.97%。这些行业产业集中度高、减排技术可行、减排潜力大，同时碳排放核算能力容易建设。这类行业是碳交易首先应该纳入的行业。从碳足迹的构成来看，这些行业纳入碳交易市场管制，有利于消费和投资碳足迹规模控制。

表 3　按关键指标的行业排序

碳排放	直接系数	完全系数	消费碳足迹	投资碳足迹	贸易碳足迹	感应力系数	影响力系数
交通运输	黑色、有	黑色、有	交通运输	黑色、有	交通运输	黑色、有	黑色、有
黑色、有	石油加工	石油加工	石油加工	石油加工	化学产品	交通运输	石油加工
化学产品	交通运输	交通运输	黑色、有	交通运输	批发和零	石油加工	交通运输
石油加工	非金属矿	化学产品	化学产品	非金属矿	其他服务	金属制品	化学产品
其他服务	化学产品	非金属矿	其他服务	化学产品	通用、专	化学产品	非金属矿
批发和零	农林牧渔	农林牧渔	农林牧渔	其他服务	运输设备	建筑业	纺织业
非金属矿	纺织业	纺织业	批发和零	建筑业	金属制品	非金属矿	其他服务
建筑业	造纸、印	其他服务	非金属矿	批发和零	造纸、印	通用、专	废旧材料
造纸、印	废旧材料	废旧材料	纺织业	废旧材料	建筑业	造纸、印	工艺品及
农林牧渔	批发和零	工艺品及	工艺品及	工艺品及	纺织服饰	电器机械	农林牧渔
纺织业	工艺品及	批发和零	造纸、印	造纸、印	电器机械	纺织业	批发和零
通用、专	金属制品	造纸、印	农副食品	金属制品	通讯设备	运输设备	造纸、印
金属制品	纺织服饰	金属制品	废旧材料	纺织业	木材加工	工艺品及	金属制品
运输设备	建筑业	纺织服饰	纺织服饰	通用、专	仪器、办	木材加工	纺织服饰
农副食品	其他服务	建筑业	金属制品	农林牧渔	燃气生产	农林牧渔	建筑业
纺织服饰	木材加工	木材加工	建筑业	运输设备	水的生产	废旧材料	木材加工
电器机械	农副食品	农副食品	运输设备	木材加工	电力、热	通讯设备	农副食品
工艺品及	通用、专	通用、专	电力、热	电器机械	农副食品	燃气生产	通用、专
木材加工	运输设备	电力、热	通用、专	采矿业	采矿业	仪器、办	电力、热
电力、热	水的生产	运输设备	采矿业	纺织服饰	纺织业	纺织服饰	采矿业
通讯设备	燃气生产	电器机械	木材加工	电力、热	废旧材料	其他服务	运输设备
废旧材料	电器机械	水的生产	电器机械	农副食品	工艺品及	电力、热	电器机械
燃气生产	电力、热	采矿业	通讯设备	通讯设备	农林牧渔	批发和零	水的生产
仪器、办	仪器、办	燃气生产	燃气生产	燃气生产	非金属矿	农副食品	燃气生产
水的生产	采矿业	仪器、办	水的生产	水的生产	石油加工	水的生产	仪器、办
采矿业	通讯设备	通讯设备	仪器、办	仪器、办	黑色、有	采矿业	通讯设备

将其他服务业，批发和零售贸易业、住宅和餐饮业，建筑业，非金属矿物制品业和造纸、印刷、文体制造业这五个行业归为B类行业。该类行业为较高碳排行业，主要是其他服务业以及与其密切相关的居民消费类行业和部分机械生产加工业，其碳影响力系数一般在1左右，碳排放占总量的17.26%。这类行业是碳交易接下去应该纳入的行业。

将剩余的低碳排、碳足迹影响力系数小的行业归并为C类行业。C类行业以农业、食品饮料纺织等轻工业和制造业为主。这类行业是碳交易最后纳入的行业。

(二)进一步的佐证

1. 各类行业的经济、环境表现

从表4可以看出，A类行业是高碳排放和主要碳足迹构成的行业，但经济产出比重仅有 18.96%，而 B 类行业的经济比重占了 45.17%，而碳足迹的比重只有 17.26%。这是由于 A 类行业作为重工业和运输业，完全碳排放系数达到 4 以上，B 类行业多数为其他服务业相关，如其他服务业的完全碳排放系数为 0.536，而批发和零售贸易、住宅和餐饮业的完全碳排放系数仅有 0.336，是两者相差了近十倍所造成。而 C 类行业的完全排放系数通常更低，并且有超过 70%的碳足迹属于隐含碳流入，所以在碳足迹仅占总量的 4.77%的情况下，其经济产出达到了总量的 35.87%。

表 4　各大类行业经济环境特征

项目	消费碳足迹	投资碳足迹	隐含碳流入	经济产出	碳排放
A 类行业	75.18%	79.17%	73.32%	18.96%	77.97%
B 类行业	12.28%	16.65%	0.72%	45.17%	17.26%
C 类行业	12.55%	4.18%	25.96%	35.87%	4.77%

从消费和资本形成的占比与总碳排放的比例相比较来看，A 类行业既有隐含碳流入也有流出，且消费支出的碳足迹与资本形成碳足迹的比例也不尽相同；B 类行业由于隐含碳流出的原因使得其碳排放总比重要高于消费支出和资本形成的碳足迹的比重。而 C 类行业的碳足迹则以消费支出为主，是因为该类行业的产品和服务直接提供用于消费。

2. 各类行业的能源消费特征

图 2 给出了各个行业部门的能源消费结构，这是通过 2012 年上海市能源平衡表给出的各种能源的消耗量在假定使用效率为 100%的情况下计算得到的，可以看出 A 类行业和 B 类行业的能源结构是以煤炭和石油为主。其中交通运输、仓储和邮政业的石油消耗占 96.95%，黑色、有色金属冶炼加工业的煤炭消耗达到 77.01%，而 C 类行业的电力使用已经达到了 57.17%。从整体上来看，我国各个行业的能源结构高度不平衡，但是高碳排放行业的能源结构往往是以化石燃料为主，而低碳排放行业的能源结构已经逐渐向高效化、多层次化发展，更多的使用电力等清洁能源。

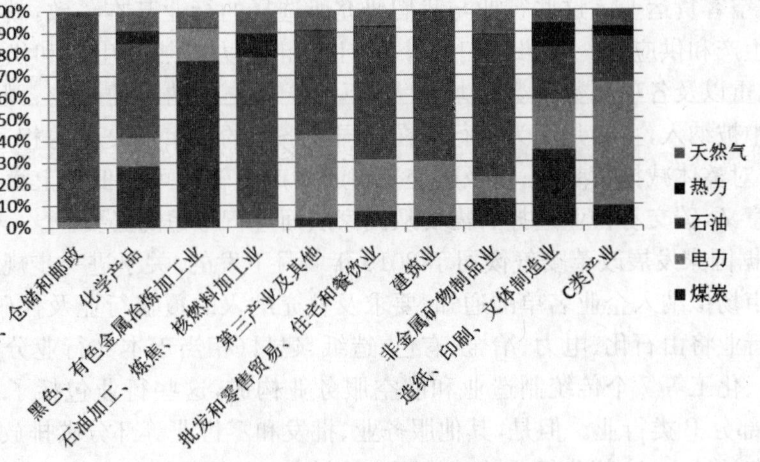

图 2　各行业的能源消费结构

综合 A、B、C 类行业的经济产出、能源消耗和碳排放的情况，我们可以看出 A 类行业是高能耗高排放和低经济产出的行业，这些行业若率先纳入到碳交易市场，将能够实现高效低成本减排，同时又具备经济无损、技术可行的特征，实现环境、经济和政治的协调发展。

六、结论与讨论

(一)结论

本文运用环境拓展的投入产出分析方法，核算了上海市 2012 年各类行业的碳排放、直接排放系数、完全排放系数、碳影响力系数、碳感应力系数，消费支出、资本形成、对外贸易对各行业部门的碳足迹，以及相对应的经济产出、能源消费，发现各类指标表现在行业间存在着较大的差异。基于这些指标的差异，我们将 26 类上海市国民经济行业再次归并为 3 类，作为纳入碳交易市场的顺序选择依据。其中，交通运输、仓储与邮政，化学原料及医药制造业、化学纤维制造业、塑料制品业，黑色、有色金属冶炼及压延加工业，石油加工、炼焦及核燃料加工业这四个行业是首先应该纳入的 A 类行业。

(二)讨论

1. 按照我们的环境、经济的关联分析，这样的顺序选择符合碳市场建设的目标，既能够低成本有效地推动二氧化碳减排，同时又尽量做到经济无损和技术可行。但是，这样的技术选择也面临一些风险，比如碳排放的供应需求弹性不一样可能引起供需失衡，如果消费端的碳足迹没有及时改变，利用碳交易减排的结果可能使碳外溢，那么需要通过外来调拨的隐含碳来满足这部分供应不足。为了防范这种风险，需要统筹安排碳交易市场的建设和其他节能减排措施，特别是重视消费侧的碳排需求管理。

2. 2012 年 8 月上海市启动碳排放交易试点工作，具体纳入行业包括：电力与热力生产和供应业，化学原料与化学制品制造业，石油炼焦与核燃料加工业，黑色金属冶炼及压延加工业，航空客货运业。这些行业与我们研究所选择的行业基本一致，就是另外加入了电力与热力生产和供应业。按照我们的计算，上海市电力与热力生产和供应业行业的碳排放规模、比重以及各项系数的数值均不大，不属于首先应纳入的行业。但是，在实际的碳市场建设中被纳入，主要是因为该行业在全国经济中的碳市场交易的相适性：明显的减排成本优势；对整体减排贡献大；以及碳交易引起的产业转移可能低。上海碳市场试点有以点带面的意义，碳交易行业选择有需要从国家层面进行考虑的必要。

3. 根据国家发展改革委气候司于 2016 年 5 月下发的《关于进一步规范报送全国碳排放权交易市场拟纳入企业名单的通知》要求及补充纳入的覆盖行业及代码，全国碳交易市场的首批行业将由石化、电力、冶金、有色、造纸、建材（相当于本文行业分类中的非金属矿物制品业）、化工等 7 个传统制造业和航空服务业构成，这些行业包括了我们行业分类中的 A 类和部分 B 类行业。但是，其他服务业、批发和零售业等部分碳排放规模和比重较大的行业没有被纳入，这部分行业的减排不应该被忽略，需要鼓励行业企业自愿参与碳交易以及加强碳交易市场之外的碳减排政策措施。

参考文献

[1]　吴开尧，杨廷干．国际贸易碳转移的全球图景和时间演变[J]．统计研究，2016(02):43－50.

[2]　马晓微，李彬，张梦莹,等．2002－2010年间中国对外贸易中隐含碳核算及变化趋势[J]．中国能源，2015，37(11):27－32.

[3]　李惠民，冯潇雅，马文林．中国国际贸易隐含碳文献比较研究[J]．中国人口·资源与环境，2016(5).

[4]　K. Kanemoto，D. Moran，M. Lenzen，et al. International trade undermines national emission reduction targets：New evidence from air pollution[J]．Global Environmental Change，2014(24):52 - 59.

[5]　Wiedmann T. A review of recent multi－region input－output models used for consumption－based emission and resource accounting[J]．Ecological Economics，2009 (2):211－222.

[6]　唐志鹏，刘卫东，公丕萍．出口对中国区域碳排放影响的空间效应测度[J]．ACTA GEOGRAPHICA SINICA，2014 (10).

[7]　刘红光，范晓梅．中国区域间隐含碳排放转移[J]．生态学报，2014 (11)：3016－3024.

[8]　姚亮,刘晶茹．中国八大区域间碳排放转移研究[J],中国人口．资源与环境,2010(12):16－19.

[9]　吴开尧,朱启贵,刘慧媛,中国经济产业价值型能源强度演变分析——基于混合型能源投入产出可比价序列表,上海交通大学学报(哲学社会科学版),2014,(05):81－92.

作者简介

吴开尧,上海立信会计金融学院,副教授,博士。研究方向为环境经济核算、金融数据分析。邮箱:kaiwencn@163. com,联系电话:021－50218609/18964712729。

费小龙,恒泰证券股份有限公司。

专题三

区域经济一体化与协调发展

京津冀地区产业关联变动研究

——基于2002年、2007年、2012年京津冀投入产出表

孙 策 杨 颖 纽雅懿 郑华章

摘要:经济的第三增长极。在此背景下,研究京津冀地区产业关联变化,对于京津冀协同发展和区域经济增长具有一定的研究价值。

本文利用2002年、2007年、2012年京津冀三地投入产出表信息,采用投入产出方法,分析京津冀三个地区产业关联系数以及主导产业的变化特征;采用社会网络分析方法,构建京津冀三个地区产业网络,分析网络密度、中间中心度等产业网络变化特征;并进一步对产业网络做块模型分析,获得京津冀三地产业集群网络,分析三地产业集群网络的变化特征。

本文的实证研究得出以下结论:(1)北京市主导产业主要以高端设备制造业和现代服务业为主;天津市主导产业中加工制造业所占比重越来越大,并且集中在技术密集型制造业;河北省的主导产业主要以农业和重化工业为主。(2)北京市和天津市产业间的经济联系逐渐加强;河北省产业间的经济联系有所下降。(3)京津冀三地区产业网络的分块特征明显加强,各区块逐渐呈现出功能各异的凝聚子群。相比而言,北京市的产业集群网络比天津和河北更加紧密,天津和河北的产业集群网络则逐渐呈现出中心化特征。这些结论为京津冀地区产业结构调整和产业布局、京津冀地区产业协同发展提供了政策启示和依据。

关键词:京津冀 产业关联 投入产出 社会网络分析

一、引言

产业关联变动是经济增长的永恒主题。随着经济全球化和一体化趋势的不断加强,区域产业发展和空间组织面临着前所未有的机遇和挑战。作为中国经济第三增长极的京津冀地区,肩负着巨大的责任,党的十八大以来,中央将推动京津冀协同发展列为一项优先发展的国家战略。虽然京津冀地区地理位置优越、工业基础强和科技力量雄厚,但是其内部结构存在很多问题,严重阻碍了京津冀地区的发展。在中央大力推进京津冀一体化协同发展的背景下,进行京津冀产业关联的变动研究,并在此基础上为区域间产业结构的调整提出合理化建议,并为京津冀地区间的产业布局提供政策上的依据,对于实现京津冀

一体化协同发展和区域经济增长有重大的理论和显示意义。

产业结构与产业关联的思想最早是由威廉·配第(William Petty)于1676年在其著作《政治算术》中提出。此后,国内外大量学者不断深入研究,形成产业结构理论。杨治(1985)最先将产业结构理论引进中国,他认为产业结构变动应筛选出顺应经济发展需要的产业,然后才能更加合理地分析研究产业结构变动问题[1]。赵进文(2004)运用投入产出方法分析我国产业关联的变化,对比了影响经济增长的各种因素在不同产业部门中所起的作用[14]。

Leconcini(1996)最早将社会网络分析与投入产出表相结合,对比分析了意大利和德国的技术系统和产业部门间的创新流动[44]。汪云林、付允等(2008)运用投入产出分析方法和社会网络分析方法对比研究了我国产业关联特征和内在机理,认为社会网络分析结果更加优良[30]。方爱丽等(2009)利用复杂网络构建了2002年中国产业关联网络,分析了产业关联网络的聚集性和相关性,认为各个产业部门是普遍联系的,但是投入量的分布是不均衡的,并且在加权网络下存在产业之间的同类匹配性[32]。孙露等(2014)运用社会网络分析方法,对我国1997—2007年的产业网络结构进行了定量测度,揭示了我国产业网络结构的演化[35]。

本文对京津冀产业关联变动的研究主要运用了投入产出分析方法和社会网络分析方法。投入产出分析可以通过每个产业部门的产业关联系数分析出其对经济总体的拉动和推动作用,据此判断出某一时期内经济中的主导产业。社会网络分析在投入产出分析的基础上进一步细化研究了产业之间的联系,可以精细地刻画出产业部门间复杂的关联关系以及产业部门在网络中的位置和作用。

二、统计研究方法

(一)投入产出分析

投入产出分析是对经济中各部门之间所表现出来的投入和产出的关系进行研究的数学分析方法。运用一系列产业关联系数可以定量分析产业部门间的关联程度及影响方向。本文在传统的影响力系数和感应度系数等产业关联测度指标基础上,考虑了各产业在国民经济中的比重,借鉴赵素萍(2014)提出的综合影响力系数和综合推动力系数进行产业间关联分析,以期更真实反映产业部门在经济中所起到的作用。

1. 综合影响力系数

$$a_j=\frac{\sum_i \overline{b_{ij}}\times\theta_j}{\frac{1}{n}\sum_j\sum_i \overline{b_{ij}}\times\theta_j}(i,j=1,2,3,\cdots,n) \tag{1}$$

式中,$\sum_j \overline{b_{ij}}$ 表示国民经济中各部门均生产一单位产品所完全消耗的 i 部门产品总量。$\theta_j=\frac{y_j}{\sum_j y_j}$ 表示 j 部门的最终产品占所有部门最终产品总和的比例。分子的经济含义是在既定的最终产品比例结构下,j 部门增加一单位最终使用对所有部门的生产拉动作用。分母的经济含义是所有部门均增加一单位最终使用对国民经济的平均拉动力。若该系数大于1说明该部门对所有产业部门的拉动作用大于社会平均水平。

2. 综合推动力系数

$$\theta_i = \frac{\sum_j d_{ij} \times v_i}{\frac{1}{n}\sum_i \sum_j d_{ij} \times v_i} (i,j=1,2,3,\cdots,n) \tag{2}$$

式(2)中 d_{ij} 表示完全供给系数，$\sum_j d_{ij}$ 表示 i 部门增加一单位最终产品对所有部门的前向推动作用。$v_i = \frac{w_i}{\sum_i w_i}$ 表示各部门的初始投入构成系数。分子的经济含义为在特定的初始投入比例结构中 i 部门生产一单位产品对所有部门的推动作用，分母的经济含义为所有部门均增加一单位产品对国民经济的平均推动作用。θ_i 表示 i 部门增加一单位产品对国民经济的推动力与所有部门平均推动力的相比程度。

3. 赫希曼判别标准与主导产业判别

在20世纪60年代，赫希曼提出了"不平衡发展战略"理论，认为发展中国家资本是有限的，只有把有限的资本投入到联系效应最大的部门上，才能使资本发挥最大的作用，并提出了赫希曼判别标准，即影响力系数和感应度系数都大于1的产业部门多为一定时期内经济中的核心部门。本文应用赫希曼判别标准，分析京津冀不同时期主导产业的变化。

(二)社会网络分析

根据2002年、2007年、2012年京津冀三地投入产出表计算的直接消耗系数矩阵来构建产业关联网络。社会网络分析可以基于产业关联网络，识别产业在网络中的位置以及网络整体结构对各个产业的作用和影响，以及产业在产业链中的位置，显示产业在社会生产链中所起的作用。

1. 产业网络密度

产业网络的密度是指各产业部门之间存在的连接数量和它们之间可能存在的最大连接数目的比值，其代表各产业部门之间联系的广泛程度。其计算公式为：

$$D = \frac{m}{\frac{1}{2}n(n-1)} \tag{3}$$

2. 产业网络节点中心度

产业网络中节点的中心度反映产业在整个网络中的重要程度，包括度数中心度、中间中心度、接近中心度等指标。本文主要选取中间中心度进行分析。中间中心度是指该节点在多大概率上处于其他节点连接的最短路径上。具体地，假设点 a 和点 b 之间的最短路径的数量为 $H_{ab}(i)$，那么点 i 对点 a 和点 b 交往的控制能力 $G_{ab} = \frac{H_{ab}(i)}{H_{ab}}$ 。把点 i 在网络中所有点对之间的中间度加总，即为点 i 的中间中心度。

3. 块模型分析方法

块模型分析是用来分析网络中角色分类和不同角色之间的关系。具体地，首先根据网络中节点的位置对节点进行分块，具有相同角色和地位的节点将被归为一类。然后根据网络中节点之间的相关关系计算得出各个分块之间的密度矩阵。最后在密度矩阵的基础上，给定一个 α 值，α 值一般设定为整体网络的密度，规定密度矩阵中高于 α 值的为 1，否则为 0。这样得到经过二值化处理后的密度矩阵，称之为像矩阵。利用像矩阵可以刻画出区块之间的网络关系，更直观地显示区块之间的联系。本文利用块模型识别各产业在产业链中的位置，分别展示京津冀三地各产业的产业链位置在时间上的变化。

三、数据说明

本文以京津冀三地为研究对象，利用 2002 年、2007 年、2012 年京津冀三地的 42 部门投入产出表分析产业关联的演化。

由于 2002 年和 2007 年投入产出表的 42 部门分类与 2012 年略有差异，为便于纵向对比分析，在进行产业关联系数分析时，将 2002 年和 2007 年的交通运输及仓储业和邮政业合并为“交通运输、仓储和邮政业”，科学研究事业和综合技术服务业合并为“科学研究和技术服务”，把 2012 年表中的通用设备和专用设备合并为“通用、专用设备制造业”；其他制造产品和金属制品、机械和设备修理服务合并为“其他制造业”。整合后三个年份的投入产出表均含有 40 个产业部门。

在进行社会网络分析时，为了获得直接消耗系数，将总产出为 0 的北京市石油天然气开采业和煤炭开采产品合并为“能源开采产品”，天津市的金属矿采选产品和非金属矿及其他矿采选产品合并为“金属、非金属矿及其他矿采选产品”，从而形成了北京市 39 产业部门，天津市 39 产业部门，河北省 40 产业部门。

四、实证分析

(一)产业关联系数变化分析

利用式(1)和式(2)分别计算得出 2002 年、2007 年、2012 年京津冀 40 个产业部门的综合影响力系数、综合推动力系数及其排名(见表 1 和表 2)。

将综合影响力系数和综合推动力系数联合考虑，根据赫希曼判别标准，得到 2002 年、2007 年、2012 年京津冀主导产业变化表(见表 3)。

表 1　2002 年、2007 年、2012 年京津冀 40 产业部门综合影响力系数及排名

排序	北京						天津						河北					
	2002 年		2007 年		2012 年		2002 年		2007 年		2012 年		2002 年		2007 年		2012 年	
	编号	α_j	编号	α_j	编号	α_j	编号	α_j	编号	α_j	编号	α_j	编号	α_j	编号	α_j	编号	α_j
1	19	6.46	19	5.49	14	5.79	19	8.52	26	6.46	26	10.5	26	6.14	14	6.55	26	11.4
2	26	6.16	26	5.02	2	3.37	26	3.99	19	5.03	17	4.03	16	3.91	26	5.38	14	5.12
3	16	2.25	28	3.73	17	3.11	18	2.59	17	3.08	19	3.49	1	3.52	16	3.47	16	2.55
4	12	2.19	34	3.54	19	2.42	12	2.33	16	2.78	6	2.43	12	2.87	6	2.49	6	2.00

续表

排序	北京						天津						河北					
	2002年		2007年		2012年		2002年		2007年		2012年		2002年		2007年		2012年	
	编号	α_j	编号	α_j	编号	α_j	编号	α_j	编号	α_j	编号	α_j	编号	α_j	编号	α_j	编号	α_j
5	28	1.94	17	2.00	26	2.07	29	2.33	14	2.76	27	1.84	6	2.70	12	2.11	27	1.97
6	34	1.59	27	1.62	3	2.05	16	1.67	27	2.49	16	1.58	13	2.52	13	1.96	1	1.90
7	6	1.51	31	1.55	12	1.88	32	1.67	18	2.22	14	1.35	14	2.24	1	1.82	17	1.74
8	31	1.49	6	1.49	11	1.56	17	1.5	12	1.99	18	1.29	40	1.54	27	1.79	12	1.24
9	17	1.36	29	1.40	34	1.50	6	1.47	6	1.37	12	1.21	8	1.42	11	1.47	18	1.13
10	29	1.29	33	1.25	23	1.49	27	1.47	3	1.24	32	0.99	7	1.40	7	1.18	8	1.03
11	27	1.23	16	1.22	29	1.44	1	1.07	11	0.87	34	0.97	10	1.24	17	1.14	7	1.02
12	32	1.15	12	1.12	27	1.41	14	1.04	29	0.71	38	0.95	27	1.07	18	1.05	31	0.78
13	18	1.04	38	1.09	16	1.29	8	0.83	32	0.71	29	0.66	4	1.03	9	0.86	15	0.74
14	40	0.92	40	1.08	6	1.26	7	0.77	15	0.63	15	0.66	29	0.99	8	0.80	29	0.74
15	1	0.84	32	0.98	10	1.21	10	0.64	1	0.55	11	0.64	18	0.84	40	0.80	40	0.67
16	30	0.79	11	0.90	28	0.85	38	0.63	34	0.55	33	0.64	17	0.81	38	0.73	11	0.62
17	37	0.77	39	0.75	4	0.8	37	0.57	8	0.54	37	0.53	37	0.57	15	0.67	4	0.58
18	14	0.75	37	0.75	18	0.78	20	0.56	38	0.47	30	0.53	19	0.51	29	0.62	13	0.53
19	33	0.74	14	0.72	40	0.53	3	0.52	20	0.44	5	0.50	21	0.49	37	0.55	32	0.50
20	11	0.63	30	0.70	31	0.52	21	0.48	39	0.44	2	0.49	32	0.43	28	0.48	38	0.49
21	8	0.55	18	0.64	30	0.49	15	0.47	37	0.37	8	0.47	38	0.43	32	0.47	19	0.44
22	39	0.42	21	0.42	1	0.47	40	0.47	36	0.33	3	0.40	15	0.40	36	0.43	37	0.38
23	20	0.42	8	0.39	8	0.44	30	0.44	9	0.32	40	0.37	30	0.40	34	0.41	28	0.38
24	38	0.38	1	0.34	38	0.42	36	0.43	13	0.31	36	0.34	9	0.39	33	0.40	34	0.32
25	36	0.38	13	0.29	32	0.41	11	0.42	30	0.30	31	0.33	11	0.37	19	0.37	30	0.29
26	7	0.36	7	0.26	39	0.36	9	0.38	40	0.28	1	0.33	23	0.29	10	0.37	23	0.29
27	10	0.35	35	0.23	37	0.33	34	0.31	33	0.26	28	0.33	28	0.26	2	0.29	10	0.23
28	9	0.31	20	0.21	21	0.26	31	0.28	23	0.25	7	0.31	36	0.23	23	0.23	9	0.22
29	15	0.21	9	0.13	33	0.24	5	0.24	7	0.21	10	0.29	2	0.18	31	0.22	36	0.19
30	21	0.17	2	0.12	15	0.24	13	0.23	10	0.21	4	0.25	39	0.17	30	0.19	35	0.14
31	2	0.10	10	0.12	7	0.23	28	0.20	28	0.19	35	0.24	31	0.14	21	0.17	39	0.11
32	23	0.10	36	0.11	13	0.22	2	0.12	31	0.19	28	0.19	34	0.14	3	0.17	21	0.09
33	35	0.05	23	0.11	5	0.15	23	0.08	35	0.17	39	0.17	20	0.10	39	0.10	20	0.05
34	24	0.04	15	0.10	20	0.14	24	0.08	21	0.15	23	0.15	22	0.06	20	0.10	33	0.05
35	5	0.03	3	0.03	35	0.12	39	0.07	24	0.06	22	0.15	33	0.05	35	0.08	24	0.04
36	25	0.02	5	0.03	9	0.11	35	0.05	2	0.05	13	0.14	24	0.04	5	0.04	25	0.03
37	13	0.00	25	0.02	36	0.04	33	0.03	5	0.02	9	0.14	5	0.04	24	0.04	2	0.03
38	22	0.00	24	0.02	24	0.01	25	0.03	25	0.02	21	0.09	3	0.02	25	0.02	5	0.00
39	4	0.00	22	0.01	25	0.01	22	0.02	22	0.01	24	0.04	25	0.02	4	0.01	22	0.00
40	3	—	4	0.00	22	0.00	4	—	4	—	25	0.04	35	0.01	22	0.01	3	0.00

表 2　2002 年、2007 年、2012 年京津冀 40 产业部门综合影响力系数及排名

排序	北京						天津						河北					
	2002 年		2007 年		2012 年		2002 年		2007 年		2012 年		2002 年		2007 年		2012 年	
	编号	θ_i	编号	θ_i	编号	θ_i	编号	θ_i	编号	θ_i	编号	θ_i	编号	θ_i	编号	θ_i	编号	θ_i
1	31	4.84	29	4.17	29	4.86	27	4.46	29	4.65	29	5.09	1	4.82	1	4.09	2	4.92
2	33	3.73	31	3.46	31	4.79	19	2.66	14	3.76	14	3.76	27	3.59	2	3.37	1	3.60
3	34	2.90	27	3.12	33	3.41	12	2.62	3	3.75	3	3.52	29	3.05	14	3.21	14	3.41
4	28	2.65	12	2.56	12	2.56	29	2.60	31	3.13	31	3.26	14	2.89	27	3.21	27	3.15
5	27	2.16	23	2.27	27	2.17	3	2.46	27	2.42	27	2.33	2	2.52	12	2.52	4	2.88
6	2	2.00	19	2.20	23	2.13	31	2.19	12	2.34	12	2.12	12	2.47	23	2.24	31	2.12
7	19	1.87	28	1.89	3	2.07	14	1.88	16	1.83	16	1.62	3	1.50	4	2.14	29	2.10
8	23	1.83	32	1.82	28	1.89	33	1.67	19	1.66	19	1.43	23	1.38	29	1.92	12	2.07
9	32	1.77	33	1.73	32	1.74	23	1.58	33	1.22	33	1.35	6	1.21	3	1.57	3	1.93
10	12	1.66	34	1.58	34	1.44	16	1.52	17	1.16	17	1.16	33	1.11	31	1.29	23	1.26
11	26	1.42	14	1.41	14	1.09	36	1.25	2	1.10	2	1.15	13	1.09	15	1.14	11	0.88
12	29	1.35	3	1.31	19	0.98	15	1.06	23	0.95	23	1.13	16	1.07	16	1.03	15	0.86
13	39	1.23	30	1.17	17	0.86	32	1.05	6	0.86	6	1.09	30	1.03	13	0.85	6	0.84
14	10	1.14	16	1.09	10	0.75	1	0.96	22	0.84	22	1.06	15	1.03	6	0.83	26	0.81
15	30	0.99	26	0.86	1	0.71	17	0.94	1	0.79	1	1.03	26	1.02	26	0.77	32	0.79
16	1	0.88	17	0.86	30	0.71	11	0.87	32	0.77	32	0.87	31	0.80	9	0.73	16	0.69
17	16	0.76	1	0.81	26	0.69	6	0.83	4	0.69	4	0.74	17	0.77	36	0.69	13	0.63
18	14	0.76	4	0.80	37	0.67	34	0.72	11	0.66	11	0.62	28	0.75	11	0.67	10	0.57
19	13	0.67	39	0.74	16	0.65	28	0.71	18	0.62	18	0.61	7	0.71	33	0.65	36	0.53
20	6	0.66	37	0.60	11	0.52	38	0.70	26	0.61	26	0.58	22	0.60	38	0.62	30	0.51
21	17	0.65	18	0.59	39	0.51	30	0.70	15	0.53	15	0.54	10	0.59	32	0.61	18	0.49
22	37	0.56	10	0.55	2	0.48	26	0.66	13	0.53	13	0.53	36	0.59	30	0.59	40	0.46
23	11	0.55	40	0.54	40	0.47	37	0.57	36	0.5	36	0.52	32	0.59	10	0.55	33	0.46
24	15	0.45	2	0.43	21	0.41	18	0.51	10	0.46	10	0.48	40	0.55	22	0.53	34	0.40
25	40	0.45	6	0.39	18	0.41	10	0.49	34	0.45	34	0.44	18	0.50	40	0.50	17	0.39
26	20	0.45	13	0.39	13	0.40	22	0.42	30	0.41	30	0.44	5	0.47	8	0.43	21	0.37
27	18	0.40	15	0.36	6	0.40	40	0.39	37	0.36	37	0.34	11	0.45	18	0.43	28	0.34
28	36	0.38	20	0.36	5	0.32	2	0.36	5	0.25	5	0.33	8	0.42	7	0.42	7	0.33
29	22	0.34	38	0.30	36	0.30	39	0.33	20	0.24	20	0.31	4	0.42	28	0.39	37	0.33
30	4	0.27	24	0.26	15	0.29	5	0.31	28	0.22	28	0.30	9	0.39	37	0.37	5	0.31
31	38	0.26	36	0.24	38	0.28	7	0.29	40	0.20	40	0.30	37	0.39	17	0.36	22	0.29
32	8	0.22	35	0.20	20	0.23	13	0.28	8	0.19	8	0.16	34	0.34	5	0.25	8	0.29
33	7	0.17	11	0.20	22	0.17	8	0.26	9	0.18	9	0.14	38	0.23	34	0.23	19	0.27
34	25	0.17	7	0.19	24	0.11	25	0.24	7	0.15	7	0.14	19	0.20	39	0.18	38	0.21

续表

排序	北京						天津						河北					
	2002 年		2007 年		2012 年		2002 年		2007 年		2012 年		2002 年		2007 年		2012 年	
	编号	θ_i	编号	θ_i	编号	θ_i	编号	θ_i	编号	θ_i	编号	θ_i	编号	θ_i	编号	θ_i	编号	θ_i
35	9	0.13	8	0.14	8	0.11	20	0.16	38	0.15	38	0.13	39	0.17	19	0.16	9	0.18
36	24	0.12	5	0.14	35	0.11	21	0.14	21	0.14	21	0.13	21	0.09	20	0.12	25	0.14
37	5	0.07	9	0.09	9	0.11	9	0.13	39	0.12	39	0.09	20	0.08	21	0.11	39	0.07
38	21	0.05	22	0.09	4	0.07	24	0.04	35	0.09	35	0.09	24	0.06	35	0.10	35	0.05
39	35	0.05	21	0.05	7	0.07	35	0.01	25	0.04	25	0.05	25	0.05	24	0.05	20	0.04
40	3	—	25	0.04	25	0.04	4	—	24	—	24	0.05	35	0.04	25	0.03	24	0.04

表 3　2002 年、2007 年、2012 年京津冀主导产业演化表

省份	年份	主导产业
京	2002 年	通信设备、计算机及其他电子设备(19)、建筑业(26)、化学工业(12)、信息技术服务业(28)、科学研究和技术服务(34)、金融(31)、批发零售(29)、交通运输仓储及邮政(27)、房地产(32)
	2007 年	通信设备、计算机及其他电子设备(19)、信息技术服务业(28)、科学研究和技术服务(34)、交通运输仓储及邮政(27)、金融(31)、批发零售(29)、租赁和商务服务业(33)、通用专用设备制造业(16)、化学工业(12)
	2012 年	金属冶炼及压延加工业(14)、石油和天然气开采业(3)、化学工业(12)、科学研究和技术服务(34)、电力和热力生产及供应(23)、批发零售(29)、交通运输仓储及邮政(27)、金融(31)、通信设备、计算机及其他电子设备(19)
津	2002 年	通信设备、计算机及其他电子设备(19)、交通运输仓储和邮政业(27)、化学工业(12)、批发零售(29)、金属冶炼和压延加工业(14)、通用专用设备(19)、房地产业(32)
	2007 年	通信设备计算机及其他电子设备(19)、金属冶炼压延加工业(14)、化学工业(12)、石油和天然气开采业(3)、交通运输仓储和邮政业(27)
	2012 年	金属冶炼压延加工业(14)、交通运输仓储及邮政业(27)、化学工业(12)、通用专用设备(16)、通信设备计算机及其他电子设备(19)、交通运输设备制造业(17)、食品制造及烟草加工业(6)
冀	2002 年	建筑业(26)、通用专用设备制造业(16)、农林牧渔业(1)、化学工业(12)、食品制造及烟草加工业(6)、非金属矿物制品(13)、金属冶炼及压延加工业(14)、交通运输仓储及邮政业(27)
	2007 年	农林牧渔业(1)、金属冶炼及压延加工业(14)、通用专用设备制造业(16)、化学工业(12)、交通运输仓储和邮政业(27)
	2012 年	金属冶炼及压延加工业(14)、交通运输仓储及邮政业(27)、农林牧渔业(1)、化学工业(12)

1. 前向关联变动分析

(1)总的来说,通信设备、计算机及其他电子设备(19)、建筑业(26)一直以来都是北京和天津经济的“龙头产业”,建筑业(26)、金属冶炼及压延加工业(14)作为河北省持续前向关联性最强的产业,这些产业对各地区经济发展都具有重要的前向牵引作用。此外,化学工业(12)对于其他产业具有强前向关联关系,在需求拉动其他产业发展方面起到关键作用。

(2)与前两个年份相比,2012 年的综合影响力系数排名发生了较大的变化。北京的金属冶炼及压延加工业(14)一跃成为综合影响力最强的产业,受 2008 年金融危机的影响,金融业(31)的拉动作用由 1.55 下降至 0.52,低于社会平均水平。天津市的批发零售(29)和房地产(32)对经济的拉动作用逐渐减弱,经济发展受消费需求和住房需求拉动相对不足。河北省在 10 年里经历了产业结构的升级转换。虽然农业在经济中所占地位还是很高,但是轻工业正在弱化,设备制造业和现代服务业在经济中的地位已经凸显出来,逐渐成为拉动经济的主要力量。

2. 后向关联变动分析

(1)金融业(31)作为北京的“基础产业”,对北京地区整体经济发展有着最为显著的后向推动作用,同时金融业对天津和河北省的推动作用也在逐渐凸显出来。天津依托港口优势,其交通运输、仓储和邮政业(27)、批发和零售业(29)在天津经济结构中发挥着巨大的产业后向关联作用。与前两个超大城市相比,河北省的农林牧渔业(1)和煤炭采选业(2)发挥着更大的支撑作用。租赁和商务服务业(33)、信息传输、软件和信息技术服务业(28)、交通运输、仓储和邮政业(27)、科学研究和技术服务(34)、电力、热力的生产和供应业(23)、批发零售业(29),这些产业从食品与能源供应,工业原材料供给、基础设施建设,以及金融业的融资保障等方面支撑了京津冀地区的高端制造、科技研发和服务业的发展,是当地经济的强推动产业。

(2)纵观京津冀三个年份的各产业部门的综合推动力系数,相对来说比较稳定,没有发生太大的变化。特别指出的是,二十一世纪以来,北京的煤炭采选业(2)的基础性地位逐年下降,2012 年降为 0.48,显示近年来随着经济结构优化,煤炭采选业对经济发展的拉动作用相应减弱,而金属矿采选业(4)则逐步发挥其基础产业的职能。天津的设备制造业对经济发展的推动作用增强,房地产(32)对下游产业的基础支撑作用正在逐步减弱,到 2012 年降低至 0.87,低于社会平均水平。河北省能源矿产丰富,是重要的原材料重化工生产基地,煤炭采选业(2)、石油和天然气开采业(3)、金属冶炼及压延加工业(14)、化学工业(12)在三个年份中的综合推动力系数均较高,而食品制造及烟草加工业(6)推动作用正在减弱。

3. 主导产业变动分析

北京和天津作为一线发达城市,由于土地稀缺及人力成本昂贵等原因,产业结构是以科技服务、高端制造和服务业为主,上游的基础性产业较少。其中金融业(31)、科学研究和技术服务(34)以及信息技术服务(28)对北京经济的拉动和推动作用都很大,会使得其他产业部门不断创新升级,促进北京市产业结构的良性演化。北京市制造业的发展主要以高端设备制造业为主,通信设备计算机及其他电子设备(19)一直是北京的主导产业。

金属冶炼及压延加工业(14)以及化学工业(12)一直是天津经济发展中其核心作用的产业,加工制造业也一直发挥其外向推动和内向拉动作用,这些产业的发展对其他产业的影响正逐步升级,这与“国民经济和社会发展第十一个五年规划纲要”政策紧密相关,同时这也将是天津市未来产业的发展趋势。

而河北省的“双高”产业不是很多,可能是因为河北省产业升级还不完善,一些产业正处于初始阶段,只表现出对经济的拉动作用或只表现出推动作用,还未能体现出主导产业的特征。但是河北省自然资源禀赋优异,人力资源充足,是典型的资源加工型产业区,能源矿产开采和加工(2－5)一直占据很重要的位置,农业(1)在河北省地位没有动摇,在三个年份中一直是主导产业。轻工业在河北省的地位逐渐降低。重化工业和制造业对经济的影响作用越来越大,并且制造业(6－21)也逐渐向资本密集型和技术密集型的方向发展。金融业(31)对经济影响也初露端倪,虽然只表现为对经济的推动作用,但是它对经济增长的作用逐步加强会使河北省的产业结构更加完善,演化更加合理。

(二)京津冀地区产业关联网络特征分析

以2002年、2007年和2012年京津冀地区投入产出表中的直接消耗系数为基础,利用Ucinet软件中的Netdraw视图软件分别做出其产业关联网络图。产业关联网络的网络密度和网络中线条数量如表4所示。

1. 产业关联网络密度变动分析

表4 2002年、2007年和2012年京津冀产业网络密度

地 区	京			津			冀		
年 份	2002年	2007年	2012年	2002年	2007年	2012年	2002年	2007年	2012年
网络密度	0.9217	0.9582	0.9521	0.8347	0.8704	0.9602	0.9391	0.8801	0.8994
线条数量	1366	1420	1411	1237	1290	1423	1465	1373	1403

分析上表,可看出北京市的网络密度整体较高,产业之间普遍存在联系。2007年较2002年的网络密度上升明显,2012年与2007年相比略有下降(线条数量仅减少9条),故总体趋势表现为上升,表明北京市产业部门之间的经济联系逐步加强。

2006年,天津市滨海新区的建设形成一批对经济发展有明显带动作用的工业园区、研发转化基地,促进了天津市产业链条的形成。天津市产业网络密度逐年上升,尤其是2012年较前两个年份上升明显,产业间经济联系明显加强。

2007年河北省产业网络密度较2002年有所下降,产业部门之间的联系程度出现下降,2012年较2007年有小幅上升,经济联系开始密切起来。

2. 产业部门中间中心度变动分析

在Ucinet中分别计算出2002年、2007年、2012年京津冀产业部门的中间中心度见表5。

表 5　2002 年、2007 年、2012 年京津冀产业部门中间中心度

省份/年份 产业部门	京			津			冀		
	2002 年	2007 年	2012 年	2002 年	2007 年	2012 年	2002 年	2007 年	2012 年
农林牧渔业	0.43	3.02	4.01	3.61	0.71	1.84	0.82	0.37	0.33
煤炭采选业	0.05	0.44	0.06	0.02	1.26	1.73	6.64	2.31	0.52
石油和天然气开采业				0.25	0.58	0.31	0.48	1.21	0.42
金属矿采选业	0.02	1.31	0.00	0.49	1.53	1.20	0.77	1.43	0.03
非金属矿及其他矿采选业	0.33	0.72	0.17				1.08	0.25	0.39
食品制造及烟草加工业	0.52	0.48	0.75	0.21	0.35	0.44	1.05	0.81	0.25
纺织业	0.34	0.27	0.17	0.58	0.15	0.37	0.62	2.71	0.05
纺织服装鞋帽衣革羽绒及其制品业	0.40	0.19	0.00	0.51	0.37	0.00	0.05	0.21	0.00
木材加工及家具制造业	1.86	0.44	3.06	0.86	0.42	0.35	3.17	0.15	0.39
造纸印刷及文教体育用品制造业	3.73	3.51	4.24	5.33	4.82	6.03	1.49	2.08	5.45
石油加工、炼焦及核燃料加工业	0.52	0.65	0.35	3.35	2.11	2.05	2.56	2.26	1.33
化学工业	2.45	4.04	5.08	2.67	7.69	5.92	11.15	6.57	8.76
非金属矿物制品业	4.46	2.00	5.21	2.48	1.49	0.49	0.26	1.50	2.90
金属冶炼及压延加工业	5.53	4.11	0.68	2.91	2.12	2.13	6.69	2.04	4.26
金属制品业	4.08	1.53	2.99	2.96	0.54	2.27	0.09	1.44	0.84
通用、专用设备制造业	3.44	1.44	1.89	3.58	3.93	2.72	1.16	3.23	1.21
交通运输设备制造业	1.13	0.24	1.83	1.16	0.36	0.34	0.30	0.26	0.18
电气机械及器材制造业	2.09	2.72	1.64	1.03	0.96	1.53	1.21	1.50	3.18
通信设备、计算机及其他电子设备	1.30	1.17	2.47	0.29	0.25	0.68	0.28	3.76	0.35
仪器仪表	1.63	0.40	1.81	0.00	0.41	1.01	4.47	1.01	0.11
其他制造业	0.00	0.00	8.83	3.95	2.30	1.13	0.30	0.50	3.13
废品废料	0.00	0.20	0.00	0.00	0.00	0.33	0.00	0.53	0.06
电力、热力的生产和供应	7.20	4.32	3.28	6.77	9.52	4.89	4.03	4.68	6.80
燃气生产和供应	0.15	0.56	0.42	0.00	0.00	0.12	0.14	0.00	2.71
水的生产和供应	0.00	0.00	0.00	0.16	3.57	0.06	0.00	0.00	0.39
建筑业	2.99	5.90	3.00	1.59	1.60	1.24	2.37	2.61	0.96
交通运输、仓储和邮政	7.31	4.62	8.91	5.52	11.00	10.91	1.92	13.40	12.05
信息传输、软件和信息技术服务业	1.99	0.39	5.85	0.28	1.15	0.76	3.31	3.70	0.61

续表

省份/年份 产业部门	京			津			冀		
	2002 年	2007 年	2012 年	2002 年	2007 年	2012 年	2002 年	2007 年	2012 年
批发和零售	3.40	4.03	7.05	6.42	5.88	2.49	15.78	7.18	1.79
住宿和餐饮	1.08	4.68	3.81	3.56	3.63	2.34	5.40	5.81	1.88
金融	2.39	2.40	8.56	9.41	3.75	8.07	1.66	3.65	20.21
房地产	0.97	0.84	0.39	1.64	0.13	1.49	0.62	0.24	0.24
租赁和商务服务	6.77	6.53	3.93	8.07	10.19	8.69	2.79	3.16	1.96
科学研究和技术服务	5.08	14.29	2.26	4.89	0.75	0.00	8.43	2.33	3.13
水利、环境和公共设施管理	0.00	1.07	0.58	0.00	0.30	0.00	0.00	0.23	0.00
居民服务和其他服务	2.80	4.48	1.50	2.23	7.93	9.64	0.95	5.24	3.11
教育	0.10	0.11	0.02	0.00	0.55	0.21	0.00	0.12	2.83
卫生和社会福利	0.84	0.00	0.00	1.14	0.85	0.00	0.06	2.14	0.00
文化、体育和娱乐	0.18	1.18	0.91	0.37	0.45	2.66	0.14	0.65	0.00
公共管理、社会保障和社会组织	0.00	0.00	2.96	0.00	0.00	0.00	0.00	0.00	5.06

(1)总体来看,京津冀历年的产业部门中间中心度大部分低于 2,仅有少量产业部门的中间中心度值较高,表明在京津冀地区产业关联网络中,对其他大部分节点间发生投入产出联系起较强作用的点是少量的,随着控制能力的上升,产业节点的数量是减少的。

(2)具体比较京津冀各年份的中间中心度最大值发现,北京中间中心度最大值的大小相差也较大,其中最大值出现在 2007 年,为 14.29,表明当年科学研究和技术服务对整个产业关联网络联通起着非常关键的作用,该产业对整个网络中其他产业之间投入产出联系的控制力非常大。

天津中间中心度最大值的大小相差较小,交通运输、仓储和邮政业分别在 2007 年和 2012 年两年出现最大值,表明交通运输、仓储和邮政业的网络地位和对其他产业的控制力度毋庸置疑,是天津市整个产业关联网络联通中非常重要的中间产业。

相比于北京市和天津市两地,河北省的重工业与其他产业联系广泛,并且对其他产业的投入有很大牵制作用。其中化学工业,金属冶炼及压延加工业,电力热力的生产和供应业的中间中心度都较高,发挥着强大的中介作用。

(3)第三产业在北京市产业网络中占据了枢纽的位置,对其他部门的影响很大。作为重要的"中间产业",整个服务业对于网络内其他产业进行最优化资源交换起到了关键作用,作用远超农业和工业。金融和信息传输、软件及信息技术服务与其他部门有广泛的联系。其他制造业,化学工业,通信设备、计算机和其他电子设备对其他部门的控制作用正在加强。除此之外,金属冶炼及压延加工业和电力热力的生产供应业与其他部门的联系减弱。

天津市的制造业和现代服务业与其他产业有着广泛联系,充当了天津市产业网络中的“媒介者”。其中造纸印刷和文教体育用品制造，通用专用设备制造，电力热力的生产和供应，交通运输、仓储和邮政，批发零售，住宿餐饮，金融，租赁和商务服务对天津的产业间的关联也起着重要的桥梁作用。农业和科学研究及技术服务与其他产业的关联正在减弱，在网络中的地位逐渐弱化。高技术制造业与其他产业联系更加广泛，仍需天津市对其加大发展力度。电气机械与器材制造业，通信设备、计算机及其他电子设备，仪器仪表的中间中心度在逐年上升，但数值偏低。文化产业和居民服务业在这几年来得到较大的发展。

河北省煤炭采选业，批发零售，科学研究和技术服务对其他产业部门的控制作用逐渐减弱。交通运输、仓储及邮政业，金融业，电气机械及器材制造业与其他部门的联系更加广泛。

（三）京津冀地区产业链网络结构变化分析

运用 Ucinet 软件中的 CONCOR 方法，对 2002 年、2007 年、2012 年京津冀三个地区的产业关联网络进行块模型分析，研究三个地区产业链结构变化。

将 2002 年、2007 年、2012 年北京市 39 产业部门的直接消耗系数作为基础，经过 CONCOR 方法运算，得出三个年份产业部门的分块结果和区块密度矩阵，见表 6。

表 6　2002 年、2007 年、2012 年北京市产业部门分块结果

区块	2002 年	2007 年	2012 年
1	1,6,7,8,9,10,38	1,2,7,8	1,12,23,29
2	5,24,25,35,36,37,40	4,5,9,22,24,25,35,36,37	2,11,24
3	13,14,15,16,17,18,21,26	10,13,14,38	5,30,39,40
4	19,20	15,16,17,18,20,21,26	27,31,32,33
5	2,12,34	6,19,28	4,25,28,34,35,36,37
6	4,11,22,23	30,31,32,33,39,40	5,7,8,22,38
7	27,29,31,32,33	11,23,27,34	9,10,13,14,15,26
8	28,30,31	12,29	16,17,18,19,20,21

1. 北京市产业链网络结构变化分析

对上表中密度矩阵进行二值化处理后，得到像矩阵，刻画出区块网络图，见表 7。结合表 6 和表 7 可以看出，区块网络呈现以下特点：

综合北京市三个年份的产业链网络可以得出，产业分块特征明显加强，区块性质逐渐明晰。化学工业，电力热力的生产和供应，交通运输仓储及邮政，批发零售，金融，租赁和商务服务，房地产业的基础产业地位没有动摇。纺织业在网络中表现较弱，与其他集群关联较少，仅依赖于农业的投入。设备制造业集群开始向其他集群提供支撑，主要表现为对矿产采掘业、高科技服务业和非生产性服务业的支撑。高科技服务业和非生产性服务业是经济中的终端产业，没有形成对其他产业的有效支撑。

表 7　2002/2007/2012 年北京市产业区块网络图

2002 年	2007 年	2012 年
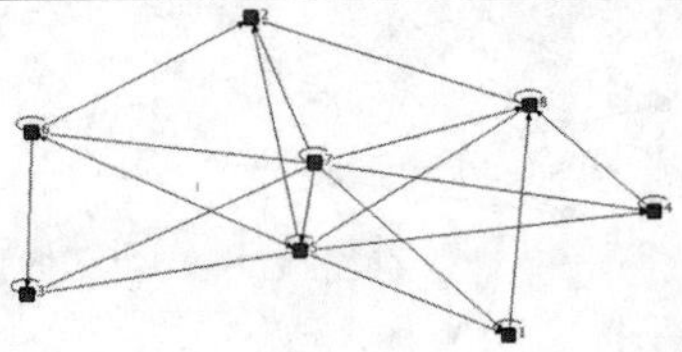	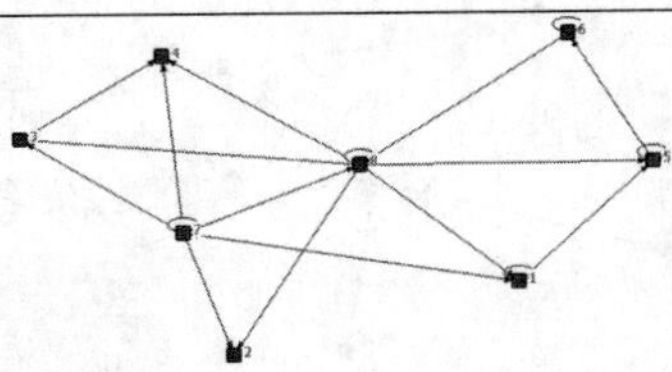	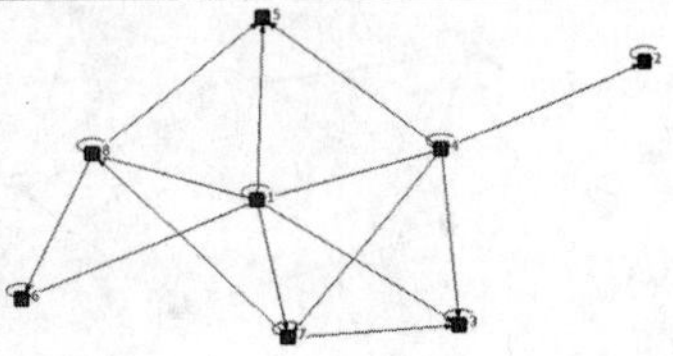

表 8　2002 年、2007 年、2012 年北京市重要基础产业群

2002 年	交通运输仓储及邮政、批发零售、金融和租赁商务服务业
2007 年	石油加工、电力热力生产和供应、交通运输仓储及邮政、批发零售和化工产业
2012 年	农业、化工、电力热力的生产和供应、批发零售、交通运输仓储及邮政、金融、房地产、租赁和商务服务业

2. 天津市产业链网络结构变化分析

将 2002 年、2007 年、2012 年天津市 39 产业部门的直接消耗系数作为基础，,经过 CONCOR 方法运算，得出三个年份产业部门的分块结果，见表 9。

综合天津市三个年份的产业链网络可以得出，产业链网络逐渐呈现出中心化的特征，并且各个集群之间联系逐渐变少，主要表现为集群内部的连接。产业的分块性质明显加强，各区块逐渐呈现出功能各异的凝聚子群。化学工业，电力热力的生产和供应，交通运输仓储及邮政，批发零售的基础产业地位没有动摇。设备制造业主要为原料采掘业、高科技服务业和非生产性服务业提供支撑。金融业、房地产业和租赁商务服务业集群主要为服务业集群提供支撑。轻工业、高科技服务业和非生产性服务业是经济中的终端产业，对其他集群只表现为消耗关系。

表 9　2002 年、2007 年、2012 年天津市产业部门分块结果

区块	2002 年	2007 年	2012 年
1	1,2,6,7,8,24	1,12,22,23,27,29	1,6,9,30
2	9,10,13,17,18,20,21,26,36,38	2,3,11	7,8,24
3	4,12,22,27	13,14,19	25,28,34,35,37,39,40
4	14,15,16,19	15,16,17,18,26	31,32,33,36
5	3,11,23	4,9,10,21,38	2,4,13,22,38
6	29,31,32,35	6,7,8	10,15,16,17,18,19,20,21,25
7	25,28,30	20,24,25,26,34,35,36,37,39,40	3,11,23
8	33,34,37,39,40	30,31,32,33	12,14,27,29

表 10　2002 年、2007 年、2012 年天津市产业网络区块图

2002 年	2007 年	2012 年
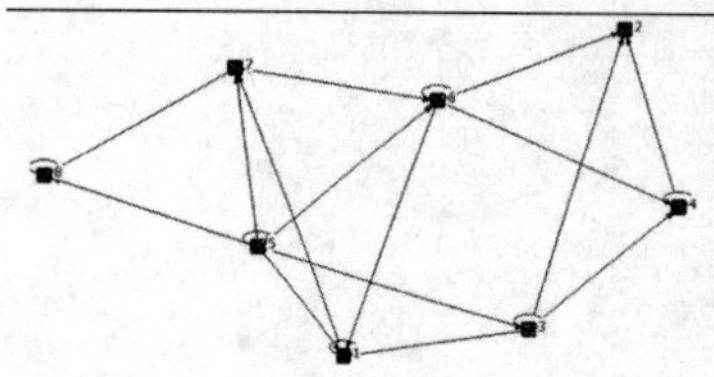	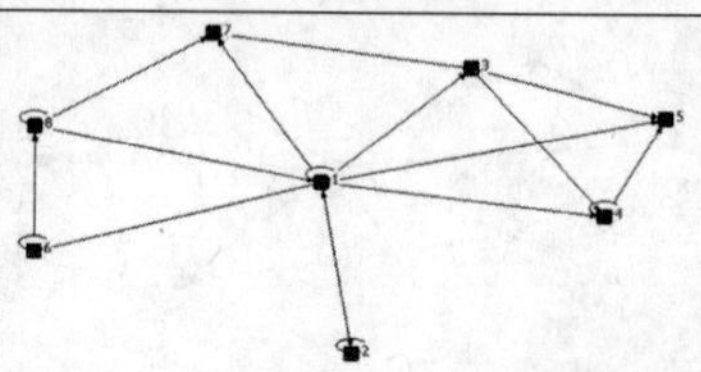	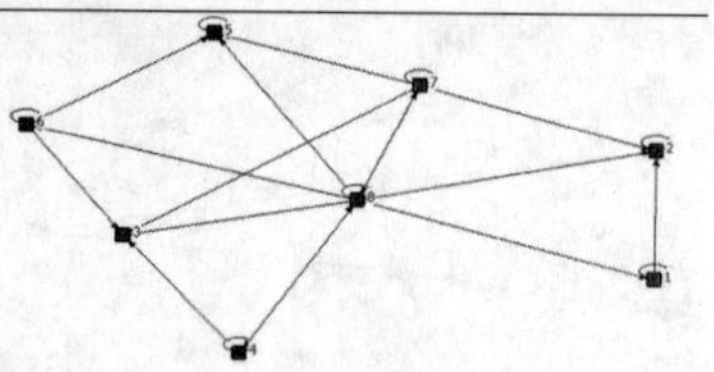

3. 河北省产业链网络变化分析

将 2002 年、2007 年、2012 年河北省 40 产业部门的直接消耗系数作为基础，经过 CONCOR 方法运算，得出三个年份产业部门的分块结果和区块密度矩阵，见表 11 和表 12。

综合河北省三个年份的产业链网络可以得出，网络特征由垂直化转为中心化。产业分块性质明显增强，凝聚子群逐步形成。煤炭开采业，化学工业，石油炼焦及核燃料加工业，金属冶炼及压延加工业一直是河北省经济中的基础产业。电力热力的生产和供应、燃气的生产和供应对经济的支撑作用逐步显现，逐渐成为经济中不可或缺的基础产业。农业只对轻工业表现出支撑作用。现代服务业对经济的支撑作用逐渐加强。轻工业、高科技服务业和非生产性服务业是经济中的终端产业，对其他产业群只表现为消耗关系。

表 11　2002 年、2007 年、2012 年河北省产业部门分块结果

区块	2002 年	2007 年	2012 年
1	1,2,12,22,29	1,6,7,8	1
2	6,7,8,21	10,30	6,7,8,30
3	4,5,9,10,13,19,38	4, 25, 28, 34, 35, 37, 38, 39, 40	10,25,28,34,35,36,37, 39, 40
4	14,15,16,17,18,20,26	27,29,31,32,33,36	27,29,31,32,33
5	3,27,34	2,12,14,22	2,11,12,23,24
6	11,23,24,25	5,11,13,23,24	4,5,9,13,22,38
7	28,31,35,37,40	3,9,21	3,14,15,16
8	30,32,33,36,39	15,16,17,18,19,20,26	17,18,19,20,21,26

表 12　2002 年、2007 年、2012 年河北省产业区块网络图

2002 年	2007 年	2012 年
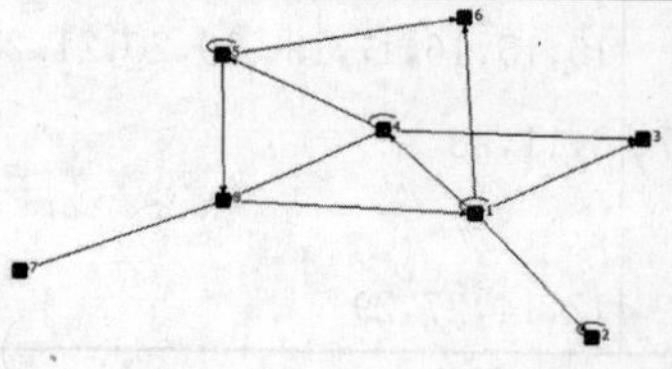	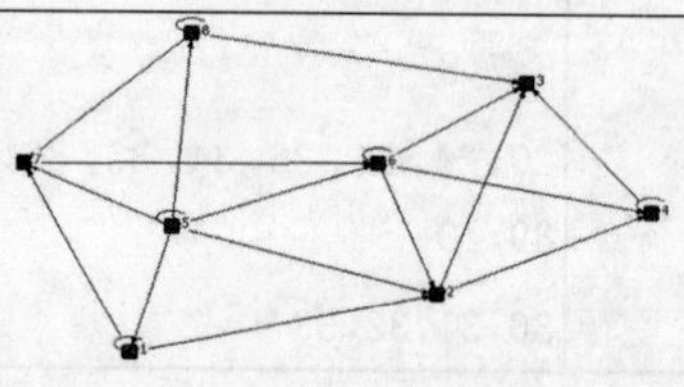	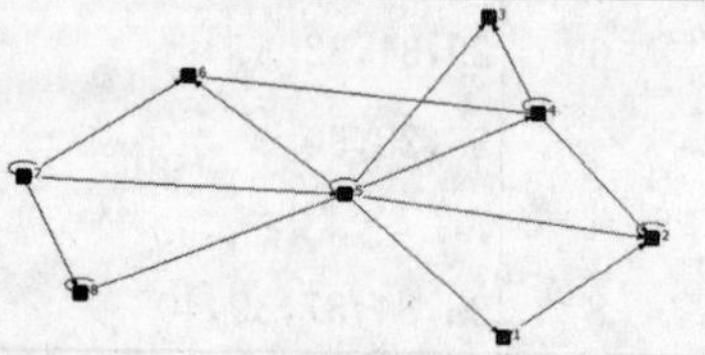

4. 2012年京津冀三地区产业链网络对比分析

2012年北京市的产业链网络较天津和河北更为紧密，天津和河北产业链网络中区块间联系较少，主要表现为区块内部的连接，呈现出明显的中心化结构特征。三者的共同之处在于高科技服务业同时作为京津冀的终端产业群，并没有对其他产业群形成有效的支撑作用。

北京与天津同是区域核心城市，高端制造业和服务业与其他相关产业的关联在网络中发挥着重要的中介作用，是网络中重要的中介产业群，这主要与两市地理位置相近、发展条件相似、经济体制和政策密切相关。北京市2012年产业网络中表现最突出是以化工和电力热力的生产供应业为主的子群和现代服务业子群，这两个子群与其他子群有广泛的联系，主要向其他产业群输出资源和提供服务。天津市产业链网络则是以化工、金属冶炼加工、交通运输仓储及邮政、批发零售业为核心的中心化网络，并且其他区块形成了功能各异的凝聚子群，其投入消耗关系主要表现在子群内部。而河北省以重化工业子群为核心呈现出中心化特征，现代服务业是网络中重要的基础产业群。

由于资源的稀缺，北京地区以煤炭、石油、天然气为链条的子群和以非金属矿和纺织业为主的子群呈现“游离”状态，并且都是网络中的终端产业群。受限于人力资本高昂等原因，天津地区以金融、房地产和租赁商务服务为主的子群对其他产业群的支撑和拉动作用较弱，但它自身的投入消耗关系很大，非生产性服务业在网络中也表现为终端产业群，对其他产业群没有支撑作用。而河北作为人口大省，自然资源丰富，长期以来更多地依靠重工业发展，非生产性服务业和设备制造业对其他产业群的支撑作用较弱，是网络中的终端产业群。综合京津冀三省市产业结构的特点，恰好可以利用各自的优势实现互补，达到协同发展的目标。

五、结论与政策启示

（一）研究结论

本文基于京津冀三地区2002年、2007年、2012年投入产出表，采用投入产出分析方法和社会网络分析方法分别对京津冀地区的产业结构演化进行对比分析，经过以上综合研究，可以得出以下结论：

1. 在京津冀地区产业关联网络中，对其他大部分节点间发生投入产出联系起较强作用的点是少量的，随着控制能力的上升，产业节点的数量是减少的。北京和天津作为一线发达城市，由于土地资源稀缺及人力成本昂贵等原因，产业结构是以科技服务、高端制造和服务业为主，上游的基础性产业较少。而河北作为人口大省，自然资源丰富，长期以来更多地依靠重工业发展，服务业和制造业对其他产业的支撑作用较弱。综合京津冀三省市产业结构的主要特点，恰好可以利用各自的优势实现差异互补，达到协同发展的目标。

2. 北京的主导产业大多集中于第三产业，是北京地区经济发展的重要支柱，对于网络内其他产业进行最优化资源交换起到了关键作用，作用远超农业和工业。除此之外，高端制造业也比较发达，是地区经济发展的重要推动力。金融业对北京经济的拉动和推动作用都很大，会使得其他产业部门不断创新升级，促进北京市产业结构的良性演化。科学研究和技术服务对整个产业关联网络联通起着非常关键的作用,该产业对整个网络中其他产业之间投入产出联系的控制力非常大。

3. 金属冶炼及压延加工业以及化学工业一直是天津经济发展中起核心作用的产业,加工制造业也一直发挥其外向推动和内向拉动作用,这些产业的发展对其他产业的影响也逐步升级,这与"国民经济和社会发展第十一个五年规划纲要"政策紧密相关,同时这也将是天津市未来产业的发展趋势。天津作为港口城市,交通运输、仓储和邮政业的网络地位和对其他产业的控制力度毋庸置疑,是天津市整个产业关联网络联通中非常重要的中间产业。天津市的制造业和现代服务业对天津经济发展做出了巨大贡献,充当了产业网络中的"媒介者"。科学研究及技术服务业的发展相对落后于北京,在网络中的地位逐渐弱化。

4. 河北省产业升级还不完善,一些产业正处于初始阶段,只表现出对经济的拉动作用或只表现出推动作用,还未能体现出主导产业的特征。但是河北省自然资源禀赋优异,人力资源充足,是典型的资源加工型产业区,能源矿产开采和加工一直占据很重要的位置,农业也有着非常重要的基础地位,但轻工业的地位逐渐降低。重化工业和制造业对经济的影响作用越来越大,处于重要战略地位,其中重工业对其他产业的投入有很大牵制作用,制造业也逐渐向资本密集型和技术密集型的方向发展。金融业对经济影响也初露端倪,虽然只表现为对经济的推动作用,但是它对经济增长作用的逐步加强会使河北省的产业结构更加完善,演化更加合理。

(二)政策启示

本文针对上述研究结论,在京津冀地区产业结构调整和地区间产业布局上,可以得出如下政策启示:

1. 北京市产业政策启示

北京市产业的发展重点是设备制造业、电子信息技术产业和现代服务业。其中设备制造业的发展方向主要是高端设备制造业。在制造业发展过程中要不断优化升级,将北京技术优势发挥出来,用高新科技来改善制造业的发展,进一步扩大高端设备制造业的规模。大力推进制造业服务化。对于一般制造业要做好产业转移的工作。

北京市现代服务业的发展主要以交通运输仓储及邮政、金融、房地产、批发零售、住宿餐饮、租赁商务服务业为主。同时还要加强高科技服务业对其他产业的支撑作用,切实推动其他产业的创新升级,将创新科技和信息技术与高新技术产业园区、大型企业相结合,积极发展战略性新兴产业。

北京市产业中的煤炭采选业、石油、天然气开采业、纺织业表现较弱,呈现"游离"状态,可将这些产业进行转移。

2. 天津市产业政策启示

天津市要继续依托滨海新区的发展优势,在现有加工制造业优势与港口优势基础上,大力发展电子信息、汽车、生物技术与现代医药、装备制造、新能源及环保设备等先进制造业。通过提高创新能力,加快核心技术的突破,将电子信息产业、生物产业、新能源环保产业、航空航天装备产业打造成天津市的优势产业。同时要注意与北京市制造业的同构性问题,发挥出自己的产业优势。

天津市还要加快发展现代都市型农业，大力发展发展现代物流、现代商贸、金融保险、中介服务等现代服务业，适当发展大运量的临港重化工业。

3. 河北省产业政策启示

河北省要大力推进农业的现代化升级，加快转变农业发展方式，发展多种形式适度规模经营。着力构建现代农业产业体系、生产体系、经营体系，提高农业质量效益和竞争力，促进农民增收。

河北省作为原材料重化工基地，在发挥这些传统产业优势的基础上，要转变这些产业的发展模式，从粗放型发展转变为集约型发展。在这一过程中，要加大对科技研发和信息技术的投资力度，将工业化和信息化相结合。通过技术改造来优化生产活动，在提高产品质量的同时，更大限度的降低污染和能源浪费，淘汰落后产能。

河北省也是京津高技术产业和先进制造业研发转化及加工配套基地。在收益京津技术支持和承接产业转移的同时，河北省要重视自身制造业的发展，加快制造业由低端向高端的转型升级。

河北省在做优做强传统产业和制造业的基础上，还要重视新兴产业和服务业的发展。在政府的扶持下，开展试点项目，抓好新兴产业基地建设。提高服务业的规模和水平，加强服务业与其他产业部门的联系。

参考文献

[1] 杨治．产业经济学导论[M]．北京：中国人民大学出版社，1985.

[2] 周振华．产业结构优化论[M]．上海：上海人民出版社，1992，89－90.

[3] 刘军．整体网分析[M]．上海：上海人民出版社，2014：126－234.

[4] 刘起运，陈璋，苏汝劼．投入产出分析[M]．北京：中国人民大学出版社，2006：162－184.

[5] 谭崇台．发展经济学[M]．太原：山西经济出版社，2000：185.

[6] 文娟．基于投入产出方法的中国产业结构研究[M]．厦门：厦门大学出版社，2014：72－93.

[7] 吕铁，周叔莲．中国的产业结构升级与经济增长方式转变[J]．管理世界，1999(01)：113－125.

[8] 刘伟，李绍荣．产业结构与经济增长[J]．中国工业经济，2002(05)：14－21.

[9] 朱慧明，韩玉启．产业结构与经济增长关系的实证分析[J]．运筹与管理，2003(04)：68－72.

[10] 徐冬林．中国产业结构变迁与经济增长的实证分析[J]．中南财经政法大学学报，2004(03)：49－54.

[11] 李红梅．世纪中国产业结构调整的战略选择[J]．首都师范大学学报(社会科学版)，2000(6)：56－60.

[12] 黄茂兴，李军军．技术选择、产业结构升级与经济增长[J]．经济研究，2009(07)：143－150.

[13] 王岳平．我国产业结构的投入产出关联分析[J]．管理世界，2000(7)：59－65.

[14] 赵进文．中国经济结构变动的投入产出分析[J]．财经问题研究，2004(4)：3－12.

[15] 杨灿．产业关联测度方法及其应用探析[J]．统计研究，2005(9)：72－75.

[16] 赵尚梅，王平生，陈曦．山东省保险业同其他产业关联性的实证研究[J]．东岳论丛，2005，26(3)：61－65.

[17] 周叔莲，王伟光．论工业化与信息化的关系[J]．中国社会科学院研究生院学报，2001(2)：30－39.

[18] 庞爱琴．信息化带动工业化的可能性研究[J]．生产力研究，2005(1)：140－143.

[19] 周振华．产业融合与新型工业化道路[J]．天津社会科学，2004(3)：70－76.

[20] 马健．产业融合：信息化推动新型工业化的战略选择[J]．2002 华东经济管理(2)：70－73.

[21] 厉无畏．产业融合与产业创新[J]．上海管理科学,2002(4):4－6.
[22] 陆国庆．基于信息技术革命和产业创新模式[J]．产业经济研究,2003(4):31－36.
[23] 李晓丹．产业融合与产业发展[J]．中南财经政法大学学报,2003(1):55－57.
[24] 夏杰长,刘奕,顾乃华．制造业的服务化和服务业的知识化[J]．国外社会科学,2007(4):8－13.
[25] 郭跃进．论制造业的服务化经营趋势[J]．中国工业经济,1999(3):64－67.
[26] 厉无畏,王慧敏．世界产业服务化与发展上海现代服务业的战略思考[J]．世界经济研究,2005(1):54－60.
[27] 刘佳,朱桂龙．基于投入产出表的我国产业关联与产业结构演化分析[J]．统计与决策,2012(2):136－139.
[28] 赵素萍,林玲,葛明．中国产业间关联程度及经济距离分析[J]．产经评论,2014,30(5):27－37.
[29] 王岳平,葛岳静．我国产业结构的投入产出关联特征分析[J]．管理世界,2007(2):61－68.
[30] 汪云林,付允,李丁．基于投入产出的产业关联研究[J]．工业技术经济,2008,27(5):120－123.
[31] 吴晓波,姜雁斌．经济转型:基于网络分析的产业部门角色演化[J]．科学学研究,2010,28(2):243－249.
[32] 方爱丽,高齐圣,张嗣瀛．产业关联网络的聚集性和相关性分析[J]．系统工程理论与实践,2009,29(6):178－183.
[33] 王铜安．基于社会网络视角的产业结构总体特征研究[J]．科研管理,2014,35(7):124－129
[34] 杜华东,赵尚梅．G7 与 BRIC 产业结构演进的比较研究——基于 1995－2005 年投入产出数据的网络分析[J]．管理工程学报,2014,28(2):18－24.
[35] 孙露,薛冰,张子龙,张黎明,耿涌．基于 SNA 的中国产业网络结构演化及定量测度[J]．生态经济,2014,30(2):83－87.
[36] 姜明辉,贾晓辉,于闯．产业集群演化的仿真研究[J]．经济问题探索,2015(12):81－90.
[37] 崔晶．京津冀都市圈地方政府协作治理的社会网络分析[J]．公共管理与政策评论,2015.4(3):35－46.
[38] 姜爱林．城镇化、工业化与信息化的互动关系[J]．城市规划会刊,2002(5):32－37
[39] 郭祥才．马克思主义跨越发展理论与中国新型工业化道路[J]．中国社会科学,2003(6):4－13.
[40] 张婷．河北省在京津冀一体化发展中的对策研究[D]．吉林:吉林大学,2015:27－30.
[41] 林洁．基于投入产出表的山东省主导产业选择[D]．山东:山东大学,2010:24－27.
[42] 陈凯．产业结构演化机理研究[D]．哈尔滨:哈尔滨工程大学,2012:8－20.
[43] Wasserman,Stanley And Katherine Faust. Social Network Analysis:Methods and Applications[M] Cambridge. University Press,1994:5－20.
[44] LEONCINI R, MAGGIONI M A, MONTRESOR S. Intersectoral innovation flows and national technological systems: network analysis for comparingItaly and Germany[J]. Research Policy, 1996,25(3):415－430.
[45] Carlos Melo Brito. Towards an institutional theory of the dynamics of industrial networks[J]. Journal of Business & Industrial Marketing,2001,16(3):150－166.
[46] Chang, P. L., H. Y. Shih. Comparing Patterns of Intersectoral Innovation Diffusiong inTaiwan and China: A Network Analysis [J]. Technovation,2005,25(4):155－169
[47] Montresor,S.,G. Vittucci Marzetti. Innovation Clusters in Technological Systems:A Network Analysis of 15 OECD Countries For the Middle'90s[J]. Industry & Innovation,2008,15(4):319－345
[48] KIM M S,PARK Y. The changing pattern of industrial technology linkage structure ofKorea: did the ICT industry play a role in the 1980s and 1990s[J]. Technological Forecasting and Social Change,2009,76(5):688－699.

[49] Vandermerwe,S. ,Rada. Servitzation of Bussiness: Adding Value by Adding Services[J]. European Management Journal,1998(6).

作者简介

孙　策，天津财经大学统计系国民经济专业硕士研究生，现就职于浦发银行天津分行。邮箱:sunce0407@vip. qq. com，手机:15620161447。

杨　颖，天津财经大学统计系统计学专业硕士研究生。邮箱:532648427@qq. com，手机:13132205007。

纽雅懿，天津财经大学统计系统计学专业硕士研究生。邮箱:745051034@qq. com，手机:13512218722。

郑华章，天津财经大学统计系副教授。邮箱:zhenghuazhang13@163. com，联系电话:022—88186303/18622612737。

北京产业疏解与京津冀产业布局研究
——基于三省市投入产出表分析

郑晓光　高　杨

摘要：本文在分析京津冀区域经济发展和产业布局现状的基础上，利用京津冀区域投入产出表、投入产出行模型和列模型等投入产出分析方法对京津冀区域产业关联进行了深入研究。通过分析得出，京津冀区域产业布局调整面临的主要问题：一是区域经济发展水平差距过大；二是区域产业间关联协作不足；三是区域基础设施和公共服务发展不均衡。并提出了相应的对策和建议：一是京津冀协同发展与区域产业布局调整同步进行；二是北京产业疏解与优质公共服务资源输出同步实施；三是北京产业疏解与经济社会发展同步推进。

关键词：京津冀协同发展　投入产出　产业关联

一、引言

京津冀协同发展是新时期国家实施的一个重大区域发展战略，首都非核心功能的疏解作为整个京津冀协同发展的核心和难点，是习近平总书记为北京发展提出的新课题。2014 年 2 月习近平总书记考察北京时，对北京的未来发展提出调整疏解非首都核心功能，突出高端化、服务化、集聚化、融合化、低碳化的要求。北京产业疏解，实现区域产业布局的调整优化，是推动区域协同发展的重要动力。从世界主要都市圈的经验看，互相促进、分工明确、区域分布合理的产业布局是其发展的共同特点。本文在分析京津冀区域经济发展和产业布局现状的基础上，引入投入产出法研究产业转移，力图找到能够最大程度发挥北京辐射和带动作用的疏解路径，对促进京津冀协同发展具有重要的实践意义。

二、京津冀区域经济发展和产业布局现状

2014 年，京津冀地区以约占全国 2.3％的土地面积承载了全国 8.1％的人口，实现了全国约 10.4％的 GDP。京津冀地区作为中国未来经济增长的第三极，在我国的经济发展

中具有重要的战略地位，但京津冀内部也存在着较大的发展差距，产业发展处于不同阶段，存在一定的产业转移基础。

(一)三省市经济总量和速度分析

2005—2014 年的这十年间，北京 GDP 总量由 6970 亿元增加到 21331 亿元，增长了约 2.1 倍，天津 GDP 总量由 3906 亿元增加到 15727 亿元，增长了约 3.0 倍，河北 GDP 总量由 10012 亿元增加到 29421 亿元，增长了约 1.9 倍。由于地域面积、人口、资源等优势，河北本身经济体量就大于北京、天津，仅从 GDP 总量上看，河北最高、北京次之、天津最低。2005—2014 年，三省市经济增速都呈现下降趋势，但河北经济增速下降最快。天津经济增速持续保持在 10%以上，一直高于北京和河北。2014 年，天津经济增速最高，为 10%，北京次之，为 7.3%，河北最低，为 6.5%。

(二)三省市人均 GDP 分析

尽管经济总量领先，但自 2005—2014 年的这十年来，河北的人均 GDP 一直远远低于北京和天津，且差距呈现扩大的趋势。自 2007 年起，河北人均 GDP 也持续低于全国平均水平。北京和天津的人均 GDP 值基本上比较接近，自 2011 年起，天津人均 GDP 赶超北京。2014 年，河北人均 GDP 为 39984 元，仅相当于北京人均 GDP 的 40%，天津人均 GDP 的 38%，也低于同期全国平均水平，北京和天津的人均 GDP 水平均达到了世界银行认定的富裕国家和地区的水平，而河北人均 GDP 水平与北京、天津差距十分显著。

(三)三省市经济结构分析

从产业结构来看，2014 年，北京的三次产业结构为 0.7∶21.4∶77.9，第三产业占比达 77.9%，“三、二、一”产业结构标志着北京进入了后工业化阶段。天津 2014 年三次产业结构为 1.3∶49.4∶49.3，三产比重仍不足 50%，且未超过二产比重，仍处于工业化阶段后期。河北 2014 年三次产业结构为 11.7∶51.0∶37.3，二产主导同时农业仍占据相对重要的位置，反映出河北工业化进程相对滞后，仍处于工业化阶段中期。从三地产业结构对比情况来看，京津冀存在明显的产业梯度，京津处于高梯度，河北梯度较低，京津冀存在产业梯度转移的基础。

三、京津冀区域产业关联的投入产出分析

产业关联又称产业联系，是指在国民经济中一个产业的发展对其相关产业发展产生的不同程度的连锁反应。首先，通过对京津冀区域投入产出表进行分析，可以对京津冀三地之间的经济互动水平和产业关联程度做出量化判断。其次，利用投入产出行模型和列模型以及京津冀三地投入产出表，可以深入分析三省市各产业对经济发展的影响力和推动力等规模效应，也可以量化各产业单位最终需求和初始投入对生产的拉动和推动能力。综合运用规模效应和单位效率，可以确定京津冀三地经济发展中的优势产业和劣势产业，为产业疏解和区域产业布局调整提供依据。最后，利用最终需求生产诱发模型，还可以量化分析《北京市新增产业的禁止和限制目录》(以下简称《禁限目录》)对京津冀三地经济的影响作用。

(一)区域间产业关联性分析

根据北京、天津、河北以及全国其他地区的四地区区域投入产出表[13]，我们分析了京津冀三地间的经济技术联系。

从区域间产业直接前向关联系数看，三地间经济的相互带动作用较小，尤其是北京和天津对河北中间需求的供给较弱。此外，北京与天津的产业间关联度也很低，三地间关联度最高的北京对天津的中间产品需求的供给也仅为 0.038。这反映出北京、天津、河北三省市的经济在三地间相对封闭，区位优势和产业优势没有得到充分发挥。

从区域间产业直接后向关联系数看，与北京和天津相比，河北的中间投入中自身占比较高。再结合前面分析，河北的经济技术水平相对较低。可以认为，与北京和天津相比，河北经济与外界的联系相对较少，较为封闭。

从区域内部联系来看，北京和天津中间投入来自区域内部的总占比接近，北京使用河北的中间投入比例较高，天津使用北京的中间投入比例较高。而河北对区域内两大直辖市的使用却很少，对其他省市较高。这些数据说明河北在京津冀区域内部并没有和天津、北京形成良好的经济互动关系。进一步研究北京、天津、河北三地与其他地区的经济联系，可以发现它们又有着较高的比例。这说明三地的发展是需要和其他省市进行联系的。这也表明未来的经济结构调整中，增加三地间的经济技术互动存在可能。

(二)北京各产业间关联性分析

1. 产业影响力和推动力分析

(1)模型介绍

传统投入产出分析中，影响力系数和感应度系数是进行产业关联度分析的主要指标，用它们分析经济体系中不同行业的地位，判别产业性质，确定主导产业。然而，传统分析系数不考虑产业规模的影响，不能有效反映相同发展速度时不同产业对国民经济的实际拉动作用。此外，感应度系数由于建立在行模型基础上，无法反映各产业部门对经济的前向推动作用。根据刘起运(2002)的分析，矩阵 $(I-A)^{-1}$ 的同行元素求和在经济意义上比较勉强，感应度系数使用矩阵 $(I-A)^{-1}$ 的行向分析计算不合理，而建议使用完全供给系数矩阵 $(I-R)^{-1}$ 行向分析(R 为直接分配系数矩阵)，并通过计算推动力系数反映不同产业(产品)部门初始投入要素对国民经济推动的能力。

基于以上原因，我们使用利用增加值规模加权的加权影响力系数和加权推动力系数，分别反映某一产业对国民经济的后向拉动作用和前向推动作用，并作为分析本地区比较优势和劣势产业的基础指标。

加权影响力系数定义如下：

$$E_j = \frac{n N_j}{\sum_j N_j} \times \delta_j \,(j=1,2,\cdots,n)$$

$$\delta_j = \frac{\sum_i b_{ij}}{\sum_j \frac{y_j}{\sum_j y_j} \sum_i b_{ij}} \,(i,j=1,2,\cdots,n)$$

其中，N_j 表示第 j 部门的初始投入（增加值），b_{ij} 是列昂惕夫逆矩阵 $(I-A)^{-1}$ 的元素，y_j 表示第 j 部门最终产品。

加权推动力系数定义如下：

$$F_i=\frac{n\,N_i}{\sum_i N_i}\times\theta_i(i=1,2,\cdots,n)$$

$$\theta_i=\frac{\sum_j d_{ij}}{\sum_i \frac{N_i}{\sum_i N_i}\sum_j d_{ij}}(i,j=1,2,\cdots,n)$$

其中，N_i 表示第 i 部门的初始投入（增加值），d_{ij} 是完全供给系数矩阵的元素。

(2)产业影响力分析

利用北京市投入产出表(42 部门，下同)，根据加权影响力系数公式可以计算得到各产业(42 个投入产出部门，下同)的加权影响力系数。结果显示，金融，批发和零售，信息传输、软件和信息技术服务，科学研究和技术服务，建筑五个部门对经济的后向拉动作用最强；而石油和天然气开采产品，纺织品，废品废料，金属制品、机械和设备修理服务，水的生产和供应五个部门对经济的拉动作用相对最弱。

(3)产业推动力分析

利用北京市投入产出表，根据加权推动力系数公式可以计算得到各产业的加权推动力系数。结果显示，批发和零售，金融，租赁和商务服务，化学产品，交通运输、仓储和邮政五个部门对经济的前向推动作用最强；而其他制造产品，水的生产和供应，纺织品，金属矿采选产品，木材加工品和家具五个部门对经济的推动作用相对最弱。

2. 最终需求的生产诱发分析

(1)模型介绍

为反映某个产业(产品)部门的某种单位最终需求(消费、投资、出口或调出)所诱发的各部门的生产额，可利用生产诱发公式计算。

对于第 i 部门增加单位某种最终需求，诱发的市内(省内)各部门的产出，其计算公式为：

$$K_i=[I-(I-\widetilde{M})A]^{-1}\times[(I-\widetilde{M})S_i]$$

其中，A 为直接消耗系数矩阵；S_i 表示第 i 行元素为 1，其余元素都为 0 的列向量。

$\widetilde{M}$ 为进口和调入系数矩阵，由以下方式得到：第 i 部门的进口和调入占该部门总使用(中间使用和最终使用合计) 的比例记为 m_i，称为该部门的进口和调入比例系数；所有部门的进口和调入比例系数对角化形成的矩阵$\widetilde{M}$ 称为进口和调入系数矩阵。进口和调入系数矩阵主对角线上的第 i 个元素(即 m_i) 表示第 i 部门的进口和调入占该部门总使用的比重。

依据上式计算得到的 K_i 是一个列向量，其第 j 个元素，表示当第 i 部门增加单位某种最终需求时，对国内第 j 部门产出的带动；令k_i 为K_i 的列元素合计，则k_i 为第i 部门的生产诱发系数，可以反映第 i 部门最终需求对总产出的诱发能力。

如果不考虑某个单独部门，希望比较各种最终需求(消费、投资、出口或调出)的总生产诱发能力，还可以将上述公式表述为：

$$K_C = [I-(I-\widetilde{M})A]^{-1} \times [(I-\widetilde{M})C]$$

$$K_T = [I-(I-\widetilde{M})A]^{-1} \times [(I-\widetilde{M})T]$$

其中，K_C 为消费诱发系数列向量，K_T 为投资诱发系数列向量，A 为直接消耗系数矩阵，C 为消费结构系数列向量，T 为投资结构系数列向量，$\widetilde{M}$ 为流入（进口和调入）系数的对角矩阵。

令 k_c 为消费诱发系数列向量的列元素合计，k_T 为投资诱发系数列向量的列元素合计，则 k_c 和 k_T 分别为消费和投资的生产诱发系数，反映消费和投资对总产出的诱发能力。

(2)各产业生产诱发分析

利用北京市投入产出表，根据上述公式可以得到各产业生产诱发系数 K_i。结果显示，水的生产和供应，公共管理、社会保障和社会组织，信息传输、软件和信息技术服务，水利、环境和公共设施管理，建筑五个部门单位最终需求的生产诱发能力最强；而金属制品、机械和设备修理服务，造纸印刷和文教体育用品，纺织品，金属冶炼和压延加工品，石油和天然气开采产品五个部门的生产诱发能力相对最弱。

(3)投资和消费生产诱发分析

利用北京市投入产出表，我们计算各种最终需求（消费、投资、出口或调出）的生产诱发系数。结果显示，北京经济中，投资对生产的带动能力最强，生产诱发系数达到 1.22，即 1 单位投资需求可以带动 1.22 单位总产出；消费的生产诱发系数为 1.04，带动能力小于投资；而出口和调出由于总部经济“大进大出”的生产方式，对本地生产的带动能力相对最弱，生产诱发系数小于 1。

3. 初始投入的生产推动分析

(1)模型介绍

为反映某个产业（产品）部门的初始投入（劳动者报酬、生产税净额、固定资产折旧、营业盈余）所推动的各部门的生产额，可利用生产推动公式计算。

对于第 j 部门增加单位某种初始投入，推动的市内（省内）各部门的产出，其计算公式为：

$$Z_j = V_j \times [I-(I-\widetilde{M})A]^{-1}$$

其中，A 为直接消耗系数矩阵；V_j 表示第 j 列元素为 1，其余元素都为 0 的行向量。$\widetilde{M}$ 为进口和调入系数矩阵，由以下方式得到：

第 i 部门的进口和调入占该部门总使用（中间使用和最终使用合计）的比例记为 m_i，称为该部门的进口和调入比例系数；所有部门的进口和调入比例系数对角化形成的矩阵 $\widetilde{M}$ 称为进口和调入系数矩阵。进口和调入系数矩阵主对角线上的第 i 个元素（即 m_i）表示第 i 部门的进口和调入占该部门总使用的比重。

依据上式计算得到的 Z_j 是一个行向量，其第 i 个元素，表示当第 j 部门增加单位某种初始投入时，对国内第 i 部门产出的带动；令 z_j 为 Z_j 的行元素合计，则 z_j 为第 j 部门的生产推动系数，可以反映第 j 部门初始投入对总产出的推动能力。

如果不考虑某个单独部门，希望比较各种初始投入（劳动者报酬、生产税净额、固定资产折旧、营业盈余）的总生产推动能力，还可以将上述公式表述为：

$$Z_v = V \times [I - (I - \widetilde{M})A]^{-1}$$

其中，Z_v 为某项初始投入生产推动系数行向量，A 为直接消耗系数矩阵，V 为该项初始投入结构系数行向量，$\widetilde{M}$ 为流入（进口和调入）系数的对角矩阵。

令 z_v 为推动系数行向量 Z_v 的行元素合计，则 z_v 为该项初始投入的生产推动系数，反映该项初始投入对总产出的推动能力。

(2)各产业生产推动分析

利用北京市投入产出表，根据上述公式可以计算得到各产业的生产推动系数 Z_j。结果显示，金属制品、机械和设备修理服务，燃气生产和供应，废品废料，电力、热力的生产和供应，水的生产和供应五个部门作为基础产业，单位初始投入的生产推动作用最强；而建筑，石油和天然气开采产品，金属矿采选产品，公共管理、社会保障和社会组织，卫生和社会工作五个部门单位初始投入的生产推动作用相对较弱。

(3)各项初始投入的生产推动分析

利用北京市投入产出表，我们计算各种初始投入（劳动者报酬、生产税净额、固定资产折旧、营业盈余）的生产推动系数。结果显示，北京经济中，生产单位的营业盈余和固定资产折旧对产出的推动能力最强，其中营业盈余反映企业再生产投入的能力，固定资产折旧则反映固定资产在生产中的价值转移；二者的推动系数分别为 1.54 和 1.55，即 1 单位营业盈余和固定资产折旧可以分别带动 1.54 和 1.55 单位总产出；劳动者报酬的推动系数为 1.46；而政府收取的生产税推动能力相对最弱，推动系数仅为 1.45。

4. 比较优势和劣势产业分析

综合考虑各产业的影响力、推动力、生产诱发能力和生产推动能力，可以确定一个地区经济发展中的优势产业和劣势产业。我们认为可以将以上四个指标中有三个及以上在 42 部门中排名前三分之一的产业确定为优势产业。相应的，有三个及以上在 42 部门中排名后三分之一的产业确定为劣势产业。

根据以上规则，北京经济中的优势产业和劣势产业可以详见下表：

表 1　北京优势和劣势产业

优势产业	劣势产业
金融	石油和天然气开采产品
信息传输、软件和信息技术服务	纺织品
科学研究和技术服务	其他制造产品
租赁和商务服务	木材加工品和家具
房地产	金属矿采选产品
交通运输、仓储和邮政	金属冶炼和压延加工品
电力、热力的生产和供应	纺织服装鞋帽皮革羽绒及其制品
通信设备、计算机和其他电子设备	水利、环境和公共设施管理
—	石油、炼焦产品和核燃料加工品

表 1 显示，北京的优势产业主要集中在服务业领域，工业中仅有通信设备、计算机和

其他电子设备以及电力、热力的生产和供应属于优势产业。其中，电力、热力的生产和供应优势主要体现在国家电网等个别总部企业的带动作用，不具有普遍性。劣势产业除水利、环境和公共设施管理外，全部为采矿业和低端制造业。

(三)天津各产业间关联性分析

1. *产业影响力和推动力系数分析*

(1)产业影响力分析

利用天津市投入产出表，根据加权影响力系数公式可以计算得到各产业的加权影响力系数。结果显示，金属冶炼和压延加工品，批发和零售，交通运输、仓储和邮政，交通运输设备，建筑五个部门对经济的后向拉动作用最强；而木材加工品和家具，纺织品，燃气生产和供应，水的生产和供应，金属制品、机械和设备修理服务五个部门对经济的拉动作用相对最弱。

(2)产业推动力分析

利用天津市投入产出表，根据加权推动力系数公式可以计算得到各产业的加权推动力系数。结果显示，批发和零售，金属冶炼和压延加工品，石油和天然气开采产品，金融，交通运输、仓储和邮政五个部门对经济的前向推动作用最强；而文化、体育和娱乐，水利、环境和公共设施管理，水的生产和供应，燃气生产和供应，金属制品、机械和设备修理服务五个部门对经济的推动作用相对最弱。

2. *最终需求的生产诱发分析*

(1)各产业生产诱发分析

利用天津市投入产出表，根据生产诱发系数公式可以计算得到各产业的生产诱发系数 K_i 。结果显示，煤炭采选产品，燃气生产和供应，金属冶炼和压延加工品，其他制造产品，交通运输、仓储和邮政五个部门单位最终需求的生产诱发能力最强；而房地产，金属矿采选产品，农林牧渔产品和服务，非金属矿物制品，纺织品五个部门的生产诱发能力相对最弱。

(2)投资和消费生产诱发分析

利用天津市投入产出表，我们计算各种最终需求(消费、投资、出口或调出)的生产诱发系数。结果显示，天津经济中，出口和国内省外流出对生产的带动能力最强，生产诱发系数分别达到 1.51 和 1.56，即 1 单位出口和调出可以带动 1.51 和 1.56 单位总产出；消费的生产诱发系数为 1.3，带动能力小于出口和调出；投资的生产带动能力相对最弱，诱发系数为 1.07。

3. *初始投入的生产推动分析*

(1)各产业生产推动分析

利用天津市投入产出表，根据生产推动系数公式可以计算得到各产业的生产推动系数 Z_j 。结果显示，电力、热力的生产和供应，金属矿采选产品，煤炭采选产品，废品废料，金属冶炼和压延加工品五个部门作为基础产业，单位初始投入的生产推动作用最强；而科学研究和技术服务，建筑，公共管理、社会保障和社会组织，水利、环境和公共设施管理，卫生和社会工作五个部门单位初始投入的生产推动作用相对较弱。

(2)各种初始投入的生产推动分析

利用天津市投入产出表，我们计算各种初始投入（劳动者报酬、生产税净额、固定资产折旧、营业盈余）的生产推动系数。结果显示，天津经济中，反映企业再生产投入能力的营业盈余和政府部门收取的生产税对产出的推动能力最强，推动系数分别为2.15和2.11，即1单位营业盈余可以带动2.15和2.11单位总产出；反映固定资产在生产中价值转移的固定资产折旧推动能力相对较弱，推动系数为2.07。劳动者报酬的推动系数为1.90，推动能力最弱；

4. 比较优势和劣势产业分析

综合考虑各产业的影响力、推动力、生产诱发能力和生产推动能力，可以确定一个地区经济发展中的优势产业和劣势产业。我们认为可以将以上四个指标中有三个及以上在42部门中排名前三分之一的产业确定为优势产业。相应的，有三个及以上在42部门中排名后三分之一的产业确定为劣势产业。

根据以上规则，天津经济中的优势产业和劣势产业可以详见下表：

表2　天津优势和劣势产业

优势产业	劣势产业
金属冶炼和压延加工品	金属制品、机械和设备修理服务
交通运输、仓储和邮政	水的生产和供应
通信设备、计算机和其他电子设备	纺织品
化学产品	木材加工品和家具
金融	仪器仪表
石油和天然气开采产品	文化、体育和娱乐
煤炭采选产品	水利、环境和公共设施管理
—	纺织服装鞋帽皮革羽绒及其制品
—	卫生和社会工作

表2显示，天津的优势产业主要集中在工业领域，服务业中仅有交通运输、仓储和邮政以及金融业属于优势产业；而劣势产业中除了纺织品、木材加工品和家具等低端制造业外，还包括文化、体育和娱乐，水利、环境和公共设施管理，卫生和社会工作等服务业产业。

（四）河北各产业间关联性分析

1. 产业影响力和推动力系数分析

（1）产业影响力分析

利用河北省投入产出表，根据加权影响力系数公式可以计算得到各产业的加权影响力系数。结果显示，金属冶炼和压延加工品，农林牧渔产品和服务，交通运输、仓储和邮政，建筑，金属矿采选产品五个部门对经济的后向拉动作用最强；而水利、环境和公共设施管理，燃气生产和供应，仪器仪表，水的生产和供应，其他制造产品五个部门对经济的拉动作用相对最弱。

（2）产业推动力分析

利用河北省投入产出表，根据加权推动力系数公式可以计算得到各产业的加权推动力系数。结果显示，煤炭采选产品，农林牧渔产品和服务，金属冶炼和压延加工品，交通运输、仓储和邮政，金属矿采选产品五个部门对经济的前向推动作用最强；而其他制造产品，文化、体育和娱乐，水利、环境和公共设施管理，仪器仪表，燃气生产和供应五个部门对经济的推动作用相对最弱。

2. 最终需求的生产诱发分析

(1)各产业生产诱发分析

利用河北省投入产出表，根据生产诱发系数公式可以计算各产业的生产诱发系数 K_i 。结果显示，金属制品，金属冶炼和压延加工品，电气机械和器材，纺织服装鞋帽皮革羽绒及其制品，交通运输设备五个部门单位最终需求的生产诱发能力最强；而通信设备、计算机和其他电子设备，其他制造产品，水利、环境和公共设施管理，石油和天然气开采产品，水的生产和供应五个部门的生产诱发能力相对最弱。

(2)投资和消费生产诱发分析

利用河北省投入产出表，我们计算各种最终需求（消费、投资、出口或调出）的生产诱发系数。结果显示，河北经济中，出口和国内省外流出对生产的带动能力最强，生产诱发系数分别达到 2.05 和 2.02，即 1 单位出口和调出可以带动 2.05 和 2.02 单位总产出；消费的生产诱发系数为 1.55，带动能力小于出口和调出；投资的生产带动能力相对最弱，诱发系数为 1.41。

3. 初始投入的生产推动分析

(1)各产业生产推动分析

利用河北省投入产出表，根据生产推动系数公式可以计算各产业的生产推动系数 Z_j 。结果显示，废品废料，石油和天然气开采产品，煤炭采选产品，电力、热力的生产和供应，金属矿采选产品五个部门作为基础产业，单位初始投入的生产推动作用最强；而公共管理、社会保障和社会组织，水利、环境和公共设施管理，教育，卫生和社会工作，建筑五个部门单位初始投入的生产推动作用相对较弱。

(2)各种初始投入的生产推动分析

利用河北省投入产出表，我们计算各种初始投入（劳动者报酬、生产税净额、固定资产折旧、营业盈余）的生产推动系数。结果显示，河北经济中，反映企业再生产投入能力的营业盈余和政府部门收取的生产税对产出的推动能力最强，推动系数均为 2.23，即 1 单位初始投入可以带动 2.23 单位总产出；劳动者报酬和反映固定资产在生产中价值转移的固定资产折旧推动能力相对较弱，推动系数分别为 2.09 和 2.07。

4. 比较优势和劣势产业分析

综合考虑各产业的影响力、推动力、生产诱发能力和生产推动能力，可以确定一个地区经济发展中的优势产业和劣势产业。我们认为可以将以上四个指标中有三个及以上在 42 部门中排名前三分之一的产业确定为优势产业。相应的，有三个及以上在 42 部门中排名后三分之一的产业确定为劣势产业。

根据以上规则，河北经济中的优势产业和劣势产业可以详见表 3(见下页)。

表 3 显示，河北的优势产业全部集中在煤炭、化学、金融冶炼及制品等基础工业领域；而劣势产业则包括了通信设备、计算机和其他电子设备以及仪器仪表等高技术制造业产业，以及文化、体育和娱乐，水利、环境和公共设施管理等服务产业。

表 3　河北优势和劣势产业

优势产业	劣势产业
金属冶炼和压延加工品	其他制造产品
金属矿采选产品	水的生产和供应
化学产品	仪器仪表
煤炭采选产品	水利、环境和公共设施管理
食品和烟草	文化、体育和娱乐
金属制品	非金属矿和其他矿采选产品
—	通信设备、计算机和其他电子设备

(五)北京产业疏解政策对京津冀经济的影响分析

1. 2015 版《禁限目录》对北京经济的影响

为深入贯彻落实首都城市战略定位,加快构建"高精尖"的经济结构,切实推动京津冀协同发展,市政府制定了新增产业的禁止和限制目录。《禁限目录》的制定在短期内对相关产业生产经营直接影响较小,主要通过对新建和改扩建投资等需求端进行限制,利用最终需求的传导机制,通过产业链的波及和扩大效应发挥作用。

从对最终需求的影响看,禁限产业投资占全市固定资本形成总额比重低于十分之一,影响全市 GDP 的 2%。利用全市范围 2015 版《禁限目录》进行测算,2012 年新增和限制产业固定资本形成总额合计 500.7 亿元,占全市固定资本形成总额的 7.1%。其中,固定资本形成总额在亿元以上的产业包括电力、热力生产和供应,汽车整车,教育,汽车零部件及配件,燃气生产和供应,五个部门资本形成总额合计 372.2 亿元,占全市禁限产业资本形成总额的近四分之三。在剔除投资中使用的进口和市外调入产品后,禁限产业投资影响支出法增加值 357.1 亿元,占全市 GDP 的 2%。

从生产波及的影响看,影响幅度小于 1%。利用最终需求生产诱发模型,在剔除进口和调入的影响后,禁限产业投资带动全市产出和增加值分别为 482.4 亿元和 104 亿元,分别占全市总产出、GDP 的 0.9%和 0.6%。

2. 相关产业转移对天津和河北经济的拉动

在京津冀协同发展中,如何使首都功能转移的效益最大化,最有效的带动天津和河北两地的经济社会发展,是我们最为关注的问题。产业转移需要按照产业自身发展规律、市场运行规律以及当地经济发展的大趋势进行。分析结果显示,投资在不同经济结构下所发挥的作用不尽相同,引导北京禁限产业到河北进行投资,对经济的带动作用更为明显。

借助投入产出的产业关联模型,可以分析北京禁限产业疏解对津冀两地经济的带动作用。根据《禁限目录》,北京 2012 年新增和限制产业资本形成总额合计 500.7 亿元。假设投资结构不变,而投资活动分别发生在天津和河北。经过测算,北京禁限产业投资通过生产诱发可以分别带动天津、河北总产出 481.6 亿元和 731.5 亿元,带动增加值 115 亿元和 185.6 亿元。京津冀三地进行比较,禁限产业在河北的投资效率最高,对当地经济的促进作用更为明显。

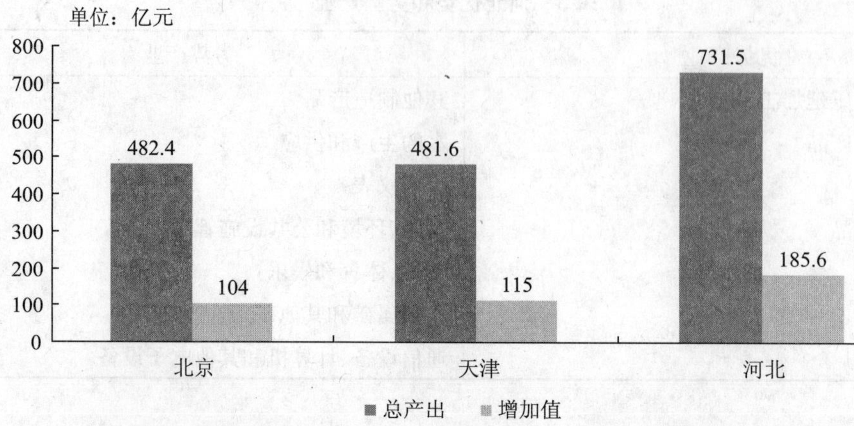

图 1　北京禁限产业投资对京津冀三地总产出和增加值的带动作用

四、京津冀区域产业布局调整中存在的主要问题

(一)区域经济发展水平差距过大

从经济发展的总体水平看，京津冀存在明显的梯度，京、津处于高梯度，河北梯度较低，京津冀存在梯度转移的经济基础。但通过与长三角两省一市对比，京津冀区域的梯度差距过大，也加大了区域协同发展的难度。2014 年，北京人均 GDP 为 99995 元，天津为 105231 元，均达到了世界银行认定的富裕国家水平；而河北仅为 39984 元，甚至低于全国平均水平 6645 元。数据显示，北京和天津人均 GDP 分别为河北的 2.5 和 2.6 倍，差距较 2013 年又有所扩大。而长三角区域的上海、浙江和江苏，人均 GDP 差距较小。2014 年，上海和江苏人均 GDP 仅为浙江的 1.3 倍和 1.1 倍，区域发展较为平衡。

京津和河北人均 GDP 的巨大差距，导致了京津两地对河北的“虹吸效应”，促使河北的人力资源、自然资源、产业向京津两地流动，形成了“环京津贫困带”和三省市经济非均衡化的发展态势。数据显示，2014 年，北京和天津的居民人均可支配收入分别为 44489 元、28832 元，分别超过河北 27841 元和 12185 元。长三角地区的收入差距则较小。2014 年，人均可支配收入较高的上海和浙江，分别超过江苏 18793 元和 5485 元。与长三角地区相比，京津和河北的收入差距将会促使生产要素向京津两地更为集中，从而加剧了发展的不均衡。

(二)区域产业间关联协作不足

从三地产业结构对比情况来看，北京处于第三产业占主导地位的后工业化时期，天津和河北分别处于工业化后期和中期，产业间存在互补性，具备产业转移的先决条件。然而，通过产业关联分析，京津冀区域也存在着优势产业重合发展，区域间产业关联性不强等问题。

首先，区域间优势产业高度重合，产业规划趋同。通过前面分析，北京的优势产业主要集中在金融、信息、交通运输等生产性服务业以及电子、电力等技术和资本密集型工业。河北的优势产业全部集中在冶金、化学、煤炭等基础工业领域。天津的优势产业则分布较广，既包括通信电子等技术密集型制造业，也包括冶金、化学、石油、煤炭等基础工业，还包括服务业中的交通运输和金融业。从表1、表2和表3可以看出，北京的八个优势产业中金融、交通运输以及通信电子等三个产业与天津重合，重合度为37.5%；河北六个优势产业中也有金属冶炼、化学产品和煤炭等三个产业和天津重合，重合度达到50%；北京和河北之间则没有重合。根据2015年政府工作报告，北京和天津均将新一代信息技术、生物医药、新材料、航空航天、高端装备制造列为重点发展的行业，产业发展规划趋同；而河北省重点扶持第三产业的发展，与京津两地竞争不大。这种区域间优势产业和主导产业的高度重合导致区域发展存在相斥效应，造成资源不必要的消耗，也降低了生产和市场运作的效率。

其次，区域间产业关联程度弱，没有形成高效率的产业链条。通过前面对区域间投入产出表进行分析，可以看到，京津冀三地中，北京的经济具有很强的开放性，但与区域内天津和河北的联系并不紧密，没有对区域经济的发展起到很好的推动和拉动作用。北京的直接前向关联系数表明，它对周边省份中间需求的供给较小，辐射力有限；而后向关联系数相对较大又表明，其对周边省市产品的使用相对较大，吸纳能力大于辐射能力，形成一种"空吸"效应。这一现象在某种程度上减弱了北京产业链向周边地区延伸的程度，制约了北京的进一步发展。通过进一步对北京、天津、河北各自优势产业作前后向关联分析，我们可以得到京津冀三地区域间优势产业关联系数。表4显示，三地产业内部关联性强于外部关联性。其中北京优势产业的内部关联系数达到0.57，天津、河北分别为0.51和0.47；而北京优势产业与河北优势产业之间的关联性最弱，关联系数仅为0.13；天津与河北优势产业之间的关联性在三地之间最强，关联系数为0.43。数据表明，京津冀三地产业之间的外部关联性不强，产业协作与产业融合依然主要通过内部实现。

表4　京津冀三地区域间优势产业关联系数

区域	北京	天津	河北
北京	0.57	0.39	0.13
天津	0.32	0.51	0.29
河北	0.20	0.43	0.47

（三）区域基础设施和公共服务发展不均衡

与天津和河北相比，北京作为首都和奥运城市，基础设施已经达到国际先进水平，并聚集了大量优质公共资源。充足的要素资源导致生产要素向北京集中，而河北和天津则相对不足，干扰了要素向低成本区域流动，跨区域逐利的市场机制。这也成为了影响企业迁移意愿和疏解政策效果的重要因素。数据显示，2014年，北京、天津、河北人均公共财政支出分别为21039元、19018元和6335元，北京和天津分别是河北的3.3倍和3.0倍。在教育方面，2014年，在每十万户籍人口拥有普通高等学校数中，河北仅为北京和天津的23.9%和29.6%。虽然近年来京津冀三省市教育差距有缩小趋势，但整体差距依然显著。在医疗方面，2014年，河北、天津每万户籍人口拥有医师数分别为20.8人和32.8人，均不及北京每万户籍人口拥有医师资源的一半。在公共交通方面，2014年，北京和天津城市轨道交通总里程分别达到526.2公里和147.4公里，而河北省目前还没有投入运营的城市轨道交通设施，仅石家庄市完成地铁建设规划并开工建设。

从产业关联分析的角度看，京津冀区域基础设施和公共服务的发展水平也不尽一致。投入产出表将全部产业划分为 42 个部门，其中涉及到基础设施和公共服务的部门共有 5 个，分别是交通运输、仓储和邮政，水利、环境和公共设施管理，教育，卫生和社会工作，公共管理、社会保障和社会组织。京津冀三地上述 5 个部门加权影响力系数和单位最终需求生产诱发系数在全部 42 个部门中的排名情况可以反映这些部门在各地经济发展中的地位和带动作用。结果显示，除交通运输外，北京教育、卫生、公共管理、水利环境等产业对经济发展的带动作用均显著强于天津和河北，最终需求的生产拉动能力相对较强。北京的发展经验表明，优质的公共服务和基础设施可以与经济发展形成良性互动，相互促进。公共服务和基础设施的不均衡已经成为制约北京产业疏解和区域协调发展的关键因素。

五、相关对策和建议

(一)京津冀协同发展与区域产业布局调整同步进行

京津冀协同发展涵盖经济、社会、人口等多个领域。其中经济协同发展是关键，而经济的协同发展要以区域内部细化的产业分工和紧密的经济协作为基础。以纽约都市圈为例，都市圈内的核心城市纽约—新泽西、华盛顿、波士顿以及费城都拥有各自的优势特征，纽约金融业发达，在纽约都市圈金融贸易领域居于主导地位；波士顿在微电子领域非常突出，因此其产业发展重点倾向于电子产业；费城作为美国重工业基地，其产业发展的主要特点就是发展重工业；而华盛顿作为美国政治经济文化政策的决策中心，其功能不可能以单一贸易领域为主，必然是多重职能的混合体。

北京今后的产业发展应紧紧围绕政治、文化、国际交往、科技创新“四个中心”职能，调整产业发展规划，重点发展科技、文化产业和高端生产性服务业，与天津实现错位发展。结合北京实际情况，有序疏解一般性产业特别是耗能多、聚人多、占地多产业，部分教育、医疗等社会公共服务功能，部分行政性、事业性服务机构和企业总部等四类非首都功能；加快推进城乡结合部和城中村、棚户区拆迁改造，并规划建设相互连接的城市公园系统、文化设施体系；适度恢复古都风貌，构建具有中国特色、北京特点的首都特征。天津的工业实力较强，应将产业重点定位于高端制造业以及为制造业服务的中低端生产性服务业。未来河北应重点发展规模化现代生态农业、与天津高端制造业相配套的制造业以及与首都功能相配套的服务产业。一些科技教育资源相对丰富的城市可以在一些具有优势的领域加大创新投入，形成具有自身特色的高新产业，逐步促进产业链向高端发展。此外，分析结果显示，在承接北京产业转移方面，河北由于其产业结构特点，承接北京禁限产业的效益更高，应成为北京产业转移的重点区域。

(二)北京产业疏解与优质公共服务资源输出同步实施

京津冀区域公共服务资源的不均衡是历史原因造成的，影响了市场主体为寻求低成本发展进行产业迁移的积极性。此时，政府必须发挥调节作用，加快交通等基础设施建设、促进公共服务均等化，降低区域间交易和交通成本，促进区域间要素双向流动。第一，要构建区域一体化的公共交通网络，促进三地间以及三地内部城区与郊区间互联互通。以美国纽约都市圈为例，其公共交通运输体系中地铁和铁路占据了重要的位置，其比例达到 51.57%；其次是纽约都市圈政府所有和私人运营的公交汽车比例占到 35.83%，都市圈的公共汽车网遍布都市圈整个区域，并在多处与地铁网配合转乘，形成了便捷的交通网。发达交通网络的构建是区域协同发展的先决条件。第二，要与北京产业疏解政策相结合，促进优质教育、医疗资源向郊区以及河北、天津转移。转移的重点是北京城区内的高等院校本科专科部分，外地患者较多的全国性知名三甲医院。在产业转移中，可以将优质资源向河北进一步倾斜，通过新建分院、分校的方式提升河北整体公共服务水平。依托便捷的交通网络和优质的公共资源，作为市场主体的企业将更愿意选择土地、人力成本更低的区域进行发展。教育资源的均衡分配，将会有效提升京津冀区域人口整体素质，为区域产业结构升级提供高素质的劳动力。第三，可以将部分中央行政性、事业性机构搬迁到环北京区域，扩大首都影响力范围。依托便捷的交通、信息网络，政府机构间可以方便的实现各种方式的交流，因此政府机构的搬迁不会影响行政效率。而中央政府机构向北京周边迁移，将会促进各种资源向迁入区域聚集，从而加速环北京区域的经济社会发展。

(三)北京产业疏解与经济社会发展同步推进

在产业疏解的同时，北京应加快培育和发展符合首都功能定位的新增长点，以确保经济运行在合理区间，社会发展保持稳定。从需求侧来看，北京《禁限目录》实施抑制了非首都功能产业投资需求。尽管其对经济影响有限，但在经济下行压力加大背景下，依然需要培育新的增长点。从各项最终需求的拉动能力看，居民消费由于需要依赖外部产品满足，对北京本地经济的拉动作用有限。政府消费和投资是需求侧促进经济社会发展的重点。在政府消费方面，一是加强政府再分配调节作用，依靠财政转移支付提高低收入群体的消费能力；二是要进一步完善社会保障体系，降低居民未来预期支出，扩大即期消费需求。三是要加大在农村和城乡结合区域的政府投入，缩小城乡差距，提升基础教育质量，完善社区卫生服务网络。在投资方面，要加大民间投资比例，引导资金投向科技、文化和高端服务业领域。作为全国科技创新中心、文化中心，北京在创新方面具有独特优势。必须把创新优势转化为发展优势，以资本为纽带，形成一批科技文化龙头企业，打造一批具有国际影响力的科技创新、文化传媒品牌。从供给侧来看，要进一步改善供给结构，向高水平供需平衡跃升。一是要加强技术创新，提高生产效率。引导支持北京高技术企业、科研院所提高科研成果转化率，实现高技术产品产业化供给；二是要通过制度改革，提升社会运行效率。减少低效率、阻碍社会活力的规章制度束缚，推动经济增长；三是要减税减费，促进企业再生产投入积极性。通过减少税费，增加企业利润，可以有效促进经济发展。分析结果显示，京津冀三省市企业营业盈余对生产的推动能力在所有四项初始投入中最强。调整优化初始投入结构，可以有效推动经济增长。

参考文献

[1] 多淑杰，产业链分工下产业区域转移问题研究，中国社会科学出版社，2013.7.
[2] 张可云、蔡之兵，京津冀协同发展历程、制约因素及未来方向，河北学刊，2014.11.

[3] 孙久文、李坚未，京津冀协同发展的影响因素与未来展望，河北学刊，2015.7.
[4] 孙久文、姚鹏，京津冀产业空间转移、地区专业化与协同发展，南开学报，2015.1.
[5] 李应博，长三角区域协调发展机制研究，华东经济管理，2009.8.
[6] 唐艺彬，美国纽约大都市圈经济发展研究.
[7] 谷树忠，疏解非首都核心功能，北京观察，2014.6.
[8] 陈耀，京津冀一体化要力求“四个结合”，中国发展观察，2014.5.
[9] 叶振宇、叶素云，北京市产业对外疏解的现实思考，京津冀协同发展，2014.12.
[10] 施红，促进产业疏解 加快京津冀协同发展，中国审计报，2014.7.
[11] 张文彪、杨德刚、刘云同、张新焕，基于加权影响力系数模型的区域产业结构分析—以新疆为例，干旱区地理，2013.3.
[12] 刘起运，关于投入产出系统结构分析方法的研究，统计研究，2002.2.
[13] 陈璋、张铁军、王继源、胡国良、唐兆涵、钟雨龙、郑晓光，北京在京津冀协同发展中的人口疏解和产业结构调整问题研究，2012 年北京市投入产出资料开发应用成果汇编，2015 年 11 月.
[14] 国家统计局北京调查总队统计监测处，公共服务投入增加 重点领域呈现新特点——“十二五”以来京津冀公共服务发展状况简析，统计报告，2015 年 10 月.

作者简介

郑晓光，北京市统计局国民经济核算处。邮箱：zhengxg@bjstats.gov.cn，联系电话：13661160315。

高　杨，北京市统计局国民经济核算处。邮箱：gaoy@bjstats.gov.cn，联系电话：83547433。

京津冀区域经济关联与产业协同发展

——基于区域间溢出与反馈效应的实证研究

邓惠琳

摘要：本文采用多区域投入产出结构分解技术，把影响一个地区产出增长的因素分解为区域内乘数效应、区域间溢出效应和区域间反馈效应三部分。首先根据 MRIO 模型，编制了京津冀区域间的投产表。其次在测算方法上对研究两区域经济关系的 Miller—Round 模型进行拓展，建立了三区域模型。最后运用三区域模型分析编制的投产表，测算出京津冀三地总体的和分产业部门的三种效应及其对产出增长的贡献率。研究发现，从效应总值来看，北京和天津对河北的溢出效应较大，但由于河北产业的自我调节和发展能力弱，区域内乘数效应对总产出的贡献率较低，没能有效承接来自京津地区的溢出效应。此外，本文还从不同产业效应值出发研究京津冀产业间的关联特性，为从实际出发推动京津冀产业协同发展提出具体建议。

关键词：京津冀　区域经济　产业协同　溢出效应　反馈效应

一、引言

京津冀经济区是我国北方规模最大的经济区，包括北京市、天津市以及河北省的保定、廊坊、唐山、张家口、承德、秦皇岛、沧州、衡水、邢台、邯郸、石家庄等 11 个地级市，被称为继“珠三角”、“长三角”之后中国经济增长的“第三极”。京津冀区域间的协同发展问题，关系到京津冀各地区乃至全国经济的长远发展，受到国家的高度重视。

2014 年 2 月 26 日，习近平总书记在北京主持召开座谈会，专题听取京津冀协同发展工作汇报，强调实现京津冀协同发展，是面向未来打造新的首都经济圈、推进区域发展体制机制创新的需要，把京津冀协同发展上升到重大国家战略的高度。2014 年 3 月 5 日，李克强总理在做政府工作报告时指出，要加强环渤海及京津冀地区经济协作。2015 年 4 月 30 日，中共中央政治局审议通过《京津冀协同发展规划纲要》，完成京津冀协同发展顶层设计工作。2016 年 3 月的全国两会上，推动京津冀协同发展成为京津冀人大代表的热议话题。

京津冀协同发展的推进需要从实际出发，因此对其区域内经济联系现况进行剖析十分必要。已有的研究大部分采用计量或定性的方法。与之不同的是，本文采用投入产出结构分解技术来进行研究，把京津冀经济互动关系分解成三种效应，即区域内乘数效应、区域间溢出效应与区域间反馈效应。区域内乘数效应是指一个地区由于内部各产业间的相互关联而引起当地产出增加的情况。区域间溢出效应是指一地区经济变化对另一地区经济发展带来的单向影响。区域间反馈效应则是指一地区经济变化对另一地区的经济发展产生影响的同时，另一地区反过来也会对该地区的经济发展产生影响。此外，产业层次上的三大效应还可以分析区域间不同产业的关联特性。数据处理方面，本文在 2012 年北京、天津、河北、全国四张 42 部门投入产出表的基础上，编制了京津冀区域间 17 部门的投入产出表，并对三地总体的和分产业部门的区域内乘数效应、区域间溢出效应、区域间反馈效应以及三大效应对产出增长的贡献率进行测算，得到有关京津冀区域经济互动关系和产业关联情况的大量信息。

二、文献综述

(一)区域间溢出与反馈效应的计量分析

关于中国区域间溢出与反馈效应的研究起步较迟。Ying(2000,2003)较早对中国区域间的空间溢出效应进行研究。其采用空间滞后模型分析 1978－1998 年间劳动力、资本、FDI 等因素对中国地区经济发展的影响，认为中国区域间存在着较强的相互作用。Zhang 和 Felmingham(2002)建立了地区 GDP 变动模型，将中国分为东、中、西三大区域，并将某两个区域的 GDP 作为解释变量，来考察三大区域间的空间溢出效应。陈平安(2007)以全国八个区域的产出为变量建立向量自回归 VAR 模型，来研究区域经济的互动关系。潘文卿(2012)使用空间计量工具考察中国区域经济发展的空间溢出效应，指出空间溢出效应是中国地区经济发展不可忽视的影响因素。以上研究基本都是从宏观层面对区域间溢出效应进行考察。近年来从微观层面对溢出效应的分析也开始兴起。Kuo 和 Yang(2008)对 2004 年通过知识资本与技术渠道所产生的区域间溢出效应进行了考察。刘勇(2010)与张学良(2012)等对通过交通基础设施渠道所产生的空间溢出效应进行了分析。刘生龙、郑世林(2013)利用中国 1990－2010 年省级面板数据对交通基础设施跨区域的溢出效应进行研究。储成龙等(2015)研究了高速公路建设对区域综合发展的空间溢出效应。张海峰(2016)研究了人力资本的空间集聚对区域经济发展的影响。可以发现，上述研究大都立足于区域间溢出效应，而较少涉及区域间反馈效应，这是计量技术在分析区域经济问题方面的不足之处。

(二)区域间溢出与反馈效应的投入产出分析

1. 投入产出结构分解技术

投入产出分析具有一个相对稳定的框架，在建立区域间投入产出表之后，可以把一个地区的产出增长全部分解为由区域内乘数效应、区域间溢出效应以及区域间反馈效应引起的三部分增量，在分析区域经济互动关系方面具有极大的便利性。Miller(1963)首先提出了利用区域间投入产出模型分析反馈效应的方法，为随后利用乘数分解法分析区域内乘数效应、区域间溢出和反馈效应打下了基础。Round(2001)通过提出总产出表达式中的列昂惕夫逆矩阵明确区分了区域间溢出和反馈效应。相比于国外较为丰富的研究，中国这方面的研究还不够深入。张亚雄和赵坤(2005)将中国划分为沿海与内陆两个地区，并建立两地区投入产出模型，来测度我国沿海与内陆间的经济联系，得出沿海对内陆具有较强的溢出效应的结论。潘文卿、李子奈(2007)在两地区投入产出模型的基础上，改进了对溢出和反馈效应的测度方法，得出了与张亚雄和赵坤相反的结论。彭连清(2008)采用 Miller －Round 模型测算了我国区域间经济增长的溢出效应，得出我国区域之间的经济联系和溢出效应总体上还较弱的结论。潘文卿(2015)通过采取比较静态分析模型，对1997－2007 年中国经济总产值变动中三类效应的贡献进行考察，并从来源地区与影响因素两方面对区域间溢出效应的变化进行了结构分解。

2. 区域间投入产出表的编制

投入产出分析需要以投入产出表为载体。运用结构分解技术对区域经济关系进行研究首先需要编制区域间投入产出表。学者们提出了不同的模型以指导区域间投入产出表的编制。Isard (1951) 首先提出区域间投入产出模型(Interregional Input－output Model)，其基本形式要求把所有产业按区域进行划分，研制分区域、分部门的区域间产品流量矩阵，是一个流入非竞争型模型。由于 Isard 模型对数据需求量非常大，研制比较困难，Chenery(1953)和 Moses(1955)先后独立提出了多区域投入产出模型(Multiregional input－output Model)，即 MRIO 模型。其只需要研制区分区域间流入、流出的竞争型区域投入产出模型，就可通过估算的方法编制区域间投入产出表。Leontief 与 strout(1963)一起提出了 Leontief－Strout 模型，也称为 Pool 模型。其核心思想是对某一地区的使用者来说，所消耗的货物或服务来自何处并不重要，可以看作是从其所在地区的需求池订货和取货，同时每个地区对每种商品都有一个供给池，其中有来自各个地区的该种货物或者服务。实际研究中，多区域投入产出模型因其简便性得到了广泛使用。本文所编制的京津冀区域间投入产出表即基于多区域投入产出模型。

(三)本文的创新之处

1. 方法的选用：以往对区域经济关联的研究多采用总量或定性的方法。本文采用投入产出技术来研究京津冀区域间的经济互动关系，为分析区域经济发展问题提供了新思路。

2. 模型的改进：经典的 Miller－Round 模型建立在两区域间投入产出模型的基础之上，来分析两区域各自的区域内乘数效应、区域间的溢出效应与反馈效应。本文对 Miller－Round 模型进行了拓展，建立了三区域投入产出模型进行三种效应的测算，拓展了原有模型的适用范围。

3. 数据的整理：我国目前仅完成了分八大区域[①]的区域间投入产出表的编制工作，而缺乏小范围的区域间投入产出表。本文在北京、天津、河北和全国四张 2012 年 42 部门投入产出表的基础上，采用多区域投入产出模型来编制京津冀区域间 17 部门的投入产出

① 八大区域指东北区域、京津区域、北部沿海区域、东部沿海区域、南部沿海区域、中部区域、西北区域、西南区域。

表,为进一步利用投入产出技术分析京津冀区域经济发展问题提供了数据支持。

4. 结论的丰富:通过运用投入产出结构分解方法,可以对不同地区不同产业之间的关联情况进行具体分析,得到丰富的结构性信息。

三、理论模型

(一)基本模型

Miller(1963)建立的两区域间投入产出模型为:

$$\begin{bmatrix} A^{11} & A^{12} \\ A^{21} & A^{22} \end{bmatrix} \begin{bmatrix} X^1 \\ X^2 \end{bmatrix} + \begin{bmatrix} Y^1 \\ Y^2 \end{bmatrix} = \begin{bmatrix} X^1 \\ X^2 \end{bmatrix} \tag{1a}$$

其中,A^{rr} 表示地区 r 区域内的直接消耗系数矩阵,其中的元素 a_{ij}^{rr} 表示地区 r 部门 j 生产单位产品对本地区部门 i 产品的直接消耗量;A^{rs} 表示 r、s 两区域间的直接消耗系数矩阵,其中的元素 a_{ij}^{rs} 表示地区 s 部门 j 生产单位产品对地区 r 部门 i 产品的直接消耗量;X^1、X^2 分别表示区域 1、区域 2 的总产出;Y^1、Y^2 分别表示区域 1、区域 2 的最终产品。式中所隐含的平衡关系即为中间产品加最终产品之和等于总产品。

由(1a)式可以得出区域 1、区域 2 的总产出表达式,如区域 1 的总产出:

$$\begin{aligned} X^1 = & [(I - A^{11}) - A^{12}(I - A^{22})^{-1} A^{21}]^{-1} Y^1 \\ & + [(I - A^{11}) - A^{12}(I - A^{22})^{-1} A^{21}]^{-1} \\ & \times A^{12}(I - A^{22})^{-1} Y^2 \end{aligned} \tag{1b}$$

上式中,区域 1 的总产出被分解成了两个部分:第一部分是为满足本地区的最终需求而引起的本地区总产出的增加,既包括本地区不同部门间的相互作用引起的产出增加,也包括本区域与其他区域间的相互作用而引起的产出增加;第二部分是为满足区域 2 的最终需求而引起的区域 1 总产出的增加,即区域 2 的最终需求变化对区域 1 总产出的溢出效应。

为了进一步分解出区域内乘数效应、区域间溢出效应与区域间反馈效应,Round(2001)将区域 1 的 Leontief 逆矩阵提出,则上式可以变为:

$$\begin{aligned} X^1 = & [I - (I - A^{11})^{-1} A^{12}(I - A^{22})^{-1} A^{21})]^{-1} (I - A^{11})^{-1} Y^1 \\ & + [I - (I - A^{11})^{-1} A^{12}(I - A^{22})^{-1} A^{21})]^{-1} \\ & \times (I - A^{11})^{-1} A^{12}(I - A^{22})^{-1} Y^2 \end{aligned} \tag{1c}$$

简写为:$X^1 = F^{11} L^{11} Y^1 + F^{11} S^{12} L^{22} Y^2$ (1d)

其中,

$$L^{11} = (I - A^{11})^{-1}$$

$$L^{22} = (I - A^{22})^{-1}$$

$$S^{12} = (I - A^{11})^{-1} A^{12}$$

$$F^{11} = [I - (I - A^{11})^{-1} A^{12}(I - A^{22})^{-1} A^{21})]^{-1}$$

下面将对其具体含义进行说明:

首先,(1d)式中的 L^{11} 是区域 1 的 Leontief 逆矩阵,其元素 L_{ij}^{11} 表示区域 1 部门 j 生产单位最终产品对本区域部门 i 产品的完全需要量,反映出区域 1 内不同部门的相互作用对区域 1 总产出带来的影响，可用来测度区域内的乘数效应。将其与区域 1 各部门最终产品列向量 Y^1 相乘即可测算由区域 1 最终需求的增加所带来的区域 1 的总产出增量。但这只是区域 1 总产出增量的一部分，区域 1 总产出的增加还包括区域 2 对区域 1 的溢出效应，以及区域 1 通过影响区域 2，再由区域 2 反过来影响区域 1 的反馈效应。

区域 2 对区域 1 的溢出效应可以看成是区域 2 总产出的变化对区域 1 总产出的变化造成的影响，用(1d)式中 $S^{12}=(I-A^{11})^{-1}A^{12}$ 来测度。将其与区域 2 的总产出 $(I-A^{22})^{-1}Y^2$ 相乘即得到由区域 2 最终需求变化引起总产出变化后反过来对区域 1 总产出变化造成的影响。

区域 1 从区域 2 得到的反馈效应可以看成是区域 1 的总产出变化引起区域 2 的总产出变化，进而由区域 2 反过来对区域 1 的总产出造成的影响。测度公式为：$F^{11}=[I-(I-A^{11})^{-1}A^{12}(I-A^{22})^{-1}A^{21}]^{-1}=(I-S^{12}S^{21})^{-1}$。$S^{12}S^{21}$ 反映了区域 1 总产出变化影响区域 2 总产出，进而又由区域 2 反过来影响区域 1 总产出的情况。但 $S^{12}S^{21}$ 只包括直接影响，既包括直接影响又包括间接影响的反馈效应用逆矩阵 $(I-S^{12}S^{21})^{-1}$ 来测度。

从以上分析中可以发现，区域间溢出效应依赖于区域内乘数效应，而区域间反馈效应又依赖于区域间溢出效应。

基于以上讨论，两个地区的区域间投入产出模型可以进行如下的乘法分解：

$$\begin{bmatrix}X^1\\X^2\end{bmatrix}=\begin{bmatrix}F^{11}&0\\0&F^{22}\end{bmatrix}\begin{bmatrix}I&S^{12}\\S^{21}&I\end{bmatrix}\begin{bmatrix}L^{11}&0\\0&L^{22}\end{bmatrix}\begin{bmatrix}Y^1\\Y^2\end{bmatrix}\tag{2}$$

也就是说，区域间投入产出模型中的 Leontief 逆矩阵可以分解为：

$$L=\begin{bmatrix}F^{11}&0\\0&F^{22}\end{bmatrix}\begin{bmatrix}I&S^{12}\\S^{21}&I\end{bmatrix}\begin{bmatrix}L^{11}&0\\0&L^{22}\end{bmatrix}=\begin{bmatrix}F^{11}L^{11}&F^{11}S^{12}L^{22}\\F^{22}S^{21}L^{11}&F^{22}L^{22}\end{bmatrix}\tag{3}$$

从(3)式可以看出，反映最终需求变化对总产出影响的 Leontief 逆矩阵可以分解为区域间反馈效应、区域间溢出效应和区域内乘数效应的乘积。但这样的分解并不能把三种效应完全区分开来。例如，$F^{11}L^{11}$ 既包括区域 1 最终需求增加一个单位对区域 1 总产出造成的影响(体现在 L^{11} 上)，也包括区域 1 最终需求增加一个单位时对区域 2 总产出造成影响进而由区域 2 带给区域 1 的反馈效应(体现在 F^{11} 上)，亦即这一反馈效应既包括了区域内的乘数效应又包括了区域间的反馈效应。又如，$F^{22}S^{21}L^{11}$ 既包括区域 1 最终需求增加一个单位对区域 2 总产出造成的影响(体现在 $S^{21}L^{11}$ 上)，又包括了由区域 2 对区域 1 的外溢性影响所带来的区域 1 对区域 2 的反馈性影响(体现在 F^{22} 上)。因此，为了排除区域内的乘数效应以测算纯粹的区域间反馈效应，Round(2001)把(2)式表示成加法分解的形式：

$$\begin{aligned}\begin{pmatrix}X^1\\X^2\end{pmatrix}&=\left\{\begin{bmatrix}L^{11}&0\\0&L^{22}\end{bmatrix}+\begin{bmatrix}0&S^{12}\\S^{21}&0\end{bmatrix}\begin{bmatrix}L^{11}&0\\0&L^{22}\end{bmatrix}+\begin{bmatrix}F^{11}-I&0\\0&F^{22}-I\end{bmatrix}\begin{bmatrix}I&S^{12}\\S^{21}&I\end{bmatrix}\begin{bmatrix}L^{11}&0\\0&L^{22}\end{bmatrix}\right\}\begin{bmatrix}Y^1\\Y^2\end{bmatrix}\\&=\begin{bmatrix}L^{11}Y^1\\L^{22}Y^2\end{bmatrix}+\begin{bmatrix}S^{12}L^{22}Y^2\\S^{21}L^{11}Y^1\end{bmatrix}+\begin{bmatrix}(F^{11}-I)L^{11}Y^1+(F^{11}-I)S^{12}L^{22}Y^2\\(F^{22}-I)S^{21}L^{11}Y^1+(F^{22}-I)L^{22}Y^2\end{bmatrix}\end{aligned}\tag{4}$$

等式最右边第一部分测度区域内的乘数效应，第二部分测度区域间的溢出效应，第三部分测度区域间的反馈效应。从第三部分可以看出，区域间的反馈效应包括两个部分：一部分是由本地区的最终需求变化诱发的本地区总产出，另一部分是由另一地区最终需求变化诱发的本地区总产出。在测算区域间反馈效应时，假设区域 2 的最终需求没有变化，只计算由本地区最终需求变化引起的本地区产出增量。

区域间溢出效应和反馈效应的具体计算可以参照单一地区投入产出模型中对影响力系数的测度方式进行。在单一地区的投入产出模型中，影响力系数 $b_{cj}=\sum_{i=1}^{n} b_{ij}$，是对完全消耗系数矩阵的列项相加，反映是对完全消耗系数矩阵的列项相加，反映当第 j 部门增加一个单位最终产品时，对各个部门产品的需求波及程度。同理，区域间的溢出效应和反馈效应的测算也可以通过对反映溢出效应和反馈效应的矩阵进行列项相加来求得。令 $e'=(1,1,\cdots,1)$，则区域间溢出效应和反馈效应的测算可以表示如下：

区域间溢出效应：$SO^{tr}=e'S^{tr}L^{rr}=e'(I-A^{tt})^{-1}A^{tr}(I-A^{rr})^{-1}$ (5)

区域间反馈效应：

$$\begin{aligned}FB^{rr}&=e'(F^{rr}-I)L^{rr}\\&=e'\{[I-(I-A^{rr})^{-1}A^{rt}(I-A^{tt})^{-1}A^{tr})]^{-1}-I\}(I-A^{rr})^{-1}\\&=e'[(I-S^{rt}S^{tr})^{-1}-I](I-A^{rr})^{-1}\end{aligned} \tag{6}$$

(5)式中，SO^{tr} 是一个 1Xn 的行向量。其中的元素 SO_j^{tr} 表示 r 地区 j 部门增加一个单位的，最终产品所引起的 t 地区所有部门产出的增量之和。(6)式中的 FB^{rr} 也是一个行向量也是一个行向量，其中的元素FB_j^{rr} 表示由于 r 地区 j 部门增加一个单位的最终产品，引起 t 地区总产量发生变化，进而又由 t 地区反过来对 r 地区各部门引发的产出增量之和。

为了明确测算一个地区一个单位最终产品的变化所带来的区域间溢出效应和反馈效应，可以按照该地区最终产品的部门使用结构，把这一个单位的最终产品在不同部门间进行分配，并以之作为权重向量，对 SO^{tr} 和FB^{rr} SO^{tr} 和FB_j^{rr} 进行加权相加。设 a 为 r 地区一个单位最终产品的部门使用结构列向量，则有：

加权的区域间溢出效应之和：$SO^{tr}a$ (7)

加权的区域间反馈效应之和：$FB^{rr}a$ (8)

(二)模型扩展

本文在 Miller-Round 两区域投入产出模型的基础之上，建立三区域投入产出模型，基本形式如下：

$$\begin{pmatrix}A^{11}&A^{12}&A^{13}\\A^{21}&A^{22}&A^{23}\\A^{31}&A^{32}&A^{33}\end{pmatrix}\begin{pmatrix}X^1\\X^2\\X^3\end{pmatrix}+\begin{pmatrix}Y^1\\Y^2\\Y^3\end{pmatrix}=\begin{pmatrix}X^1\\X^2\\X^3\end{pmatrix} \tag{9}$$

假定式中各元素所代表的含义与两区域模型一致，令 $S^{tr}=(I-A^{tt})^{-1}A^{tr}$，经过对上式进行整理计算可以得出三个地区总产出的表达式，如区域 1 的总产出为：

$$\begin{aligned}X^1=&[I-S^{12}(I-S^{23}S^{32})^{-1}(S^{21}+S^{23}S^{31})\\&-S^{13}(I-S^{32}S^{23})^{-1}(S^{32}S^{21}+S^{31})]^{-1}(I-A^{11})^{-1}Y^1\\&+[I-S^{12}(I-S^{23}S^{32})^{-1}(S^{21}+S^{23}S^{31})\\&-S^{13}(I-S^{32}S^{23})^{-1}(S^{32}S^{21}+S^{31})]^{-1}[S^{12}(I-S^{23}S^{32})^{-1}\\&+S^{13}(I-S^{32}S^{23})^{-1}S^{32}](I-A^{22})^{-1}Y^2\end{aligned}$$

$$+[I-S^{12}(I-S^{23}S^{32})^{-1}(S^{21}+S^{23}S^{31})$$
$$-S^{13}(I-S^{32}S^{23})^{-1}(S^{32}S^{21}+S^{31})]^{-1}[S^{13}(I-S^{32}S^{23})^{-1}$$
$$+S^{12}(I-S^{23}S^{32})^{-1}S^{23}](I-A^{33})^{-1}Y^{3} \tag{10}$$

与两区域模型类似，令：

$$L^{rr}=(I-A^{rr})^{-1}$$
$$D^{rt}=S^{rt}(I-S^{ts}S^{st})^{-1}+S^{rs}(I-S^{st}S^{ts})^{-1}S^{st}$$
$$G^{rr}=[I-S^{rt}(I-S^{ts}S^{st})^{-1}(S^{tr}+S^{ts}S^{st})-S^{rs}(I-S^{st}S^{ts})^{-1}(S^{st}S^{tr}+S^{sr})]^{-1}$$

r、t、s 分别代表三个地区，可以对三区域总产出进行如下的加法分解：

$$\begin{pmatrix}X^1\\X^2\\X^3\end{pmatrix}=\left[\begin{pmatrix}L^{11}&0&0\\0&L^{22}&0\\0&0&L^{33}\end{pmatrix}+\begin{pmatrix}I&D^{12}&D^{13}\\D^{21}&I&D^{23}\\D^{31}&D^{32}&I\end{pmatrix}\begin{pmatrix}L^{11}&0&0\\0&L^{22}&0\\0&0&L^{33}\end{pmatrix}\right.$$
$$\left.+\begin{pmatrix}G^{11}-I&0&0\\0&G^{22}-I&0\\0&0&G^{33}-I\end{pmatrix}\begin{pmatrix}I&D^{12}&D^{13}\\D^{21}&I&D^{23}\\D^{31}&D^{32}&I\end{pmatrix}\begin{pmatrix}L^{11}&0&0\\0&L^{22}&0\\0&0&L^{33}\end{pmatrix}\right]$$

$$\begin{pmatrix}Y^1\\Y^2\\Y^3\end{pmatrix}=\begin{pmatrix}L^{11}Y^1\\L^{22}Y^2\\L^{33}Y^3\end{pmatrix}+\begin{pmatrix}D^{12}L^{22}Y^2+D^{13}L^{33}Y^3\\D^{21}L^{11}Y^1+D^{23}L^{33}Y^3\\D^{31}L^{11}Y^1+D^{32}L^{22}Y^2\end{pmatrix}$$
$$+\begin{pmatrix}(G^{11}-I)L^{11}Y^1+(G^{11}-I)D^{12}L^{22}Y^2+(G^{11}-I)D^{13}L^{33}Y^3\\(G^{22}-I)D^{21}L^{11}Y^1+(G^{22}-I)L^{22}Y^2+(G^{22}-I)D^{23}L^{33}Y^3\\(G^{33}-I)D^{31}L^{11}Y^1+(G^{33}-I)D^{32}L^{22}Y^2+(G^{33}-I)L^{33}Y^3\end{pmatrix} \tag{11a}$$

即 $X^1=L^{11}Y^1+(D^{12}L^{22}Y^2+D^{13}L^{33}Y^3)$
$$+[(G^{11}-I)L^{11}Y^1+(G^{11}-I)D^{12}L^{22}Y^2$$
$$+(G^{11}-I)D^{13}L^{33}Y^3 \tag{11b}$$

则可以通过 L^{11} 测算区域 1 的区域内乘数效应，通过 $D^{12}L^{22}$ 测算区域 2 对区域 1 的溢出效应，通过 $D^{13}L^{33}$ 测算区域 3 对区域 1 的溢出效应，通过 $(G^{11}-I)L^{11}$ 测算区域 1 得到的的反馈效应。区域 2、区域 3 三大效应的测算依此类推。

四、实证分析

(一)京津冀区域间投入产出表的编制

本文采用 MRIO 模型进行京津冀区域间投入产出表的编制。其基本形式如表 1(见下页)。

表 1 中，X_{ij}^{rs} 表示区域 s 部门 j 在生产中对区域 r 部门 i 产品的中间使用或投入，F_i^{rs} 表示区域 r 部门 i 的产品提供给区域 s 用作最终使用的产品，V_j^s 表示区域 s 部门 j 的最初投入，X_i^r 表示地区 r 部门 i 的总产出。MRIO 模型中的平衡关系式为：$X=CA^dX+CF$，其中：

$$A^d=\begin{pmatrix}A^{11}&0&\cdots&0\\0&A^{22}&\cdots&0\\\vdots&\vdots&\ddots&\vdots\\0&0&\cdots&A^{mm}\end{pmatrix} \tag{12}$$

表 1　多区域投入产出表的基本形式

		中间使用							最终使用			总产出
		区域1			…	区域m			区域1	…	区域m	
		部门1	…	部门n		部门1	…	部门n				
中间投入 区域1	部门1	X_{11}^{11}	…	X_{1n}^{11}	…	X_{11}^{1m}	…	X_{1n}^{1m}	F_1^{11}	…	F_1^{1m}	X_1^1
	…	…	…	…	…	…	…	…	…	…	…	…
	部门n	X_{n1}^{11}	…	X_{nn}^{11}	…	X_{n1}^{1m}	…	X_{nn}^{1m}	F_n^{11}	…	F_n^{1m}	X_n^1
	⋮	…	…	…	…	…	…	…	…	…	…	…
区域m	部门1	X_{11}^{m1}	…	X_{1n}^{m1}	…	X_{11}^{mm}	…	X_{1n}^{mm}	F_1^{m1}	…	F_1^{mn}	X_1^m
	⋮	…	…	…	…	…	…	…	…	…	…	…
	部门n	X_{n1}^{m1}	…	X_{nn}^{m1}	…	X_{n1}^{mm}	…	X_{nn}^{mm}	F_n^{m1}	…	F_n^{mm}	X_n^m
最初投入		V_1^1	…	V_n^1	…	V_1^m	…	V_n^m				
总投入		X_1^1	…	X_n^1	…	X_1^m	…	X_n^m				

A^d 表示m个地区的区域投入系数矩阵。对角线上的矩阵A^{rr}是r地区的区域内直接投入系数矩阵，是一个$n \times n$的矩阵，其中的元素a_{ij}^{rr}表示地区r部门j单位产出对本地区部门i产品的直接消耗量。X、F为m个地区的总产出和最终产品列向量。A^d、X、F均可以在北京、天津、河北、全国四张投入产出表的基础上求出。编制区域间投入产出表最困难的地方在于求出区域间贸易系数矩阵C。以下进行简要说明。

根据 Leontief 和 Strout(1963)提出的引力模型法，可以估算区域间各部门产品贸易量。公式如下：

$$t_i^{RS} = \frac{X_i^R \, d_i^S}{\sum_R X_i^R} Q^{RS} \tag{13}$$

其中，t_i^{RS}为部门i从区域R到区域S的流出量，X_i^R为区域R部门i的总产出量，d_i^S为区域S对部门i的总需求量，$\sum_R X_i^R$为全部区域部门i的总产出，Q^{RS}为商品从区域R到区域S的贸易参数。X_i^R、d_i^S、$\sum_R X_i^R$均可以直接求出，关键是Q^{RS}的计算。

本文仿照井原(1979,1996)引入运输量分布系数来推算区域间的贸易参数,公式如下:

$$Q^{RS}=\frac{H^{RS}}{\frac{H^{RO}H^{OS}}{H^{OO}}} \tag{14}$$

其中,Q^{RS} 表示从区域R到区域S的贸易参数,H^{RS} 为从区域R到区域S重要产品的运输量,H^{RO} 为区域R重要产品总的发送量,H^{OS} 为区域S重要产品总的到达量,H^{OO} 为全部区域重要产品总的发送量。本文利用《中国交通年鉴2012》中有关国家铁路行政区域间货物交流的统计数据(见表2)进行计算,得出如表3所示的四地间贸易系数表。

表2　京津冀铁路货运流量表

发送/到达	北京	天津	河北	其他地区	合计
北京	72	216	488	447	1223
天津	68	3172	2120	1432	6792
河北	1001	3605	7290	4905	16801
其他地区	1645	4662	52580	167452	226339
合计	2786	11655	62478	174236	251155

资料来源:《中国交通年鉴2012》。

表3　四地贸易系数表

	北京	天津	河北	其他地区
北京	5.3072	3.8059	1.6040	0.5268
天津	0.9026	10.0639	1.2547	0.3039
河北	5.3711	4.6238	1.7442	0.4208
其他地区	0.6552	0.4439	0.9338	1.0664

由(7)式,对于每一个部门 i,都可以建立一个如表4所示的区域间产品流动矩阵:

表4　部门i产品的区域间流动矩阵

流出区域	流入区域			
	1	2	3	4
1	t_i^{11}	t_i^{12}	t_i^{13}	t_i^{14}
2	t_i^{21}	t_i^{22}	t_i^{23}	t_i^{24}
3	t_i^{31}	t_i^{32}	t_i^{33}	t_i^{34}
4	t_i^{41}	t_i^{42}	t_i^{43}	t_i^{44}

但这时的区域间各部门产品贸易量 t_i^{RS} 只是估计值,还应根据四地各部门流入流出总量对其进行RAS法调整,直到其总值与各区域间流入流出总量一致。调整完毕之后,对列区域S的部门 i,其列和用 $T_i^{RS}=\sum_R t_i^{RS}$ 表示,含义为所有区域部门 i 产品对区域S的全部流出量。区域间贸易系数 C_i^{RS},即区域R部门 i 产品对区域S的流出量在区域S部门 i 的产品总流入量中所占的比例,为:

$$C_i^{RS} = \frac{t_i^{RS}}{T_i^{RS}} = \frac{t_i^{RS}}{\sum_R t_i^{RS}} \tag{15}$$

对于每一个部门都可以得到一组相应的区域间贸易系数 C_i^{RS}，两区域之间 17 部门的贸易系数矩阵即为 $C^{RS} = \begin{bmatrix} C_1^{RS} \\ \vdots \\ C_{17}^{RS} \end{bmatrix}$ 。出于运算需要，令对角矩阵：

$$\hat{C}^{RS} = \begin{bmatrix} C_1^{RS} & 0 & \cdots & 0 \\ 0 & C_2^{RS} & \cdots & 0 \\ \vdots & \vdots & \ddots & \vdots \\ 0 & 0 & \cdots & C_{17}^{RS} \end{bmatrix}, \text{再令 } C = \begin{bmatrix} \hat{C}^{11} & \hat{C}^{12} & \hat{C}^{13} & \hat{C}^{14} \\ \hat{C}^{21} & \hat{C}^{22} & \hat{C}^{23} & \hat{C}^{24} \\ \hat{C}^{31} & \hat{C}^{32} & \hat{C}^{33} & \hat{C}^{34} \\ \hat{C}^{41} & \hat{C}^{42} & \hat{C}^{43} & \hat{C}^{44} \end{bmatrix} \tag{16}$$

即可通过公式 $X = CA^dX + CF$ 把中间产品和最终产品流量求出。

(二)京津冀三类效应的测算与分析

在完成京津冀区域间投入产出表的编制工作之后，本文利用扩展后的 Miller－Round 模型对京津冀各自的区域内乘数效应、区域间的溢出与反馈效应进行了测算。需要特别说明的是，因为京津冀区域间投入产出表分为北京、天津、河北以及全国其他地区四个部分，因此在运用三区域投入产出模型进行测算的时候，需要把其他地区的数据剔除。最后得出如下结果：

1. 总体情况

表 5　京津冀区域内乘数效应、区域间外溢效应与受溢效应值比较

地区	项目	北京	天津	河北	外(受)溢合计	受溢、外溢之差
北京	外溢效应	21.251	1.815	9.999	11.814	－6.311
	受溢效应		3.435	2.068	5.503	
天津	外溢效应	3.435	22.677	8.131	11.566	－7.843
	受溢效应	1.815		1.908	3.723	
河北	外溢效应	2.068	1.908	21.171	3.976	14.254
	受溢效应	9.999	8.131		18.130	

表 6　京津冀区域内乘数效应、区域间外溢效应与受溢效应加权值比较

地区	项目	北京	天津	河北	外(受)溢合计	受溢、外溢之差
北京	外溢效应	1.238	0.106	0.569	0.674	－0.364
	受溢效应		0.208	0.102	0.310	
天津	外溢效应	0.208	1.344	0.467	0.675	－0.464
	受溢效应	0.106		0.106	0.212	
河北	外溢效应	0.102	0.106	1.241	0.208	0.827
	受溢效应	0.569	0.467		1.036	

注：外溢效应为本区域对其他区域溢出；受溢效应为其他区域向本区域溢出；区域重合处为区域内乘数效应。

表 7　京津冀区域间反馈效应值比较

地区	北京	天津	河北
合计	1.182	0.923	1.551
加权合计	0.064	0.056	0.082

表 5 列示了京津冀三区域各自的乘数效应，以及两两区域间的溢出效应的 17 部门后向联系测度结果。表 6 是表 5 经过加权计算的结果。表 7 给出了未加权和加权后的京津冀区域间反馈效应的 17 部门后向联系测度结果。根据这三张表可以对京津冀三地各自的产业发展情况、三地之间的经济联系进行总体意义上的分析。

(1)乘数效应值比较

首先，未加权的乘数效应值表示当一个区域的 17 个产业部门同时增加一个单位的最终产出时，由于区域内各产业部门之间的相互联系所引起的该地区总产出的增量。由表 5 可知，从未加权的区域内乘数效应值来看，北京 17 个产业部门乘数效应的后向联系值为 21.251，天津为 22.677，河北为 21.171。说明当京津冀各自的 17 个产业部门同时增加 1 亿元的最终产出时，三地将分别增加 21.251、22.677、21.171 亿元的产出。这表明，三地中天津内部的产业关联性最强，由此引起的产出增量最多；北京次之；河北内部的产业关联性最差，由产业关联带来的乘数效应最小。其次，加权平均的区域内乘数效应值表示当一个地区按照其最终产品的部门使用结构增加共计一个单位的最终产出时，由地区内部的产业关联带来的产出增量。与未加权的乘数效应值相比，考虑到了各地最终产品的部门使用结构。由表 6 可知，北京加权之后的区域内乘数值为 1.238，天津为 1.344，河北为 1.241。说明当京津冀按照其各自最终产品的部门使用结构增加共计一亿元最终产品时，能够分别带动 1.238、1.344、1.241 亿元的总产出。与未加权的情况相比，河北乘数效应增大了，主要原因在于河北省最终使用的部门结构中占较大比例的部门同时是区域内乘数效应较大的部门。

(2)溢出效应值比较

未加权的区域间溢出效益值表示当一个区域的 17 个产业部门同时增加一个单位的最终产出时，由于对其他地区产品使用的增加所引起的其他地区总产出的增量。由表 5 可知，从未加权的区域间溢出效应来看，在各区域对其他区域的溢出效应（简称外溢效应）的合计值中，北京最大，为 11.814。说明当北京 17 个产业部门同时增加一亿元的最终产出时，将带动天津和河北一共增加 11.814 亿元的总产出。天津外溢效应合计值次于北京，河北外溢效应合计值最小。说明在京津冀区域经济发展中，北京对其他地区的带动作用最强，河北带动作用最弱。这可以从经济发展水平以及地理位置两方面进行解释：北京经济发展水平高，而且位于京津冀区域的中心位置，对河北和天津溢出效应较强；河北经济发展水平不高，并且一些地区位于京津冀区域边缘地带，导致其对京津的外溢效应小。另外，在各区域接受其他区域的溢出效应（简称受溢效应）合计值的排序中，河北最大，北京次之，天津最小。天津受溢效应最小主要是因为其经济结构具有外向型特征，出口贸易依存度高，经济增长受海外需求的影响大，受周边地区的影响较小。经过加权合计的效应值基本上也呈现出同样的特点。

(3)反馈效应值比较

未加权的区域间反馈效应值表示当一个区域的 17 个产业部门同时增加一个单位的

最终产出时，通过带动其他地区总产出增加而反过来引起的本地区总产出的增量。由表 7 可知，从未加权的区域间反馈效应值来看，北京 17 个产业部门反馈性影响的后向联系值合计为 1.182，天津为 0.923，河北为 1.551。说明当京津冀各自的 17 个产业部门同时增加 1 亿元的最终产出时，通过影响其他两地总产出的增加而反过来引起的本地总产出的增量分别为 1.182、0.923、1.551 亿元。河北得到的反馈效应最大，北京次之，天津最小。其次，加权合计的区域间反馈效应值表示当一个地区按照其最终产品的部门使用结构增加共计一个单位的最终产出时，由于引起其他地区总产出增加而反过来带来的当地产出增量。由表 7 可知，北京加权的区域间反馈效应为 0.064，天津为 0.056，河北为 0.082，与未加权的情况基本一致。河北的反馈效应最大，主要原因在于北京和天津对河北的外溢效应较大，而反馈效应依赖于溢出效应。同理，天津的反馈效应最小，主要原因在于北京和河北对天津的外溢效应较小。

(4)三大效应对各地总产出的贡献比较

上述对三大效应的测度是在京津冀三地最终产出增幅相同的假设下进行的，反映的是京津冀区域间空间关联的结构性特征，但并不能说明三大效应对三地总产出实际就带来了这么大的影响。要得出三大效应对总产出的实际影响还需考虑三地最终产出的规模。表 8—10 给出了 2012 年北京、天津、河北三地的区域内乘数效应、区域间溢出效应和反馈效应的实际数值以及三大效应对三地总产出的贡献率，从中可以分析不同效应对三地经济增长的实际作用大小。

表 8　三大效应对北京总产出的贡献　　单位：亿元

	区域内乘数效应	北京从天津受溢效应	北京从河北受溢效应	区域间反馈效应
17 产业部门合计	1112581359	62251747	46756471	57656826
对总产出贡献率(%)	87.0	4.9	3.7	4.4

表 9　三大效应对天津总产出的贡献　　单位：亿元

	区域内乘数效应	天津从北京受溢效应	天津从河北受溢效应	区域间反馈效应
17 产业部门合计	401932887	94847372	48507654	16703951
对总产出贡献率(%)	71.5	16.9	8.6	3.0

表 10　三大效应对河北总产出的贡献　　单位：亿元

	区域内乘数效应	河北从北京受溢效应	河北从天津受溢效应	区域间反馈效应
17 产业部门合计	567178268	511106949	139663453	37527377
对总产出贡献率(%)	45.2	40.7	11.1	3.0

由以上三个表格可知，从对总产出的贡献率来看，河北比北京和天津两地表现出更强的依赖于外界经济拉动的特征。一方面，从受溢效应对总产出的贡献率来看，河北从北京和天津得到的受溢效应占河北总产出的 51.8%，天津从京冀两地得到的受溢效应占其总

产出的25.5%,北京从津冀两地得到的受溢效应只占其总产出的8.6%。这说明在京津冀区域中,河北的经济发展较多地依赖于京津两地对其的拉动作用。另一方面,从区域内乘数效应来看,北京的区域内乘数效应值占其总产出的87%,天津的区域内乘数效应值占其总产出的71.5%,河北的区域内乘数效应值只占其总产出的45.2%。这说明河北内部经济联系较弱,地区内部产业关联对经济增长的拉动作用较小,产业自我调节和可持续发展能力弱。将两方面结合起来可以解释为什么在北京和天津对河北具有较大溢出效应的背景下,河北经济仍然发展乏力。其主要原因即在于河北内部产业的关联性不强,产业的自我整合和发展能力弱,没能充分利用有利的区域经济互动关系来发展自身经济。

2. 分产业情况

京津冀总体经济联系可以进一步归结到不同产业间的联系上来。表11－14详细列示了三大效应分不同产业的测度结果,表15给出了不同产业总产出中三大效应的贡献率。由此可以分析京津冀产业间的关联特征。

(1)乘数效应值比较

表11给出了京津冀三地分产业的区域内乘数效应值以及按照乘数效应值由大到小进行的产业排序。从中可以对京津冀各自区域内部的产业关联情况进行分析。

表11 区域内乘数效应以及乘数效应由大到小的产业排序

产业代码	北京	天津	河北	北京	天津	河北
1	1.1491	1.2020	1.0647	14	12	9
2	1.1885	1.2864	1.2016	12	11	12
3	1.2254	1.2591	1.2463	11	9	7
4	1.1550	1.1883	1.2215	10	7	14
5	1.2360	1.1935	1.2020	16	10	10
6	1.1840	1.3893	1.1945	5	15	11
7	1.1794	1.4030	1.3554	3	6	15
8	1.2150	1.3164	1.2853	8	14	8
9	1.1323	1.4872	1.4393	17	13	3
10	1.2662	1.3973	1.3288	13	8	4
11	1.3936	1.4882	1.3146	15	2	5
12	1.4621	1.5468	1.3577	2	3	2
13	1.2026	1.3340	1.1896	6	16	6
14	1.6135	1.3781	1.3472	7	1	13
15	1.1909	1.3970	1.3120	4	5	1
16	1.2450	1.2254	1.0571	1	4	16
17	1.2128	1.1850	1.0537	9	17	17
合计	**21.2512**	**22.6772**	**21.1713**			

注:产业代码含义如下:1农业;2采选业;3食品制造及烟草加工业;4纺织服装业;5木材加工及家具制造业;6造纸印刷及文教用品制造业;7石化工业;8非金属矿物制品业;9金属制品业;10机械工业;11交通运输设备制造业;12电子机械及电子通信设备制造业;13其他制造业;14电力、蒸汽、热水、煤气及自来水的生产和供应业;15建筑业;16商业、运输业;17其他服务业。

由表 11 可知，分地区来看，北京区域内乘数效应排名前五位的产业依次是电力、蒸汽、热水、煤气及自来水的生产和供应业，电子机械及电子通信设备制造业，交通运输设备制造业，机械工业以及商业、运输业；天津排名前五位的依次是电子机械及电子通信设备制造业，交通运输设备制造业，金属制品业，石化工业，机械工业；河北排名前五位的依次是金属制品业，电子机械及电子通信设备制造业，石化工业，电力、蒸汽、热水、煤气及自来水的生产和供应业以及机械工业。与北京相比，天津乘数效应排名前五的产业中既有先进制造业，又有重化工业，工业体系较为完备，区域内产业关联度较高。这为上文中提及的天津区域内总体乘数效应比北京大提供了解释。与津冀相比，北京的商业、运输业和其他服务业在产业乘数效应值的排序中相对靠前，这表明京津冀区域中北京的服务业较为发达。综合绝对值和排序值两个指标来看，河北的金属制品业、石化工业对当地经济发展的拉动作用最强，与当前国家对河北的产业规划方向一致。但河北的商业、运输业和其他服务业乘数效应排名最后，说明其第三产业不够发达。总的来看，京津冀区域内乘数效应较大的部门集中在制造业和重化工业上，而农业的乘数效应较小，对地区经济发展的带动作用弱。

(2)溢出效应值比较

表 12 给出了京津冀两两区域间分产业的溢出效应值。表 13 按照各产业溢出效应值的大小对其进行了排序。结合两张图可以分析一地区的哪些产业对另一地区经济增长的拉动能力强。

表 12 京津冀区域间分产业的溢出效应

产业代码	北京溢出天津	天津溢出北京	北京溢出河北	河北溢出北京	天津溢出河北	河北溢出天津
1	0.0470	0.1349	0.3615	0.0274	0.3193	0.0220
2	0.1257	0.1287	0.8113	0.0959	0.4046	0.0914
3	0.0791	0.1403	0.5953	0.0988	0.4516	0.0739
4	0.0576	0.1367	0.5350	0.1110	0.4485	0.0600
5	0.0905	0.1304	0.5828	0.1361	0.4371	0.0843
6	0.1067	0.1941	0.5786	0.1251	0.5338	0.1085
7	0.0967	0.2564	0.5805	0.1607	0.5773	0.1616
8	0.11837	0.2122	0.6972	0.1240	0.5247	0.1154
9	0.1882	0.1790	0.9780	0.1391	0.7527	0.1943
10	0.1383	0.1954	0.6642	0.1084	0.5424	0.1517
11	0.1394	0.2854	0.5732	0.1122	0.5360	0.1569
12	0.1760	0.3152	0.6353	0.1593	0.5185	0.1883
13	0.0967	0.1441	0.4658	0.1056	0.3573	0.1188
14	0.1325	0.4113	0.7313	0.3175	0.5994	0.1780
15	0.1301	0.2169	0.7324	0.1030	0.6769	0.1340
16	0.0490	0.1863	0.2602	0.0664	0.2344	0.0349
17	0.0431	0.1677	0.2165	0.0773	0.2168	0.0341
合计	**1.8151**	**3.4352**	**9.9991**	**2.0678**	**8.1312**	**1.9082**

表 13　京津冀区域间溢出效应由大到小的产业排序

北京溢出天津	天津溢出北京	北京溢出河北	河北溢出北京	天津溢出河北	河北溢出天津
9	14	9	14	9	9
12	12	2	7	15	12
11	11	15	12	14	14
10	7	14	9	7	7
14	15	8	5	10	11
15	8	10	6	11	10
2	10	12	8	6	15
8	6	3	11	8	13
6	16	5	4	12	8
7	9	7	10	3	6
13	17	6	13	4	2
5	13	11	15	5	5
3	3	4	3	2	3
4	4	13	2	13	4
16	1	1	17	1	16
1	5	16	16	16	17
17	2	17	1	17	1

分产业的溢出效应可以反映一个地区对另一个地区生产的某种产品的依赖性，即如果一个地区对另一地区的某种产业的溢出效应较大，则说明该地区生产中较多地使用了另一地区的某种产品，并通过对其产品的购买带动了另一地区的经济发展。此外，溢出效应还可以反映区域间不同产业的技术转移。因为在投入产出分析中，技术转移通常体现在产业间的产品流动上。如果一个产业在生产过程中需要其他地区的产品投入，则可以认为该产业同时向其他地区购买了包含在这些产品中的技术。

由表 13 可知，河北对北京溢出效应较大的几个产业为电力、蒸汽、热水、煤气及自来水的生产和供应业，石化工业，电子，电器设备制造业以及金属制品业，与河北对天津溢出效应较大的几个产业一致，而且这几个产业在河北省境内的乘数效应也很大。说明河北省石化工业，电子、电器设备制造业以及金属制品业等产业的发展承接了来自北京和天津的大量技术转移，并对自身经济发展产生了较大的带动作用。北京对天津溢出效应较大的五个部门中，有三个部门与天津对北京溢出效应较大的部门一致，为交通运输设备制造业，电子、电器设备制造业以及电力、蒸汽、热水、煤气及自来水的生产和供应业。这一方面说明这几个产业的产业链较长、在京津之间的产业关联度较高，另一方面也说明京津的这些产业之间存在着技术的相互交流与学习。北京对河北溢出效应较大的几个产业为金属制品业，采选业，建筑业，电力、蒸汽、热水、煤气及自来水的生产和供应业以及非金属矿物制品业；天津对河北溢出效应较大的几个产业为金属制品业，建筑业，电子机械及电子通信设备制造业，石化工业和机械工业。可以看出，北京和天津从河北购买的产品大多为资源密集型或劳动密集型产品。

(3)反馈效应值比较

表 14 给出了京津冀三地分产业的区域间反馈效应值,并按反馈效应值由大到小的顺序对产业进行了排序。从中可以分析三地哪些产业在拉动其他地区产出增长的同时反过来也可以较大地拉动自身经济发展。

表 14　区域间反馈效应以及反馈效应由大到小的产业排序

产业代码	北京	天津	河北	北京	天津	河北
1	0.0330	0.0283	0.0180	14	9	14
2	0.0769	0.0424	0.0738	9	15	9
3	0.0520	0.0299	0.0559	12	14	12
4	0.0548	0.0312	0.0546	15	12	7
5	0.0689	0.0314	0.0802	8	11	11
6	0.0694	0.0618	0.0880	2	10	10
7	0.0640	0.0645	0.1264	10	7	15
8	0.0786	0.0558	0.0960	6	6	8
9	0.1094	0.0974	0.1429	5	8	6
10	0.0741	0.0727	0.1133	11	13	13
11	0.0684	0.0781	0.1165	7	2	5
12	0.0860	0.0783	0.1417	4	5	2
13	0.0540	0.0431	0.0856	13	4	3
14	0.1590	0.0807	0.1986	3	3	4
15	0.0794	0.0819	0.1022	1	1	17
16	0.0294	0.0223	0.0281	16	17	16
17	0.0256	0.0231	0.0300	17	16	1
合计	**1.1824**	**0.9230**	**1.5512**			

注:产业代码含义如下:1 农业;2 采选业;3 食品制造及烟草加工业;4 纺织服装业;5 木材加工及家具制造业;6 造纸印刷及文教用品制造业;7 石化工业;8 非金属矿物制品业;9 金属制品业;10 机械工业;11 交通运输设备制造业;12 电子机械及电子通信设备制造业;13 其他制造业;14 电力、蒸汽、热水、煤气及自来水的生产和供应业;15 建筑业;16 商业、运输业;17 其他服务业。

由表 14 可知,从区域间反馈效应绝对值来看,除了农业,采选业,纺织服装业和商业、运输业之外,河北其他产业的反馈效应都比京津两地大。这主要是由于反馈效应依赖于溢出效应,而京津两地许多产业对河北的溢出效应都较大。同时可以发现,与区域间溢出效应相比,区域间反馈效应要小得多。另外,从反馈效应由大到小的产业排序来看,京津冀三地反馈效应较大的部门排序基本一致,电力、蒸汽、热水、煤气及自来水的生产和供应业,金属制品业,电子机械及电子通信设备制造业都排在前四位。这说明这些产业在京津冀区域间的产业链较长,三地之间对这些产业的产品相互需求大,因而互相作用引起的产出也较大。

(4)三大效应对三地各产业产出的贡献率比较

表15列示了京津冀各自区域内乘数效应、区域间溢出效应和反馈效应对各产业总产出的贡献率。从中可以分析三地产出增长中什么效应带来的作用较大。

表15　区域内乘数效应、区域间溢出效应和反馈效应对各产业总产出的贡献(%)

产业	北京			天津			河北		
	乘数效应	溢出效应	反馈效应	乘数效应	溢出效应	反馈效应	乘数效应	溢出效应	反馈效应
1	89.5	7.9	2.6	72.9	25.4	1.7	84.6	14.0	1.4
2	92.8	1.2	6.0	47.0	51.5	1.5	5.7	93.9	0.4
3	83.9	12.5	3.6	84.5	13.5	2.0	52.3	45.4	2.3
4	79.1	17.2	3.8	74.3	23.7	2.0	72.1	24.7	3.2
5	81.7	13.8	4.6	75.4	22.6	2.0	58.8	37.3	3.9
6	92.4	2.2	5.4	48.2	49.7	2.1	15.4	83.4	1.1
7	89.9	5.2	4.9	58.2	39.2	2.7	29.1	68.1	2.7
8	80.8	14.0	5.2	51.4	46.4	2.2	64.1	31.1	4.8
9	83.6	8.3	8.1	39.2	58.2	2.6	43.6	52.1	4.3
10	82.1	13.0	4.8	66.2	30.4	3.4	57.0	38.1	4.9
11	86.3	9.4	4.2	74.7	21.4	3.9	30.1	67.3	2.7
12	83.1	12.0	4.9	75.8	20.3	3.8	26.7	70.5	2.8
13	90.5	5.5	4.0	78.7	18.7	2.5	26.2	71.9	1.9
14	87.3	4.1	8.6	34.6	63.4	2.0	21.0	75.9	3.1
15	61.0	35.0	4.1	78.4	17.0	4.6	63.7	31.3	5.0
16	91.9	6.0	2.2	81.7	16.8	1.5	60.5	37.9	1.6
17	91.1	7.0	1.9	87.1	11.2	1.7	57.5	40.9	1.6

注:表中溢出效应指的是其他地区对本地区的溢出效应。

如同一个地区总产出的分解方法一样,一个产业产出的增长也可以分解为由区域内乘数效应、区域间溢出效应和区域间反馈效应带来的三部分增量。产业的区域内乘数效应反映的是一个地区产业的自我调节和可持续发展能力;产业的区域间溢出效应(此指从其他地区的受溢效应)反映的是其他地区产业对本地区产业的需求拉动作用;产业的区域间反馈效应则反映一个地区产业在拉动其他地区产业发展的同时反过来对自身发展的拉动作用。利用表15可以进行各产业三大效应贡献率的地区间比较。从区域间溢出效应的贡献率来看,河北所有产业均大于北京和天津,说明河北的产业发展相对于京津来说更大程度地依赖于对方的贡献;从区域内乘数效应来看,河北所有产业均小于北京和天津,这说明河北通过自身的产业关联带来的经济效益较小,没能通过整合自身资源来有效带动当地经济发展。过于依赖京津的拉动而本身产业基础较差是河北经济落后的一个原因。

五、总结与建议

本文采用投入产出结构分解技术对京津冀区域内乘数效应、区域间溢出效应和反馈效应进行了总体的以及分产业部门的测算。结果表明，北京和天津对河北的溢出效应较大，两地的经济发展在很大程度上拉动着河北的经济发展；又因为反馈效应依赖于溢出效应，因此河北获得的反馈效应也较大。由此看来，似乎与河北经济发展较落后的事实相违背。实际上，上述对三大效应的测度是在京津冀三地最终产出增幅相同的假设下进行的，反映的是京津冀区域间空间关联的结构性特征，但并不能说明三大效应对三地总产出实际就带来了这么大的影响。要得出三大效应对总产出的实际影响还需考虑三地最终产出的规模。因而本文进一步将三大效应测度结果与三地最终产出规模联系起来，计算三大效应的实际数值以及对三地总产出的贡献率。测算结果表明，河北总产出的增长主要依赖于京津对其的溢出效应，而区域内乘数效应对经济增长的贡献率较低，产业的自我调节和可持续发展能力弱。河北自身产业体系不健全、产业基础薄弱是其经济发展迟缓的主要原因。

以上是从总体层面上对京津冀区域经济关系的总结，要想制定合理的京津冀产业协同发展政策还应该从产业层次去发掘。就河北而言，一方面应该大力发展区域内乘数效应、区域间受溢效应、区域间反馈效应都较大的产业，如石化工业，金属制品业，建筑业和电力、蒸汽、热水、煤气及自来水的生产和供应业等产业，以充分利用区域经济互动关系来发展自身经济；另一方面还应该着力于加强自身的产业体系建设，提高地区内部各产业的关联性，适当提高乘数效应较低的产业如服务业的发展水平，以提高承接京津地区溢出效应的能力。就天津而言，应该改变其外贸依存度过高的特点，发展能从京冀受溢较多的产业，如电子机械及电子通信设备制造业，交通运输设备制造业，机械工业等产业，而且这些产业在天津的区域内乘数效应也较大，可以有效地拉动天津的经济发展。就北京而言，其最大的特点是服务业的区域内乘数效应比其他两地区大得多，所以重点发展服务业是北京正确的选择，而且服务业的发展符合北京首都功能定位的要求。

本文立足于产业间的关联特性对京津冀区域间的溢出与反馈效应进行探讨。但实际上京津冀区域间的经济联系还体现在许多别的方面，包括资金、收入和劳动力的流动等内容。例如，北京吸引了来自河北的大量劳动力，这些劳动力从北京获得的收入对河北经济发展会造成一定程度的影响。但由于篇幅有限，这些内容在本文中并未深入展开。因此更加全面地研究京津冀区域间的溢出与反馈效应将是今后的一项重要工作。

参考文献

[1] 刘强，冈本信广.中国地区间投入产出模型的编制及其问题[J].统计研究，2002，9：58－64.
[2] 潘文卿.中国的区域关联与经济增长的空间溢出效应[J].经济研究，2012，1：54－65.
[3] 潘文卿.中国区域经济发展：基于空间溢出效应的分析[J].世界经济，2015，7：120－142.
[4] 齐亚伟，陈洪章.我国区域产业结构的投入产出关联特征分析[J].宏观经济研究，2017，9：79－91.
[5] 覃成林，杨霞.先富地区带动了其他地区共同富裕吗－基于空间外溢效应的分析[J].中国工业经济，2017，10：44－62.
[6] 张亚雄，赵坤.区域间投入产出分析[M].北京：社会科学文献出版社，2006.

［7］ 张亚雄，赵坤.北京奥运会投资对中国经济的拉动影响——基于区域间投入产出模型的析［J］.经济研究，2008，3：4－15.

［8］ Hang，Q. and Felmingham，B. The Role of FDI，Exports and Spillover Effects in the Regional Development of China. Journal of Development Studies，2002，(38)：157－178.

［9］ Kuo，Chun－Chien and Yang，Chih－Hai. Knowledge Capital and Spillover on Regional Economic Growth：Evidence from China［J］.China Economic Review，2008，(19)：594－604.

［10］ Miller，Round E. and Blair，Peter D. Input－Output Modeis：Some Preliminary Results. Papers of the Regional Science Association，1996，(17)：105－125.

［11］ Ying，L.G. Measuring the Spillover Effects：Some Chinese Evidence［J］.Papers in Regional Science，2000，79(1)：75－89.

［12］ Ying，L.G. Understanding China's Recent Growth Experience：A spatial Econometric Perspective［J］.The Annals of Regional Science，2003，(37)：613－628.

作者简介

邓惠琳，中国人民大学经济学院，硕士研究生。主要研究方向为投入产出分析。邮箱：dhlin13579@126.com。

基于投入产出表分析的广西产业结构调整问题研究

黄荣哲　蔡　幸

摘要：广西正处于三期叠加的特殊阶段，产业结构失衡的问题凸显，转型升级紧迫。如何面对严峻的产业结构失衡问题，未来如何抓住产业结构调整的机会，解决产业失衡走向产业优化，是目前广西区域经济研究的重要课题。首先，回顾改革开放以来广西产业发展与结构调整的历程，总结产业发展的阶段性特征以及主要推动力。然后，在分析《广西投入产出表》和预测"十三五"时期广西产业经济发展状况的基础上，提出未来产业结构调整的主要方向。尤其是在"十三五"期间经济增长速度有可能放缓的特殊情况下，为了保持经济增长和产业结构调整的平稳性，广西在未来的一段时间内必须重点发展通用设备、交通运输设备、电气机械和器材等产业；努力帮助化学产品、金属冶炼和压延加工品、电力热力的生产和供应等产业克服社会总需求放缓所带来的冲击；保持食品和烟草、造纸印刷和文教体育用品等产业的基本平稳。同时，加大对水的生产和供应、水利环境和公共设施管理、文化体育和娱乐等产业的扶持力度，努力实现广西各个产业均衡发展。最后，提出"十三五"期间广西产业结构调整与"一带一路"战略相结合的政策建议。

关键词：产业结构　经济增长　新常态

一、引言

产业结构长期失衡是导致 2008 年国际金融危机的重要原因之一。随着国际金融危机蔓延、恶化波及全球，美国、欧洲等发达国家强烈意识到制造业对于改善经济和就业的重要性，站在国家中长期发展的高度，陆续推出"再工业化"计划，希望推动以制造业升级和发展新兴产业为核心的产业结构调整。

目前，广西正处于三期叠加（即增长速度换档期、结构调整阵痛期、前期刺激政策消化期）的特殊阶段，产业结构失衡的问题凸显，转型升级紧迫。这就要求广西必须兼顾稳增长与调结构的关系，解决第二产业疲弱与第三产业乏力的问题，化解过剩产能与防止经济失速、资源在传统行业与金融部门之间错配以及研发实力难以支持科技产业快速发展等结构性问题。广西如何面对严峻的产业结构失衡问题，未来如何抓住产业结构调整的机会，解决产业失衡走向产业优化，是目前广西区域经济研究的重要课题。

二、广西产业发展与结构调整的历程

(一)第一阶段:20 世纪 80 年代产业结构偏农偏轻、工业薄弱

改革开放政策有力地推动了广西经济的快速发展。1978 年至 1988 年,广西工农业总产值、社会总产值和国民收入依次实现增量为 324.8 亿元、414.2 亿元和 192.1 亿元,平均每年增长 8%、7.9%和 7.5%,均快于前 28 年平均增长 7.7%、7.2%和 5.8%的速度。然而,在 20 世纪 80 年代广西农业人口的比重将近 90%,发展重工业的基础比较薄弱。与国内其他省份相比,广西经济技术发展水平并不具备优势。广西充分利用轻工业投资少、见效快、能耗低、效益高的特点,实行以乡镇企业为主体的轻型产业结构,同时也可以在一定程度上缓解就业压力。在特定的发展阶段上,由于广西无力全面发展重工业,而只能根据自然资源禀赋,有选择地发展有色金属和建材等少数重工业部门。

基于以上区情,20 世纪 80 年代广西产业结构表现出如下特征:

1. 广西产业的区域配置结构不够合理

桂东南与桂西北的关系未处理好,使得本来可以互补互促的关系变成了争投资、争项目、建设“小而全”体系,不利于提高全区综合效益。1985 年,河池百色两地区人口占全区总数 16.99%,面积占 29.27%,工业总产值却仅占 7.32%。1978—1989 年广西三次产业占地区生产总值的比重如图 1 所示。

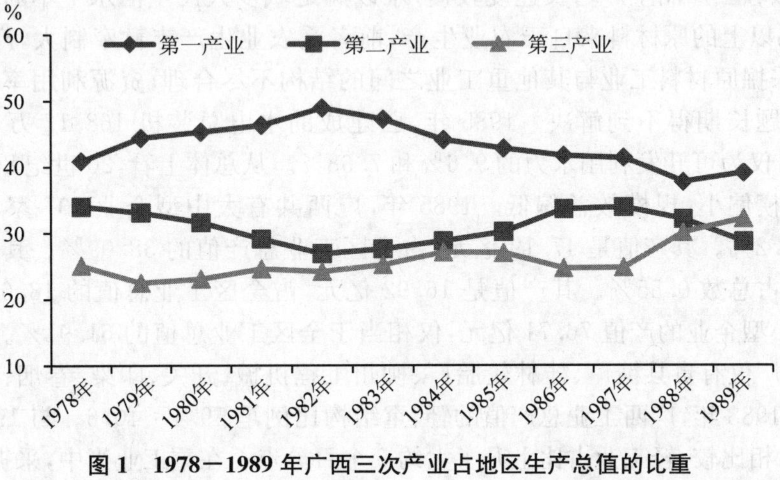

图 1　1978—1989 年广西三次产业占地区生产总值的比重

2. 广西三次产业结构的低端化比较明显

(1)基于三次产业之间的产值比较

1985 年广西的工农业总产值约为 213.9 亿元,其中农业、轻工业和重工业的产值分别为 90 亿元、71.73 亿元和 52.18 亿元。农业、轻工业、重工业产值之间的比例关系是 42.1∶33.5∶24.4,农业与工业产值之间的比例关系则是 42.1∶57.9。与同期的全国农业与工业产值比例 34∶66 相比较,广西农业比重高出全国总体水平大约 8 个百分点。广西三次产业的增加值合计为 183.42 亿元,比例关系是 43.07∶31.32∶25.61,三次产业表

现为"一二三"的格局。与同期的全国三次产业增加值比例 32∶47∶21 相比较，广西第一产业增加值比重高出全国总体水平大约 11 个百分点。到了 1988 年，广西三次产业比重依次为 39.4∶32.7∶27.9。与 1978 年相比，第一产业比重下降 1.3 个百分点，第三产业比重相应上升 1.3 个百分点，第二产业比重不变。1988 年，广西工农业总产值的农、轻、重比重依次为 30.6∶41.2∶28.2。与 1978 年相比，农业比重下降约 9 个百分点，轻工业比重则相应上升，重工业比重基本不变。如果按当年价格计算广西工农业总产值中的农轻重比例，那么 1988 年与 1978 年相比无明显变化，基本上保持在 39∶34∶27 的水平。这说明农业比重下降幅度几乎全被农产品提价因素所抵消。这些比例关系表明，广西当时的产业结构发展水平还比较低。

(2)基于三次产业的内部结构分析

首先，20 世纪 80 年代广西第一产业内部以农业为主，农业中以种植业为主，种植业以粮食为主的传统模式没有发生根本性的变化。林、牧、副、渔业在第一产业的比重偏低，没有能够充分发挥广西地处亚热带、气候资源良好的优势。1988 年，广西农业总产值当中，种植业的比重由 1978 年的 71.2%下降为 1988 年的 56.7%。林、木、副、渔业的比重依次由 1978 年的 4.6%、12.7%、10.4%、1.1%上升到 6.8%、21.9%、12.9%和 2.6%。在种植业产值当中，粮食作物的比重由 1978 年的 75.9%下降为 1988 年的 61.5%。经济作物和其他作物产值比重则相应地上升。

其次，就工业结构而言，广西重工业在工业总产值当中的占比在 20 世纪 80 年代始终没有超过轻工业。基础薄弱的重工在一定程度上又制约着农业和轻工业发展对技术装备的要求，导致轻工产品生产增长速度较慢，难以满足城乡人民生活水平不断提高的需求。轻工业 70%以上的原材料来自于农业生产，前者受农业生产丰歉牵制大，产品竞争力较弱。同时，采掘原材料工业与其他重工业之间的结构不尽合理，资源利用率不高，能源供应紧张的问题长期得不到解决。1985 年，已建成的水电总装机 168.12 万千瓦，发电量 59.46 亿度，仅为可开发利用水力的 9.6%和 7.68%。从总体上看，20 世纪 80 年代广西的工业企业规模偏小，规模效益偏低。1985 年，广西共有大中型企业 207 家，占全区企业 9386 家的 2.2%。其产值是 47.19 亿元，占全区工业总产值的 38.09%。其中，大型企业只有 52 个，占总数 0.55%。其产值是 16.92 亿元，占全区工业总值的 13.66%。占总数 97.79%的小型企业的产值 76.71 亿元，仅相当于全区工业总值的 61.91%。产值在 1 亿元以上的工厂仅有贵县糖厂、桂林轮胎厂、柳州工程机械、开关、印染、卷烟、钢铁、电风扇厂等 8 家。1988 年，广西工业总产值的轻、重结构比例是 59.4∶40.6。与 1978 年的比例 53.6∶46.4 相比较，轻工业占比上升了大约 6 个百分点。在重工业当中，采掘业和原材料工业所占比重由 1981 年的 51%下降至 1988 年的 38.5%，而制造业的比重则相应上升。在轻工业中，以农副产品为原料的产品比重从 1981 年的 78.3%下降至 1988 年的 73.2%。从整体上看，广西工业新兴产业发展不快。1985 年，广西共有电子工业企业 37 家，占全国 4100 家数的 0.9%。其产值 2.96 亿元约占全国电子工业总产值 297.17 亿元的 0.99%。广西电子工业企业职工 18639 人，占全国的比重约为 1.4%。不仅消费类电子产品远不能满足市场需要，而且生产资料类电子产品比重也偏小。电子技术在广西各个经济部门当中的应用水平不高，优质名牌产品少，出口竞争力较弱。虽然机械、食品、纺织、化工等四个产业的产值排名靠前，但是它们却没有形成明显的"前向"和"后向"关联，没有能够很好地发挥带动产业发展全局的效果。

第三，20世纪80年代广西第三产业不够发达，内部结构也不尽合理。1985年，广西第三产业增加值的人均水平是121元，比同期的全国人均水平158元低了23.4%。交通运输业和邮电通讯业无法满足广西经济发展的要求。公路里程短、等级低、路面质量差、桥梁缺少，严重影响了汽车运输效率。而且广西的内河航运也亟待开发、恢复。1985年，全区尚有152个新增的乡没有邮电机构。村民小组的投递面仅在50%左右。农村电话比1980年减少了1384部。边远地区或山区仍有2938个行政村不通电话。1981年至1985年，全国出口额平均每年增长7.1%，而广西同期的年增长率只有0.3%。

(二)第二阶段：20世纪90年代第二、三产业加速、工业地位提升

1992年经济体制改革进入新阶段，以建立社会主义市场经济为目标。广西充分发挥大西南出海通道的区位优势，加快基础设施建设，加大农业综合开发力度，深化工业体制改革，抑制通货膨胀，努力克服自然灾害及东南亚金融危机带来的不利影响，增加投入，扩大内需，农业投入不断增加，农业生产条件改善，重视保护调动农民积极性。调整生产结构，推进产业化经营，发展“两高一优”农业，农业产值不断提高。20世纪90年代后期，固定资产投资保持增长，投资重点向农业、水利、能源等基础设施和基础产业倾斜。工业生产努力适应市场需求，调整产品结构和企业结构，加强企业管理和技术改造。工业支柱产业如制糖、有色金属及汽车工业生产发展较快，第三产业在原有发展基础上增长较平稳。1990—1999年广西三次产业占地区生产总值的比重如图2所示。在这一时期，第二、三产业快速增长。尽管它们在末期的增长速度有所放缓，但比重仍然不断地上升。第一产业增长速度起伏波动大，并且在地区生产总值当中的比重不断下降。三次产业比重从大到小的排序由20世纪90年代初期(例如1992年)的“一三二”转变为20世纪90年代末(例如1999年)的“三二一”。

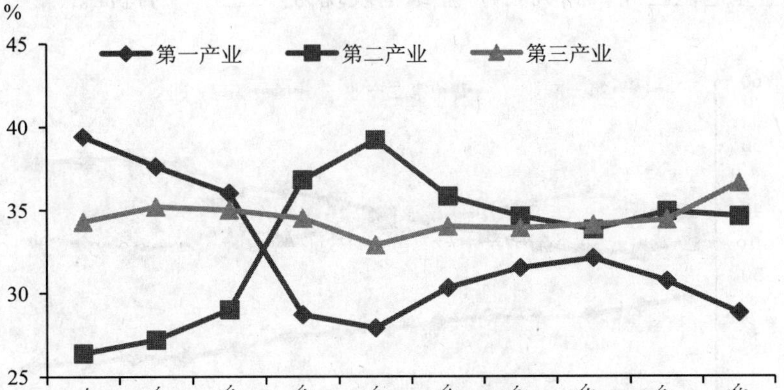

图2　1990—1999年广西三次产业占地区生产总值的比重

值得注意的是，20世纪90年代商品短缺时代结束，市场供求关系发生根本性变化，实现由卖方市场向买方市场的历史性转变。工业产品销售不畅，资金短缺，能源不足，经济效益下降，轻重工业内部结构性矛盾突出。

(三)第三阶段:新世纪以来工业主导地位巩固、非公经济壮大

1. 宏观经济形势推动工业结构调整

进入新世纪以来,尤其是国际金融危机之后,广西工业化进程加快,产业结构得到了进一步优化。目前,我国加工贸易发展的内外部条件正在发生变化,加工贸易增速和占比逐渐降低,产业转入速度放慢,向周边国家转出加快,加贸企业生产要素成本上升。在整体发展速度放缓的背景下,广西与其他内陆沿海地区相比,有特殊的优势。广西不仅拥有庞大的劳动力资源和市场潜力外,还是我国面对东盟地区的重要窗口。因此,广西加工贸易的发展总体要保持政策稳定,推动转型升级;以承接地为重点,引导梯度转移。于是,广西在 2014 年 7 月参照广东、江苏等沿海发达省份的发展模式,结合自身实际情况提出了实施加工贸易倍增计划,有计划地提出和带动了广西承接和发展加工贸易产业。2014 年 7 月,广西提出了“4＋4”、“5＋5”等产业布局,即 4 个加工贸易重点承接地和 4 个海关特殊监管区域、柳州、桂林、防城港、玉林、崇左 5 个城市以及中马钦州产业园区、东兴国家开发开放实验区、南宁高新区、粤桂合作特别试验区和北海工业园 5 个园区,加快形成加工贸易产业集聚的态势。2014 年 1 月至 10 月,广西加工贸易进出口额达 432 亿元。

不仅国家西部大开发战略实施为广西产业结构调整注入强大的内需动力,而且中国—东盟博览会永久落户在广西南宁、中越“两廊一圈”合作、泛珠三角区域合作、南宁—新加坡经济走廊建设、广西北部湾经济区开放开发等给予广西经济发展和产业结构调整提供了重大机遇。国务院《关于进一步促进广西经济社会发展的若干意见》明确提出,广西应该“坚持工业化主导方向”。工业化是广西加快转变经济发展方式的重要举措,是广西发挥后发优势,缩小与发达地区的差距,增强可持续发展能力,实现跨越式发展的必然之路。1999—2013 年广西三次产业占地区生产总值的比重如图 3 所示。第二产业在地区经济当中的主导地位已经得到巩固,产业结构表现为“二三一”的特征。

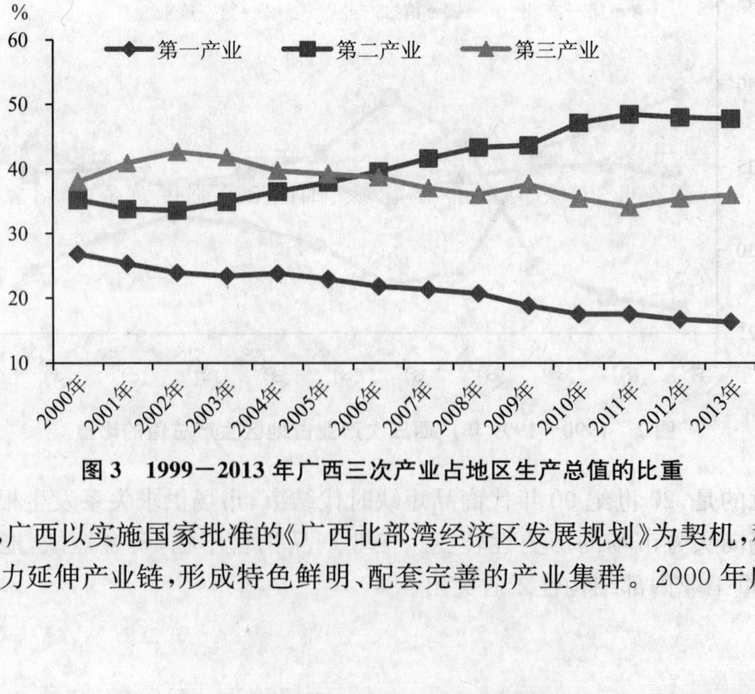

图 3　1999—2013 年广西三次产业占地区生产总值的比重

2008 年,广西以实施国家批准的《广西北部湾经济区发展规划》为契机,积极承接东部产业转移,努力延伸产业链,形成特色鲜明、配套完善的产业集群。2000 年广西工业对经

济增长的贡献率只有35.4%,2008年工业对经济增长的贡献率达50.7%,已成为富民强区的主要推动力。2006年至2009年9月,全区共签订产业合作项目1.1611万个,总投资1.016万亿元,到位资金5211.17亿元,项目涉及有色金属、机械、汽车、石化、建材、电力、电子、造纸等多个行业。广西在汽车配件、石油化工、建材水泥、电子信息、茧丝绸等行业的产业集聚效应逐步显现,钦州石化产业基地、北海电子信息产业园、柳州汽车配件基地等基本形成。以石化产业为例,中国石油国际事业公司在钦州投资200亿元建设大型石化物流仓储项目,中国石油天然气石油公司投资152亿元建设加工1000万吨/年苏丹原油工程项目也落户钦州,中石化投资120亿元抢滩北海建设北海石化项目。2006年至2009年11月,全区共签订石化项目45个,总投资638.06亿元,到位资金278.66亿元。在水泥生产方面,华润、海螺、台泥等水泥"三巨头"相继投资广西。2006年至2009年11月,全区共签订水泥项目100个,总投资215.6亿元,到位资金92.2亿元。其中,华润集团投资了7个水泥项目,总投资55亿元,到位12亿元;安徽海螺集团投资了5个水泥生产线及配套项目,总投资22亿元,到位19亿元;台泥集团在贵港市投资35亿元建设水泥项目,到位6.28亿元。广西电子产业的发展进一步加快。2006年至2009年11月,广西共签订电子项目225个,总投资121.5亿元,到位资金75.8亿元。这包括中国电子科技开发有限公司总投资38亿元建设的中国电子北海产业园项目,玉林市引进的总投资25.92亿元的电子产业项目,以及广州白云电气集团公司投资5.3亿元建设桂林高新白云电器生产项目等,全区电子产业集群初步形成。

目前,广西特色优势产业集群包括:制糖、汽车、石化、电力、有色金属、冶金、建材、造纸与木材加工、医药制造等产业。广西正在加快实施"14+4"重点产业调整和振兴规划。努力培育壮大临海产业集群、积极打造西江产业带、大力发展特色产业为主要方向,以自治区重点产业园区为主要载体,以中国—东盟自由贸易区、泛珠三角等国内外区域合作为主要平台,以加强产业对接和积极承接产业转移为主要形式,积极引进国内外大集团大企业参与广西特色优势产业集群的培育。为此,广西实施"优势资源+强势企业"的招商路子,大力引进国内外行业龙头企业参与广西生物质能源、茧丝绸、中草药、海洋生化等新兴产业的合作,以资源换技术,以产权换资金,以市场换项目,培育产业龙头企业,形成新的经济增长点。同时,围绕提升传统产业开展专题招商,着力加速产业的技术改造,把传统产业做大做强。采取区市联动互动,整合招商部门资源和园区资源优势的方法,共同研究包装产业项目,组织开展园区专题招商活动。2007年至2012年,广西引进世界500强企业45家、中国500强企业30家、中央企业48家、国内500强民营企业48家,招商引资到位资金由2007年的1032亿元增加到2012年的5660亿元,增长4.5倍,优势产业的洼地已初步显现。

2. 非公经济发展迅速

进入新世纪以来,广西大力发展非公经济。2004年广西非公经济增加值1551.32亿元,占广西地区生产总值的45.2%。2008年广西非公经济增加值3800亿元左右,占广西地区生产总值的53%。广西主要年份的工业生产指标如表1所示。无论是从企业数、从业人员、固定资产净值、工业总产值还是利税总额来看,非公经济都是推动广西经济发展的重要力量。

表 1 广西主要年份的工业生产指标

指标	所有制类型	2000 年	2005 年	2010 年	2013 年
企业数（个）	国有经济	1821	791	384	176
	集体经济	548	256	256	119
	非公经济	786	2640	5943	5200
	非公经济占比(%)	24.91	71.60	90.28	94.63
从业人员（人）	国有经济	499646	216272	150499	82746
	集体经济	113488	43455	37757	26592
	非公经济	299354	652375	1316794	1546705
	非公经济占比(%)	32.81	71.52	87.49	93.40
固定资产净值（万元）	国有经济	5207488	3783996	10582569	4606195
	集体经济	468787	179329	154987	171256
	非公经济	3670352	9162738	25927114	43706327
	非公经济占比(%)	39.27	69.81	70.71	90.15
工业总产值（万元）	国有经济	4105570	5534547	12812025	11110366.8
	集体经济	1326206	670825	1176462	1788129.6
	非公经济	4600615	19267816	82452791	170725288
	非公经济占比(%)	45.86	75.64	85.50	92.98
利税总额（万元）	国有经济	476799	933325	1277748	558300.9
	集体经济	96542	45548	105170	252026.5
	非公经济	596783	1956772	11861307	18425421
	非公经济占比(%)	51.00	66.66	89.56	95.79

资料来源：《广西统计年鉴 2014》。

3. 商贸物流产业蓬勃发展

“十二五”期间，广西全面进入高铁时代。广西基本形成以南宁为主枢纽的快速客运网和大能力货运网，实现南宁至北京全程高速铁路贯通运行，区内主要城市开通高速动车，形成以南宁为中心的区内 1 至 2 小时、南宁至周边省会城市 3 小时交通圈，基本建成“一轴四纵四横”现代化快速铁路运输网络。高铁缩小了时空距离，加速了人员、物质、资金、信息、技术等生产要素的流动，增强了城市间的交流与合作，带动相关产业在空间上集聚和结构调整优化。

(四)广西的工业化进程与产业转型系数

1. 工业化进程的判断依据

事实上，判断某个国家或者地区的工业化进程的依据和角度可以是多种多样的。《新帕尔格雷夫经济学大辞典》指出，工业化通常具备 Kuznets(1966，1971)所总结的以下几个基本特征：(1)国民收入(或者地区收入)中制造业活动和第二产业所占比例提高了；(2)在制造业和第二产业的劳动人口比例一般也有增加的趋势；(3)第一产业与第二产业人均劳动生产率之间的差距不断缩小；(4)生产方法和新产品的式样不断变化；(5)城镇人口比例不断提高；(6)资本形成占 GDP 的比重不断增加。虽然这些特征大多数源于英国(特别是英格兰和威尔士)的特殊经验，但是由于英国是工业革命最早的扩散中心，所以人们往往愿意使用这些特征来判断一个国家或者地区的工业化进程。例如，Chenery 和 Syrquin(1975)研究了 1965 年 90 个国家和地区工业化、城市化之间的关系，得出了人均国民生产总值越高、工业化水平越高，城市化水平也越高的结论。Hoffmann(1931，1965)分析了 20 个国家制造业中的消费资料工业和生产资料工业之间的净产值比例关系的变化，并根据这一比值来划分工业化的阶段。其结论是，各国工业化无论开始于何时，通常都具有相同的趋势，即随着一国工业化的进展，霍夫曼比例(也称为霍夫曼系数)呈现出不断下降的趋势。这就是著名的霍夫曼定理。由于工业化阶段的判断标准不尽相同，笔者必须在比较多种标准及其计算结果的基础上综合评价广西所处的工业化阶段，进而才能得到较为可靠的判断。接下来，笔者尝试着以钱纳里标准与霍夫曼标准判断广西目前的工业化进程，并就广西工业化进程的特点进行研究。

(1)钱纳里标准

钱纳里等将经济增长理解为经济结构的调整、转变与提升过程。如表 2 所示，他根据人均 GDP 数值的数值将经济演进的进程分为三个阶段、六个时期。由于表 2 当中的人均收入为 1982 年的美元数据，所以在比较广西目前所处的工业化阶段时必须进行物价和汇率调整。2011－2013 年按当年价格水平计算的广西人均 GDP 分别是 25326 元、27952 元和 30588 元。如果按照人民币与美元的年末中间价折算，那么 2011－2013 年广西人均 GDP 分别是 3921 美元、4428 美元和 4939 美元。根据世界银行公布的 1982 年、2011－2013 年美国 GDP 隐含价格平减指数计算，2011－2013 年广西人均 GDP 分别相当于 1982 年的 1956 美元、2170 美元和 2385 美元。按照钱纳里标准，广西在 2011－2013 年间处于工业化中期。

表 2　钱纳里等关于工业化阶段的划分标准

<table>
<tr><th>人均收入(美元)</th><th colspan="2">所属阶段</th></tr>
<tr><td>364－728</td><td colspan="2">初级产品生产阶段</td></tr>
<tr><td>728－1456</td><td>工业化初期</td><td rowspan="3">工业化阶段</td></tr>
<tr><td>1456－2912</td><td>工业化中期</td></tr>
<tr><td>2912－5460</td><td>工业化后期</td></tr>
<tr><td>5460－8736</td><td>经济发达初期</td><td rowspan="2">经济发达阶段</td></tr>
<tr><td>8736－13104</td><td>经济发达后期</td></tr>
</table>

资料来源：钱纳里等著《工业化和经济增长的比较研究》，上海三联书店 1989 年出版。其中，人均收入为 1982 年的数据。

(2)霍夫曼标准

霍夫曼认为，资本品工业与消费品工业相比，具有资本和技术密集的特点。同时，资本品工业比例增大意味着工业加工程度加深，中间产品与最终产品比例扩大。霍夫曼比例越低，资本品工业规模越大，相应的消费品工业比重越小。所以，霍夫曼比例能够反映工业化进程。如表 3 所示，霍夫曼将工业进程划分为 4 个阶段。

表 3　霍夫曼比例与工业化进程的 4 个阶段

工业化阶段	霍夫曼比例	特征
第 1 阶段	5(±1)	生产资料不发达，其规模远远小于生活资料规模
第 2 阶段	2.5(±1)	生产资料发展较快，其规模仍然稳定地小于生活资料规模
第 3 阶段	1(±0.5)	生产资料与生活资料相当，但两者比例变化不定
第 4 阶段	小于 1	生产资料规模稳定地大于生活资料规模

资料来源：MBA 智库百科“霍夫曼定理”词条。(http://wiki.mbalib.com/)。其中，±表示允许的波动范围。

如果使用轻工业产值与重工业产值的比例替代消费资料工业和生产资料工业之间的净产值比例，那么就可以近似地计算广西工业化进程的霍夫曼系数。如表 4 所示，在 1990 年至 2013 年期间霍夫曼系数从 1.235 下降至 0.429，数值小于 0.5。当然，这样的估计结果可能不太准确。原因是：(1)使用轻工业产值和重工业产值分别替代消费品工业增加值与生产资料工业增加值可能会引起某种程度的误差。(2)新中国成立之后广西和全国其他地区一样长期大力推进“重化工业优先发展”战略，优先发展制造业特别是重化工业。通过工农产品“剪刀差”为制造业发展提供资金积累，限制发展以生产消费品为主的轻工业，轻视第三产业发展等，从而导致重工业实现了超常发展，产业结构关系与标准模式相比有所偏高。结果，霍夫曼系数呈现“虚高度”。于是，一些学者提出了修正意见。例如，杨海军、肖灵机和邹泽清(2008)认为，无论是霍夫曼系数与城市化水平相关联，还是农村消费水平偏低影响霍夫曼系数，农村人口会成为影响霍夫曼系数的一个重要因素。中国农村人口的消费水平普遍较低。由于食品等轻工业产品在农村地区是可以通过自给自足解决的，所以农村人口对食品等轻工业产品的需求会比城市人口少得多。而 GDP 一般仅指市场活动导致的价值，家务劳动、自给自足生产等非市场活动不计入 GDP 之中。一般来说，在农村人口较多的地区统计出来的轻工业产值会比城市人口多的地区低很多。在其它条件相同的情况下，农村人口较多地区的霍夫曼系数会偏小。杨海军、肖灵机和邹泽清(2008)提出，修正后的霍夫曼系数应该等于(消费品工业净值＋农村人口对消费品工业意愿消费额)/资本品工业净值。其中，农村人口对消费品工业意愿消费额等于农村人口变为城市人口时对消费品工业消费额减去农村人口对消费品工业消费额。由于农村对消费品工业消费额比较小，且为了计算方便，杨海军、肖灵机和邹泽清(2008)假定农村人口对消费品工业消费额为零，即轻工业产品均为城市人口消费。于是，农村人口对消费品工业意愿消费额＝农村人口变为城市人口时对消费品工业消费额＝轻工业产值×(农村人口比例/城市人口比例)＝轻工业产值×[农村人口比例/(1－农村人口比例)]。结果，修正的霍夫曼系数由“(消费品工业净值＋农村人口对消费品工业意愿消费额)/资本品工业净值”进一步简化为“[轻工业产值＋轻工业产值×农村人口比例/(1－农村人口比例)]/重工业产值”。从表 4 当中修正的霍夫曼系数可知，2013 年广西处于工业化第 3 阶段，即工业化中期。

表 4　1990—2013 年霍夫曼系数的近似计算　　单位:万元,%

时间	轻工业产值	重工业产值	霍夫曼系数	乡村人口比重	修正的霍夫曼系数
1990	1953243	1581088	1.235	—	—
1991	2270524	1944157	1.168	—	—
1992	3041305	2786803	1.091	—	—
1993	4223400	4805900	0.879	—	—
1994	6492200	6724100	0.966	—	—
1995	6955900	7675800	0.906	—	—
1996	7951900	8032600	0.990	—	—
1997	8464900	8245400	1.027	—	—
1998	9103500	8173300	1.114	—	—
1999	8130100	8543200	0.952	—	—
2000	8620042	9382354	0.919	71.85	3.264
2001	9123525	9907847	0.921	71.80	3.265
2002	9760647	10604913	0.920	71.70	3.252
2003	10815312	12727141	0.850	70.94	2.924
2004	13073722	18456726	0.708	68.30	2.235
2005	14610518	22230170	0.657	66.38	1.955
2006	18008453	28856227	0.624	65.36	1.802
2007	22075424	38953220	0.567	63.76	1.564
2008	27725212	50294444	0.551	61.84	1.445
2009	30711524	56287989	0.546	60.80	1.392
2010	38578284	78139610	0.494	59.89	1.231
2011	49645017	101273788	0.490	58.20	1.173
2012	53959108	118087107	0.457	56.47	1.050
2013	58375567	135969969	0.429	55.19	0.958

资料来源:根据《广西统计年鉴 2014》计算。其中,乡村人口按居住地分划分。

2. 广西工业化进程的特点

综合钱纳里标准和霍夫曼标准,我们可以判断广西在 2013 年已经处于工业化中期。从总体上讲,广西在推动工业化的同时也十分重视产业结构的优化与升级。或者说,广西在推进产业结构转型的过程当中,不是为了实现工业化而单纯地提高第二产业的比重,而是更多地关注三次产业的平衡与协调发展。

表 5　1978—2013 年广西产业转型情况

时间	三次产业比重			产业转型系数（与上一年相比）
	第一产业	第二产业	第三产业	
1978	40.9	34.0	25.1	
1979	44.4	33.1	22.5	0.07
1980	45.3	31.6	23.1	0.03
1981	46.3	29.1	24.6	0.05
1982	48.9	26.9	24.2	0.05
1983	47.2	27.6	25.2	0.03
1984	44.1	28.8	27.1	0.06
1985	42.8	30.2	27.0	0.03
1986	41.7	33.6	24.7	0.07
1987	41.4	33.9	24.8	0.01
1988	37.7	32.1	30.1	0.11
1989	39.1	28.7	32.2	0.07
1990	39.4	26.4	34.3	0.05
1991	37.6	27.2	35.2	0.04
1992	36.0	29.0	35.0	0.04
1993	28.7	36.8	34.5	0.18
1994	27.9	39.2	32.9	0.05
1995	30.3	35.8	34.0	0.07
1996	31.5	34.6	33.9	0.03
1997	32.1	33.8	34.1	0.02
1998	30.7	34.9	34.4	0.03
1999	28.8	34.6	36.6	0.05
2000	26.8	35.2	38.0	0.04
2001	25.3	33.8	40.9	0.06
2002	23.9	33.6	42.6	0.04
2003	23.4	34.9	41.8	0.03
2004	23.8	36.5	39.7	0.04
2005	22.9	37.9	39.2	0.03
2006	21.8	39.6	38.7	0.03
2007	21.3	41.6	37.0	0.04
2008	20.7	43.3	36.0	0.03
2009	18.8	43.6	37.6	0.04
2010	17.5	47.1	35.4	0.07
2011	17.5	48.4	34.1	0.03
2012	16.7	47.9	35.4	0.03
2013	16.3	47.7	36.0	0.01

资料来源：根据《广西统计年鉴 2014》计算。

为了能够更加直观地说明广西产业转型的速度及其平稳性，我们使用产业转型系数这一指标，即广西在 t 和 t+1 时刻三次产业比重的矢量夹角的反余弦函数值。反余弦函数值越大，产业转型速度越快。如表 5 所示，一方面，1978－2013 年广西第一产业产值占 GDP 的比重逐年下降。相反地，第二和三产业产值占 GDP 的比重则逐年上升，且交替着领先。另一方面，除了 20 世纪 80 年代末至 90 年代初（尤其是 1988 年和 1993 年）产业结构调整速度明显加快之外，广西每年的产业转型系数基本保持在 0.05 左右。进入 21 世纪之后，广西产业转型系数的波动幅度较小。2000－2013 年广西产业转型系数均值为 0.04，系数标准差等于 0.01，产业调整比以往更加平稳。

（五）广西产业结构调整的主要推动力量

1. 社会总需求的推动

需求对产业结构的影响主要表现为需求总量增长和需求结构的变化，总量增长导致产业部门扩张，需求结构的变化则引起新旧产业的交替。一方面，维持生活的必需品支出比例将减少，而改善性支出比例将增加，需求的变化将影响供给的结构，而供给结构的调整是产业结构变化的前提。另一方面，投资需求方向的改变是改变产业结构的最直接原因，各个产业在经济体中的地位会因为资本的转移而发生变化，朝阳产业会因资本的追加而迅速发生成主导或支柱产业，而曾经的支柱产业会因为资本的退出而影响规模和地位，被其它产业所取代，所以，产业资本的转移会带动产业的交替，而交替往往朝着合理化和高级化的方向发展。

2. 社会总供给的推动

尽管供给从广义上讲包括自然条件、资源禀赋、劳动力因素、资本因素及环境因素等，但是最主要的因素是劳动力因素和资金供给因素。首先，产业结构从低级向高级演变，对从业者的素质要求必然发生变化，结构的升级表现为劳动密集型向资本和技术密集型转变，传统的劳动者将无法胜任新的工作要求。其次，资本是产业发展的基础，特别是第二产业中的高技术产业对资本的需求量较大，产业的发展和研发需要有巨额的资金支持，所以，资本的充裕程度会影响到产业结构的转换。同时，资金的投资方向，投资者的偏好也会影响到产业结构的转换方向，投资结构决定了资源向不同产业部门的配置量，从而影响到不同产业的发展速度。

3. 科学技术的推动

科技是推动产业结构变化的根本因素之一，科学技术的进步使各个产业部门发生变革，并通过主导产业扩散作用推动相关产业部门不断地高级化。首先，技术的进步能够细化原有的产业部门，随着产业的细分和新行业的出现，新的产业群就有可能形成。其次，技术革新是传统产业技术改造的前提，通过对传统产业的技术改造，提升生产效率，改变生产形式，从劳动密集型向技术密集型转变。第三，技术进步的速度差异将推进产业结构的升级，各个产业技术含量、技术进步速度均存在差异，新兴产业技术含量高于传统产业，随着研发的开展，这些行业将快速发展，逐步取代原有的传统产业，成为新兴的支柱产业。第四，技术进步会产生比较劳动生产率差异，劳动力一般从比较劳动生产率低的部门向高的部门转移。

4. 政府政策的推动

政府根据经济发展阶段、环境、资源压力对每个发展时期的产业政策进行调整，以保经济发展具有源源不断的动力。调整的方向包括限制一些技术落后、能源消耗量大、污染严重、附加价值低的行业的发展。同时，通过税收、政策鼓励和引导一批技术含量高、能源消耗少、就业带动性强、竞争能力强的新兴产业，特别是高技术产业和服务业的发展。

三、广西“十三五”产业结构预测

（一）主导产业发展预测

以广东的地区生产总值和三次产业结构为对照样本，如果广西 2020 年地区生产总值能够达到 3 万亿元左右，与广东 2007 年的地区生产总值 3.18 万亿元相近似，那么 2020 年广西三次产业的优化比例可能是 5.3∶50.4∶44.3。同时，考虑到广西与全国其他省市都处于“增长速度换档期”、“结构调整阵痛期”以及“前期刺激政策消化期”等三期叠加的特殊发展阶段，在“十三五”期间广西的经济增长速度将会有所下降。相应地，社会总需求影响着固定资产投资增速也会下调。所以，广西经济增长方式需要从粗放型向集约型转变，努力提高科技进步贡献率，加强工业化、城镇化、信息化建设，提升固定资产投资的效率和效益。把增强自主创新能力作为科学技术发展的战略基点和调整产业结构、转变增长方式的中心环节。争取在 2020 年将广西的科技进步贡献率上调至 60％以上。

一般认为，为了提供最终产品，各个产业部门在直接生产过程中要消耗一部分自身生产或者其它部门生产的产品，而这些被消耗的中间产品本身又会在其生产过程中又要消耗其它产品。于是，中间产品的生产和消耗不断地持续下去，进而形成波及效应。波及效应的大小和范围取决于由生产技术所决定的各个产业部门之间的联系。影响力系数（又称前向关联系数）和感应度系数（后向关联系数）是描述波及效应的重要理论工具。影响力系数是反映某一部门增加单位最终产品时，对国民经济各部门所产生的需求波及程度，且通常使用列昂惕夫逆矩阵的列之和（即影响程度）除以各列之和的平均值表示，如式 1 所示。感应度系数是反映国民经济各部门均增加一单位最终使用时，某一部门由此受到的需求感应程度，且往往借助列昂惕夫逆矩阵的行之和（即感应程度）除以各行之和的平均值表示，如式 2 所示。其中，$\sum_{i=1}^{n}\overline{b_{ij}}$ 与 $\sum_{j=1}^{n}\overline{b_{ij}}$ 分别代表列昂惕夫逆矩阵第 j 列之和与第 i 行之和。

$$F_j=\frac{\sum_{i=1}^{n}\overline{b_{ij}}}{\frac{1}{n}\sum_{i=1}^{n}\sum_{j=1}^{n}\overline{b_{ij}}} \tag{1}$$

$$E_i=\frac{\sum_{j=1}^{n}\overline{b_{ij}}}{\frac{1}{n}\sum_{i=1}^{n}\sum_{j=1}^{n}\overline{b_{ij}}} \tag{2}$$

如果影响力系数大于1,那么该产业部门对其它产业部门的拉动作用超过社会平均影响力水平。影响力系数越大,该产业部门的前向关联程度越高,就越需要优先发展,进而拉动其它产业部门的发展,即强辐射性。如果感应度系数大于1,那么该产业部门受到其它产业部门需求影响的程度超过社会平均影响力水平。感应度系数越大,该产业部门的后向关联程度越高,受到其它产业部门需求的影响越大。当感应度系数较大而该产业部门又发展不足时,它就很可能成为制约国民经济发展的瓶颈产业部门,即强制约性。目前,广西42个部门影响力系数的排名与感应度系数的排名分别如表6和表7所示。

表6　2012年广西42个部门的影响力系数

产业代码	投入产出部门	影响力系数
18	交通运输设备	1.356410
17	专用设备	1.350011
19	电气机械和器材	1.285290
20	通信设备、计算机和其他电子设备	1.275025
21	仪器仪表	1.268249
16	通用设备	1.265025
28	建筑	1.232475
15	金属制品	1.222905
14	金属冶炼和压延加工品	1.211944
24	金属制品、机械和设备修理服务	1.192992
26	燃气生产和供应	1.189108
22	其他制造产品	1.166414
08	纺织服装鞋帽皮革羽绒及其制品	1.159817
25	电力、热力的生产和供应	1.142561
12	化学产品	1.138219
13	非金属矿物制品	1.121821
10	造纸印刷和文教体育用品	1.116883
09	木材加工品和家具	1.089744
07	纺织品	1.064162
40	卫生和社会工作	1.058173
06	食品和烟草	1.003146
30	交通运输、仓储和邮政	0.979829
31	住宿和餐饮	0.927220
35	租赁和商务服务	0.908369
04	金属矿采选产品	0.905984
23	废品废料	0.904431
02	煤炭采选产品	0.898601
11	石油、炼焦产品和核燃料加工品	0.896411

续表

产业代码	投入产出部门	影响力系数
05	非金属矿和其他矿采选产品	0.888241
36	科学研究和技术服务	0.882778
42	公共管理、社会保障和社会组织	0.871048
27	水的生产和供应	0.871020
41	文化、体育和娱乐	0.869743
33	金融	0.858902
37	水利、环境和公共设施管理	0.801814
01	农林牧渔产品和服务	0.793182
32	信息传输、软件和信息技术服务	0.746513
38	居民服务、修理和其他服务	0.728167
39	教育	0.682701
29	批发和零售	0.631021
34	房地产	0.603854
03	石油和天然气开采产品	0.439800

表 7 2012 年广西 42 个部门感应度系数

产业代码	投入产出部门	感应度系数
14	金属冶炼和压延加工品	2.662654
25	电力、热力的生产和供应	2.430682
12	化学产品	2.412769
01	农林牧渔产品和服务	1.803202
20	通信设备、计算机和其他电子设备	1.786431
30	交通运输、仓储和邮政	1.571290
33	金融	1.485599
11	石油、炼焦产品和核燃料加工品	1.385728
29	批发和零售	1.375917
10	造纸印刷和文教体育用品	1.247424
03	石油和天然气开采产品	1.189548
04	金属矿采选产品	1.175543
19	电气机械和器材	1.157699
18	交通运输设备	1.126243
06	食品和烟草	1.096642
02	煤炭采选产品	1.066274
35	租赁和商务服务	1.053843
16	通用设备	1.040474
31	住宿和餐饮	0.913349
07	纺织品	0.818177

续表

产业代码	投入产出部门	感应度系数
13	非金属矿物制品	0.808532
17	专用设备	0.805326
26	燃气生产和供应	0.782688
15	金属制品	0.755868
23	废品废料	0.731499
09	木材加工品和家具	0.717480
05	非金属矿和其他矿采选产品	0.661259
32	信息传输、软件和信息技术服务	0.653048
08	纺织服装鞋帽皮革羽绒及其制品	0.636793
38	居民服务、修理和其他服务	0.614178
34	房地产	0.600247
21	仪器仪表	0.557691
24	金属制品、机械和设备修理服务	0.538306
22	其他制造产品	0.516879
41	文化、体育和娱乐	0.509835
28	建筑	0.504198
39	教育	0.497467
36	科学研究和技术服务	0.494080
27	水的生产和供应	0.469393
37	水利、环境和公共设施管理	0.461165
42	公共管理、社会保障和社会组织	0.444344
40	卫生和社会工作	0.440235

如果影响力系数和感应度系数均大于1,那么这就说明相应的产业部门具有很强的“辐射性”与“制约性”。它们不仅可以促进国民经济的快速增长,而且能够通过产业关联引发经济结构调整。它们是国民经济的主导产业。如表8所示,目前广西的主导产业是食品和烟草产业(产业代码06)、造纸印刷和文教体育用品产业(产业代码10)、化学产品产业(产业代码12)、金属冶炼和压延加工品产业(产业代码14)、通用设备产业(产业代码16)、交通运输设备产业(产业代码18)、电气机械和器材产业(产业代码19)、通信设备计算机和其他电子设备产业(产业代码20)、电力热力的生产和供应产业(产业代码25)。

表8　2012年广西的主导产业

产业代码	产业部门	影响力系数	感应度系数
06	食品和烟草	1.003146	1.096642
10	造纸印刷和文教体育用品	1.116883	1.247424
12	化学产品	1.138219	2.412769
14	金属冶炼和压延加工品	1.211944	2.662654
16	通用设备	1.265025	1.040474

续表

产业代码	产业部门	影响力系数	感应度系数
18	交通运输设备	1.356410	1.126243
19	电气机械和器材	1.285290	1.157699
20	通信设备、计算机和其他电子设备	1.275025	1.786431
25	电力、热力的生产和供应	1.142561	2.430682

首先,食品和烟草产业(产业代码 06)、造纸印刷和文教体育用品产业(产业代码 10)的影响力系数和感应力系数最小,如图 4 所示。一方面,在各个主导产业当中,这两个产业对其它产业的带动作用最弱。另一方面,无论未来经济增长速度是否出现调整,在各个主导产业当中,这两个产业受到的总需求冲击也较小。所以,在未来一段时间内,它们在各个主导产业当中的重要性相对较弱。

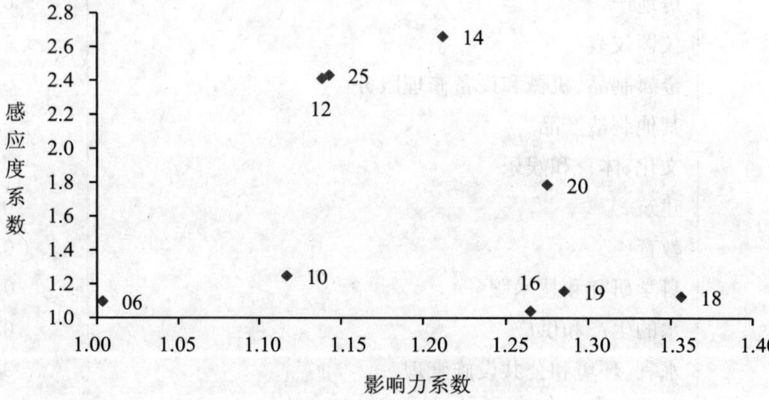

图 4　2012 年广西的主导产业

其次,考虑到"新常态"条件下,未来一段时间内的经济增长速度可能有所放缓,总需求扩张可能出现减速,进而导致化学产品产业(产业代码 12)、金属冶炼和压延加工品产业(产业代码 14)、电力热力的生产和供应产业(产业代码 25)等感应力系数较大的产业遭受冲击,所以广西应该出台一些短期的扶持政策,激励这三个主导产业,缓冲总需求下降所造成的不利影响。

第三,虽然通用设备产业(产业代码 16)、交通运输设备产业(产业代码 18)、电气机械和器材产业(产业代码 19)等感应力系数大于 1,但是在各个主导产业当中,这三个产业的感应力系数相对较小,受到未来总需求增速放缓的冲击也会比其它主导产业要小一些。同时,这三个产业的影响力系数又比其它主导产业要大一些,对各个产业的带动作用也会大一些。所以,未来一段时间内,广西应该重点增加对这三个主导产业的投资,以实现经济平稳增长的目标。

(二)其它产业发展预测

社会网络分析法是一种结构主义视角下的量化分析,研究方法包括图论和矩阵方法,核心在于从"关系"的角度出发研究社会现象和社会结构。中心性是网络分析的研究重点之一。以节点中心度为例，它就是与该节点直接相连的其他点的个数。如果该节点具有最高的度数，则称该点居于中心，一个产业的中心度越高，表明其在区域产业网络中越重要。

根据直接消耗系数矩阵，笔者测算出 2012 年广西 42 个部门的节点中心度，如表 9 所示。2012 年广西产业中心度的标准化点出度的最大值和最小值分别等于 3.537 和 0，极差等于 3.537；标准化点入度的最大值和最小值分别等于 9.650 和 0.002，极差等于 9.652。这些统计数值反映了广西各个产业发展是不均衡的，存在着非常明显的分层现象。不同产业之间的经济来往是通过一部分主导产业开展的，并导致形成产业网络的核心—边缘结构。其中，产业网络核心部门有 16 个，次核心部门有 15 个，次边缘部门有 9 个，边缘部门有 2 个。专用设备（产业代码 17）、石油炼焦产品和核燃料加工品（产业代码 11）、金属冶炼和压延加工品（产业代码 14）、交通运输设备（产业代码 18）、建筑（产业代码 28）、电气机械和器材（产业代码 19）、通用设备（产业代码 16）、仪器仪表（产业代码 21）、纺织服装鞋帽皮革羽绒及其制品（产业代码 08）、纺织品（产业代码 07）、通信设备计算机和其他电子设备（产业代码 20）、金属制品（产业代码 15）、非金属矿物制品（产业代码 13）、燃气生产和供应（产业代码 26）、化学产品（产业代码 12）、电力热力的生产和供应（产业代码 25）等 16 个部门中心度的标准化点出度大于 3，处于产业网络的核心位置。造纸印刷和文教体育用品（产业代码 10）、木材加工品和家具（产业代码 09）、食品和烟草（产业代码 06）、其他制造产品（产业代码 22）、金属制品、机械和设备修理服务（产业代码 24）、卫生和社会工作（产业代码 40）、交通运输仓储和邮政（产业代码 30）、住宿和餐饮（产业代码 31）、租赁和商务服务（产业代码 35）、科学研究和技术服务（产业代码 36）、金融（产业代码 33）、公共管理、社会保障和社会组织（产业代码 42）、废品废料（产业代码 23）、金属矿采选产品（产业代码 04）、非金属矿和其他矿采选产品（产业代码 05）等 15 部门中心度的标准化点出度小于 3 且大于 2，处于产业网络的次核心位置。文化体育和娱乐（产业代码 41）、水的生产和供应（产业代码 27）、煤炭采选产品（产业代码 02）、农林牧渔产品和服务（产业代码 01）、水利环境和公共设施管理（产业代码 37）、居民服务修理和其他服务（产业代码 38）、信息传输软件和信息技术服务（产业代码 32）、教育（产业代码 39）、批发和零售（产业代码 29）等 9 个部门中心度的标准化点出度小于 2 且大于 1，处于产业网络的次边缘位置。房地产（产业代码 34）、石油和天然气开采产品（产业代码 03）等 2 个部门中心度的标准化点出度小于 1，处于产业网络的最边缘的位置。

表 9　2012 年广西 42 个部门的节点中心度

产业代码	点出度	点入度	标准化点出度	标准化点入度
17	0.770	0.442	3.537	2.029
11	0.754	0.839	3.461	3.851
14	0.747	2.102	3.428	9.650
18	0.742	0.814	3.407	3.739
28	0.742	0.093	3.407	0.429
19	0.710	0.703	3.259	3.229
16	0.704	0.608	3.232	2.792

续表

产业代码	点出度	点入度	标准化点出度	标准化点入度
21	0.692	0.183	3.177	0.842
08	0.690	0.264	3.166	1.214
07	0.689	0.511	3.162	2.346
20	0.687	1.167	3.153	5.359
15	0.680	0.368	3.120	1.691
13	0.678	0.483	3.114	2.217
26	0.678	0.436	3.112	2.002
12	0.671	1.666	3.082	7.648
25	0.660	1.495	3.031	6.862
10	0.652	0.857	2.995	3.933
09	0.651	0.359	2.988	1.647
06	0.650	0.641	2.985	2.941
22	0.648	0.131	2.977	0.600
24	0.592	0.103	2.719	0.472
40	0.563	0.000	2.586	0.002
30	0.562	1.207	2.578	5.540
31	0.523	0.579	2.402	2.657
35	0.478	0.659	2.194	3.024
36	0.476	0.087	2.185	0.399
33	0.464	0.930	2.128	4.271
42	0.453	0.007	2.081	0.031
23	0.449	0.232	2.063	1.066
04	0.448	0.318	2.055	1.458
05	0.443	0.255	2.032	1.170
41	0.435	0.092	1.998	0.424
27	0.425	0.036	1.952	0.165
02	0.410	0.322	1.884	1.479
01	0.378	1.262	1.734	5.794
37	0.377	0.039	1.731	0.178
38	0.315	0.267	1.446	1.227
32	0.313	0.239	1.437	1.099
39	0.243	0.089	1.114	0.409
29	0.224	1.022	1.029	4.692
34	0.176	0.176	0.807	0.810
03	0.000	0.556	0.000	2.554

由于广西正处于三期叠加的特殊发展阶段，笔者预测，广西在“十三五”期间将会建立更加合理的产业等级结构，促进产业网络内部的一体化空间整合，促进产业合理布局。化学产品（产业代码 12）、金属冶炼和压延加工品（产业代码 14）、交通运输设备（产业代码

18)、电气机械和器材(产业代码19)、通信设备计算机和其他电子设备(产业代码20)、电力热力的生产和供应(产业代码25)等6个部门,无论是影响力系数、感应度系数还是标准化点出度数值,都排名靠前。"十三五"期间,进一步加强这些产业的优势地位对广西整体经济发展和产业结构调整具有重要意义,应该是重点发展的产业。另外,水的生产和供应(产业代码27)、水利环境和公共设施管理(产业代码37)、文化体育和娱乐(产业代码41)等3个部门,无论是影响力系数、感应度系数还是标准化点出度数值,都排名靠后。这些产业需要政府给予更多扶持,以实现广西各个产业均衡发展的目标。

四、结论与建议

(一)主要结论

1. 随着改革开放的不断深入,广西产业结构进一步获得优化。产业结构从改革开放初期的"一二三"转变为目前的"二三一"的格局。然而,在"增长速度换档期"、"结构调整阵痛期"以及"前期刺激政策消化期"等三期叠加的特殊发展阶段,广西产业结构调整需要面临国内外市场环境的诸多变化,尤其是经济增长率、投资增长率放缓的压力。"十三五"期间,广西应该突出主导产业辐射作用,重点发挥产业的关联枢纽作用,增加优势产业对区域经济发展的拉动作用。为了保持经济增长和产业结构调整的平稳性,广西在未来的一段时间内必须重点发展通用设备产业(产业代码16)、交通运输设备产业(产业代码18)、电气机械和器材产业(产业代码19)等主导产业;努力帮助化学产品产业(产业代码12)、金属冶炼和压延加工品产业(产业代码14)、电力热力的生产和供应产业(产业代码25)等克服社会总需求放缓所带来的冲击;保持食品和烟草产业(产业代码06)、造纸印刷和文教体育用品产业(产业代码10)的基本平稳。

2. 针对中心产业与边缘产业发展不协调现状,广西应该优化中心产业经济结构,扩大中心产业的对外开放度,增强中心产业的经济扩散和集聚功能。通过加强产业间经济联系,使得中心产业和边缘产业的生产要素得以集聚、辐射和渗透,促进各层次产业的全面协调发展。增强化学产品(产业代码12)、金属冶炼和压延加工品(产业代码14)、交通运输设备(产业代码18)、电气机械和器材(产业代码19)、通信设备计算机和其他电子设备(产业代码20)、电力热力的生产和供应(产业代码25)在产业网络当中的核心地位。同时,要加大对水的生产和供应(产业代码27)、水利环境和公共设施管理(产业代码37)、文化体育和娱乐(产业代码41)等产业的扶持力度,提升这些产业与其它产业部门之间的关联,促进广西各个产业均衡发展。

(二)政策建议

1. 总体经济政策

(1)在新常态环境下,广西产业结构调整必须遵循习总书记提出的广西发展定位,"发挥广西与东盟国家陆海相邻的独特优势,加快北部湾经济区和珠江—西江经济带开放发展,构建面向东盟的国际大通道,打造西南中南地区开放发展新的战略支点,形成21世纪海上丝绸之路与丝绸之路经济带有机衔接的重要门户"。推动多层次、宽领域、常态化的合作机制建设;加强海陆互联互通建设;构建沿海、沿边、沿江三路并进的"两区一带一廊"发展格局;推进"一带一区一中心"建设,构建"一带一路"产业合作新高地;加快商贸物流基地建设,构建"一带一路"开放型经济体系;加快沿边金融综合改革,打造"一带一路"金融合作新高地。

(2)积极推动传统产业转型升级,大力发展战略性新兴产业,不断完善园区基础设施,实施创新驱动发展战略,大力发展循环经济。努力构建开放型经济结构,要在出口与进口部门之间、"引进来"和"走出去"企业之间、工业和服务业之间,构建更加开放、公平非歧视的政策体系和激励导向,进一步增进广西与国内其他省区市之间、广西与海上丝绸之路沿线国家之间的互利共赢。要培育国际合作和竞争新优势。随着要素价格的上涨,广西必须从低成本为基础的劳动密集型以及资源能耗型产业结构调整到高增值产业结构。

(3)鼓励农业企业和涉农服务机构重点围绕提高科技创新和推广应用能力,加快推进现代种业发展,完善农副产品流通体系。促进专利技术运用和创新成果转化,健全研发设计、试验验证、运行维护和技术产品标准等体系。重点围绕市场营销和品牌服务,发展现代销售体系,增强产业链上下游企业协同能力。强化期货、现货交易平台功能。鼓励分期付款等消费金融服务方式。推进仓储物流和维修维护等专业服务的发展。引导外资企业在广西设立生产性服务业企业、各类功能性总部和分支机构、研发中心、营运基地等。鼓励商业银行按照风险可控、商业可持续原则,开发适合生产性服务业特点的各类金融产品和服务,积极发展商圈融资、供应链融资等融资方式。支持节能环保服务项目以预期收益质押获得贷款。研究制定利用知识产权质押、仓单质押、信用保险保单质押、股权质押、商业保理等多种方式融资的可行措施。建立生产性服务业重点领域企业信贷风险补偿机制。完善动产抵(质)押登记公示体系,建立健全动产押品管理公司监管制度。支持符合条件的生产性服务业企业通过银行间债券市场发行非金融企业债券融资工具融资,拓宽企业融资渠道。支持商业银行发行专项金融债券,服务小微企业。根据研发、设计、应用的阶段特征和需求,建立完善相应的融资支持体系和产品。搭建方便快捷的融资平台,支持符合条件的生产性服务业企业上市融资、发行债券。对符合条件的中小企业信用担保机构提供担保服务实行免征营业税政策。鼓励融资性担保机构扩大生产性服务业企业担保业务规模。

(4)鼓励有条件的广西企业依托现有产品贸易优势,在境外设立分支机构,大力拓展生产性服务业发展空间。进一步提高生产性服务业境外投资的便利化程度。鼓励广西企业利用电子商务开拓国际营销渠道,积极研究为符合条件的电子商务企业、快递企业提供便利通关措施。加快跨境电子商务通关试点建设。鼓励设立境外投资贸易服务机构,做好境外投资需求的规模、领域和国别研究,提供对外投资准确信息,为企业"走出去"提供咨询服务。

(5)借助"一带一路"的战略加速推进广西企业"走出去",以实现调整广西过剩产业的目标。要重点推进以东盟为重点的开放开发合作,打造中国—东盟自由贸易区升级版,打造"一带一路"产业合作高地,打造中国—东盟博览会升级版,建设中国—东盟海洋合作试验区,打造沿边金融综合改革试验区。加快构筑沿海沿江沿边全方位对外开放平台。充分发挥和利用好广西沿海、沿江、沿边的独特区位优势,深挖广西"海"的潜力,提高区域综合实力和核心竞争力。激发"江"的活力,抓住珠江—西江经济带建设机遇,向先进生产力靠拢，与周边省份对接；做足“边”的文章，在互联互通、口岸开放、边境贸易、人员往来、通关便利化等方面迈出实质性步伐。坚持“双核驱动”“三区统筹”发展格局，实施优先发展产业、交通和北部湾“三个优先”。为此，要坚持北部湾经济区优先发展不动摇，加快西江经济带崛起，加快实施左右江革命老区振兴规划，统筹沿海沿江沿边协调发展。

(6)可以预见，“一带一路”建设将大幅拉动包括基础设施在内的对外投资，加快广西产业结构升级，带动生产性服务业等产业发展，并带动出口增长，这都会为广西经济增长提供持久动力。为此，广西必须将“一带一路”规划和《中国制造 2025》规划对接起来。除了提高劳动生产率，产品向价值链高端延伸也是“一带一路”沿线地区的产业发展趋势。从创造公正透明的竞争环境、开辟多元化投融资渠道、强化海外投资风险防控等方面发力，推动民营企业参与“一带一路”建设，并将鼓励民营企业参与“一带一路”建设落到具体政策层面；在制定国家层面总体规划时，制订和实施民营企业参与“一带一路”建设的专项规划，加强政策引导和扶持；积极探索建立“一带一路”股权投资基金，通过政府牵头、金融机构跟进、民间资本参与，推进层次多样、形式丰富的海外投资发展基金体系的建立，把分散在民间的现金转化为资本。同时，民营企业海外投资经验相对缺乏、海外投资安全保障体系不够健全，相关部门还应及时为其提供保护、加强沟通。特别是要加快立法步伐，对对外投资的准入、企业行为规范、责任追究等相关事宜以法律形式予以明确，有效保护民营企业“走出去”。一是发挥规划先行优势，完善银政合作机制，深化银政企合作，建设服务平台。为“走出去”整体布局及企业海外投资提供信息支持和融智服务；二是发挥中长期融资优势，重点项目建设，完善海陆空综合交通枢纽体系；三是发挥海外平台优势，围绕产业结构升级、优势产能合作，针对不同区域和国家的政治经济现状，设计多元化的融资方案，推动境外产业园区建设、海外工程承包合作，共同与企业“抱团出海”；四是发挥投资、贷款、债券、租赁、证券综合金融服务优势，创新金融产品，积极引进亚投行、丝路基金等资金投入，积极拓展企业投融资渠道。

2. 重点行业(产业)的专项政策

强化对通用设备产业(产业代码 16)、交通运输设备产业(产业代码 18)、电气机械和器材产业(产业代码 19)的扶持力度，将这 3 个产业与金融产业、电子信息产业等紧密结合起来。设立 300 亿元—500 亿元的专项产业发展基金，支持民营企业发展通用设备产业、交通运输设备产业、电气机械和器材产业，推进这些行业(产业)的重大项目引进、重大科技成果转化、企业并购重组等项目实施，促进这些行业(产业)的促大众创业与万众创新，力争在“十三五”撬动社会资本在这些行业(产业)投入 3000 亿元—5000 亿元左右。另外，广西应该尽快建立关于通用设备产业、交通运输设备产业、电气机械和器材产业的投资储备项目库。按照市场化运作的原则，与社会投资者共同完成若干个子基金组建，加快实施相关的重大项目投资。(1)对于完成股份制改造的中小型通用设备企业、交通运输设备企业、电气机械和器材企业，地市政府财政给予一次性补助 10 万元。(2)对充分利用三板、四板市场融资的通用设备、交通运输设备、电气机械和器材企业，地市财政一次性补助 50 万元。(3)对拟在上海、深圳证券交易所市场和境外证券交易所市场首次公开发行股票并经中国证监会和境外证券交易所管理机构正式受理申请材料的通用设备企业、交通运输设备企业、电气机械和器材企业，自治区财政一次性补助 100 万元。(4)对在上海、深圳证券交易所市场和境外证券交易所首次公开发行股票并上市的通用设备、交通运输设备、电气机械和器材企业，自治区财政一次性补助 300 万元。(5)对重组上市公司或重组外地上市公司并将上市公司迁入广西的本地通用设备企业、交通运输设备企业、电气机械和器材企业，自治区财政一次性补助 500 万元。

参考文献

[1] 周红梅．广西产业招商成绩斐然[N]．广西日报，2010 年 1 月 4 日，第 001 版．

[2] 石孟珂．用“倍增计划”拉动广西产业升级[N]．国际商报，2014 年 12 月 9 日，第 C04 版．

[3] 孙可庸、马飚．广西产业结构现状、问题及优化构思——广西产业政策系列研究之四[J]．改革与战略，1988(3)，p33－38.

[4] 连友农．1988－2000 年广西产业发展与结构优化研究报告[J]．改革与战略，1990(1)，p36－42.

[5] 赵金彦、赵凯．1978－2008 年广西产业结构演进的偏离份额分析[J]．广东农业科学，2010(3)，p320－324.

[6] 广西统计局．2014 年广西壮族自治区国民经济和社会发展统计公报[OL]．http://www.gxtj.gov.cn/tjsj/tjgb/201504/t20150423_54862.html.

[7] 广西统计局．2013 年广西壮族自治区国民经济和社会发展统计公报[OL]．http://www.gxtj.gov.cn/tjsj/tjgb/201403/t20140327_44288.html.

[8] 广西统计局．2012 年广西壮族自治区国民经济和社会发展统计公报[OL]．http://www.gxtj.gov.cn/fzlm/zdgz/201304/t20130401_26110.html.

[9] 广西统计局．2011 年广西壮族自治区国民经济和社会发展统计公报[OL]．http://www.gxzf.gov.cn/zjgx/jrgx/201203/t20120325_410251.htm.

作者简介

黄荣哲，广西财经学院教授，广西经济与金融研究院研究员，博士。邮箱：452003158@qq.com，联系电话：15296529986。

蔡　幸，广西财经学院教授，广西经济与金融研究院副院长，硕士。

基于区域间IO表的省际间产业关联演变研究
——以珠江流域滇黔桂粤四省为例①

孟彦菊　孙晓宇

摘要:本文依据珠江流域滇黔桂粤19部门区域间投入产出表,对该区域产业关联及其演变进行研究。首先,对珠江流域产业部门影响力与感应度系数排名前二十的产业部门整体演变情况进行描述;其次,对珠江流域各省各产业部门的关联关系进行分析;最后,对各省各产业部门的演变运用社交网络图进行展示。结果表明2002—2012年珠江流域产业关联从以省为单位的产业集中关联逐渐演变到跨省区复杂关联。

关键词:珠江流域　产业关联　影响力系数　感应度系数

一、引言

随着经济发展,社会经济活动的范围由点到面进行扩展,跨区域经济合作已成为一种促进经济增长的着力点。对区域间产业关联的演变进行研究,不仅可以分析该区域产业发展的动态,更能深入了解该区域产业部门互补程度。本文以珠江流域滇黔桂粤四省为研究点,采用课题组成员编制的2002年、2007年、2012年三个年份四省区19部门投入产出表,对流域内经济产业关联演变进行研究。

二、区域产业关联程度测算

产业联系又称为产业间的关联,是按照某种分类依据将社会上各行业划分为数种或数十种不同的产业,继而从产业间投入与产出的角度来研究产业间的联系紧密度,区域间产业联系是指一个经济区域内产业间的联系紧密度。赫希曼在《经济发展的战略》一书中,对产业间的联系方式分为:向前关联、向后关联、环向关联,本文从产业向前关联(影响力系数)以及向后关联(感应度系数)两个角度对珠江流域产业部门的关联演化进行分析。

影响力系数计算公式如式(1)所示:

① 基金项目:本文获国家社会科学基金项目"珠江流域投入产出表的编制及应用"(14CTJ004)资助。

$$r_i^{RS} = \frac{\sum_R \sum_i b_{ij}^{RS}}{\frac{1}{n \times m} \sum_R \sum_S \sum_i \sum_j b_{ij}^{RS}} \tag{1}$$

其中，r_i^{RS} 表示区域 R（R 取值范围为滇、黔、桂、粤四个省份）的 i 部门对区域 S 的影响力系数。n 表示部门个数（此处为 19 个产业部门）；m 表示区域个数（此处为四个地区，下同）。b_{ij}^{RS} 表示区域 R 的 i 部门对区域 S 的 j 部门在列昂惕夫逆矩阵中所对应的值。区域间影响力系数越大，表示 R 地区对 S 地区的拉动能力越强。

感应度系数计算公式如式(2)所示。

$$g_i^{RS} = \frac{\sum_R \sum_i b_{ij}^{RS}}{\frac{1}{n \times m} \sum_R \sum_S \sum_i \sum_j b_{ij}^{RS}} \tag{2}$$

其中，g_i^{RS} 表示区域 R 的 i 部门对区域 S 的感应度系数，其它字母含义同上。

三、滇黔桂粤各省产业关联分析

（一）部门分类及数据来源

本文运用的珠江流域区域间投入产出表共 19 个部门，分别用英文字母作为代码，例如广东的采矿业表示为“B 粤”等。具体名称以及部门代码如表 1 所示。

表 1　珠江流域区域间投入产出表产业部门名称分类及代码

产业分类	产业代码	产业名称
第一产业	A	农、林、牧、渔业
第二产业	B	采矿业
	C	制造业
	D	电力、热力、燃气及水生产和供应业
	E	建筑业
第三产业	F	批发和零售业
	G	交通运输、仓储和邮政业
	H	住宿和餐饮业
	I	信息传输、软件和信息技术服务业
	J	金融业
	K	房地产业
	L	租赁和商务服务业
	M	科学研究和技术服务业
	N	水利、环境和公共设施管理业
	O	居民服务、修理和其他服务业
	P	教育
	Q	卫生和社会工作
	R	文化、体育和娱乐业
	S	公共管理、社会保障和社会组织

注：本表 19 个产业部门合并方式，参考了 2007 年、2012 年中国投入产出表部门分类及指标解释。

(二)珠江流域产业部门关联分析

根据式(1)与式(2)计算出珠江流域区域间影响力系数与感应度系数,按系数由大到小的顺序进行排序,排名前二十的产业部门如表2所示。

表2　珠江流域各省产业部门影响力与感应度系数排名前二十

年份	2002年	2007年	2012年	2002年	2007年	2012年
排名	行业代码	行业代码	行业代码	行业代码	行业代码	行业代码
1	Q.粤	E.滇	E.粤	C.粤	C.粤	C.粤
2	M.粤	E.粤	E.滇	C.滇	D.粤	D.粤
3	E.粤	Q.粤	Q.粤	C.桂	J.粤	C.桂
4	E.滇	H.粤	C.粤	C.黔	L.粤	C.滇
5	E.黔	D.粤	D.粤	G.粤	C.桂	G.粤
6	L.滇	L.粤	Q.滇	G.桂	C.滇	J.粤
7	I.粤	C.粤	G.粤	J.粤	G.粤	L.粤
8	Q.黔	M.粤	O.粤	D.粤	H.粤	B.粤
9	L.粤	S.粤	Q.桂	G.滇	B.粤	F.粤
10	E.桂	E.桂	E.黔	D.滇	I.粤	H.粤
11	O.滇	N.粤	I.粤	D.黔	K.粤	C.黔
12	S.粤	I.粤	S.桂	A.桂	A.粤	K.粤
13	M.滇	G.粤	S.粤	D.桂	F.粤	A.粤
14	C.粤	R.粤	M.粤	A.滇	G.滇	D.滇
15	Q.桂	S.桂	E.桂	G.黔	B.滇	O.粤
16	R.滇	S.滇	Q.黔	B.黔	D.桂	I.粤
17	R.粤	O.粤	S.滇	A.黔	I.滇	D.桂
18	O.粤	J.粤	L.粤	J.黔	C.黔	D.黔
19	C.桂	N.滇	R.粤	L.粤	O.粤	E.滇
20	S.桂	D.桂	P.粤	B.滇	J.滇	B.桂

由表2可以看出排名前二十的产业部门中,广东省在2002年、2007年、2012年三年均多于其他三省。从一定程度上说明广东省对珠江流域其它省份的拉动能力较强,也即广东省产业部门对其他省份的产业部门向后关联关系较强。贵州省各部门影响力则较弱,如2007年各部门影响力均没有进入流域前二十名。

由表中表示部门的字母可以看出,2002年、2007年、2012年珠江流域影响力排名前二十的产业有较大差异,首先是产业部门逐步多样化,2002年进入影响力前二十名的产业部门较少,以后两个年度依次增加;其次,三个年度来看,公共管理、社会保障和社会组织(S),建筑业(E),卫生和社会工作(Q)三部门在表中出现次数较多,即对珠江流域其他产业部门拉动能力较强。

将珠江流域感应度系数排名前二十的产业分布情况与影响力系数相似。2002年感应度系数排名前二十的产业部门中，农、林、牧、渔业（A），制造业（C），电力、热力、燃气及水生产和供应业（D），交通运输、仓储和邮政业（G）四部门支撑能力突出；2007 年更多的部门排在前二十之中，金融业（J）突显出来；2012 年排入前二十的部门数进一步增加，采矿业也突显出来。

从这十年的变迁可以得出，建筑业（E）的影响力，制造业（C）的感应度分别均居于突出地位；而公共管理、社会保障和社会组织（S）以及卫生和社会工作（Q）这些关乎民生保障的建设也逐步突显其影响力；从感应度来看，金融业（J）则逐渐成为珠江流域未来较为强势的支柱产业。

四、滇黔桂粤各省产业关联演变分析

采用象限图来分析流域产业关联能力演变。处于第一象限的产业部门其影响力和感应度系数均高于社会平均水平；处于第二象限的产业部门感应度系数大于社会平均水平，影响力系数小于社会平均水平；落入第三象限的产业部门影响力和感应度系数均小于社会平均水平，这些部门对珠江流域其他产业部门的拉动和支撑作用都较弱；处于第四象限的产业部门影响力系数大于社会平均水平，而感应度系数小于社会平均水平，属于强辐射，弱制约的产业部门。象限分布如图 1 所示。

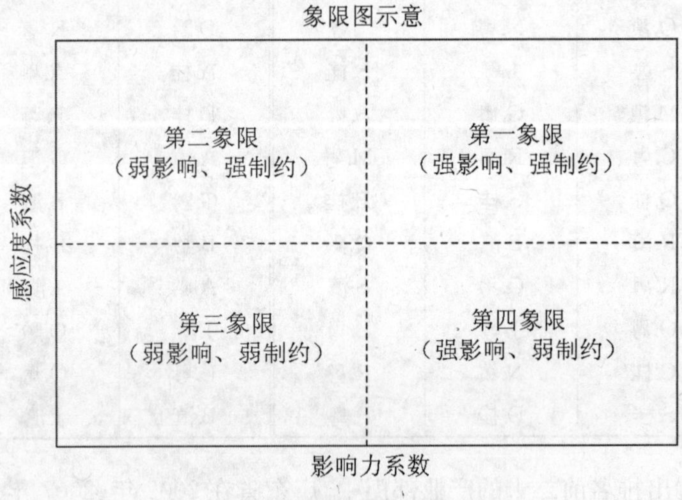

图 1　产业关联象限分布示意图

图 2 到图 5 为 2002、2007、2012 年珠江流域各省产业部门感应度与影响力落入象限图，虚线为社会平均水平的标注线。

（一）第一产业关联变化

珠江流域划分的 19 个产业部门中，属于第一产业的部门是农、林、牧、渔业（A）。该部门 2002 年、2007 年、2012 年的整体分布特点：广东省该产业部门由第三象限逐渐过渡到第二象限，其他三省该部门则由第二象限逐步过渡到第三象限，如图 2 所示。

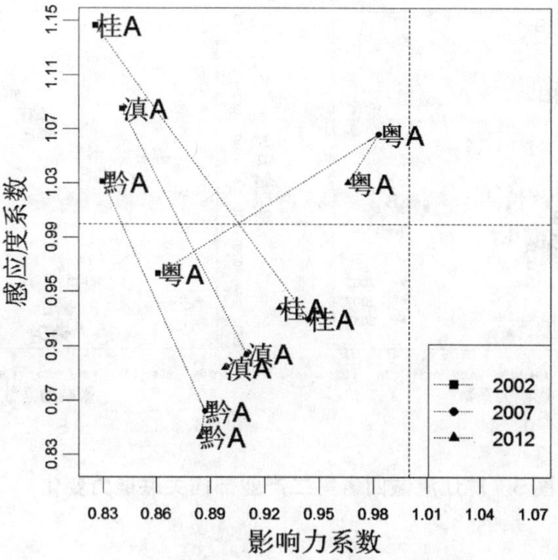

图 2　第一产业部门关联能力变化

(二)第二产业关联变化

珠江流域区域表的 19 个产业部门中，有四个产业部门属于第二产业，分别为采矿业、制造业、电力热力燃气及水的生产和供应业。

从采矿业(B)来看，广东省该部门由第三象限过渡到第二象限；广西省始终在第一象限徘徊；贵州省则由第二象限过渡到第三象限；云南省由第四象限过渡到第三象限。从制造业(C)来看，广东省始终在第一象限，即在整个珠江流域始终处于强影响强制约的状态；其他三省则由第一象限过渡到第二象限。从电力、热力、燃气及水生产和供应业(D)来看，广西省始终在第一象限，处于强影响强制约的状态，并有进一步加强的趋势；其他三省则由第二象限逐步过渡到第四象限。建筑业(E)十年间均处在强影响弱制约的状态(均处在第四象限)。如图 3 所示。

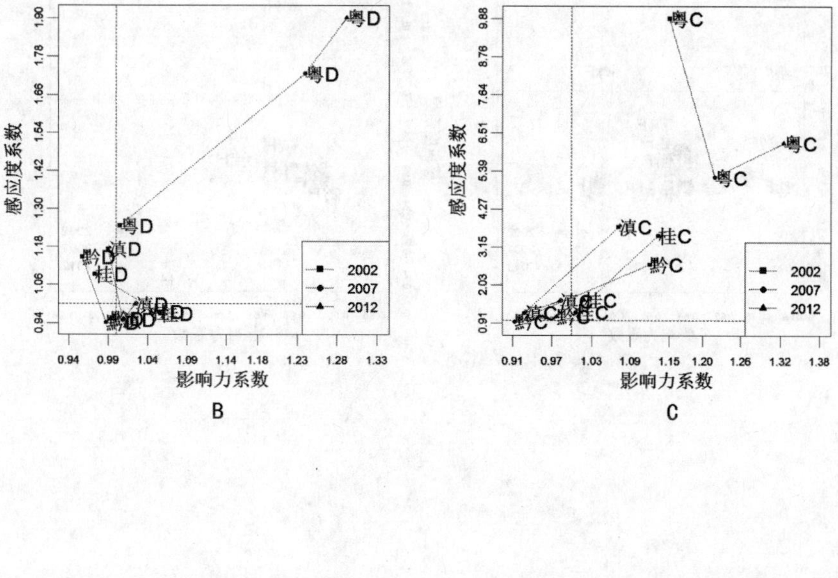

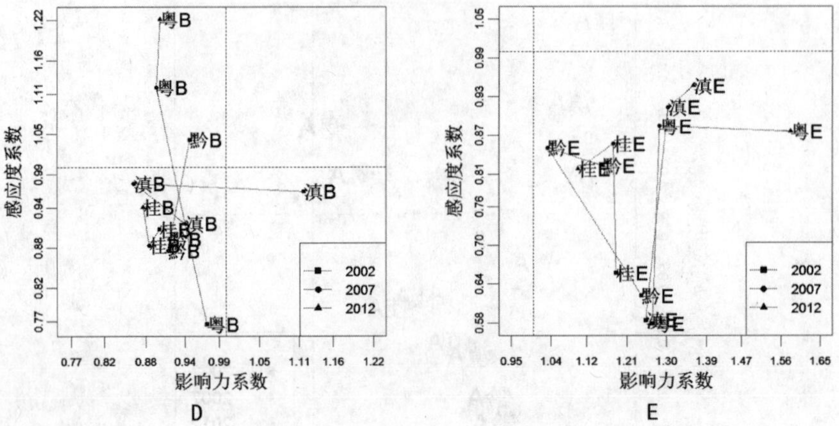

图 3　珠江流域四省第二产业部门关联能力变化

(三)第三产业关联变化

19 个产业部门中属于第三产业的有 14 个产业部门，这些产业部门中有以批发和零售业(F)，住宿餐饮业(H)为代表的传统服务业，也有以信息传输、软件和信息技术服务业(I)，居民服务、修理和其他服务业(O)，金融业(J)等为代表的新兴服务业部门。

传统服务业部门在 2002 年、2007 年、2012 年三个年份中多由弱影响弱制约的状态逐步转变为弱影响强制约的状态，如批发和零售业(F)，交通运输、住宿餐饮业(H)等，均以广东省最为明显；但从教育业(P)来看，除广东省一直处于强影响弱制约状态以外，珠江流域其他三省均处在弱影响弱制约状态，但三年份来看整体呈现上升趋势。选取几个传统服务业三个年份的影响力系数与感应度系数变化趋势情况如图 4 所示。值得一提的是水利、环境和公共设施管理业(N)，广东省和云南省该部门在整个珠江流域中由强影响弱制约的状态逐步转变为弱影响弱制约的状态；贵州省和广西省的则始终处于弱影响弱制约的状态，但呈现上升趋势。

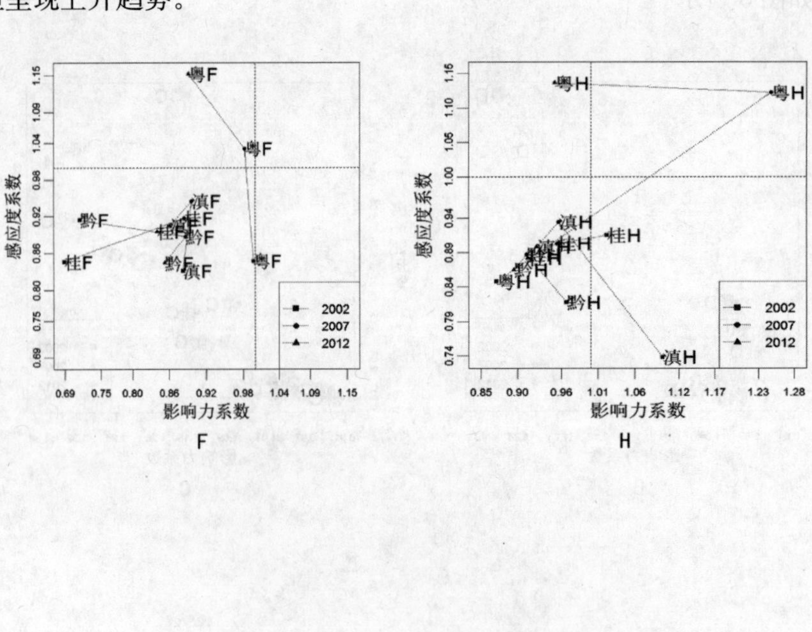

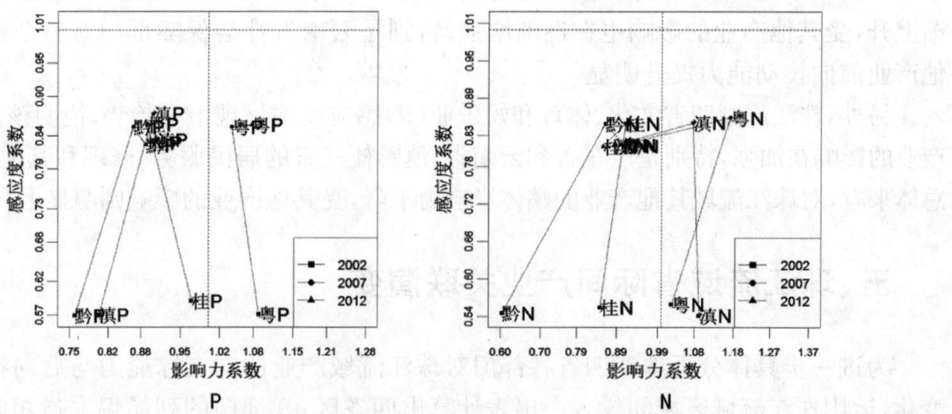

图 4　传统服务业类产业部门关联能力变化趋势图

新兴服务业部门在 2002 年、2007 年、2012 年三个年份中一部分由强影响弱制约的状态逐步转变为强影响强制约的状态，如广东省的信息传输、软件和信息技术服务业(I)，金融业(J)等；一部分是由弱影响弱制约的状态逐步转变为弱影响强制约或强影响强制约的状态，如广东省的房地产业(K)，云南省的公共管理、社会保障和社会组织(S)等；选取有代表性的几个新兴服务业，做影响力系数与感应度系数变化趋势情况，如图 5 所示。

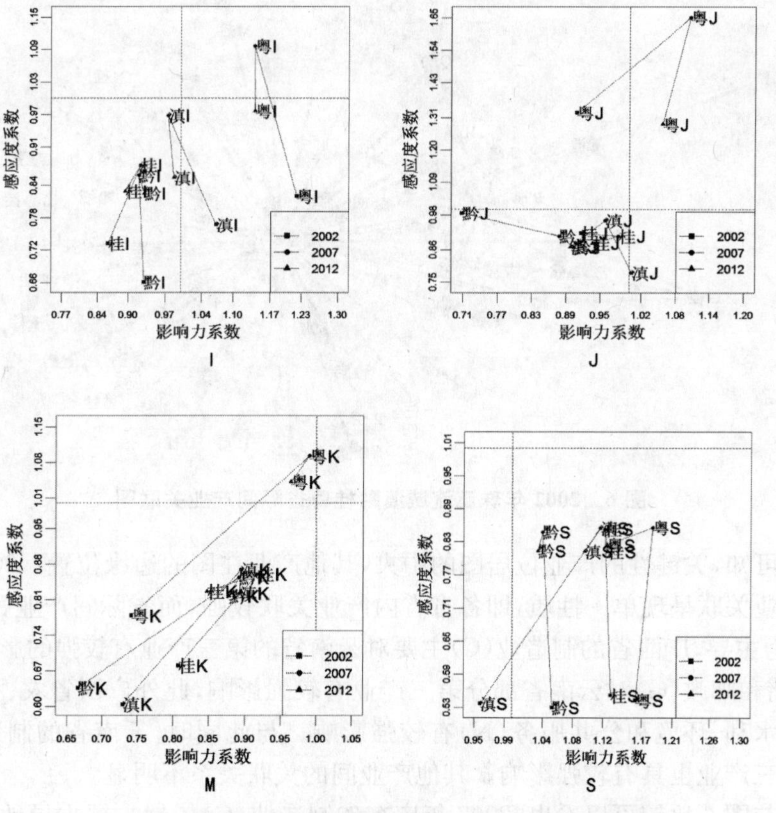

图 5　新兴服务业类产业部门关联能力变化趋势图

从图 5 中可以得出，珠江流域各省公共管理、社会保障和社会组织（S）感应度系数逐渐上升，受其他产业的影响也在逐渐增强；特别是云南省社会保障部门对整个珠江流域其他产业前向拉动能力提升明显。

另外，珠江流域四省文化、体育和娱乐业（R）感应度均呈现上升趋势，说明该产业受其他产业的影响在加强，特别是广东省和云南省；滇黔桂三省的居民服务、修理和其他服务业（O）总体来看，对珠江流域其他产业的整体影响力下降，受其他产业的影响则明显上升，图略。

五、珠江流域省际间产业关联演变

为进一步具体分析珠江四省各部门对珠江流域产业前向支撑能力与后向拉动能力的变化，运用珠江流域区域间投入产出表计算出四省区 19 部门的列昂惕夫逆矩阵系数。筛选出系数大于 5%的产业部门绘制四省间产业关联社交网络图，发现 2002 年各省产业部门的关联呈现出以各省为特征的独立集聚关联现象，滇桂粤四省的制造业（C）与各省相互之间呈现出较强的关联性，到 2012 年则开始出现较复杂的跨省关联情况。

将 2002 年、2007 年、2012 年珠江四省省内产业关联剔除后，选取珠江流域四省间列昂惕夫逆矩阵系数大于 5%的产业部门绘制产业关联图，如图 6、图 7、图 8 所示。

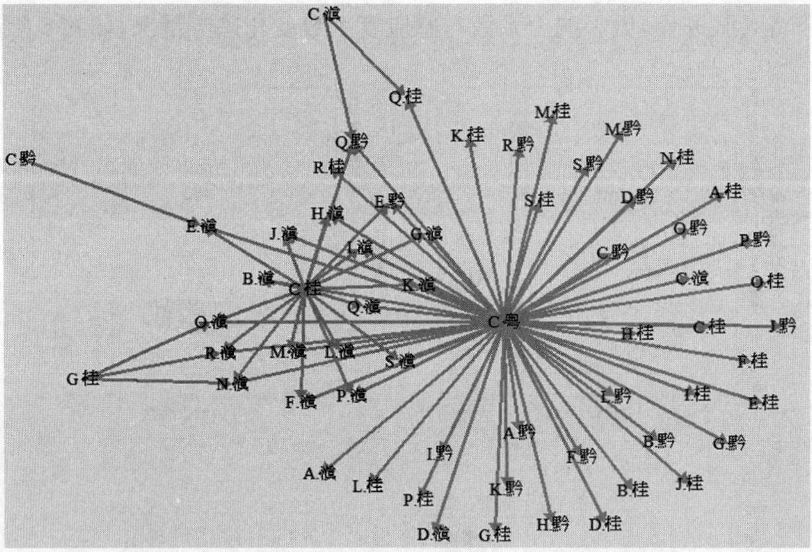

图 6　2002 年珠江流域滇黔桂粤省际间产业关联图

从图 6 可知，关键性的产业位居图的中央，其他产业在图的边缘位置。2002 年珠江流域四省间产业关联呈现单一性质，即各省省内产业关联较强，而省际间产业关联以广东省制造业（C）为主导，广西省的制造业（C）主要对云南省的第三产业有较强的影响，广西省交通运输、仓储和邮政（G）对云南省部分第三产业有较强影响，此外广西省农、林、牧、渔（A）对云南省的水利、环境和公共服务（N）有较强影响。与此同时，云南省的制造业（C）对广西省部分第三产业也具有较强影响。其他产业间的关联关系不明显。

将图 7 与图 6 比较可以看出，2007 年广东省制造业（C）依然占据主导地位，其他产业

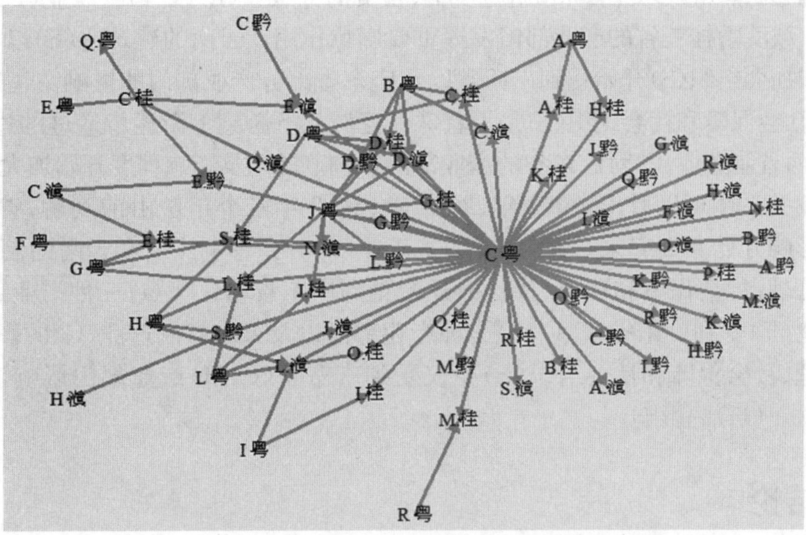

图7　2007年珠江流域滇黔桂粤省际间产业关联图

部门对珠江流域滇黔桂产业关联开始加强，同时广东省建筑业（E）以及卫生和社会服务（Q）开始受到广西省制造业的影响；广东省的金融业（J）开始更强的影响滇黔桂三省的产业部门，如云南省的水利、环境和公共服务（N）以及电力、热力、燃气及水生产和供应业（D）产业部门，广西省的电力、热力、燃气及水生产和供应业（D）、住宿餐饮业（H）、交通运输、仓储和邮政（G）以及租赁和商务服务（L），以及贵州省的电力、热力、燃气及水生产和供应业（D）产业部门等。

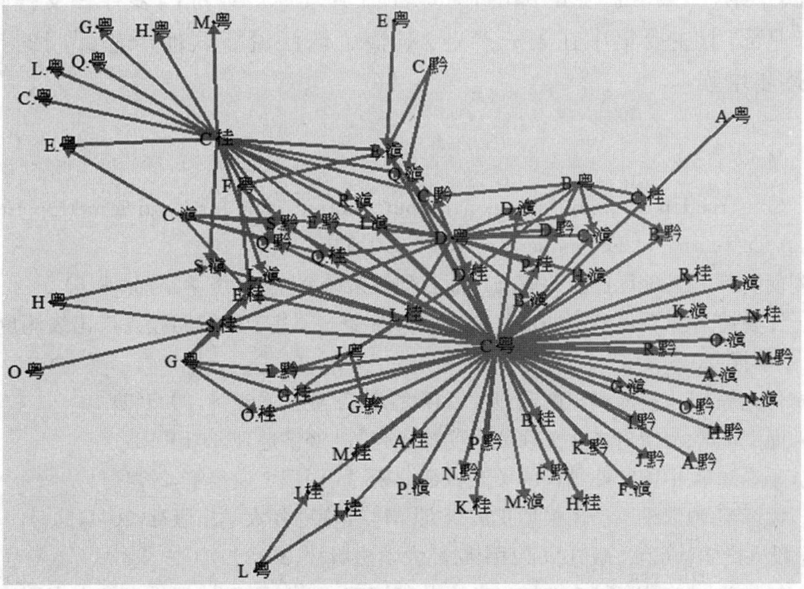

图8　2012年珠江流域滇黔桂粤省际间产业关联图

由图8可知，2012年广东省的制造业依然居于主导地位，广东省的金融业（J）、采矿业

(B)、电力、热力、燃气及水生产和供应业(D)、租赁商务服业(L)、住宿餐饮业(H)等部门进一步对珠江流域滇黔桂三省的产业部门发挥重要影响作用。云南的建筑业(E)以及公共管理、社会保障和社会组织(S)开始受到广西省以及广东省部分产业部门的影响。建筑业(E)以及公共管理、社会保障和社会组织(S)是沿着珠江流域从下游到上游逐步递进的过程。值得注意的是,广西省制造业(C)对广东省的产业部门影响范围以及影响程度开始加大。

从产业关系图可以看出,2002 年、2007 年、2012 年三个年份由前到后,省际间不同部门的相互影响开始频繁起来,如广东省的采矿业(B)开始影响广西和云南的制造业(C);广西省公共管理、社会保障和社会组织(S)开始受到广东省(H、D、G)三种产业部门影响,广西省建筑业(E)受到广东省(C、G、F)三种产业部门以及云南省制造业(C)的影响。贵州省的公共管理、社会保障和社会组织(S)不仅受到广东省(C、H)产业部门影响,还受到云南省住宿餐饮业(H)的影响。

六、结论

珠江流域区域间产业关联随着时间的推移发生了比较大的变化,主要体现在以下几个方面。

第一,整体来讲,2002—2012 年珠江流域区域间产业关联,由多数产业省内集中逐渐演变为不同省份间产业之间更加复杂的产业关联现象。

第二,珠江流域影响力较大的产业部门多集中在广东省;而且属于第三产业的部门对珠江流域其他产业部门的拉动能力和支持能力在逐步增强,属于传统第一、第二产业的部门关联度在减弱。

第三,属于第一、第二产业的部门,对珠江流域其他产业部门多存在支撑作用(向前关联);新兴产业部门(主要集中在第三产业)对整个珠江流域其他产业部门的拉动(向后关联)能力在逐步增强。

参考文献

[1] Mitsuo. Construction of a multi-regional input-output table for Nagoya metropolitan area, Japan [J]. Yamada Journal of Economic Structures ,2015 4:11.

[2] 韩斌,刘朝明等.川渝地区产业关联与产业合作政策研究[J].经济学家,2008(6).

[3] 全诗凡,江曼琦.津京冀区域产业链复杂度及其演变——基于区域间投入产出表测度[J].首都经济贸易大学学报,2016(2).

[4] 汪云林,付允等.基于投入产出的产业关联研究[J].工业技术经济,2008(5).

[5] 汤晓莉,尚文英等.河南省产业关联能力变动研究[J].经济地理,2010(12).

[6] 余典范,干春晖等.中国产业结构的关联特征分析[J].中国工业经济,2011(11).

[7] 向蓉美,孟彦菊.地区投入产出模型扩展研究[M].西南财经大学出版社,2011(9).

[8] 向蓉美.投入产出法(第二版)[M].西南财经大学出版社,2013(9).

[9] 全诗凡,江曼琦.津京冀区域产业链复杂度及其演变——基于区域间投入产出表测度[J].首都经济贸易大学学报,2016(2).

[10] 许宪春,齐舒畅,杨翠红等.我国目前产业关联度分析——2002 年投入产出表系列分析报告之一[J].统计研究, 2006(11).

[11] 罗家德.社会网分析讲义[M].北京:社会科学文献出版社,2005(1) 27.
[12] 国家信息中心.中国区域间投入产出表[M].北京：社会科学文献出版社,2005.

作者简介

孟彦菊,云南财经大学副教授,硕士生导师,博士。研究方向为宏观经济统计分析。
孙晓宇,云南财经大学统计学(经济)专业硕士研究生,现就职于广西工商职业技术学院。

基于区域间投入产出表的中国省际贸易分析[①]

商　勇

摘要: 区域贸易在经济一体化中发挥着重要作用。利用区域间投入产出表,结合引力模型、边界效应模型和空间互动模型探讨中国省际贸易的特点。结果表明中国地区间贸易具有不对称性、空间相关性等特征;地区间的贸易受经济规模影响,无论是贸易输出地还是输入地,都会对贸易产生积极作用;地理距离依然是阻碍区域贸易的主要因素,邻近地区间贸易更为活跃,但地区产业结构的差异并不明显。

关键词: 区域间投入产出模型　空间关联　引力模型　空间互动模型

一、研究背景

在国家(地区)贸易领域,引力模型是研究双边贸易量的重要工具。引力模型的核心思想是,两个地区间的相互作用强度与两者的经济(或人口)总量成正比,与两者间的空间距离成反比。Tinbergen(1962)最先使用了这一方法,随后该模型在很多方面得到了成功验证。目前,已经出现了大量的关于引力模型的文献。其一般形式如下:

$$\operatorname{Ln} Y_{ij} = \alpha + \beta_1 \operatorname{Ln} X_i + \beta_2 \operatorname{Ln} X_j + \beta_3 \operatorname{Ln} D_{ij} + \varepsilon_{ij}$$

其中为 y_{ij} 第 i 地区向第 j 地区的"对外"贸易,X_i,X_j 为两地区的经济规模,一般用各自 GDP 表示,D_{ij} 为两个地区之间的贸易距离。这一方程含义是区域间贸易与贸易双方经济规模有关,且贸易壁垒只与距离因素有关。

在对经典回归模型进行 OLS 估计时,往往要求样本点之间相互独立(不相关)且不存在异方差。而实际上各区域之间的贸易流量与地理位置有密切关系,存在明显的空间相关性;同时各地区经济规模差异较大,也存在着异方差现象。因此这里并不满足经典回归模型的假设,直接利用 OLS 估计会产生较大偏差。为了解决这一问题,学者采用不同的研究思路。一种是从估计方法入手,比如 Silva & Tenreyro(2006)、行伟波、李善同(2010)则采用泊松回归的形式估计引力模型;刘红光等(2012)考虑了空间相关性,利用地理加权

① 基金项目:河南省社科规划项目《基于复杂社会网络技术的服务业统计研究》(2017BJJ012);国家统计局项目《我国产业结构变迁对经济增长的影响》(IO12－YB11)。

回归来估计；而商勇(2014)则利用 Newey—West HAC 方法来估计引力模型。即便如此，由于引力模型主要考虑双边经济规模和地理距离对贸易流量的影响，相对简单，且缺乏微观理论基础，往往事前假定贸易成本的构成并且忽略多边阻力的影响而广受批评。另一种思路则是改进计量模型。如在基本模型中加入反映各国(地区)之间政策、历史和文化等因素的一系列虚拟变量，将其扩展为边界效应模型。边界效应模型在引力模型基础上增加了本地市场效应或地方保护因素，如行伟波、李善同(2009)采用"省际边界"虚拟变量来反映边界效应，模型如下：

$$\mathrm{Ln}\, Y_{ij} = \alpha + \gamma home + \beta_1 \mathrm{Ln}\, X_i + \beta_2 \mathrm{Ln}\, X_j + \beta_3 \mathrm{Ln}\, D_{ij} + \varepsilon_{ij}$$

这里 home 为边界变量，是虚拟变量，当 $i=j$ 时，取值为 1，其它为 0，虚拟变量的系数取对数后，即 e^g 为边界效应，反映了地区边界对区域贸易影响的平均程度，即在控制两个地区的生产规模和贸易距离后，全国平均来看区内贸易对区际贸易的倍数。如才国伟、钱金保(2010)在 Deardorff(1998)、Anderson 与 Wincoop(2003)等学者基础上，得到多边重力模型并进行验证；许统生、缪晗(2015)利用结构引力模型测度了东盟 10+3 的制造业国家双边边际效应水平。

相对于引力模型，边界效应模型能够更好地考虑贸易成本问题。但是由于影响省际贸易的因素有很多，包括人口、市场规模、产业结构、国际贸易、交通运输等，特别是两个模型没有考虑贸易的空间相关性，仍不能全面刻画影响区际贸易水平的机理。Fischer 和 Griffith(2008)、Lesage 和 Fischer(2010)等人则提出空间互动模型，它很好地考虑了影响双边流量水平的"推力"、"拉力"和"阻力"，将之用来分析省际贸易流量数据更为清楚全面。

空间互动模型将空间计量经济分析中处理空间相关的技术引入估计，得出的系数更为稳健，也有助于更合理地对系数进行解释。空间互动模型一般形式如下：

$$\begin{cases} \mathrm{Ln}Y_{ij} = \alpha + \rho W_1 \mathrm{Ln}Y_{ij} + \sum \beta_i \ln X_i + \sum \beta_j \ln X_j + \theta \mathrm{Ln}D_{ij} + \mu_{ij} \\ \mu_{ij} = \lambda W_2 \mu_{ij} + \varepsilon_{ij} \end{cases}$$

和上述引力模型不同的是，这里 X_i，X_j 分别为贸易输出地变量和输入地变量集，W_1，W_2 为因变量和误差项的空间权重矩阵，可以相同也可以不同，$\sum_{ij}$ 为白噪声，通常假定服从正态分布。ρ 和 λ 为空间自回归系数，当 $\lambda=0$ 时，即为空间滞后模型(SLM)，当 $\rho=0$ 时为空间误差模型(SEM)，二者均不为零时为空间通用模型(SAC)。

目前，王庆喜(2014)在多维距离视角下运用这一方法考察了中国省级贸易情况。本人基于上述研究基础，利用区域间贸易数据，结合引力模型、边界效应、空间互动模型来对中国区域间贸易进行验证。

二、区域贸易流动基本特征

这里我们采用的是刘卫东他们编制的 30 个地区的投入产出表数据，他们利用 2007 年各地区的投入产出表编制成区域间投入产出表，每个区域 30 个部门，因此该表是 900×900 的投入产出表①。由于区域间投入产出表反映的是各地区自身的投入产出(主对角线

① 由于中国每 5 年编制一次投入产出表，数据公布出来往往滞后。区域间的投入产出表是以此为基础编制的，虽然目前 2012 年的投入产出表已经公布出来，但是当前没有据此编制成最新的区域间投入产出表，目前所使用的基础数据是 2007 年的投入产出表数据。

上矩阵）和区域间的流动情况，从行向看，表示的是地区间的调出，列向表示地区间的调入。地区间的调入调出量描述统计如下：

表 1　区域间贸易统计[①]　　单位：百万，%

地区	调入					调出				
	最小值	最大值	平均数	标准差	变异系数	最小值	最大值	平均数	标准差	变异系数
北京	20	670	197.1	159.1	80.7	8	1025	199.4	202.1	101.3
天津	6	730	181.8	155.7	85.7	14	1032	197.7	199.1	100.7
河北	10	1768	456.6	429.7	94.1	17	898	325.8	271.9	83.5
山西	1	898	95.2	176.2	185.0	1	306	80.0	74.5	93.1
内蒙	4	532	153.3	160.6	104.7	2	379	86.2	85.8	99.6
辽宁	10	985	217.7	253.3	116.3	2	827	152.8	219.8	143.9
吉林	3	827	157.9	215.5	136.5	2	985	169.7	233.3	137.5
黑龙江	3	4673	290.2	863.4	297.5	2	719	125.2	183.4	146.5
上海	24	7089	498.7	1288.8	258.4	18	1232	351.8	334.3	95.0
江苏	11	1494	405.1	369.0	91.1	22	7089	876.2	1489.4	170.0
浙江	16	1769	300.2	414.9	138.2	24	1517	388.9	419.0	107.7
安徽	7	993	179.3	227.1	126.6	6	754	170.7	176.6	103.4
福建	2	900	100.9	170.2	168.7	3	741	133.9	157.7	117.8
江西	2	410	64.6	89.6	138.8	1	407	75.2	79.2	105.2
山东	8	1013	242.6	254.8	105.1	7	779	190.9	170.8	89.4
河南	8	1044	280.9	277.9	99.0	10	746	220.8	205.9	93.3
湖北	7	463	77.8	88.6	113.9	2	239	74.2	56.3	75.9
湖南	8	1011	131.6	186.7	141.8	3	798	106.9	148.0	138.4
广东	43	1517	455.7	368.0	80.7	39	1769	549.2	411.2	74.9
广西	6	929	106.1	168.1	158.5	2	808	103.7	146.1	140.9
海南	1	4698	205.8	866.2	421.0	0	117	11.8	21.4	181.1
重庆	3	550	87.2	109.1	125.1	4	4698	259.3	861.9	332.3
四川	6	435	102.2	92.3	90.3	9	490	105.0	101.8	96.9
贵州	2	516	59.0	95.2	161.3	2	580	74.3	105.7	142.2
云南	2	948	86.8	172.0	198.2	2	770	102.8	145.0	141.1
陕西	13	655	175.5	160.5	91.4	10	573	152.0	158.4	104.2
甘肃	2	235	47.9	56.0	116.7	2	399	52.3	77.0	147.1
青海	0	88	11.8	18.3	154.9	1	50	17.2	14.4	83.6
宁夏	2	56	18.4	16.6	90.5	3	98	26.8	22.6	84.3
新疆	10	399	75.7	83.3	110.0	5	533	82.4	116.2	140.9

① 因为单位和取整原因，部分地区贸易额显示为 0。数据根据刘卫东等人的投入产出表整理得到，下同。

从区域间贸易看，同一地区的贸易流量调入调出数量并不相等。从贸易总量看，广东、山东、江苏、浙江、河南、河北、上海等地区占据前几位，青海、宁夏、甘肃、贵州、海南排在后五位；从平均贸易量看，江苏、浙江、广东、河北、上海等地区最大，除河北省外都是经济发达地区，山东、河南两省尽管经济总量较大，由于生产中很大一部分是满足自身需求，因此，地区间的贸易并不明显。海南和青海无论是调入调出都比较小这与其自身经济规模有关。从贸易净流入（总调入减调出）看，江苏、浙江、广东、天津、北京、福建、贵州、吉林、甘肃、新疆等地区净流入为负值，这一方面是部分经济发达地区对其它地区存在反哺效应，另一方面则是经济落后地区通过资源原材料等对经济发达地区提供支撑①，这与王庆喜（2014）、徐现祥和李郇（2012）的结论有明显不同，可能与基础数据不同有关。从变异系数的波动可以看出各地区间的贸易溢出并不均衡，广东尽管贸易量大，但是波动性最小，说明广东省与各省的贸易均较为活跃，且几乎不受空间距离等因素影响，而海南和重庆贸易总量波动性最大，意味着他们更多是与周边等少数地区进行贸易，受空间影响很大。

为了更好观察地区间贸易方向，我们只考虑各地区调动的前三位，利用社会网络，做出区域贸易图如下：箭头方向表示调入地，每一个地区均有三个箭头指向自身，如安徽省调入最多的浙江、上海和河南，箭尾方向则表示调出地，图中清晰表明珠三角、长三角的核心地位，同时我们看到东北三省间箭头都是双向，说明三省之间的贸易较多，区位因素影响明显；从贸易方向看，各省贸易流量空间分布差异较大，考虑到各省经济规模的差异，我们计算了相对基尼系数反映这种分布差异，相对基尼系数从 0.6590（上海）变化到 0.9485（青海），结果显示贸易流动流向分布极不均衡。

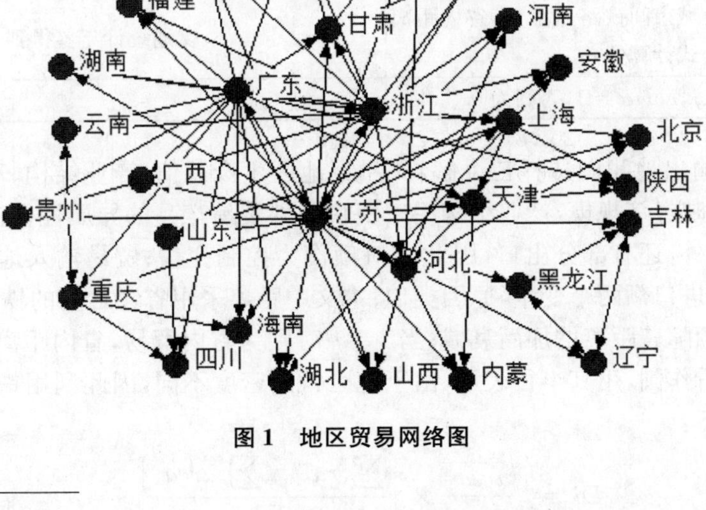

图 1　地区贸易网络图

① 不是所有地区表现都是如此，比如上海则是净调入，这个可能和上海的外向型经济有关，其市场更多面向海外而不是反哺国内市场，结合进出口数额，我们看到，广东进出口比例均居国内首位（超过全国 1/4），其次为江苏、上海和浙江（最低比例也接近 10%），考虑到经济规模，上海外向型经济十分明显；而山东、河南、河北等地区贸易规模大，但是净流入都为正值，这些地区在国内市场上占据更大份额。

对于多数省份而言，贸易大多发生在邻近地区或者经济相对发达地区，邻近地区贸易所占比例(某地区邻近省份贸易占该地区总贸易比重)在0.0126(新疆)到0.4836(河北)之间，平均值为0.2603，说明空间或者地理距离对于贸易的影响极大。当然我们也看到，经济规模靠前的地区其贸易也更活跃，尤其是长三角、珠三角，这在一定程度上也反映了贸易的溢出效应。

据此我们可以得出中国地区间贸易的几个基本特征是：一、贸易往来存在不对称性，流入流出并不均衡；二、地区间的贸易空间分布差异明显，尤其是长三角、珠三角以及东北三省间的贸易十分活跃；三是地区间的贸易存在空间相关性，邻居地区间的贸易更多，贸易受地理距离影响。正是由于区域间的贸易表现出上述特征，因此我们在对区域贸易进行分析时，考虑空间相关性等因素。

三、方法和模型选择

基于王庆喜(2014)的研究思路，我们在估计空间互动模型时采用的变量如下表：

表2 模型变量说明

变量符号	释义	计算来源与计算方法
Y_{ij}(因变量)	区域间的贸易流量	由刘卫东(2012)等编制的投入产出表整理得到
X_i	贸易输出地 GDP 贸易输出地产业结构 贸易输出地出口额	统计年鉴得到 第一、二产业产值结构合计 由刘卫东(2012)等编制的投入产出表整理得到
X_j	贸易输入地规模以上工业总产值 贸易输入地进口额	统计年鉴得到 由刘卫东(2012)等编制的投入产出表整理得到
D_{ij}	省会城市间铁路里程数，省内距离据公式计算	交通统计年鉴得到
边界效应	$i=j$, $home=1$，否则为0	

这里，贸易输出地我们选择三个解释变量：地区生产总值、产业结构、和出口额，地区生产总值用来反映经济规模，产业结构用来反映对外贸易产品的异质性，各地区生产的产品除了省际贸易外，还有部分出口，因此出口额作为控制变量；贸易输入地考虑了规模以上工业总产值和进口额两个变量，原因类似；本文中距离采用省会之间的铁路距离，通常θ为负值，即贸易额随着距离增加而衰减；当$i=j$时则为省内贸易，省内距离则采用近似处理，即把各地区看作圆，用其半径表示，由于地区铁路密度不同，因此利用铁路密度进行调整，计算公式如下：

$$Di=\sqrt{\frac{area_i}{\pi}}\times\left(\frac{\sum rail_i/\sum area_i}{rail_i/\sum area_i}\right)$$

最终估计的空间互动模型是：

$$\begin{cases} LnY_{ij} = \alpha + \rho W_1 \ln Y_{ij} + \alpha_1 \ln GDP_i + \alpha_2 \ln industry_i + \alpha_3 \ln export_i \\ \quad + \beta_1 \ln state_j + \beta_2 \ln import_j + \gamma home + \theta LnD_{ij} + \mu_{ij} \\ \mu_{ij} = \lambda W_2 \mu_{ij} + \varepsilon_{ij} \end{cases}$$

由于贸易流量与输入地、输出地之间均存在空间关联性，一般存在三种空间关联性：基于输入地相邻的空间相关性、基于输出地相邻的空间相关性以及基于二者相邻的空间相关性，因此基于此可以得到不同的空间权重矩阵，假定 W_0 为初始相邻矩阵，则三种权重矩阵分别为 $W_1 = W_0 \otimes I$，$W_2 = I \otimes W_0$，$W_3 = W_0 \otimes W_0$，I 为单位阵，$\otimes$ 为克罗内克积。利用 R 软件计算这三种空间权重矩阵下的 Moran's I 指数，结果显示均高度显著，说明在不同的相邻情况下，区域贸易存在空间相关性。

表 3　不同空间权重矩阵下的 Moran's I 指数

统计量	W_1	W_2	W_3
Moran I statistic	0.0878	0.1125	0.1708
Expectation	−0.0011	−0.0011	−0.0011
Variance	0.1115	8.3019e−3	1.2811e−4
p. value	0.0331	4.8416e−36	1.9457e−52

这里我们采用输入地相邻的权重矩阵 W_2 来进行估计，和 W_1 相比，其相关性更为显著，同时有文献表明双重相邻的空间效应不太显著。同时作为比较，我们也估计引力模型和边界效应模型，模型估计结果如下：

表 4　模型估计结果

变量	引力模型	边界模型 I	空间互动模型			
			lm	SLM	SEM	SAC
Intercept	−1.5241* (−2.35)	−6.4054*** (−11.20)	−3.8739*** (−4.39)	−6.6218*** (−9.07)	−8.1544*** (−5.90)	−4.4435 (−4.24)
$LnGDP_i$	0.7117*** (17.69)	0.7737*** (23.73)	0.3822*** (6.19)	0.4349*** (8.03)	0.5472*** (6.02)	0.1159 (1.36)
$LnGDP_j$	0.8347*** (20.75)	0.8967*** (27.50)				
LnD_{ij}	−1.0438*** (−23.99)	−0.5437*** (−12.85)	−0.5450*** (−13.53)	−0.1965*** (−4.59)	−0.2881*** (−4.03)	−0.2010*** (−4.07)
$lnimport_j$			0.3744*** (9.52)	0.2381*** (6.6134)	0.4905*** (6.5516)	0.4563*** (7.82)
$Lnexport_i$			0.2534*** (7.18)	0.1538*** (4.8456)	0.1511*** (2.6892***)	0.3314*** (6.60)
$Lnindustry_i$			−0.0175 (−0.099)	0.0983 (0.6327)	0.5545** (2.0011)	0.07024 (0.34)
$Lnstate_j$			0.5574*** (8.43)	0.3468*** (5.7517)	0.3365*** (3.0035)	0.2990*** (3.36)

续表

变量	引力模型	边界模型 I	空间互动模型			
			lm	SLM	SEM	SAC
Home		3.8083*** (21.18)	3.8052*** (22.30)	4.6949*** (31.90)	3.7399*** (29.52)	4.2994*** (32.88)
ρ				0.6446***		0.0318***
λ					0.8991***	0.0886***
Adjust－R^2	0.656	0.775	0.798			
F	535.3	728.1	477.6			
AIC			1908.6	1647.1	1605.5	1519.5
Log				－813.55	－792.72	－748.75

注：***表示在1%水平下显著，**表示在5%水平下显著．其中$GDP_{i(j)}$表示输(入)出地地区是生产总值，D_{ij}表示地理距离，import、export表示进、出口，industry表示产业结构，state表示规模以上工业总产值，home表示边界效应。

从实证结果看，引力模型、边界模型和空间互动模型均能很好的解释区域间的贸易流动。在所有的模型中，距离都是阻碍贸易的主要因素，估计的回归系数均为负值，其弹性系数分别为－1.0438，－0.5437，－0.545，－0.1965，－0.2882和－0.4563，说明地区间的地理距离增加1公里后，将会使得区域间的贸易减少相应的值，在引力模型里，考虑的变量最少，距离因素的影响明显大于其他模型。

地区经济规模均对区域贸易产生积极影响，即一个地区的经济越发达，对外贸易也越显著。如引力模型中，贸易输出地的地区生产总值对贸易的弹性系数为0.7117，意味着地区生产总值每增加1%，区域间贸易量将增加0.7117%，这一增幅非常可观。在其他模型中，系数虽然有所降低，但是均高度显著，且都是正值，最小也达到了0.1965，充分反映了经济规模对贸易的积极影响作用。从贸易输出地看，也有类似结论，即地区规模以上工业总产值越大，其对区域间的贸易影响也越大。整体看，这一影响略小于输出地经济规模对贸易所产生的影响。如果把输出地经济规模看作对贸易的推力，把输入地经济规模看成拉力，二者共同作用，使得区域间的贸易蓬勃发展。

区域贸易存在着明显的边界效应。而且不同的模型里，边界效应相对稳定。在控制两个地区的生产规模和贸易距离后，全国平均来看区内贸易对区际贸易的影响大致相同。即区域内贸易有助于推动区域间贸易，这和预期保持一致。

输入地区产业结构对双边贸易影响在不同模型中表现不一，其弹性系数整体看趋于不显著。从直观看，似乎区域间产业结构差异越大，更有利于区域间贸易，这可能一方面与所采用的数据有关，另一方面，也可能与地区间产业结构趋同有关。进出口对区域间贸易的弹性系数均为正值，也似乎与直觉不太吻合，可能原因是进出口贸易也与地区经济规模高度相关，变量间存在这共线性所致，尚需更多的数据比如利用面板数据来检验这一结论。

空间互动模型由于考虑到了贸易的空间相关性，模型结果更为理想。我们采用了三种空间模型形式：空间滞后模型(SLM)、空间误差模型(SEM)和空间通用模型(SAC)，同时也列出普通回归的估计结果(LM)作为比较。从 AIC 值看,显然空间模型估计效果更好,三种空间模型中,空间滞后系数 r 和空间误差系数 l 均高度显著。进一步检验三种模型的适用性,发现拉格朗日乘数(LMerr,LMlag,RLMerr 等)也都十分显著,很难说哪一个模型更优。

四、简要结论

通过对中国区域间投入产出表数据以及多种模型分析,我们主要结论为:

1. 中国地区间贸易表现出不对称性、空间相关性等特征。中国地区间的多边贸易表现出明显的空间异质性,不同区域间的贸易往来具有不对称性。

2. 地区间的贸易受经济规模影响,无论是贸易输出地还是输入地,都会对贸易产生积极作用。

3. 地理距离依然是阻碍区域贸易的主要因素,邻近地区间贸易更为活跃,但地区产业结构的差异并不明显。

由此我们认为在发展地区间贸易时,需要从以下几个方面入手:

1. 打破当前区域贸易的不对称格局,发展区域间的多边贸易。目前中国省际贸易更多发生在经济发达地区之间,如珠三角、长三角、环渤海经济圈等,中西部的贸易更多发生在区域内而不是区域间,各区域间贸易冷热不均现象十分明显,这对促进各区域协调发展是十分不利的,甚至可能进一步扩大区域差异。为了更好促进区域间的协调发展,需要打破当前不对称的贸易格局,积极发展多边贸易。

2. 进一步完善交通基础设施建设,减少距离对区域贸易的阻力。地理距离依然是造成当前市场分割的主要因素,区域间的贸易大多集中在邻近区域,这使得区域间的贸易选择较为狭窄,容易形成市场分割态势,这与经济一体化、全球化的趋势是背道而驰的。随着交通基础设施的进一步完善,围绕各交通枢纽的多边贸易也必将得到快速发展,而各地方围绕高铁、航空港等交通要道打造新的经济中心也是这一目的的直接体现。

3. 调整区域产业结构,发挥产业结构的互补作用,扩大多边贸易规模。规模因素对区域间贸易的影响已经为模型所证实,虽然文中产业结构因素对当前贸易影响不明显,但更可能是由于数据原因所致。东、中、西部之间产业结构差异较大,对应的贸易也具有互补性质,各地区如果进一步调整产业结构,利用各自的产业优势扩大多边贸易,就会形成优势互补、协调发展的贸易格局。

4. 减少地方保护主义,促进区域间贸易。研究表明,本地效应十分突出,各地区由于本位主义而采取种种地方保护政策,在短期内有助于培育当地的新兴产业和弱势产业,但是从中长期看会削减产业竞争优势,反而不利于产业的健康发展。因此在区域贸易时撤除各种贸易壁垒,从市场出发,鼓励双边和多边的自由贸易,更有利于区域发展。

参考文献

[1] 张鹏,丘萍. 我国区域间经济溢出效应评价及机制研究[M]. 中国社会科学出版社,2012.

[2] Miller R. E. and Blair P. D, Input－Output Analysis:Foundations and Extensions(Second Edition), Cambridge University Press 2009.

[3] 王庆喜，徐维祥．多维距离下中国省际贸易空间面板互动模型分析[J]，中国工业经济，2014(3).
[4] 行伟波，李善同．本地偏好、边界效应与市场一体化一基于中国地区间增值税流动数据的实证研究[J]，经济学季刊 2009(4).
[5] 行伟波，李善同．地方保护主义与中国省际贸易[J]，南方经济，2012(1).
[6] 才国伟，钱金保．解析空间相关的来源：理论模型与经验证据[J]，经济学季刊，2013(3).
[7] 刘卫东，刘红光，范晓梅等．地区间贸易流量的产业一空间模型构建与应用[J]. 地理学报，2012(2).
[8] 刘卫东等．中国 2007 年 30 省区市区域间投入产出表编制理论与实践[M]. 北京：中国统计出版社，2012.
[9] 钱金保，面板空间相关模型研究一理论和经验应用，科学出版社，2013.
[10] 许统生，缪晗．东盟 10＋3 制造业国家边界效应测度及影响因素[J]. 经济经纬，2015(5).

作者简介

商　勇，河南省教育统计数据分析和研究中心研究员，河南财经政法大学统计学院副教授，经济学博士，硕士生导师。

专题四

投入产出基本理论及应用研究

中国 1987—2012 年增加值率和 2012 年部门组合性质研究[①]

——基于非负矩阵理论和投入产出技术

徐大举　张海燕

摘要：理论部分：(1)非负矩阵谱理论。假设价值型中间投入系数矩阵(或称为直接消耗系数矩阵，或称为技术系数矩阵) A 的最大特征值(即谱半径)记为 $\rho(A)$，那么在一定程度上 $\mu=1-\rho(A)$ 可以表示经济系统的增加值率。(2)非负矩阵可约性理论。如果中间投入系数矩阵为可约矩阵，那么经济系统至少可以分为两个子系统，第一个子系统的总产出和第二个子系统的最终产出无关。实证部分：(1)增加值率。计算中国 1987—2012 年间、11 个价值型中间投入系数矩阵的最大特征值，得到这 15 年间增加值率的变化趋势：1987—2010 年递减，2010—2012 年递增，或者说 2010 年为最小值(或者称为经济拐点)，预计 2015 年的增加值率比 2012 年的大，即 2015 年的中间投入系数矩阵的最大特征值要比 2012 年的小。(2)2012 年中国部门组合性质分析。根据 2012 年 139 个部门的投入产出表，可知中间投入系数矩阵为可约矩阵，因此中国宏观经济系统可以分为两个子系统，第一个子系统由 2 个部门(即社会工作和体育)组成，第二个子系统由其余的 137 个部门组成。最后，根据非负矩阵谱理论，以及产出变化与价格调整对经济系统的影响与作用理论，给出提高经济系统增加值率的几点建议。

关键词：投入产出　增加值　中间投入系数矩阵　非负可约矩阵　特征值

一、引言

在投入产出技术中，增加值率等于增加值与总投入的比值，即单位总投入中包含的新创造价值，它是从宏观的角度来度量一个经济系统投入产出的效益，度量经济系统经济增长的质量。因此，研究增加值率有重大的经济意义。一些学者是从局部或者某类产业的角度来研究增加值率，例如，柳卸林、张杰军(2004)从高技术产业的角度，梁东黎(2011)从

① 基金项目：国家自然科学基金(61603219)。

工业结构调整和转型升级的角度，汪炜(2012)从上海制造业的角度，蔡涛(2012)从工业的角度，于春海、常海龙(2015)从制造业的角度，夏明、张红霞(2015)从跨国生产和贸易增加值的角度，贺京同、杨垚立(2016)从中、美三次产业对比的角度，而本文的研究则是从宏观或者从所有产业的角度来研究增加值率，即从价值型中间投入系数矩阵最大特征值的角度，来研究最大特征值与增加值率的关系。

矩阵的特征值又叫本征值，在《高等代数》中特征值有精确的数学定义。通俗来讲，如果一个矩阵(方阵)对一个非零向量的乘积(作用)等于某个常数对这个非零向量的乘积(作用)，那么这个常数就是该矩阵的特征值。在投入产出分析中，价值型中间投入系数矩阵(或称为直接消耗系数矩阵，或称为技术系数矩阵)是一个重要的概念，它的(模)最大特征值，以及与其对应的右特征向量和左特征向量都有一定的经济意义。曾力生(2003)研究了各个部门的增加值率都相等(都等于 1 减去价值型中间投入系数矩阵的最大特征值)的充分必要条件，徐大举(2010)从理论和实证两方面，研究了价值型中间投入系数矩阵的最大特征值与最终产出率具有负相关的关系。对偶地，价值型中间投入系数矩阵的最大特征值与增加值率也应该具有负相关的关系，这是本文研究的最主要内容。

数学符号和术语如下：n 阶单位矩阵记为 I，单位矩阵 I 经过初等行变换后得到的矩阵称为对换矩阵，有限个对换矩阵的乘积称为置换矩阵；所有分量为 1 的列向量记为 $E=(1,1,\cdots,1)^t$，其中右上角“t”表示转置，即 M^t 表示向量或者矩阵 M 的转置；符号 $\hat{H}=diag(H)=diag(h_1,h_2,\cdots,h_n)$ 表示以行向量或者列向量 H 的元素 $h_1,h_2,\cdots,h_n$ 为主对角元的对角矩阵；$M>0$ 表示向量或者矩阵 M 为正的，即 M 的所有元素是正数，称为正向量或者正矩阵；$M\geqslant 0$ 表示非零向量或者矩阵 M 为非负的，即 M 的所有元素为非负实数且至少有一个元素大于零，称为非负向量或者非负矩阵。

在投入产出分析中，实物型总产出列向量记为 $q=(q_i)_{n\times 1}>0$，价格行向量为 $p=(p_j)_{1\times n}>0$，价值型总产出列向量为 $X=\hat{p}q=(x_i)_{n\times 1}>0$，实物型最终产出列向量为 $\bar{F}=(\bar{f}_i)_{n\times 1}\geqslant 0$，价值型最终产出列向量为 $F=\hat{p}\bar{F}=(f_i)_{n\times 1}\geqslant 0$，最终产出率列向量为 $Y=\hat{q}^{-1}\bar{F}=\hat{X}^{-1}F=(y_i)_{n\times 1}\geqslant 0$，增加值行向量为 $V=(v_j)_{1\times n}\geqslant 0$，增加值率行向量为 $R=V\hat{X}^{-1}=(r_j)_{1\times n}\geqslant 0$。实物型中间投入系数矩阵记为 $\bar{A}=(\bar{a}_{ij})_{n\times n}$，中间投入系数矩阵为 $A=(a_{ij})_{n\times n}$，中间产出系数矩阵为 $\overrightarrow{A}=(\overrightarrow{a}_{ij})_{n\times n}$，实物型 Leontief 逆矩阵记为 $\bar{B}=(I-\bar{A})^{-1}=(\bar{b}_{ij})_{n\times n}$，Leontief 逆矩阵为 $B=(I-A)^{-1}=(b_{ij})_{n\times n}$，Ghosh 逆矩阵为 $\overrightarrow{B}=(I-\overrightarrow{A})^{-1}=(\overrightarrow{b}_{ij})_{n\times n}$，投入乘数列向量为 $G=\overrightarrow{B}E=(g_i)_{n\times 1}>0$，产出乘数行向量为 $D=E^tB=(d_j)_{1\times n}>0$。另外，$\overrightarrow{A}=\hat{q}^{-1}\bar{A}\hat{q}=\hat{X}^{-1}A\hat{X}$，$\overrightarrow{B}=\hat{q}^{-1}\bar{B}\hat{q}$，$A=\hat{p}\bar{A}\hat{p}^{-1}$，$B=\hat{p}\bar{B}\hat{p}^{-1}$，根据相似矩阵的性质可得，$\rho(\overrightarrow{A})=\rho(\bar{A})=\rho(A)<1$，$\rho(\overrightarrow{B})=\rho(\bar{B})=\rho(B)=[1-\rho(A)]^{-1}$。

二、理论部分

(一)非负矩阵谱理论

非负矩阵指的是价值型中间投入系数矩阵 A，或者是中间产出系数矩阵 $\overrightarrow{A}$，或者是实物型中间投入系数矩阵 $\bar{A}$ 。根据等式 $\overrightarrow{A}=\hat{q}^{-1}\bar{A}\hat{q}=\hat{X}^{-1}A\hat{X}$ ，可得三者是相似矩阵，所以具有完全相同的特征值，以及完全相同的可约性。谱理论指的是价值型中间投入系数矩阵 A 的（模）最大特征值，即谱半径 $\rho(A)$ 。关于非负矩阵的最大特征值，情况较复杂①。

下面，从两个方面说明增加值率与 $\rho(A)$ 具有负相关的关系，即增加值率变小，$\rho(A)$ 变大；反之亦然。一方面，令 $\mu=1-\rho(A)$ ，如果某个部门的增加值率大于（小于）μ ，那么至少存在一个部门的增加值率小于（大于）或者等于 μ ；当价值型中间投入系数矩阵 A 为不可约矩阵时，如果某个部门的增加值率大于（小于）μ ，那么至少存在一个部门的增加值率小于（大于）μ 。因此，我们猜想 μ 可能是所有部门增加值率的平均值（Zeng，L. 2008）。

另一方面，考虑 Ghosh 模型：

$$X^t\overrightarrow{A}+V=X^t$$

其中，X^t 为总投入行向量，即总产出列向量的转置向量，$\overrightarrow{A}$ 为中间产出系数矩阵，V 为增加值行向量。对于一个经济系统，理想的情况是各个部门具有相等的增加值率，即 $r_1=r_2=\cdots r_n$ ，或者 $\frac{v_1}{x_1}=\frac{v_2}{x_2}=\cdots=\frac{v_n}{x_n}=\mu$ ，即 $V=\mu\times X^t$ 。这时，Ghosh 模型变为：

$$X^t\overrightarrow{A}=(1-\mu)X^t$$

当价值型中间投入系数矩阵 A 为不可约矩阵，即中间产出系数矩阵 $\overrightarrow{A}$ 为不可约矩阵时，$\overrightarrow{A}$ 具有惟一正的左特征向量 X^t 与特征值 $\rho(\overrightarrow{A})$ 对应，所以：

$$\rho(\overrightarrow{A})=1-\mu$$

根据 $\rho(\overrightarrow{A})=\rho(A)$ ，因此：

$$\rho(A)=1-\mu$$

定理 1　假设经济系统中所有部门的增加值率都等于 μ ，并且价值型中间投入系数矩阵 A 为不可约矩阵，那么增加值率与矩阵 A 的最大特征值具有负相关的关系，即 $\rho(A)=1-\mu$。

（二）非负矩阵可约性理论

在一个包含 n 个部门的经济系统中，假设价值型中间投入系数矩阵 A 为非负可约矩阵，即存在置换矩阵 W ，使得：

$$WAW^t=\begin{bmatrix}A_{11} & 0\\ A_{21} & A_{22}\end{bmatrix} \tag{1}$$

其中，A_{11} 为 $k\times k$ 子矩阵，A_{22} 为 $(n-k)\times(n-k)$ 子矩阵，$1\leqslant k\leqslant n-1$，右上角为 $k\times(n-k)$ 零矩阵。对应于子矩阵 A_{11} 的 k 个部门设为子系统 S_1 ，其余 $(n-k)$ 个部门设为子系统 S_2 。

当 A_{11} 和 A_{22} 为非负不可约子矩阵②，并且 $A_{21}\neq 0$ 时，(1)式的经济意义解释为③：对于一个包含 n 个部门的经济系统，根据部门之间是否存在中间产品直接地需求关系，经济系统划分为两个子系统 S_1 和 S_2 ，对于子系统 $S_i(i=1,2)$ ，它的每个部门直接或者间接消

---

① 详情见：徐大举，第二章：非负矩阵谱理论，2014.

② 中间投入系数矩阵不可约的经济意义为：每一个部门都直接或者间接消耗所有部门的中间产品。

③ 根据中间投入系数矩阵的非零元素的经济意义而得到。

耗子系统 S_i 内所有部门的中间产品，或者子系统 S_i 只由一个部门组成，并且对于子系统 S_1，它不向子系统 S_2 的任何一个部门直接提供中间产品，但是，它直接消耗子系统 S_2 中至少一个部门的中间产品。

当 $A_{21}=0$ 时，子系统 S_1 既不向子系统 S_2 的任何一个部门提供中间产品，也不消耗子系统 S_2 的任何一个部门的中间产品。

当价值型中间投入系数矩阵 A 是非负可约矩阵时，价值型 Leontief 投入产出基本公式：

$$(I-A)X=Y$$

变为：

$$\begin{bmatrix} I_1-A_{11} & 0 \\ -A_{21} & I_2-A_{22} \end{bmatrix}\begin{bmatrix} X_1 \\ X_2 \end{bmatrix}=\begin{bmatrix} Y_1 \\ Y_2 \end{bmatrix}$$

即：

$$\begin{cases}(I_1-A_{11})X_1=Y_1 \\ -A_{21}X_1+(I_2-A_{22})X_2=Y_2\end{cases}$$

或者：

$$\begin{cases}X_1=(I_1-A_{11})^{-1}Y_1 \\ X_2=(I_2-A_{22})^{-1}(Y_2+A_{21}X_1)\end{cases}$$

因此，可得以下结论：

定理 2 如果一个经济系统的价值型中间投入系数矩阵 A 为非负可约矩阵，那么这个经济系统可以划分为(至少)两个子系统 S_1 和 S_2，使得子系统 S_1 的总产出只与它的最终产出有关，而与子系统 S_2 的最终产出无关。特别地，当 $A_{21}=0$ 时，即价值型中间投入系数矩阵 A 为非负完全可约矩阵时，经济系统可以划分为(至少)两个完全独立的子系统，即子系统 S_1 的总产出只与它的最终产出有关，而与子系统 S_2 的最终产出无关；同时，子系统 S_2 的总产出只与它的最终产出有关，而与子系统 S_1 的最终产出无关。

如果(1)式中的主对角块子方阵 A_{11} 和 A_{22} 是可约的，那么可以进一步实施置换变换，直到它们为不可约矩阵为止，最后得到以下结果：对于非负可约矩阵 A，存在置换矩阵 W，使得：

$$WAW^t=\begin{bmatrix} A_{11} & & & 0 \\ A_{21} & A_{22} & & \\ \vdots & \vdots & \ddots & \\ A_{r1} & A_{r2} & \cdots & A_{rr} \end{bmatrix}$$

其中，对角块上的元素 $A_{ii}(i=1,2,\cdots,r)$ 或为不可约子矩阵，或为一阶零矩阵，上式称为非负可约矩阵 A 的法式，或者称为非负可约矩阵 A 的 Frobenius 标准型(Frobenius normal form)。

非负可约矩阵 A 的 Frobenius 标准型可以进一步归纳整理。根据李乔、张晓东(定理 6.5，pp.64，2014)，价值型中间投入系数矩阵 A 一定置换相似于以下标准型：

$$
WAW^t=\begin{bmatrix} A_{11} & & 0 & & & \\ & \ddots & & 0 & & \\ 0 & & A_{kk} & & & \\ A_{k+11} & \cdots & A_{k+1k} & A_{k+1k+1} & & 0 \\ \vdots & & \vdots & \vdots & \ddots & \\ A_{r1} & \cdots & A_{rk} & A_{rk+1} & \cdots & A_{rr} \end{bmatrix} \tag{2}
$$

其中,对角块A_{11},…,A_{kk},A_{k+1k+1},…,A_{rr}都是非负不可约子矩阵,并且对于$k+1\leqslant i \leqslant r$,$A_{i1}$,…,$A_{ii-1}$不全是零矩阵。

(2)式的经济意义如下:对于一个包含n个部门的经济系统,根据部门之间是否存在中间产品直接地需求关系(或者对应于价值型中间投入系数矩阵A的标准型(2)),经济系统划分为r个子系统S_1,…,S_k,S_{k+1}…,S_r($2\leqslant r\leqslant n$,$0\leqslant k\leqslant r$);对于子系统S_i($i=1$,2,…,r),它的每个部门都直接或者间接消耗子系统S_i内所有部门的中间产品,或者子系统S_i只由一个部门组成,并且对于子系统S_j($j=2,3,\cdots,k$),它既不直接消耗子系统S_1,S_2,…,S_{j-1}中的任何一个的中间产品,也不向子系统S_1,S_2,…,S_{j-1}中的任何一个直接提供中间产品,而对于子系统S_j($j=k+1,k+2,\cdots,r$),它不直接消耗子系统S_1,S_2,…,S_{j-1}中的任何一个的中间产品,但是,它向子系统S_1,S_2,…,S_{j-1}中的至少一个直接提供中间产品。

这时,价值型Leontief投入产出基本公式可以进一步分解为:

$$
\begin{bmatrix} I_1-A_{11} & & 0 & & & \\ & \ddots & & & 0 & \\ 0 & & I_k-A_{kk} & & & \\ -A_{k+11} & \cdots & -A_{k+1k} & I_{k+1}-A_{k+1k+1} & & 0 \\ \vdots & & \vdots & \vdots & \ddots & \\ -A_{r1} & \cdots & -A_{rk} & -A_{rk+1} & \cdots & I_r-A_{rr} \end{bmatrix}\begin{bmatrix} X_1 \\ \vdots \\ X_k \\ X_{k+1} \\ \vdots \\ X_r \end{bmatrix}=\begin{bmatrix} Y_1 \\ \vdots \\ Y_k \\ Y_{k+1} \\ \vdots \\ Y_r \end{bmatrix}
$$

即:

$$
\begin{cases} (I_1-A_{11})X_1=Y_1 \\ \qquad\vdots \\ (I_k-A_{kk})X_k=Y_k \\ -(A_{k+11}X_1+\cdots+A_{k+1k}X_k)+(I_{k+1}-A_{k+1k+1})X_{k+1}=Y_{k+1} \\ \qquad\vdots \\ -(A_{r1}X_1+\cdots+A_{rr-1}X_{r-1})+(I_r-A_{rr})X_r=Y_r \end{cases}
$$

或者:

$$
\begin{cases} X_1=(I_1-A_{11})^{-1}Y_1 \\ \qquad\vdots \\ X_k=(I_k-A_{kk})^{-1}Y_k \\ X_{k+1}=(I_{k+1}-A_{k+1k+1})^{-1}(Y_{k+1}+A_{k+11}X_1+\cdots+A_{k+1k}X_k) \\ \qquad\vdots \\ X_r=(I_r-A_{rr})^{-1}(Y_r+A_{r1}X_1+\cdots+A_{rr-1}X_{r-1}) \end{cases}
$$

所以,我们得到以下定理:

定理 3 如果一个经济系统的价值型中间投入系数矩阵 A 置换相似于(2)式标准型,那么这个经济系统可以划分为 r 个子系统 $S_1,\cdots,S_k,S_{k+1},\cdots,S_r(2\leqslant r\leqslant n,0\leqslant k\leqslant r)$,使得对于子系统 $S_i(i=1,2,\cdots,k)$,它的总产出只与 S_i 的最终产出有关,而与其他任何子系统的最终产出无关,而对于子系统 $S_j(j=k+1,k+2,\cdots,r)$,它的总产出不仅与 S_j 的最终产出有关,而且与子系统 $S_1,S_2,\cdots,S_{j-1}$ 中至少一个的最终产出有关。

在投入产出分析经济学中,当经济系统划分的部门个数不大时,价值型中间投入系数矩阵可能为不可约矩阵,甚至可能为正矩阵。例如,中国 1997 年划分的部门个数为 17,对应的价值型中间投入系数矩阵为不可约矩阵①;1992 年划分的部门个数为 6,对应的价值型中间投入系数矩阵为正矩阵。当经济系统划分的部门个数较大时,价值型中间投入系数矩阵可能为可约矩阵,甚至可能为完全可约矩阵。例如,中国 1987 年划分的部门最大个数为 118,1992 年为 119,1997 年为 124,2002 年为 122,2007 年为 135,对应的 5 个中间投入系数矩阵可能为非负不可约矩阵;2012 年为 139,对应的中间投入系数矩阵已经证明为可约矩阵②。美国经济系统划分的部门个数一般为 500 多个,对应的中间投入系数矩阵可能为完全可约矩阵。

经济系统划分的部门个数很大时,价值型中间投入系数矩阵更多地保留了经济系统中不同部门之间的中间产品的直接需求或者直接供给关系,因而,价值型中间投入系数矩阵反映出经济系统更多的内在性质。在本文中,我们称之为部门的组合性质。

三、实证分析

(一)中国 1987－2012 年增加值率

中国 1987－2012 年间,11 个年份的增加值率,以及同一年比较不同部门的增加值率,最大值部门名称(数值)、最小值部门名称(数值),见附录 1 中的表 1。关于表 1,有以下几点说明:

1. 增加值率指的是整个经济系统的增加值率,它等于所有部门的增加值合计与所有部门投入合计(即总投入)的比值;部门增加值率等于该部门的增加值与该部门投入的比值。

2. 1987 年的增加值率 0.4455 来源于(沈利生、王恒,2006),用“∗”表示(1992 年相同)。1987 年由于没有多于 3 个部门的投入产出表,所以无最大(小)增加值率的部门名称和数据。

3. 1992 年只有直接消耗系数表(包含增加值系数合计),无部门增加值数据,无总投入数据。

4. 其他数据根据对应的投入产出表数据(来源于中华人民共和国国家统计局网站和

① 价值型中间投入系数矩阵 A 为非负不可约矩阵的一个等价条件是价值型 Leontief 逆矩阵 $B=(I-A)^{-1}$ 为正矩阵。

② 见第三部分:实证分析。

中国投入产出学会网站)计算得出。

5. 在(沈利生、王恒，2006)中，1990 年的增加值率为 0.4165，1995 年为 0.3744，1997 年为 0.3788，2000 年为 0.3586。

中国 1987—2012 年间，11 个价值型中间投入系数矩阵的最大特征值①，见附录 1 中的表 2。关于表 2，有以下几点说明：

1. 同一年，如果有多个中间投入系数矩阵，但是，这些矩阵对应的部门个数不同，那么采用最大部门个数对应的矩阵。例如，1997 年有 3 个中间投入系数矩阵，对应的部门个数分别为 6、17、40，采用部门个数为 40 的矩阵。

2. 同一年，有多个部门个数不同的中间投入系数矩阵，这些矩阵的最大特征值几乎相等。例如，1997 年部门个数为 6、17、40 对应的矩阵，它们的最大特征值分别为 0.630431、0.635346、0.629984。

观察图 1，得到以下结论：1978—2012 年间，11 个年份的价值型中间投入系数矩阵的最大特征值整体上呈上升的趋势；2002 年的数据为极小值；2010 年的数据为最大值。

观察图 2，得到以下结论：1978—2012 年间，11 个年份的增加值率整体上呈下降的趋势；2002 年的数据为极大值；2010 年的数据为最小值。

总之，根据以上结论，实证分析很好地验证了定理 1 的结论，即增加值率和中间投入系数矩阵的最大特征值具有负相关的关系，并且根据表 2 的最后一列，验证了两者的和(近似)等于 1。

(二)2012 年部门组合性质

中国 2012 年投入产出表参照《国民经济行业分类》(GB/T4754—2011)，将国民经济生产活动划分为 139 个部门。依次包括，农林牧渔业 5 个部门，分别为：①农产品，②林产品，③畜牧产品，④渔产品，⑤农、林、牧、渔服务；工业 93 个部门，详细内容见《2012 年中国投入产出表》(国家统计局国民经济核算司编，中国统计出版社，2015)；建筑业 4 个部门，分别为：①房屋建筑，②土木工程建筑，③建筑安装，④建筑装饰和其他建筑服务；服务活动分为 37 个部门，详细内容同样见《2012 年中国投入产出表》。

在 139 个部门中，第 132 位部门：社会工作，以及第 136 位部门：教育，这两个部门具有一定的特殊性，原因如下。对于价值型中间投入系数矩阵(即直接消耗系数矩阵) $A_{139\times139}$，第 1 行与第 136 行交换，同时，第 1 列与第 136 列交换；然后，第 2 行与第 132 行交换，同时，第 2 列与第 132 列交换，这时，矩阵 $A_{139\times139}$ 变成如下的分块矩阵：

$$WA_{139\times139}W^t=\begin{bmatrix}A_{11} & A_{12}\\ A_{21} & A_{22}\end{bmatrix}$$

其中，W 表示转置矩阵，$A_{11}=\begin{bmatrix}0.097048 & 0\\ 0 & 0\end{bmatrix}$，$A_{12}=\begin{bmatrix}0 & \cdots & 0\\ 0 & \cdots & 0\end{bmatrix}$ 为 2×137 零块矩阵。这说明，经过置换后矩阵 $A_{139\times139}$ 为非负可约矩阵。根据定理 2，得到以下结论：

中国 2012 年经济系统可以划分为两个子系统，第一个子系统由 2 个部门组成，分别是

① 利用 Mathematica 软件可以计算一个方阵的特征值，特征向量．当方阵可逆时，还可以计算其逆矩阵．利用 Excel 软件可以计算两个矩阵的乘积，也可以计算可逆方阵(阶数小于 64)的逆矩阵．

第 136 位——教育部门，以及第 132 位——社会工作部门，第二个子系统由其余的 137 个部门组成，使得社会工作部门和教育部门的产出只与这两个部门的最终产出有关，而与其余所有部门的最终产出无关。

四、结论

自从 1978 年改革开放以来，中国经济发生了翻天覆地的变化。然而，一个我们不得不面对的事实是：增加值率在逐年下降。关于这一点，不少专家学者从不同的角度进行了研究。本文基于非负矩阵谱理论，研究了增加值率与价值型中间投入系数矩阵的最大特征值之间负相关的关系，并且在一定的条件下两者的和等于 1。由于中间投入率与增加值率的和等于 1，所以在一定的条件下，价值型中间投入系数矩阵的最大特征值可以表示经济系统的中间投入率。

关于中国的增加值率为什么比发达国家低，为什么在不断下降，其实原因很简单，就是因为中国经济的中间投入在总投入中的比例，要比发达国家的比例高，并且中国的比例逐年在不断增加。或者说，根据非负矩阵谱理论，因为价值型中间投入系数矩阵的最大特征值逐年在不断变大。因此，提高增加值率的途径之一就是要想办法减小最大特征值，我们给出以下建议：

(1)根据 Perron－Frobenius 定理，当价值型中间投入系数矩阵不可约时，减小一(多)个矩阵的系数而其余的系数不变，可以减小矩阵的最大特征值。

(2)根据理论部分中的非负矩阵谱理论，$\mu = 1 - \rho(A)$ 可能是所有部门增加值率的平均值，所以提高一个部门的增加值率而其余部门的不变，可以提高经济系统的增加值率。

(3)根据价格调整理论(徐大举，定理 3.4.2，2014)，假设实物型中间投入系数矩阵为常数矩阵，实物型总产出列向量为常数向量，如果只有部门 j 的增加值上升而其他部门的不变，那么部门 j 的增加值率不下降。

根据表 2，2012 年在 139 个部门中，第 94 位部门——废弃资源和废旧材料回收加工品的部门增加值率最大，为 0.773385；而第 16 位部门——屠宰及肉类加工品的部门增加值率最小，为 0.148259。因此，一个显而易见的想法就是提高第 16 位部门的增加值而保持其他所有部门的不变，从而提高了第 16 位部门的增加值率，达到提高经济系统增加值率的目的。

本文除了研究增加值率以外，根据 2012 年包括 139 个部门的投入产出表，以及基于非负矩阵的可约性理论，还研究了中国 2012 年部门的组合性质。当部门个数较大时，价值型中间投入系数矩阵不再是非负不可约矩阵，而可能成为非负可约性矩阵，甚至为非负完全可约矩阵，这时，矩阵包含了经济系统更多的组合性质。因此，研究部门的组合性质具有重要意义，可能为提高增加值率提供更好、更具体的建议和方法。

最后，根据图 1 和图 2，我们大胆预测 2015 年价值型中间投入系数矩阵的最大特征值比 2012 年的小，即预测 2015 年的增加值率比 2012 年的大。

参考文献

[1] 曾力生．增加价值率的一致性条件及其对偶问题——谦评“理想”或“最佳”产业结构向量及其特征

分析[J]. 数量经济技术经济研究，2003，20（10）：33 — 40. DOI：10.3969/j. issn. 1000—3894. 2003. 10. 006.

[2] 柳卸林，张杰军. 中国高技术产业是否高投入低产出？——对我国高技术产业产出效益的考察[J]. 科学学与科学技术管理，2004，25(1)：5—8. DOI：10.3969/j. issn. 1002—0241. 2004. 01. 001.

[3] 沈利生，王恒. 增加值率下降意味着什么[C]. //中国数量经济学会 2006 年会论文集. 2006.

[4] ZENG, L. 2008. Effects of changes in outputs and in prices on the economic system: an input - output analysis using the spectral theory of nonnegative matrices. *Economic Theory*, 34, 441—471.

[5] 梁东黎. 我国工业结构调整的转型升级进程[J]. 探索与争鸣，2011，(4)：53—57. DOI：10.3969/j. issn. 1004—2229. 2011. 04. 018.

[6] 汪炜. 探究增加值率的"真实"含义——以上海制造业为例[J]. 商业时代，2012，(36)：105—106. DOI：10.3969/j. issn. 1002—5863. 2012. 36. 050.

[7] 蔡涛. 工业增加值率反映经济效率的证伪[J]. 科学・经济・社会，2012，30(4)：44—47. DOI：10.3969/j. issn. 1006—2815. 2012. 04. 009.

[8] 于春海，常海龙. 再论我国制造业增加值率下降的原因——基于 WIOD 数据的分析[J]. 经济理论与经济管理，2015，(2)：20—30. DOI：10.3969/j. issn. 1000—596X. 2015. 02. 002.

[9] 夏明，张红霞. 跨国生产、贸易增加值与增加值率的变化——基于投入产出框架对增加值率的理论解析[J]. 管理世界，2015，(2)：32—44.

[10] 贺京同，杨垚立. 素质提高、结构调整与产业升级——基于中、美两国三次产业的对比[J]. 经济与管理研究，2016，37(3)：54—61. DOI：10.13502/j. cnki. issn1000—7636. 2016. 03. 007.

[11] 徐大举，王伟平. 最终产品率和产业结构协调的理论与实证[C]. //中国投入产出学会第八届年会论文集. 2010：58—70.

[12] 徐大举. 基于非负矩阵理论的投入产出技术[M]. 山东大学出版社. 2014.

[13] 李乔，张晓东. 矩阵论十讲[M]. 中国科技大学出版社. 2015.

作者简介

徐大举，张海燕，山东交通学院理学院。邮箱：xudj1968@163.com，联系电话：13658641671。

附录 1

表 1 增加值率及最大(小)部门增加值率

年份	增加值率	最大部门增加值率(部门名称)	最小部门增加值率(部门名称)
1987	0.4455*	—	—
1990	0.415358	0.930814(金融保险业)	0.233227(纺织业)
1992	0.3866*	0.644226(农业)	0.206003(纺织业)
1995	0.379751	0.617442(金融保险业)	0.143953(炼焦、煤气及煤制品业)
1997	0.378815	1.000000(废品及废料)	0.203732(金属冶炼及压延加工业)
2000	0.358555	0.743961(金融保险业)	0.199590(金属产品制造业)
2002	0.388791	1.000000(废品废料)	0.131928(电子计算机整机制造业)
2005	0.340651	1.000000(废品废料)	0.162501(通信设备、计算机及其他电子设备制造业)
2007	0.324896	0.833811(房地产业)	0.138978(电子计算机制造业)
2010	0.322237	0.756331(房地产业)	0.153761(通信设备、计算机及其他电子设备制造业)
2012	0.335159	0.773385(废弃资源和废旧材料回收加工品)	0.148259(屠宰及肉类加工品)

表 2 最大特征值、增加值率以及两者的和

年份	部门个数	最大特征值(a)	增加值率(b)	和(a+b)
1987	3	0.576301	0.4455	1.021801
1990	33	0.598351	0.415358	1.013709
1992	33	0.621923	0.3866	1.008523
1995	33	0.630630	0.379751	1.010381
1997	40	0.629984	0.378815	1.008799
2000	17	0.652756	0.358555	1.011311
2002	122	0.614565	0.388791	1.003356
2005	42	0.664669	0.340651	1.005320
2007	135	0.679020	0.324896	1.003916
2010	41	0.690807	0.322237	1.013044
2012	139	0.670973	0.335159	1.006132

附录 2

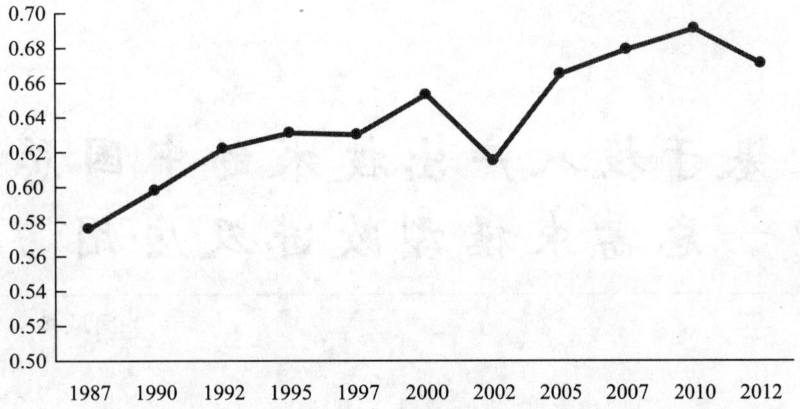

图 1　1978—2012 年间最大特征值变化趋势

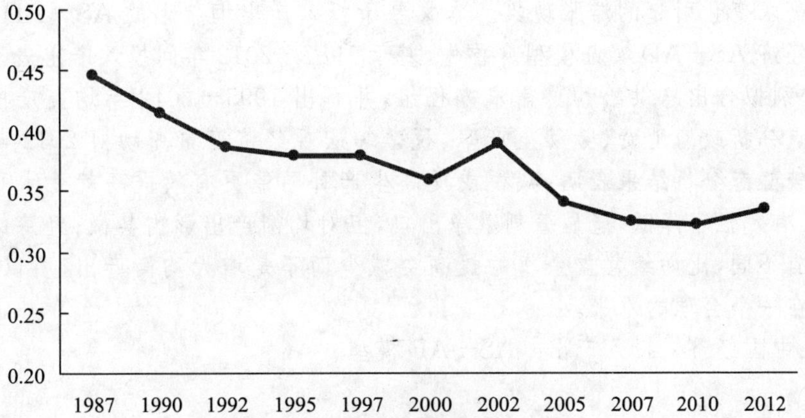

图 2　1987—2012 年间增加值率变化趋势

基于投入产出技术的中国总供给—总需求模型改进及应用

闫风格　刘新建

摘要：西方主流宏观经济学总供给—总需求分析框架以 GDP 为总产出变量，无法很好解释中间需求变化引起的滞胀现象。本文基于投入产出框架下的 AS—AD 分析理论，构建了中国经济 AS—AD 实证模型。首先，基于 1987—2012 年间投入产出表及相关统计指标数据，分别拟合出总供给和总需求方程组，并解出 1995—2012 年均衡产出和均衡价格；然后，重点分析政府消费、劳动生产率、税率等宏观经济变量变动对 2012 年均衡状态的影响。比较静态分析结果表明：减税或提高生产补贴能更有效提高就业水平和居民消费水平；名义有效汇率降低，能显著刺激净出口，但对均衡产出影响甚微；经济的微观效果与宏观效果有不同，比如经营盈余率的提高会减少而不是增大均衡产出，所以，企业利润率应该控制在一个合理的水平。

关键词：中国经济　投入产出　AS—AD 模型

一、引言

总供给—总需求分析是现代经济分析的核心模型，但是在西方主流学派多种观点的冲击下，其内部逻辑存在显著的不一致性，有些概念具有歧义或多义性，特别是各派共同忽略中间产品的做法使得在一些经济现象的分析解释上不能令人满意。比如，龚敏、李文溥(2007)，Mariano Kulish & Callum Jones(2011)基于传统的凯恩斯主义总需求决定模式，忽略了对供需失衡现象的考虑[1][2]。有学者对凯恩斯主义的 AD—AS 模型产生质疑。Liu(2011)构建了投入产出框架下的 AS—AD 模型，引入中间需求分析，提出总需求依赖于总供给，且斜率为正的判断[3]。White G(2012)指出新凯恩斯主义总需求曲线推导缺乏理论基础[4]。陈爱民(2013)发现传统总供给理论存在局限性，并提出改进思路[5]。另外，有学者致力于构建中国经济总供给—总需求模型。徐高(2008)发现，中国短期总需求曲线斜率正，短期总供给曲线斜率为负，与传统的供给需求理论截然相反，存在“斜率之谜”[6]。而高士成(2010)和袁靖(2013)得出相同结论：总需求和总供给曲线的斜率与主流宏观经济理论一致，不存在“斜率之谜”[7][8]。Albani M，Stournaras Y.(2009)将总供给—

总需求模型扩展到开放经济条件下，讨论不同汇率制度下供给曲线影响均衡产出的机制[9]。王栋、宋辉、刘新建(2012)基于Liu(2011)理论，在对总供给和总需求进行严格界定基础上，对中国经济进行实证分析，发现一些与传统理论结论不一致的结果[10]。

本文首先以标准投入产出表形式为基础框架，改进Liu(2011)总供给－总需求模型。其次，建立中国经济的实证模型，考察1995－2012年中国均衡产出和均衡价格的变化趋势。再次，以政府消费、劳动生产率、税率等宏观经济变量对2012年均衡状态进行比较静态分析，最后给出总研究结论。

二、AS－AD模型建立

Liu(2011)构建了投入产出框架下的AS－AD模型，引入中间需求分析，提出总需求依赖于总供给，且斜率为正的判断。该模型如下：

$$Q^d = X + C + G + I + NX = Q^S a + f_1(W,Z)/P + f_2(Z)/P + f_3(Q^d) + G \quad (1)$$

式(1)表示总需求函数。该等式左侧表示总需求，等式右侧表示中间投入以及各种最终需求，并且建立相应的函数关系式表示。中间投入量可以根据直接消耗系数和总供给量求得；居民消费函数被认为是受劳动报酬和经营盈余的影响；投资作为引致需求，受经营盈余影响，企业投资的动力随经营盈余的增大而增大；在净出口函数中，将汇率作为外生变量处理，认为净出口水平与总需求水平相关；政府消费作为中长期变量处理，短期不会轻易改变。

$$P = \frac{(1+t_1)lw}{1-a-(1+t_1)} \quad (2)$$

式(2)表示总供给函数。该函数是类比Blanchard的总供给函数推导过程，从而建立投入产出框架下的价格决定关系式。

$$W = wQ^s l \quad (3)$$

式(3)表示劳动报酬函数。劳动报酬总额是工资率与从业人员数之积，从业人员数是总供给量与单位产品所占的劳动力数量(劳动生产率的倒数)的积。因此劳动报酬函数受工资率、总供给量、劳动生产率影响。

$$w = P^e F(1 - \frac{l}{L}Q^s, z) \quad (4)$$

式(4)采用Blanchard的工资决定关系式。该函数表示：劳资双方签订合同时注重实际工资变化，预期价格起重要作用。当劳动报酬上升而预期价格不变时，劳动供给增加，失业率降低。另外，福利待遇等因素也会影响工资，用z表示。

$$Z = \mu P Q^s \quad (5)$$

式(5)表示经营盈余受经营盈余率和现价总供给量影响。而现价总供给量由不变价下的总供给量乘以价格水平得到。

$$u = 1 - \frac{l}{L}Q^s \quad (6)$$

式(6)表示失业率函数。有效就业人口由总供给量乘以劳动生产率的倒数得到。有效就业率为有效就业人数与经济活动人口之比。

$$t_1 = \frac{t}{1-t} \tag{7}$$

式中 Q^d ——经济总供给量；

X —— 中间投入，$X = Q^s a$，Q^s 为经济总需求量；

C —— 居民消费，$C = f_1(W,Z)$，W 为居民可支配收入，Z 为经营盈余；

G —— 政府消费；

I —— 资本形成，$I = f_2(Z)/P$，Z——经营盈余，P——价格水平；

NX ——净出口，$NX = f_3(Q^d)$；

l —— 劳动生产率的倒数；

μ —— 经营盈余系数；

P^e ——预期价格水平；

u —— 失业率；

w —— 工资率；

L —— 经济活动人口；

z —— 除失业率和预期价格水平外影响工资率的其他因素；

t —— 生产税所占增加值比例；

t_1 —— 由生产税计算的中间参数。

本文对 Liu(2011)模型提出三方面改进：第一，为了反映货币市场作用，建立以货币供给量和总供给量为解释变量的资本形成函数；第二，为了反映外汇市场的作用，在净出口函数中引入名义有效汇率。第三，用现价数据构建 AS－AD 模型。修改后 AS－AD 方程如下：

$$\begin{aligned} PQ^d &= X + C + G + I + NX \\ &= PQ^S a + f_1(W,Z) + f_2(Q^S, M_2) \\ &\quad + f_3(Q^d, NEER) + G \end{aligned} \tag{8}$$

$$P = \frac{(1+t_1)lw}{1-a-(1+t_1)} \tag{9}$$

$$w = P^e F(l, 1 - \frac{l}{L} Q^s) \tag{10}$$

式中 M_2——广义货币供给量；

$NEER$——人民币名义有效汇率。

三、中国经济的 AS－AD 模型分析

在中国总供给量估计值的基础上构建居民消费函数、投资需求函数、净出口函数和工资率函数，从而得到中国经济 AS－AD 实证模型，分析宏观经济参数对均衡状态的影响，发现货币政策和财政政策的一些观点。

(一)总供给量核算

本文用总产出表示总供给量。根据投入产出核算方法，GDP 值等于最初投入之和，总

产出值等于最初投入与中间投入之和。由国家统计局编制的 1987 年到 2015 年之间的投入产出表获得 GDP 数据和总产出数据。

为了获得没有投入产出表年份的总产出，需要建立一个总产出与 GDP 的函数关系。表 1 表明 $\ln GDP$ 、$\ln Q^s$ 均平稳。

表 1　$\ln GDP$、$\ln Q^s$ 平稳性检验结果

变量	检验形式(c、t、k)	ADF 检验值	临界值(1%)	临界值(5%)	临界值(10%)	结论
$\ln GDP$	(c、t、2)	−14.4201	−5.352	−4.2465	−3.5905	平稳
$\ln Q^s$	(0、t、2)	−17.4003	−5.8352	−4.2465	−3.5905	平稳

表 2　ε 平稳性检验

变量	检验形式(c、t、k)	ADF 检验值	临界值(1%)	临界值(5%)	临界值(10%)	结论
ε	(0、0、0)	−3.7162	−2.8167	−1.9823	−1.6011	平稳

表 3　1987—2014 年名义总供给量估计值　　单位:亿元

时间	Q^S估计值	时间	Q^S估计值	时间	Q^S估计值
1978	7635.427	1991	53567.365	2004	458328.675
1979	8642.831	1992	67291.659	2005	538658.659
1980	9784.205	1993	90294.908	2006	637053.561
1981	10669.643	1994	125800.028	2007	794844.189
1982	11762.713	1995	161449.900	2008	947270.919
1883	13291.965	1996	191493.113	2009	1041692.421
1984	16304.302	1997	214190.495	2010	1237682.872
1985	20743.368	1998	229952.052	2011	1482785.348
1986	23905.873	1999	245316.179	2012	1662447.292
1987	28425.682	2000	273539.917	2013	1847247.208
1988	36083.673	2001	304816.226	2014	2019684.185
1989	41247.889	2002	337323.939		
1990	45631.356	2003	384998.482		

表 1 表明，$\ln GDP \sim I(0)$，$\ln Q^s \sim I(0)$，两者的单整阶数相同。对 $\ln Q^s$ 和 $\ln GDP$ 进行协整分析，得估计方程为：

$$\ln Q^s = 1.0768 \ln GDP + 0.1213 \tag{11}$$

从表 2 可以看出，式(11)产生的残差序列是平稳的，即 $\ln Q^s$ 和 $\ln GDP$ 之间存在协整关系：总产出对 GDP 的长期弹性为 1.0768，即 GDP 变动 1%，总产出变动 1.0768%。

将《中国统计年鉴 2015》中以支出法核算的历年 GDP 数据代入式(11)，得到中国 1978—2014 年现价总供给量估计值，见表 3。从表 3 发现，总供给量估计值增长趋势大致分为三个阶段：1978—1992 年为缓慢上升阶段；1993—2006 年为较快上升阶段；2007—2014 年为快速上升阶段。

(二)居民消费函数估计

在市场经济中,影响居民消费水平的因素包括:可支配收入、消费者偏好、消费者价格预期、人口结构等,居民消费 C 主要受可支配收入影响。《中国统计年鉴》相关数据显示:工资性收入和经营性收入占可支配收入的绝大部分比例。因此假定居民消费需求与工资性收入(劳动报酬) W 、经营性收入(经营盈余) Z 存在函数关系。数据来自 1990－2014 年收入法 GDP 构成核算中的劳动报酬、经营盈余,并以支出法 GDP 为基准,对收入法 GDP 进行调整。以 $\ln C$ 为被解释变量, $\ln W$ 、 $\ln Z$ 为解释变量,构建居民消费函数。表 4 表明, $\ln C$ 、 $\ln W$ 、 $\ln Z$ 均平稳。

在表 5 中,“none”假设条件下的迹统计量为 43.92600,大于 5%显著水平的临界值,因此拒绝原假设。“At most 1”假设条件下的迹统计量为 19.963,大于 5%的临界值,因此不能拒绝原假设。因此得出协整方程为:

$$\ln C = 0.829046\ln W + 0.096034\ln Z + 0.794753$$

即:

$$C = 2.2139W^{0.829046} Z^{0.096034} \tag{12}$$

式(12)表示,居民消费需求与当年的经营盈余和劳动报酬存在长期稳定的均衡关系。 $\ln W$ 的系数 0.829046 表明居民消费对劳动报酬的弹性,也可以称为长期边际消费倾向,即在经营盈余保持不变的情况下,劳动报酬每增加 1%,居民消费增加 0.829046%,同理,在劳动报酬不变的情况下,经营盈余每增加 1%,居民消费增加 0.096034%。可见,相对于劳动报酬,经营盈余变化对居民消费需求变化影响较小。从经济功能的角度看,劳动报酬主要用于居民消费,而经营盈余主要用于生产投资。

表 4 lnC、lnW、lnZ 单位根检验

变量	检验形式(c、t、k)	ADF 检验值	临界值(1%)	临界值(5%)	临界值(10%)	结论
lnC	(c、t、1)	－4.862	－4.416	－3.622	－3.248	平稳
lnW	(0、0、0)	7.290	－2.664	－1.955	－1.608	平稳
lnZ	(0、0、0)	4.619	－2.664	－1.955	－1.608	平稳

表 5 特征根迹检验结果

原假设下协整关系个数	特征值	迹统计量	5%显著水平临界值	概率值
0 个	0.615	43.9260	35.192	0.005
最多 1 个	0.533	19.9630	20.261	0.029
最多 2 个	0.175	4.4329	9.164	0.352

(三)投资需求函数估计

投资需求主要由固定资产投资需求和存货增加需求两部分构成。假定固定资产投资需求都是合意需求,则需要对存货的合意需求进行估计。

1. *超额存货估计*

在中国统计年鉴支出法 GDP 核算方法中,资本形成 I 由固定资本形成 I_1 和存货变动

I_2 两部分组成。存货变动是为了适应市场需求而准备的，当经济中市场需求发生变化时，存货变动也会随之变化。因此假定真实存货变动量 I'_2 是经济增长变动量 ΔGDP 的函数。表 6 表明，$\ln I'_2$、$\ln(\Delta GDP)$ 原序列不平稳，对原序列进行一阶差分处理，则 $\Delta\ln I'_2$、$\Delta\ln(\Delta GDP)$ 都平稳。

表 6 单位根检验结果表明：$I_2\sim(1)$，$\Delta GDP\sim(1)$，可以对 I_2 和 ΔGDP 进行协整回归。根据《中国统计年鉴 2015》中 1978－2015 年存货变动和经济增长的数据，得到真实存货需求的估计方程式：

$$\ln\hat{I}_2=1.4999+0.6882\ln(\Delta GDP) \tag{13}$$

表 6　各变量平稳性检验

变量	检验形式(c、t、k)	ADF 检验值	临界值(1%)	临界值(5%)	临界值(10%)	结论
$\ln I'_2$	(c、t、0)	－2.389	－4.234	－3.540	－3.202	不平稳
$\Delta\ln I'_2$	(c、t、0)	－6.480	－4.243	－3.544	－3.204	平稳
$\ln(\Delta GDP)$	(c、0、0)	－1.201	－3.632	－2.948	－2.612	不平稳
$\Delta\ln(\Delta GDP)$	(c、t、3)	－5.668	－4.262	－3.552	－3.209	平稳

表 7　ε_t 平稳性检验

变量	检验形式(c、t、k)	ADF 检验值	临界值(1%)	临界值(5%)	临界值(10%)	结论
ε_t	(0、0、0)	－2.595	－2.632	－1.950	－1.611	平稳

表 7 结果表明，式(13)产生的残差序列是平稳的。式(13)表明，存货变动对 GDP 增量的长期弹性为 0.6882，即 GDP 变动 1%，存货变动 0.6882%。可见存货变动对于 GDP 变动的敏感度还是比较高的。

在市场经济下，当供求不平衡时，就会出现实际存货偏离真实需求的现象。从实际存货增加量扣除真实存货增加量需求后就是超额存货量，则超额存货增加量方程为：

$$S=I_2-I'_2=I_2-\hat{I}_2 \tag{14}$$

$$\eta=\frac{S}{I} \tag{15}$$

根据式(14)估计的超额存货增加量和《2015 中国统计年鉴》中的存货变动数据，利用式(15)计算超额存货率。超额存货率与 GDP 增长率的变动趋势见图 1。

图 1 表明：1979－1985 年，除 1979、1981 年外，超额供给率都为负，说明当时供给不足；1986－1997 年，除 1993 年、1994 年外，超额供给率均为正，处于超额供给状态；1998－2007 年，超额供给率为负，GDP 增长率逐年增加，并在 2007 年达到峰值 14.2%，经济增长速度加快。2008－2014 年，GDP 增长速度成下降趋势，再次出现超额供给情况。通过比较对应年份的超额存货率和 GDP 增长率，可以发现我国的供给需求变动与经济变动的规律。经济增长速度与超额供给是此起彼伏的。当经济增长速度下降时，超额供给率由负变正，经济从需求过热变为供给过多；当经济增长速度上升时，超额供给率由正变负，经济从供给过多变为需求过热。根据超额存货模型所分析的结果与实际情况基本相符。

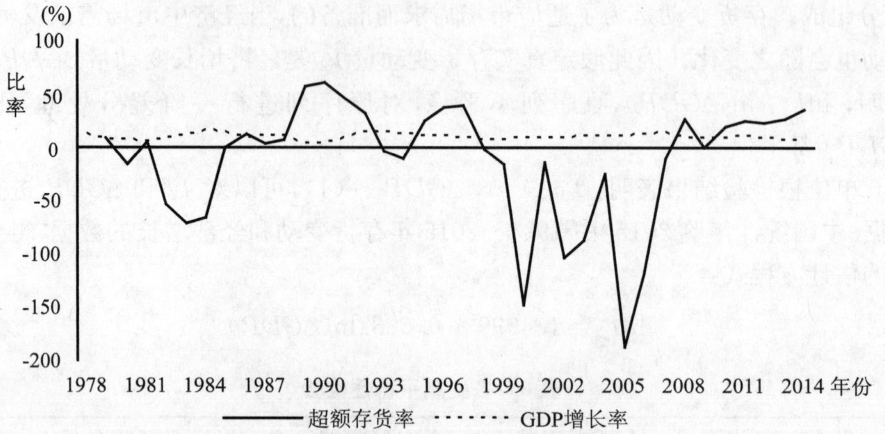

图 1　超额存货率与 GDP 增长率变动趋势

2. 真实投资需求函数估计

根据前文假定，投资需求 I 是总供给量 Q^s 、货币供给量 M_2 的函数。总供给量采用总供给量估计值。表 8 表示各变量均平稳。

表 8　Q^s 、M_2、I 单位根检验结果

变量	检验形式(c、t、k)	ADF 检验值	临界值(1%)	临界值(5%)	临界值(10%)	结论
Q^s	(c、0、0)	9.009	−3.737	−2.991	−2.635	平稳
M_2	(c、t、0)	3.713	−3.394	−3.612	−3.243	平稳
I	(c、0、0)	6.577	−3.737	−2.991	−2.635	平稳

表 9　Q^s 、M_2、I 特征根迹结果

原假设下协整关系个数	特征值	迹统计量	5%显著水平临界值	概率值
0 个	0.873	71.6590	35.010	0.000
最多 1 个	0.685	14.1735	18.397	0.003
最多 2 个	0.031	0.7010	3.841	0.403

表 9 表明，Q^s 、M_2、I 存在协整关系，求得协整方程为：

$$I = 0.064112M_2 + 0.0966Q^s \tag{16}$$

式(16)表示，投资需求与货币供给量和总供给存在长期稳定的均衡关系。即在总供给保持不变的情况下，货币供给每增加 1%，投资需求增加 0.064%。同理，在货币供给不变的情况下，总供给每增加 1%，投资需求增加 0.096%。总产出和货币供给对投资需求的影响程度基本相同。当政府增大货币投放量，企业获得资金的成本降低，有利于刺激投资；而总供给增加，则意味着社会中存在比较丰富的物质基础，为投资创建有利的环境条件。

(四)净出口函数估计

净出口变化直接受汇率变动的影响，同时，国内总需求变化将会影响进口，从而影响净出口。因此,假定净出口是汇率和总需求的函数。

对国际清算银行(BIS)最新公布的2010年为基期的自1994年以来的名义月度有效汇率指数进行累积平均,得到年度名义有效汇率指数,以此作为汇率的测度指标,记为$NEER$;从总供给中扣除超额存货即为总需求,前文得到总供给估计值和超额存货估计值,则总需求量估计值由式(17)计算得到。表10表明,在10%的显著性水平下,各变量均为平稳。

$$Q^d = Q^s - S \tag{17}$$

表10 NX、Q^d、$NEER$ 单位根检验结果

变量	检验形式(c、t、k)	ADF检验值	临界值(1%)	临界值(5%)	临界值(10%)	结论
NX	(c、t、1)	−4.290	−4.532	−3.673	−3.277	平稳
$NEER$	(0、0、1)	2.268	−2.685	−1.959	−1.607	平稳
Q^d	(0、0、0)	7.518	−3.808	−3.020	−2.650	平稳

表11 特征根迹检验结果

原假设下协整关系个数	特征值	迹统计量	5%显著水平临界值	概率值
0个	0.911	46.083	22.299	0.000
最多1个	0.467	11.976	15.892	0.187
最多2个	0.257	5.654	9.164	0.219

表11说明表明 NX 、$NEER$ 、Q^d 存在协整关系,估计的方程为:

$$NX = 0.00997Q^d - 41.3918NEER + 5325.4018 \tag{18}$$

式(18)显示,净出口与人民币名义有效汇率成反向变动关系,与总需求量成正向变动关系。即名义有效汇率下降时,意味着人民币贬值,刺激出口,减少进口,从而净出口增加。总需求由中间需求和最终需求构成,净出口为最终需求的一部分,当总需求增加时,会带动各部分需求增加,包括净出口。

(五)工资率函数估计

假定名义工资率 w 是失业率 u 、名义劳动生产率(l 的倒数)和预期价格水平 P^e 的函数。以上年度的GDP价格指数代表预期价格水平,以城镇登记失业率代表总体失业率。表12单发现 w 、P^e 、l 、u 都是平稳的。

表12 各变量单位根检验

变量	检验形式(c、t、k)	ADF检验值	临界值(1%)	临界值(5%)	临界值(10%)	结论
w	(c、0、0)	6.781	−3.737	−2.991	−2.635	平稳
P^e	(0、0、0)	4.973	−2.660	−1.955	−1.609	平稳
l	(c、t、2)	−3.961	−4.440	−3.632	−3.254	平稳
u	(0、0、0)	2.479	−2.664	−1.955	−1.608	平稳

表 13　特征根迹检验结果

原假设下协整关系个数	特征值	迹统计量	5%显著水平临界值	概率值
0 个	0.735	49.155	29.797	0.000
最多 1 个	0.481	13.864	15.494	0.010
最多 2 个	0.217	2.402	3.841	0.020

表 13 特征根迹检验结果表明，w、P^e、l、u 之间存在协整方程为：

$$w = P^e(7674.955 + 0.1625\frac{1}{l \times u}) \tag{19}$$

式(19)为倒数形式的工资率方程。名义工资率与三个变量之间是紧密相关的。当失业率和劳动生产率都增大时，名义工资率降低，当预期价格水平提高时，名义工资率提高。

四、总供给－总需求均衡分析

结合式(12)消费函数、式(16)投资需求函数、式(18)净出口函数，得到式(20)总需求函数，根据式(19)工资率函数，得到式(21)总供给函数。

$$\begin{aligned} PQ^d = & PQ^s a + 2.2139W^{0.829046}Z^{0.096034} + 0.0966PQ^s + 0.064112M_2 \\ & + 0.00997Q^d - 41.3918NEER + 5325.4018 + G \end{aligned} \tag{20}$$

$$P = \frac{(1+t_1) \times l}{1 - a_t - (1-t_1)\mu} P^e(7674.955 + 0.1625\frac{1}{l \times u}) \tag{21}$$

(一)均衡产出和均衡价格趋势分析

在总供给－总需求模型中，货币供给量、政府支出、经济活动人口、人民币名义有效汇率可直接查表得到，为外生变量；中间投入系数、税率、劳动生产率、经营盈余率通过简单计算得到，也为外生变量。总产出、劳动报酬率、失业率、经营盈余和价格水平随模型变动而变动，也作为内生变量。各参数值见表 14。

表 14　1995－2012 年各参数值

年份	a	t_1	l	μ
1995	0.62	0.151	0.000038080	0.151
1997	0.627	0.156	0.000032090	0.119
2000	0.634	0.169	0.000026210	0.112
2002	0.6396	0.1672	0.000021850	0.145
2005	0.6514	0.1552	0.000016210	0.151
2007	0.661	0.1693	0.000012520	0.143
2010	0.6715	0.1743	0.000009583	0.121
2012	0.6783	0.1589	0.000007893	0.124

表 15　投入产出表年份的均衡产出和均衡价格

时间	P	Q
1995	0.928	183000.00
1997	1.009	230000.00
2000	1.153	268000.00
2002	1.221	316000.00
2005	1.202	440000.00
2007	1.36	585000.00
2010	1.582	794000.00
2012	1.737	969000.00

假定 2000 年价格水平为 1，将各变量带入总供给－总需求模型，可以依次解出 1995－2012 年的均衡产出和均衡价格。表 3－15 表明：随着时间的推移，均衡产出和均衡价格都逐渐增大，均衡产出比均衡价格的增长速度快。

(二)单部门 AS－AD 模型比较静态分析

将 2012 年各变量带入总供给－总需求模型，运用 Mathmatic 作图，得到图 2。总供给曲线和总需求曲线相交处为均衡点，2012 年的均衡价格为 1.677，均衡产出为 969402.4764 亿元。

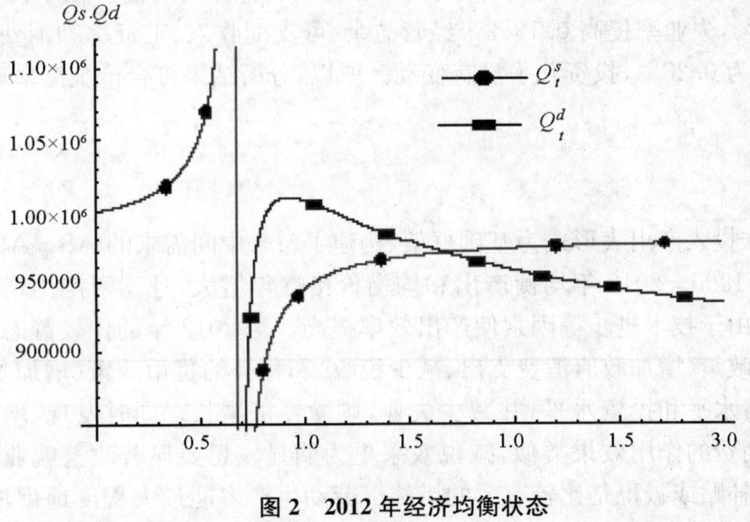

图 2　2012 年经济均衡状态

对货币供给量、劳动生产率、经营盈余率、税率等宏观经济变量对均衡状态的影响作比较静态分析，可以发现一些规律。

货币供给量对均衡价格、消费水平、工资率、投资水平为较为显著的正影响，且影响程度基本一致；对失业率为较为显著的负向影响；对均衡产出、净出口影响甚微。当货币供给量增加 1%时，价格水平提高 0.401%，均衡产出提高 0.008%，工资率提高 0.41%，消费水平增加 0.38%，投资提高 0.41%，净出口提高 0.008%。失业率下降 0.27%。

政府支出和货币供给量对均衡状态的作用效果类似。政府支出变动对均衡产出几乎无影响,对均衡价格影响比较明显。政府支出增加 1%,均衡价格提高 0.47%。

税率与除失业率之外的内生变量是此消彼长的关系,税率提高 10%(下降 10%),均衡产出下降 0.19%(提高 0.18%),价格水平下降 2.59%(增加 2.8%),经营盈余下降 2.77%(增加 2.99%),失业率增加 6.23%(下降 5.69%),名义工资率降低 4.97%(增加 5.39%),居民消费降低 4.55%(增加 4.9%),投资下降 0.12%(增加 0.11%),净出口降低 0.18%(增加 0.16%)。可见,减税能刺激总产出增加,特别是能显著降低失业率,提高名义工资率。

劳动生产率对均衡总产出和均衡价格影响最为显著,二者几乎与 l(劳动生产率的倒数)同幅度变化,同时,劳动生产率对投资和净出口也有较大的影响。当 l 提高 10%(下降 10%)时,均衡产出下降 9.09%(增加 11.11%),均衡价格增加 10%(下降 10%),投资下降 5.45%(增加 6.67%),净出口下降 8.28%(增加 10.12%)。

经营盈余率与除失业率和总经营盈余以外的变量反方向变动。经营盈余率提高 1%,均衡产出下降 0.06%,价格水平下降 0.75%,失业率下降 1.82%,工资率下降 1.55%,消费水平下降 1.32%。从微观角度分析,经营盈余率提高,企业投资动力增大,会刺激产出供给水平,但宏观结果显示,经营盈余率提高,会减少均衡产出。这是因为提高盈余水平,会降低工资率,从而居民消费水平下降,需求减少;价格下降,总供给下降,均衡产出可能会出现下降的情况。

人民币名义有效汇率对均衡产出影响较小,对价格水平影响比较显著,对净出口影响很显著。当名义有效汇率提高 10%时,均衡价格下降 0.28%,均衡产出下降 0.006%,净出口下降 4.14%,失业率提高 0.19%。经营盈余、可支配收入、工资率和消费水平几乎同等幅度下降,约为 0.28%,投资几乎没有变动。所以,分析结果符合传统汇率理论。

五、结论

本文以标准投入产出表形式为基础框架,构建了包含中间需求的 AS-AD 分析模型。研究发现,中国 1995-2012 年均衡产出和均衡价格逐年增大,且均衡产出增幅较均衡价格大,这应该是由于技术进步等因素使产出效率提高。对 2012 年的比较静态分析结果显示:积极的财政政策(增加政府消费支出、减少税收)和积极的货币政策(增加货币供给量)能提高居民消费水平和投资水平,并减少失业,刺激经济增长。同时发现,增加货币供给量和增加政府消费的作用效果类似,减税效果更为明显。想要显著改善就业和居民消费水平,提高生产补贴或减税是比较有效的措施。劳动生产率能最大程度地促进经济增长,对投资和净出口总量影响比较显著。人民币名义有效汇率对净出口影响很显著,当名义有效汇率下降,即人民币贬值时,净出口增大。另外,应当注意,宏观经济不是微观经济的简单叠加,经济变量对宏观和微观的影响有时是不同的,甚至是相反的,比如,经营盈余率的提高不是增大而是减少均衡产出,所以企业利润率控制在一个适当的水平。

参考文献

[1] 龚敏,李文溥.中国经济波动的总供给与总需求冲击作用分析[J].经济研究,2007(11):32-43.

[2] Kulish M, Jones C. A Graphical representation of an estimated DSGE model[J]. Dynare Working Papers, 2011, 48(6):483－489.

[3] Xinjian Liu. A New Model for AS－AD Analysis Based on Input－Output Frame[J]. Modern Economy, 2011, 2(3):. 202－213.

[4] White G. The New Keynesian View of Aggregate Demand: Some Reflections from a Sraffian Standpoint[J]. Economic Modeling, 2012(3): 15－77.

[5] 陈爱民．宏观经济学总供给理论与经济增长:观察与思考[J]．经济学动态，2013(9):111－118.

[6] 徐高．斜率之谜：对中国短期总供给—总需求曲线的估计[J]．世界经济，2008(1)：47－56.

[7] 高士成．中国经济波动的结构分析及其政策含义:兼论中国短期总供给和总需求曲线特征[J]．世界经济，2010(9)：122－133.

[8] 袁靖．对中国总需求－总供给函数的实证研究——基于新凯恩斯 DSGE 模型[J]．金融教学与研究，2013(4)：43－48.

[9] Albani M, Stournaras Y. A Model to Deal with Aggregate Supply and Demand Imbalances: The Case of Greece[J]. Journal of Economic Asymmetries, 2009, 6(1): 15－28.

[10] 王栋，宋辉，刘新建．基于投入产出结构的中国经济总供给－总需求模型研究[J]．数量经济技术经济研究，2012(6)：152－161.

作者简介

闫风格，硕士研究生。研究方向为数量经济学。邮箱：1373989907@qq.com，手机：15032367739。

刘新建，燕山大学经济管理学院教授，工学博士。主要研究方向为数量经济学。邮箱：lxj6309@126.com，手机：13785996742。

对GDP核算中增加值单缩减法偏差的研究

——包括使用日本不变价投入产出表进行的考察

李　洁

摘要：使用双缩减法估算不变价增加值需要详细的价格指数及投入产出表（供给使用表）等各项完整的信息。日本等老牌经济发达国家一直采用双缩减法估算不变价增加值，而中国等新兴国家则主要采用单缩减法估算不变价生产法国内生产总值。本报告首先整理不变价增加值的估算方法及新的国际标准2008年SNA（System of National Accounts 2008）对有关内容的论述；之后，利用投入产出表的框架对双缩减法和单缩减法之间可能发生的大小关系尝试进行一些讨论；最后，使用日本1960—1970年、1970—1980年、1980—1990年、1990—2000年固定价格投入产出表，对该讨论的结论进行考察验证。

关键词：SNA　投入产出表　不变价增加值　经济增长率　双缩减法　单缩减法

一、不变价增加值的估算法

（一）价格缩减法和物量外推

可以分解为价格和物量的价值额，具有名义值和实际值。经济增长率使用不变价国内生产总值，即实际值国内生产总值。实际值的估计，大分为价格缩减法和物量外推法。

一般情况下，通常使用价格缩减法。如果有当期值，可用适当的价格指数进行缩减。即：

$$\sum P_0Q_t=\sum P_tQ_t/\frac{\sum P_tQ_t}{\sum P_0Q_t}$$

另外，也可使用物量外推法。如果有基准期价值额，可用适当的物量指数进行外推。即：

$$\sum P_0Q_t=\sum P_0Q_0\times\frac{\sum P_0Q_t}{\sum P_0Q_0}$$

(二)增加值实际值的估算

增加值定义为产出减去中间投入,增加值的实际值在理论也等于产出(以下大写字母表示)的实际值减去中间投入(小写字母表示)的实际值。

$$\sum P_0 Q_t - \sum p_0 q_t$$

如表1所示,对增加值实际值的估算法可以大分为:双指标法和单指标法。双指标法是指对产出与中间投入的实际值都进行估算后再取差值;而单指标法则假定产出与中间投入的变化方向一致,从而对增加值实际值直接进行估算。

表1　增加值实际值的估算法

<table>
<tr><th></th><th colspan="2">双指标法</th><th>单指标法</th></tr>
<tr><td>价格缩减法</td><td>①对产出与中间投入都进行价格缩减的双缩减法</td><td rowspan="2">②产出与中间投入的实际值通过价格缩减或物量外推的混合法</td><td>③主要是使用产出价格缩减指数对当期的增加值直接进行单缩减法</td></tr>
<tr><td>物量外推法</td><td>④通过物量外推得到产出与中间投入的实际值</td><td>⑤主要是使用产出物量指数对基准期的增加值直接进行物量外推</td></tr>
</table>

(三)对2008年SNA有关论述的整理

自从1968年SNA以来,对增加值实际值的估算一直是强调以双缩减法为最优的。

但是,2008年SNA针对增加值的双缩减法也指出了以下问题:

"从理论上来说,双缩减法是很好的,但其估计结果会受到来自产出物量和中间消耗物量两方面所产生的测量误差的影响。如果将产出PPI应用于投入,而投入中的许多产品都是进口的,那么,这种影响就会特别突出。因为在这两个非常大的数字之间,增加值作为差值只占很小一部分,它对误差极其敏感(引自2008SNA,15.134节)。"

同时作为替代,提出了对增加值实际值估算的单指标法。"使用双缩减法估计增加值可能会出现某些问题,为此,直接使用某一个时间序列来估计增加值物量增长的做法也很常见。即用"单指标"法替代双缩减法(引自2008SNA,15.135节)。"

也就是说,2008年SNA不再认为双缩减法最优,其他方法为次优。而是明确指出每个方法各有利弊。"究竟使用单指标法(可能得到有偏结果),还是使用双缩减法(可能得到不稳定的结果),必须经过判断方能做出选择。不需要对所有产业都采用同一种方法(引自2008SNA,15.136节)。"

中国不变价生产法国内生产总值的估算正是在借鉴了SNA的同时结合中国各产业的实际具体情况,主要采用单缩减法估算不变价生产法国内生产总值(参见国家统计局《中国非经济普查年度国内生产总值核算方法—2008》)。

二、单缩减法与双缩减法的大小关系

尽管2008年SNA指出了使用单指标法对增加值实际值的估算与双缩减法相比"可能得到有偏结果",但这里并没有明确它的偏差方向。由于单缩减法是假定中间投入的价格变化与产出的价格变化方向基本一致，从而对增加值直接进行缩减，而事实上中间投入的价格变化是由各个产业包括进口产品的相对价格变化决定的。下面我们利用投入产出的框架对双缩减法和单缩减法之间的大小关系尝试进行一些讨论。

为了讨论方便，这里假定在封闭经济的 2 个部门的投入产出表，并不考虑主、次产品。

表 2　2 个部门的投入产出表及价格缩减指数（符号的定义）

		中间使用		最终使用	产出值	缩减指数
		A 产业	*B* 产业			
中间投入	*A* 产业	x_{11}	x_{12}	F_1	X_1	D_1
	B 产业	x_{21}	x_{22}	F_2	X_2	D_2
增加值		V_1	V_2			
产出值		X_1	X_2			

这里，X 指各产业的产出值，F 指最终使用，V 指增加值，x 指产业间的中间交易，D 指各产业产出缩减指数。

使用双缩减法估算的增加值实际值的合计用 *DRVA* 表示，它等于各产业的价格缩减后的产出实际值减去价格缩减后的中间投入实际值之后的合计。

$$DRVA=\left\{\frac{X_1}{D_1}-\left(\frac{x_{11}}{D_1}+\frac{x_{21}}{D_2}\right)\right\}+\left\{\frac{X_2}{D_2}-\left(\frac{x_{12}}{D_1}+\frac{x_{22}}{D_2}\right)\right\}$$

它与支出法 GDP 实际值（用 *RE* 表示）相等。即：

$$\mathrm{RE}=\frac{F_1}{D_1}+\frac{F_2}{D_2}$$

由投入产出表的横项平衡（最终使用＝产出值－中间使用），得到：

$$RE=\left\{\frac{X_1}{D_1}-\left(\frac{x_{11}}{D_1}+\frac{x_{12}}{D_1}\right)\right\}+\left\{\frac{X_2}{D_2}-\left(\frac{x_{21}}{D_2}+\frac{x_{22}}{D_2}\right)\right\}$$

作为双缩减法替代的，单缩减法估算的增加值实际值的合计用 *SRVA* 表示，它等于使用产出价格缩减指数对当期的增加值直接进行价格缩减而得到的增加值实际值的合计。

$$SRVA=\frac{V_1}{D_1}+\frac{V_2}{D_2}$$

由投入产出表的列项平衡，得到：

$$V_1=X_1-(x_{11}+x_{21})$$
$$V_2=X_2-(x_{12}+x_{22})$$

将 V 代入，上面的单缩减法估算式，得到：

$$SRVA=\left\{\frac{X_1}{D_1}-\left(\frac{x_{11}}{D_1}+\frac{x_{21}}{D_1}\right)\right\}+\left\{\frac{X_2}{D_2}-\left(\frac{x_{12}}{D_2}+\frac{x_{22}}{D_2}\right)\right\}$$

比较双缩减法和单缩减法的算式，得到；

$$SRVA-DRVA=\left\{\frac{X_1}{D_1}-\left(\frac{x_{11}}{D_1}+\frac{x_{21}}{D_1}\right)\right\}+\left\{\frac{X_2}{D_2}-\left(\frac{x_{12}}{D_2}+\frac{x_{22}}{D_2}\right)\right\}$$
$$-\left\{\frac{X_1}{D_1}-\left(\frac{x_{11}}{D_1}+\frac{x_{21}}{D_2}\right)\right\}$$

$$-\left\{\frac{X_2}{D_2}-\left(\frac{x_{12}}{D_1}+\frac{x_{22}}{D_2}\right)\right\}$$

$$=\frac{x_{12}-x_{21}}{D_1}-\frac{x_{12}-x_{21}}{D_2}$$

也就是说，提供给本产业自身的中间使用部分不影响双缩减法和单缩减法的估算结果。只有从其他产业的中间投入部分，或者说提供给其他产业的中间使用部分，受到产业间相对价格的影响，从而导致单缩减法的估算结果对双缩减法的偏离。

这里，我们假设 A 产业为中间产品产业，B 产业为最终产品产业。即：

$$x_{12}-x_{21}>0$$

这样得到如下两种情况。

情况一：

$$D_1>D_2\text{则},SRVA<DRVA$$

也就是说，如果中间产品产业的价格上升大于最终产品产业，则单缩减法的估算结果小于双缩减法的估算结果。

情况二：

$$D_1<D_2\text{则},SRVA>DRVA$$

也就是说，如果中间产品产业的价格上升小于最终产品产业，则单缩减法的估算结果大于双缩减法的估算结果。

三、通过日本投入产出表的考察

对得到的以上结论，下面通过实际数据进行考察验证。因为日本的投入产出表和各种价格指数非常详实，且编有长期历史数据，这里使用日本 1960－1970 年、1970－1980 年、1980－1990 年和 1990－2000 年这 4 个期间的固定价格投入产出表，对上面的结论进行考察。

因为本产业的中间使用不影响单缩减法的估算结果，这里对中间产品产业及最终产品产业的判断，使用了除去本产业使用的中间使用率。

(一)1960－1970 年经济高速增长期间的比较

1960－1970 年是日本经济在年均 3.1％较低的价格上涨下，实现了年均 11.3％的高速增长时期。如表 3 所示，除本产业的中间使用率的平均值为 45％，超过平均值的为中间产品产业(用■表示，中间产品产业的特征性较强的产业用■■表示)，可以看到，其绝大部分是第一产业和第二产业，而第三产业大部分是最终产品产业(用●表示，最终产品产业的特征性较强的产业用●●表示)。

如表 3 所示，这一时期是满足情况二。$D_1<D_2$，则，$SRVA>DRVA$。也就是说，由于最终产品产业的价格上涨比中间产品产业高，所以单缩减法估算的年均实际 GDP 增长率 12.0％，高于双缩减法的 11.3％。

(二)1970－1980 年经历二次石油危机期间的比较

1970－1980 年是日本经济经历二次石油危机物价年均 8.0％高涨下，实现年均 4.7％

的中速增长时期。如表 4 所示，石油年均爆升 16.4%，随之，电力年均爆升 12.1%。由于石油和电都是中间产品产业，这一时期是满足情况一。$D_1>D_2$则，$SRVA<DRVA$。也就是说，由于中间产品产业的价格上涨比最终产品产业高，所以单缩减法估算的年均实际 GDP 增长率 4.2%，低于双缩减法的 4.7%。

(三)1980－1990 年经济中速增长期间的比较

1980－1990 年是日本经济在年均 0.7%的稳定物价下，实现年均 4.2%的中速增长时期。如表 5 所示，这一时期是与 1960－1970 年相同，满足情况二。$D_1<D_2$，则，$SRVA>DRVA$。也就是说，由于最终产品产业的价格上涨比中间产品产业高，所以单缩减法估算的年均实际 GDP 增长率 4.8%，高于双缩减法的 4.2%。

(四)1990－2000 年经济低迷期间的比较

1990－2000 年是日本经济经历泡沫破裂，物价下跌，经济低迷的时期。如表 6 所示，这一时期是也与 1960－1970 年相同，满足情况二。$D_1<D_2$，则，$SRVA>DRVA$。也就是说，由于最终产品产业的价格上涨相对比中间产品产业高，所以单缩减法估算的年均实际 GDP 增长率 1.4%，高于双缩减法的 1.2%。

综上所述，因为中间产品产业主要是第一产业和第二产业，而第三产业大部分是最终产品产业；除了 1970－1980 年的二次石油危机时期以外，随着经济增长，第一产业和第二产业的产品价格相对下降，而第三产业的产品价格相对上升，所以单缩减法估算的实际 GDP 增长率，在较多情况下有可能略高于双缩减法的估算值。

参考文献

[1] 联合国，国际货币基金组织，世界银行等(2009)《2008 年国民账户体系》.

[2] 国家统计局(2008)《中国非经济普查年度国内生产总值核算方法》中国统计出版社.

[3] 李潔(2013)「中国の実質 GDPの推計に関する一考察　ー日本と比較しながらー」環太平洋産業連関分析学会誌《産業連関》,第 21 巻(第 1・2 号).

[4] 李潔(2015)「付加価値の数量測度としてのダブルデフレーションとシングルデフレーション」経済統計学会誌《統計学》第 108 号.

[5] 李潔(2015)「日本 I－O 表による生産側実質 GDPのダブルデフレーション法とシングルデフレーション法の検証」《社会科学論集》第 145 号.

[6] Li, Jie and Kuroko, Masato (2016), "Single deflation bias in value added: verification using Japanese real input - output tables (1960 - 2000)" *Journal of Economics and Development Studies*, Vol. 4, No. 1, pp. 16－30.

[7] Li, Jie (2016). *China's GDP statistics - Comparison with Japan*. Berlin, Germany: Scholars' Press. ISBN:978－3－659－84213－9.

作者简介

李　洁，日本埼玉大学经济学部教授，博士生导师，经济学博士。研究方向为投入产出分析与国民经济核算。E－mail: lij@mail. saitama－u. ac. jp。

附录：

表 3　增加值双缩减法和单缩减法的比较(日本 1960—1970 年)

	除本行业的中间使用率	产出价格缩减指数(年均)	最终产品产业	价格相对上升产业	中间产品产业	价格相对下降产业	双缩减法估算的经济增长率(年均)	单缩减法估算的经济增长率(年均)
Agriculture, forestry and fishery	74.8	106.7		▲	■■		-1.3	1.3
Mining	97.9	101.4			■■	▼▼	8.4	8.1
Foods	19.9	104.5	●●	▲			5.5	6.6
Textile products	19.1	103.0	●●				4.3	9.3
Pulp, paper, and wooden products	83.4	104.0			■■	▲	10.8	13.1
Chemical products	69.3	98.7			■	▼▼▼	21.5	18.4
Petroleum and coal products	85.3	100.7			■■	▼▼	13.4	15.3
Ceramic, stone and clay products	88.9	102.3			■■	▼	14.4	14.8
Iron and steel	80.6	99.7			■■	▼▼	18.0	16.6
Non-ferrous metals	99.4	103.3			■■		8.1	12.1
Metal products	71.1	101.5			■■	▼▼	18.3	19.6
General machinery	23.1	101.2	●			▼▼	18.6	17.6
Electrical machinery	27.1	100.9	●			▼▼	22.1	19.6
Transportation equipment	22.5	101.5	●			▼▼	16.4	17.9
Precision instruments	26.7	103.2	●				15.0	15.5
Miscellaneous manufacturing products	61.7	100.8			■	▼▼	17.6	17.7
Construction	11.6	104.3	●●	▲		▲	9.7	14.8
Electricity, gas, and heat supply	74.1	103.1			■■		3.3	10.5
Water supply and waste management services	40.2	107.9		▲▲			9.5	12.4
Commerce	41.1	103.1					15.6	14.8
Financial and insurance	59.5	109.9		▲▲	■		7.4	9.0
Real estate	21.9	109.1	●	▲▲			7.6	8.6
Transport	44.5	103.9				▲	11.4	11.2
Communication and broadcasting	76.0	102.9			■■	▼	13.4	13.4
Public administration	0.0	111.2	●●	▲▲▲			-0.2	-0.2
Education and research	0.0	112.3	●●	▲▲▲			-0.7	2.6
Medical service, health and social security, and nursing care	0.0	106.3	●●	▲			-0.5	9.9
Other public services	26.6	109.1	●	▲▲			-0.7	4.4
Business services	96.2	105.2		▲	■■		8.8	13.8
Personal services	1.4	107.2	●●	▲▲			6.7	10.6
Activities (not classified elsewhere)	86.1	100.2			■■	▼	24.3	21.5
Average (GDP)	**45.0**	**103.1**					**11.3**	**12.0**

表 4　增加值双缩减法和单缩减法的比较（日本 1970—1980 年）

	除本行业的中间使用率	产出价格缩减指数（年均）	最终产品产业	价格相对上升产业	中间产品产业	价格相对下降产业	双缩减法估算的经济增长率（年均）	单缩减法估算的经济增长率（年均）
Agriculture, forestry and fishery	76.6	108.8		▲	■■		-2.1	-1.8
Mining	98.8	108.8		▲	■■		0.6	-0.6
Foods	20.0	107.5	●			▼	5.1	3.6
Textile products	23.5	105.9	●			▼	3.2	2.5
Pulp, paper, and wooden products	85.9	108.5		▲	■■		2.3	1.4
Chemical products	73.8	107.7			■■	▼	7.5	1.4
Petroleum and coal products	83.2	116.4		▲▲▲	■■		2.1	-6.5
Ceramic, stone and clay products	88.9	108.3		▲	■■		1.9	1.4
Iron and steel	78.8	106.9			■■	▼	6.2	3.1
Non-ferrous metals	88.1	107.2			■■	▼	1.4	3.4
Metal products	75.6	106.5			■■	▼	4.5	3.4
General machinery	26.5	105.3	●			▼	6.3	4.5
Electrical machinery	24.4	101.8	●			▼▼	13.5	9.3
Transportation equipment	14.7	104.8	●●			▼▼	8.0	6.0
Precision instruments	16.7	103.1	●●			▼▼	13.6	10.4
Miscellaneous manufacturing products	66.5	109.7		▲	■		1.3	3.0
Construction	7.6	109.2	●●	▲			2.6	4.7
Electricity, gas, and heat supply	76.7	112.1		▲▲	■■		4.1	1.2
Water supply and waste management services	52.1	112.1		▲▲	■		2.1	3.3
Commerce	40.4	108.1				▼	5.4	4.9
Financial and insurance	74.7	107.6			■	▼	4.4	4.1
Real estate	21.5	107.8	●			▼	8.3	8.1
Transport	48.7	109.4		▲	■		1.6	1.2
Communication and broadcasting	70.9	107.5			■■	▼	7.1	6.8
Public administration	1.8	110.2	●●	▲			6.2	6.7
Education and research	2.5	111.3	●●	▲▲			4.5	4.8
Medical service, health and social security, and nursing care	0.8	108.0	●●			▼	6.1	9.0
Other public services	45.0	111.8		▲▲	■		6.3	9.0
Business services	91.2	109.9		▲	■■		3.5	7.1
Personal services	4.3	110.8	●●	▲			0.9	2.8
Activities (not classified elsewhere)	91.0	108.3		▲	■■		-17.0	-13.3
Average (GDP)	**44.1**	**108.0**					**4.7**	**4.2**

表 5　增加值双缩减法和单缩减法的比较（日本 1980—1990 年）

	除本行业的中间使用率	产出价格缩减指数（年均）	最终产品产业	价格相对上升产业	中间产品产业	价格相对下降产业	双缩减法估算的经济增长率（年均）	单缩减法估算的经济增长率（年均）
Agriculture, forestry and fishery	73.6	100.1			■	▼	1.0	1.5
Mining	100.0	99.6			■■	▼	-0.6	-1.4
Foods	21.3	101.3	●	▲			-0.9	3.3
Textile products	19.8	101.4	●●	▲			0.6	2.1
Pulp, paper, and wooden products	79.6	99.7			■	▼	3.4	4.7
Chemical products	72.1	97.6			■	▼▼	9.8	8.4
Petroleum and coal products	74.9	94.7			■	▼▼▼	8.0	9.4
Ceramic, stone and clay products	89.4	100.7			■■		2.2	3.9
Iron and steel	88.4	98.0			■■	▼▼	2.4	3.1
Non-ferrous metals	87.9	98.1			■■	▼▼	-0.3	5.2
Metal products	88.3	101.6		▲	■■		1.8	4.9
General machinery	14.7	100.6	●●				7.5	8.0
Electrical machinery	17.9	97.5	●●			▼▼	15.4	12.6
Transportation equipment	10.4	99.6	●●			▼	5.8	4.5
Precision instruments	14.2	99.0	●●			▼	6.7	5.5
Miscellaneous manufacturing products	68.2	100.4			■	▼	4.8	6.0
Construction	7.3	101.6	●●	▲			4.3	4.8
Electricity, gas, and heat supply	69.8	99.0			■	▼	5.5	7.4
Water supply and waste management services	53.3	103.0		▲▲	■		2.8	4.1
Commerce	34.6	102.2	●	▲			2.3	2.7
Financial and insurance	69.2	100.5			■	▼	6.7	6.0
Real estate	20.4	103.3	●	▲▲			2.2	2.7
Transport	48.2	102.1		▲	■		2.3	3.8
Communication and broadcasting	67.0	100.1			■	▼	6.3	6.0
Public administration	1.4	102.6	●●	▲▲			0.8	1.5
Education and research	33.0	101.7	●	▲			4.2	4.4
Medical service, health and social security, and nursing care	0.0	100.8	●●				0.3	4.9
Other public services	25.3	102.2	●	▲			-0.4	0.2
Business services	88.0	101.8		▲	■■		7.0	8.1
Personal services	3.5	102.8	●●	▲▲			3.7	4.8
Activities (not classified elsewhere)	83.8	101.4		▼	■■		13.5	15.5
Average (GDP)	**38.8**	**100.7**					**4.2**	**4.8**

表 6　增加值双缩减法和单缩减法的比较(日本 1990—2000 年)

	除本行业的中间使用率	产出价格缩减指数(年均)	最终产品产业	价格相对上升产业	中间产品产业	价格相对下降产业	双缩减法估算的经济增长率(年均)	单缩减法估算的经济增长率(年均)
Agriculture, forestry and fishery	66.5	99.3			■	▼	-1.7	-1.8
Mining	100.0	99.5			■■	▼	-4.2	-5.0
Foods	20.5	99.6	●			▼	1.2	2.0
Textile products	24.8	99.6	●			▼	-8.1	-6.0
Pulp, paper, and wooden products	86.0	99.8			■■		-3.1	-1.7
Chemical products	69.0	98.5			■	▼▼	1.3	0.4
Petroleum and coal products	68.6	99.7			■	▼	2.1	2.7
Ceramic, stone and clay products	89.0	99.9		▲	■■		-2.7	-1.7
Iron and steel	85.4	96.6			■■	▼▼▼	0.1	-0.1
Non-ferrous metals	81.6	97.4			■■	▼▼	0.7	1.8
Metal products	89.9	99.6			■■	▼	-3.1	-1.5
General machinery	13.0	99.8	●●				-2.3	-1.5
Electrical machinery	14.6	96.9	●●			▼▼▼	5.1	3.0
Transportation equipment	12.7	99.7	●●			▼	-1.6	-0.3
Precision instruments	15.9	99.5	●●			▼	-3.0	-1.8
Miscellaneous manufacturing products	69.5	100.3		▲	■		-2.7	-0.7
Construction	11.4	100.4	●●	▲			-2.4	-1.6
Electricity, gas, and heat supply	67.6	98.1			■	▼▼	4.9	3.7
Water supply and waste management services	62.3	101.5		▲▲	■		0.0	1.0
Commerce	34.4	99.8	●				2.0	2.0
Financial and insurance	69.5	98.7			■	▼	2.6	2.2
Real estate	13.3	101.4	●●	▲▲			2.1	2.3
Transport	45.5	99.8			■		1.2	1.2
Communication and broadcasting	58.8	98.8			■	▼	6.9	6.4
Public administration	2.6	100.5	●●	▲			3.0	3.3
Education and research	34.3	101.0	●	▲			1.3	1.7
Medical service, health and social security, and nursing care	0.0	100.5	●●	▲			4.8	5.6
Other public services	24.9	100.8	●	▲			-0.5	-0.2
Business services	74.8	100.6		▲	■		2.9	3.4
Personal services	4.6	101.2	●●	▲▲			-0.9	0.2
Activities (not classified elsewhere)	98.7	99.9		▲	■■		-6.7	-6.6
Average (GDP)	**36.8**	**99.8**					**1.2**	**1.4**

基于增加值贸易核算的中日国际贸易利益分配比较研究①

金继红　李明慧

摘要:在全球价值链分工背景下,利用增加值贸易核算方法测度了1995—2011年中日双边贸易趋势和结构,并通过对双边贸易进行价值增值分解,刻画了中日贸易之间的利益分配结构。结果表明:中日贸易整体被传统海关贸易核算方法高估,但服务贸易被传统海关贸易核算方法低估,增加值核算体系下的中日贸易顺差更大;中日贸易利益分配格局上,两国从双边贸易中的获利能力下降;但两国之间贸易更加密切,价值分工更加明确,"你中有我,我中有你"贸易格局在加强;两国之间的贸易利益越来越多被其他国家侵蚀;中日之间应加强在服务业的交流合作,实现双赢。

关键词:中日贸易　增加值贸易核算　价值增值分解　利益分配

一、引言

在经济全球化背景下,中日双边贸易取得了快速发展,双边贸易总额呈现出快速增长态势。截止2014年双边贸易额达3124亿美元,目前日本已成为中国的第五大出口来源国和第一大进口来源国,中国也成为日本第一大出口目的地和第一大进口来源地,利用增加值贸易核算还原真实的双边贸易格局就显得非常重要。

关于中日贸易发展状况分析,国内学者做出了一些有益探讨。诸多学者认为中日经贸关系具有互补性或者稳定性。周东明、吕侠(2012)[1],王久乐(2014)[2]通过不同的研究视角测算出中日经贸关系具有互补性或者稳定性。部分学者分析了中日贸易的结构变化和依存度变化,如石柱鲜等(2010)[3]研究表明,随着全球价值链的深化,中日韩产业结构差异性越来越小。苏国辉、李彬(2010)[4],刘丽娟、胡杨(2014)[5]认为中日贸易收支渐趋平衡,双边经贸关系上,日本对中国的贸易依存度正逐渐上升,而中国对日本的贸易依存度则逐渐下降。还有一部分学者研究了中日双边贸易的贸易收益问题,陈继勇和王保双(2013)[6]指出中日双边贸易发展迅猛的同时,中日贸易收支失衡问题逐渐显现并不断加剧。罗成、车维汉(2013)[7]指出由于中日两国要素享赋差异性的动态变化以及两国市场

① 教育部人文社科项目"基于国际产业分工的贸易中隐含碳与减排责任分担量化研究"(14YJAGJW002)。

战略的不同,目前中日两国贸易的优势正在向有利于中国的方面转换。

值得注意的是,以往的中日贸易分析主要还是采用传统贸易统计数据(海关数据),然而随着全球价值链的发展和垂直化国际分工的深化,中间品贸易占国际贸易的比重日益扩大(Johnson, 2014)[8],传统贸易统计方法则显现出了不足,已难以正确地反映双边和区域贸易情况,即"所见非所得"(Maurer & Degain,2010)[9]。在此背景下,2011 年"增加值贸易(Trade in Value—added,TIVA)"统计被正式提出(OECD 和 WTO,2011)以消除传统贸易统计在新型国际分工体系下的"统计幻象(Statistical Illusion),(Srholec,2007)[10]",它不仅可以正确衡量双边贸易差额,也有助于看清世界贸易的真实规模及总体形势。

基于增加值视角,张玮、张文婷(2013)[11],康振宇、徐鹏 (2015)[12]通过传统和增加值两种核算方法,指出中日双边贸易更趋平衡,中日贸易不平衡情况有所缓解。蒋庚华、林丽敏(2014)[13]按最终流向和价值含量的国别来源对中日双边贸易进行了分解,指出中日双边贸易仍然是以要素享赋差异为基础的传统贸易模式为主。郑国姣、杨来科(2015)[14]认为中日双边服务贸易被传统海关统计方法低估。黎峰(2015)[15]通过构建投入产出模型,从总体规模、行业结构、实现方式等层面对中日双边贸易收益进行核算,认为日本的贸易收益率要高于中国。

上述对中日增加值贸易分析的文献中,对中日贸易整体及各产业的利益分配问题涉及较少,因此值得进一步深入探讨。本文利用增加值贸易核算体系纠正传统海关贸易统计下中日贸易顺差与贸易利益的错配,考察中日两国在不同行业价值链分工中地位的差别以及在不同行业双边贸易中获利能力的变化,进而挖掘双边贸易利益在两国之间分配不对等的深层次原因,还原中日贸易的真实的贸易利益分配,为提升我国对日出口获利能力提出对策建议。

二、增加值贸易核算方法和数据来源

增加值贸易(trade in value—added)与贸易中的价值增值(value—added in trade)是两个相关却不同的概念。同王岚、盛斌(2014)的关于这两个概念的解释一样,增加值贸易是指直接或间接包含在另一国最终消费中的一国价值增值;而贸易中的价值增值是指包含在传统海关贸易中的不同来源(国内与国外)的价值增值(Stehrer, 2012)。增加值出口指由该国创造的直接(或间接)地用于满足其他国家消费的价值增值;一国出口中的国内价值增值指的是不受该出口部分价值增值用途和流向的影响,它由一国增加值出口和"回流"两部分构成。

(一)多国增加值出口测算模型

借鉴 Stehrer (2012)多边增加值的测算方法,即一国的增加值出口为:

$$\begin{aligned} VAX_{s*} &= \sum_{r\neq s}^{G} V_s X_{sr} = V_s \sum_{r\neq s}^{G} \sum_{g=1}^{G} B_{st} Y_{tr} \\ &= V_s \sum_{r\neq s} B_{ss} Y_{sr} + V_s \sum_{r\neq s}^{G} B_{sr} Y_{rr} + V_s \sum_{r\neq s}^{G} \sum_{t\neq s,r}^{G} B_{sr} Y_{rt} \end{aligned} \quad (1)$$

表示一国增加值进口(国内最终消费的外国增加值)即:

$$VA\,I_s=\sum_{r\neq s}^{G} V_t\,X_{rs}=V_t\sum_{r\neq s}^{G}\sum_{r=1}^{G} B_{st}\,Y_{rs} \tag{2}$$

其中，B_{s*}（$*$ 可以是本国 s，贸易国 r 或者任意第三国 t）为里昂惕夫逆矩阵，X_{sr} 为产自 s 国，在 r 国吸收的产出向量，Y_{*r} 为产自 $*$ 国（$*$ 可以是本国 s，贸易国 r 或者任意第三国 t），在 r 国吸收的最终产品向量，V_* 为 $*$ 国的单位产出增加值系数向量，G 是国家数量。

第一个项目本国 s 国以最终产品形式出口的增加值；第二个项目表示以中间产品形式被进口 r 国投入生产，并直接在进口 r 国吸收的增加值；第三个项目表示以中间产品形式被进口 r 投入生产，嵌入在制成品中出口到任意第三国 t 并在任意第三国 t 吸收的增加值。

（二）多国价值增值分解模型

借鉴 Koopman (2012)的增加值分解方法，可以得到 s 国出口总额的增加值分解：

$$\begin{aligned} uE_{s*}=&\left\{V_s\sum_{r\neq s}^{G} B_{ss}\,Y_{sr}+V_s\sum_{r\neq s}^{G} B_{sr}\,Y_{rr}+V_s\sum_{r\neq s}^{G}\sum_{g\neq s,r}^{G} B_{sr}\,Y_{rt}\right\} \\ &+\left\{V_s\sum_{r\neq s}^{G}B_{sr}Y_{rs}+V_s\sum_{r\neq s}^{G}B_{sr}A_{rs}(I-A_{ss})^{-1}Y_{ss}\right\} \\ &+V_s\sum_{r\neq s}^{G}B_{sr}A_{rs}(I-A_{ss})^{-1}E_{s*} \\ &+\left\{\sum_{t\neq s}^{G}\sum_{r\neq s}^{G} V_t\,B_{ts}\,Y_{sr}+\sum_{t\neq s}^{G}\sum_{r\neq s}^{G} V_t\,B_{ts}\,A_{sr}\,(I-A_{rr})^{-1}Y_{rr}\right\} \\ &+\sum_{r\neq s}^{G} V_t\,B_{ts}\,A_{sr}\,(I-A_{rr})^{-1}\,E_{r*} \end{aligned} \tag{3}$$

其中，E_{s*} 和E_{r*} 表示本国 s 和贸易国 r 的出口总额；将一国的出口分解为 9 个项目。

前三个项目（第一个大括号内）表示本国 s 国增加值出口，在贸易国 r 国和任意第三国 t 国吸收。

第四个项目表示最初嵌入在出口中间品中，经过贸易国 r 国加工后，被本国 s 国以最终产品形式进口，并在本国 s 国吸收的价值。第五个项目表示最初嵌入在出口中间品中，经过贸易国 r 国加工后，被本国 s 国以中间品形式进口，在本国 s 国加工成最终品并在本国 s 国吸收的价值。这两个项目（第二个大括号内）都是本国 s 国增加值出口到贸易国 r 国后，再次回本国吸收的价值。在国际贸易统计中，它们重复统计至少 2 次。

第六个项目是由于本国出口中间产品引起的纯重复统计项，该项只有在两国都出口中间产品时才不为零，只要有一国不出口中间产品，该项目就消失了（为零）。

第七个项目表示嵌入在本国 s 国出口的最终产品中的国外（贸易国 r 国和任意第三国 t 国）增加值。第八个项目表示嵌入在本国 s 国出口的中间产品中的国外（贸易国 r 国和任意第三国 t 国）增加值。这两个项目（第三个大括号内）表示的价值都是由国外创造，并最终回到国外吸收。

第九个项目是由于进口国外中间产品引起的纯重复统计项，只要有一国不出口中间产品，该项为零。

其中，公式第一行表本国 s 国增加值出口成分，第二行表示本国 s 国增加值出口的回流部分，这两部分合在一起是本国 s 国的增加值出口的国内成分，第四行表示本国 s 国出口的境外成分。

(三)中日国际投入产出表编制

本文贸易增加值的测度数据来源于世界投入产出数据库(WIOD),WIOD 包括 27 个欧盟成员国、其他 13 个主要国家和"世界其他地区"在内的 41 个经济体,这些国家的 GDP 之和达到世界 GDP 总和的 85%以上,在一定程度上可以反映世界经济状况。本文在 WIOD 数据库的基础上编制了中日国际投入产出表,即中国、日本、其他国家(39 个经济体合并为"其他"国家),来揭示中日双边贸易的利益分配真相。

表 1　中日国际投入产出表

		中间使用 X			最终使用 F			总产出(XX)
		中国(A)	日本(B)	其他国家(C)	中国(A)	日本(B)	其他国家(C)	
货物和服务的供应	中国(A)	X^{AA}	X^{AB}	X^{AC}	F^{AA}	F^{AB}	F^{AC}	X^{A}
	日本(B)	X^{BA}	X^{BB}	X^{BC}	F^{BA}	F^{BB}	F^{BC}	X^{B}
	其他国家(C)	X^{CA}	X^{CB}	X^{CC}	F^{CA}	F^{CB}	F^{FC}	X^{C}
附加值(VV)		V^{A}	V^{B}	V^{C}				
总投入(XX)		X^{A}	X^{B}	X^{C}				

三、中日增加值贸易与传统海关贸易的比较

中日两国的增加值贸易和传统海关统计贸易进行比较,在剔除第三国对中日双边贸易影响的基础上,明确两国之间的相互需求和供给关系及其各自的国际分工地位。

(一)整体层面比较

表 2 从出口和进口的角度对比分析中日整体层面的增加值贸易和海关统计贸易的规模。

表 2　两种核算方法统计的中对日进出口规模:整体水平　　单位:亿元

年份	传统方法			增加值		
	出口	进口	净出口	出口	进口	净出口
1995	304.7	288.4	16.3	253.4	238.8	14.6
2000	393.6	389.9	3.7	317.3	311.6	5.7
2005	899.3	927.9	−28.6	632.5	624.8	7.7
2011	1835.2	1800.2	35.2	1308.8	1245.2	63.6

数据来源:作者根据 WIOD 编制的中日国际投入产出表测算整理。

从表中得出以下结果:

第一,两种核算方法都表明 1995－2011 年中日双边贸易保持快速增长势头,尤其是

2011年的中日贸易大幅度上升,净出口角度看中日贸易总体上趋于平衡。

第二,传统海关贸易核算方法测算出来的中国对日本的进出口贸易额比增加值核算方法统计的结果高估,这主要是因为传统海关贸易核算方法的进出口贸易中包涵了第三国的增加值,而增加值核算方法剔除第三方的贸易增加值,这导致增加值核算方法的计算结果偏小。

第三,传统贸易核算方法测算的中日贸易顺差被低估。虽然1995年是传统方法核算的被高估,但是2000年至2011年都是低估,尤其是2005年传统海关贸易统计方法测算的净出口额是−28.6亿元,而使用增加值贸易核算方法测算的净出口额是7.7亿元,从增加值贸易的角度看中日贸易更有利于中国。

(二)行业层面比较

表3从出口和进口的角度对比分析中日不同行业增加值贸易和海关统计贸易的规模。对于不同类型的行业,中日分工地位存在差异。而且随着中日贸易的发展,两国的增加值贸易发生一些明显的改变。

表3　两种核算方法统计的对日进出口贸易:分行业　　单位:亿元

产业	1995年				2011年			
	出口		进口		出口		进口	
	增加值	传统海关	增加值	传统海关	增加值	传统海关	增加值	传统海关
农林牧渔业	50.7	20.7	1.6	0.4	124.0	25.2	6.4	1.3
采矿业	15.1	13.0	0.9	0.3	75.3	16.9	4.6	7.0
食品及烟草加工业	16.1	42.9	2.4	2.2	53.6	106.4	11.2	9.6
纺织业	36.6	93.7	7.7	23.9	93.3	212.6	12.7	34.5
皮革及鞋类	4.0	12.3	0.5	1.2	15.7	41.9	0.6	1.1
木材加工及家具业	3.8	8.0	1.0	1.0	14.2	21.9	3.0	2.9
造纸印刷业	3.6	2.2	5.8	4.4	18.8	8.8	22.4	8.7
石油、炼焦及核燃料加工业	2.7	0.7	2.8	2.1	17.9	11.9	27.3	34.9
化学品制造业	10.8	5.4	14.4	24.6	76.4	116.3	79.6	175.4
橡胶及塑料制品	5.3	8.6	5.9	4.9	34.7	71.1	36.2	73.2
其他非金属矿采选业	5.9	7.1	1.9	0.3	16.2	23.0	17.6	27.5
金属制造业	15.2	23.6	34.1	54.4	97.1	138.7	151.9	239.3
机械制造业	5.9	5.0	23.9	52.1	50.2	118.6	107.4	295.9
电子及光学制造业	12.3	36.7	45.4	89.8	149.3	584.4	229.6	648.8
运输设备	2.5	2.5	8.5	16.2	21.4	48.0	80.9	198.4
其他制造业	2.0	4.5	0.8	0.9	13.5	25.7	2.7	7.0
电力,煤气及水供应	5.4	0.2	6.1	0.0	41.3	0.9	32.1	0.1
建筑业	0.4	0.0	1.6	0.0	1.0	0.0	10.5	0.0

续表 单位:亿元

产业	1995年				2011年			
	出口		进口		出口		进口	
	增加值	传统海关	增加值	传统海关	增加值	传统海关	增加值	传统海关
汽车、摩托车维修及销售	0.0	0.0	2.6	0.0	0.0	0.0	14.7	0.0
其他机动车销售业	13.9	0.0	16.8	0.2	96.1	57.2	89.4	2.4
零售批发业	2.9	0.0	2.9	0.3	13.4	0.0	12.9	0.3
住宿和餐饮业	1.9	0.0	4.1	1.5	14.5	0.0	23.1	10.8
内陆运输业	8.4	2.1	5.5	0.6	34.8	7.8	27.6	2.0
水上运输业	1.3	2.8	1.3	0.2	38.1	90.4	8.0	0.1
空运业	3.2	7.2	0.6	0.7	12.1	46.7	4.8	8.5
其他运输业	2.9	2.5	3.8	3.3	7.6	5.7	13.0	1.6
邮政业	2.1	1.3	2.5	0.2	22.1	8.1	15.9	3.4
金融、保险业	10.8	0.9	10.5	0.5	59.2	1.4	47.6	0.8
房地行业	3.4	0.0	4.2	0.0	20.6	0.0	18.2	0.0
租赁业	2.9	0.5	11.8	0.5	56.0	45.4	98.8	3.7
行政管理	0.0	0.0	0.6	0.2	0.6	0.1	2.9	0.0
教育事业	0.3	0.0	0.2	0.0	3.0	0.0	1.6	0.0
医疗卫生	0.1	0.0	0.3	0.0	2.8	0.0	1.8	0.0
个人服务业	1.0	0.0	5.7	1.6	14.1	0.0	28.5	0.9
家政服务业	0.0	0.0	0.0	0.0	0.0	0.0	0.0	0.0
合计	253.4	304.4	238.7	288.5	1308.9	1835.1	1245.5	1800.1

从中国角度看:

第一,传统海关贸易对中国1995年和2011年的农林牧渔业及服务业的统计结果低估,且这一情况在2011年被扭曲程度更严重,传统海关贸易对农林牧渔业统计低估近4倍;同时传统海关贸易对制造业统计结果反而偏大,不同程度地高估了各制造业的进出口额,尤其是电子及光学制造业、机械制造业、金属制造业高估了近2倍。

第二,采用增加值核算,1995年和2011年中国对日本净出口位于前三的行业是农林牧渔业、纺织业、采矿业,中国扮演了资源输出,劳动密集型的上游角色,虽然增加值在不断提高,但是整体贸易结构需要进一步优化;在电子及光学制造业以及机械、电气制造业增加值贸易核算出来的净出口额大于传统海关贸易核算方法测算出来的净出口额,2011年的增加值核算净出口额大于1995年,这在一定程度上说明中日贸易结构优化,其中中国的贸易结构优化更加显著。

第三,无论采用哪种方法核算中国对日本的出口最大的行业都由纺织业转变为电子及光学制造业,同时该产业的进出口贸易额较大,并且净出口额是负数,与这一现象相似的还有机械、电气制造业。这主要是因为国际分工程度较高的电子产品中往往包含了更多来自其他国家的价值增值,中国与日本在上述产业价值链分工环节的衔接需要其他国家的参与,传统的贸易统计将本应记在产业上游国家的顺差转嫁到了中国。

从日本角度看：

第一，经过增加值贸易核算方法的调整，1995年到2011年传统海关统计低估了农林牧渔业贸易进出口额；不同程度高估了制造业的进出口贸易额，（除了造纸印刷业及石油、炼焦及核燃料加工业），造成这种现象的原因主要是传统海关贸易核算方法测算进出口额包含了大量的其他国家的增加值，并且一些产业在全球价值链分工体系发展程度较高（例如电子和光学行业、机械制造行业），生产过程中间品在多个国家流转导致海关统计贸易重复计算问题比较严重；低估了日本对中国的服务贸易（除了空运业）进出口额，尤其是租赁业，其他机动车销售业，低估程度最高可达25倍。

第二，无论采用哪种核算方法，农林牧渔业的出口额从1995年到2011年一直都非常小，但传统海关贸易统计出来的数据较增加值核算法测算的更小，这与日本的资源稀缺国情相一致。

第三，传统海关贸易对制造业的贸易顺差统计高估了近一倍，基本上都是在制造业和服务业。电子及光学制造业、机械制造业、金属制造业的进出口额较大，这与上述的中国的情况类似。但日本在国际价值链分工的地位高于中国，在资本和技术密集型产业占优势，所以日本能够保持一定的贸易顺差。虽然日本的服务贸易顺差逐步减少，但个别服务业的顺差反而大幅度上升，其中租赁业发展较显著。

（三）贸易结构层面比较

表4比较中日双边增加值贸易和传统海关贸易结构，是一国每个产业的进出口贸易额占一国所有产业的进出口贸易额的比重。

从表4得出：

从中国角度看，1995年采用增加值贸易核算方法测算的比例较大的产业为，农林牧渔业（20%），纺织业（14.4%），食品及烟草加工业（6.3%），而传统海关贸易统计出来的结果位于前三的是纺织业（30.7%），食品及烟草加工业（14.1%），电子及光学制造业（12.1%）。截止2011年，增加值核算方法测算的比例较大的产业为，电子及光学制造业（11.4%），农林牧渔业（9.5%），金属制造业（7.4%），而传统海关贸易统计出来的结果位于前三的是电子及光学制造业（31.8%），纺织业（11.6%），金属制造业（7.6%）。这说明中国的贸易结构逐渐改善，贸易贡献最大的产业由纺织业向电子及光学制造业转移。

表4　两种核算方法统计对日进出口贸易比较：贸易结构　　单位：%

产　业	1995年				2011年			
	出口		进口		出口		进口	
	增加值	传统海关	增加值	传统海关	增加值	传统海关	增加值	传统海关
农林牧渔业	20.0	6.8	0.7	0.1	9.5	1.4	0.5	0.1
采矿业	6.0	4.3	0.4	0.1	5.8	0.9	0.4	0.4
食品及烟草加工业	6.3	14.1	1.0	0.8	4.1	5.8	0.9	0.5
纺织业	14.4	30.7	3.2	8.3	7.1	11.6	1.0	1.9
皮革及鞋类	1.6	4.0	0.2	0.4	1.2	2.3	0.0	0.1
木材加工及家具业	1.5	2.6	0.4	0.3	1.1	1.2	0.2	0.2

续表　　　　　　　　　　　　　　　　　　　　　　　　　　　　　　　　单位:%

产　业	1995 年				2011 年			
	出口		进口		出口		进口	
	增加值	传统海关	增加值	传统海关	增加值	传统海关	增加值	传统海关
造纸印刷业	1.4	0.7	2.4	1.5	1.4	0.5	1.8	0.5
石油、炼焦及核燃料加工业	1.1	0.2	1.2	0.7	1.4	0.6	2.2	1.9
化学品制造业	4.2	1.8	6.0	8.5	5.8	6.3	6.4	9.7
橡胶及塑料制品	2.1	2.8	2.5	1.7	2.6	3.9	2.9	4.1
其他非金属矿采选业	2.3	2.3	0.8	0.1	1.2	1.3	1.4	1.5
金属制造业	6.0	7.7	14.3	18.9	7.4	7.6	12.2	13.3
机械制造业	2.3	1.7	10.0	18.1	3.8	6.5	8.6	16.4
电子及光学制造	4.8	12.1	19.0	31.1	11.4	31.8	18.4	36.0
运输设备	1.0	0.8	3.5	5.6	1.6	2.6	6.5	11.0
其他制造业	0.8	1.5	0.4	0.3	1.0	1.4	0.2	0.4
电力,煤气及水供应	2.1	0.1	2.6	0.0	3.2	0.0	2.6	0.0
建筑业	0.1	0.0	0.7	0.0	0.1	0.0	0.8	0.0
汽车、摩托车维修及销售	0.0	0.0	1.1	0.0	0.0	0.0	1.2	0.0
其他机动车销售	5.5	0.0	7.0	0.1	7.3	3.1	7.2	0.1
零售批发业	1.1	0.0	1.2	0.1	1.0	0.0	1.0	0.0
住宿和餐饮业	0.8	0.0	1.7	0.5	1.1	0.0	1.9	0.6
内陆运输业	3.3	0.7	2.3	0.2	2.7	0.4	2.2	0.1
水上运输业	0.5	0.9	0.5	0.1	2.9	4.9	0.6	0.0
空运业	1.2	2.4	0.3	0.2	0.9	2.5	0.4	0.5
其他运输业	1.1	0.8	1.6	1.1	0.6	0.3	1.0	0.1
邮政业	0.8	0.4	1.0	0.1	1.7	0.4	1.3	0.2
金融、保险业	4.3	0.3	4.4	0.2	4.5	0.1	3.8	0.0
房地行业	1.3	0.0	1.8	0.0	1.6	0.0	1.5	0.0
租赁业	1.1	0.2	4.9	0.2	4.3	2.5	7.9	0.2
行政管理	0.0	0.0	0.2	0.1	0.0	0.0	0.2	0.0
教育事业	0.1	0.0	0.1	0.0	0.2	0.0	0.1	0.0
医疗卫生	0.0	0.0	0.1	0.0	0.2	0.0	0.1	0.0
个人服务业	0.4	0.0	2.4	0.6	1.1	0.0	2.3	0.0
家政服务业	0.0	0.0	0.0	0.0	0.0	0.0	0.0	0.0
合计	99.5	99.9	99.9	100.0	99.8	99.9	99.7	99.8

从日本角度来看,1995 年采用增加值贸易核算方法测算的比例较大的产业为,电子及

光学制造(19%),金属制造业(14.3%),机械制造业(10%),而传统海关贸易统计出来的结果位于前三的电子及光学制造(31.1%),金属制造业(18.9%),机械制造业(18.1%),前三个产业的位置不变。截止2011年,增加值核算方法测算的比例较大的产业为,电子及光学制造(18.4%),金属制造业(12.2%),机械制造业(8.6%),而传统海关贸易统计出来的结果位于前三的是电子及光学制造(36%),金属制造业(16.4%),机械制造业(13.3%)。这说明日本的贸易结构变化不大,贡献率较大的产业一直都不变,但2011年上述产业的比重下降,服务业的比重有所上升。

通过上述实证分析可以得出:第一,两种核算方法表明在1995－2011年中日双边贸易保持快速增长势头;传统海关贸易核算方法高估中日进出口贸易额,低估中对日贸易的顺差。第二,传统海关贸易低估中日的农林牧渔业及服务业的进出口额,而不同程度地高估了中日的制造业的进出口额,尤其是电子及光学制造业,机械制造业的高估程度较高。第三,中国出口贡献率比较大的产业由纺织业转移到电子及光学制造业,贸易结构逐步优化,日本对中国电子及光学制造业,机械制造业,金属制造业贸易顺差较大。

四、贸易利益的分配:双边贸易的价值增值解构

在全球价值链分工背景下,由于产品的生产涉及多个国家或地区,贸易利益在国家间的分配变得更加复杂。如果一国出口中包含的国内价值增值越多,那么该国国内要素通过国际贸易获得的要素报酬和贸易利益也就越多。这部分将通过分解中国对美出口的国内成分和境外成分,从价值增值角度度量中美两国从双边贸易中获得的贸易利益。

(一)整体层面

对中日双边贸易价值增值从整体层面进行度量,同时为了避免总量波动带来的影响,使用比重这一指标可以看出双边贸易利益分配的趋势变化。

1. 中对日出口价值增值分解

表5中国对日本出口中不同来源价值增值进行了分解。

从国内成分角度看:

第一,国内成分价值增值占比逐渐下降,从1995年83.5%下降到2011年73.4%,这意味着中国对日出口的获利能力在逐渐下降。

第二,“回流”部分比例逐渐增加,表明嵌入在中国对日本的出口中间品,经日本加工后被中国以中间品或者最终产品进口,并被中国吸收的价值比例逐渐增加。

位于前三的是纺织业(30.7%),食品及烟草加工业(14.1%),电子及光学制造业(12.1%)。截止2011年,增加值核算方法测算的比例较大的产业为,电子及光学制造业(11.4%),农林牧渔业(9.5%),金属制造业(7.4%),而传统海关贸易统计出来的结果位于前三的是电子及光学制造业(31.8%),纺织业(11.6%),金属制造业(7.6%)。这说明中国的贸易结构逐渐改善,贸易贡献最大的产业由纺织业向电子及光学制造业转移。

从境外成分角度看:

第一,境外成分比例相应提升,从1995年的2.4%到2011年的8.3%,其中,中国对日本出口中包含了越来越多的其他国家价值增值,从1.97%提高到8.2%。这表明随着全球

价值链分工体系的不断深化，越来越多的国家参与到中日贸易中，双边贸易利益被越来越多的国家之间分摊。

表 5　中对日的出口商品价值增值分解：整体层面　　单位：%

年份	中对日的出口					
	国内成分			境外成分		
	合计	增加值出口	回流	合计	日本	其他
1995	83.50	83.20	0.30	2.40	0.50	1.97
2000	81.20	80.60	0.60	2.00	0.30	1.71
2005	71.30	70.30	1.00	10.20	0.60	9.56
2011	73.40	71.30	2.10	8.30	0.10	8.20

第二，中国对日本出口过程中日本价值增值小幅度下降，从 0.5%下降到 0.1%。说明日本嵌入在中国对日贸易中的价值增值在减少，日本的获利能力小幅度被其他国家侵蚀，并且贸易优势逐渐减少。

2. 日对中出口价值增值分解

表 6 日本对中国出口进行了价值增值分解。

从国内成分看：

第一，日本对中国出口中的国内成分价值增值占比有一定下降，从 1995 年 85.5%下降到 2011 年 75.4%，日本的获利能力在逐渐下降，综合考虑中国依然是日本非常重要的贸易伙伴，随着中国贸易结构的优化，日本从两国贸易当中的获利能力在减弱，减弱的主要原因是中对日贸易的境外成分中其他国家的获利能力显著上升（从表 5 得出从 1995 年 1.97%上升到 2011 年 8.20%），日本对中的贸易利益被其他国家侵蚀。

表 6　日对中的出口商品价值增值分解：整体层面　　单位：%

年份	日对中的出口					
	国内成分			境外成分		
	合计	增加值出口	回流	合计	中国	其他
1995	85.50	82.80	2.80	0.30	0.00	0.30
2000	82.40	79.90	2.40	0.60	0.00	0.50
2005	72.80	67.30	5.50	1.20	0.10	1.10
2011	75.40	69.20	6.20	2.70	0.40	2.30

第二，日本对中国出口的“回流”比例在提升，2.8%提升到 6.2%，且大于中国对日本出口的“回流”。表明中日贸易“你中有我，我中有你”的贸易格局在加强，日中贸易更加频繁。另一方面这在一定程度上反映出日本对中国的出口中间品经中国加工后返销给日本的贸易分工格局，也体现日中两国处在国际价值链上游和下游的分工地位差异。

从境外成分角度看：

第一，境外成分比例的相应提升，从 1995 年的 0.3%到 2011 年的 2.7%，其中日本对中国出口中包含了越来越多的其他国家价值增值（从 0.3%提高到 2.3%），这一数据小于中国对日本出口中的境外成分数据。表明虽然随着全球价值链分工体系的不断深化，越来越多的国家参与到日中贸易中，双边贸易利益被越来越多的国家之间分摊；但另一方面也说明日对中出口中的境外其他国家对日本利益的侵蚀远小于对中国的贸易利益侵蚀。

第二，日本对世界出口中包含了越来越多的中国价值增值，从 0.0%提高到 0.4%，而中国对日贸易中，该数据是下降的，表明在中日贸易中，日本对中国的贸易，中国成分的实际贸易利益在增加，日中两国在全球价值链上的合作在逐渐增强，且朝着利于中国的方向发展。

（二）行业层面

1. 中对日出口价值增值分解

表 7 将中对日出口，对中日双边不同产业贸易进行了价值增值分解。

第一，从中对日国内成分来看，首先，中国国内价值增值所占比出现了平稳上升，反映出中国在大多数产业的对日本出口获利能力有所上升。这些产业主要集中在资源型（农林牧渔业、采矿业、木材加工和家具业、造纸印刷业、电力、煤气、自来水供应业等），最终消费型（食品、饮料和烟草业），劳动密集型（纺织业、皮革和鞋类业等），这些产业的国内增值比例提升，这主要得益于中国的贸易方式由加工贸易向一般贸易转型。

其次，服务业出口中的国内价值增值所占比出现了显著上升，这主要是因为中日服务贸易被传统统计方法严重低估，所以这些服务业的增加值出口占传统海关统计数值的比重较大，主要集中在金融保险业、行政管理业、教育事业、医疗卫生业、个人服务业，体现了中国对日贸易服务的获利空间大幅上升，对日贸易结构不断优化。

最后，石油、炼焦及核燃料加工业，化学制造业，橡胶和塑料，其他制造业，金属制造业，机械制造业，电气和光学制造业，运输设备业，这些资本和技术密集型的高精尖产业的国内价值增值占比都出现较大幅度的显著下降，且这些行业被传统海关统计方法高估，这主要是因为一些欧美发达国家凭借其技术和世界上高附加值的行业分工地位侵蚀着中下游国家尤其是中国等加工装配国家的获利空间。中国对日出口过程中，上述产业没有竞争力，获利能力较差。

第二，从中对日各行业的“回流”来看，首先，1995 年到 2011 年回流占比都在上升，回流占比集中在金融保险业、行政管理业、教育事业、医疗卫生业、个人服务业，这些产业的国内价值增值占比上升较显著，同时回流占比业较大，说明中国对日本的国内价值增值占比很大一部分又回流到中国，这一部分中日贸易被传统贸易核算方法低估，也是利用增加值方法核算的中国对日本净出口额比传统方法核算出来净出口大的关键所在。

其次，回流占比相对较大的产业为，电力、煤气、自来水供应业，采矿业，石油精炼和核燃料业，这一部分经过日本加工后，又被中国吸收。

第三，从中对日出口的境外成分来看，1995 年到 2011 年中国各产业对日本出口的境外成分占比都在上升，但是日本各产业价值增值占比在不同程度小幅下滑，其他国家的价值占比都在上升，说明中日之间的贸易利益被越来越多的其他国家所分割。这些产业主要集中在农林牧渔业，采矿业，电力、煤气、自来水供应业，房地产业，行政管理业，医疗卫生业，个人服务业等。

2. 日对中出口价值增值分解

表 8 将日对中出口，日中双边不同部门贸易进行了价值增值分解。

表 7　中对日的出口商品价值增值分解:行业层面

单位:%

产业	中对日的出口											
	国内成分						境外成分					
	合计		增加值出口		回流		合计		日本		其他国家	
	1995	2011	1995	2011	1995	2011	1995	2011	1995	2011	1995	2011
农林牧渔业	245.00	498.53	244.63	492.39	0.37	6.14	3.88	37.42	0.09	0.07	3.80	37.35
采矿业	116.58	463.16	115.91	446.03	0.67	17.14	7.02	407.05	0.08	0.11	6.93	46.94
食品及烟草加工业	37.44	50.89	37.41	50.4	0.02	0.48	0.50	2.20	0.06	0.04	0.43	2.16
纺织业	39.17	44.32	39.07	43.86	0.11	0.47	1.28	0.59	0.30	0.03	0.98	0.56
皮革及鞋类业	32.45	37.67	32.41	37.49	0.04	0.17	0.49	0.93	0.03	0.00	0.46	0.93
木材加工及家具业	47.67	66.38	47.55	65.03	0.11	1.35	1.50	5.56	0.11	0.06	1.39	5.50
造纸印刷业	163.77	220.64	163.16	214.52	0.60	6.12	6.16	24.9	1.16	0.60	5.01	24.30
石油、炼焦及核燃料加工业	383.53	155.18	381.76	150.14	1.77	5.05	4.67	15.65	1.12	0.53	3.55	15.12
化学品制造业	200.57	68.02	199.79	65.63	0.78	2.40	10.92	7.84	2. 04	0.19	8.88	7.65
橡胶及塑料制品	62.40	50.60	62.08	48.79	0.32	1.81	1.20	3.2	0.28	0.14	0.92	3.06
其他非金属矿采选业	84.04	72.88	83.66	70.30	0.38	2.58	0.55	0.00	0.14	0.10	0.41	2.66
金属制造业	64.88	73.22	64.38	70.01	0.49	3.21	2.30	8.05	0.77	0.28	1.52	7.77
机械制造业	117.62	43.83	117.03	42.32	0.59	1.51	1.48	3.52	0.38	0.12	1.09	3.40
电子及光学制造	33.68	26.39	33.43	25.55	0.24	0.83	0.97	3.61	0.33	0.09	0.64	3.52
运输设备业	100.71	46.39	100.31	44.54	0.40	1.85	1.72	1.75	0.55	0.09	1.18	1.66
其他制造业	45.65	53.14	45.56	52.60	0.09	0.54	0.34	1.38	0.07	0.01	0.26	1.37
电力,煤气及水供应业	2219.26	4873.56	2208.65	4709.11	10.6	164.45	21.03	185.98	5.02	4.25	16.01	181.73
建筑业	0.00	0.00	0.00	0.00	0.00	0.00	3.26	11.91	0.70	0.28	2.56	11.63

续表

单位：%

产业	中对日的出口											
	国内成分						境外成分					
	合计		增加值出口		回流		合计		日本		其他国家	
	1995	2011	1995	2011	1995	2011	1995	2011	1995	2011	1995	2011
汽车、摩托车维修及销售	0.00	0.00	0.00	0.00	0.00	0.00	0.00	0.00	0.00	0.00	0.00	0.00
其他机动车销售	0.00	173.64	0.00	168.01	0.00	5.63	0.00	11.66	0.00	0.28	0.00	11.38
零售批发业	0.00	0.00	0.00	0.00	0.00	0.00	0.00	28.35	0.00	0.20	0.00	28.16
住宿和餐饮业	0.00	0.00	0.00	0.00	0.00	0.00	1.46	7.35	0.34	0.29	1.12	7.06
内陆运输业	396.21	458.07	394.54	444.34	1.67	13.73	4.82	27.32	0.87	0.40	3.96	26.92
水上运输业	45.98	43.59	45.72	42.13	0.26	1.45	0.88	1.47	0.33	0.05	0.55	1.42
空运业	43.89	26.35	43.74	25.79	0.15	0.55	0.74	2.87	0.08	0.04	0.65	2.83
其他运输业	116.41	138.28	115.83	134.17	0.59	4.11	1.81	27.99	0.34	0.51	1.47	27.48
邮政业	156.97	281.62	156.32	273.58	0.65	8.03	7.32	20.71	1.09	0.32	6.23	20.39
金融、保险业	1250.18	4500.71	1244.73	4366.01	5.45	134.71	55.6	302.04	12.45	5.73	43.15	296.31
房地行业	0.00	0.00	0.00	0.00	0.00	0.00	0.00	0.00	0.00	0.00	0.00	0.00
租赁业	574.5	126.85	572.41	123.37	2.10	3.49	29.16	25.82	3.81	0.35	25.00	25.48
行政管理业	57.25	403.34	57.10	392.76	0.14	10.58	14.55	240.45	0.89	0.75	13.00	23.00
教育事业	26417.33	330167.5	26304.78	320745.4	112.55	9422.07	3.64	82.52	0.43	0.66	3.22	81.86
医疗卫生业	915.59	58534.9	911.46	56679.67	4.13	1855.23	5.03	21.15	1.04	0.48	3.99	20.66
个人服务业	0.00	2757544	0.00	2674398	0.00	83146.12	1.78	18.35	0.53	0.49	1.25	17.86
家政服务业	0.00	0.00	0.00	0.00	0.00	0.00	0.00	0.00	0.00	0.00	0.00	0.00
合计	83.45	73.38	83.15	71.31	0.30	2.07	2.44	8.34	0.47	0.14	1.97	8.20

表 8　日对中的出口商品价值增值分解:行业层面

单位:%

产　业	中对日的出口											
	国内成分						境外成分					
	合计		增加值出口		回流		合计		中国		其他	
	1995	2011	1995	2011	1995	2011	1995	2011	1995	2011	1995	2011
农林牧渔业	386.8	739.5	373.1	486.1	13.7	253.4	11.5	48.10	2.0	18.5	9.6	29.7
采矿业	339.5	603.3	328.0	65.6	11.5	537.7	24.5	256.8	0.8	9.1	23.7	247.7
食品及烟草加工业	108.3	122.3	105.8	116.4	2.5	6.0	0.4	2.9	0.0	1.2	0.4	1.6
纺织业	36.9	37.9	32.2	36.7	4.7	1.3	0.4	2.0	0.1	1.5	0.3	0.5
皮革及鞋类业	39.6	58.0	37.4	50.8	2.2	7.2	0.6	5.2	0.2	3.2	0.5	2.1
木材加工及家具业	98.9	115.3	95.5	101.7	3.4	13.6	2.2	10.2	0.1	2.4	2.1	7.7
造纸印刷业	136.7	273.6	131.5	258.0	5.2	15.6	1.4	6.9	0.1	1.5	1.4	5.5
石油、炼焦及核燃料加工业	141.0	83.3	135.6	78.4	5.4	4.9	0.6	2.0	0.0	0.3	0.6	1.6
化学品制造业	61.4	48.8	58.4	45.4	3.0	3.4	0.3	1.6	0.0	0.4	0.3	1.2
橡胶及塑料制品	124.4	51.1	120.6	49.4	3.9	1.6	0.3	1.2	0.0	0.4	0.3	0.8
其他非金属矿采业	598	65.5	581.5	64.0	16.5	1.5	0.3	1.5	0.0	0.5	0.2	1.0
金属制造业	64.6	65.9	62.7	63.5	1.9	2.5	0.4	1.8	0.0	0.4	0.4	1.5
机械制造业	46.3	37.3	46.0	36.3	0.4	1.0	0.1	0.6	0.0	0.2	0.1	0.4
电子及光学制造	51.8	37.0	50.6	35.4	1.2	1.6	0.1	1.1	0.0	0.3	0.1	0.8
运输设备业	53.2	41.3	52.2	40.8	0.9	0.6	0.0	0.2	0.0	0.0	0.0	0.1
其他制造业	100.3	47.0	96.4	38.0	4.0	9.0	0.2	1.0	0.0	0.2	0.2	0.8
电力,煤气及水供应业	30477.6	26691.1	29419.8	24949.7	1057.8	1741.4	23.8	78.2	1.8	19.7	22.0	58.5
建筑业	753941.4	4926894	729026.4	4620788	24915.0	306106	4143.4	73164.7	66.0	1930.2	4077.5	71234.5

续表　　单位：%

产业	中对日的出口											
	国内成分						境外成分					
	合计		增加值出口		回流		合计		中国		其他	
	1995	2011	1995	2011	1995	2011	1995	2011	1995	2011	1995	2011
汽车、摩托车维修及销售	54385.7	655616	52650.9	630664.5	1734.8	24951.6	41.1	196.7	0.0	0.0	41.1	196.7
其他机动车销售	6970.6	4030.2	6743.7	3802.9	226.9	227.3	0.5	1.9	0.0	0.4	0.4	1.5
零售批发业	1116.1	4968	1074.8	4169.1	41.3	798.9	4.0	11.2	0.1	1.0	3.9	10.2
住宿和餐饮业	289.3	220.8	280.6	213.6	8.7	7.2	0.4	1.6	0.0	0.5	0.3	1.1
内陆运输业	995.4	1524.4	963.2	1374.5	32.2	149.9	0.8	4.9	0.1	0.8	0.7	4.2
水上运输业	874.4	9079.9	844.0	8666.6	30.5	413.3	0.1	0.8	0.0	0.3	0.1	0.4
空运业	92.2	63.5	89.4	56.1	2.8	7.4	0.4	1.0	0.0	0.2	0.4	0.8
其他运输业	120.4	902.6	116.2	834.9	4.2	67.8	0.5	3.0	0.0	0.3	0.5	2.7
邮政业	1206.2	510.2	1165.8	467.8	40.4	42.4	4.7	47.9	0.2	11.6	4.6	36.3
金融、保险业	2418.4	6664.1	2331.8	6190.1	86.6	474.0	1.6	11.2	0.1	2.2	1.5	9.0
房地行业	3042582	1883202	2939091	1712494	1034908	170708	125.8	40491.8	5.5	6293.3	120.4	34198.5
租赁业	2253.0	2918.6	2178.9	2640.0	74.0	278.6	2.7	11.8	0.0	1.1	2.7	10.8
行政管理业	334.0	11753.3	324.7	7733.7	9.3	4019.6	4.2	22.9	0.0	0.3	4.2	22.6
教育事业	16507.9	8077.8	16079.8	6836.8	428.1	1241.0	26.2	84.1	1.5	16.9	24.7	67.2
医疗卫生业	2153.7	4490.5	2081.5	4226.7	72.3	263.8	4.4	12.3	0.1	4.4	4.2	7.9
个人服务业	369.9	3385.9	358.5	3208.4	11.4	177.5	0.3	14.5	0.0	1.9	0.3	12.6
家政服务业	0.0	0.0	0.0	0.0	0.0	0.0	0.0	0.0	0.0	0.0	0.0	0.0
合计	85.5	75.4	82.8	69.2	2.8	6.2	0.3	2.7	0.0	0.4	0.3	2.3

第一，从国内成分来看，首先，部分产业出口中的国内价值增值所占比出现了明显上升，反映出日本在这些产业的对中国出口中获利能力上升。主要集中在农林牧渔业，采矿业，木材和家具制造业，造纸印刷业，销售、维修机动车和摩托车业，零售业，其他运输业，金融保险业，行政管理业等，这一点与中国对日本出口产业类似，意味着两国从上述产业双边贸易中的获利能力同时增强，双边贸易利益在两国之间的分配格局呈现较强的互补关系。这在一定程度说明中日之间贸易具有互补性，日本在第一，第三产业的获利能力较强。

其次，服务业出口的国内价值增值所占比出现了显著上升，一方面是因为中日服务贸易被传统统计方法严重低估，所以这些服务业的增加值出口比重比传统海关统计比重较大，另一方面是日本的服务业较发达，具有比较优势，这些服务行业主要集中建筑业，房地产业，汽车、摩托车维修及销售业等。

最后，机械制造业，电子及光学制造，运输设备业，其他制造业，这些资本和技术密集型的高精尖行业国内价值增值占比都出现不同幅度的小幅下滑，这主要是因为日本对中国的贸易结构转型，逐渐向服务贸易倾斜。日本价值增值的产业主要集中在其他运输业，金融保险业，行政管理业等，另一方面也与这些产业国际分工程度较高，更新换代速度快，日本在这些产业的价值增值在下降，即获利能力下降。

第二，从“回流”来看，几乎所有产业的回流成分都在上升，同时回流成分较大的一般都是国内成分上升比较大的产业。一方面说明日中贸易往来非常密切，贸易具有互补性，制造业和资源型产业的回流明显，说明日本在两国贸易中处于价值链分工的上游，具有贸易优势；但服务行业的回流明显，体现了中国对日贸易在优化。

第三，从“境外成分”来看，首先几乎所有产业的中国成分的价值增值占比都在上升，说明中国的贸易综合实力及获利能力都在提升，其中中国成分占比比较大的产业主要集中在农林牧渔业和建筑业，房地产业等。其次，“其他”国家在日中两国贸易中的价值增值占比在所有产业都出现了不同程度的上升，这一现象不难理解，符合目前经济全球化的现状。这一部分数据的占比越大，上升速度越快，说明日中贸易的利益越来越多地被其他国家分摊，且分摊的速度也越来越加快。

日本对中国出口中的大部分产业的国内增值比例都出现了下降，国外增值比例则相应提高。这一点与中国对日本出口大体类似。国内价值增值比例在农林牧渔业，采矿业，木材和家具制造业，造纸印刷业等产业的双边贸易中同时提高，意味着两国从上述产业双边贸易中的获利能力同时增强，双边贸易利益在两国之间的分配格局呈现较强的互补关系。而在电子和光学制造业贸易上，中国出口国内增值比例显著下降与日本出口国内增值比例小幅度下降相伴随。不同于中国国内价值增值占比下降，日本是对中国贸易结构转型，日本价值增值的产业主要集中在其他运输业，金融保险业，行政管理业等服务业。

通过上述分析，可以得出，第一，中日两国在中日贸易的国内成分的价值增值占比都出现不同程度的下降，两国从双边贸易中的获利能力都下降，第二，中日之间“回流”成分上升，贸易往来更加密切；第三，中日贸易中境外成分比例上升，表明两国之间的贸易利益越来越多被其他国家侵蚀；第四，中日贸易结构都在优化，中日贸易中的价值增值分配在不同产业，中国集中在资源型，日本集中在技术密集型，但中日之间服务贸易发展迅速，朝着双方互利共赢的方向发展。

五、结论与建议

通过增加值核算模型中的价值增值分解的多国模型，对中日双边之间的贸易利益分配进行重新分配，研究结果如下：

第一，两种核算方法表明在1995－2011年中日双边贸易保持快速增长势头；传统海关贸易核算方法高估中日进出口贸易额，低估中对日贸易的顺差。传统海关贸易低估中日农林牧渔业及服务业，不同程度地高估了中日制造业的进出口额，尤其是电子及光学制造业，机械制造业等较显著。中国出口贡献率较大的产业主要是资源型行业，但贸易结构在不断优化，日本对中国的电子及光学制造业，机械制造业，金属制造业等产业的贸易顺差较大。

第二，中日两国从双边贸易中获得的国内价值成分占比在逐渐下降，两国从双边贸易中的获利能力都下降；但回流部分占比上升，说明两国之间贸易更加密切，价值分工更加明确，“你中有我，我中有你”贸易格局在加强；中日贸易中境外成分比例上升，表明两国之间的贸易利益越来越多被其他国家所分摊。

第三，中日贸易结构都在优化，中日贸易中价值增值分配在不同产业，中国集中在资源型和劳动密集型；日本集中在资本和技术密集型，但中日之间服务贸易发展迅速，朝着双方互利共赢的方向发展。

以上结论的政策含义在于：

第一，中国应加强与日本之间的合作，互利共赢。在增加值贸易核算方法的调整下，中日贸易对总体来看对中国有利，中日贸易结构在优化，但中国优化更显著，中国从两国贸易中的贸易顺差更大。

第二，优化产业结构，以获取更多的实际贸易利益。中国对日本的价值增值比例的提升主要集中在农林牧渔业，采矿业，木材加工和家具业，造纸印刷业，电力、煤气、自来水供应业，食品、饮料和烟草业，纺织业；皮革和鞋类业等产业，中国对日本服务行业出口中的国内价值增值所占比也出现了显著上升，比如金融保险业，行政管理业，教育事业，医疗卫生业，个人服务业等，通过产业结构及贸易结构的优化，使得中国在中日贸易中的获利更大。

参考文献

[1] 周东明，吕侠．汇率波动下出口与经济增长关系研究—基于中日贸易的经验分析[J]．当代经济研究，2012，(9)：75－80.

[2] 王久乐．中日贸易互补性研究[J]．经济研究导刊，2014，(14)：222－223.

[3] 石柱鲜，李玉梅，黄红梅．产业结构变化对中日韩经济周期协动性的影响[J]．现代日本经济，2010，(4)：42－47.

[4] 苏国辉，李彬．中日贸易关系20年回顾与展望[J]．日本研究，2010，(3)：13－18.

[5] 刘丽娟，胡杨．中日贸易相互依存度的实证分析[J]．经济视角，2014，(3)：72－75.

[6] 陈继勇，王保双．新世纪以来中日贸易收支失衡问题研究日[J]．湖北社会科学，2013，(6)：86－89.

[7] 罗成，车维汉．略论中日两国贸易非对称性相互依赖的转换日[J]．日本学刊，2013，(5)：79－95

[8] JohnsonR C. Five Facts about Value－Added Exports and Trade Research[J]. The Journal of Ec-

nnnmicPerspectives,2014,28(2), 119－142.

[9] Maurcr A,Dcgain C. Globalization and trade flows: What you see is not what you get! [J]. Journal of International Commerce, Economics and Policy,2012,3(3):1－27

[10] Srholec M. High－tech exports from developing countries: A symptom of technology spurts or illusion? [J]Review of World Economics,2007,113(2):227－255.

[11] 张玮,张文婷. 中美、中日、中欧贸易差额研究—基于所有权视角[J]. 管理世界,2013,(11):171－175.

[12] 康振宇,徐鹏. 全球价值链时代的中日贸易分析—基于增加值的视角[J]国际贸易问题,2015,(4):75－84

[13] 蒋庚华,林丽敏. 中日双边贸易分解—基于世界投入产出数据库的研究[J]. 现代日本经济, 2014,(3):52－62

[14] 郑国姣,杨来科. 增加值贸易视角下的中日服务贸易再考察[J]. 经济问题探索, 2015,(8):99－105.

[15] 黎峰. 全球价值链分工下的双边贸易收益核算:以中日贸易为例[J]. 现代日本经济, 2015,(4):30－41.

作者简介

金继红,东华大学旭日工商管理学院副教授,博士,研究方向为区域经济与投入产出分析,贸易与环境问题等。

李明慧,东华大学旭日工商管理学院国际贸易硕士研究生。

可比价投入产出表的编制实践探讨
——以福建历次投入产出表为例

郑珍远

摘要：至今为止，我国共编制了1987年、1992年、1997年、2002年、2007年、2012年六张现价投入产出表，它们的部门分类依据分别是国民经济行业分类标准GB/T 4754—1984、GB/T 4754—1994、GB/T 4754—2002和GB/T 4754—2011。显然，已经编制的各年度的投入产出表的部门分类口径是不一致的；加上由于价格的变化，不同年份的投入产出表之间也缺乏数据可比性，无法进行动态投入产出分析。因此，编制部门分类口径一致的剔除价格变动的同度量的可比价投入产出表就显得十分必要了。

本文以福建省1987年、1992年、1997年、2002年、2007年、2012年六张现价投入产出表为数据来源，根据国民经济行业分类标准，对投入产出表的部门分类进行重新归类；利用统计年鉴提供的资料，构建价格换算指数将六张不同分类标准、不同部门个数、不同部门分类的现价投入产出表调整成部门分类口径一致的六张福建省1987—2012年36×36部门的可比价投入产出表，试图为其他地区编制可比价投入产出表提供借鉴作用。

关键词：部门分类调整　价格换算指数　可比价投入产出表　编表实践

一、我国可比价投入产出表编制研究概述

在应用投入产出表进行不同时期的经济对比分析时，一个重要的前提是需要编制可比价投入产出表。但从当前编制投入产出表的社会实践看，投入产出表实际上都是按当年生产者价格进行编制。由于价格的波动，不同年份当年价的投入产出表可比性较差。如在中国经济改革不断推进过程中，价格波动幅度较大。因此，在现价投入产出表之间进行经济结构分析，其局限性是明显的。与现价投入产出表相比，可比价投入产出表能够真实地反映经济增长与结构变动情况，而且通过与现价表的结合，可将经济增长与结构的价值量变动分解成价格变动与数量变动以及二者的结构变化上去，从而真正从结构上揭示国民经济各总量指标内部关系，全面科学地反映国民经济各部门之间相互依存、相互制约的经济技术联系。可见，可比价投入产出表在投入产出分析中的作用是不容忽视的，可比

价投入产出表的编制应当成为投入产出工作中一项重要的工作内容。

李国璋(1995)在其论著《软投入及产出数量分析》一文中首次提出了增量投入产出表的编制。他认为编制增量投入产出表最大难度在于如何把两份投入产出表中的价值量换算为可比价格。而如何把投入产出表中的价值量换算为可比价要经历以下步骤:首先是第一、二象限数据的换算,确定每个部门产值的换算系数,每一行的中间产品、最终产品和总产品乘以同一个系数。其次是固定资产折旧、劳动报酬数据的换算系数。最后是纯收入数据换算系数。可用该部门总投入量分别减去中间投入、折旧和劳动报酬得到按可比价计算的纯收入数据、进而可计算得各部门纯收入换算系数。

我国最早编制的可比价投入产出序列表是在 20 世纪 90 年代末。1998 年,香港中文大学亚太研究所中国改革与发展研究计划与国家统计局国民经济核算司共同合作,对中国 20 世纪 80 年代以来已经编制的六张投入产出表进行合并整理,研制出了以 1990 年价格为基准的六张 18×18 部门的和四张 30×30 可比价投入产出序列表,为宏观经济管理和调控,为广大经济工作者进行经济研究提供了可贵的研究资料。但从研究方法上看,可比价投入产出表第三象限的数据,是通过各部门的可比价产值与各部门可比价的中间投入合计之差来确定的,从而只能将固定资产折旧、劳动者报酬与利税合在一起以"增加值"出现,无法分解出增加值的各个细分项目。

众多国内外专家学者对可比价投入产出表的编制进行了研究。张伟、潘文卿(2003)在《一个可比价投入产出表编制中价格指数求解的理论模型》一文中通过对投入产出表横向平衡关系与纵向平衡关系的分析,指出编制可比价投入产出表主要是寻找以基期当年价为基准的一组价格指数,包括各产业部门产品的价格指数、劳动者报酬价格指数和利税价格指数,使得经过价格换算后的投入产出表仍保持原有的平衡关系,并由此提出了一个简单的编制可比价投入产出表中价格指数求解的理论模型。宋辉(2004)在其博士论文《基于投入产出技术的产业结构与部门发展模型研究》以及后来所著的《产业结构与部门发展模型研究》一书中,对可比价投入产出表的编制进行了研究。认为可比价投入产出模型一般是通过计算各个产业部门的价格指数,然后将报告期现价的投入产出模型转换成基期价格的投入产出模型。利用现有的投入产出资料编制可比价投入产出序列表有三个步骤:一是如何确定序列表的表式和结构;二是如何将不同年度的投入产出表转为同口径(即部门分类,统计口径、统计范围基本一致)的投入产出表,编制现价投入产出序列表;三是如何将不同年度的同口径的现价投入产出表转为可比价的投入产出表,即利用价格指数将各年现价投入产出表转换为基准年可比价投入产出表。潘省初(2004)等人在《基于 2002"国民经济行业分类"国家标准的投入产出序列表的研制》一书中对我国 1987 年、1992 年和 1997 年三张投入产出表调整转换成基于国标 2002 年版的部门口径一致的各年度的投入产出序列表。潘教授等人经过两个步骤编制投入产出序列表:第一步是利用矩阵算法将上述三张投入产出基本表调整转换成基于国标 2002 年版的部门分类口径的 92×92 部门的基准年份投入产出序列表。第二步是在基准年份投入产出序列表基础上,利用"整行系数调整法"来调整 A 矩阵系数,从而得到其他年份投入产出序列表。李会敏(2005)在《农产品价格波动于通货膨胀关系的实证研究》一文中把不变价国民生产总值核算的方法应用到不变价投入产出表的编制中,采用单缩法编制了 1997 年和 2000 年 35 部门及 18 部门 1990 年不变价投入产出表。刘起运(2007)主持的 2006 年国家社科基金重大项目《我国经济结构战略性调整与增长方式转变》，该项目由国家统计局国民经济核算司与中国人民大学合作，历史一年完成了1992年、1997年、2002年和2005年四个年份的中国可比价投入产出序列表的编制工作并开展了相关内容的应用研究。研究成果——《中国1992—2005年可比价投入产出序列表及分析》由刘起运和彭志龙共同主编，2010年3月由中国统计出版社出版。武玉洁(2008)在编制了1997年16部门可比价投入产出表的基础上，编制了1997－2002年16部门增量投入产出表，并应用增量投入产出模型对中国1997－2002年间的软投入贡献进行了实证分析，同时对此期间中国经济增长方式进行了评价。李晓琴、樊茂清、任若恩(2010)基于中国现有数张投入产出基本表和延长表，对不同的口径和编制方法进行了调整，构建了中国1981年至2005年可比价投入产出序列表。他们利用1981年至2005年投入产出可比序列表中提供的双缩法增加值的数据作为对行业层面产出的观察，同时使用产业部门价格指数应用于第二种估计方法——多变量不可观测成分模型中来得到潜在产出估计结果。刘新建(2011)在理论上讨论不变价格投入产出表的编制问题，提出不变价格投入产出分析的基本理论模型；然后，以基本理论模型为基础，分析不变价格投入产出表中主要经济指标和经济结构的意义变化；最后给出强制行向单一价格缩减的不变价格投入产出表的性质，等等。

二、可比价投入产出表的编制原则

为了编制福建省历次可比价投入产出表，必须将所研究的1987年、1992年、1997年、2002年、2007年和2012年六张投入产出基本表调整转换成部门分类口径一致的投入产出表，即基准年份的投入产出序列表。为了增强基准年份序列表的使用价值，部门分类口径调整必须遵循一定的原则：(1)与时俱进原则。依据部门分类最为详尽的2012年度福建省投入产出表中的部门分类为基准以保证可比价投入产出序列表的部门分类尽可能详尽。(2)分类标准一致原则。可比价投入产出序列表的部门分类口径都统一到最新版本的国民经济行业分类标准，即国标2011版，以保证可比价序列表的前瞻性。(3)因地制宜原则。由于我们研究的对象是福建省域内部的产业部门的发展状况，因此，部门分类必须结合福建省的省情，保留福建产出份额比较大的产业部门而对产出份额比较小的产业部门进行合并。(4)可比性原则。考虑到研究价值，本文参考了《中国1992－2005年可比价格投入产出序列表及分析》中的部门分类以及理论界上常用的部门分类，和《2010年全国投入产出延长表编制方法》中各产品部门价格指数的构建方法，以增强研究的使用价值。本文将福建省六张不同分类标准、不同部门个数、不同部门分类的投入产出基本表都调整成部门分类口径一致的福建省36×36部门的可比价投入产出表。

三、可比价投入产出表的编制步骤

可比价投入产出表的编制，一般是首先通过计算各产业部门的价格换算指数，然后将各个年份的现价投入产出表转换为基准年份的投入产出表。编制可比价投入产出表主要包括以下几个步骤：

第一，确定序列表表式、结构、部门分类。可比价投入产出序列表表式、结构和与现价表表式、结构基本相同。鉴于我国编制的 1987 年、1992 年、1997 年、2002 年、2007 年、2012 年六张现价投入产出表的部门分类依据分别是国民经济行业分类标准 GB/T 4754—1984、GB/T 4754－1994、GB/T 4754－2002 和 GB/T 4754－2011。因此,必须对六张现价投入产出表的部门分类进行调整,使部门分类口径前后一致。根据福建省省情,我们编制了 36×36 部门的六张投入产出表。

第二,价格指数的处理方法。由于价格的变化,不同年份的投入产出表之间缺乏数据可比性,无法进行动态投入产出分析。因此,编制剔除价格变动的可比价投入产出表就显得十分必要了。在实践中,通常是利用价格指数缩减按当期价格计算的现价价值来得到可比价的价值。缩减法又分为双缩法和单缩法,由于价格指数难以获取以及数据资料的限制等原因,大部分采用单缩法作为编制可比价投入产出表的主要方法。即假设中间投入和总产出的价格变动基本保持相同幅度。由此可见,在各部门分类口径一致的前提下,可比价投入产出表的编制关键就是寻找以基期当年价为基准的各部门的价格换算指数。

第三,价格换算指数的构建。构建价格换算指数首要问题必须确定对比的时期即基准年份,通常有两种:一种是将离现在比较近的不同度量的现在各年投入产出表数据通过价格换算指数都转换成以前某一固定期为同度量的各年投入产出表数据,此时的以前某一固定期即为基准年份;另一种是将离现在比较远的不同度量的以前各年投入产出表数据通过价格换算指数都转换成以现在某一固定期为同度量的各年投入产出表数据,此时的现在某一固定期即为基准年份。本文选择离现在比较近的 2012 年作为基准年份,也即 1987 年、1992 年、1997 年、2002 年、2007 年五个年份的投入产出表数据都要通过价格换算指数逐步换算到均以 2012 年为基准年份的可比价投入产出表。由于目前我国各个产业部门的价格指数不完善,特别是省域产业部门的价格指数更是如此。因此,只能用连续五年的各个产业部门的环比价格指数连乘来获得定基价格指数即价格换算指数。

第四,可比价投入产出表的编制。构建好价格换算指数之后,就可以利用价格换算指数将以前各年不同度量的现价投入产出表转换为现在基准年份同度量的可比价投入产出表。即将以前各个年份的现价投入产出表的第一、第二象限分别乘以各个产业部门的价格换算指数,得到可比价投入产出表的各产业部门的中间使用、最终使用和总产出的数据。可比价投入产出表第三象限的数据可以通过各产业部门的可比价总产出与各产业部门的可比价中间投入合计之差来确定的,再利用劳动者报酬价格换算指数及固定资产折旧价格换算指数进行调整,得到可比价的劳动者报酬和固定资产折旧。对于社会纯收入可以用倒减方法获得。

第五,调整可比价投入产出表的平衡。

四、可比价投入产出表编制的关键——价格换算指数的构建

(一)剔除不变价格变动影响的方法介绍

众所周知,我国从 1987 年起每隔五年编制一次基于当年生产者价格的投入产出表。因此,利用不同年份的投入产出表进行动态比较分析时,必须剔除价格的变动影响。根据统计学原理,剔除不变价格变动影响的方法有两种:一是换算系数修正法。它是利用前后

期不变价格更替年份（宣布改用新不变价格的年份）的价格指数（将更替年份同时用两种不变价格计算的总产值进行对比得到的结果）也称换算系数，对总产值进行修订。用符号表示换算系数为（设交替年份为 1981 年）：$P_{1980}^{1981}\Big/P_{1970}^{1981}=P_{1970}^{1980}$。有了这个换算系数，我们可以由早期年份（1981 年以前的各个年份）按不变价格计算的总产值乘以换算系数推算出按晚期不变价格计算的总产值。这样早晚期的价格就成为同度量了。如要进行 1985 年总产值 P_{1980}^{1985} 与 1979 年总产值 P_{1970}^{1979} 对比，要将 1979 年按 1970 年不变价格计算的总产值 P_{1970}^{1979} 乘以换算指数 P_{1970}^{1980} 换算成 1979 年按 1980 年不变价格计算的总产值 P_{1980}^{1979}，即 $P_{1970}^{1979}\times P_{1980}^{1981}\Big/P_{1970}^{1981}=P_{1970}^{1979}\times P_{1970}^{1980}=P_{1980}^{1979}$，据此就可以进行两个年份 1985 年与 1979 年的总产值的同度量（均以 1980 年不变价格）对比，$P_{1980}^{1985}\Big/P_{1980}^{1979}=P_{1979}^{1985}$。二是环比指数连乘法。将报告期、基期以两种不变价格计算的总产值，分别与更替年份两种不变价格计算的总产值对比求得的两个环比指数相乘后即可得到所要的计算结果（定基指数）。同样地要进行 1985 年总产值 P_{1980}^{1985} 与 1979 年总产值 P_{1970}^{1979} 对比可用以下公式表示：$P_{1980}^{1985}\Big/P_{1980}^{1981}\times P_{1970}^{1981}\Big/P_{1970}^{1979}=P_{1981}^{1985}\times P_{1979}^{1981}=P_{1979}^{1985}$。本文可比价投入产出表所需的价格换算指数也按这两种方法进行。

（二）农业部门价格换算指数的确定

参考《2010 年全国投入产出延长表编制方法》中各产品部门价格指数的构建方法，本文中农业、林业、渔业、为基准年份的农业部门的价格换算指数业价格指数；“竹木材类价格指数”作为林业价格指数；“禽畜产品类价格指数”作为畜牧业价格指数；“水产品类价格指数”作为渔业价格指数。

农业部门的价格换算指数（以环比指数连乘等于定基指数为例）构建步骤如下：

第一，计算 2007 年以 2012 年为基准年份的农业部门的价格换算指数 P_{2007}^{2012}：

$$P_{2007}^{2012}=P_{2007}^{2008}\times P_{2008}^{2009}\times P_{2009}^{2010}\times P_{2010}^{2011}\times P_{2011}^{2012}$$

第二，计算 2002 年以 2012 年为基准年份的农业部门的价格换算指数 P_{2002}^{2012}：

$$P_{2002}^{2007}=P_{2002}^{2003}\times P_{2003}^{2004}\times P_{2004}^{2005}\times P_{2005}^{2006}\times P_{2006}^{2007}$$

$$P_{2002}^{2012}=P_{2002}^{2007}\times P_{2007}^{2012}$$

第三，计算 1997 年以 2012 年为基准年份的农业部门的价格换算指数 P_{1997}^{2012}：

$$P_{1997}^{2002}=P_{1997}^{1998}\times P_{1998}^{1999}\times P_{1999}^{2000}\times P_{2000}^{2001}\times P_{2001}^{2002}$$

$$P_{1997}^{2002}=P_{1997}^{2002}\times P_{2002}^{2007}\times P_{2007}^{2012}=P_{1997}^{2002}\times P_{2002}^{2012}$$

第四，计算 1992 年以 2012 年为基准年份的农业部门的价格换算指数 P_{1992}^{2012}：

$$P_{1992}^{1997}=P_{1992}^{1993}\times P_{1993}^{1994}\times P_{1994}^{1995}\times P_{1995}^{1996}\times P_{1996}^{1997}$$

$$P_{1992}^{2012}=P_{1992}^{1997}\times P_{1997}^{2002}\times P_{2002}^{2007}\times P_{2007}^{2012}=P_{1992}^{1997}\times P_{1997}^{2012}$$

第五，计算 1987 年以 2012 年为基准年份的农业部门的价格换算指数 P_{1987}^{2012}：

$$P_{1987}^{1992}=P_{1987}^{1988}\times P_{1988}^{1989}\times P_{1989}^{1990}\times P_{1990}^{1991}\times P_{1991}^{1992}$$

$$P_{1987}^{2012}=P_{1987}^{1992}\times P_{1992}^{1997}\times P_{1997}^{2002}\times P_{2002}^{2007}\times P_{2007}^{2012}=P_{1987}^{1992}\times P_{1992}^{2012}$$

鉴于省域某些年份的农产品生产价格指数（以上年价格为 100 的环比指数）数据缺失，我们也可以用这些年份相邻两个时期（相隔五年编表周期）的定基指数（以 1978 年为

100 的定基指数）对比来求得相应年份的价格换算指数。$P_{2007}^{2012}=P_{1978}^{2012}\Big/P_{1978}^{2007}$；$P_{2002}^{2007}=P_{1978}^{2007}\Big/P_{1978}^{2002}$；$P_{1997}^{2002}=P_{1978}^{2002}\Big/P_{1978}^{1997}$；$P_{1992}^{1997}=P_{1978}^{1997}\Big/P_{1978}^{1992}$；$P_{1987}^{1992}=P_{1978}^{1992}\Big/P_{1978}^{1987}$。

据此，我们可以进一步计算 1987 年、1992 年、1997 年、2002 年、2007 年各个年份的以 2012 年为基准年份的农业部门的价格换算指数 P_{1987}^{2012}、P_{1992}^{2012}、P_{1997}^{2012}、P_{2002}^{2012}、P_{2007}^{2012}。

（三）工业部门价格换算指数的确定

工业部门价格换算指数是采用《福建统计年鉴》中分行业工业生产者出厂价格指数。在现行统计实践中，工业品出厂价格指数是按工业行业各产品所属的小类汇总工业行业中类再进一步汇总为工业行业大类的价格指数。这与投入产出产品部门的分类原则是一致的。只要将工业行业与投入产出产品部门进行对照，即可直接使用这些价格指数。在若干个工业大类对应一个投入产出产品部门的情况下，需对各类价格指数进行加权平均。由于工业各行业产值存在较大差异，因此可按工业总产值所占比重作为权数来进行加权平均。

以采掘业为例，说明 2007 年采掘业以 2012 年为基准年份计算的采掘业价格换算指数的计算：首先查阅福建统计年鉴获取 2008 年至 2012 年度的采掘业各个细分行业的以上年价格为 100 的价格指数 p_{2007}^{2008}、p_{2008}^{2009}、p_{2009}^{2010}、p_{2010}^{2011}、p_{2011}^{2012} 和采掘业各个细分行业的工业总产值；其次计算采掘业各个细分行业的工业总产值的比重 w_{2007}、w_{2008}、w_{2009}、w_{2010}、w_{2011}；再次用各个年份的采掘业各个细分行业的以上年价格为 100 的价格指数与相应年份的采掘业各个细分行业的工业总产值的比重相乘后相加得到各个年份采掘业以上年价格为 100 的价格指数 $P_{2007}^{2008}=\sum \mathrm{p}_{2007}^{2008}\times w_{2007}$、$P_{2008}^{2009}=\sum \mathrm{p}_{2008}^{2009}\times w_{2008}$、$P_{2009}^{2010}=\sum \mathrm{p}_{2009}^{2010}\times w_{2009}$、$P_{2010}^{2011}=\sum \mathrm{p}_{2010}^{2011}\times w_{2010}$、$P_{2011}^{2012}=\sum \mathrm{p}_{2011}^{2012}\times w_{2011}$；最后将五个年度的采掘业的以上年价格为 100 的价格指数连乘获得 2007 年采掘业以 2012 年为基准年份计算的采掘业价格换算指数 $P_{2007}^{2012}=P_{2007}^{2008}\times P_{2008}^{2009}\times P_{2009}^{2010}\times P_{2010}^{2011}\times P_{2011}^{2012}$。同样地，我们可以计算 1997 年、2002 年、2007 年工业内部其他各行业以 2012 年为基准年份计算的工业内部各行业价格换算指数。

由于 1992 年及其之前各个年份没有核算分行业工业品出厂价格指数，因此，我们采用历年福建省投入产出表中的“各工业行业的增加值指数”替代工业行业分工业品出厂价格指数作为工业部门价格换算指数。

首先，根据 1987 年、1992 年和 1997 年福建省投入产出表的工业内部各行业的增加值数据，用 1997 年的增加值除以 1992 年的增加值可以得到 1992 年以 1997 年为 100 计算的增加值指数 P_{1992}^{1997}，以 1992 年的增加值除以 1987 年的增加值可以得到 1987 年以 1992 年为 100 计算的增加值指数 P_{1987}^{1992}，1987 年和 1992 年工业内部其他各行业的增加值指数的计算以此类推。

其次，根据上述结果计算 1987 年工业内部各行业的以 2012 年为基准年份计算的价格换算指数 $P_{1987}^{2012}=P_{1987}^{1992}\times P_{1992}^{1997}\times P_{1997}^{2002}\times P_{2002}^{2007}\times P_{2007}^{2012}$；1992 年工业内部各行业的以 2012 年为基准年份计算的价格换算指数 $P_{1992}^{2012}=P_{1992}^{1997}\times P_{1997}^{2002}\times P_{2002}^{2007}\times P_{2007}^{2012}$。

最后，将 1987 年、1992 年以 2012 年为基年计算的工业内部各行业价格换算指数以相应的行业总产值占工业总产值的比重为权数进行加权，得到修正后的以2012年为基准年份计算的工业内部各行业价格换算指数。仍以采掘业为例进行说明。用1992年采掘业价格换算指数乘以1992年采掘业总产值的积去除2012年采掘业总产值得到修正后的1992年以2012年为基准年份计算的采掘业价格换算指数$PP_{1992}^{2012}=X_{2012}\Big/X_{1992}\times P_{1992}^{2012}$；用1987年采掘业价格换算指数乘以1987年采掘业总产值的积去除2012年采掘业总产值得到修正后的1987年以2012年为基准年份计算的采掘业价格换算指数$PP_{1987}^{2012}=X_{2012}\Big/X_{1987}\times P_{1987}^{2012}$。同样地可以计算工业内部其他各行业修正后的以2012年为基准年份计算的工业内部其他各行业价格换算指数。

（四）建筑业价格换算指数的确定

投入产出部门分类中的建筑业对应于国民经济行业分类中的房屋和土木建筑业、建筑安装业、建筑装饰业、其他建筑业四个小类，因此，建筑业的价格换算指数可以利用固定资产投资价格指数中的建筑安装工程价格指数作为建筑业价格换算指数，数据来源于历年福建省统计年鉴。

首先根据每个时期五年的环比指数连乘计算各个调查年度的以上一个五年为100计算的建筑业价格指数$P_{1987}^{1992}, P_{1992}^{1997}, P_{1997}^{2002}, P_{2002}^{2007}, P_{2007}^{2012}$。然后计算各个调查年度的以2012年为基准年份的建筑业价格换算指数$P_{1987}^{2012}, P_{1992}^{2012}, P_{1997}^{2012}, P_{2002}^{2012}, P_{2007}^{2012}$。建筑业价格换算指数的计算方法与农业部门价格换算指数的计算方法相类似。

（五）第三产业部门价格换算指数的确定

我国目前并没有编制专门的第三产业各行业的价格指数，所以只能采用指数替代法，主要参考《2010年全国投入产出延长表编制方法》中各产品部门价格指数的构建方法。但由于某些部门的价格指数难以获取，本文采用其他指数进行替代，如住宿业采用的是居民消费价格指数、居民服务和其他服务业和卫生、社会保障和社会福利采用的是医疗保健和个人用品价格指数、卫生、社会保障和社会福利采用的是医疗保健和个人用品价格指数、交通运输、仓储及邮政业、金融业和房地产业采用的是增加值指数等。按照农业部门价格换算指数的计算方法，同样可以计算出1987年、1992年、1997年、2002年、2007年第三产业（除交通运输、仓储及邮政业、金融业和房地产业外）以2012年为基准年份计算的价格换算指数。

交通运输、仓储及邮政业、金融业和房地产业的价格换算指数有其特殊的处理办法，它们的换算以相应行业的增加值指数为基础，再通过相应行业的总产出比重进行调整得到价格换算指数。具体方法为：首先，根据福建省统计年鉴提供的交通运输、仓储及邮政业、金融业和房地产业的以1978年为100的各个调查年份的增加值指数计算这三个产业各个调查年份以上一个五年为基准年份的增加值指数：$P_{1987}^{1992}, P_{1992}^{1997}, P_{1997}^{2002}, P_{2002}^{2007}, P_{2007}^{2012}$；其次，将这三个产业部门以上一个五年为基准年份的增加值指数（环比指数）通过连乘转换为以2012年为基准年份的价格换算指数（如1987年以2012年为基准年份的价格换算指数$P_{1987}^{2012}=P_{1987}^{1992}\times P_{1992}^{1997}\times P_{1997}^{2002}\times P_{2002}^{2007}\times P_{2007}^{2012}$，其他年份的价格换算指数与此相似）；最后，将历次福建省投入产出表中所提供的交通运输、仓储及邮政业、金融业和房地产业的总产值占工业总产值的比重作为权数进行加权，得到修正后的以 2012 年为基准年份计算的交通运输、仓储及邮政业、金融业和房地产业价格换算指数。其计算公式分别为：$PP_{1987}^{2012}=X_{2012}\Big/X_{1987}\times P_{1987}^{2012}$，$PP_{1992}^{2012}=X_{2012}\Big/X_{1992}\times P_{1992}^{2012}$，$PP_{1997}^{2012}=X_{2012}\Big/X_{1997}\times P_{1997}^{2012}$，$PP_{2002}^{2012}=X_{2012}\Big/X_{2002}\times P_{2002}^{2012}$ 和 $PP_{2007}^{2012}=X_{2012}\Big/X_{2007}\times P_{2007}^{2012}$。

(六)劳动者报酬价格换算指数的确定

在投入产出表中，劳动报酬是以价值量，即货币单位来衡量的。由于“货币价格”的因素，报告期一定量的劳动者报酬与基期相同数额的劳动者报酬，其实际“功能”往往是不一样的。因此，与各产业部门产品可通过其价格指数而将报告期价格变换为基期价格一样，劳动者报酬这一行，也可以抽象地看作一个“部门”，它也存在一个“价格指数”，用来衡量报告期与基期相同货币量所具有的不同“功能”的大小，或者说可用来将以报告期货币单位衡量的劳动者报酬变换为以基期货币单位衡量的劳动者报酬。可将其称为“劳动者报酬价格换算指数”。在本文中，选取居民消费价格指数作为劳动者报酬价格换算指数。其确定方法与前类似。

(七)固定资产折旧价格换算指数的确定

生产性固定资产的实物形态主要包括建筑设施和机器设备两大类。由于各产业部门资本存量中的机器设备主要来自于机械制造部门，而且在各产业部门投资中建筑业占了较大的比重，一般占一半以上。因此，可以用机械制造业和建筑业的调价系数作为机器设备和建筑设施的价格换算指数，并以各产业部门内的机械设备和建筑设施在两类投资物存量所占比重为权数进行加权平均求得固定资产折旧换算系数。但是，在实际工作中取得这些统计数据比较困难，因此，必须用一个合理的指数来代替。由于固定资产投资价格总指数可以准确地反映固定资产投资中涉及的各类商品和收费项目的价格变动趋势和变动幅度，消除了按现价计算的固定资产投资指标中的价格变动因素。所以我们采用固定资产投资价格总指数来替代固定资产折旧价格换算系数。其确定方法与前类似。

由于中国的指数体系并不完备，所以对某些部门的指数采取了替代指数法，但根据实证分析的结果看，替代指数并不影响分析结果的科学性。

(八)福建省各个调查年份各个产业部门的以 2012 年为基准年份的价格换算指数的确定

根据上述步骤，我们可以汇总福建省各个调查年份 1987 年、1992 年、1997 年、2002 年、2007 年各产业部门以 2012 年为基准年份计算的价格换算指数，如下表所示：

表 1　福建省各个调查年份各个产业部门的价格换算指数表

编号	部门	1987	1992	1997	2002	2007
1	农业	4.0313	3.3476	1.2974	1.8319	1.4477
2	林业	3.6467	3.3645	2.2221	1.7643	1.4642
3	畜牧业	3.7949	3.1295	1.5219	1.9143	1.2347

续表

编号	部门	1987	1992	1997	2002	2007
4	渔业	5.0131	3.1767	1.6371	1.8003	1.4293
5	采掘业	2.8265	2.1941	3.2364	2.9290	1.3965
6	食品制造及烟草加工业	6.8754	6.3791	1.1712	1.2946	1.2040
7	纺织业	13.6442	14.4182	0.9564	1.1494	1.0314
8	服装鞋帽皮革羽绒及其制造业	13.0443	7.9583	0.9909	1.1068	1.0440
9	木材加工及家具制造业	10.2369	7.9824	0.9963	1.1461	1.0540
10	造纸印刷及文教体育用品制造业	8.4297	7.5177	0.9240	1.0320	1.0254
11	石油加工、炼焦及核燃料加工业	9.4368	0.2230	3.4640	3.0606	1.5680
12	化学工业	6.4829	6.0969	1.1062	1.3152	1.0750
13	非金属矿物制品业	14.6143	12.0438	0.9379	1.1725	1.0689
14	金属冶炼及压延工业	23.9953	21.6576	1.5328	1.8026	1.0774
15	金属制品业	7.1728	5.0257	0.9567	1.1746	1.0222
16	通用、专用设备制造业	10.6853	10.7726	0.9995	1.0782	1.0452
17	交通运输设备制造业	12.7646	9.9192	0.8804	0.9718	1.0262
18	电气、机械及器材制造业	10.8735	10.8356	0.9333	1.2369	1.0368
19	通信设备、计算机及其他电子设备制造业	44.5385	47.4421	0.2846	0.4433	0.6887
20	仪器仪表及文化办公用机械制造业	3.7902	2.7176	1.0017	1.0527	1.0110
21	其他制造业	2.5262	1.5796	0.9575	1.3039	1.1199
22	电力、热力、燃气、水生产和供应	4.2012	3.9889	1.3772	1.2769	1.1390
23	建筑业	2.8680	1.9566	1.5231	1.5040	1.2201
24	交通运输、仓储及邮政业	6.6227	2.3209	1.4384	1.2217	1.4625
25	信息传输、计算机服务和软件业	0.6458	0.7106	0.7937	0.8846	0.9602
26	批发和零售业	3.0083	1.8529	1.1095	1.2251	1.1415
27	餐饮业	7.2928	3.2082	1.5320	1.5664	1.3230
28	金融业	11.4337	3.0937	1.5202	0.9312	1.3984
29	房地产业	11.4449	2.0526	1.6656	1.6748	1.6893
30	租赁和商务服务业	3.8252	2.3367	1.3025	1.3147	1.1572
31	科学研究和综合技术服务业事业及公用事业	3.8252	2.3367	1.3025	1.3147	1.1572
32	居民服务和其他服务业	3.7464	2.4511	1.2755	1.1122	1.1401
33	教育	9.7018	6.0850	3.0672	1.0543	0.8537
34	卫生、社会保障和社会福利	3.7464	2.4511	1.2755	1.1122	1.1401
35	文化、体育和娱乐业	1.5766	1.3293	1.1443	1.1076	1.0665
36	公共管理和社会组织	3.8252	2.3367	1.3025	1.3147	1.1572
37	固定资产折旧	3.7783	2.3080	1.2865	1.2986	1.1430
38	劳动者报酬	3.8564	1.9947	1.2496	1.3024	1.1420

五、福建省各个调查年份的可比价投入产出表的编制

利用福建省各个调查年份 1987 年、1992 年、1997 年、2002 年、2007 年各个产业部门的价格换算指数以及六张经过调整之后的部门分类口径一致的福建省 36×36 部门 1987 年、1992 年、1997 年、2002 年、2007 年、2012 年现价投入产出表，按照上述可比价的编制步骤，将六张调查年份的现价投入产出表转换为以 2012 年为基准年份的可比价投入产出表，通过调整可比价投入产出表的平衡，最后得到六个调查年份的福建省 36×36 部门的可比价投入产出表。

参考文献

[1] 李国璋．软投入及产出数量分析[M]．甘肃科学技术出版，1995.
[2] 李强，薛天栋．中国经济发展部门分析兼新编可比价投入产出序列表[M]．中国统计出版社，1998.
[3] 张伟，潘文卿．一个可比价投入产出表编制中价格指数求解的理论模型[J]．甘肃社会科学，2003.
[4] 宋辉．基于投入产出技术的产业结构与部门发展模型研究[D]．天津大学博士学位论文，2004.
[5] 宋辉．产业结构与部门发展模型研究[M]．经济科学出版社，2004.
[6] 潘省初，冯媛，周凌瑶．基于 2002“国民经济行业分类”国家标准的投入产出序列表的研制，载于：2004 中国投入产出理论与实践[M]，中国统计出版社，2006.
[7] 李会敏．农产品价格波动于通货膨胀关系的实证研究[D]．东北财经大学硕士学位论文，2005.
[8] 刘起运，彭志龙．中国 1992—2005 年可比价投入产出序列表及分析[M]．中国统计出版社，2010.
[9] 武玉洁．增量投入产出表：方法与应用[D]．兰州大学硕士学位论文，2008.
[10] 李晓琴，樊茂清，任若恩．中国投入产出可比序列表构建及全行业潜在产出水平估计[J]．中国软科学，2010.
[11] 刘新建．不变价格投入产出表编制及应用中的若干理论问题[J]．统计与决策，2011.

作者简介

郑珍远，福州大学经济与管理学院统计系副教授，MAS 学位点负责人，硕士生导师。邮箱：fzdxzzy@163. com，联系电话：13509373389。

中美德经济结构比较[①]

刘新建

摘要:我国正在进行经济结构的重大调整,对调整方向的准确把握是非常重要的。本文以投入产出表口径数据为基础,比较了中美德1995年到2011年的产业结构和最终使用结构,为我国调整发展提出了方向。分析发现:我国需要特别促进机械设备租赁业的发展,需要进一步提高公共服务水平,尤其是卫生和社会工作服务业要加强;我国的房地产和金融业还有很大的发展空间,需要提高服务质量和层次水平。德国经验启示,制造业可以作为我国强国的基础产业。

关键词:经济结构　产业结构　经济比较　投入产出表

一、引言

在当今世界,中美两国是远大于其他国家的两个经济超级大国,在未来三十年内,恐怕情况还是如此。但是,从以人均GDP为代表的发展水平看,两国还有很大差距,所以,把这两个国家的经济结构进行比较在大家看来会有疑问。不过,我认为,比较还是有一定意义的。一个重要意义是,中国正在从中等收入国家向高收入国家迈进,处在经济转型的十字路口。做转型决策就得看准目标。在历史比较中,一个国家可以以比自己先进的国家为目标。马克思当年曾以英国和美国的情况警示自己的祖国德国(《资本论》第一版序言[②])。在经济结构上能够做中国的目标的必须是先进大国,在目前看美国堪当此任,其次是德国和日本。当然,以美国做目标是比较远期的目标,比如作为2050年的目标。如果考虑到美国近二十年来经济结构的变化并不很大(幅度大约是中国的一半),那么,作为我国2030年的目标也是有点谱的。

本文下面的讨论基于WIOD(World Input－Output Database)编制的中美德1995年和2011年投入产出表,其中的产业部门划分见表1。

① 本文受河北省高校人文社科重点研究基地科研项目资助。

② 马克思．资本论:第1版[M]. 北京:人民出版社,1975:11。

表 1　产业部门分类

代码	部门名称	代码	部门名称	代码	部门名称
01	农林牧渔业	12	机械制造业	23	其他运输支持与辅助活动、旅行社活动
02	采掘业	13	电气和光学设备制造业	24	邮政通信业
03	食品工业	14	通信设备制造业	25	金融业
04	纺织业	15	其他制造业	26	房地产业
05	皮革和鞋类加工业	16	电力、燃气、水的供应业	27	机械设备租赁及其他商务服务业
06	木材加工业	17	建筑业	28	公共管理
07	造纸、印刷和出版业	18	商业	29	教育
08	燃料工业	19	住宿和餐饮业	30	卫生及社会工作
09	化学工业	20	内陆运输业	31	其他服务业
10	其它非金属矿物制品业	21	水运输业		
11	金属制品业	22	航空运输业		

二、中美德产业结构差异

关于一个经济的产业结构可以用多种指标表示，其中用的最多的是各产业部门的增加值比例。增加值反映的是部门的产出规模大小，所有部门的增加值加起来就是一个国家的国内生产总值(GDP)。表 2 列出了 2011 年中美德基于增加值比例所得到的前 5 大部门。

首先看三国产业结构的共同点。三国在前五大部门中都包括商业和房地产业。中美商业和房地产业的排序相同，分别是第二位和第四位。德美房地产业的排位虽然有差别，但是占比接近。中国房地产业的占比与德美相比有较大差距，不到其二分之一。德美之间有四个部门相同，并且最共同的就是机械设备租赁及其他商务服务业，为其第一大部门，这可能反映了他们的发达经济特征。

表 2　中美德基于增加值结构的前五大部门

中国		美国		德国	
部门	比例(%)	部门	比例(%)	部门	比例(%)
农林牧渔业	10.11	机械设备租赁及其他商务服务业	13.89	机械设备租赁及其他商务服务业	13.50
商业	8.69	商业	12.99	房地产业	11.75
建筑业	6.79	公共管理	12.28	商业	9.98
房地产业	5.59	房地产业	10.29	卫生及社会工作	7.63
金属制品业	5.25	金融业	9.18	公共管理	5.76
合计	36.43	合计	58.63	合计	48.62

中美德三国产业结构相比，最显著的还是其差异性。中国的五大部门只有两个服务业部门，而德美的前五大产业部门都是服务业，并且经济的部门集中度也远大于中国。当然，也可以说，中国经济产业结构比较均衡。

在两个发达经济之间，重要的差异有四点。一是美国的商业比例大于德国 3 个百分点，二是美国的公共管理大于德国 6.5 个百分点，三是美国的金融业在前五大部门之列，大于德国 5.9 个百分点，四是德国的卫生及社会工作虽然进入前五位，但是占比与美国相同。在卫生及社会工作方面，中国远远落后于两个发达经济，比例只有 1.59%。

再从动态变化来考察。从 1995 年到 2011 年，中国的大多数部门是增大的，只有 12 个部门是下降的，而德美大多数部门是下降的，美国只有 10 个部门是增大的，德国有 12 个部门是增大的。表 3 是 1995 年到 2011 年中美德三大经济增加值比例提高最大的五个部门，表 4 是比例下降最大的前五大部门。可以看出，除了机械设备租赁及其他商务服务业，中国增大和下降最多的部门与德美完全不同，体现了中国作为一个发展中国家的特征，并表明中国经济的转型在进行中。最典型的是第一产业比例的大幅下降。

德美两国的产业结构变化方向既体现了它们作为发达国家的特征，也体现了经济危机影响的后果。德美除了机械设备租赁及其他商务服务业和卫生及社会工作部门共同提升以外，其它部门的变动差异都较大。美国金融业增大显著，虽然危机使得金融业损失很大，但是在经济总体中的比重依然是上升的，体现了美国的金融大国和强国地位。美国的采掘业有显著提升，正是美国页岩油产业迅速扩大的反映。德国的通信设备制造业增大显著，表明德国作为制造业强国的地位的巩固和加强。德国的机械工业增大量虽然没有进入前五位，但也达到 0.5 个百分点，相反，美国的机械制造业比重是下降的。美国的通信设备制造业下降幅度进入前五位。经历经济危机后，德国的建筑业受影响最大，但相关的房地产业反而是增强的，其比例提高 0.55 个百分点，而美国的建筑业和房地产业受影响程度相当，前者下降 0.55 个百分点，后者下降 0.7 个百分点。

表 3　中美德增加值比例提升最大的前五大部门

中国		美国		德国	
部门	比例变化（%）	部门	比例变化（%）	部门	比例变化（%）
房地产业	1.726	机械设备租赁及其他商务服务业	3.344	机械设备租赁及其他商务服务业	2.919
邮政通信业	1.705	金融业	1.914	卫生及社会工作	1.374
机械设备租赁及其他商务服务业	1.539	卫生及社会工作	1.197	通信设备制造业	0.801
电气和光学设备制造业	1.486	采掘业	0.831	其他运输支持与辅助活动、旅行社活动	0.788
公共管理	1.385	燃料工业	0.740	金属制品业	0.633
合计	7.841	合计	8.026	合计	6.515

表 4　中美德增加值比例下降最大的前五大部门

中国		美国		德国	
部门	比例变化（%）	部门	比例变化（%）	部门	比例变化（%）
农林牧渔业	−9.797	商业	−1.825	建筑业	−2.566
其它非金属矿物制品业	−1.532	通信设备制造业	−0.993	公共管理	−0.971
纺织业	−1.147	金属制品业	−0.751	商业	−0.910
内陆运输业	−0.732	房地产业	−0.706	邮政通信业	−0.761
食品工业	−0.642	造纸、印刷和出版业	−0.631	食品工业	−0.677
合计	−13.85	合计	−4.906	合计	−5.885

三、最终需求结构比较

在投入产出表中，最终需求又称为最终使用，由最终消费、资本形成（投资）、出口三大项目组成，也就是俗称的拉动经济增长的三驾马车。最终消费的产品结构反映了一个国家民众的生活水平。

2011 年，中美德三国最终产品的最终消费、资本形成、出口比例结构分别是 39：38：24，76：13：11，52：11：37[①]。从这种结构看，中国是投资拉动型经济，美国是消费型国家，德国是最依赖出口的国家。实际上，国家或区域越小，对贸易的依赖会越大；发展中国家必然是投资驱动型国家。只有较高的投资率即较高的储蓄率才能有较高的增长速度。1995 年时，中美德的三驾马车最终使用结构是 48：32：20，75：15：10，62：17：21。从变化看，这期间，中国增长的投资依赖在增大，美国的结构基本不变，德国的出口依赖在增大，德美的投资率都在减小。实际上，这期间，中国经济增长速度保持了平均 10%的高速增长，德美的经济在减速，并出现最严重的经济危机。16 年间，德国经济一直波动起伏，年均增速 1.4%；美国经济在经历了九十年代的中速平稳增长以后，自 2001 年到 2011 年经历了一个波谷到波谷的周期，最高增速 3.8%，最低是−2.8%，年均 1.6%。

再看三国的居民消费结构差异性。表 5 列出了中美德三国居民消费结构的前五大产品产业类。很明显，中国仍然是发展中国家，居民的食物消费比例最大，在食品工业和农林牧渔产品上的消费比例合计达 30%。据有关统计，中国目前的恩格尔系数是 30%，而发达国家在 20%以下，美国在 10%以下[②]。

商业是三国共同的大比例消费构成，只是中国的商业比例比德美小，比美国小六个百分点，其中的原因估计是中国的农村居民依然具有自产自用的特征，农业商业化程度还有提高的空间。美国的商业化程度也显著大于德国，比德国高四个百分点。

---

① 在消费和资本形成中除去了进口。

② 恩格尔系数是食物消费占个人家庭总消费支出的比例，收入越高比例越小。发达国家的差别与社会保障制度不同有一定关系。

表 5　中美德居民消费结构比例最大的前五大产品类(2011 年)

中国		美国		德国	
部门	比例(%)	部门	比例(%)	部门	比例(%)
食品工业	17.72	商业	16.53	房地产业	17.20
农林牧渔业	12.30	卫生和社会工作	16.47	商业	12.26
商业	10.57	房地产业	14.52	食品工业	7.30
房地产业	8.75	金融业	7.63	金融业	7.01
住宿和餐饮业	5.77	住宿和餐饮业	6.28	其他服务业	6.24
合计	55.11	合计	61.43	合计	50.01

房地产业是三国另一个共同的大比例部门。房地产业是从事房地产开发、建设、经营、管理以及维修、装饰和服务的集多种经济活动为一体的综合性服务产业。它的发展依赖于两个方面,一是新开工建设的建筑设施,二是已经存在的建筑设施规模。如果没有新开工项目,则房地产业的增长波动就决定于以前的建筑业周期。中国房地产业的高比例主要是因为中国最近时期里不断扩大的大规模建筑开发工程。德美房地产业的高比例则是由现存房屋建筑的规模决定的。德国的比例高于美国可能意味着德国比美国拥有更大比例的古老建筑。中国房地产业的消费比例是德美的一半,表明中国未来在这一领域有较大的发展空间。

虽然理财产品在社会上已是非常热闹,但是中国居民对金融业的消费结构比例目前只有德美的一半多。

在我国目前的经济发展水平下,居民对住宿餐饮业的消费比例与德美相当,这其中缘故应该是与我国巨大的农民工规模有关,农民工提高了对社会住宿餐饮的需求。

四、中国经济未来发展启示

通过对中美德三国经济结构的比较,对中国经济未来发展的方向给出了强烈的启示。

首先,中国经济总体产业结构中,要特别注意加强公共管理部门的投入,目标比例应大于德国,或小于美国。作为社会主义制度国家,政府承担的社会责任更大。目前这个比例是 3.6%,第一步可以瞄准德国目标,达到 6%,长期可以接近 10%。中共中央已经在“十三五”规划建议中从多个方面提出加强公共服务供给,包括城市基础设施的大规模改造工程将大幅度提高我国公共管理的供给比例。

其次,中国其它产业的商业化进程已经比较充分,但是,农业的商业化进程需要加快。这一方面需要提高农业的产业化和现代化水平,另一方面也有赖于城市化水平的提高。

第三,房地产业和金融业在我国是需要继续加强的产业。由于我国人口规模比美国大得多,所以,房地产业在我国仍然是一个有巨大发展空间的产业,不过要提高服务的层次和服务的质量,政府要积极做好相关立法和修法工作,增强居民对房地产服务业的信任。金融业的发展不能走资本主义的老路,总是为虚拟金融资本的利润服务,而要使金融回归本位,为实体经济服务,为居民生活便利服务。一定要坚决控制金融的虚拟泡沫化。

没有风险就谈不上风险投资,风险应该让金融大鳄承担!应该为虚拟金融交易(衍生金融产品)规定较高的入市门槛,使一般民众不参与金融大资本的博弈。

第四,我国的卫生和社会工作亟待发展提高,与发达国家在这方面的差距是最大的。我国普遍存在的医院排长队现象主要还是医疗资源不足造成的。国家在医疗卫生教育上应给予更大的投入,加快医疗人才的培养。在社会工作方面要整合各方面的力量,加强社区和乡村文化中心建设,形成有中国特色的社会工作者队伍。可以整合的力量包括党、团、群、会以及宗教团体的力量。

第五,我国的机械设备租赁业还非常落后,比例上只有德美的零头,必须下力气促进其加快发展。设备租赁可以极大地节约社会资源,降低企业生产成本,避免同样的设备在有的企业闲置,在有的企业没得用。

第六,德国的成功为我们提供了以制造业立国的榜样。金融危机之后,德国的机械制造业部门的比例不降反升,而美国的汽车制造业遭受巨大损失,著名底特律城濒临破产。当然,美国也提出了再次工业化问题,但回头是困难的。我国要以"双创"为驱动力,由制造业大国向制造业强国迅速升级,牢固树立实业兴邦的理念。

2013 年以来,中国产业结构在经济危机制约和国家政策的调控下,变化很大。如果没有远期目标的指引就可能再次陷于结构失调,形成巨大的社会资源浪费。作为快速发展的、中央控制强大的经济,必须科学地制定目标,既要避免头痛医头脚痛医脚的短期行为,也要避免抉择失策,走入歧途。

作者简介

刘新建,燕山大学经济管理学院教授,博士。主要研究方向是投入产出经济学和国民经济分析。邮箱:lxj6309@126.com,电话:13785996742。

我国装备制造业产业关联效应分析

——基于投入产出模型的国际比较

曾晓文　刘金山

摘要：新工业革命背景下，装备制造业的发展已经成为中国实现经济中高速增长的关键所在。本文利用 WIOD 数据库所公布的中国、美国、日本、英国、德国、意大利、韩国和台湾等国家（地区）2011 年度的投入产出表，运用各类系数分析我国装备制造业产业关联效应，对产业关联系数的分布特征给予新的解释。研究发现，目前我国装备制造业单位产出原材料消耗过高；缺乏与第三产业的融合；全球化产业关联度不足，缺乏国际竞争优势；成为制约我国经济发展的"瓶颈"部门。基于此，我国装备制造业应改进制造工艺，提升自主创新能力；增加与第三产业服务业的融合，提升产业附加值；加速"中国制造"的品牌建设，开拓海外市场。

关键词：装备制造业　产业关联　投入产出

一、引言

随着 3D 打印、柔性生产、可重构生产系统等先进制造技术的大量运用，一场以智能化、数字化、个性化、网络化为特点的"新工业革命"对全球制造生产范式造成深刻影响，这是一场工业系统变革（黄群慧，2014）。2008 年金融危机以后，发达国家引领全球工业生产体系变革，以期重新占据全球制造业主导地位。在此背景下，装备制造业，即"生产机器的机器制造业"，是一个国家的重要战略产业和工业体系的中枢产业。无论是制造业数字化、网络化、智能化，还是提高自主创新能力，都离不开装备制造业的发展。本文利用投入产出模型，运用产业关联系数分析我国装备制造业的产业关联程度，探讨其与发达国家（地区）装备制造业的发展差距并提出相应建议。

目前，我国制造业和装备制造业的产业关联分析主要集中于区域间制造业、装备制造业和其他产业的融合问题。胡晓鹏等（2009）认为中国各个地区生产性服务业和制造业的发展需要将共生关系放在重点地位。黄莉芳（2011）研究发现我国生产性服务业对制造业的后向推动能力低于社会平均水平，中等和高标准化服务业对制造业的感应度水平较低，但生产性服务业对制造业价值创造能力具有提升作用。姚星等(2012)发现生产性服务业的拉动作用较大,中国生产性服务业与制造业应该加快融合发展。乔均等(2012)运用江苏投入产出表研究发现生产性服务业和制造业的良性互动尚未完全形成,目前处于互动发展初期阶段。张亚军等(2014)利用区域投入产出模型研究得出,制造业对经济增长的拉动力量高于生产性服务业,制造业对于生产性服务业的溢出效应不太明显,应注重增强金融业对制造业的溢出能力。楚明钦(2013,2015)指出我国装备制造业的发展主要靠物质性投入,生产性服务投入严重不足;装备制造业对生产性服务业中间需求率很低。陈爱贞等(2016)利用中国省级投入产出数据测算表明中国装备制造业企业参与国内分工网络程度下降,更偏好参与国际分工网络。陈丽娴(2016)指出目前我国技术密集型制造业的生产性服务投入比重最高。生产性服务投入对技术密集型制造业有显著的促进效应,而对劳动和资本密集型制造业的正面作用并不显著。

近年来,更多学者开始从全球化价值链和产业链角度对我国装备制造业的产业关联和产业融合问题进行研究。魏作磊等(2009)利用美、英、日三国的投入产出表,发现我国制造业对服务业尤其是生产者服务业依赖度明显偏低。陈爱贞(2011)研究指出我国装备制造业中间投入层次比较低,垂直分工程度有所上升,但外泄效应比较显著,阻碍了国内价值链的延伸,需要进行价值链创新。楚明钦(2014)研究发现中国装备制造业对生产性服务业需求高于发达国家,但生产性服务投入低于发达国家,与装备制造业的融合程度比较低。马风涛(2014)对中国制造业产品的全球价值链进行解构分析,发现多数制造业产品的国内增加值比例有所下降,国内服务业部门对制造业产品增加值的贡献较大。李伟庆等(2015)研究发现服务外包对我国制造业与服务业比重提升存在显著正向的影响,应推动制造业与服务业互动发展。卢方元等(2016)指出我国装备制造业 R&D 投入产出在制造业中的比重大且增长较快,但全要素生产率整体呈下降状态。

本文通过产业关联分析,将我国装备制造业的产业关联程度与发达国家(地区)进行比较,将有助于对我国装备制造业产生更清晰认识和准确的发展定位。

二、理论解释

(一)产业关联理论

产业关联是指以各种投入和产出为联系纽带的产业间技术经济联系,这种联系主要表现为各产业生产中的横向联系、产业内部的纵向联系。装备制造业与国民经济中的众多部门存在产业关联关系,向上游可延伸至零部件生产、机器服务等专业化供应商;向下游可延伸至服务企业和客户;甚至扩展到辅助性产品包括竞争产品的制造企业、跨产业的配套制造企业。由于其资本和技术密集型的产业特点,还进一步衍生出大量相关支撑机构,包括提供专业化信息研究和技术支持的政府及其他研发机构,金融服务机构,贸易中介机构等。装备制造业的产出增长将通过产业间的关联关系进而带动其他产业产出增长。

产业链是在一种最终产品的生产加工过程中所包含的各个环节所构成的整个纵向链条,该纵向链条上的每个环节都可能是一个相对独立的产业(郁义鸿,2005)。对于装备制造业而言，由于产品范围广、门类多，既包括劳动密集型低端工业制品，也包括技术与资本密集型高附加值产品，因此通过其产业链的延伸和产品加工的深化，能够分化出众多的机器设备、零部件制造和相关服务业等，呈现产业关联度大、迂回化生产明显的特点。经济发展的过程中必然伴随着生产迂回程度的不断提高，同时生产迂回程度的提高又会进一步要求资本品的生产规模的增长要快于最终产品的生产规模的增长速度，从而要求生产资本品和机器设备的装备制造业以更快速度发展。

另一方面，随着经济全球化进程的深化，单一产业关联所形成的内部产业链已经逐步扩散为全球化价值链，尤其是发达国家通过海外分包和 FDI 活动，推动全球价值链的片断化和空间重组，企业往往根据其核心能力和关键资源重点从事价值链上的某一环节或某一工序。例如发达国家本土企业往往集中于高新技术、高附加值产品开发，传统劳务型产品则大量转移到发展中国家。装备制造业作为世界各大国的主导产业之一，往往成为发达国家牢牢把握全球价值链话语权的重要产业支撑。利用其生产设备和技术领先优势，发达国家的跨国公司成为全球价值链的核心领导者，一方面通过约束性的条款合约，控制前向的物流、零售环节；另一方面通过俘获性的后向关联控制关键原材料、零部件供应，从而实现对整个价值链的控制。

(二)产业关联系数

直接消耗系数 a_{ij} 反映了在一个经济循环体系中，任意两个产业部门之间的直接依存关系程度，是反映两产业部门之间依存关系的最基础参数，其计算方式如下所示，x_{ij} 表示第 j 部门生产中直接消耗的第 i 部门产品的价值，X_j 表示第 j 部门的总投入价值量。

$$a_{ij}=\frac{x_{ij}}{X_j}(i,j=1,2,\cdots,n)$$

完全消耗系数 b_{ij} 反映了第 j 部门对第 i 部门的完全关联程度，b_{ij} 为完全消耗矩阵中的元素，完全消耗系数矩阵 $B=(I-A)^{-1}-I$，I 为单位矩阵，A 为直接消耗系数矩阵。

分配系数系数 r_{ij} 的大小反映将 i 部门产品分配给 j 部门产品的中间消耗使用量在总产出量中所占的比例，计算公式如下所示，其中 X_i 表示第 i 部门的总产出价值量。

$$r_{ij}=\frac{x_{ij}}{X_i}(i,j=1,2,\cdots,n)$$

完全分配系数 d_{ij} 借助产品的分配使用，反应了产品分配给不同部门，带来的对不同部门的推动作用，体现产业的前向关系。完全消耗系数矩阵 $D=(I-R)^{-1}-I$，R 为分配系数矩阵。

影响力系数 F_j 反映了国民经济中某一部门增加一个单位最终使用时，对国民经济各部门产生的生产需求波及程度。影响力系数 F_j 的计算方式如下，其中，$\overline{b_{ij}}$ 为里昂惕夫逆矩阵 $(I-A)^{-1}$ 的元素。

$$F_j=\frac{\sum_{i=1}^{n}\bar{b}_{ij}}{\frac{1}{n}\sum_{i=1}^{n}\sum_{j=1}^{n}\bar{b}_{ij}}(j=1,2,\cdots,n)$$

传统感应度系数 E_i 反映当国民经济各部门均增加一个单位最终使用时，某一部门由此受到的需求感应程度，即需要该部门为其他部门的生产提供的产出量。感应度系数 E_i 的计算方式为，其中$\overline{b_{ij}}$ 为矩阵里昂惕夫逆矩阵$(I-A)^{-1}$ 的元素。

$$E_i=\frac{\sum_{j=1}^{n}\overline{b}_{ij}}{\frac{1}{n}\sum_{i=1}^{n}\sum_{j=1}^{n}\overline{b}_{ij}}(i=1,2,\cdots,n)$$

修正感应度系数 $\overline{E_i}$，反映第 i 部门对其他部门产出增量的推动水平与社会平均推动水平。刘起运(2012)指出，利用里昂惕夫逆矩阵进行的结构分析，只能表现最终产品的拉动、带动作用，不能反映推动作用。因此不能认为里昂惕夫逆矩阵的影响力系数是拉动作用，感应度系数是推动作用。本文借鉴《投入产出分析——理论、方法与数据》(夏明等，2012)的计算方法，运用分配系数和完全分配系数矩阵对感应度进行修正。计算方法如下所示，其中 d_{ij} 为完全分配系数矩阵$(I-R)^{-1}-I$ 的元素。

$$\overline{E_i}=\frac{\sum_{j=1}^{n}d_{ij}}{\frac{1}{n}\sum_{i=1}^{n}\sum_{j=1}^{n}d_{ij}}(i=1,2,\cdots,n)$$

三、我国装备制造业关联系数分析

(一)我国装备制造业发展概况

根据我国《国民经济行业分类》(GB/T 4754—2011)的分类标准，我国装备制造业可以细分为：金属制品业，通用设备制造业，专用设备制造业，交通运输设备制造业，电气机械和器材制造业，通信设备、计算机和其他电子设备制造业和仪器仪表及文化、办公用机械制造业等七个产业。根据 2014 年中国统计年鉴的数据显示：从企业数量来看，通用设备制造业、电气机械和器材制造业是我国装备制造业的主要构成产业，占比分别为 20.07％和 18.92％；但从总资产来看，交通运输设备制造业、计算机和其他电子设备制造业则成为我国装备制造业的主要构成产业，占比达 25.21％和 20.47％。近 10 年来，我国装备制造业产业呈现出规模不断扩大的变化趋势，交通运输设备制造业无论是在总资产，还是利润总额方面的增长都尤为明显，已经成为我国装备制造业的主导细分产业。但由于我国装备制造业外向型经济特征较为明显，受制于近年发达国家经济发展放缓，我国装备制造业各细分产业资产和利润增速明显放缓，如通用设备制造业、专用设备制造业、交通运输设备制造业、电气机械和器材制造业等 2006 年总资产增幅均保持在 20％－25％之间，但在 08 年经济危机过后出现明显下滑，2012 年甚至只有 5％－10％的增长速度。金属制品业、通用设备制造业和专用设备制造业的企业利润率也出现明显下滑，传统装备制造业企业经济效益有所下降。

(二)我国装备制造业关联系数分析

1. 消耗系数

附录表 1 所示为中国大陆、美国、日本、德国、意大利、英国、韩国和台湾地区的 2011 年装备制造业直接消耗系数前十大产业部门。基础金属制品业是中国大陆装备制造业生产过程中直接依存度最高的部门，其直接消耗系数为 0.2210；对装备制造业行业自身的直接消耗系数为 0.1668，是直接依存度第二大产业部门。对于发达国家（地区）而言，其装备制造业直接依存度较高的部门同样为基础金属制品部门和装备制造业自身，但其直接消耗系数远低于中国，例如日本和美国基础金属制品直接消耗系数分别为 0.1353 和 0.1300，德国更是仅为 0.0794。

从完全消耗系数来看，除德国和英国以外，其余各国（地区）装备制造业对于本国（地区）的完全依存度最高均为基础金属制品业，其中中国和韩国的基础金属制品业完全消耗系数明显高于其余各国和地区，分别为 0.4680 和 0.4441。德国装备制造业完全依存度最高的产业部门为装备制造业自身，完全消耗系数为 0.1234；英国装备制造业完全依存度最高的产业部门则是设备租赁和其他商业活动产业部门，完全消耗系数为 0.0918。对于这些发达国家（地区）装备制造业而言，其与设备租赁和其他商业活动的完全依存度，在各自国内（地区）产业部门排名也远高于中国大陆，例如在美国、德国和意大利等国（地区），设备租赁和其他商业活动均是国内（地区）完全依存度第二高的产业部门，但在中国仅为完全依存度第九大的产业部门。

由此可见，中国大陆装备制造业单位产出的原材料消耗明显高于发达国家（地区）的单位消耗水平，与韩国、台湾地区相比较也无明显优势。此外，中国大陆装备制造业与第三产业融合程度不高，产业依存度较高的部门以工业制造部门为主，相比较而言，发达国家（地区）的设备租赁、批发零售、金融中介、房地产等第三产业逐渐成为各国（地区）装备制造业依存度较高的产业部门。

2. 分配系数

中国大陆装备制造业分配系数第一大产业部门为装备制造业自身，分配系数为 0.1688；交通运输设备和基础金属制品分别是分配系数第二和第三大产业部门。德国、英国、意大利和韩国与中国大陆相似，装备制造业自身和交通运输设备均是其分配系数第一、二大产业部门，但其分配系数明显低于中国大陆。美国装备制造业分配系数第一和第二大产业部门是建筑业和装备制造业自身。在与第三产业融合方面，中国大陆仅有保健和社会工作产业部门，进入本国装备制造业分配系数前十大产业部门，位列第九。发达国家（地区）则有更多第三产业成为本国（地区）装备制造业的产出投向部门，例如设备租赁和其他商业活动部门分别是美国、日本和意大利分配系数第七和第六大部门；日本的交通设备零售更是成为本国装备制造业分配系数第二大的产业部门。

另一方面，发达国家（地区）装备制造业对于各产业部门的完全分配系数，明显小于中国大陆、韩国和台湾地区，例如中国大陆装备制造业自身分配系数为 0.2381；发达国家（地区）装备制造业自身分配系数则在 0.1000 至 0.0500 之间。同时，除美国以外，其余国家和地区的装备制造业对于产业自身的贡献度最高，产业自身的完全分配系数在各产业部门中位列第一；美国的装备制造业则与交通运输设备业的前向联系最大，完全分配系数为 0.0466。与分配系数类似，发达国家（地区）的第三产业产品部门成为装备制造业产出的主要投向部门，例如美国、英国的设备租赁等商业活动在本国装备制造业的完全分配系数中均排名第六，日本则排名第七，中国大陆在装备制造业完全分配系数的前十大部门中则没有第三产业部门。

由此可见，在八个国家（地区）之中，与装备产业链前向联系程度排名较为靠前的产业多数为装备制造业产业链的工业部门，其中主要包括基础金属制品业、建筑业、电子光学设备业和交通运输设备业。但与发达国家（地区）相比，中国大陆同一产业部门的分配系数、完全分配系数较高。在第三产业融合方面，发达国家（地区）的第三产业与装备制造业融合程度更深，中国大陆装备制造业与第三产业融合明显不足。

3. 影响力系数

影响力系数反映了国民经济中某一部门增加一个单位最终使用时，对国民经济各部门产生的生产需求波及程度。如表1所示，除英国外，2011年其余国家（地区）的装备制造业影响力系数均大于1，超过社会平均波及影响水平。其中台湾地区的影响力系数最大，为1.2908；中国影响力系数为1.1741在八个国家（地区）中排名第三，仅次于台湾地区和韩国。从各国家（地区）装备制造业的影响力系数近10年的变化来看，中国大陆的装备制造业国内影响力系数大体呈现出逐年上升的变化趋势，从2000年的1.1479上升至2010年的1.941，2011年有所下降至1.1741。美国、日本、德国、英国和意大利的装备制造业影响力系数近10年都出现不同程度的下降，其中美国和德国降幅最为明显，自2008年以来两国装备制造业的国内影响力系数，分别从1.0804下降至2011年的1.0247和从1.0328下降至2011年的1.0161。日本装备制造业的国内影响力则自2008年来回升至2011年的1.1460，仍低于2000年的1.1592。韩国和台湾地区的装备制造业影响力系数则呈逐年上升，分别从2000年的1.1799逐年上升2011年的1.2405和从2000年的1.2401上升至2011年的1.2908。

表1　影响力系数表

国家（地区）	2000	2002	2004	2006	2008	2010	2011
中国大陆	1.1479	1.1588	1.1282	1.1617	1.1832	1.1941	1.1741
美国	1.0729	1.0786	1.0787	1.0723	1.0804	1.0277	1.0247
日本	1.1592	1.1871	1.1639	1.1425	1.1373	1.1431	1.1460
德国	1.0346	1.0204	1.0226	1.0336	1.0328	1.0195	1.0161
英国	1.0169	1.0034	1.0181	1.0013	0.9726	0.9777	0.9705
意大利	1.1227	1.1327	1.1235	1.1086	1.1063	1.1198	1.1175
韩国	1.1799	1.2039	1.2089	1.2284	1.2169	1.2311	1.2405
台湾地区	1.2401	1.2484	1.2714	1.2639	1.2916	1.3106	1.2908

数据来源：WIOD 数据库。

4. 传统感应度系数 Ei

感应度系数反映当国民经济各部门均增加一个单位最终使用时，某一部门由此受到的需求感应程度，即需要该部门为其他部门的生产提供的产出量。2011年，台湾地区和中国大陆的装备制造业感应度系数在八个国家（地区）分列前两位，分别为1.1193和1.0789；韩国、德国、意大利、英国、日本和美国的感应度系数均小于1，低于社会平均感应度水平。从近10年变化来看，中国大陆的装备制造业感应度系数呈现出先增后减的变化趋势，虽然一度从2000年的1.1943上升至2002年的1.2190，但自2008年以来逐年下滑至 2011 的 1.0789。美国、日本和意大利则呈现出明显的逐年下降态势，其中日本从 2000 年的 0.8148 下降至 2011 年的 0.7355，降幅在以上三国中最为明显。

表 2　感应度系数表

国家(地区)	2000	2002	2004	2006	2008	2010	2011
中国大陆	1.1943	1.2190	1.0318	1.0962	1.2001	1.1406	1.0789
美国	0.7280	0.7130	0.7173	0.7149	0.7124	0.7103	0.7094
日本	0.8148	0.7914	0.8118	0.7982	0.8036	0.7437	0.7355
德国	0.8694	0.8640	0.8806	0.8873	0.8926	0.8852	0.9202
英国	0.7400	0.7168	0.7588	0.7510	0.7053	0.7457	0.7525
意大利	0.8431	0.8109	0.8291	0.8278	0.7980	0.7919	0.8066
韩国	0.9851	0.9576	0.9924	1.0304	1.0043	1.0022	0.9796
台湾地区	1.1098	1.0352	1.1802	1.2196	1.1642	1.2100	1.1193

数据来源：WIOD 数据库。

5. 修正感应度系数

从修正后的感应度系数来看，2011 年台湾地区装备制造业对该地区各部门的产出增量的推动效应，明显大于其余国家(地区)，修正后的感应度系数为 1.0166；中国大陆修正后的感应度系数位列 8 个国家和地区中的第三位，感应度系数为 0.8288。发达国家(地区)的装备制造业感应度系数则远远低于中国大陆、韩国和台湾地区，仅为 0.5000 左右。从历年变化来看，自 2000 年以来，美国、日本、英国和意大利等国家，其感应度系数呈现出明显的下降趋势；中国自 2008 年以来也呈现出明显的下降趋势。相比较，韩国和台湾地区的感应度系数在近 10 年来的变化并不大。

表 3　修正感应度系数

国家(地区)	2000	2002	2004	2006	2008	2010	2011
中国大陆	1.0499	1.0548	0.8010	0.8392	0.9494	0.9037	0.8288
美国	0.6057	0.5992	0.6064	0.5971	0.5753	0.5253	0.5010
日本	0.5151	0.5081	0.4915	0.4676	0.4983	0.4427	0.4163
德国	0.4886	0.4923	0.5088	0.5232	0.5180	0.5570	0.5976
英国	0.5328	0.4962	0.6444	0.6040	0.4113	0.5432	0.5266
意大利	0.4795	0.4526	0.4794	0.4714	0.4228	0.4311	0.4281
韩国	0.8939	0.8277	0.8816	0.9106	0.8846	0.9051	0.8578
台湾地区	0.8841	0.7966	1.0255	1.0878	1.0532	1.1672	1.0166

数据来源：WIOD 数据库。

四、若干解释

根据前文对于直接消耗系数、完全消耗系数、影响力系数、传统感应度系数和修正感应度进行计算，并将我国与装备制造业发达的国家（地区）进行比较分析，可得以下特征：

（一）生产制造单位消耗过高

从直接消耗系数和完全消耗系数来看，目前我国装备制造业发展主要依赖于基础金属制品产品部门和装备制造业产品部门自身，这与目前大部分装备制造业发达国家（地区）相一致。但是我国装备制造业生产过程中的单位消耗与明显高于发达国家（地区），例如在我国装备制造业对于基础金属制品部门的直接消耗系数为 0.2210，而美国、日本和德国分别为 0.1300、0.1353 和 0.1069，仅相当于我国单位消耗的一半水平。即使是亚洲范围内的韩国和台湾地区，其基础金属制品部门的直接消耗系数也仍然低于中国大陆。当考虑到装备制造业生产过程中的全面要素投入消耗时，与发达国家（地区）的单位消耗对比则更为明显。仍以对基础金属制品部门的消耗为例，我国的完全消耗系数为 0.4680，而美国和德国分别为 0.1819 和 0.1123，仅仅相当于我国不到三分之一的单位能耗水平。由此可见，中国虽然已经成为世界公认的装备制造生产和消费大国，但和美、日、德等拥有发达装备制造业的国家相比较，我们的装备制造业生产消耗明显过高，在生产单位消耗方面并不具备国际竞争优势。过去十年间的产业高速发展依赖的是资源的大量投入，这样的产业发展显然不具备可持续性。

（二）与第三产业融合程度较低

我国装备制造业的发展主要依赖于上下游关联产业，并且主要集中在工业、尤其是制造业等相关产业，在直接消耗系数、完全消耗系数、分配系数和完全分配系数四个指标中，仅有批发零售、保健社会工作和设备租赁等商业活动分别进入分配系数和完全消耗系数前十产业部门，且排名较为靠后。然而发达国家（地区）装备制造业发展明显已经突破传统的产业限制，与第三产业的各项细分产业进行广泛融合。例如美国的设备租赁等商业活动部门均在以上四个产业关联系数中进入前十；德国的设备租赁等商业活动成为其装备制造业完全消耗系数第二大产业部门；交通运输设备零售成为日本装备制造业分配系数第二大产业部门；零售贸易、房地产、金融中介等也成为发达国家（地区）装备制造业融合的主要部门。

装备制造业，乃至于制造业在未来的发展无疑是与第三产业服务业进行更加深度的融合，例如上述国家（地区）的装备制造业通过与金融服务业的结合，有效扩大产业资本规模，从而为本产业发展带来更多的附加值，如今信息化、智能化的不断深化，更是进一步推动这一发展趋势。从这一角度来看，目前我国装备制造业与其他产业，尤其是第三产业的金融服务业结合程度较低，使得我国装备制造业缺乏转型升级的动力与资金支持，难以摆脱目前装备制造产业的低端困境。如何促进我国装备制造业产业与服务业，尤其是金融服务业结合，将成为未来提升我国装备制造业国际竞争力的重要方向。

（三）国民经济发展基础性产业和“瓶颈”产业

从影响力系数方面来看，装备制造业对我国国民经济发展具有举足轻重的作用，尤其是中国作为当前世界最具经济活力的国家之一，装备制造业对于各类国民经济部门的拉动作用尤为明显。从影响力系数比较来看，中国装备制造业的影响力系数对于国内各国民经济部门的拉动作用明显高于美、日、德等发达国家，略低于韩国、台湾地区。因此，在当前经济发展中，装备制造业无疑是国民经济发展的基础性产业。未来进一步发展装备制造业，对于拉动我国经济内需有着明显的刺激作用。然而，我国装备制造业的各产业部门的分配系数和完全分配系数远高于发达国家(地区)，这意味着装备制造业也逐步成为我国国民经济发展的"瓶颈"产业。因为我国的分配系数和直接分配系数远高于其他发达国家(地区)，这意味着我国装备制造业必须生产比发达国家(地区)更多的产品才能满足其余部门的使用需求。另一方面，从修正后感应度系数来看，中国大陆修正后感应度系数也明显高于欧美发达国家，例如2011年中国大陆修正后的感应度系数为0.8228，美国、日本分别仅为0.5010和0.4164。这代表我国装备制造业对于国民经济的需要感应度要高于发达国家(地区)，国民经济推动作用更为明显，但同时也意味着一旦由于国际经济形势变化，我国装备制造产业的生产产量有所下降时，必然会导致其余部门使用需求受到更大影响，很有可能对国民经济带来更大的负面影响。因此，装备制造业目前成为既是我国国民经济发展的基础产业，也是制约我国经济发展的"瓶颈"产业。

(四)国内影响力作用突出，全球化产业关联度不足

如前文所述，传统装备制造强国自2000年以来，其装备制造业国内影响力系数，传统感应度系数和修正后的感应度系数均小于1，呈现整体下降趋势。但影响力系数、传统感应度系数和修正感应度的同步下降，并不意味着这些发达国家(地区)的装备制造业失去其重要产业地位。随着全球化产业链条不断细分和延伸，这些发达国家(地区)的装备制造业，通过产业转移的方式，将其产业链条不断向全球范围内生产成本更加低廉的国家进行转移，国内往往只保留高附加值的研发部门，或者与服务业融合程度更加高的售后服务部门，因此与国内原有的上下游相产业的关联度、依存度略显不足。中国、韩国和台湾地区，通过承接发达国家国际间产业转移，大力推进本国家(地区)的工业化，其装备制造业成为带动本国家(地区)国民经济发展的基础性产业，带动国内相关的上下游产业的发展，因此影响力系数和传统感应度会高于国内平均水平，装备制造业的国内影响力作用突出。但是，中国大陆修正后的感应度系数自2010年以来呈现出与发达国家(地区)相类似的下降趋势，开始低于国内平均水平。由此可见，我国与发达国家(地区)的影响力系数和感应度系数不同，并不代表着在未来时期装备制造业在国民经济发展中作用会有所下降，只是意味着目前我国与发达国家(地区)装备制造业发展仍然处于不同阶段：发达国家(地区)利用自身产业国际竞争力优势，通过全球化产业链条，实现资本对外输出；中国大陆仍依靠装备制造业带动本国上下游产业发展，并且在逐步实现向装备制造业发达国家(地区)的转变，逐渐进入全球化市场构建全球装备制造业产业链。在未来发展过程中，实现中国资本输出将成为装备制造业发展亟需解决的问题。

五、结论与建议

中国的装备制造业无论是生产规模还是消费规模已经高居全球第一，成为名副其实的装备制造大国。然而随着第三次工业革命的到来，欧美发达国家"再工业化"战略的实施，我国装备制造业受到一定程度的冲击，面临着新的挑战。目前中国装备制造业在世界

一流装备制造强国中，由于存在单位制造消耗过高；缺乏与第三产业融合；与全球化产业链关联程度不高等问题，导致其在全球化市场中缺乏国际竞争力。装备制造业是一国制造业乃至于工业发展的主导产业和关键部门，我国装备制造业应积极寻求产业转型升级，提升核心竞争力。

（一）改进制造工艺，降低单位消耗

粗放型生产方式，往往造成单位生产消耗过高。制造工艺的改进，是对我国装备制造业企业自主创新能力的提升。我国初具规模的装备制造业企业要在引进国外先进技术的同时，加大科研开发投入力度，改进生产工艺，推进智能化生产。

（二）增加与第三产业的融合，提升产业附加值

装备制造业发展与服务业，尤其是金融业相结合，已成为发达国家工业发展的新动力。未来我国装备制造业发展应更加注重与第三产业融合，为产业发展带来新的附加值与新的市场需求。例如在资本获取方面，利用金融服务业为产业发展进行融资增资，扩大产业发展规模。在消费市场方面，增加设备租赁等商业活动与产业发展的结合，突破传统的市场限制，甚至加入互联网信息手段，实现智能装备制造，提高产业产品的整体附加值。

（三）加速“中国制造”的品牌建设，开拓海外市场

自主品牌的构建是企业在市场竞争中制胜的核心要素。我国装备制造业应注重“中国制造”的品牌建设，进一步开拓海外市场。例如随着未来我国“一带一路”发展战略的实施，对于南亚、东南亚等经济欠发达地区，尤其是工业、制造业落后地区，应该进行重点产业布局，实现中国装备制造业走出国门的第一步。

参考文献

[1] Leontief, Wassily W. Output, Employment, Consumption and Investment[J], Quarterly Journal of Economics, 1944(58):294—297.

[2] Leontief, Wassily W. Interregional Theory [M], New York: Oxford University Press, 1953, 93— 115.

[3] 陈爱贞，刘志彪．决定我国装备制造业在全球价值链中地位的因素——基于各细分行业投入产出实证分析[J]．国际贸易问题，2011，04：115－125.

[4] 陈爱贞，刘志彪，张少军．中国装备制造业创新的二元分工网络制约[J]．厦门大学学报（哲学社会科学版），2016，03：10－20.

[5] 陈丽娴．生产性服务业对制造业出口竞争力的促动效应研究——基于中间投入视角的分析[J]．上海经济研究，2016，02：3－11.

[6] 楚明钦．装备制造业与生产性服务业产业关联研究——基于中国投入产出表的比较分析[J]．中国经济问题，2013，03：79－88.

[7] 楚明钦．生产性服务与装备制造业融合程度的国际比较——基于 OECD 投入产出表的分析[J]．国际经贸探索，2014，02：52－63.

[8] 楚明钦．上海生产性服务业与装备制造业融合程度研究——基于长三角及全国投入产出表的比较分析[J]．上海经济研究，2015，02：94－100.

[9] 蔡翼飞，魏后凯，吴利学．我国城市高端制造业综合成本测算及敏感度分析[J]．中国工业经济，2010，01：34－44.

[10] 黄莉芳．中国生产性服务业嵌入制造业关系研究——基于投入产出表的实证分析[J]．中国经济问题，2011，01：28－37.

[11] 胡晓鹏，李庆科．生产性服务业与制造业共生关系研究——对苏、浙、沪投入产出表的动态比较[J]．数量经济技术经济研究，2009，02：33－46.

[12] 贺正楚，潘红玉，寻舸，吴艳．高端装备制造企业发展模式变革趋势研究[J]．管理世界，2013，10：178－179.

[13] 卢方元，常艳华，卢欣．中国装备制造业 R&D 投入产出绩效分析——基于全国三次经济普查[J]．工业技术经济，2016，04：153－160.

[14] 李钢，廖建辉，向奕霓．中国产业升级的方向与路径——中国第二产业占 GDP 的比例过高了吗[J]．中国工业经济，2011，10：16－26.

[15] 李坤，于渤，李清均．"躯干国家"制造向"头脑国家"制造转型的路径选择——基于高端装备制造产业成长路径选择的视角[J]．管理世界，2014，07：1－11.

[16] 李坤，于渤，李清均．高端装备制造业的成长：一个框架性的研究综述[J]．黑龙江社会科学，2013，06：66－69.

[17] 刘起运．关于投入产出系数结构分析方法的研究[J]．统计研究，2002，02：40－42.

[18] 刘起运．正确认识和使用投入产出乘数[J]．中国人民大学学报，2003，06：89－95.

[19] 李伟庆，唐铁球．服务外包对我国制造业与服务业升级影响的实证研究[J]．经济问题探索，2015，12：68－72.

[20] 马风涛，李俊．中国制造业产品全球价值链的解构分析——基于世界投入产出表的方法[J]．国际商务（对外经济贸易大学学报），2014，01：101－109.

[21] 乔均，金汉信，陶经辉．生产性服务业与制造业互动发展研究——1997－2007 年江苏省投入产出表的实证分析[J]．南京社会科学，2012，03：20－28.

[22] 巫强，刘志彪．本土装备制造业市场空间障碍分析——基于下游行业全球价值链的视角[J]．中国工业经济，2012，03：43－55.

[23] 魏作磊，邝彬．制造业对服务业的产业依赖及其对促进我国就业增长的启示——一项基于投入产出表的比较分析[J]．经济学家，2009，11：47－51.

[24] 夏明，张红霞编著．投入产出分析：理论、方法与数据[M]．北京：中国人民大学出版社，2013：26－31

[25] 姚星，唐粼，林昆鹏．生产性服务业与制造业产业关联效应研究——以四川省投入产出表的分析为例[J]．宏观经济研究，2012，11：103－111.

[26] 张亚军，干春晖，郑若谷．生产性服务业与制造业的内生与关联效应——基于投入产出结构分解技术的实证研究[J]．产业经济研究，2014，06：81－90.

作者简介

曾晓文，暨南大学经济学院硕士研究生。

刘金山，暨南大学经济学院副院长，教授，博士生导师，经济学博士。

附录：

表 1　直接消耗系数表

中国大陆		美国		日本		德国		英国		意大利		台湾地区		韩国	
基础金属制品	0.2210	基础金属制品	0.1300	基础金属制品	0.1353	装备制造	0.1069	基础金属制品	0.0605	基础金属制品	0.1623	装备制造	0.1865	装备制造	0.1995
装备制造	0.1668	设备租赁和其他商业活动	0.0615	装备制造	0.0913	基础金属制品	0.0794	零售贸易	0.0475	装备制造	0.0620	基础金属制品	0.1487	基础金属制品	0.1781
电子光学设备	0.0730	批发零售	0.0522	电子光学设备	0.0896	设备租赁和其他商业活动	0.0641	装备制造	0.0406	设备租赁和其他商业活动	0.0548	零售贸易	0.0543	电子光学设备	0.0639
批发零售	0.0307	装备制造	0.0378	批发零售	0.0505	批发零售	0.0228	设备租赁和其他商业活动	0.0405	批发零售	0.0500	批发零售	0.0508	设备租赁和其他商业活动	0.0301
橡胶塑料制品	0.0235	金融中介	0.0273	设备租赁和其他商业活动	0.0471	电子光学设备	0.0227	批发零售	0.0368	零售贸易	0.0334	电子光学设备	0.0327	橡胶塑料制品	0.0269
电力和天然气供应	0.0226	电子光学设备	0.0260	橡胶塑料制品	0.0286	零售贸易	0.0203	电力和天然气供应	0.0236	陆上交通	0.0247	金融中介	0.0185	批发零售	0.0169
设备租赁和其他商业活动	0.0172	橡胶塑料制品	0.0196	金融中介	0.0154	房地产	0.0119	金融中介	0.0187	电子光学设备	0.0224	设备租赁和其他商业活动	0.0151	金融中介	0.0134
交通运输设备	0.0158	陆上交通	0.0094	电力和天然气供应	0.0133	橡胶塑料制品	0.0108	房地产	0.0086	电力和天然气供应	0.0177	房地产	0.0086	陆上交通	0.0105
陆上交通	0.0137	交通运输设备	0.0073	住宿餐饮	0.0110	电力和天然气供应	0.0094	陆上交通	0.0078	金融中介	0.0174	陆上交通	0.0078	化学产品	0.0088
化学产品	0.0123	造纸、印刷、出版	0.0070	陆上交通	0.0099	交通设备	0.0088	电力和天然气供应	0.0064	橡胶塑料制品	0.0126	电力和天然气供应	0.0064	交通设备	0.0084

数据来源：根据 WIOD 数据库整理所得。

表 2　完全消耗系数表

中国大陆		美国		日本		德国		英国		意大利		台湾地区		韩国	
基础金属制品	0.4680	基础金属制品	0.1819	基础金属制品	0.2648	装备制造	0.1234	设备租赁和其他商业活动	0.0918	基础金属制品	0.2207	基础金属制品	0.2648	基础金属制品	0.4441
装备制造	0.2381	设备租赁和其他商业活动	0.1233	电子光学设备	0.1365	设备租赁和其他商业活动	0.1195	基础金属制品	0.0679	设备租赁和其他商业活动	0.1324	装备制造	0.2346	装备制造	0.2614
电子光学设备	0.1683	批发零售	0.0728	设备租赁和其他商业活动	0.1187	基础金属制品	0.1124	零售贸易	0.0595	批发零售	0.0926	零售贸易	0.0879	电子光学设备	0.1256
电力和天然气供应	0.1028	金融中介	0.0659	装备制造	0.1060	批发零售	0.0339	批发零售	0.0462	装备制造	0.0732	批发零售	0.0844	设备租赁和其他商业活动	0.0661
矿产资源开采挖掘	0.0942	装备制造	0.0419	批发零售	0.0874	电子光学设备	0.0292	装备制造	0.0438	零售贸易	0.0548	房地产	0.0485	橡胶塑料制品	0.0464
化学产品	0.0867	电子光学设备	0.0315	橡胶塑料制品	0.0534	零售贸易	0.0290	电力、天然气供应	0.0410	陆上交通	0.0509	电子光学设备	0.0420	化学产品	0.0434
批发零售	0.0706	橡胶塑料制品	0.0242	金融中介	0.0473	房地产	0.0266	金融中介	0.0321	金融中介	0.0465	金融中介	0.0395	金融中介	0.0408
橡胶塑料制品	0.0623	化学产品	0.0196	化学产品	0.0396	金融中介	0.0228	陆上交通	0.0216	电力、天然气和水供应	0.0374	设备租赁和其他商业活动	0.0296	石油冶炼与核燃料	0.0369
设备租赁和其他商业活动	0.0511	陆上交通	0.0185	电力和天然气供应	0.0384	其他支持辅助交通	0.0206	房地产	0.0176	房地产	0.0310	石油冶炼与核燃料	0.0192	电力和天然气供应	0.0345
交通运输设备	0.0480	其他社会个人服务	0.0156	其他社会个人服务	0.0305	电力和天然气供应	0.0193	机动车辆销售维修燃料零售	0.0168	电子光学设备	0.0306	化学产品	0.0192	批发零售	0.0322

数据来源：根据 WIOD 数据库整理所得。

表 3　分配系数表

中国大陆		美国		日本		德国		英国		意大利		台湾地区		韩国	
装备制造	0.1668	建筑	0.0393	装备制造	0.0913	装备制造	0.1069	装备制造	0.0406	装备制造	0.0620	装备制造	0.1865	装备制造	0.1995
交通运输设备	0.0609	装备制造	0.0378	交通运输设备零售	0.0291	交通运输设备	0.0344	交通运输设备	0.0272	交通运输设备	0.0192	电子光学设备	0.0664	交通运输设备	0.0879
基础金属制品	0.0554	交通运输设备	0.0346	交通运输设备	0.0221	基础金属制品	0.0154	公共管理和国防建设	0.0231	基础金属制品	0.0167	建筑	0.0440	建筑	0.0378
建筑	0.0517	公共管理和国防建设	0.0151	电子光学设备	0.0170	建筑	0.0106	建筑	0.0179	建筑	0.0107	交通运输设备	0.0145	电子光学设备	0.0299
电子光学设备	0.0437	基础金属制品	0.0116	建筑	0.0117	公共管理和国防建设	0.0083	基础金属制品	0.0092	批发零售	0.0092	基础金属制品	0.0128	基础金属制品	0.0279
采矿业	0.0322	采矿业	0.0105	基础金属制品	0.0107	电子光学设备	0.0079	其他制造业	0.0069	设备租赁和其他商业活动	0.0076	空中运输	0.0081	公共管理和国防建设	0.0247
化学产品	0.0146	设备租赁和其他商业活动	0.0078	设备租赁和其他商业活动	0.0087	化学产品	0.0057	食品、饮料和烟草	0.0069	电子光学设备	0.0070	化学产品	0.0057	橡胶塑料制品	0.0140
非金属矿产	0.01358	电子光学设备	0.0076	公共管理和国防建设	0.0052	电力和天然气供应	0.0045	电子光学产品	0.0067	除交通运输外的批发零售	0.0060	电力和天然气供应	0.0051	电力和天然气供应	0.0064
保健和社会工作	0.0125	除交通设备以外的批发零售	0.0069	其他社会个人服务	0.0044	农林渔牧	0.0042	交通运输设备零售	0.0065	陆上交通	0.0056	公共管理和国防建设	0.0041	石油冶炼和核燃料	0.0057
纺织产品	0.0070	化学产品	0.0058	除交通设备以外的批发零售	0.0034	橡胶塑料制品	0.0037	设备租赁和其他商业活动	0.0056	公共管理和国防建设	0.0051	非金属矿产	0.0037	化学产品	0.0041

数据来源：根据 WIOD 数据库整理所得。

表 4　完全分配系数表

中国大陆		美国		日本		德国		英国		意大利		台湾地区		韩国	
装备制造	0.2381	交通运输设备	0.0466	装备制造	0.1060	装备制造	0.1234	装备制造	0.0438	装备制造	0.0732	装备制造	0.2346	装备制造	0.2614
基础金属制品	0.1487	建筑	0.0463	交通运输设备	0.0506	交通运输设备	0.0514	交通运输设备	0.0321	基础金属制品	0.0263	电子光学设备	0.0923	交通运输设备	0.1836
建筑	0.1478	装备制造	0.0419	交通运输设备零售	0.0353	基础金属制品	0.0228	建筑	0.0308	交通运输设备	0.0248	建筑	0.0610	基础金属制品	0.0744
电子光学设备	0.1363	公共管理和国防建设	0.0287	电子光学设备	0.0316	建筑	0.0161	公共管理和国防建设	0.0270	建筑	0.0200	基础金属制品	0.0266	电子光学设备	0.0720
交通运输设备	0.1284	基础金属制品	0.0177	基础金属制品	0.0265	电子光学设备	0.0114	基础金属制品	0.0112	批发零售	0.0169	交通运输设备	0.0220	建筑	0.0627
采矿业	0.0550	设备租赁和其他商业活动	0.0141	建筑	0.0246	公共国防建设	0.0108	租赁和其他商业活动	0.0107	租赁和其他商业活动	0.0147	化学产品	0.0124	公共管理和国防建设	0.0338
化学产品	0.0536	采矿业	0.0135	设备租赁和其他商业活动	0.0229	化学产品	0.0080	食品、饮料和烟草	0.0106	食品、饮料和烟草	0.0113	空中运输	0.0104	橡胶和塑料	0.0222
非金属矿业	0.0378	食品、饮料和烟草	0.0134	公共管理和国防建设	0.0129	食品、饮料和烟草	0.0077	保健和社会工作	0.0090	电子光学设备	0.0105	其他社会个人服务	0.0094	化学产品	0.0132
纺织业	0.0321	化学产品	0.0101	其他社会个人服务	0.0099	电力和天然气供应	0.0072	电力和天然气供应	0.0087	交通运输设备零售	0.0104	电力和天然气供应	0.0071	电力和天然气供应	0.0110
电力和天然气供应	0.0300	其他零售	0.0100	电力和天然气供应	0.0090	农林牧渔业	0.0057	交通运输设备零售	0.0083	陆上交通	0.0097	公共管理和国防建设	0.0071	石油冶炼与核燃料	0.0088

数据来源：根据 WIOD 数据库整理所得。

专题五

服务业的发展及其影响分析

北京市生产性服务业结构特征与演变趋势

——基于1997年、2007年及2012年投入产出表的分析

张士运　纪玉伟

摘要：生产性服务业是全球产业竞争的战略制高点，是推动产业结构升级的重要力量。本文将投入产出表中的服务业投入国民经济（包括货物与服务）生产过程的部分作为生产性服务，并基于北京市1997年、2007年及2012年的投入产出表数据，对北京市生产性服务业的生产性服务功能变化趋势，以及变化的原因进行了研究。研究发现：(1)北京市服务业发展速度迅猛，已经成为北京市地区经济发展的绝对支柱产业，但近十几年来服务业的生产性服务功能却呈现下降趋势；(2)服务业投向第二产业的比重降低，支撑作用趋弱，而投向自身的比重最高，"自我效应"显著；(3)从生产性服务供给角度来看，批发和零售贸易业、科学研究和技术服务业、信息传输计算机服务和软件业和教育事业等的生产性服务功能降低是主要的供给侧原因；(4)从生产性服务需求角度来看，第二产业对生产性服务的内生需求萎缩是其需求侧原因。

关键词：生产性服务业　结构　投入产出

一、引言

当前，服务业成为我国经济转型升级的主要推动力与经济增长的新引擎，而生产性服务业是全球产业竞争的战略制高点，是推动产业结构升级的重要力量。生产性服务业促进产业结构升级的作用点关键在于其生产性服务功能，即对国民生产过程的服务支撑作用。北京市服务业发展迅速，近年来在国民经济中的地位大幅上升，已经成为首都经济发展的主体。那么随着服务业的迅猛发展，它是否对经济发展起到相应的"服务"支撑作用呢？本文利用1997—2012年北京市投入产出数据，研究近年来北京市生产性服务业发展情况，包括生产性服务业的部门结构的演变、生产性服务综合属性以及对国民经济其他行业的服务投入的演变情况。

生产性服务业是1966年美国经济学家 H. Greenfield 在研究服务业及其分类时最早

提出的概念。此后，Brorwning & Singelman(1975)、Hubbard & Nutter(1982)、Nanieis(1982)、Gruble & Walker(1989)、Coffer(2000)等人对服务业功能性分类、生产性服务业范畴、定义等问题进行了大量的研究。那么生产性服务业的涵义究竟是什么呢，程大中(2008)指出那些为生产者提供作为中间投入的服务的部门与行业统称为“生产性服务业”(或称“生产者服务业”，producer services)。生产性服务业的界定是基于对服务业或服务部门的“功能性分类”，将服务像有形商品那样区分为资本品和消费品的话，那么生产性服务无疑对应着作为资本品的服务(capital services)，而消费性服务(或称“消费者服务业”，consumer services)则是作为最终消费品的服务。在实际经济统计中，生产性服务业的行业划分与界定是个难点，因为有些服务行业(如交通运输、银行服务)既可以看做是生产性服务业，又可以看做是消费性服务业。本文中生产性服务(业)是指为农业、工业等生产过程提供配套服务、从生产性行业内部独立发展起来的新兴产业，它不向消费者提供直接、独立的服务效用，而是依附于生产(企业)，为生产技术与效率的提高提供服务支撑。

关于生产性服务业的相关研究，主要是使用统计年鉴中服务业分行业的统计数据，运用计量的方法进行时间序列或面板数据的实证分析。运用计量方法的局限性在于，在分析产业关联时无法直接反映该部门与其他产业生产环节的参与程度，只能运用回归方法间接反映。采用投入产出表分析法，分析研究生产性服务业为国民经济生产环节提供服务的属性的优点是：可以充分利用投入产出表中的中间使用流量数据信息，有利于深入透视国民经济各产业的产业特性以及各产业之间的关联关系。

二、北京市服务业发展总体情况

(一)服务业在北京市经济发展中的地位日趋重要

北京市服务业发展迅猛，成为支撑北京市经济发展的支柱产业，且近年来在地区经济发展中的作用日趋上升。1990 年服务业占北京市 GDP 的比重为 39.0%，2000 年迅速上升至 65.0%，2013 年则上升至 77.5%。服务业对地区生产总值的贡献率近年来一直在 80%左右，2008 年由于奥运经济的原因甚至达到了 97.5%。

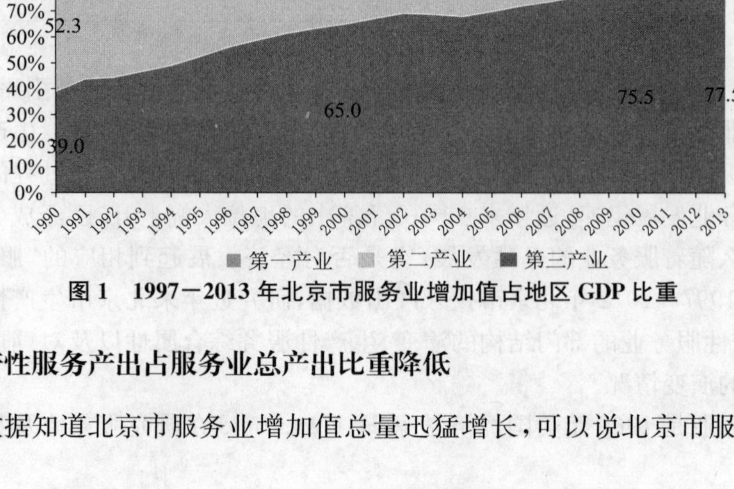

图 1　1997—2013 年北京市服务业增加值占地区 GDP 比重

(二)生产性服务产出占服务业总产出比重降低

从上述数据知道北京市服务业增加值总量迅猛增长，可以说北京市服务业发展已经达到发达国家的水平(数据显示发达国家 2013 年服务业占 GDP 比重约在 70%—80%)。那么作为从生产性行业内部发展起来并为生产过程提供服务的行业,北京市服务业的生产性服务功能发展如何呢? 可以将服务业的中间产出部分作为生产性服务产出,对生产性服务产出占服务业总产出的比重变化情况进行分析,见表 1。

从生产性服务占服务业总产出比重这一指标的变化来看,北京市服务业的生产性服务功能是呈现总体的下降趋势。从表 1 看出,北京市生产性服务产出占服务业总产出的比重自 1997 年的 51.75%下降至 2007 年的 38.94%,,2012 年有所回升至 41.45%。另外,服务业投入占总中间投入的比重也成下降趋势,1997 年为 41.33%,2007 年下降至 34.92%,2012 年小幅回升至 36.20%。

表 1 1997—2012 年北京市服务业、生产性服务业及相关经济指标比较(%)

	1997 年	2002 年	2007 年	2012 年
服务业投入占总中间投入的比重	41.33	40.84	34.92	36.20
物质性投入占总中间投入的比重	58.67	59.16	65.08	63.80
生产性服务占服务业总产出比重	51.75	48.02	38.94	41.45
生产性服务占国民总产出比重	25.73	24.86	22.31	23.87
物质性投入占国民总产出的比重	36.52	37.44	41.58	42.08

(三)生产性服务越来越向服务业自身倾斜

服务业的生产性服务投向结构,主要分析服务业作为中间产品投向的具体部门或产业,反映了服务业对国民经济三次产业的支撑作用,或者国民经济发展对服务业的依赖。表 2 可以看出,生产性服务主要投向的产业是服务业自身:1997 年至 2012 年投向服务业自身的比重在 60%—75%,远远高于投向第一、第二产业的比重。而且,从发展趋势来看,生产性服务投向服务业的比重呈继续上升的趋势,从 1997 年的 63%上升至 2012 年 75%,而投向第二产业的比重则呈下降趋势,从 1997 年的 35%下降至 2012 年的 24%。由此可以看出北京市服务业对自身的支撑更为显著,即服务业的"自我增强"效应扩大,而对第二产业的支撑作用呈现弱化的趋势。

表 2 1997—2012 年北京市生产性服务的投入结构变化趋势(%)

		1997 年	2002 年	2007 年	2012 年
生产性服务投入结构	第一产业	1.62	0.65	0.53	0.44
	第二产业	35.01	30.63	23.68	24.14
	服务业	63.37	68.58	75.79	75.42
	国民经济整体	100.00	100.00	100.00	100.00

三、北京服务业的生产性服务属性分析

那么北京市服务业的生产性服务功能降低的原因是什么呢? 本文将从北京市提供生

产性服务的部门本身结构变化、作为生产性服务供给方的服务业的服务资本品比率变化情况，以及作为对生产性服务需求方的三次产业的生产性服务投入率变化情况，三个角度进行分析。

(一)提供生产性服务的服务业部门构成变化

根据投入产出表的中间流量部分的经济意义，表中服务业的中间投入列是服务业投向生产性行业的部分，具有“生产性服务”的属性，而服务业的最终消费列是服务业为消费者提供的服务，具有“消费者服务”的属性。因此，在研究生产性服务的部门构成时，以投入产出表中服务业的中间投入列作为生产性服务，以此为依据，分析提供生产性服务业的部门构成及变化趋势，见表 3。

根据投入产出表数据，1997 年至 2012 年，北京市生产性服务业中平均占比最高的产业依次为：金融保险业，平均占比为 17.02%；租赁和商务服务业，平均占比为 16.89%；交通运输、仓储和邮政业，平均占比为 16.45%；批发和零售贸易业，平均占比为 13.56%；科学研究和技术服务业，平均占比为 9.53%；信息传输、计算机服务和软件业，平均占比为 6.24%；房地产业，平均占比为 5.99%。

从产业结构变化来看，1997 年至 2012 年占服务业比例变化最大的依次是：金融保险业，占比降低 7.5%；信息传输、计算机服务和软件产业，从无至占比 6.36%；住宿和餐饮业，占比上升 4.96%；公共管理和社会组织，占比下降 3.00%；房地产业，占比上升了 2.59%。其他产业的占比变化不大。

表 3　1997—2012 年北京市生产性服务的部门构成(%)

部门	1997	2002	2007	2012	1997 至 2012 平均占比	1997 至 2012 占比变化
交通运输、仓储和邮政	17.73	11.89	17.43	18.76	16.45	1.03
信息传输、计算机服务和软件业	/	9.94	8.65	6.36	6.24	/
批发和零售贸易业	17.54	2.35	17.25	17.11	13.56	−0.43
住宿和餐饮业	0.89	5.68	7.52	5.85	4.99	4.96
金融保险业	23.81	20.59	7.35	16.31	17.02	−7.5
房地产业	3.32	9.83	4.89	5.91	5.99	2.59
租赁和商务服务业	17.68	17.46	16.31	16.1	16.89	−1.58
科学研究和技术服务	7.94	12.94	11.01	6.21	9.53	−1.73
其他社会服务业	1.47	1.45	2.75	2.16	1.96	0.69
教育事业	0.72	0.89	1.4	1.54	1.14	0.82
卫生、社会保障和社会福利事业	0.59	0.83	0.09	0.14	0.41	−0.45
文化、体育和娱乐业	4.87	6.04	4.86	3.1	4.72	−1.77
公共管理和社会组织	3.43	0.11	0.47	0.43	1.11	−3.00
合计	100.00	100.00	100.00	100.00	/	/

说明：为了行业间可比较，对各年投入产出表某些行业进行了合并处理。

1. 1997年将“货物运输及仓储业”、“邮电业”和“旅客运输业”合并为“交通运输、仓储及邮政业”；商业更名为“批发和零售业”，饮食业更名为“住宿和餐饮业”，“教育文化艺术及广播电影电视事业”根据2002年比例拆分为“教育事业”和“文化、体育和娱乐业”，“科学研究事业”和“综合技术服务业”合并为“科学研究和技术服务业”，“社会服务业”根据2002年比例拆分为“租赁和商务服务业”和“其他社会服务业”；

2. 2002年，将“旅游业”并入“租赁和商务服务业”，“邮政业”和“交通运输及仓储业”合并为“交通运输、仓储及邮政业”，研究与试验发展业、综合技术服务业合并为“科学研究和技术服务业”。

3. 2007年“邮政业”和“交通运输及仓储业”合并为“交通运输、仓储及邮政业”，“研究与试验发展业”和“综合技术服务业”合并为“科学研究和技术服务业”，“水利、环境和公共设施管理业”和“居民服务和其他服务业”合并为“其他社会服务业”。

4. 2010年“水利、环境和公共设施管理业”和“居民服务和其他服务业”合并为“其他社会服务业”。

(二)北京市服务业的服务资本品比率分析

由于服务业提供的服务分为两类，一类是生产性服务，一类是消费性服务。作为中间投入重新进入生产过程的这部分生产性服务，具有资本品性质。因此，将作为中间投入的服务产出占生产性服务与消费性服务之和的比重称为服务资本品比率，该指标可以反映服务部门的生产资料特性。由表4可以看出，北京市服务业总体资本品比率呈现下降的趋势，自1997年的57.54%下降至2012年的43.21%，也就是说，根据服务业资本品比率的发展趋势，北京市服务业的生产性服务属性越来越低。

表4 1997—2012年北京市服务业及相关部门的服务资本品比率发展趋势(%)

部门	1997	2002	2007	2012	1997—2012 平均	1997—2012 变化
服务业	57.54	48.02	38.94	43.21	46.93	−14.33
交通运输、仓储和邮政业	72.79	68.82	70.38	73.92	71.48	1.13
信息传输、计算机服务和软件业	/	39.62	22.38	25.16	21.79	/
批发和零售贸易业	98.39	15.51	67.1	54.32	58.83	−44.07
住宿和餐饮业	19.27	62.38	67.26	61.51	52.61	42.24
融保险业	43.04	58.14	23.6	51.08	43.97	8.04
房地产业	61.71	47.07	24.72	35.39	42.22	−26.32
租赁和商务服务业	62.40	74.14	75.22	83.55	73.83	21.15
科学研究和技术服务业	34.46	46.98	29.64	21.53	33.15	−12.93
其他社会服务业	62.40	47.39	49.53	48.00	51.83	−14.40
教育事业	37.99	10.60	13.82	16.83	19.81	−21.16
卫生、社会保障和社会福利事业	9.99	21.01	0.86	1.64	8.38	−8.35
文化、体育和娱乐业	37.99	61.11	53.02	35.69	46.95	−2.30
公共管理和社会组织	30.30	1.18	4.05	3.65	9.80	−26.65

北京市服务业的生产性功能下降，主要源于哪些具体产业的结构变化以及服务资本品率的下降呢？结合上述北京市服务业内部结构的特征与变化进行分析。北京市服务业中平均占比最高的前 7 个产业的服务资本品比率变化情况为：金融保险业（17.02%，8.04%），（17.02%代表平均占比，8.04%代表资本品比率变化，下同）；租赁和商务服务业（16.89%，21.15%）；交通运输、仓储和邮政业（16.45%，1.13%）；批发和零售贸易业（13.56%，－44.07%）；科学研究和技术服务业（9.53%，－12.93%）；信息传输、计算机服务和软件业资本品服务率 2012 年为 25.16（低于服务业 43.21%的平均水平）；房地产业（5.99%，－26.32%）。其他产业的情况为：住宿和餐饮业（4.99%，42.24%），其他社会服务业、教育事业、卫生社会保障和社会福利事业、文化体育和娱乐业、公共管理和社会组织合计（9.34%，－14.57%）。由此，可以分析出从提供生产性服务的供给方面来看，北京市服务业的生产性服务功能降低，主要是由批发和零售贸易业、科学研究和技术服务业、信息传输计算机服务和软件业、其他社会服务业、教育事业等产业的生产性服务功能降低引起的。

（三）三次产业生产性服务投入率

从需求角度分析三次产业对生产性服务的变化情况。各部门的生产性服务投入率，可以反映国民经济服务化程度，同时也反映了国民经济各产业对生产性服务的需求度。某一产业的生产性服务投入率可以用该产业的服务投入占该产业总投入的比重来测度。

分析北京市国民经济、分三次产业生产性服务投入率情况。从表 5 中可以看出自 1997 年至 2007 年北京市国民经济整体的生产性服务投入率有所下降，自 1997 年的 25.73%下降至 2007 年的 22.31%，下降了 3.41 个百分点，2012 年小幅回升至 23.87%。从分三次产业的数据来看，第二产业的生产性服务投入率下降最为明显，1997 年为 18.99%，至 2012 年下降至 13.1%。第一产业的生产性服务投入率 2002 年下降明显，自 1997 年的 14.65%，下降至 2002 年的 7.17%，此后回升至 2012 年的 13.9%。而服务业自身的生产性服务投入率变化不明显。第二产业的生产性服务投入率出现明显下降，说明北京市产业发展中，制造业对生产性服务的需求在萎缩。

表 5　1997—2012 年北京市生产性服务投入率(%)

产　业	1997	2002	2007	2012
国民经济整体	25.73	24.86	22.31	23.87
第一产业	14.65	7.17	11.86	13.90
第二产业	18.99	16.59	12.67	13.10
服务业	32.79	32.90	29.51	32.60

四、结论

本文利用投入产出分析方法，对北京市生产性服务部门构成以及生产性服务功能的变化趋势进行研究，得出几点结论：

1. 服务业已经成为北京市地区经济发展中的绝对支柱产业，但是生产性服务产出占服务业总产出的比重近十几年来呈现逐年降低的趋势，说明北京市服务业的生产性服务功能是下降的；事实上北京市服务业的自身支撑更为显著，而对第二产业的支撑作用进一步弱化。

2. 从生产性服务的供给侧来看，北京市服务业发展中，提供生产性服务功能的主要部门为金融保险业、租赁和商务服务业、交通运输仓储和邮政业、批发和零售贸易业、科学研究和技术服务业、信息传输计算机服务和软件业，上述产业合计占 80%。而批发和零售贸易业、科学研究和技术服务业、信息传输计算机服务和软件业、教育事业等产业生产性服务功能的降低，对北京市生产性服务功能降低起到了较多的贡献。

3. 从生产性服务的需求侧来看，在产业互动中北京市第二产业（特别是制造业）对生产性服务业发展的内生需求呈现萎缩的趋势，这主要和北京市产业集群功能不突出、产业链发展不够完整、纵深程度不足有很大的关系。

参考文献

[1]　田雪，塔阳，杨江龙．北京市物流业与 制造业、生产性服务业互动需求分析[J]，区域经济．

[2]　樊文静．中国生产性服务业发展悖论及其形成机理[D]，浙江大学，2013.

[3]　胡晓鹏、李庆科：生产性服务业与制造业共生关系研究——对苏、浙、沪投入产出表的动态比较[J]. 数量经济技术经济研究，2009(2).

[4]　刘书瀚、张瑞、刘立霞：中国生产性服务业和制造业的产业关联分析[J]. 南开经济研究，2010(6).

[5]　程大中．中国生产性服务业的水平、结构及影响——基于投入—产出法的国际比较研究[J]，经济研究，2008(1).

作者简介

张士运，北京科学技术研究院北京科学学研究中心，研究员。主要研究领域为宏观经济与科技领域的政策研究。

纪玉伟，北京市科学技术研究院北京科学学研究中心，助理研究员。主要研究领域为社会核算矩阵编制，投入产出分析等宏观经济社会方面的研究。邮箱：alan_jiyuwei@126.com，电话：13699269479。

基于投入产出分析的北京市文化创意产业经济联系研究

沈晓平　张京成

摘要:文章基于北京市 2012 年投入产出基本流量表,运用投入产出模型,通过计算文化创意产业的直接消耗系数、完全消耗系数、影响力系数、直接分配系数、完全分配系数、感应度系数等指标,定量测度北京市文化创意产业与地区经济的关联程度和波及效应,揭示文化创意产业的投入结构和产出去向。分析结果表明,北京市文化创意产业对自身的内部关联明显,对计算机、金融、批发零售等的依赖性较大,说明计算机信息产业的发展和金融政策、消费政策调整对文化创意产业发展将产生重要影响;文化创意产业对批发零售、金融、资本市场等的推动性较大,说明文化创意产业的发展将会直接促进文化消费、金融市场的繁荣。对波及效应的研究表明,文化创意产业的影响力系数低于全社会平均水平,产业支柱地位不牢固;感应度系数排名前列,说明其对其他部门生产的供给推动程度大。最后,根据研究结论,提出北京市文化创意产业优化发展的对策思路。

关键词:文化创意产业　投入产出　前向关联效应　后向关联效应　影响力　感应度

一、引言

为推动首都文化创意产业发展,北京市自 2006 年提出将文化创意产业作为支柱产业予以发展,并出台了一系列政策措施推进产业发展。时至今日,已经在文化创意产业的政策执行、资金扶持、融资服务、交易平台和人才保障等方面,搭建起综合性的支撑保障体系,2014 年出台的《北京市文化创意产业提升规划(2014—2020 年)》又为北京的文化创意产业制订了战略目标。

发展至今,文化创意产业对全市经济发展构成了什么影响,对其他产业的关联程度和波及效应如何,能否承担起支撑北京市科学发展、绿色发展、创新发展的核心引擎重任,是需要认真研究的课题。本论文拟运用投入产出方法,依据 2012 年北京市投入产出表,对北京市文化创意产业在地区经济中的作用进行实证分析,进而提出促进北京文化创意产业发展的对策措施。

二、文化创意产业的后向关联效应

后向关联度是指某产业与消耗其他产业产品或服务的部门的生产技术关联程度，用后向关联度表示。分析文化创意产业与其他产业间的后向关联关系的目的在于，从数量上明确文化创意产业对国民经济不同部门产生的需求拉动作用的大小及差异。

(一)后向关联效应指标

后向关联效应可分为后向直接关联度和后向完全关联度。表示产业间“后向直接关联度”的指标是“直接消耗系数”，记为 $a_{ij}(i,j=1,2,\cdots,n)$，指的是第 j 部门在生产经营活动中生产一个单位总产值所需要直接消耗的第 i 部门货物或服务的价值量，即中间投入与总产出之间的比例关系。这也就反映了两部门之间的最直接的关联，直接消耗系数越大，说明该产业对于其上游产业的直接需求越大，两产业之间的直接关联度也越大。一般公式表示为：

$$a_{ij}=\frac{d_{ij}}{X_j} \text{ 或者 } d_{ij}=a_{ij}\times X_j\ (i,j=1,2,\cdots,n) \tag{1}$$

其中，d_{ij} 为第 j 部门的生产中直接消耗的第 i 部门产品的价值，x_j 为第 j 部门的总产出。将各产品(或产业）部门的直接消耗系数用表的形式表现出来，就是直接消耗系数表或直接消耗系数矩阵，通常用字母 A 表示。

完全消耗系数则是衡量产业之间“后向完全关联度” 的指标。完全消耗系数通常记为 b_{ij}，是指第 j 部门在提供一个单位最终使用时，对第 i 产品部门货物或服务的直接消耗和间接消耗之和，反映了第 j 部门对第 i 部门的完全依存关系。比较直观的表达是，完全消耗＝直接消耗＋全部间接消耗＝直接消耗＋一次间接消耗＋二次间接消耗＋三次间接消耗以及后续高阶间接消耗。在计算完全消耗系数时，需要利用直接消耗系数矩阵 A 来计算完全消耗系数矩阵 B：

$$B=(I-A)^{-1}-I \tag{2}$$

其中 $(I-A)^{-1}$ 为列昂惕夫逆矩阵，I 为单位矩阵。完全消耗系数越大，说明一个产业对另一个产业的需求影响越大，产业之间的完全关联度越大。

(二)后向直接关联效应

根据定义，直接消耗系数反映了任何两个部门之间的直接经济联系，直接消耗系数越大，说明部门间的经济联系越紧密。文化创意产业的直接消耗系数越大，说明文化创意产业与其他产业的后向直接关联度越大，直接需求越大、直接带动效应越明显，也即文化创意部门与其他部门的经济联系越紧密。根据合并后的北京 2012 年 126 部门投入产出基本流量表，利用公式(1)，可以测算出文化创意产业的直接消耗系数。

从测算结果看，在全部 126 个部门中，有 81 个部门的直接消耗系数大于 0，即有 81 个部门与文化创意产业有着后向直接关联关系，但除对文化创意产业对自身的直接消耗系数达到 0.1911 外，文化创意产业对其他产业部门的直接消耗系数均在 0.07 以下。其中，直接消耗系数大于 0.01 的部门有 10 个(见表 1)，依次为文化创意产业，计算机，货币金融

表 1　2012 年文化创意产业直接消耗系数前 10 位

排名	部门	直接消耗系数	依赖程度
1	文化创意产业	0.1911	34.57%
2	计算机	0.0638	11.54%
3	货币金融和其他金融服务	0.0419	7.57%
4	批发和零售	0.0306	5.53%
5	仪器仪表	0.0247	4.48%
6	房地产	0.0160	2.90%
7	金属制品	0.0155	2.81%
8	道路运输	0.0135	2.45%
9	电线、电缆、光缆及电工器材	0.0132	2.38%
10	航空运输	0.0117	2.11%

和其他金融服务，批发和零售，仪器仪表，房地产，金属制品，道路运输，电线、电缆、光缆及电工器材，航空运输，可以认为这 10 个部门与文化创意产业后向直接关联密切。表 1 中"依赖程度"表示在文化创意产对 126 个部门的经济联系总和中，对其中任意部门的依赖程度，从百分数的大小可以清楚看出文化创意产业对各部门的依存关系及其强度。从表 1 可以看出，前 10 个部门所占文化创意产业直接消耗总量的比例为 76.34%，是文化创意产业的主要直接消耗对象。

根据表 1 中的直接消耗系数看出，文化创意产业每生产百元产品和服务，需要直接消耗：文化创意产业自身 19.11 元，计算机 6.38 元，货币金融和其他金融服务 4.19 元，批发和零售 3.06 元，仪器仪表 2.47 元，房地产 1.6 元，金属制品 1.55 元，道路运输 1.35 元，电线、电缆、光缆及电工器材 1.32 元，航空运输 1.17 元。后向直接关联密切的前 10 个部门分别占文化创意产业直接消耗总量的 34.57%、11.54%、7.57%、5.53%、4.48%、2.90%、2.81%、2.45%、2.38%、2.11%。

其中，文化创意产业对于自身具有最大的依赖性，对计算机部门的依赖性排名第二，说明文化创意产业对于计算机的需求很强，产业的兴衰和效率很大程度上取决于计算机硬件及软件的开发和更新换代；文化创意产业对货币金融和其他金融服务的依赖性排名第三，依赖程度为 7.57%，说明文化创意产业是一项融资需求较强的产业部门，货币金融和其他金融服务能够在很大程度上左右文化创意产业的发展繁荣，金融政策调控对于文化创意产业的发展将产生直接的影响。

(三)后向完全关联效应

直接消耗系数只反映了部门间的相互联系的一部分，确切地说只反映了直接效应。对后向关联而言，它表示由 i 部门生产的中间投入对 j 部门的总产出的贡献。但是，部门之间的经济技术联系除了有这种直接效应，还存在着大量的间接效应，例如 j 部门产出的增加不仅要求为 j 部门提供中间投入的 i 部门的产出的增加，而且还要求增加为 i 部门提供中间投入的部门的产出。

而完全消耗系数 b_{ij} 不仅反映了各产业之间的直接影响，而且反映了各个层次的间接影响，对分析产业间的关联带动程度更为全面。完全消耗系数可以在直接消耗系数的基础上计算得到。根据合并后的北京 2012 年 126 部门投入产出基本流量表，利用公式(2)，可以测算出文化创意产业的完全消耗系数。

表 2　2012 年北京文化创意关联产业完全消耗系数前 10 位

排名	部门	完全消耗系数	依赖程度
1	文化创意产业	0.3322	17.87%
2	计算机	0.2364	12.72%
3	电力、热力生产和供应	0.1170	6.30%
4	批发和零售	0.1087	5.84%
5	货币金融和其他金融服务	0.0948	5.10%
6	钢压延产品	0.0787	4.24%
7	电子元器件	0.0520	2.80%
8	道路运输	0.0451	2.43%
9	仪器仪表	0.0447	2.41%
10	有色金属及其合金和铸件	0.0441	2.37%

从完全消耗系数测算结果看，在全部 126 个部门中，有 124 个部门与文化创意产业有着后向完全关联关系，其中后向完全关联系数大于 0.01 的产业部门有 34 个，这些部门在文化创意产业完全消耗总量中的总消耗比例达到 89.84%。其中，排名前 10 位的分别是(表 2)：文化创意产业，计算机，电力、热力生产和供应，批发和零售，货币金融和其他金融服务，钢压延产品，电子元器件，道路运输，仪器仪表，有色金属及其合金和铸件。说明文化创意产业每生产百元产品和服务，对这 10 个部门的完全消耗量分别是 33.22 元，23.64 元，11.70 元，10.87 元，9.48 元，7.87 元，5.20 元，4.51 元，4.47 元，4.41 元。表 2 的“依赖程度”表示在文化创意产业对 126 个部门的完全经济联系总和中，对其中任意部门的完全依赖程度，从百分数的大小可以清楚看出文化创意产业对各部门的完全依存关系及其强度。完全消耗系数前 10 位的部门分别占文化创意产业完全消耗总量的 17.87%、12.72%、6.3%、5.84%、5.10%、4.24%、2.80%、2.43%、2.41%、2.37%，在文化创意产业完全消耗总量中的比例累计达到 62.08%。

(四)影响力分析

影响力系数反映了国民经济某个部门增加一个单位的最终使用时，对国民经济各部门所产生的生产需求波及程度，反映文化创意产业对国民经济各部门的需求拉动效应。影响力系数是在后向关联的基础上定义的后向关联指数 K^*_{Bj} ，计算公式为：

$$K^*_{Bj}=\frac{b_j}{n}\Big/\frac{\sum_j b_j}{n^2} \tag{3}$$

式中 b_j 为 $(I-A)^{-1}$ 列向量之和。

当影响力系数 $K^*_{Bj}>1$ 时，则表示该部门的生产对其他部门所产生的波及影响程度超过全社会的平均影响水平(即各部门所产生的波及影响的平均值);当 $K_{Bj}^{*}=1$ 时,则表示该部门的生产对其他部门所产生的波及影响程度等于全社会的平均影响水平;当 $K_{Bj}^{*}<1$ 时,则表示该部门的生产对其他部门所产生的波及影响程度低于全社会的平均影响水平。显然,影响力系数越大,第 j 部门对其他部门的拉动作用越大,支柱产业地位越明显。

根据 2012 年北京市 139 部门投入产出表,利用公式(3),可以计算得到合并文化创意产业 14 个部门后的 126 个部门的影响力系数,文化创意产业影响力系数为 0.7647,表示文化创意产业对其他部门所产生的波及影响程度低于全社会平均影响水平,在 126 个部门中排名为第 100 位,说明文化创意产业对经济发展的拉动作用相对较小,在北京市经济发展中文化创意产业的支柱产业地位并不牢固。但是,需要指出,当某部门的后向关联度比较低时,并不意味着它对经济增长的贡献度就一定低。有时,对于某些行业来说,关联影响和重要性很难通过各种消耗系数体现出来。

三、文化创意产业的前向关联效应

前向关联效应用前向关联度表示,前向关联度是指某产业与需求本产业产品或服务的部门的生产技术关联程度。分析文化创意产业与其他产业间的前向关联关系的目的在于从数量上明确文化创意产业对国民经济不同部门产生的供给推动能力的大小及差异。

(一)前向关联指标

产业间的前向关联度从前向直接关联和前向完全关联两方面分析,其衡量指标分别是前向直接关联度和前向完全关联度。

“前向直接关联度”指标,记为 h_{ij},指的是第 i 部门在生产经营活动中生产 1 单位总产值分配给第 j 部门作为中间产品直接使用的价值与总产出之间的比例关系。

$$h_{ij}=\frac{a_{ij}}{X_i}(i=1,2,\cdots,n) \tag{4}$$

这也就反映了两部门之间的最直接的前向关联,直接分配系数越大,说明该产业对于下游产业的直接供给推动作用越明显。$H=(h_{ij})_{n\times n}$ 为直接分配系数矩阵。

“前向完全关联度”反映的是某产业在生产运行过程中通过直接和间接方式向其他产业提供产品或服务而对其他产业产生的完全推动作用。前向完全关联度用完全分配系数表示。完全分配系数通常记 e_{ij},是指第 i 部门在提供一个单位最终产品时,对第 j 部门产品和服务的直接和全部间接分配提供的综合,反映了第 i 部门对第 j 部门的完全推动作用。其矩阵记为 E,计算公式为:

$$E=(I-H)^{-1}-I \tag{5}$$

(二)前向直接关联效应

直接分配系数 h_{ij} 反映了两部门之间的最直接的前向关联,直接分配系数越大,说明该产业对于下游产业的直接供给推动作用越明显。

文化创意产业是提供文化、知识产品并受知识产权制度保护的行业,除一部分文化艺术产品直接满足人们的精神文化需求外,还有一部分技术、知识为各行各业提供技术服务和智力支持，是很多产业的中间投入行业。通过直接分配系数可以知道创意产品和服务的流向及比重，从而了解文化创意产业的发展受其他产业的影响和制约程度。

表3　2012年北京文化创意关联产业直接分配系数前10位

排序	部门	直接分配系数	推动程度
1	文化创意产业	0.1911	37.42%
2	批发和零售	0.0620	12.14%
3	货币金融和其他金融服务	0.0525	10.28%
4	公共管理和社会组织	0.0352	6.89%
5	房地产	0.0197	3.86%
6	资本市场服务	0.0169	3.30%
7	教育	0.0098	1.91%
8	餐饮	0.0091	1.79%
9	研究和试验发展	0.0088	1.72%
10	医药制品	0.0066	1.29%

文化创意产业的直接分配系数越大，说明文化创意产业对其他产业的前向直接关联度越大，直接供给越大、直接推动效应越明显。利用合并后的北京2012年126部门投入产出基本流量表中的数据，根据公式(4)，可以测算出文化创意产业的直接消耗系数。

从直接分配系数测算结果看，在全部126个部门中，除有色金属矿采选产品业，麻、丝绢纺织及加工品业，针织或钩针编织及其制品业，炼焦产品业这4个部门外，其他122个部门均与文化创意产业有着前向直接关联关系，这122个部门中有6个部门直接分配系数大于0.01。这里需要说明的是文化创意产业部门对其他部门的直接分配系数较小主要原因，在于文化创意产业产品作为中间产品分配到其他部门作为中间投入的比重较小，仅占51.07%，即有将近一半的文化创意产品被作为最终产品用于投资、消费或出口，这也说明文化创意产品与社会的接触比较密切。

文化创意产业前向直接关联密切的前10个部门依次是文化创意产业，批发和零售，货币金融和其他金融服务，公共管理和社会组织，房地产，资本市场服务，教育，餐饮，研究与实验发展，医药制品(表3)。在这些前向直接关联度较大的产业中，文化创意产业每生产百元总产值中，被作为中间投入使用的产品价值为：文化创意产业19.11元、批发和零售6.2元、货币金融和其他金融服务5.25元、公共管理和社会组织3.52元、房地产1.97元、资本市场服务1.69元、教育0.98元、餐饮0.91元、研究与实验发展0.88元、医药制品0.66元。表3的"推动程度"表示，在文化创意产业对126个部门的中间使用总和中，对其中任意部门的直接推动程度，从百分数的大小可以看出文化创意产业对各部门的直接推动关系及其强度。直接分配系数前10个部门分别占文化创意产业中间使用量的37.42%、12.14%、10.28%、6.89%、3.86%、3.30%、1.91%、1.79%、1.72%、1.29%，在文化创意产业中间使用量中的总比例达到了80.60%，是文化创意产业的主要直接供给对象，文化创意产业的发展会直接促使这些部门的繁荣。

(三)前向完全关联效应

完全分配系数反映的是文化创意产业在生产运行过程中通过直接和间接方式向其他产业提供产品或服务而对其他产业产生的完全推动作用。利用合并后的北京 2012 年 126 部门投入产出基本流量表中的数据,根据公式(5)可以测算与文化创意产业密切关联产业的完全分配系数。

表 4　2012 年北京文化创意关联产业完全分配系数前 10 位

排序	部门	完全分配系数	推动程度
1	文化创意产业	0.3322	25.76%
2	批发和零售	0.1092	8.47%
3	货币金融和其他金融服务	0.0802	6.22%
4	公共管理和社会组织	0.0597	4.63%
5	电力、热力生产和供应	0.0572	4.43%
6	房地产	0.0411	3.19%
7	房屋建筑	0.0410	3.18%
8	汽车整车	0.0399	3.09%
9	通信设备	0.0362	2.80%
10	资本市场服务	0.0244	1.89%

从完全分配系数测算结果看,全部 126 个部门中,除有色金属矿采选产品业,麻、丝绢纺织及加工品业,针织或钩针编织及其制品业,炼焦产品业这四个部门外,其他 122 个部门均与文化创意产业有着前向完全关联关系,且这 122 个部门中有 27 个部门,完全分配系数大于 0.01,大大多于直接分配系数的 6 个,这说明文化创意产业主要通过间接方式与其他部门发生前向关联关系。

与文化创意产业前向完全关联密切的前 10 个部门(表 4)依次是文化创意产业,批发和零售,货币金融和其他金融服务,公共管理和社会组织,电力、热力生产和供应,房地产,房屋建筑,汽车整车,通信设备,资本市场服务。在这些前向完全关联度较大的产业中,文化创意产业每生产百元总产值中,被作为中间投入使用的产品价值为:文化创意产业 33.22 元,批发和零售 10.92 元,货币金融和其他金融服务 8.02 元,公共管理和社会组织 5.97 元,电力、热力生产和供应 5.72 元,房地产 4.11 元,房屋建筑 4.1 元,汽车整车 3.99 元,通信设备 3.62 元,资本市场服务 2.44 元。这前 10 个部门分别占文化创意产业中间使用量的 25.76%、8.47%、6.22%、4.63%、4.43%、3.19%、3.18%、3.09%、2.80% 和 1.89%,在文化创意产业中间使用量中的总比例达到了 63.66%,是文化创意产业的主要直接供给对象,文化创意产业的发展会直接促使这些部门的繁荣。

(四)感应度分析

感应度系数反映了国民经济各个部门每增加一个单位的最终使用时,某一个部门由此而受到的需求感应程度,也就是需要该部门为其他部门生产而提供的产出量,反映该部门供给推动水平。感应度系数是在前向关联的基础上定义的前向关联指数 K_{Fi}^{*} :

$$K^{*}_{Fi}=\frac{b_i}{n}/\frac{\sum_{i} b_i}{n^2} \tag{6}$$

式中 b_i 为 $(I-A)^{-1}$ 行向量之和。

当感应度系数 $K^{*}_{Fi}>1$ 时，则表示第 i 部门所受到的感应程度高于全社会平均感应水平（即各部门所受到的感应程度的平均值）；当 $K^{*}_{Fi}=1$ 时，则表示该部门所受到的感应程度等于全社会平均感应水平；当 $K^{*}_{Fi}<1$ 时，则表示该部门所受到的感应程度低于全社会平均感应水平。

根据 2012 年北京市 139 部门投入产出表，利用公式(6)，测算到文化创意产业感应度系数为 6.3577，在 126 个部门中排名第三，仅低于电力、热力生产和供应以及钢压延产品，说明文化创意产业已经是北京市的重要基础产业，可以认为北京市经济增长建立文化创意产业等高端产业的基础上。

四、结论与思考

（一）进一步明确文化创意产业的市场导向

北京市文化创意产业是最终消费依赖型产业，消费市场表现对文化创意产业发展具有重要影响。因此，北京文化创意产业发展需要坚持以市场需求为发展导向，以交易会、博览会等为营销平台，开拓国内和国际两个文化消费市场。近年来，国家和北京市文化创意产业不同类型的合作交流广泛开展，为北京文化创意产业的国内外市场拓展提供了便捷高效的渠道。未来需要更加注重市场导向原则，进一步提升首都文化创意产业的市场竞争力，利用各种渠道开拓各级消费市场。

（二）推动金融大数据在北京市文化创意产业中的应用

移动互联网时代，文化创意产业要谋求新发展，需要利用大数据提供更新更快更全面的信息搜集，并且通过大数据分析发现产业未来趋势，不断地投资和开发出能够产生良好经济效益的文化创意产品。北京文化创意产业要站在时代尖端，必须善于利用大数据，尤其是与文化创意产业关联密切的金融领域大数据，要建立和完善文化创意产业投融资数据分析和投融资信息对接数据平台，使文创企业和从业者利用大数据最大限度地提升产出、转化和回报率，从而实现文化创意产业质的飞跃。

（三）加快文化创意产业与高端制造业融合发展

加快推动文化创意产业与高端制造业融合，进一步提升首都高端制造业的文化、科技含量，形成独特的竞争力。强化文化创意与高端制造的产业链协作，发展基于文化创意和高端制造的协同制造模式。选择首都高端制造业的优势领域推进创意制造融合、大规模个性化定制和服务型制造，打造文化创意高端制造融合公共服务平台，推动北京形成高端制造业创意化生态体系。

(四)引导文化创意产业与现代农业的融合发展

通过分析发现,文化创意产业与北京现代农业的关联关系薄弱,支撑力不强。今后应利用文化创意产业提升北京现代农业的生产、经营、管理和服务水平,培育文化含量高、创意支撑强的北京现代生态农业新模式,强化示范带动效应。以文化创意促进北京农业消费方式的进一步优化升级,以文化创意促进北京现代农业水平获得更高提升。

(五)提升旅游发展文化内涵

加强北京文化创意产业与旅游产业的融合发展,以文化创意提升北京旅游的内涵质量,以旅游扩大北京文化创意产业的传播消费。进一步加大北京文化旅游的多样化、综合性发展,提升旅游产品开发和旅游服务设计的创意、科技化水平,满足创意时代多样化、个性化旅游需求。推进文化资源向旅游产品转化提升,进一步提升文化旅游精品的内涵和吸引力。

注:本论文在对 2012 年的 139 部门投入产出表的统计分析中,将以下 14 个部门合并为文化创意产业部门:造纸和纸制品(22036),印刷品和记录媒介复制品(23037),文教、工美、体育和娱乐用品(24038),文化、办公用机械(34069),广播电视设备和雷达及配套设备(39088),视听设备(39089),电信和其他信息传输服务(63114),软件和信息技术服务(65115),商务服务(72121),专业技术服务(74123),新闻和出版(85133),广播、电视、电影和影视录音制作(86134),文化艺术(87135),娱乐(89137)。合并后的投入产出表变成 126 部门表,本文所使用的各种系数就是使用 126 部门表计算所得。

参考文献

[1] 韩顺法. 文化产业对相关产业的带动效应研究[J]. 商业经济与管理. 2014(7):21-28.

[2] 李连友,李宾. 基于投入产出方法的北京市文化创意产业对经济贡献分析[J]. 中央财经大学学报. 2012(6):86-91.

[3] 刘佳,朱桂龙. 基于投入产出表的我国产业关联与产业结构演化分析[J]. 统计与决策. 2012(2):136-139.

[4] 刘起运,陈璋,苏汝劼. 投入产出分析. 中国人民大学出版社. 2006 年 11 月.

[5] 向蓉美,马丹. 文化产业对经济增长的影响分析[J]. 经济研究. 2004(11):13-15.

[6] 周强. 文化创意产业关联机制和关联度的动态分析[J]. 重庆大学学报. 2013(8):22-25.

作者简介

沈晓平,北京市科学技术情报研究所。邮箱:shenxiaoping222@163.com,联系电话:13488798064。

张京成,北京市科学技术情报研究所。邮箱:jintchen@163.com,联系电话:13801323834。

京津冀金融业对经济发展影响的对比研究①

——基于投入产出模型的视角

贾向丹

摘要: 基于2012年最新的地区投入产出表,构建剔除进口及国内省外流入影响的投入产出模型,从产业关联效应和产出带动效应两个层面,对北京、天津和河北省金融业对经济发展的影响进行全面分析。研究发现,京津冀金融发展存在显著差异,北京市金融业的产业关联效应较高的部门主要为生产性服务业,天津市和河北省为第二产业;北京市金融业产出对当地国民经济有较高的带动效应,而河北省的产出带动效应较低。

关键词: 金融业 地区经济 投入产出模型

一、引言

我国区域经济一体化的进程不断加快,金融在一体化过程中的主导作用也日趋凸显,加快区域间的金融协同发展对于优化金融资源配置,提高金融资源的使用效率,推动区域产业结构升级进而带动区域经济良好运转具有重要的现实意义。京津冀是我国三大经济圈之一,同时也是北方最大的都市经济区,其金融一体化水平直接关乎经济一体化的顺利进行,由于京津冀三地金融发展水平不尽相同,其对国民经济各产业部门的带动作用也呈现出显著差异,区域金融资源尚未完成自由流动,因此,剖析京津冀区域内部金融发展、产业关联以及对经济的带动作用的差异有利于梳理京津冀地区金融发展的优势及劣势,同时为制定宏观的金融一体化政策提供有力的参考。

国内外对金融发展与经济增长之间的关系进行研究的文献汗牛充栋,研究结论基本达成共识,认为金融发展与经济增长存在显著的正相关关系。其中,最有影响力的文献为:Goldsmith(1969),他开创了对金融发展与经济增长关系进行实证研究的先河[1]。King & Levine(1993)对Goldsmith的研究进行了扩展和完善,不仅扩大了样本量,增加了指标,同时对金融发展与经济增长的内在联系进行了深入研究[2]。国内的研究也层出不

① 项目基金:北京市统计局支撑计划项目"金融业对北京经济发展的影响"(项目编号:413214409600)。

穷，谈儒勇对我国金融发展与经济增长的关系进行了实证分析，其将金融发展分为金融中介体发展和股票市场发展，结论认为，金融中介体发展与经济增长存在显著的正相关关系，而股票市场的发展与经济增长之间存在着不显著的负相关作用[3]。周立，王子明将研究深入到地区层面，对中国各地区的金融发展与经济增长之间的关系进行实证研究，认为地区的金融发展差距在一定程度上可以解释经济差距，金融市场化与经济增长显著相关[4]。

大多数计量文献从宏观的视角论证了金融发展与经济增长之间的关系，但是仍然不能确定两者之间的因果关系以及内在的传导机制。近年来，有些学者尝试从投入产出的角度研究金融业的产业关联关系，从产业层面研究金融发展的经济意义。王磊利用多年中国投入产出表及 1995 年日本投入产出表对我国金融保险业的产业关联进行动态分析和横向比较，全面探究我国金融保险业的发展状况[5]。罗军从投入和使用的角度分析了我国金融保险业的产业关联状况，结论表明我国金融保险业的产业特点为强制约力、弱辐射力[6]。此外，还有一些学者对单个省市进行研究，其研究方法和思路大体相同，主要围绕金融业的产业关联进行分析，并未真正揭示其与经济增长之间的内在传导机制。

基于以往的研究，本文将深入到产业层面，试图揭示金融发展与经济增长之间的传导途径，对比京津冀地区的金融发展差异，以促进京津冀金融的协同发展，进而加速京津冀经济一体化进程。

二、研究方法与数据处理

里昂惕夫创立的投入产出分析表采用纵横交错的棋盘式结构，将各个部门投入和产出之间的数量关系集中体现在一张表格中，从生产和分配两个方向来反映产品（包括商品和服务）在部门之间的运动过程。它不仅能够量化产业之间的技术关联，而且可以透过产业关联分析，剖析各产业部门在整个国民经济中的地位，并测算其对国民经济的影响程度。

（一）产业关联效应分析

从产业层面衡量金融业对经济发展的影响，着手点在于分析金融业与其他产业部门的关联效应，找到金融业在产业链中重要的前、后向关联产业，厘清金融业生产的产品与服务在前向关联产业中的分配，以及金融业为完成生产活动对后向关联产业的消耗。直接消耗系数反映直接后向产业关联程度，公式表示为：$a_{ij}=\frac{x_{ij}}{X_j}(i,j=1,2,\cdots,n)$，即 j 部门生产单位产品需要消耗 i 部门的产品或服务的数量；直接分配系数反映直接前向产业关联程度，公式表示为：$h_{ij}=\frac{x_{ij}}{X_i}(i,j=1,2,\cdots,n)$，即 i 部门单位产品分配给各个部门用于生产的数量。

（二）产业地位分析

中间投入率和中间需求率是反映产业关联程度的指标，从而确定产业在国民经济中的地位。中间需求率为各产业对某产业的中间使用占该产业总产出的比重,用公式表达为:$G_i=\frac{\sum_{j=1}^{n}x_{ij}}{X_i}(i=1,2,\cdots,n)$,其中 x_{ij} 表示 i 部门的产品提供给 j 部门生产所用的部分。中间投入率为某产业在生产过程中的中间投入占总投入的比重,用公式表达为:$Ac_j=\frac{\sum_{i=1}^{n}x_{ij}}{X_j}(j=1,2,\cdots,n)$。

影响力系数和感应度系数是反映产业波及效应的指标,能够判断产业部门在国民经济中的作用。影响力系数的经济意义为某一产品部门增加一个单位最终产品时,对国民经济各部门所产生的生产需求波及程度,可用公式表示为:$P_j=\frac{\sum_{i=1}^{n}\bar{b}_{ij}}{\frac{1}{n}\sum_{j=1}^{n}\sum_{i=1}^{n}\bar{b}_{ij}}(j=1,2,\cdots,n)$,其中,$b_{ij}$ 为第 i 部门对第 j 部门的完全消耗系数;感应度系数的经济意义为当国民经济各部门均增加一个单位最终产品时,某一部门由此受到的需求感应程度,可用公式表示为:$S_i=\frac{\sum_{j=1}^{n}\bar{w}_{ij}}{\frac{1}{n}\sum_{i=1}^{n}\sum_{j=1}^{n}\bar{w}_{ij}}(i=1,2,\cdots,n)$,其中,$w_{ij}$ 为第 i 部门对第 j 部门的完全分配系数。

(三)产出带动效应

产业关联效应的分析并未真正打通金融业产出与国民经济其他行业产出之间的关联通道,要测算金融业产出对宏观经济整体以及国民经济其他各行业的产出带动作用,还需要构建以下两个投入产出模型。

考虑到本文的研究对象为单个省市投入产出表,产出的带动效应要剔除"进出口"的影响,不同于国家投入产出表的是,"进出口"不只限于境外对当地的进口或出口,也应该包含国内省外对当地的调入或调出。如果不对进出口进行处理,产出带动效应则不仅仅是对本地区经济的带动,因此在计算某一行业对该地区总产出的带动效应时,应该把中间产品中的进口品以及国内省外流入扣除。本文试图对模型(1)进行完善,按照各部门进口品占该部门国内使用的比例来剔除进口量①。以 N 个产业部门为例,计算第 N 个部门产出的变化对其他部门产出的推动作用,可以使用如下模型(1):

$$\begin{bmatrix}\Delta X_1\\ \Delta X_2\\ \cdots\\ \Delta X_{N-1}\end{bmatrix}=\Delta X_N(\bar{h}_{N,1},\bar{h}_{N,2},\cdots,\bar{h}_{N,N-1})\left(I-\begin{bmatrix}\bar{h}_{11} & \bar{h}_{12} & \cdots & \bar{h}_{1,N-1}\\ \bar{h}_{21} & \bar{h}_{22} & \cdots & \bar{h}_{2,N-1}\\ \cdots & \cdots & \cdots & \cdots\\ \bar{h}_{N-1,1} & \bar{h}_{N-1,2} & \cdots & \bar{h}_{N-1,N-1}\end{bmatrix}\right)^{-1}$$

其中,

① 参考夏明,张红霞编著《投入产出分析——理论、方法与数据》,P223。

$$\bar{H} = \hat{a}H = \begin{bmatrix} a_1 & 0 & \cdots & 0 \\ 0 & a_2 & \cdots & 0 \\ \vdots & \vdots & & \vdots \\ 0 & 0 & \cdots & a_n \end{bmatrix} H$$

模型(1)中，ΔX_i 表示第 i 个部门产出的变化，H 为直接分配系数矩阵，a_i 表示本地区总使用中由当地生产的部分所占的比例，其对中间投入中进口和国内省外流入部分进行扣除。因此，$\bar{H}$ 为修正之后的直接分配系数矩阵，$\bar{h}_{i,j}$ 表示只供应于当地使用的直接分配系数，模型表示第 N 部门产出的变化，通过第 N 部门与其他 $N-1$ 个部门之间的经济联系 $(\bar{h}_{N,1}, \bar{h}_{N,2}, \cdots, \bar{h}_{N,N-1})$ 对其他部门的供给产生影响，再通过 $N-1$ 个部门之间的经济联系 $\begin{bmatrix} \bar{h}_{11} & \bar{h}_{12} & \cdots & \bar{h}_{1,N-1} \\ \bar{h}_{21} & \bar{h}_{22} & \cdots & \bar{h}_{2,N-1} \\ \cdots & \cdots & \cdots & \cdots \\ \bar{h}_{N-1,1} & \bar{h}_{N-1,2} & \cdots & \bar{h}_{N-1,N-1} \end{bmatrix}$ 对 $N-1$ 个部门的产出产生诱发效应。

另一方面，讨论金融业产出对其他产业部门产出的拉动作用则需考虑以下模型形式，记为模型(2)：

$$\begin{pmatrix} \Delta X_1 \\ \Delta X_2 \\ \cdots \\ \Delta X_{N-1} \end{pmatrix} = \Delta X_N \left(I - \begin{bmatrix} \bar{a}_{11} & \bar{a}_{12} & \cdots & \bar{a}_{1,n-1} \\ \bar{a}_{21} & \bar{a}_{22} & \cdots & \bar{a}_{2,n-1} \\ \cdots & \cdots & \cdots & \cdots \\ \bar{a}_{n-1,1} & \bar{a}_{n-1,2} & \cdots & \bar{a}_{n-1,n-1} \end{bmatrix} \right)^{-1} \begin{pmatrix} \bar{a}_{1N} \\ \bar{a}_{2N} \\ \cdots \\ \bar{a}_{N-1,N} \end{pmatrix}$$

其中，

$$\bar{A} = \hat{a}A = \begin{bmatrix} a_1 & 0 & \cdots & 0 \\ 0 & a_2 & \cdots & 0 \\ \vdots & \vdots & & \vdots \\ 0 & 0 & \cdots & a_n \end{bmatrix} A$$

模型(2)中，ΔX_i 表示第 i 个部门产出的变化，A 为直接消耗矩阵，$\bar{A}$ 为扣除进口及国内省外流入以后的直接消耗系数。$\bar{a}_{i,j}$ 表示只是来自当地产品的直接消耗系数，模型表示第 N 部门产出的变化，通过第 N 部门与其他 $N-1$ 个部门之间的经济联系 $(\bar{a}_{1,N}, \bar{a}_{2,N}, \cdots, \bar{a}_{N-1,N})^T$ 对其他部门的需求产生影响，再通过 $N-1$ 个部门之间的经济联系 $\begin{bmatrix} \bar{a}_{11} & \bar{a}_{12} & \cdots & \bar{a}_{1,n-1} \\ \bar{a}_{21} & \bar{a}_{22} & \cdots & \bar{a}_{2,n-1} \\ \cdots & \cdots & \cdots & \cdots \\ \bar{a}_{n-1,1} & \bar{a}_{n-1,2} & \cdots & \bar{a}_{n-1,n-1} \end{bmatrix}$ 对 $N-1$ 个部门的产出产生诱发效应。

(四)数据处理

本文主要围绕最新的北京市、天津市和河北省 2012 年投入产出数据展开研究。一方面，对 42 部门投入产出表中金融业的产业关联系数和产出带动效应进行计算；另一方面，将139部门投入产出数据在保留金融业三个细分业态的基础上按照42部门的产业分类标准进行合并，最终形成44部门投入产出表，对金融业的细分业态进行产业关联分析以及产出带动效应分析。

三、京津冀金融业对经济发展的影响

(一)京津冀金融业发展现状

改革开放30多年来，我国金融业发展迅速，对经济的贡献日益显著，同时各地区的金融业发展水平差异巨大。京津冀区域内部金融业发展极不平衡，北京市金融业得益于“总部经济”优势，汇集了全国大规模的金融资产，成为全国金融业的领头羊；天津市依托滨海新区，大力推行金融创新，金融业获得较快发展；相比之下，河北省经济总量大，但是发展水平低，牵制了金融业的发展。

结合2012年北京市、天津市和河北省的投入产出数据进行横向比较(见表1)发现，河北省的经济总量最大，第二产业所占比重最高，金融业的绝对值和相对比例都较低；北京市的经济总量次之，产业结构优于河北省和天津市，第三产业所占比例超过了一二产业的合计，并且金融业的总产出和增加值都为最高，增加值所占地区GDP的比例高达14.3%；天津市的经济总量在三个地区中最低，其第二产业为支柱产业，金融业水平也相对较高，增加值所占地区GDP比重为7.8%，高于全国平均水平6.6%。

表1 2012年产业总产出和增加值的京津冀比较①

		北京市		天津市		河北省	
		规模(亿元)	结构（%）	规模（亿元）	结构(%)	规模（亿元）	结构(%)
第一产业	总产出	395.75	0.8	375.63	0.9	5340.11	6.9
	增加值	150.2	0.8	171.60	1.3	3186.66	12
第二产业	总产出	23100.32	44	27825.23	69.0	55975.38	71.9
	增加值	4055.82	22.7	6663.82	51.7	14003.57	52.7
第三产业	总产出	29015.49	55.3	12115.58	30.1	16540.42	21.2
	增加值	13673.4	76.5	6058.46	47.0	9384.78	35.3
金融业	总产出	4003.2	7.6	1347.50	3.3	1721.65	3.4
	增加值	2551.2	14.3	1001.60	7.8	913.66	2.2
产业合计	总产出	52511.6	100	40316.4	100	77855.91	100
	增加值	17879.4	100	12893.9	100	26575.01	100

注：数据来源2012年42部门《北京市投入产出表》《天津市投入产出表》《河北省投入产出表》。

(二)金融业产业关联效应比较

通过对比2012年北京市、天津市和河北省投入产出基本流量表，发现金融业几乎和所有的产业部门都有关联，并且直接前向关联产业部门的个数均大于直接后向关联产业

① 表中的结构指金融业总产出(增加值)占所有产业总产出(增加值)的比重。

部门的个数，即需要金融业供给产品和服务的部门比金融业消耗产品和服务的部门要多。京津冀三地金融业联系密切的直接后向关联产业分布较为相近，大部分属于第三产业，第二产业中金融业消耗最多的是造纸印刷和文教体育用品。

在联系密切的直接前向关联产业（直接分配系数排名前十位）的分布上，三所城市略有不同（具体如表 2 所示）：北京市金融业的产品分配大部分体现在第三产业部门，第二产业部门只有电力、热力的生产和供应，和建筑业排在前十位；天津市除了电力、热力的生产和供应，以及建筑业以外，还有金属冶炼和压延加工业、化学制品制造业；河北省也主要是第二产业，如纺织业，化工产业，建筑业等。北京市金融业与科学研究和技术服务的产业关联程度比天津和河北都高，体现了北京市金融业对“科技创新”政策的积极响应。相比而言，天津市和河北省金融业则对实体经济的扶持相对较多，为工业、建筑业提供了相对较多的产品和服务。

表 2　京津冀金融业直接分配系数比较（前十位）

北京		天津		河北	
产业部门	直接分配系数	产业部门	直接分配系数	产业部门	直接分配系数
房地产	0.072	批发和零售	0.128	交通运输、仓储和邮政	0.140
金融	0.068	交通运输、仓储和邮政	0.095	金属冶炼和压延加工品	0.133
批发和零售	0.063	房地产	0.078	批发和零售	0.104
交通运输、仓储和邮政	0.060	租赁和商务服务	0.061	纺织品	0.078
租赁和商务服务	0.054	金属冶炼和压延加工品	0.054	电力、热力的生产和供应	0.076
科学研究和技术服务	0.052	化学产品	0.033	房地产	0.073
电力、热力的生产和供应	0.032	建筑	0.030	金属矿采选产品	0.068
建筑	0.031	居民服务、修理和其他服务	0.027	化学产品	0.043
公共管理、社会保障和社会组织	0.012	金融	0.023	建筑	0.040
信息传输、软件和信息技术服务	0.009	电力、热力的生产和供应	0.016	金融	0.035

注：数据来源 2012 年 42 部门《北京市投入产出表》《天津市投入产出表》《河北省投入产出表》。

（三）金融业产业地位的比较

表 3 不仅给出了京津冀三地金融业产业地位分析指标的计算结果，同时将全国的数据作为平均水平以便于比较。从金融业对各行业的需求拉动能力来看，河北省最高，中间投入率为 46.93%，北京次之（36.27%），天津市金融业的需求拉动能力相对较弱，中间投入率仅为 25.67%，该指标从另一侧面反映了天津市金融业的附加值率最高，河北省金融业的附加值率最低；从供给推动能力来看，河北省金融业为各产业部门的生产过程提供产

品和服务的比重最高，中间需求率高达112.57%，该系数大于1，原因在于，河北省金融业的进口和省外流入大于其对外出口及对省外的流出，弥补了其自身金融供给不足的缺口，对河北省经济增长起到积极的作用。北京市和天津市分别为51.08%、70.46%。三个地区金融细分行业的各项指标也存在较大差异，天津市保险业的中间需求系数大于1，说明天津市保险业的进口和省外流入对其向各产业部门提供产品和服务提供了补充。而三个地区的证券业的中间需求率远小于全国平均水平，间接反映了京津冀证券市场对经济的推动作用并不显著。根据钱纳里的产业划分理论①，三个地区的金融业均属于中间产品型基础产业。

就影响力系数和感应度系数而言，京津冀以及全国的结果保持一致，金融业对国民经济的需求拉动作用均低于社会平均水平，供给推动作用则高于社会平均水平，其中河北省的影响力系数和感应度系数最高，分别为1.527、0.797，北京市和天津市不相上下。

表3　京津冀金融业产业地位分析指标计算结果

		中间投入率	中间需求率	感应度系数	影响力系数
北京	金融业	36.27%	51.08%	1.316	0.545
	银行业	29.21%	57.90%	1.397	0.503
	证券业	52.86%	0.62%	0.276	0.673
	保险业	72.03%	53.24%	0.458	0.784
天津	金融业	25.67%	70.46%	1.316	0.540
	银行业	23.52%	67.42%	1.282	0.537
	证券业	21.29%	11.49%	0.327	0.520
	保险业	56.66%	123.57%	0.508	0.770
河北	金融业	46.93%	112.57%	1.527	0.797
	银行业	44.26%	115.89%	1.155	0.785
	证券业	26.32%	15.73%	0.343	0.613
	保险业	68.16%	93.57%	1.132	0.965
中国	金融业	40.37%	80.31%	1.043	0.688
	银行业	39.01%	86.96%	1.084	0.690
	证券业	27.27%	69.29%	0.923	0.582
	保险业	59.48%	50.77%	0.759	0.816

注：数据来源：2012年的数据分别来自北京市、天津市、河北省42部门和139部门《投入产出表》，其中，2012年金融细分业态分为三类：银行业、证券业、保险业。

（四）金融业产出对各行业产出带动作用的比较

金融业通过产业关联发生产出乘数效应，即金融业在创造产出的同时会带动该地区整个国民经济总产出的增加，该乘数体现了金融业对经济发展的内在传导机制，反映了金融业对国民经济发展的间接贡献程度。通过投入产出模型可以分别计算出京津冀三地金

① 杨治：《产业经济学导论》，第105页。该理论认为中间需求率>50%，且中间投入率<50%的产业为中间产品型基础产业，有些文献中也将此类产业称为中间需求型产业或者中间需求型基础产业。

融业总产出对宏观经济整体以及国民经济各个行业的推动作用和拉动作用(见表 4 所示),天津市 1 单位金融业产出推动了该市全行业 2.58 个单位的总产出,推动系数在京津冀三个地区中最大,北京次之,推动系数为 2.24,京津两地金融业对当地经济的推动作用高于全国平均水平,反映了京津两地金融业的发展通过产业之间的关联,进而显著地带动了当地经济的增长。河北省 1 单位金融业产出推动了当地全行业 1.78 个单位的总产出,推动系数略低于全国平均水平,河北省可借助京津冀金融一体化为契机,汲取京津两地金融发展的经验,大力发展本地金融业,提高金融发展水平,进而推动当地经济快速发展。北京市 1 单位金融业产出拉动该市全行业 1.79 个单位的总产出,拉动系数在京津冀三地中最大,略高于全国平均水平 1.68,天津市和河北省的拉动系数相等为 1.63。

从细分行业的角度来看,北京市银行业的推动系数大于证券业和保险业,其产出对国民经济的推动作用为 1.76,而在天津市和河北省的推动系数中,保险业的推动系数较高。在拉动系数中,北京市和天津市的保险业拉动系数较高,而河北省银行业的拉动系数略高。

表 4　京津冀金融业产业带动效应对比分析

		北京	天津	河北	中国
推动乘数	金融业	2.24	2.58	1.78	2.17
	银行业	1.76	2.13	1.34	2.45
	证券业	1.16	1.5	1	1.77
	保险业	1.17	2.23	1.76	2.1
拉动乘数	金融业	1.79	1.63	1.63	1.68
	银行业	1.27	1.63	1.65	1.74
	证券业	1.52	1.62	1.35	1.54
	保险业	1.55	2	1.63	2.02

四、结论

本文分别计算了 2012 年京津冀三地的金融业产业关联效应及产出带动效应,对比研究结果得出以下结论:

第一,京津冀区域内部金融发展程度存在较大差距。河北省的经济总量高于京津两地,但其金融业总产出和增加值水平相对较低,同时,三地的产业结构也不尽相同,北京市金融业增加值占地区 GDP 的 14.3%,天津市金融业增加值占地区 GDP 的 7.8%,而河北省金融业增加值仅占该地区 GDP 的 2.2%,远低于全国平均水平 6.6%。因此,若要发展京津冀金融一体化,必先区分京津冀金融发展的内部差异,进而充分发挥各地区的产业优势,推动区域经济的持续发展。

第二,北京市金融业产业关联效应较高的产业部门主要为生产性服务业,天津市和河北省产业关联效应较高的产业部门多数为第二产业。京津冀三地的产业结构存在较大差异,金融业的产业关联效应的分析结果也充分反映了这种差异,如北京市金融业与科学研究和技术服务的产业关联程度比天津和河北都高,说明北京市金融业对“科技创新”政策的积极响应;天津市和河北省金融业则更多地为实体经济提供服务,如金属制品、纺织业、建筑等。

第三,京津冀三地金融业均为中间产品型基础产业,对社会各部门的渗透力和辐射力有待加强。金融业的中间投入率小于1,中间需求率大于1,说明金融业为高附加值的基础产业部门,而金融业的影响力系数小于1,说明金融业对国民经济的影响程度并不高,而其感应度系数大于1,说明金融业的发展容易受到其他各部门发展水平的影响。

第四,金融业通过产业关联引发产出带动效应,京津冀三地金融业对当地经济发展都起到积极的带动作用。其中,天津市的推动作用最高,推动系数为2.58,而河北省的推动系数最低,为1.78,低于全国的平均水平。北京市的拉动作用最高,且高于全国平均水平,河北省和天津市的拉动作用低于全国平均水平。加强金融业与产业部门之间的技术关联,为各产业部门提供其发展过程中必需的资金服务,是提高金融业产出带动效应根本途径和措施。

参考文献

[1] Goldsmith, R.W.. Financial Structure and Development . New Haven ,Conn.: Yale University Press ,1969.

[2] King, R. G. and Levine, R .. Finance and Growth : Schumpeter Might Be Right . Quarterly Journal of Economics , August,1993, pp. 717—737.

[3] 谈儒勇. 中国金融发展和经济增长关系的实证研究[J]. 经济研究,1999(10).

[4] 周立,王子明. 中国各地区金融发展与经济增长实证分析:1978—2000[J]. 金融研究,2002(10).

[5] 王磊. 基于投入产出的中、日金融保险业产业关联分析[J]. 经营与管理,2012(10).

[6] 罗军. 中国金融保险业的投入产出分析[J]. 北京邮电大学大学学报,2008(3).

[7] 刘启运,陈璋,苏汝劼. 投入产出分析[M]. 北京:中国人民大学出版社,2006.

[8] 夏明,张红霞. 投入产出分析——理论、方法与数据[M]. 北京:中国人民大学出版社,2013.

[9] 陈锡康. 投入占用产出理论及其应用[M]. 北京:中国统计出版社,1999.

[10] 蒋萍,王勇. 基于投入产出的中国金融业产业关联效应[J]. 财政研究,2012(11).

[11] 赵建超,赵春萍,彭振江. 金融业对经济增长贡献的测算及中美两国比较[J]. 金融监管研究,2014(4).

[12] 林四春,何小锋. 金融业增加值结构分析——基于投入产出表的调整[J]. 山西财经大学学报,2012(6).

[13] 李亚明,佟仁城. DEA在投入产出表中的应用及其对建筑业的分析[J]. 数学的实践与认识,2007(5).

作者简介

贾向丹,中国人民大学统计学院博士研究生,研究方向为宏观经济统计。邮箱:jiaxiangdan318@163.com,联系电话:17888838241。

河北省生产性服务业发展影响因素分析

李思宇　刘新建

摘要：生产性服务业在优化产业结构、拉动区域经济增长、实现绿色低碳发展中扮演着关键角色，是近年来国家政策积极推动的重要发展方向。生产性服务业的发展受到中间投入结构、最终产品结构、社会经济效率等因素的影响。本文基于河北省2002年、2012年投入产出表数据，应用多因素多阶影响分析法(MMIA)，探讨多因素作用对生产性服务业发展的影响。

关键词：生产性服务业　影响因素分析　多因素多阶影响分析　河北省

一、引言

随着经济发展和产业演进，社会经济结构从工业型经济向服务型经济转化成为必然趋势。在英国，1971—1989年，第一产业就业跌幅为40%，第二产业就业跌幅为35%，而第三产业就业涨幅30%，其中生产性服务业涨幅达到76%[1]。生产性服务业对经济增长有重要的推动作用[2]。2015年河北省人民政府出台《关于加快发展生产性服务业的实施意见》，提出要加快生产性服务业创新发展，促进河北省产业结构转型升级，实现绿色崛起。研究河北省产性服务业发展的影响因素对实现以上目标以及提升河北省经济发展水平具有重要的意义。

国内学者采用不同方法对生产性服务业影响因素进行过研究。韩德超，张建华(2008)以产业经济学和转型经济学相关理论为基础，基于中国转型期基本国情，利用面板数据模型考查专业化分工、产权结构、效率等因素对中国东部、中部和西部生产性服务业发展的影响，研究发现，专业化水平、效率、非国有化产权对各地区生产性服务业发展均有相关性[3]。徐丽霞，田喜洲(2011)基于投入产出模型，运用结构分解法(DEA)，从需求角度分析了增加值、技术变化、最终使用结构变化、最终使用总量增长对我国生产性服务业增加值变化的贡献水平。研究结果认为，新兴生产性服务业发展滞后影响了我国整体产业结构升级，并限制了外部因素对生产性服务业的促进作用[4]。

本文基于河北省2002年、2012年投入产出表，结合投入产出模型和多因素多阶影响因素分析法对2002—2012年10年间生产性服务业总产出结构和增加值结构的发展变化情况及影响因素进行定量分析，以揭示河北省生产性服务业发展变化趋势及多个影响因素作用情况。

二、生产性服务业发展影响因素分析模型

总产出与增加值是体现生产性服务业发展规模的重要指标，总产出份额和增加值份额反映了生产性服务业部门在产业结构中的地位。本文以投入产出模型为基础，结合多因素多阶影响因素分析(MMIA)方法，建立生产性服务业总产出结构变化和增加值结构变化影响因素分析模型。

(一)总产出与增加值结构模型

中国标准投入产出表的基本结构框架是：

$$\begin{pmatrix} X & Y & Q \\ Z' & & \\ Q' & & \end{pmatrix} \tag{1}$$

其中X表示中间投入矩阵，Y表示最终使用矩阵，Z表示最初投入矩阵，Q表示总产出列向量。如果以A表示直接消耗系数矩阵，B表示列昂剔夫逆矩阵，则投入产出表基本模型就是：

$$Q=(I-A)^{-1}Y=BY \quad B=(I-A)^{-1}$$

定义 q 为各部门产出占总产出合计的比重，y 为各部门最终使用占最终使用合计的比重，$\bar{m}$ 表示社会总增加值率，e 为所有元素都是1的行向量，则有：

$$\bar{Q}=eQ \quad \bar{Y}=eY=\bar{Z}=eZ$$

$$y=\frac{Y}{\bar{Y}} \quad q=\frac{Q}{\bar{Q}} \quad \bar{m}=\frac{\bar{Y}}{\bar{Q}}$$

得到总产出结构模型：

$$q=Q\bar{Q}^{-1}=BY\frac{1}{\bar{Y}}\frac{\bar{Y}}{\bar{Q}}=By\bar{m} \tag{2}$$

对于增加值结构，在投入产出表行列关系中，总增加值与总中间投入之和等于总产出，因此有：

$$Z=Q-X'e \quad X=A\hat{Q}$$

由此得：

$$Z=BY-diag(BY)A'e$$

其中，$\hat{Q}$ 表示矩阵Q的对角矩阵，diag(BY)表示矩阵B与矩阵Y乘积的对角矩阵。

定义z为单个部门增加值占总增加值的比重，即：

$$z=\frac{Z}{\bar{Z}}=\frac{Z}{\bar{Y}}$$

从而得到增加值结构模型：

$$z=By-diag(By)A'e \tag{3}$$

(二)产业结构变化影响因素分析模型

多因素多阶影响分析(MMIA)[5]是一种影响因素分析法,其采用差分分解模式,基本原理是依次得到多因素对因变量的一阶以及多阶影响。其优点在于,在对影响因素进行分析时,不仅把造成因变量变化的因素都列出,而且将这些因素的单独作用与相互间共同作用分离出来,并能够计算各影响域对因变量变化贡献程度的大小。下面就应用 MMIA 和投入产出结构模型,建立关于产业结构变化的影响因素分析模型。

在地区投入产出表中,最终使用矩阵 Y 由四个部分构成,Y=C+G+I+NE。其中 C 是居民消费,G 是政府消费,I 是资本形成,NE 是净流出,包括净出口和国内省际净流出。令:

$$\bar{C}=eC,\ \bar{G}=eG,\ \bar{I}=eI,\ \overline{NE}=eNE$$

$$c=C\bar{C}^{-1},\ g=G\bar{G}^{-1},\ v=I\bar{I}^{-1},\ ne=NE\,\overline{NE}^{-1}$$

$$y_C=\bar{C}\bar{Y}^{-1},\ y_G=\bar{G}\bar{Y}^{-1},\ y_I=\bar{I}\bar{Y}^{-1},\quad y_{NE}=\overline{NE}\bar{Y}^{-1}$$

$$\bar{m}=\bar{Z}\bar{Q}^{-1}=Z'\bar{Q}^{-1}e=(Z'\hat{Q}^{-1})(\hat{Q}\bar{Q}^{-1}e)=m'q$$

其中 $\bar{C}$ 为居民消费总额,$\bar{G}$ 为政府消费总额,$\bar{I}$ 是资本形成总额,$\overline{NE}$ 是净流出总额。于是最终使用结构 y 表示为:

$$y=(c\ g\ v\ ne)\begin{pmatrix}y_C\\y_G\\y_I\\y_{NE}\end{pmatrix}=cy_C+gy_G+vy_I+ney_{NE} \tag{4}$$

在以上符号定义基础上,总产出结构变化模型如下:

$$\begin{aligned}\Delta q&=\Delta(By)(\bar{m}+\Delta\bar{m})+By\Delta\bar{m}\\&=(\Delta\Delta B+B\Delta y+\Delta B\Delta y)(\bar{m}+\Delta\bar{m})+By\Delta\bar{m}\\&=\Delta By\bar{m}+B\Delta y\bar{m}+By\Delta\bar{m}\\&\quad+\Delta B\Delta y\bar{m}+\Delta By\Delta\bar{m}+B\Delta y\Delta\bar{m}+\Delta B\Delta y\Delta\bar{m}\end{aligned} \tag{5}$$

如果令:

$$\Delta q^B=\Delta By\bar{m},\Delta q^y=B\Delta y\bar{m},\Delta q^{\bar{m}}=By\Delta\bar{m},$$
$$\Delta q^{By}=\Delta B\Delta y\bar{m},\Delta q^{B\bar{m}}=\Delta By\Delta\bar{m},\Delta q^{y\bar{m}}=B\Delta y\Delta\bar{m},$$
$$\Delta q^{By\bar{m}}=\Delta B\Delta y\Delta\bar{m}$$

从而总产出结构影响因素分析模型:

$$\Delta q=\Delta q^B+\Delta q^y+\Delta q^{\bar{m}}+\Delta q^{By}+q^{B\bar{m}}+\Delta q^{y\bar{m}}+\Delta q^{By\bar{m}}, \tag{6}$$

增加值结构变化模型如下:

$$\begin{aligned}\Delta z&=\Delta By+B\Delta y+\Delta B\Delta y-\{diag(B\Delta y)A'e+diag(\Delta By)A'e+diag(By)\Delta A'e\\&\quad+diag(\Delta By)\Delta A'e+diag(\Delta B\Delta y)A'e+diag(B\Delta y)\Delta A'e+diag(\Delta B\Delta y)\Delta A'e\}\\&=\{\Delta By-diag(\Delta By)A'e-diag(By)\Delta A'e-diag(\Delta By)\Delta A'e\}\\&\quad+\{B\Delta y-diag(B\Delta y)A'e\}\\&\quad+\{\Delta B\Delta y-diag(\Delta B\Delta y)A'e-diag(B\Delta y)\Delta A'e-diag(\Delta B\Delta y)\Delta A'e\}\end{aligned} \tag{7}$$

如果令：

$$\Delta z^{A}=\Delta By-diag(\Delta By)A'e-diag(By)\Delta A'e-diag(\Delta By)\Delta A'e$$

$$\Delta z^{y}=B\Delta y-diag(B\Delta y)A'e$$

$$\Delta z^{Ay}=\Delta B\Delta y-diag(\Delta B\Delta y)A'e-diag(B\Delta y)\Delta A'e-diag(\Delta B\Delta y)\Delta A'e$$

从而增加值份额影响因素分析模型：

$$\Delta z=\Delta z^{A}+\Delta z^{y}+\Delta z^{Ay} \tag{8}$$

三、河北省生产性服务业结构变化影响因素的实证分析

(一)部门分类

生产性服务业本质是为其他生产部门提供中间产品和服务。而在实际生产中，很多服务业部门既提供中间产品，也提供最终产品。为了实现对生产性服务业更准确的核算，本文依据中间需求率对河北省统计局编制的2012年、2002年42部门投入产出表中的服务业部门进行调整，将每个服务业部门都划分为生产性服务部分和非生产性服务部分，并通过归类合并将第三产业分为9个生产性服务业部门和9个非生产性服务业部门。

基于河北省生产性服务业发展影响因素分析的研究目的，依据生产性服务业部门分类，最终将河北省2012年、2002年的42部门投入产出表缩编为23个部门的投入产出表，其中部门06至部门14为生产性服务业部门。部门分类如表1。

表1　部门分类

第一产业	第二产业	第三产业	
		生产性服务业	非生产性服务业
01 农林牧渔业和农林牧渔服务业	02 采矿业 03 制造业 04 电力、燃气及水的生产及供应业 05 建筑业	06 批发和零售业 07 交通运输、仓储和邮政业 08 住宿和餐饮业 09 信息传输、软件和信息技术服务业 10 金融业 11 租赁和商务服务业 12 科学研究和技术服务业 13 居民服务、修理和其他服务业 14 其他服务业	15 批发和零售业 16 交通运输、仓储和邮政业 17 住宿和餐饮业 18 信息传输、软件和信息技术服务业 19 金融业 20 租赁和商务服务业 21 科学研究和技术服务业 22 居民服务、修理和其他服务业 23 其他服务业

(二)结果分析

基于调整后的2002年和2012年河北省投入产出表中的数据，运用多因素多阶影响因素分析模型，可以计算各个影响域对 q 和 z 的总变化的贡献情况，所得结果如表2和表3。

表 2　贡献于 q 的变化的影响因素：2002－2012 年

代码	q 的总变化（%）	变化贡献百分比（%）						
		$\Delta B\times y\times\bar{m}$	$B\times\Delta y\times\bar{m}$	$B\times y\times\Delta\bar{m}$	$\Delta B\times\Delta y\times\bar{m}$	$\Delta B\times y\times\Delta\bar{m}$	$B\times\Delta y\times\Delta\bar{m}$	$\Delta B\times\Delta y\times\Delta\bar{m}$
01	－3.79	7.92	72.45	27.07	0.34	－0.76	－6.99	－0.03
02	5.82	137.37	－23.92	－6.36	4.26	－13.24	2.31	－0.41
03	1.44	133.52	327.71	－335.85	21.13	－12.87	－31.60	－2.04
04	0.84	388.25	－208.43	－30.82	－35.04	－37.44	20.10	3.38
05	－1.78	18.43	38.52	48.35	0.21	－1.78	－3.71	－0.02
06	－3.16	80.90	12.53	13.33	2.49	－7.80	－1.21	－0.24
07	－0.77	187.98	－121.76	56.87	－18.49	－18.13	11.74	1.78
08	－0.73	104.80	－15.15	16.81	2.42	－10.10	1.46	－0.23
09	－0.59	85.86	7.49	14.01	1.82	－8.28	－0.72	－0.18
10	1.63	135.31	－24.11	－5.10	5.11	－13.05	2.32	－0.49
11	－0.60	126.42	－26.50	22.36	－14.01	－12.19	2.55	1.35
12	0.14	36.82	105.15	－19.43	－9.79	－3.55	－10.14	0.94
13	0.20	－157.99	330.83	－28.97	－30.11	15.23	－31.90	2.90
14	－0.15	9.48	39.85	56.18	－0.84	－0.91	－3.84	0.08
15	0.10	－499.75	833.21	－181.26	－22.18	48.19	－80.34	2.14
16	1.47	46.08	62.51	－6.45	9.22	－4.44	－6.03	－0.89
17	0.27	28.97	90.71	－8.87	0.81	－2.79	－8.75	－0.08
18	0.20	－36.93	165.03	－18.29	2.81	3.56	－15.91	－0.27
19	－0.38	111.11	－8.65	2.63	5.30	－10.71	0.83	－0.51
20	0.11	126.77	－26.45	23.76	－15.94	－12.22	2.55	1.54
21	0.30	52.23	67.79	－4.49	－4.38	－5.04	－6.54	0.42
22	0.47	124.96	－27.53	4.91	7.80	－12.05	2.65	－0.75
23	－1.02	9.91	44.22	51.73	－0.71	－0.96	－4.26	0.07

表 3　贡献于 z 的变化的影响因素：2002－2012 年

代码	Z 的总变化（%）	变化贡献（%）		
		ΔZ^{A}	ΔZ^{y}	ΔZ^{Ay}
01	－3.60	－21.24	111.79	9.45
02	6.86	117.94	－24.51	6.58
03	－3.52	184.73	－100.03	15.30
04	－1.22	26.52	156.61	－83.14
05	－0.17	－193.05	265.93	27.12
06	－2.35	56.36	20.21	23.44
07	－1.22	206.47	－105.60	－0.88
08	－1.18	109.79	－14.19	4.40

续表

代码	Z 的总变化(%)	变化贡献(%)		
		ΔZ^A	ΔZ^y	ΔZ^{Ay}
09	−0.92	91.86	7.41	0.73
10	2.51	117.32	−24.74	7.42
11	−1.40	118.43	−19.01	0.58
12	0.02	−527.35	1093.33	−465.98
13	−0.03	2380.09	−3810.04	1529.95
14	0.09	214.55	−100.43	−14.12
15	2.48	29.33	40.30	30.37
16	1.93	33.76	65.95	0.30
17	0.34	8.86	110.05	−18.91
18	0.29	−58.66	176.67	−18.01
19	−0.60	103.02	−8.76	5.75
20	0.26	118.71	−18.41	−0.30
21	0.30	28.43	120.92	−49.35
22	0.72	114.98	−31.76	16.77
23	0.40	292.72	−168.10	−24.62

根据表 2 和表 3，下面对九个生产性服务业结构变化的影响因素进行分析。

(1)部门 06：批发和零售业

批发和零售业总产出份额 q 的总变化量是 −3.16，总增加值份额 z 的总变化量是 −2.35，表明该部门是相对衰落的产业。对 q 和 z 影响最大的都是 B(A)的一阶影响，表 2 中 B 的贡献是 y 的六倍多，表 3 中 $B(A)$ 的贡献是 y 的大约三倍，并且都是正向影响。这意味着，各生产部门对批发和零售业中间需求降低是该部门呈现衰退趋势的主要原因。

(2)部门 07：交通运输、仓储和邮政业

交通运输、仓储和邮政业的总产出份额 q 下降了 0.77 个百分点，增加值份额下降了 1.22 个百分点，表明这个部门也是相对衰落的。对 q 和 z 变化贡献最多的是 B(A)，但 y 的作用也不容忽视，且二者的作用方向相反。这表明，中间投入结构变化是造成该部门 q 和 z 下降的主要原因，而社会最终产品结构的变化则抑制了 q 和 z 的下降，最终使得交通运输、仓储和邮政业的 q 和 z 在十年间略有降低。社会总增加值率降低对 q 的下降也有一定的影响。

(3)部门 08：住宿和餐饮业

住宿和餐饮业十年间总产出份额下降了 0.73 个百分点，增加值份额下降了 1.18 个百分点。对 q 和 z 作用最显著的也是 $B(A)$，且对 q 和 z 的贡献程度都是 y 的七倍左右，$B(A)$ 与 y 的作用方向相反。这意味着，社会对住宿和餐饮业中间需求的降低是引起其总产出份额与增加值份额下降的主要因素，社会最终需求的上升虽然有拉动作用，但并不显著。

(4)部门 09：信息传输、软件和信息技术服务业

信息传输、软件和信息技术服务业的总产出份额 q 下降了 0.59 个百分点，增加值份额

也下降了 0.92 个百分点。$B(A)$ 对 q 和 z 的影响依旧最为显著，这说明中间需求下降是该部门总产出份额与增加值份额下降主要原因。社会总增加值率下降对 q 有不能忽略的影响，大小是 y 的两倍。

(5)部门 10:金融业

金融业的总产出份额上升了 1.63 个百分点，增加值份额上升了 2.51 个百分点，说明金融业在这十年间有所发展。其中 $B(A)$ 对 q 和 z 的一阶作用十分显著，且为正向作用，说明金融业的发展主要由于中间需求的增加，最终使用结构对 q 和 z 的作用是负向的，说明社会对金融业的最终需求在降低，这小部分程度上抑制了其发展。

(6)部门 11:租赁和商务服务业

租赁和商务服务业总产出份额 q 总变化量为 -0.60，略有下降，增加值份额 z 总变化量为 -1.40。$B(A)$ 对 q 和 z 的一阶作用约是 y 的五倍，且二者方向相反。这意味着租赁和商务服务业总产出份额和增加值率下降主要是中间投入结构变化引起的，社会对租赁和商务服务业的最终使用增加虽然抑制其份额的下降，但其作用却并不显著。另外，2002 年到 2012 年社会总增加值率下降了 4%，也是引起总产出份额下降的部分原因。

(7)部门 12:科学研究和技术服务业

科学研究和技术服务业总产出份额 q 增长了 0.14 个百分点，增加值份额 z 增长了 0.02 个百分点，说明该部门在十年间有一定的发展。对 q 和 z 影响最大的是 y 的一阶作用，$B(A)$ 对 q 和 z 作用方向相反，$\bar{m}$ 对 q 起负向作用。这意味着，最终需求增加是提高该部门结构份额的主要因素；中间投入结构变化提升了总产出份额，但对增加值份额增长是不利影响；社会总增加值率下降对 q 的增长起到一定抑制作用。

(8)部门 13:居民服务、修理和其他服务业

居民服务、修理和其他服务业十年间总产出份额 q 上升了 0.20 个百分点，增加值份额下降了 0.03 个百分点。对 q 和 z 影响最大的都是 y，且 y 和 $B(A)$ 的作用方向相反。表 2 和表 3 数据表明，该部门 q 和 z 都明显受到最终需求的拉动作用，而中间投入系数和总增加值率的变化降低了该部门的结构份额；$B(A)$ 和 y 对该部门 z 的二阶影响达到 1529.95%，也是不容忽视的。

(9)部门 14:其他服务业部门

其他服务业部门总产出份额降低了 0.15 个百分点，增加值份额上升了 0.09 个百分点。这里影响 q 和 z 变化的因素非常不同，q 的降低主要是由于 $\bar{m}$ 的一阶作用，z 的增加则是 $B(A)$ 的一阶作用主导。数据表明，总产出份额的降低是最终需求和总增加值率下降引起的，增加值份额上升则是由于受到了社会中间投入结构变化显著的拉动作用。

四、主要结论

2002—2012 年，河北省 9 个生产性服务业部门中，总产出份额与增加值份额均呈上升趋势的仅有金融业，科学研究和技术服务业两个部门，批发和零售业，交通运输、仓储和邮政业，住宿和餐饮业，信息传输、软件和信息技术服务业，租赁和商务服务业这五个部门的总产出份额与增加值份额都在降低。这表明，河北省生产性服务业在社会总生产中所占结构份额比重在此期间呈下降趋势，产业整体上发展十分缓慢。综合以上分析，本文对影

响河北省生产性服务业发展的因素有以下结论：

中间投入结构是影响生产性服务业部门发展的主导因素。上述分析表明，绝大部分生产性服务业部门受中间投入系数的影响相当显著，因此，中间需求拉动是生产性服务业发展的核心驱动力。鼓励企业核心技术研发，深化专业化分工，提高生产过程中对高端生产性服务业的需求，减少对资源型产品的消耗，既提高生产性服务业发展水平，又有利于实现绿色低碳发展。

最终需求对部分生产性服务业有明显影响。以上分析表明，社会最终产品结构对交通运输、仓储和邮政业，科学研究和技术服务业，居民服务、修理和其他服务业三个生产性服务业部门影响显著，这是由间接消耗需求产生的结果。因此，在通过扩内需转型经济增长方式的过程中，要加强对这些服务部门的投入，保证经济结构协调发展。要注重产品和服务创新，加强公共服务供给，提高投资质量，充分利用信息化技术，满足多元化消费需求。

应当注意投入系数和最终需求结构的二阶影响。数据表明，A 和 y 的二阶影响对批发和零售业，科学研究和技术服务业，居民服务、修理和其他服务业这三个部门增加值份额的作用十分显著。因此要留意各个因素的协同作用，注意供给侧和需求侧政策的相互协调。

参考文献

[1] Juleff D L. *The Structure of Advanced Producer Service Employment in Great Britain*, 1971－1989[J]. Working Paper, 1993.

[2] 张亚斌，刘靓君．生产性服务业对我国经济增长的影响研究——基于东、中、西部面板数据的实证分析[J]. 世界经济与政治论坛，2008(4)：79－86.

[3] 韩德超，张建华．中国生产性服务业发展的影响因素研究[J]. 管理科学，2008，21(6)：81－87.

[4] 徐丽霞，田喜洲．我国生产性服务业增长因素的 SDA 分析[J]. 西部论坛，2011，21(1)：83－89.

[5] 刘新建．多因素多阶影响分析模式及其应用[J]. 统计与决策，2013(3)：76－78.

作者简介

李思宇，燕山大学经济管理学院硕士研究生。研究方向为数量经济学。邮箱：1522728980@qq.com，联系电话：18033584080。

刘新建，燕山大学经济管理学院教授，博士。主要研究方向为数量经济学。

上海服务业内部结构优化升级的实证研究

——基于上海和美国投入产出表的分析

张志远

摘要:经济服务化背景下,社会经济结构的变动体现在服务业内部结构的优化升级。"十二五"期间,上海逐步进入服务经济为主的经济发展阶段,服务业内部结构水平对服务业及整体经济发展的影响越来越重要。本研究报告依托区域产业经济理论与实践,主要利用投入产出的分析方法,通过上海服务业内部结构的历史比较以及与美国服务业内部结构的对比,探讨上海服务业内部结构状况。实证研究上海服务业内部的增加值结构、增加值率特征、中间需求特征、产业关联以及对国民经济的影响带动作用,客观分析上海服务业内部结构优化升级的成效和问题,提出有针对性的政策建议。

关键词:结构优化升级　生产服务业　流通服务业　消费服务业　社会服务业

一、引言

服务业内部结构,是指在社会再生产过程中,服务业内部各行业之间的生产技术经济联系和数量比例关系,侧重于服务业内部各行业的比例关系及其发展规律,主要包括三个方面内容:一是服务业内部各行业产出、投入上的数量规模;二是服务业内部各行业之间增加值、就业以及相关指标的比例关系;三是服务业内部各行业之间投入产出方面的产业关联。

经济服务化背景下,社会经济结构的变动主要体现在服务业领域。服务业内部既包括传统的劳动密集型部门,也包括新兴的资本、技术密集型部门;既有通过完全市场提供服务的部门,也有通过非盈利机构、受管制企业和政府提供服务的部门;既有受生产的特质和个性约束而导致的技术型停滞部门,也有现代信息技术应用空间非常广泛的技术型进步部门。在整体服务业保持迅速增长的同时,服务业内部的不同部门发展态势并不相同。

至 2014 年,上海市 GDP 中服务业占比达到 64.8%。"十二五"期间,上海逐步进入了服务经济为主的经济发展阶段,服务业内部结构水平对服务业以及整体经济发展起到越来越重要的影响。客观评估上海服务业内部结构的水平,有效实现服务业内部结构的优化配置,有助于充分发挥服务经济引领上海经济转型发展、推动国际化大都市建设的重要作用。

本课题依托区域产业经济理论和实践,着眼服务业发展演变的规律,借鉴发达国家服务业内部结构的布局和演进,从投入产出的视角,利用上海和美国最新及历史投入产出表,客观分析上海服务业内部结构优化升级的成效和问题,提出有针对性的政策建议。

二、相关理论文献回顾

服务业内部部门之间存在较大的差异,不同服务业部门在同一经济发展阶段呈现出彼此迥异的变动趋势,国内外诸多学者从结构化的视角去解析服务业发展及其对国民经济的影响。

库兹涅茨(Kuznets,1966)分析了 20 世纪 50 年代发达国家服务业内部结构变动情况,研究发现:在 20 世纪 50 年代的中期,发达国家服务部门中,贸易和金融、政府与国防、专业性服务三类部门占据较大份额,交通通讯部门被视为现代经济增长中最具有生机的成分之一,其份额保持了连续性的上升。

布朗宁和辛格蔓(Browning & Singlemann,1975)、辛格蔓(Singlemann,1978)、艾尔菲(Elfring,1988, 1989)以服务的经济功能、服务的主要使用对象(企业或私人)、服务的主要提供方式(市场化或非市场化)为衡量基准,将服务业分成分配(流通)服务业、生产服务业、社会服务业以及私人(消费)服务业四大部门。布朗宁和辛格蔓研究了 1870—1970 年间美国服务业内部结构 100 年的变化。艾尔菲研究了 1960—1985 年间法国、德国、日本、新西兰、瑞典、英国、美国的结构变动,发现各国服务业内部结构变动呈现以下趋势:所有国家生产服务业的就业增长非常迅速,达到整体服务业增长速度的两倍;社会服务业的就业增长在 70 年代后半期和 80 年代初开始下降;私人服务业的快速增长成为一大趋势,这主要与人们的生活和消费方式的变化有关。

格沙尼和麦尔斯(Gershuny & Miles,1983)将服务业划分为中间生产服务业、中间消费服务业、最终市场化服务业、最终非市场化服务业四部分。通过对 1920—1970 年英国、法国、德国、意大利的服务业内部结构分析发现,中间生产服务业由于不断扩大的出口市场和其对国民经济其他部门生产的有效促进作用,产出、就业比重都在不断增长,而技术进步会促进中间生产服务业中流通部门生产率的提高。

OECD(2001)研究了 1984—1998 年间 OECD 国家服务业内部结构的变动,分析发现在 20 世纪 90 年代后期几乎所有 OECD 国家的生产服务业就业比重都有大幅上升,大多数国家的社会服务业、私人服务业就业比重也有所上升,而流通服务业的比重趋于停滞,在一些国家(如韩国)还出现了大幅度的下滑。

王海涛(1995)分析了主要发达国家(美国、德国、加拿大、法国、日本)1977—1989 年第三产业内部构成的变化趋势:各部门增加值占第三产业比重呈现下降趋势的主要集中在政府与政府企业、家庭服务业、住宅、餐饮旅馆、仓储运输等传统部门,而呈上升趋势的主要是通讯、金融、保险、企业服务、不动产业、卫生保健、文化娱乐等部门。

黄少军(2000)分析了 1970—1992 年间 OECD 国家服务业内部结构演变趋势,从增加值比重看，商业占 GDP 比重和占服务业内部比重都呈下降趋势；交通通讯业占 GDP 的比重较为稳定，但占服务业比重明显下降；金融、保险等行业保持旺盛的发展势头；社区、社会和个人服务业保持增长态势；政府服务业占 GDP 比重上升，但占服务业比重在下降。

郭克沙(2000)分析了中国 80 年代以来第三产业的内部结构的变动特点，从当年价格反映的第三产业增加值结构变动看，80 年代拉动第三产业比重上升的主要是金融保险业，同时商业餐饮业、交通运输仓储和邮电通信业以及房地产业也起了一定作用，而在 1990—1997 年期间，导致第三产业产出比重下降的主要是交通运输和仓储业，其次还有政府和社团服务业、金融保险业，但邮电通信业和社会服务业比重上升起了较大的抵消作用。

李江帆、曾国军(2003)研究了 1991—2000 年期间中国第三产业内部四个层次服务业的演变规律，认为第一层次比重逐渐降低、第二层次比重逐渐提高是中国第三产业内部结构优化升级的方向。

江小涓、李辉(2004)分析了中国 20 世纪 90 年代以来服务业增加值和就业内部结构的变化趋势，得出结论认为这种变化比较符合规律：现代服务业相对地位提升，而传统服务业相对地位下降。

三、服务业内部结构优化升级的判断标准

对于服务业内部结构优化升级并不存在绝对统一的判断标准，一般可将其视为高生产效率、高知识技术密集程度或国民经济中对经济增长有重要影响部门比重的相对提升，具体研究方法主要借鉴产业结构的研究方法，主要包括以下几种方法：

(一)标准结构法

对大多数国家或地区服务业内部结构优化升级演进过程进行综合描述，一般是通过统计分析的方法，对样本国家或地区服务业内部结构优化升级表现出的特征进行统计归纳，并在此基础上综合出能刻画某一优化升级阶段的若干指标值。

(二)相似系数法

以某一国或地区的服务业内部结构作为标准，通过相似性系数的计算，将本国或本地区的服务业内部结构与参照国或地区结构进行比较，以确定本国或地区服务业内部结构优化升级程度。

(三)要素密集程度法

从要素密集程度来看，产业结构优化升级主要表现为资金、技术和人力资本密集型行业部门比重的相对上升。服务业内部结构优化升级也是以知识的投入和新技术的发明和应用作为基础的，它意味着服务业内部结构的发展越来越多地渗透着知识和技术因素，从劳动密集型部门向资金密集型再向技术知识密集型部门演进是服务业内部结构优化升级的重要发展趋势。

(四)影响带动作用法

从对国民经济其他部门的影响和带动作用来看，服务业内部结构优化升级主要表现

为对国民经济其他部门具有较大影响和带动作用部门比重的相对上升。根据罗斯托的观点，不同经济发展阶段对经济发展具有重要影响和带动作用的主导部门，能通过产业之间的技术关联影响带动其他部门的发展，体现该经济发展时期的方向，能迅速吸引先进科学技术成果，引入新的生产函数，在现代技术和现代管理的基础上创造出较高的劳动生产率。

(五)增加值率法

增加值率指增加值占总产出的比例，也即单位总产出中所包含的新增加价值，是宏观上度量行业投入产出效益及经济增长质量的综合指标。从增加值率来看，服务业内部结构优化升级主要表现为较高增加值率部门比重的相对上升。在科学技术日益进步和需求不断扩大的情况下，产业内部对劳动对象的加工深度表现出一种有序的深化过程，加工度的深化带动产品附加价值的增长。增加值率较高的部门对各种中间投入的依赖程度较低，有利于实现经济的可持续增长。

四、上海服务业内部结构优化升级的实证分析

综合上述分析，服务业内部结构优化升级一般表现为在技术、制度等创新的基础上，服务业内部生产效率、知识密集程度提高或对国民经济有着重要影响及带动作用的关键部门快速发展，为经济快速增长、协调发展和创造出更高附加价值提供必要条件。参考服务业内部结构优化升级的主要研究方法，结合上海服务业发展的实际情况以及数据的可获得性，主要借鉴投入产出分析方法，以美国服务业内部结构的发展状况为对照标准，实证分析上海服务业内部的增加值结构、增加值特征、产业关联以及对国民经济的影响带动作用，研究上海服务业内部结构优化升级程度。

(一)服务业分类

本课题采用 Browning & Singlemann (1975) 、Singlemann (1978) 、Elfring(1988，1989)的服务业分类方法，将服务业划为流通服务业、生产服务业、消费服务业、社会服务业四大类，并以此为基础进行服务业内部结构变动的分析。(1)流通服务业是辅助商品流通的服务业，为第一、第二产业与最终消费者之间提供联系，包括交通运输业、仓储业、批发和零售业等，其主要特征是为商品流通提供服务。(2)生产服务业又称“中间投入服务业”，主要为生产、商务活动和政府管理提供而非直接面向最终消费者的服务，包括金融业、房地产业和商务服务业等行业，其特征在于是一种中间投入。(3)消费服务业是直接面向最终消费者的服务业，为最终消费者提供物质文化产品和服务。主要包括住宿和餐饮业、娱乐业、生活服务等行业，其特征在于提供给最终消费者的服务。(4)社会服务业是政府机构或非盈利组织作为供应主体向社会提供的各类服务，主要包括教育、医疗、公共管理等行业，其显著特点是非流通性和非盈利性。

根据上述分类方法，本课题对上海和美国服务业国民经济行业分类中的各行业进行了重新归并(见表1)。由于我国和美国分别采用不同的国民经济行业分类标准，且都进行过调整，归并时，充分考虑了两国行业分类标准的差异、不同时期分类标准的修订情况，以

及统计数据可获得性等因素，尽可能保持行业分类的统一性和可比性。

表 1　服务业分类对照表

类别	上海			美国
	GB/T 4754－1994	GB/T 4754－2002	GB/T 4754－2011	NAICS－2007
流通服务业	交通运输业，仓储业，商业，物资供应业	交通运输、仓储和邮政业，批发和零售业	交通运输、仓储和邮政业，批发和零售业	交通运输和仓储业，批发业，零售业
生产服务业	金融保险业，邮电通讯业，房地产业，信息咨询业，科学研究和综合技术服务业	金融业，信息传输、计算服务业和软件业，房地产业，租赁和商务服务业，科学研究、技术服务和地质勘查业	金融业，信息传输、软件和信息技术服务业，房地产业，租赁和商务服务业，科学研究和技术服务业	金融和保险业，信息业，房地产和租赁业，专业和商务服务业
消费服务业	餐饮业，居民服务业，文艺、广播电影电视	住宿和餐饮业，居民服务和其他服务业，文化、体育和娱乐业	住宿和餐饮业，居民服务、修理和其他服务业，文化、体育和娱乐业	住宿和餐饮业，艺术、休闲和娱乐业，其他服务业（公共管理除外）
社会服务业	公共服务业，卫生、体育、社会福利事业，教育，国家政党机关、社会团体	水利、环境和公共设施管理业，教育，卫生、社会保障和社会福利业、公共管理和社会组织	水利、环境和公共设施管理业，教育，卫生和社会工作，公共管理、社会保障和社会组织	教育服务，卫生保健和社会救助、公共管理①

我国国民经济统计采用的是《国民经济行业分类（GB/T 4754）》，至今有 1994 版、2002 版和 2011 版三个版本。2002 版相比 1994 版在整个行业分类原则、分类方法以及具体分类上存在较大变化，2011 版只是在 2002 版基础上调整了部分门类名称和顺序，增减了个别大类，变化很小。美国采用的国民经济统计标准是《北美产业分类体系（NAICS）》，至今共颁布了三个版本：1997 年版、2002 年修订版和 2007 年修订版，尽管三个版本分类层次、类别数量等存在差异，但后面的版本对前面的版本是兼容的，各版本的产业分类能够相互转换，因此课题所列按 2007 版的分类标准进行归类，涉及 1997 年版和 2002 年修订版的年份，按行业分类的调整情况进行相应转换。

（二）实证分析

1. 增加值结构分析

按照上述服务业四个部门的分类方法，结合数据的可获得性，本课题对 1985－2014 年上海服务业增加值（见图 1）以及 1950－2014 年美国服务业增加值数据（见图 2）进行了归并整理。从 2014 年服务业增加值数据看，上海和美国服务业结构既有相似性，也存在一定差异。最突出的相似点就是两者生产服务业占服务业比重均达到 50％左右，上海生产服务业占比为 53.6％，略高于美国的 46.9％；此外两者消费服务业占比均为最低，上海

① 注：《北美产业分类体系（NAICS）》中将公用事业（含电力生产、传输和配送，天然气配送，水供应和灌溉、污水处理系统，蒸汽和制冷供应）归入公共管理行业，划入服务业范畴。而我国《国民经济行业分类（GB/T 4754）》则将其归入电力、燃气及水的生产和供应业，划入工业范畴。

为 5.2%，美国为 7.6%。两者的差异在于，上海流通服务业占比较高，而美国社会服务业占比较高。2014 年，上海流通服务业占比为 30.8%，美国仅为 18.7%，这也反映了上海作为国际航运中心和国际贸易中心的地位和作用；2014 年，美国社会服务业占比 26.8%，上海仅为 10.5%，考虑到口径因素的影响，上海社会服务业不包括电力、燃气及水的生产和供应业（该部分计入工业）。2014 年上海电力、燃气及水的生产和供应业增加值仅占服务业增加值的 2%，调整后口径和美国相比，上海社会服务业占比仍明显偏低，说明上海在公共服务方面与美国等发达国家和地区存在一定差距。

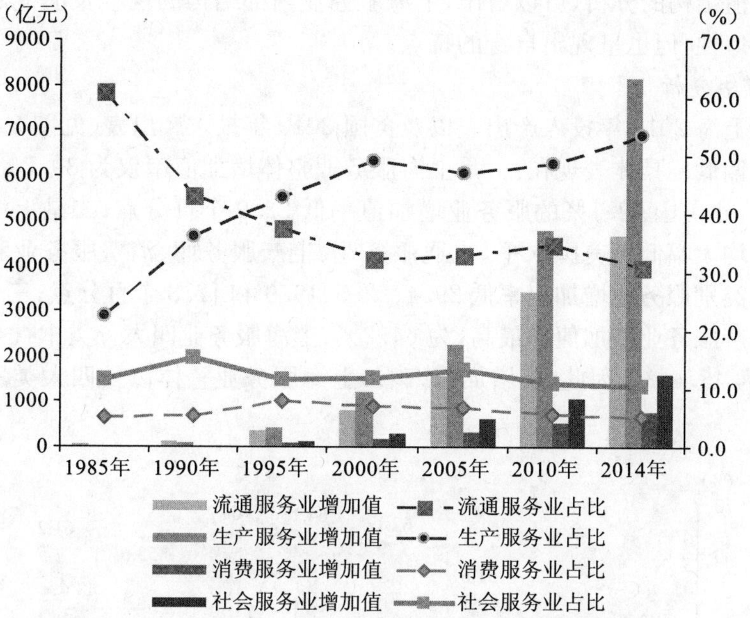

图 1　1985—2014 年上海服务业增加值及结构变动情况

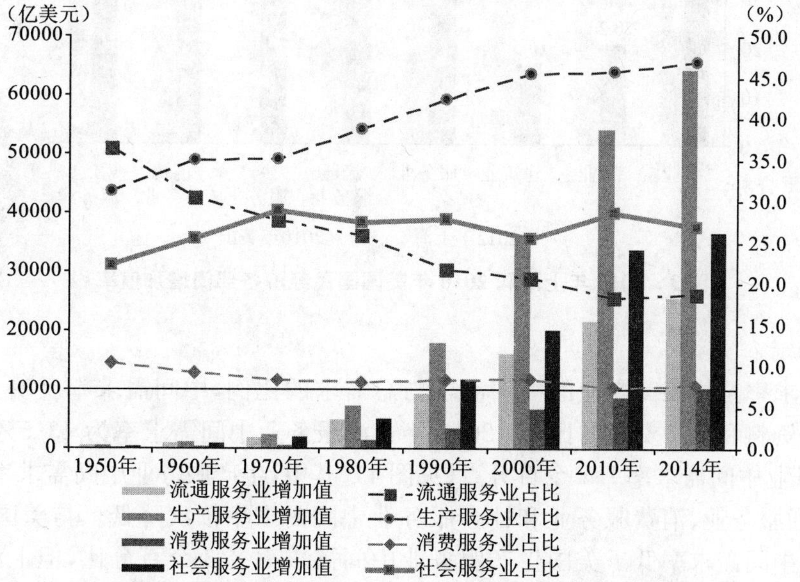

图 2　1950—2014 年美国服务业增加值及结构变动情况

从增加值结构的变动趋势看，上海与美国服务业各类别占比变动趋势基本相似：生产服务业增加值占比持续上升，流通服务业增加值持续下降，消费服务业和社会服务业占比相对稳定，服务业从流通服务业占主导地位演变为生产服务业占主导地位。1985—2014年，上海生产服务业占比从22.4%上升到52%，流通服务业占比从60.9%下降到32.5%，消费服务业和社会服务业占比分别围绕6%和11%波动。1950—2014年，美国生产服务业占比从31.1%上升到46.9%，流通服务业占比从36.4%下降到18.7%，消费服务业占比从10.3%小幅下降到7.6%，社会服务业占比围绕25%波动。

通过增加值结构的分析，可以看出，上海服务业内部结构的现状及演变趋势都与美国具有较强的相似性，但也呈现出自身的特点。

2. 增加值率分析

对比分析上海2012年投入产出表以及美国2010年投入产出表（见图3），上海服务业增加值率明显偏低。具体表现在：一是上海服务业整体增加值率仅为39.2%，低于上海农业的增加值率，比美国62.1%的服务业增加值率低22.9个百分点；二是上海服务业四大部门增加值率均大幅低于美国水平，流通服务业、生产服务业、消费服务业和社会服务业分别比美国同类别服务业增加值率低29.4、22.5、19.9和12.8个百分点；三是美国服务业四大分类中生产服务业增加值率最高，为64.2%；上海服务业四大分类中社会服务业增加值率最高，仅为48.4%。因此，从增加值率看，上海服务业整体以及四大类别均与美国有较大差距。

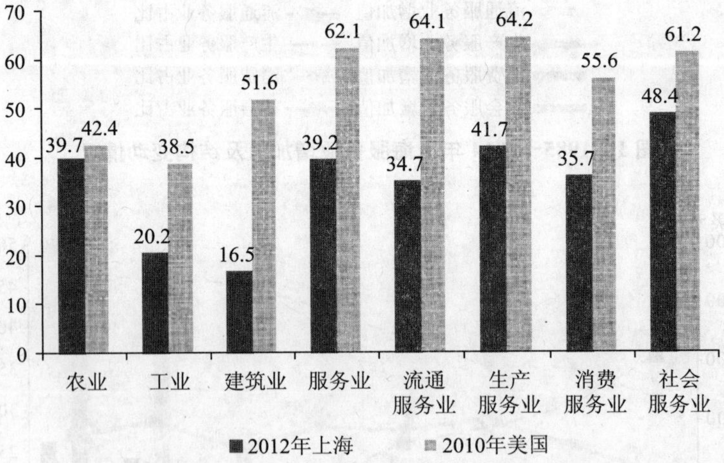

图3　2012年上海和2010年美国国民经济各部门增加值率

3. 需求特征分析

中间需求率是指某一产业的中间需求与总需求的比例，中间需求率反映了各产业产品作为生产资料和消费资料的比例。2012年上海服务业中间需求率为43.5%，高出美国2010年服务业中间需求率7.2个百分点（见图4），其中，生产服务业中间需求率最高，达到51.6%，流通服务业、消费服务业和社会服务业中间需求率依次降低。与美国相比，上海生产服务业中间需求率低于美国生产服务业中间需求率8.3个百分比，但上海流通服务业、生产服务业、社会服务业中间需求率均高于美国。从国民经济对服务产品的需求看，美国经济对生产服务业的中间需求已经占据绝对主导地位，而上海经济对生产服务业的中间需求同对流通服务业和消费服务业的中间需求相比，生产服务业主导地位并不明显。上海消费服务业和社会服务业中间需求率偏高，一定程度上也说明上海最终消费能力的不足。

从中间需求率看，上海与美国服务业四大类别存在差异，上海生产服务业的中间需求的主导地位并不明显。

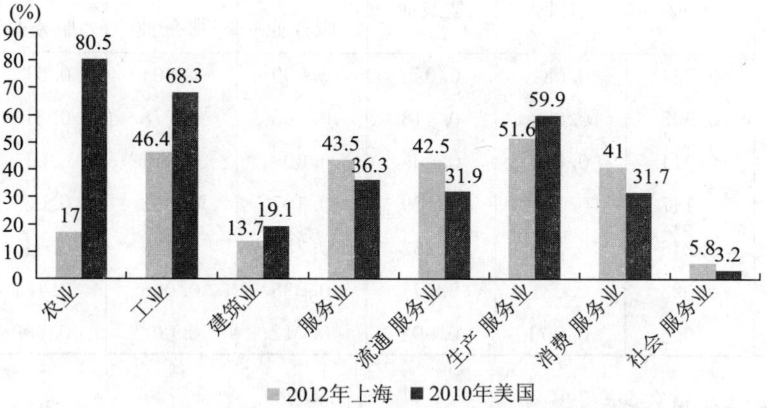

图 4　2012 年上海和 2010 年美国国民经济各部门中间需求率

4. 消耗特征分析

完全消耗系数指某产业部门每提供一个单位最终产品时，对国民经济各产品部门的直接消耗和所有间接消耗之和，它能比较全面地反映产业间的经济技术联系。

从 2012 年上海国民经济各部门完全消耗系数看（见表 2），上海所有部门对工业的完全消耗系数最高，均大于 1。所有部门（除农业外）对生产服务业的完全消耗系数排名第二，对流通服务业的完全消耗系数排名第三。生产服务业已经是上海国民经济服务产品消耗最多的部门。

表 2　2012 年上海国民经济各部门完全消耗系数

部门	农业	工业	建筑业	流通服务业	生产服务业	消费服务业	社会服务业
农业	0.146	0.022	0.016	0.007	0.008	0.035	0.017
工业	1.664	2.554	2.421	0.978	1.030	1.478	1.245
建筑业	0.003	0.004	0.128	0.005	0.006	0.008	0.028
流通服务业	0.292	0.324	0.366	0.561	0.254	0.266	0.214
生产服务业	0.227	0.343	0.413	0.564	0.608	0.511	0.326
消费服务业	0.031	0.045	0.048	0.050	0.067	0.059	0.087
社会服务业	0.003	0.005	0.005	0.007	0.012	0.007	0.025

从 2010 年美国国民经济各部门完全消耗系数看（见表 3），美国农业、工业和建筑业对工业的完全消耗系数排名第一，其次是对生产服务业的完全消耗系数；四大服务部门对生

产服务业的完全消耗系数排名第一，大幅超过对工业的完全消耗系数，美国生产服务业已经成为服务业最重要的消耗部门。

因此，与美国相比，上海国民经济尤其是服务业仍然过于依赖工业产品的投入，对生产服务业的依赖度偏低。

表 3　2010 年美国国民经济各部门完全消耗系数

部门	农业	工业	建筑业	流通服务业	生产服务业	消费服务业	社会服务业
农业	0.234	0.081	0.023	0.009	0.004	0.015	0.011
工业	0.505	0.688	0.448	0.165	0.078	0.218	0.209
建筑业	0.011	0.013	0.006	0.008	0.011	0.011	0.020
流通服务业	0.147	0.144	0.129	0.107	0.033	0.069	0.062
生产服务业	0.246	0.268	0.262	0.283	0.409	0.345	0.318
消费服务业	0.023	0.031	0.044	0.038	0.056	0.121	0.052
社会服务业	0.006	0.003	0.002	0.012	0.004	0.009	0.019

5. 影响推动作用分析

影响力系数和推动力系数是进行产业关联分析的主要指标，影响力系数又称需求拉动系数、后向关联系数，衡量行业部门对国民经济的需求拉动能力；感应度系数又称供给推动系数、前向关联系数，衡量行业部门对国民经济的供给推动能力。

从 2002－2012 年主要年份上海和 2010 年美国各部门影响力系数看（见表 4）：一是上海服务业中消费服务业影响力系数最高；二是 2002－2012 年间，上海生产服务业的影响力系数持续提高；三是上海流通服务业影响力系数高于美国，社会服务业影响力系数低于美国。

表 4　2002－2012 年间主要年份上海和 2010 年美国国民经济各部门影响力系数

国家（地区）	年份	农业	工业	建筑业	流通服务业	生产服务业	消费服务业	社会服务业
上海	2002 年	1.05	1.21	1.25	0.92	0.73	1.00	0.84
	2005 年	0.98	1.14	1.23	0.98	0.79	1.04	0.85
	2007 年	0.92	1.20	1.30	0.88	0.85	1.00	0.85
	2010 年	0.95	1.19	1.25	0.95	0.84	0.96	0.86
	2012 年	0.96	1.23	1.26	0.91	0.85	0.96	0.84
美国	2010 年	1.17	1.20	1.03	0.87	0.86	0.96	0.91

从 2002－2012 年主要年份上海和 2010 年美国国民经济各部门推动力系数看（见表 5）：一是上海生产服务业在服务业中推动力系数最高；二是 2002－2012 年上海生产服务业、流通服务业和社会服务业的推动力系数均呈波动上升趋势；三是上海生产服务业和流通服务业推动力系数高于美国，消费服务业和社会服务业推动力系数低于美国。

表5　2002—2012年间主要年份上海和2010年美国国民经济各部门推动力系数

国家（地区）	年份	农业	工业	建筑业	流通服务业	生产服务业	消费服务业	社会服务业
上海	2002年	0.77	1.81	0.86	0.98	0.96	0.84	0.79
	2005年	0.71	1.77	0.83	1.02	1.04	0.84	0.78
	2007年	0.77	1.68	0.84	0.95	1.09	0.84	0.83
	2010年	0.80	1.51	0.87	1.04	1.06	0.86	0.85
	2012年	0.80	1.36	0.92	1.09	1.13	0.83	0.86
美国	2010年	0.82	1.57	0.80	0.87	1.03	0.91	1.01

（三）主要结论

基于上述分析，可以得出以下主要结论：

1. 过去三十年，上海服务业呈现出与美国等发达国家和地区相似的发展规律：生产服务业增加值占比持续上升，流通服务业增加值占比持续下降，生产服务业逐步取代流通服务业成为服务业发展的主体。

2. 上海服务业的增加值率明显偏低，四大类别的增加值率均大幅低于美国水平，上海服务业各类别仍然过于依赖各种中间投入，服务业科技、知识、管理含量偏低。

3. 上海生产服务业占服务业比重超过了50%，是国民经济服务产品需求最重要的供给部门，生产服务业影响力系数和推动力系数持续提高，对上海国民经济的拉动和促进作用逐步增强。但上海生产服务业也存在增加值率偏低和国民经济对其依赖度偏低的问题。

4. 尽管上海流通服务业在服务业中的占比在逐步下降，但上海作为国际航运中心和国际贸易中心，流通服务业在服务业中的占比、中间需求率、影响力系数和推动力系数等均高于美国水平，流通服务业仍然是支撑上海经济发展的重要部门。

5. 上海消费服务业在服务业的比重和推动力系数较低，中间需求率偏高，上海消费服务业发展水平低于美国等发达国家，最终消费需求不足。但上海消费服务业的影响力系数在服务业中处于最高水平，消费服务业的发展对整体经济有较强的拉动作用。

6. 虽然近年来上海社会服务业发展快速，社会服务业推动力系数波动上升，对国民经济的推动作用不断加强，但与美国等发达国家和地区相比，社会服务业占服务业比重仍然偏低，上海有待继续加强社会服务业的发展。

五、优化服务业内部结构的政策建议

上海服务业内部结构的优化升级，要以提升服务业增加值率为导向，以生产服务业为发展重点，全面提升服务业各部门的发展水平。

（一）依托科技和管理创新，全面提高上海服务业增加值率

由于长期受我国处于全球产业价值链中加工制造环节的影响，上海服务业尽管发展

迅速，但与美国等主要发达国家和地区相比，整体服务业发展水平仍然落后，主要表现为：自主创新能力薄弱、信息化和专业化程度不高、科技和管理水平有限等。当前上海要以建设全球科技创新中心为契机，加快服务业各类专业人才的培养，提高服务业企业的科技研发水平和自主创新能力，同时，以市场化、国际化为导向，提高服务业企业的科学管理能力和市场运营水平，不断促进上海服务业专业化、科技化和信息化水平以及科学管理水平的提高，全面提升上海服务业的增加值水平。

（二）与先进制造业融合联动，增强生产服务业对实体经济发展的促进作用

上海制造业有悠久的历史和雄厚的产业发展基础，在整体经济处于“创新驱动、转型发展”阶段的大背景下，上海制造业也面临着转型发展的机遇和挑战。长期来看，先进制造业和服务业并重的发展道路，是上海经济持续健康发展的必然选择。先进制造业和生产服务业存在紧密的产业关联，先进制造业是生产服务业发展的根基，生产服务业的发展反过来又会促进先进制造业的发展。

生产服务作为制造业的中间性投入，越来越成为制造业企业提高竞争力的重要途径，产品研发设计、供应链管理、品牌营销、信息传输、金融支持以及各项专业咨询服务，对提高先进制造业企业的市场竞争力具有重要意义。上海应该融合发展先进制造业和生产服务业，充分发挥两者联动发展效应，提高金融、科技研发、信息传输、商务服务等生产服务业的服务水平和质量，进一步增强生产服务业对实体经济发展的促进作用。

（三）以国际贸易中心和国际航运中心建设为契机，提高流通服务业的现代化水平

由于上海有国际重要港口城市的区位优势，一直以来，批发和零售业，交通运输、仓储和邮政业对上海经济发展起到重要的推动作用。近年来，上海国际贸易中心和国际航运中心建设已经取得显著成效，但上海流通服务业整体发展水平仍然不高，主要表现在国际贸易的方式比较传统，初级加工产品仍然是国际贸易品的重要组成部分，现代航运和物流服务体系尚未健全等。因此，上海应该进一步推动国际贸易方式和手段的创新，提升国际贸易产品的质量和层级，提高国际贸易的信息化、市场化、专业化和国际化水平。同时，要提高交通运输和港口仓储的科技和智能化水平，完善国际航运服务体系，实现货物、物流企业、资金、人才、信息等航运要素与资源的集聚，提升物流运营效率和流通服务业的经济辐射水平。

（四）以满足人们日益增长的物质文化需求为导向，提升消费服务业发展能级

随着人们生活水平的提高，人们对物质文化的需求在不断变化。消费层次不断提高，消费的关注点从量向质转变；消费结构持续升级，消费的内容从物质向文化发展。与发达国家和地区相比，上海消费服务业发展水平存在一定的差距。面对人们日益增长的物质文化需求，上海消费服务业首先要提升服务质量，在加强住宿和餐饮业，文化、体育和娱乐业以及生活服务业相关硬件设施建设的同时，加强从业人员培训和行业规范，提高消费服务业软件服务水平。其次，要积极适应居民消费结构的变化，合理调整消费服务业的结构，重点加强文化娱乐服务业的发展，积极发展剧院、电影电视、艺术中心，博物馆、纪念馆和展览馆等，满足居民对娱乐、休闲、运动等享受型服务产品的需求。

(五)完善公共服务管理体制,提高社会服务业发展水平

上海作为一座特大型城市,在经济快速发展的同时,教育、医疗卫生、社会治理等社会服务业发展相对滞后,教育、医疗、社会保障等公共资源供给不足、发展不平衡。上海要不断完善公共服务管理体制,提高社会服务业发展水平。一是要继续加大教育、医疗卫生、社会保障等基本公共服务的财政投入;二是要创新公共服务的管理体制,尝试通过公开招标、特许等社会多元合作的方式,扩大基本公共服务供给范围,提高公共服务的供给效率;三是提高公共服务的均等化水平,逐步缩小公共服务的地区差异和城乡差异。

参考文献

[1]　钟契夫．投入产出分析．中国财政经济出版社,1993 年 11 月．

[2]　陈凯．服务业内部结构高级化研究．经济科学出版社,2009 年 10 月．

[3]　程大中．中国生产性服务业的水平结构及影响．经济研究，2008,(1).

[4]　崔敏,魏修建．服务业各行业生产率变迁与内部结构异质性．数量经济技术经济研究,2015,(4).

[5]　魏作磊．美、欧、日服务业内部结构的演变及对中国的启示．国际经贸探索,2010,(1).

[6]　王岳平,葛岳静．我国产业结构的投入产出关联特征分析．管理世界，2007,(2).

[7]　刘洋．服务业结构规律研究－－基于我国服务业发展的问题与对策探讨．长沙理工大学学报,2007,(3).

[8]　陈凯．服务业在经济发展中的地位和作用－－国外理论述评．经济学家,2005,(4).

作者简介

张志远,上海市统计局国民经济核算处主任科员,经济师、统计师,上海财经大学经济学硕士。研究方向为国民经济核算,产业经济。邮箱:terryzzy@163.com,联系电话:021－53857495/13482382021。

闽、中金融保险业的投入产出比较分析

郑珍远　李小敏　李　悦　张杰瑜

摘要：金融保险业是国民经济的重要部门之一，在现代经济生活中，金融保险业扮演着重要的角色。本文利用最新出版的福建省、全国2012年投入产出表，运用投入产出分析技术，从数量依存关系、分配使用状况、产业类型性质、产业关联效应、投入产出结构、价格波动影响以及生产诱发作用等维度对福建金融保险业与国民经济其他产业部门之间的技术经济联系进行全面剖析并与全国平均水平进行比较。研究结果表明：福建省金融服务业发展稳中有升，但也存在产业内部联系少、价格变动剧烈、资本投入较少等特点。为此，文章提出加强产业内部联系、加大资本投入、加强对金融产品的研发、充分利用生产要素等若干建议。

关键词：金融保险业　投入产出基本参数　投入产出比较分析

一、引言

金融保险业是指经营金融保险商品的特殊行业，它包括银行业、保险业、信托业、证券业和租赁业。它具有优化资金配置和调节、反映、监督经济的作用，是经济活动在资金流上的反映。健全发达的金融保险体系可以促进经济的发展，实体经济的发展又是金融保险体系发展的基础。金融保险业在经济中的枢纽作用体现在其资金流动作用于国民经济各部门生产过程同时也受各部门波及影响，与国民经济各部门形成网状波及关系。因此，对福建省金融保险业与经济关系进行详尽分析有着十分重要的现实意义。

国内外学者对金融保险业的投入产出分析主要集中在以下几个方面。金融产业投入产出对经济增长的影响分析；金融保险业的产业关联分析；金融业的产业功能定位分析和各地金融保险业的对比分析等。比较代表性的有：金德环、田大伟（2006）通过对比上海1992年、1997年、2002年投入产出表，对金融保险业的总体地位及其依赖与服务的其他产业间的联系进行了研究分析；满姝雯（2006）根据2002年上海投入产出表对上海金融保险业的投入产出结构进行分析，并对影响上海市产业经济力的主要指标进行了主成分分析、因子分析和聚类分析；何德旭、姚战琪（2006）基于投入产出视角对OECD国家金融服务业产业关联进行比较分析，对比中外金融服务业存在的异同；吴秋（2007）不仅基于投入产出技术对我国金融业的发展进行纵向比较，还分析金融业在国民经济中地位的变化；陈维礼、郑珍远(2007)对福建省金融服务业与其他产业的关联关系进行了分析，并提出加快发展金融业的途径；罗军(2008)运用2002年投入产出表，从产业关联等四个角度对中国金融业的状况进行了分析，得出了我国金融保险业对我国经济发展的拉动作用较弱，属于强制约力、弱辐射力产业的结论谢旻、孙克任(2008)利用上海市投入产出表计算相应指标来分析金融保险业与国民经济的内在影响及作用机制；李珊、刘慧芳(2011)基于投入产出理论，从投入结构、使用结构、增加值和产业关联四个角度探究金融业和国民经济其他部门的关系；王磊(2012)对中国和日本的金融保险业间的相关系数分别进行横向和纵向对比。吕鹰飞、邹蕴(2013)依据投入产出表对我国金融保险业的价格波及效应进行了研究，认为我国金融业价格变化对国民经济其他产业有显著影响且影响逐渐增强；郑珍远、郑颖、陈晓玲(2013)从产业依存度等五个角度深入分析福建省金融服务业发展现状，并进一步提出发展福建省金融业的建议；范佳玲(2015)基于2002年、2007年、2010年的投入产出表，着重分析金融业与其他行业的关联关系，最终推出经济增长对金融业所起的作用。本文利用最新出版的福建省、全国2012年投入产出表，运用投入产出分析技术，从数量依存关系、分配使用状况、产业类型性质、产业关联效应、投入产出结构、价格波动影响以及生产诱发作用等维度对福建金融保险业与国民经济其他产业部门之间的技术经济联系进行全面剖析并与全国平均水平进行比较。

二、金融保险业的投入产出分析

(一)数量依存关系分析

1. 金融保险业对其他产业部门的直接依存关系分析

国民经济各个产业部门之间存在着相互消耗和相互依存的技术经济联系。金融保险业对其他产业部门的直接依存关系，可以用直接消耗系数 a_{ij} 来反映。直接消耗系数是投入产出分析中最基本的参数，它可以用用第 j 门在生产经营中所消耗的第 i 门的产品或服务的数量 x_{ij} (即中间投入)除以第 j 门的总投入 X_j 来获得的。a_{ij} 越大，则 j 门对 i 门的直接依赖性越强，反之则越弱。

根据2012年投入产出表，可以计算出福建金融保险业对其他产业部门的直接消耗系数。其中，与福建金融保险业关系比较密切的产业部门(直接消耗系数在平均水平以上)依次有：(1)31住宿和餐饮，(2)35租赁和商务服务，(3)10造纸印刷和文教体育用品，(4)32信息传输、软件和信息技术服务，(5)41文化、体育和娱乐，(6)29批发和零售，(7)39教育，(8)33金融保险，(9)34房地产，(10) 30交通运输、仓储和邮政，(11)纺织服装鞋帽皮革羽绒及其制品，(12)25电力、热力的生产和供应等12个产业部门。分别占金融保险业直接消耗系数总量的21.94%，14.43%，14.03%，9.38%，5.87%，4.75%，4.58%，4.48%，3.93%，3.51%，2.75%，2.40%。可以发现，(1)31住宿和餐饮，(2)35租赁和商务服务，(3)10造纸印刷和文教体育用品，(4)32信息传输、软件和信息技术服务四个产业部门与金融保险业最为密切。这四大产业部门的直接消耗系数占比之和达59.78%。说明福建金融保险业对第三产业特别是服务业的直接依赖程度较大。相比之下，金融保险业对工业部门特别是传统工业部门的直接依存程度相对较低。

同理,可以计算全国金融保险业对其他产业部门的直接消耗系数。计算结果表明,与全国金融保险业关系比较密切的产业部门(直接消耗系数在平均水平以上)依次有:(1)35 租赁和商务服务,(2)34 房地产,(3)33 金融保险,(4)31 住宿和餐饮,(5)10 造纸印刷和文教体育用品,(6)32 信息传输、软件和信息技术服务,(7)30 交通运输、仓储和邮政,(8)29 批发和零售,(9)41 文化、体育和娱乐等 9 个产业部门。分别占金融保险业直接消耗系数总量的 22.75%,15.65%,15.31%, 8.64%,7.92%,6.61%,5.18%,2.95%,2.73%。其中,(1)35 租赁和商务服务,(2)34 房地产,(3)33 金融保险三大产业部门的直接消耗系数占比之和达 53.71%。比较计算结果可以看出,福建金融保险业直接关系密切的产业部门与全国的情况基本一致,只是排序和系数大小有所不同。特别是福建金融保险业的直接依存程度低于全国平均水平,说明福建金融保险业与全国相比还存在较大差距。

2. 金融保险业对其他产业部门的完全依存关系分析

国民经济各个产业部门之间的数量依存关系除了直接依存关系外,还存在间接依存关系。反映金融保险业的完全依存关系可用完全消耗系数来反映。完全消耗系数反映国民经济各个部门相互之间的直接和间接的依存关系。完全消耗系数等于直接消耗系数与所有间接消耗系数之和。它是在直接消耗系数的基础上进行计算的,其计算公式为:$B=(I-A)^{-1}-I$ 。其中,$B=[b_{ij}]$ 表示完全消耗系数矩阵,A 表示直接消耗系数矩阵,I 表示单位矩阵。b_{ij} 的数值越大,说明第 j 部门对第 i 部门的需求拉动作用越大。

根据投入产出表可以计算福建金融保险业对各个产业部门的完全消耗系数。其中,与福建金融保险业关系比较密切的产业部门(完全消耗系数在平均水平以上)依次有:(1)31 住宿和餐饮,(2)10 造纸印刷和文教体育用品,(3)35 租赁和商务服务,(4)33 金融保险,(5)06 食品和烟草,(6)01 农林牧渔业产品和服务,(7)32 信息传输、软件和信息技术服务,(8)30 交通运输、仓储和邮政,(9)12 化学产品,(10)29 批发和零售,(11)25 电力、热力的生产和供应,(12)41 文化、体育和娱乐,(13)34 房地产等 13 个产业部门。

同样地,与全国金融保险业关系比较密切的产业部门(完全消耗系数在平均水平以上)依次有:(1)35 租赁和商务服务,(2)33 金融保险,(3)34 房地产,(4)10 造纸印刷和文教体育用品,(5)12 化学产品,(6)30 交通运输、仓储和邮政,(7)31 住宿和餐饮,(8)29 批发和零售,(9)06 食品和烟草,(10)32 信息传输、软件和信息技术服务,(11)14 金属冶炼和压延加工品,(12)01 农林牧渔业产品和服务,(13)11 石油、炼焦产品和核燃料加工品,(14)25 电力、热力的生产和供应,(15)20 通信设备、计算机和其他电子设备。可以发现,与福建金融保险业完全依存关系比较密切的产业部门与全国金融保险业基本一致但排列顺序有较大差异。其中排名全国第一位的租赁和商务服务业在福建居第三位,排名全国第二位的金融保险业在福建居第四位,排名全国第三位的房地产业在福建居第十三位,排名全国第四位的造纸印刷和文教体育用品业在福建居第二位,等等。此外,福建金融保险业对文化、体育和娱乐业的完全依存关系在全国平均水平之上;而石油、炼焦产品和核燃料加工品业,电力、热力的生产和供应业,通信设备、计算机和其他电子设备业的完全依存关系也超过了全国平均水平。这些结果表明,福建金融保险业与全国金融保险业有共同的特征,也有福建自己的独有特色。

(二)分配使用状况分析

1. 金融保险业对其他产业部门的直接分配状况分析

金融保险业对其他部门的分配使用状况反映了金融保险业的产品和服务用作中间使用和最终使用的情况。用来衡量金融保险业和其他产业部门之间相互提供产品的密切联系程度的度量指标通常为直接分配系数和完全分配系数。直接分配系数表示第 i 部门生产的产品或服务分配给第 j 部门作为中间产品使用的数量占第 i 部门全部产品总量的比重。直接分配系数可以用第 i 部门提供给第 j 部门作为中间使用的产品或服务的数量 x_{ij} 除以第 i 部门的总产出 X_i 来获得。直接分配系数的数值越大,说明第 i 部门对第 j 部门的供给推动作用越大。

根据投入产出表可以计算福建金融保险业对各个产业部门的直接分配系数。计算结果表明,与金融保险业前向直接关联密切(直接分配系数在平均水平以上)的产业部门有 7 个:依次是(1)30 交通运输、仓储和邮政,(2)35 租赁与商务服务,(3)29 批发和零售,(4)25 电力、热力的生产与供应,(5)15 金属制品,(6)28 建筑,(7)14 金属冶炼及压延加工等 7 个产业部门,各自占金融保险业直接分配系数总量的 24.19%、20.39%、17.26%、5.07%、3.62%、2.70%和 2.51%。其中,交通运输与仓储业、租赁与商务服务业、批发和零售业这三大产业部门的直接分配系数占比之和达 61.84%。由此可见,金融保险业的产品和服务作为中间产品主要被工业和服务业所使用。其中,交通运输与仓储业、租赁和商务服务业、批发和零售业是金融保险业的主要供给对象。

与全国相比,福建金融保险业对其他产业部门的直接分配状况与全国平均水平基本一致。从直接分配系数看,福建金融保险业对其他产业部门的直接分配系数排名较高的产业部门也在全国排名前列,但福建金融保险业对交通运输与仓储业和租赁服务业的直接分配系数远高于全国平均水平。相比之下,在全国直接分配系数排名较高的金融保险业和房地产业在福建省排名却排在第 10 位和第 27 位,说明福建金融保险业对其本身和房地产行业的前向直接联系偏弱,不利于金融保险业的发展壮大。

2. 金融保险业对其他产业部门的完全分配状况分析

完全分配使用状况表示金融保险业产品和服务提供给其他产业部门用于最终使用的情况,通过完全分配系数来衡量。完全分配系数表示第 i 部门每个单位增加值通过直接或间接联系向第 j 部门提供的完全分配量。完全分配系数可以依据直接分配系数计算而得,其计算公式为:$D=(I-H)^{-1}-I$。其中,H 表示直接分配系数矩阵,I 表示单位矩阵。完全分配系数越大,说明第 i 部门对第 j 部门的完全供给推动作用越大。

根据投入产出表可以计算中国金融保险业对各个产业部门的完全分配系数。计算结果表明,与福建金融保险业关系密切(完全分配系数在平均水平之上)的产业部门有 15 个,依次是:(1)30 交通运输、仓储与邮政,(2)28 建筑,(3)29 批发和零售,(4)35 租赁与商务服务,(5)12 化学产品,(6)08 纺织服装鞋帽皮革羽绒及其制品,(7)14 金属冶炼和压延加工业,(8)25 电力、热力的生产和供应,(9)06 食品和烟草,(10)13 非金属矿物制品,(11)20 通信设备、计算机和其他电子设备,(12)10 造纸印刷和文教体育用品,(13)33 金融保险,(14)19 电气机械和器材,(15)15 金属制品。各自占金融保险业完全分配系数总量的 10.17%、9.33%、7.57%、7.20%、5.78%、5.39%、5.37%、4.77%、

4.59%、4.33%、4.21%、3.28%、2.61%、2.59%和 2.39%，累计比重达到 79.58%。由此可见，福建金融保险业的完全供给推动作用主要集中在交通运输业、建筑业、批发零售业、租赁与商务服务业、化学产品等产业部门，而还有 27 个产业部门的完全推动作用较小，在平均水平之下。

与全国相比，福建金融保险业对与全国相比，福建金融保险业对其他产业部门的完全分配状况与全国平均水平基本一致。从产业部门来看，福建金融保险业对纺织服装鞋帽皮革羽绒及其制品、造纸印刷和文教体育用品的完全分配系数大大超出全国平均水平。中国金融保险业对自身的完全分配系数排名第七；而福建省金融保险业对自身的完全分配系数排名第十三，说明福建金融保险业对自身的完全供给推动水平还有待提高。

(三)产业类型性质分析

1. 金融保险业的中间投入率分析

中间投入率反映各个产业部门在生产过程中为生产单位产品需要从其他产业部门购进的原材料、燃料、动力等中间投入占总投入的比重。中间投入率可以用第 j 部门在生产过程中的中间投入之和除以第 j 部门总投入来求得，也可以根据直接消耗系数按列求和来获得。中间投入率可以用于衡量产业的附加值高低和带动能力的强弱。中间投入率越高，说明该产业的增加值率就越低。一般以社会平均水平(50%)为分界线(李冠霖，2002)，将中间投入率大于50%的产业归属于“低附加值、高带动能力”的产业；而将中间投入率小于 50% 的产业归属于“高附加值、低带动能力”的产业。

计算结果表明，福建省共有 29 个产业部门的中间投入率大于 0.5，其中 25 个为第二产业部门，4 个为第三产业部门。从数值上看，中间投入率排名前五的部门均在第二产业，依次为：(1)24 金属制品、机械和设备修理服务 0.821693，(2)23 废品废料 0.819384，(3)11 石油、炼焦产品和核燃料加工品 0.801825，(4)14 金属冶炼和压延加工品 0.798876，(5)20 通信设备、计算机和其他电子设备 0.782800。说明福建省第二产业发展不仅对其他部门的依赖程度很大，还对各个部门产生较大影响。福建金融保险业的中间投入率为 0.425601，在 42 个产业部门中居第 35 位，说明福建金融保险业对各个部门的依赖程度较小，而且对各个部门的影响也较小，属于“高附加值、低带动能力”的产业。

而全国共计 32 个产业部门的中间投入率大于 0.5，与福建相同的产业部门为 28 个，废品废料在福建中间投入率为 0.819384，全国仅为 0.226615。此外，全国 02 煤炭采选产品，32 信息传输、软件和信息技术服务，36 科学研究和技术服务，37 水利、环境和公共设施管理这四个部门的中间投入率也大于 0.5，分别为 0.507063、0.529620、0.631967、0.585367。全国的金融保险业中间投入率 0.403739，在 42 部门排名中位次与福建相近，为 36。

2. 金融保险业的中间需求率分析

中间需求率反映某一生产部门产品被用作中间使用占该部门总产出的百分比，通过中间产品分配系数矩阵按行累计得到，侧面反映该部门作为中间产品从其他部门获得的收入情况。

福建、全国中间需求率大于 0.5 的产业部门数量分别为 29、30 个。福建省 29 个产业部门中1个属于第一产业、20个属于第二产业、8个位于第三产业；全国30个产业部门中1个属于第一产业、23个属于第二产业、6个位于第三产业。福建省中间需求率排名前五的产业部门均为第二产业的部门，可见目前福建省第二产业属于以提供生产服务为主的产业。福建省金融保险业的中间需求率为0.894698，在42部门中位列第13位，与全国0.823069差不多。说明福建省金融保险业和全国金融保险业一样主要提供生产服务，对生产的直接支撑作用较大。

3. 产业类型性质的分类

根据产业经济学的相关理论，将中间投入率和中间需求率以0.5为标准进行划分（见图1），可以归类为四种产业类型。第一类：低附加值、高带动能力的生产服务业；第二类：低附加值、高带动能力的生活服务业；第三类：高附加值、低带动能力的生产服务业；第四类：高附加值、低带动能力的生活服务业。

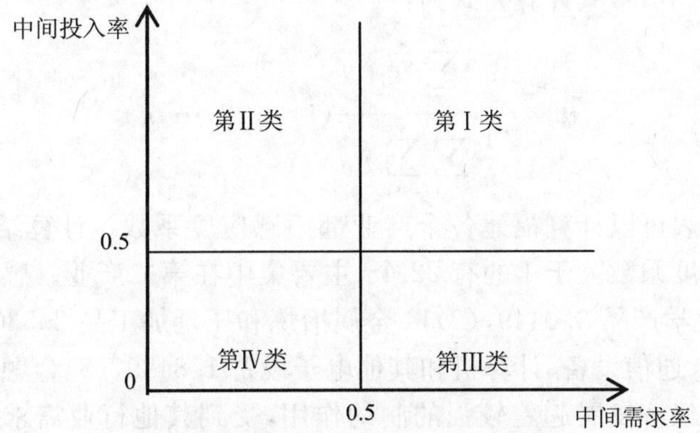

图1 2012年闽中产业类型分类标准

福建和全国的金融保险业的中间投入率均小于0.5，中间需求率均大于0.5，说明二者同属于高附加值、低带动能力的生产服务业。由于福建和全国金融保险业的中间投入率均较低，说明二者的金融保险业对各个部门的依赖程度较小，而且对各个部门的影响也较小。同时二者金融保险业的中间需求率较高，表明金融保险业主要提供生产服务，对生产的直接支撑作用较大，在生产服务领域发挥较大作用。

(四)产业关联效应分析

1. 金融保险业的影响力系数分析

影响力系数表示第j部门增加一个单位最终产品时，对国民经济各部门所产生的需求拉动波及程度，如果某产业部门的影响力系数大于1，则表示该产业部门对国民经济的拉动效应大于各产业部门的平均水平。其计算公式为：

$$f_j=\frac{\sum_{i=1}^{n}\bar{b}_{ij}}{\frac{1}{n}\sum_{j=1}^{n}\sum_{i=1}^{n}\bar{b}_{ij}}(j=1,2,\cdots,n)$$

根据投入产出表可以计算福建各个产业部门影响力系数。计算结果表明，福建省影响力系数大于等于1的产业部门有22个，其中21个属于第二产业，说明第二产业依然是主导福建经济发展的主导产业。福建影响力系数排名前五的产业部门依次是:(1)20 通信设备、计算机和其他电子设备制造业 1.410053,(2)24 金属制品、机械和设备修理服务 1.313379,(3)18 交通运输设备 1.301069,(4)14 金属冶炼和压延加工品 1.284849,(5)07 纺织品 1.268671。福建金融保险业的影响力系数为 0.765064,在 42 个产业部门中排名第 36 位。可见,福建金融保险业对福建经济的整体拉动作用偏弱。而全国金融保险业影响力系数为 0.688332,在 42 个产业部门中排名第 38 位,略低于福建省的金融保险业影响力系数。总体来看,闽、中金融保险业对其他产业部门的影响作用有限。

2. 金融保险业的感应度系数分析

感应度系数是指国民经济各个产业部门均增加一个单位最终产品时,某一个部门由此而受到的需求感应程度,也就是需要该部门为其他部门的生产而提供的产出量。当感应度系数大于 1 时,表示该部门所受到的感应程度高于全社会平均感应水平(即各部门所受到的感应度的平均值),其计算公式为:

$$w_i = \frac{\sum_{j=1}^{n} \bar{b}_{ij}}{\frac{1}{n}\sum_{i=1}^{n}\sum_{j=1}^{n} \bar{b}_{ij}} (i = 1, 2, \cdots, n)$$

根据投入产出表可以计算福建各个产业部门感应度系数。计算结果表明,福建省 42 个产业部门中感应度系数大于 1 的有 22 个,主要集中在第二产业。感应度系数排名前五位依次是:(1)12 化学产品 3.0449,(2)14 金属冶炼和压延加工品 2.5301,(3)18 交通运输设备 2.2477,(4)20 通信设备、计算机和其他电子设备 1.8489,(5)金融保险业 1.8190。这些产业部门对国民经济发展起着较强的制约作用,受到其他行业需求压力较大。福建金融保险业的感应度系数为 1.8190,大大高于各产业平均水平,在 42 个产业部门中排名第 5 位,说明福建金融保险业受国民经济各产业部门的影响程度较大。金融保险业是福建经济不可或缺的服务部门。相应地,全国金融保险业的感应度系数为 1.6378,在 42 个产业部门中排名第 6 位。略低于福建省的金融保险业感应度系数。可见,无论福建还是全国水平,金融保险业所起的作用较大。

3. 产业关联分析

以全社会感应度系数和影响力系数的平均值 1 为界,将国民经济所有产业部门归类于四个象限:(1)右上象限是感应度系数和影响力系数均大于 1 的产业部门,即需求拉动力大、供给推动力大的产业部门;(2)左上象限是感应度系数小于 1 而影响力系数大于 1 的产业部门,即需求拉动力大、供给推动力小的产业部门;(3)左下象限是感应度系数和影响力系数均小于 1 的产业部门,即需求拉动力小、供给推动力小的产业部门;(4)右下象限是感应度系数大于 1 而影响力系数小于 1 的产业部门,即需求拉动力小,供给推动力大的产业部门。根据产业关联分类标准可以看出:福建金融保险业与全国金融保险业的产业关联类似,其感应度系数均大于 1 而影响力系数均小于 1,属于右下象限,即为需求拉动力小、供给推动力大的产业部门,也就是属于强制约性、弱辐射性的产业部门。

(五)价格波及效果分析

价格波及效应是指某一产业部门的产品或服务价格变动对其他产业部门的产品或服

务价格带来直接或间接的影响程度，可以通过投入产出价格变动模型计算得到。从福建金融保险业对其他产业部门的价格波及程度来看，福建金融保险业价格的变动将对国民经济所有产业部门产生影响。福建金融保险业价格提高100%时，价格波及程度大于平均水平的产业部门依次有：(1)35 租赁与商务服务上升41.03%，(2)30 交通运输、仓储和邮政上升19.01%，(3)15 金属制品上升15.47%，(4)29 批发和零售上升14.91%，(5)25 电力、热力的生产和供应上升13.10%，(6)23 废品废料上升12.10%，(7)17 专用设备上升11.05%，(8)14 金属冶炼和压延加工品上升9.67%，(9)24 金属制品、机械和设备修理服务上升9.58%，(10)13 非金属矿物制品上升8.98%，(11)05 非金属矿和其他矿采选产品上升8.63%。

同样地，我们可以计算全国金融保险业价格提高100%时，价格波及程度大于10%的产业部门依次有：(1)30 交通运输、仓储和邮政上升13.14%，(2)34 房地产上升12.06%，(3)35 租赁与商务服务上升12.05%，(4)27 水的生产与供应上升11.94%，(5)25 电力、热力的生产和供应上升11.90%，(6)37 水利、环境和公共设施管理上升10.79%，(7)20 通信设备、计算机和其他电子设备上升10.71%，(8) 14 金属冶炼和压延加工品上升10.16%。总体趋势上看，福建省金融保险业的价格波及效应与全国类似。

(六)投入产出结构分析

1. 金融保险业的最初投入结构分析

最初投入结构是指某一产业部门固定资产折旧、劳动者报酬、生产税净额和营业盈余等项目投入与该产业部门增加值的比值，反映了各项最初投入的比重，体现了一个产业部门最初投入的构成。福建、全国的金融保险业的最初投入结构见表1。

表1　2012年闽、中金融保险业最初投入结构表

项目 区域	劳动者报酬	生产税净额	固定资产折旧	营业盈余	增加值合计
福建	0.265292	0.118016	0.026296	0.590396	1.000000
全国	0.313290	0.111726	0.025863	0.549121	1.000000

由表1可知，福建金融保险业的劳动者报酬、生产税净额、固定资产折旧和营业盈余分别占增加值的26.53%、11.80%、2.63%、59.04%。其中，营业盈余占金融保险业增加值比重最大，超过50%；劳动者报酬和生产税净额紧随其后，固定资产折旧所占比例最小，仅为2.63%。而全国金融保险业四个增加值项目的构成比重与福建类似。不同在于：劳动者报酬比重高出福建5.7%，营业盈余比重比福建低5.1%。福建最初投入中营业盈余和生产税净额总和已经超过全国水平，可见福建省当前金融保险业发展水平大幅提高，表现出较强的盈利水平。

2. 金融保险业的最终使用结构分析

各个产业部门的产出经过两次分配后分解为消费、投资、出口等最终使用。而最终使用结构系数则是衡量某一产业部门单位产出用于各项最终使用的数量占最终使用总量的百分比。福建省、全国金融保险业的最终使用结构见表2。

表 2　2012 年闽、中金融保险业最终使用结构表

项目 区域	最终消费合计	资本形成	出口	最终使用合计
福建	0.811712	0.000000	0.188288	1.000000
全国	0.962081	0.000000	0.037919	1.000000

从表 2 可得，福建省金融保险业最终使用中，最终消费、资本形成和出口的比重分别为 81.17%、0.00%、18.83%。说明最终消费消耗的福建省金融保险业最终使用的产品较多，可以将其归类于消费拉动型产业。同时资本形成和出口对福建省金融保险业的拉动作用较小，全国平均水平也呈现类似特征。分项目来看，全国金融保险业最终使用中，最终消费合计所占比重最大，超过 95%，大大高于福建 81.2%的水平；而福建省出口对金融保险业拉动作用远远高于全国水平，超出 15%。

（七）最终需求金融保险业的诱发作用

生产诱发系数是指某产业部门的各种最终需求项目的生产诱发额除以相应的最终需求项目的合计得到的结果。生产诱发系数揭示了最终需求对生产的波及和影响是由哪类最终需求诱发的。也就是说，通过它可以说明刺激消费或其他如投资、出口需求将对产业结构产生影响的基本指向。生产诱发系数越大，它的生产波及效果也越大。福建和全国金融保险业的最终需求各个项目的生产诱发作用见表 3。

表 3　2012 年闽、中金融保险业生产诱发依存度表

项目 区域	最终消费	资本形成	出口
福建	0.094616	0.087371	0.094326
全国	0.117048	0.100840	0.101635

1. 最终消费对金融保险业的诱发作用

从表 3 可得，福建省最终消费对金融保险业的诱发作用相对来说较大，增加 1 万元的最终消费能诱发金融保险业 946.16 元生产，位于所有产业部门中(42 部门)的第 7 位。可见，最终消费对金融保险业的诱发作用较为明显，说明目前福建省对金融保险业有较高的服务需求，因此，在产业结构不变的条件下，扩大消费能带动金融产品的生产。

从全国地区来看，分别增加 1 万元的最终消费能增加金融保险业 1170.48 元生产，位于所有部门的第 5 位。福建省最终消费对金融保险业的生产诱发作用程度相比全国还有些差距，这可能与地区经济的发展程度有关。

2. 资本形成对金融保险业的诱发作用

福建省资本形成对金融保险业生产的诱发作用处于所有部门的第 10 位，排名比较靠前。从诱发系数值上看，增加 1 万元的资本形成总额能增加金融保险业 873.71 元生产。资本形成对金融保险业生产的诱发作用相对来说比较明显，这说明加大对金融保险业的投资，可以更好地发展金融保险业。

就全国来看，分别增加1万元的资本形成能增加金融保险业1008.40元生产，位于所有部门的第13位。福建省资本形成对金融保险业的生产诱发作用程度相比全国排名虽然靠前，但是从增加的绝对值来看，还是比全国要低。因此，发展福建省金融保险业可以加大对其投资。

3. 出口对金融保险业的诱发作用

从表中可以看出，福建省增加1万元的净出口能增加金融保险业943.26元生产，位于所有部门的第12位。因此，扩大出口也能促进福建省金融保险业的发展。

全国来看，分别增加1万元的出口能增加金融保险业1016.35元生产，位于所有部门第11位。福建省出口对金融保险业的生产诱发作用程度相比全国排名虽然相差不大，但是从增加的绝对值来看，还是比全国的要低。因此，发展福建省金融保险业可以在对其出口方面采取相应的政策。

三、结论及政策建议

(一)强化金融保险业内部联系

从福建省金融保险业数量依存关系和分配状况与全国比较分析可以发现：福建省的金融保险业对自身的联系存在不足，落后于国内水平，金融保险业对第三产业的影响较大。因此福建省的金融保险业应当强化金融保险业内部联系，并且将主要的发展方向转向第三产业，才能更好的发挥金融保险业的需求拉动作用和供给推动作用。

(二)调整产业结构，行业均衡发展

福建省金融保险业价格变动造成的影响存在行业分布不均的情况，与全国相比，福建省某些行业部门对价格反应过于敏感，而有些行业部门对价格反应过于迟钝。因此福建省的金融保险业在发展中应当尽量做到均衡各行业的价格反应，建立金融保险业价格稳定平台，促进金额保险业健康稳定发展。

(三)继续推进金融保险业发展，加大资本融资

对福建省金融保险业最初投入结构和最终使用结构分析发现，福建省金融保险业已经取得较大发展，但也存在资本形成在最终使用结构所占比重较低的特点。为了更好的发展福建省的金融保险业，仍需加强推进相关政策和措施的执行，增大资本投入，为金融保险业进行扩大再生产储备必要的资本。

(四)结合供给侧政策，加快金融保险业发展

福建省金融保险业属于高附加值、低带动能力的生产服务业。福建省金融保险业主要作为中间需求，为其他部门提供生产性的金融服务。继续保持金融保险业为第三产业乃至整个国民经济的促进作用，结合国家供给侧政策，加大金融资本投入，增加金融保险业的产出，使其可以为其他部门提供更多的消费性服务。

(五)重视自身行业的发展,壮大行业规模

福建省金融保险业对国民经济的整体拉动作用偏弱,而且国民经济的发展对福建省金融保险业的推动作用也有限,说明目前金融保险业在福建省还不是主导产业。在进行产业结构优化调整升级的过程中,要把第三产业尤其是金融业作为重点产业,带动其他产业的快速发展,从而推动整体经济水平的提升。

(六)保持最终需求的生产诱发

福建省最终需求对金融保险业的生产诱发作用相对明显,未来随着我国居民收入水平的迅速上升,将会对金融服务的规模和质量提出更高的要求。因此,保持金融服务业对居民最终需求的提供规模显得尤为必要。这就要求金融服务提供机构根据不同消费群体开发金融创新品种和细分市场,将其作为金融服务业发展的新增长点。

参考文献

[1] 金德环,田大伟．上海金融保险业的产业关联度研究[J]．上海金融,2006(12):12－15.

[2] 满姝雯．上海市金融保险业投入产出分析[J]．物流科技,2006(6):136－141.

[3] 何德旭,姚战琪．中国金融服务业的产业关联分析[J]．金融研究,2006(5):1－15.

[4] 吴秋．我国金融业发展研究——基于投入产出的纵向分析[J]．金融广角,2007(6):40－41.

[5] 谢旻,孙克任．上海市金融保险业对国民经济的影响分析[J]．保险研究,2008(11):88－90.

[6] 李珊、刘慧芳．基于投入产出的表的中国金融业产业关联分析[J]．当代经济,2011(10):137－139.

[7] 姚雪丹．金融保险业在产业结构调整中的作用——基于投入产出分析[J]．华北金融,2012(2):19－22.

[8] 王磊．基于投入产出的中、日金融保险业产业关联[J]．经济与管理,2012(10):85－88.

[9] 吕鹰飞,邹蕴．基于投入产出表的我国金融业价格波及效应研究[J]．税务与经济,2013(6):32－36.

[10] 柴士改．基于投入产出技术的中国产业金融研究[J]．统计与信息论坛,2013(3):38－42.

[11] 郑珍远,郑颖,陈晓玲．中国金融保险业的投入产出分析[J],金融论坛,2013(13):60－65.

[12] 李环．中国金融业业与其他服务行业融合路径研究——基于 1978－2012 年数据的实证分析[J],技术经济与管理研究,2015(11):101－108.

[13] 范佳玲．基于投入产出视角的金融业发展问题研究[D]．对外经济贸易大学,2015.

作者简介

郑珍远,福州大学经济与管理学院统计系副教授,MAS 学位点负责人,硕士生导师。邮箱:fzdxzzy@163. com,联系电话:13509373389。

李小敏、李　悦、张杰瑜,福州大学经济与管理学院,应用统计学硕士研究生。

辽宁金融业对经济影响实证研究

田 冰 刘 鹏

摘要：“十二五”期间，辽宁金融业取得了长足进步，行业整体高速发展。金融各行业不仅在经济发展过程中，起到为各实体经济融资输血的金融服务作用，而且通过其自己的发展壮大，直接支持辽宁经济的稳步成长。在这种背景下，如何激发金融行业对实体经济的支撑作用，助力辽宁经济的转型升级是亟待思考的问题。为此，重点应用最近三次投入产出调查(2012 年、2007 年和 2002 年)所取得的成果，建立投入产出模型，通过金融业生产、支出、收入结构分析，金融业产业关联作用分析，金融业最终需求诱发效应分析三个研究方法进行实证研究，同时辅以回归分析，从而探索 2002 年至 2014 年金融行业在发展过程中所呈现出的亮点和存在的不足。并且针对如何更高效、更及时、更有针对性地通过金融行业激发辽宁经济活力提出政策建议。

关键字：辽宁经济　金融业　投入产出　最终诱发效应

一、本文意义

党的十八大报告指出：“深化金融体制改革，健全促进宏观经济稳定、支持实体经济发展的现代金融体系，加快发展多层次资本市场。”十八大报告明确体现了金融业对国民经济的重要支撑作用。十二五期间，是推进辽宁金融业改革创新的重要时期，辽宁启动沈阳经济区优化金融生态改革试验，深化大连航运金融体系建设，大力发展地方法人金融机构，加快发展多层次资本市场，将辽宁股权交易中心建设成综合性金融资产交易平台，进一步放大大连商品交易所功能。辽宁金融业不断改革创新，为经济转型发展起到显著带动作用。

二、辽宁省金融业发展现状

(一)金融业整体发展，直接贡献辽宁经济

在产业结构调整、经济结构转型的当下，金融业担当着既是参与者，又是助推者的角

色。在辽宁的经济发展中，金融业不仅通过金融平台、融资渠道和财务支持等方式来协助其他行业快速发展、加速转型，而且通过金融业自身的建设和发展，起到了直接推动经济发展的重要作用。

十二五期间，辽宁金融业规模不断扩大，比重逐年提高，增长速度较快。2010 年辽宁金融业创造的增加值为 639.27 亿元，占 GDP 比重为 3.5%，占第三产业增加值比重为 9.3%。2014 年经初步核实，辽宁金融业创造的增加值为 1482.17 亿元，占 GDP 比重为 5.5%，占第三产业增加值比重为 12.4%，分别比 2010 年提高 2 个百分点和 3.1 个百分点。在第三产业的 14 大门类中，仅低于批发和零售业与交通运输、软件和信息技术服务业两个门类，2013 年开始超越房地产业，跃升成为第三产业中第三大行业。十二五期间，金融业增加值继续快速增长，2011－2014 年年均增长 13.8%，比同期 GDP 和第三产业增速分别高 4.8 个百分点和 4.4 个百分点。其中 2012－2014 年进入快速增长期，增速分别为 14.5%、16%、15%。金融业对全省 GDP 增长的贡献率进一步提高，由 2013 年的 7.1% 提高到 2014 年的 10.7%。拉动 GDP 增幅 0.6 个百分点，仅次于工业和营利性服务业，排在第三位。

(二)金融业各子行业百花齐放，多层次助推经济发展

1. 货币金融服务业以国有商业银行为主，多层次共同发展，城商行异军突起

大型商业银行是辽宁银行业的主要组成部分。2014 年辽宁的银行业法人机构共有 146 个，一级分行 127 个，二级分行 1270 个，营业网点 9122 个，其中，国有商业银行的机构数为 3617 个，从业人员为 80530 人，在各类金融机构中排名均为第一位。农村金融机构吸纳就业人员显著。2014 年农村金融机构的机构个数为 2679 个，吸纳就业人数为 33412 人。城商行发展迅速，截至 2014 年末，共有城商行 15 家。其中，盛京银行在香港成功上市，成为第四家在香港挂牌的城商行，也是辽宁首家港交所上市的金融机构。

表 1　2014 年辽宁金融机构及从业人员情况表

机构名称	机构数				从业人员数
	法人机构	一级分行	二级分行	营业网点	
国有商业银行	0	9	538	3070	80530
政策性银行及国家开发银行合计	0	5	19	67	2389
股份制商业银行合计	0	20	251	647	15867
城市商业银行	15	44	155	1191	27591
农村金融机构合计	126	9	155	2389	33412
非银行金融机构合计	4	5	0	3	365
邮政储蓄银行	0	2	134	1707	18161
资产管理公司	0	6	0	3	342
消费金融公司	0	0	0	0	0
外资金融机构	1	27	18	45	1489
合计	146	127	1270	9122	180146

2. 存贷款余额增长平稳，支撑辽宁经济发展

十二五期间，辽宁金融机构运行总体平稳。各项存款增长基本保持平稳，增速略有回落。截至 2014 年末，全省金融机构（含外资）本外币各项存款余额 42053.10 亿元，同比增长 6.7%。其中：单位存款余额继续增长，但活期存款有流出趋势；储蓄存款增速略有回落；财政性存款增速回落明显；其他存款保持较好的增长态势。

单位存款余额继续增长，活期存款有流出趋势，短期市场流动性趋紧。2011 年以来，单位存款保持增长趋势，年均增长率为 8.6%，截至 2014 年，单位存款余额 17730.67 亿元，占金融机构本外币存款余额比例为 42.2%。其中，定期存款增长迅猛，达到年均 13.9%的增长速度，但是从各年增长速度来看，增速呈逐年回落趋势，尤其是短期存款，2014 年首次出现负增长，增速为－4.4%。说明单位存款虽然保持增长趋势，但有走缓的态势，并且结构发生变化，单位短期存款呈现流出趋势，短期市场流动性趋紧。

居民储蓄存款继续增长，增速虽有所回落，但回落幅度不大，居民投资方式未发生较大变化。2011 年以来，个人存款保持增长趋势，年均增长 12.2%，截至 2014 年，个人存款余额 22117.48 亿元，占金融机构本外币存款余额比例为 52.6%。其中，储蓄存款 2011—2014 年年均增长 11.3%，2014 年增速为 7.7%，在各类存款中仍然保持较高的增长速度。说明辽宁居民的投资渠道没有较大的变化，储蓄仍然是其主要的投资方式。

财政性存款增速下降明显，其他存款保持较好的增长态势。2011 年以来，财政性存款年均增长速度为 9.6%，截至 2014 年，财政性存款余额为 864.09 亿元，占金融业本外币存款余额比例为 2.1%，首次出现负增长，增速为－1.9%，总体呈现快速下降趋势。2011 年以来，其他存款保持快速增长，年均增长 32.9%，并保持逐年加速的趋势，2014 年其他存款余额为 1060.7 亿元，占金融机构本外币存款余额比例为 2.5%，增速为 38.9%。

十二五期间，辽宁贷款余额保持平稳增长，虽增速回落，但回落幅度逐年趋缓。2011 年以来，金融机构本外币贷款余额保持快速增长，年均增长 13.1%。其中，短期贷款增速回落明显，中长期贷款保持平稳增长，银行机构融资租赁贷款明显萎缩，票据融资和各项垫款均保持较快的增长。

短期贷款增速回落明显。2011 年以来短期贷款年均增长 16.1%。其中，2012 年、2013 年保持高速增长，增速为 20.8%、18.6%，2014 年增速大幅回落至 9.1%，截至 2014 年，短期贷款余额为 12703.6 亿元，占金融机构本外币贷款余额比例为 38.5%。

中长期贷款保持平稳增长，增速回落趋缓，2011 年以来，中长期贷款保持平稳增长，年均增速为 10.8%，截至 2014 年，中长期贷款余额为 18714.44 亿元，占金融机构本外币贷款余额比例为 57.1%，增速为 10.1%。

银行机构融资租赁贷款明显萎缩，从 2011 年起均保持负增长，并且逐年扩大，截至 2014 年，融资租赁贷款余额为 4.67 亿元，占金融机构本外币贷款余额比例为 0.01%，增速为－44.7%。票据融资和各项垫款均保持较快的增长，2014 年余额分别为 1269.9 亿元和 107.4 亿元，占金融机构本外币贷款余额比例分别为 3.8%和 0.3%，增速分别为 60.2%和 205%。境外贷款余额增速持续下降，截至 2014 年，境外贷款余额为 223.53 亿元，占金融机构本外币贷款余额比例为 0.7%，2014 年首次出现负增长，增速为－6%。

3. 资本市场服务经济，助力辽宁产业升级

（1）传统资本市场服务业稳步发展，大商所交易功能放大。

辽宁传统资本市场服务行业稳步发展。上市公司资产重组工作顺利开展，证券公司业务资格增加，创新力度不断加大。期货公司平稳发展，盈利状况好转，服务实体经济和资源配置功能有效发挥。证券市场交易活跃，大连商品交易所开拓创新。

表 2　2014 年辽宁证券业具体情况

项　目	数　量
总部设在辖内的证券公司数(家)	3
辖内证券分公司(家)	15
辖内证券营业部(家)	227
总部设在辖内的基金公司数(家)	0
总部设在辖内的期货公司数(家)	6
辖内期货营业部(家)	98
年末国内上市公司数(家)	72
当年国内股票(A 股)筹资(亿元)	116.80
其中，首次公开发行融资	14.57
A 股再融资	102.23

2014 年末有证券公司 3 家，证券分公司 15 家，证券营业部 277 家；期货经纪公司 6 家，期货经纪公司营业部 98 家。2014 年末国内上市的公司数为 72 家，在全国第十位，2014 年首发上市企业 4 家。年内累计实现境内融资 116.8 亿元，比 2013 年增加 49.8 亿元，其中，首次公开发行融资 14.57 亿元，A 股再融资(包括配股、公开增发、非公开增发、认股权证)102.23 亿元。

大连商品交易所交易进一步发挥调节市场功能的服务能力。2014 年大商所累计成交量 7.7 亿手(单边，下同)，同比增长 9.87%；年末市场持仓量为 384 万手，占同期全国期市持仓量的 42.20%居国内市场首位。

(2)多层次资本市场助力辽宁经济发展。

多层次资本市场为辽宁企业提供多渠道融资平台。资本市场为资本的有效配置提供了重要载体和场所。资本市场最本质的功能就是融资功能，不仅为实体经济的建设提供多层次的融资通道，同时为市场经济中风险投资提供通畅的退出机制。

2014 年 7 月 18 日我省金融资产交易中心正式上线运行。截至 2014 年 9 月末，辽宁股权交易中心已实现 550 家企业挂牌，通过私募债、股权融资及协助企业实现贷款等形式，帮助企业融资 10.3 亿元。挂牌金融资产超过 500 亿元。

2014 年末，辽宁企业在全国中小企业股份转让系统(新三板)上市 41 家，全国占比 2.61%，排名第 10 位。2014 年辽宁企业在新三板发行融资 6785.7 万元，在全国占比 0.52%，至此，我省由主板、中小板、创业板、新三板和区域股权市场构成的多层次资本市场体系初步建成，为辽宁老工业基地转型升级提供了强有力的资本保障和融资渠道。

(三)保险业:保险行业稳中有进,服务实体经济发展

1. 保险业发展稳定,保险机构体系趋于完善,保险业直接支持实体经济

表 3　2014 年辽宁保险业具体情况表

项目	数量
总部设在辖内的保险公司数(家)	4
其中:财产险经营主体(家)	1
人身险经营主体(家)	3
保险公司分支机构(家)	2422
其中:省分公司(家)	102
中心支公司(家)	420
支公司(家)	799
营业部(家)	23
服务部(家)	1078
保险从业人员(万人)	18.3
保费收入(中外资,亿元)	757
其中:财产险保费收入(中外资,亿元)	259.3
人身险保费收入(中外资,亿元)	497.7
各类赔款给付(中外资,亿元)	290.9
其中:财产险赔款给付(中外资,亿元)	142.8
人身险赔款给付(中外资,亿元)	148.1

辽宁保险业经营发展稳定,保险机构体系趋于完善。2014 年总部设在辽宁辖内的保险公司共 4 家,其中,以财产险为经营主体的保险公司为 1 家,以人身险为主体的保险公司为 3 家。全省保险公司分支机构共 2422 家,其中:省分公司 102 家,中心支公司 420 家,支公司 799 家,营业部 23 家,服务部 1078 家。截止至 2014 年底,保险从业人员达 18.3 万人。辽宁保险业经营保持稳定,行业发展基础和业务内在质量进一步夯实,保险机构体系趋于完善。

2. 保费收入快速增长,服务实体经济发展

辽宁保险业借助利率、费率改革,经营规模取得快速发展。十二五期间,辽宁保险业保费收入持续增长,年均增速为 13%,并且增速逐年增长,2014 年原保险保费收入为 756.98 亿元,按可比口径计算,比上年增长 21.6%,增速比 2013 年提高 10 个百分点,比全国平均增速高 4.1 个百分点。原保险保费收入在全国排名第 10 位,前九名分别是广东、江苏、山东、北京、四川、浙江、河南、上海、河北。保险行业调整结构促进业务提质增效,经营效益、业务品质、产品结构明显优化,尤其是人身保险行业内含价值明显提升。人身保险借助借助利率、费率改革,抓住契机快速发展,其在十二五期间年均增速为 13.7%,2014 年增速为 26.5%。

保险业主动融入并服务实体经济,拓展服务经济社会发展领域,提升社会认同程度。为我省实体经济稳定发展起到了支撑作用。

(四)小额贷款公司快速发展

十二五期间,辽宁小额贷款公司快速发展,资本金逐年增长,信用贷款比例继续提高,小贷公司质量和行业素质全面提升。截至2014年,全省共有小贷公司600家,占全国总计的7.4%,全国排名第二位,仅低于江苏省的631家。

辽宁小额贷款公司资本金快速增长,截至2014年末,全省小贷公司实收资本共375.86亿元,比2013年增加64.16亿元。辽宁小贷公司实收资本占全国总计的4.5%,全国排名第七位。

辽宁小贷公司信用贷款比例进一步提高。截至2014年末,全省小贷公司全年累计贷款余额346.2亿元,比2013年增加39.6亿元。辽宁小贷公司贷款余额占全国总计的3.7%,全国排名第十位。

三、基于投入产出的辽宁金融业与经济增长相关分析

投入产出分析可全面系统地反映国民经济各部门之间的投入产出关系,揭示生产过程中各部门之间相互依存和相互制约的经济技术联系。对某一具体产业来说,投入产出表能够清晰的展现产业发展过程的不同结构状况:产业的生产过程、分配过程及增加值结构。本部分的研究数据均来自辽宁近三次投入产出调查,最近一次投入产出调查是2012年,之前两次分别为2007年和2002年。

(一)基于投入产出的辽宁金融业行业结构分析

1. 辽宁金融业生产结构分析——金融业增长质量较好

各产业在生产过程中的投入包括两部分:初始投入和中间投入,初始投入也被称为增加值。初始投入来源国民经济各个行业的产出,反映产业生产过程中对其它产业的依赖。

辽宁金融业增加率较高,在各行业增加值率中排名靠前。2012年辽宁金融业增加值率为51.38%,中间投入率为48.62%,增加值率与中间投入率接近。辽宁金融业的增加值率在全部42个行业中排名第10,辽宁金融业的中间投入率在全部42个行业中排名第32,说明辽宁金融业在生产过程中对于其它行业的依赖程度并不十分显著。

2. 辽宁金融业支出结构分析——金融业对其他行业支持不断加强

支出法是从最终使用的角度来衡量一个国家(或地区)一定时期内生产活动的最终成果,包括最终消费支出、资本形成总额及货物和服务净流出三个部分。金融业属于服务行业,主要服务于本省其他行业,没有具体货物的产出,可以通过对金融业产出被各行业用于中间消耗和最终消费的结构状况,反映各行业对金融业产出的需求。

辽宁金融业总产出有较多的比重用于各行业的中间消耗。2012年辽宁金融业中间消耗率为79.45%,最终消耗率为20.55%,与2002年中间消耗率76.43%、最终消耗率23.57%和2007年中间消耗率75.77%、最终消耗率24.23%相比,辽宁金融业中间消耗率呈现逐年上升的态势,说明了辽宁金融业总产出更多的被其他行业消耗掉以促进其他行业生产活动的顺利进行。

3. 辽宁金融业收入结构分析——金融业具有较好的盈利及收入水平

辽宁金融业具有较好的盈利水平。投入产出表中，各行业的增加值由四部分组成：劳动者报酬、生产税净额、固定资产折旧、营业盈余。金融业增加值是反映在金融业生产过程中创造的新增加价值和固定资产转移价值的重要指标，是金融业生产活动的最终成果。2012 年，辽宁金融业营业盈余占增加值比重为 41.51%，在所有行业中排名第二，显示了辽宁金融业较好的盈利水平。

辽宁金融业具有较好的收入水平。2012 年辽宁金融业劳动者报酬占增加值为 35.38%，金融业人均工资为 78577 元，金融业人均工资比全行业人均工资高 36074 元，是全社会平均工资的 1.85 倍，在 19 个行业门类中（不含国际组织）排名第 1 位，高出排名第二的信息转输、软件和信息技术服务业人均工资 11406 元，金融业的人均工资明显高出其他行业，说明金融业具有较好的报酬及收入水平。

(二)基于投入产出的辽宁金融业产业关联作用分析

应用投入产出方法测量金融业与相关产业的关联效应基于投入产出中的产业关联系数，主要涉及金融业后向关联系数、金融业前向关联系数、金融业总效应系数、金融业影响力系数、金融业感应度系数等。

金融业后向关联系数反映了金融业最终产品对国民经济各行业的拉动作用；金融业前向关联系数反映了金融业最终产品对国民经济各行业的推动作用。简单地说，金融业后向部门是指向金融业提供服务和物质支持的部门，前向部门指的是使用金融业产出的部门。金融业与其前向部门和后向部门的关系如图 2－1 所示。总效应系数为后向系数和前向关联系数之和。

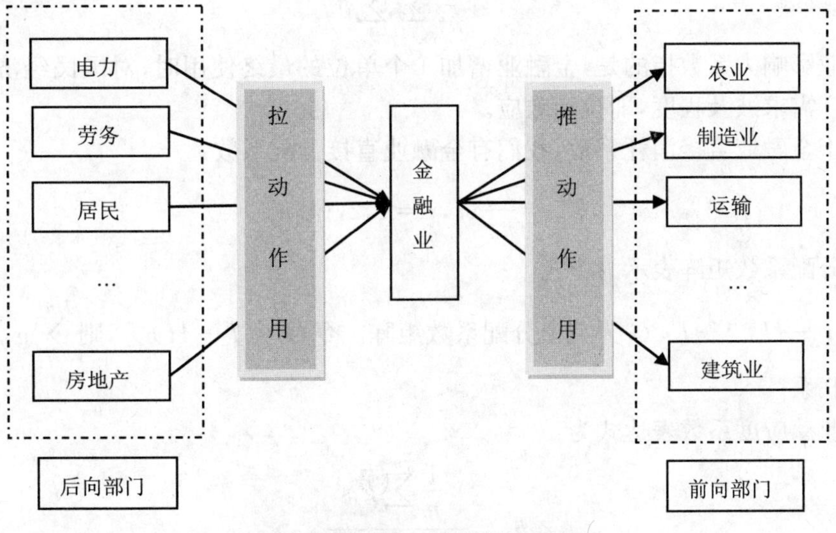

图 1　金融业产业关联作用示意图

通常使用影响力系数与感应度系数来横向比较金融业与其它各部门的产业关联作用的大小，对后向关联系数进行标准化处理，得到影响力系数。金融业影响力系数指的是，金融业增加 1 个单位的最终使用时，对国民经济各部门所产生的生产需求波及程度，即拉动效应。金融业影响力系数等于 1 时说明,金融业对社会的拉动作用达到了各部门的平均值;金融业影响力系数小(大)于 1 时说明,金融业对社会的拉动作用低(高)于各部门的平均值;类似的,对前向系数进行标准化处理可以得到感应度系数。金融业感应度系数等于 1 时说明,金融业对社会的推动作用达到了各部门的平均值;金融业感应度系数小(大)于 1 时说明,金融业对社会推动作用低(高)于各部门的平均值①。

1. 拉动作用与推动作用计算公式

金融业拉动作用——后向关联系数与影响力系数

金融业直接消耗系数是指金融业生产单位产出需要消耗的各部门的产品的数量,公式表示为:

$$a_{ij}=\frac{x_{ij}}{x_j}(i,j=1,2,\cdots,n)$$

a_{ij} 为金融业对第 i 产业的直接消耗系数,x_{ij} 为金融业对第 i 产业的直接消耗量,x_j 为金融业的总产值。一般认为,金融业直接消耗系数(x_{ij})越大,表示金融业对第 i 产业的后向联系越大。直接消耗系数矩阵用 A 表示。

$B=(I-A)^{-1}-I$,B 为完全消耗系数矩阵,令 $\bar{B}=(I-A)^{-1}$,则 $\bar{B}$ 表示完全需要系数,即 $\bar{b}_{ij}$ 表示金融业增加一单位最终需求所拉动的 i 产业总产出的增加。$\sum_{i}^{n}\bar{b}_{ij}$ 即为金融业的完全后向关联系数。

影响力系数表达式为:

$$\delta_j=\frac{\frac{1}{n}\sum_{i}^{n}\bar{b}_{ij}}{\frac{1}{n^2}\sum_{i}^{n}\sum_{j}^{n}\bar{b}_{ij}}$$

金融业影响力系数指的是,金融业增加 1 个单位的最终使用时,对国民经济各部门所产生的生产需求波及程度,即拉动效应。

类似于金融业直接消耗系数,我们有金融业直接分配系数:

$$h_{ij}=\frac{x_{ij}}{x_i}(i,j=1,2,\cdots,n)$$

直接分配系数矩阵表示为 H 。

$G=(I-H)^{-1}-I$,G 为完全分配系数矩阵。令 $\bar{G}=(I-H)^{-1}$,则 $\sum_{j}^{n}\bar{g}_{ij}$ 表示金融业的前向联系。

金融业感应度系数表达式为:

$$\theta_i=\frac{\frac{1}{n}\sum_{j}^{n}\bar{g}_{ij}}{\frac{1}{n^2}\sum_{i}^{n}\sum_{j}^{n}\bar{g}_{ij}}$$

θ_i 反映了金融业增加 1 单位增加值对各产业产出的推动程度。

① 影响力系数与感应度系数的计算公式请参见附录。

2. 辽宁金融业对上游产业拉动作用有所提高

从关联产业的类型分析，辽宁金融业主要对物质资本型产业和流通服务型等上游产业具有较大的拉动作用。2012年，辽宁金融业对各行业的拉动作用排名前十位的行业分别为金融业，交通运输、仓储和邮政业，造纸印刷和文教体育用品，租赁和商务服务，化学产品，住宿和餐饮，房地产，信息传输、软件和信息技术服务，金属冶炼和压延加工品，石油、炼焦产品和核燃料加工品。

从产业关联广度分析，辽宁金融业与所有的产业都有关联关系，对不同产业均存在一定程度的拉动作用，辽宁金融业的产业链长、波及面广。

表4　辽宁2012年金融业对各行业的后向关联系数表

行业	后向关联系数	行业	后向关联系数
农林牧渔产品和服务	0.0464	其他制造产品	0.0025
煤炭采选产品	0.0148	废品废料	0.0054
石油和天然气开采产品	0.0304	金属制品、机械和设备修理服务	0.0025
金属矿采选产品	0.0185	电力、热力的生产和供应	0.0418
非金属矿和其他矿采选产品	0.0044	燃气生产和供应	0.0012
食品和烟草	0.0369	水的生产和供应	0.0021
纺织品	0.0173	建筑	0.0211
纺织服装鞋帽皮革羽绒及其制品	0.0141	批发和零售	0.0422
木材加工品和家具	0.0101	交通运输、仓储和邮政	0.1042
造纸印刷和文教体育用品	0.0914	住宿和餐饮	0.0650
石油、炼焦产品和核燃料加工品	0.0503	信息传输、软件和信息技术服务	0.0598
化学产品	0.0723	金融	1.1007
非金属矿物制品	0.0092	房地产	0.0607
金属冶炼和压延加工品	0.0555	租赁和商务服务	0.0743
金属制品	0.0161	科学研究和技术服务	0.0079
通用设备	0.0354	水利、环境和公共设施管理	0.0044
专用设备	0.0104	居民服务、修理和其他服务	0.0184
交通运输设备	0.0380	教育	0.0186
电气机械和器材	0.0199	卫生和社会工作	0.0051
通信设备、计算机和其他电子设备	0.0345	文化、体育和娱乐	0.0128
仪器仪表	0.0050	公共管理、社会保障和社会组织	0.0027

注：辽宁金融业对农林牧渔产品和服务的后向关联系数为0.0464，表示辽宁金融业最终消费增加一个单位，可以拉动农林牧渔产品和服务业的总产出增加0.0464个单位。金融业对其它行业的后向关联系数含义类似。

从金融业关联效应的变化来看，2002年到2012年，辽宁省金融业对相关产业的拉动作用有所增加。具体说来，辽宁省金融业后向关联系数由2002年的2.05上升为2007年的2.26，然后上升到2012年的2.28，说明了2012年辽宁省金融业最终需求增加一个单位能拉动国民经济总产出增加 2.28 个单位。

从金融业对相关产业的拉动作用在各行业中的大小来看，辽宁省金融业对相关产业的拉动作用未达到所有行业拉动作用的平均水平。具体来看，2002 年、2007 年和 2012 年辽宁省金融业的影响力系数分别为 0.80、0.87 和 0.77，均不到平均水平 1。

从金融业拉动产业的性质来看，2002 年到 2012 年，辽宁省金融业拉动产业作用最大的产业为金融业自身，金融业产业关联类型并没有发生大的变化。具体来看，2002 年到 2012 年，辽宁省金融业关联产业主要集中在物质资本型产业和流通服务产业，主要行业有通信设备、计算机及其他电子设备制造业，交通运输及仓储业，化学工业，房地产业，造纸印刷及文教用品制造业，住宿和餐饮业，租赁和商务服务业，批发和零售贸易业等。

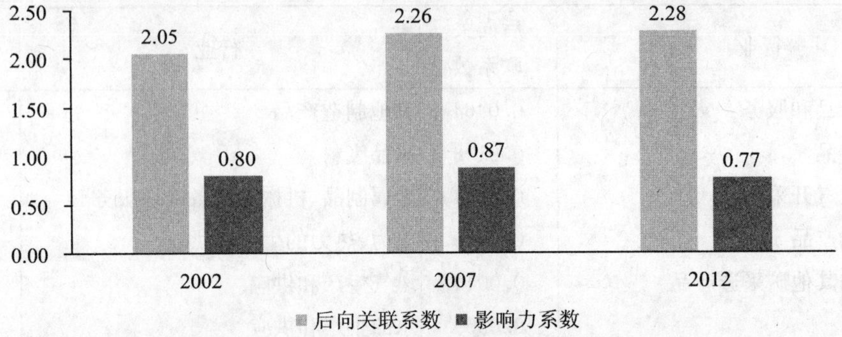

图 2　辽宁金融业后向关联系数和影响力系数

3. 辽宁金融业对各产业推动作用呈现上升趋势

辽宁金融业对相关产业的推动作用呈上升趋势。从金融业关联效应的变化来看，2002 年到 2012 年，辽宁金融业对相关产业的推动作用有所增加。具体说来，辽宁金融业前向关联系数由 2002 年的 3.10 上升为 2007 年的 3.18，然后上升到 2012 年的 3.67，说明了 2012 年辽宁金融业增加值增加一个单位能推动国民经济总产出增加 3.67 个单位。

从金融业对相关产业的推动作用分析，辽宁金融业对相关产业的感应度系数逐渐下降。2002 年、2007 年和 2012 年辽宁金融业的感应度系数分别为 1.14、1.00 和 1.23，说明到 2012 年辽宁金融业对相关行业的推动作用高于各行业的平均推动作用。

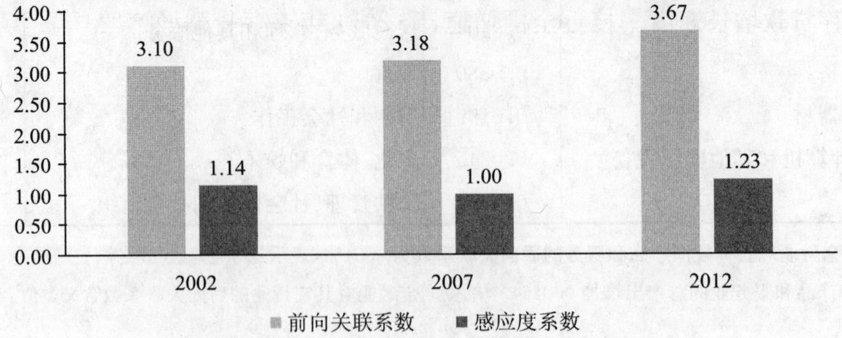

图 3　辽宁金融业的前向关联系数和感应度系数

(三)基于投入产出的辽宁金融业最终需求诱发效应分析

金融业生产诱发额是指某一类型的最终需求变动，通过部门间关联关系所引起的金融业产出额的增加。金融业生产诱发度则是金融业生产诱发额与相应的最终需求额合计之比，表示某类最终需求按结构变动一个单位所诱发的金融业产出的变化。不同地区、不同年份投入产出表中的最终需求类别有所不同，大体包括居民消费、政府消费、固定资本形成总额、存货增加、净出口(省区投入产出表中还会包括省区间的调入、调出贸易数据)。

居民消费是辽宁金融业最终需求生产诱发额的最大项，而且上升趋势明显；固定资本形成总额是导致辽宁金融业产出的第二大项。2012 年，在导致辽宁金融业产出增加的各消费类别中，各行业居民消费导致金融业产出最高(716.11 亿元)，其次为各行业固定资本形成总额导致金融业产出(369.16 亿元)，政府消费和存货增加分别导致金融业产出增加 45.85 亿元和 13 亿元；辽宁 2012 年净出口导致金融业产出减少 13.65 亿元，说明辽宁金融业进口大于出口，而辽宁与其他省区的净流出导致金融业产出增加 7.38 亿元。2002 年到 2012 年，居民消费导致辽宁金融业产出由 151.08 亿元增加到 716.11 亿元；辽宁固定资本形成总额导致金融业产出由 2002 年的 20.56 亿元增加到 2012 年的 369.16 亿元。

四、辽宁金融业发展对经济增长支撑中存在的问题

金融是现代经济的核心。随着经济全球化深入发展，我国工业化、城镇化、市场化、国际化进程加快，金融越来越深刻地影响着经济社会生活的各个方面，对优化社会资源配置、促进经济社会发展的作用日益增强，金融业已成为国民经济的重要行业。金融业在十二五期间取得了显著的成绩，对国民经济的发展起到了重要的推动作用。同时，辽宁金融业也面临着一定的问题。

(一)辽宁金融业规模偏小，对各产业的拉动作用不及各行业的平均水平

据现有统计资料显示，2013 年辽宁金融业增加值为 1249.71 亿元，总量在全国排名第十位，低于经济总量全国第七的排名。辽宁金融业增加值不仅低于山东、浙江、江苏等沿海发达省份，而且低于福建、河南、四川等省份。从存贷款增速上分析，2012 年辽宁金融机构本外币存贷款增长速度率接近全国增速，到 2014 年末存贷款增速明显低于全国增速，其中，2014 年金融机构本外币存款增速为 6.7%，比全国低 2.9 个百分点，贷款增速为 11.1%，比全国低 2.2 个百分点。说明辽宁金融业规模偏小，并且银行业发展速度低于全国平均水平。

从金融业关联效应的变化来看，2002 年到 2012 年，虽然辽宁省金融业对相关产业的拉动作用有所增加，辽宁省金融业后向关联系数由 2002 年的 2.05 上升为 2007 年的 2.26，然后上升到 2012 年的 2.28，呈现逐渐上升的趋势，但 2002 年、2007 年和 2012 年辽宁省金融业的影响力系数分别为 0.80、0.87 和 0.77，均不到平均水平 1，虽然金融业的影响力都保持比较平稳的状态，但辽宁金融业对后向部门的拉动作用都不及各部门的平均水平。

（二）居民投资方式仍未实现充分多元化，储蓄仍为居民重要投资方式

十二五期间，个人存款保持较快速度增长，其中储蓄存款增速变化幅度相对较小。2011－2014 年储蓄存款年均增速为 11.3％，截至 2014 年，储蓄存款余额 21396.81 亿元，占金融机构本外币存款余额比例为 50.9％，增速为 7.7％，储蓄存款在各类存款中仍然保持较高的增长速度，并且在存款余额中占比较大。说明储蓄仍然是辽宁居民主要的投资手段，投资方式仍未实现充分多元化。

（三）存款－投资转换作用有待进一步加强

目前辽宁金融机构在存款转化为投资的过程中，其作用还有待提高。十二五期间，贷款投入产出率保持逐年回落趋势，从 2010 年的 94.1％逐年回落至 2014 年 86.7％，说明贷款所产生的经济效益呈现逐年回落的趋势。从存款－贷款－投资转换作用分析，虽然存款－贷款的转化有所增强，但是贷款－投资的转化有明显弱化趋势。

存款－贷款的转化有所增强。十二五期间，辽宁金融机构存贷比逐年上升，由 2011 年的 74.1％，上升至 2014 年的 78.5％。而辽宁存贷比的上升是在存贷款增速都有所回落，尤其存款增速回落明显的情况下产生的。存款增速由 2012 年的 14.5％，快速回落至 2014 年的 6.7％，而贷款增速虽有回落，但态势趋缓，2014 年贷款增速高于存款增速 4.4 个百分点。因此，虽然辽宁存贷比逐年上升，可以反映出辽宁存款向贷款转化的能力有所提高，但这种提高实在金融机构存款明显分流的基础上形成的。

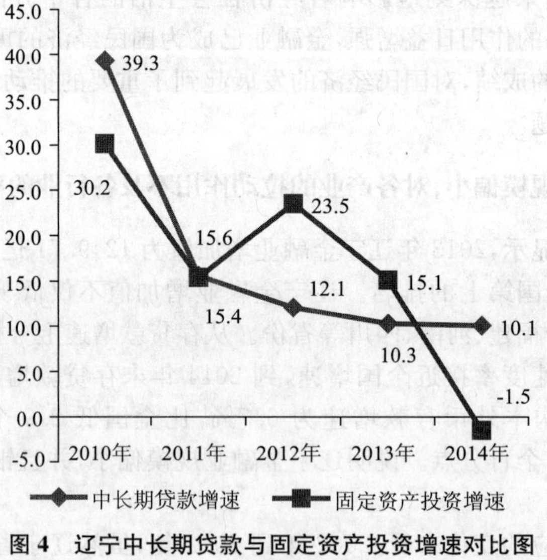

图 4　辽宁中长期贷款与固定资产投资增速对比图

贷款－投资的转化有明显弱化趋势。通常中长期贷款与固定资产投资具有正相关关系。信贷投放一直是影响固定资产投资的重要因素之一，尤其是中长期贷款对固定资产投资的影响较大。选取 2009 年至 2014 年期间辽宁固定资产投资额和中长期贷款余额年度数据进行线性回归分析，在观察期内，中长期贷款与固定资产投资呈线性关系，线性系数为 1.3501，方差为 0.9519，两者成正相关关系。说明中长期贷款与固定资产投资具有相互引导作用。但对2010—2014年我省中长期贷款余额和固定资产投资完成额的增速进行比较分析。从图3—1中可以发现，固定资产投资增速总体保持回落趋势，除2012年以外，均呈现逐年递减的趋势，并且在2014年首次出现负增长，下降趋势明显。而中长期贷款增速虽然呈现回落趋势，但是回落趋势趋缓，2013年和2014年均保持10%以上的增长速度，中长期贷款余额增长平稳。说明辽宁投资的很大部分是靠非中介化过程实现的，中长期贷款对固定资产投资的影响趋于弱化。金融机构在充分发挥其存款—投资转化作用方面有待进一步加强。

(四)资本市场应用不充分，融资比例不高，上市公司营利性不足，产业结构单一，对辽宁经济拉动作用略有弱化趋势

辽宁上市公司以工业、制造业为主，上市公司产业结构偏向第二产业，产业结构单一。截至2014年末，辽宁A股70家上市公司(不包含B股)中第一产业2家，第二产业46家，第三产业22家，工业、制造业企业仍然是我省上市公司的主体。沈阳和大连两市的上市公司共48家，占68.6%，说明我省龙头企业区域内分布不均。

十二五以来，辽宁上市公司营业收入呈震荡上行的状态。以2014年末A股上市的70家为样本研究(不包含B股)，2011年此70家上市公司营业收入为4144.17亿元，2012年快速回落至3632.73亿元，之后逐年上升，2013年、2014年分别上升至3805.04亿元、4522.52亿元，总体稳定回升。通过上市公司营业收入与辽宁总产出进行对比，其比值从2011年的6.3%回落至2013年的4.1%，呈现回落的趋势。说明现有上市龙头企业对辽宁经济的拉动作用略有弱化趋势。

表5　2014年全国、辽宁及部分省市上市公司财务数据对比表

地　区	上市公司数	平均营业收入(亿元)	平均净利润(亿元)	加权平均市盈率(PE)	平均总资产净利率(%)	平均总股本(亿股)	平均总市值(亿元)
全A股	2588	110.97	9.91	66.01	2.90	16.85	163.75
辽　宁	70	59.54	2.13	61.02	2.03	10.89	86.59
吉　林	40	34.72	1.99	149.26	2.76	7.12	87.26
黑龙江	32	33.67	2.35	569.70	2.46	9.41	100.57
山　东	148	55.36	3.49	70.06	3.95	6.94	81.20
江　苏	252	39.78	2.31	112.10	4.39	6.42	78.34
浙　江	259	34.47	2.73	73.62	5.56	6.51	79.31
广　东	384	78.66	8.08	67.14	3.96	9.36	147.53
四　川	89	54.21	1.55	73.27	0.97	8.36	95.78

注：数据截止时间为2014年12月31日，数据来自上市公司公布的年报。

辽宁上市公司总体规模偏小，营利能力偏弱。从表3—1中可以发现，辽宁上市公司数量在东北地区最多，但与发达沿海省市对比依然数量较少。从平均营业收入和平均总市值上看，辽宁上市公司营业收入处于上游水平，对经济贡献度较高。平均净利润和总资产净利润率上在样本省市中都明显偏低，企业平均市值在样本省市中处于中游偏下水平，并且辽宁企业的平均股本和平均市值都低于全国水平，说明我省上市公司的产业结构和经营状况都有待进一步的优化。

（五）小额贷款公司发展迅速，但企业规模和质量有待提高

辽宁小额贷款公司发展迅速，2014 年辽宁小额贷款公司家数为 600 家，家数在全国排名二位，仅低于江苏省。但辽宁小额贷款公司的实收资本和贷款余额全国排名仅为第七位和第十位，与小额贷款公司家数全国排名不匹配。说明辽宁小额贷款公司虽然发展迅速，但是企业的规模和质量仍有待提高。

五、政策建议

（一）整合金融资源，鼓励民资参与，壮大金融实力

在政策的支持和引导下，把金融规模做大、质量做优、金融生态环境做好。首先，大力发展城市商业银行、农村商业银行，支持地方商业银行扩大规模，引导改善资产质量，拓展中间业务。第二，发展壮大农村合作金融组织，整合金融资源支持壮大农村合作金融组织，通过市场调节和鼓励民营资本参与农村合作金融组织，解决其资金不足问题，通过政府引导、国资主体、民资参与，形成金融业在三农发展中的良性循环。第三，积极发展其他法人金融机构，鼓励地方银行、证券、期货、保险和信托投资公司互相参股，逐步发展金融控股集团。

（二）促进金融服务与产业深度融合

创新金融服务体系，促进金融服务与实体产业深度融合，激发实体产业经济活力。通过产业参与商业银行、保险公司、财务公司等金融形态而实现融合，融合形式包括：资源资本化，允许资源要素如土地、矿产、生态、环境等，在合理的交易机制下进行转换和转移，实现资源市场化及优化配置；资产的资本化，通过资产要素在资本市场上的交易、转换和转移，为企业带来资本增值效益；知识产权的资本化，知识产权主要包括专利（发明、适用新型、外观设计）、版权、商标、商业机密等各种所有权通过市场机制实现知识产权的资本化。

（三）引导资本流向，保障经济转型升级

引导有限资本向辽宁重点扶持产业集中，保障经济转型升级。规范银行贷款政策，引导资金流向知识密集型、高科技型、创新型企业。鼓励银行开展中间业务，拓展资金来源途径，发挥银行业现代金融服务作用，融合信托公司、产业投资基金、融资租赁公司等金融业态，共同为企业提供充足的运营资本，扶持高新技术企业快速发展。

（四）发挥辽宁多层次资本市场作用，助力辽宁经济

通过多层次金融服务体系，加大金融支持辽宁企业力度，努力解决融资难、融资贵问题。鼓励和支持辽宁企业通过多层次资本市场进行融资，通过资本市场完善企业治理结

构，从而倒逼企业转型升级。依托多层次资本市场政策，以优惠的投资政策、便利的投资环境、绿色上市通道，扶持和吸引新兴产业、高科技产业进驻辽宁。鼓励商业银行贷款向中小微企业倾斜的基础上，规范发展民营银行、小额贷款公司、融资担保公司、互联网 P2P 平台等，打通小微企业多层次融资渠道。同时，建立中小微企业信用保险等保障体系，从而降低融资风险。

参考文献

[1]　国家统计局国民经济核算司 编．中国地区投出产出表[M]．北京：中国统计出版社，2016．70－81.

[2]　辽宁省统计局编．2012 年辽宁投入产出资料开发应用成果汇编(数据卷)投出产出表[M]．北京：中国统计出版社，2015．20－280.

[3]　联合国、欧盟委员会、经济合作与发展组织、国际货币基金组织 主编．2008 国民账户体系[M]：中国国家统计局国民经济核算司、中国人民大学国民经济核算研究所 译．北京：中国统计出版社，2012．574－592.

[4]　中国投入产出分析应用课题组 编．中国投入产出分析应用报告[M]．北京：中国统计出版社，2012．101－106.

[5]　辽宁省人民政府金融工作办公室 编．2014 辽宁金融服务业发展报告[M]，2015．37－110.

[6]　辽宁省统计局编．转型升级与可持续发展研究[M]．北京：中国统计出版社，2015．394－222.

作者简介

田　冰，辽宁省统计局国民经济核算处处长，高级统计师。邮箱：fatlamboy@126.com，联系电话：024－86905722/13555808160。

刘　鹏，辽宁省统计局国民经济核算处副主任科员，中级经济师。

广西第三产业发展对经济增长的影响研究

——基于《广西投入产出表》的分析应用

庞丽萍　廖鸣霞　陈家芹　韦冬艺

摘要：当前我国经济正处于工业化的中后期阶段，面临着经济结构转型的艰巨任务，在此阶段大力发展第三产业尤其是其中的现代服务业是实现可持续发展的关键。由此研究地区第三产业发展对经济影响的现状并提出相应的发展策略具有重要的现实意义。采用 2012 广西投入产出表数据和其他一些统计数据，本文研究了当前广西第三产业的发展现状和存在的主要问题。本文认为当前广西第三产业发展存在发展落后于全国平均水平、现代服务业发展滞后、生产服务业发展迟缓、投资不足等问题。在以上分析基础上，本文提出了以加快建立北部湾自由贸易区来带动服务业发展、以创新驱动服务业发展、大力发展现代和生产性服务业、创造良好环境吸引资金进入第三产业、提高居民收入刺激消费带动服务业发展等为主要内容的广西第三产业发展对策。

关键词：第三产业　经济增长　发展对策

一、研究背景及意义

第三产业发展对初步完成工业化乃至后工业化社会经济的健康可持续发展具有举足轻重的影响。对于初步完成工业化的中国而言，加快发展第三产业尤其具有重要的战略意义，经历多年的工业化进程后，我国经济当前面临着严重的经济结构失衡，加大第三产业的比重是当前我国经济结构转型的必然选择。当前广西第三产业发展落后，对经济增长的拉动作用不强，离全国平均水平有一定距离。然而，随着国家及广西重大发展战略的实施，广西第三产业又蕴藏着巨大的发展潜力。鉴于此，研究广西第三产业发展对经济增长的影响，为又快又好地发展广西第三产业寻找途径，对提升广西经济的发展水平有着重要的现实意义。

(一)发展第三产业是世界经济发展的大趋势

当今世界经济发展的浪潮中，全球经济发展已呈服务化态势，第三产业逐渐成为提高国民经济效率和促进经济增长的主导力量。发达国家的经济发展历程证实了第三产业在经济发展中的重要作用。从世界发达国家经济发展历程看，随着经济水平不断提高，第三产业在经济中的比重、地位及作用不断提高。越是经济发达的国家，第三产业越发达。目前，在世界经济总量中，第三产业产值已超过了 60%，其中一些发达国家的第三产业产值已占国内生产总值的 70%，个别国家接近 80%。第三产业的发达程度已成为一国经济社会发展水平的基本标志。

(二)发展第三产业是我国现代化建设的战略选择

发展第三产业在我国社会主义现代化建设中具有重要的战略意义，是实现社会现代化的有效途径。加快发展第三产业，有利于构建资源节约型、环境友好型的社会主义和谐社会，降低我国经济发展对资源的依赖程度和对环境的破坏程度；有利于优化我国产业结构，实现经济增长方式从粗放型向集约型转变，促进第一、二产业的升级；有利于推进新型工业化，通过发挥生产性第三产业对工业的支撑作用，促进第三产业与新型工业化间的深度耦合，可进一步提升工业产业素质；有利于推进新型城镇化，第三产业对城镇就业的高吸纳力为城乡人口顺利转移和城镇化发展的提供重要保障，以产业为保障，产业化和城镇化深度融合，将使城镇化更具活力。

(三)广西第三产业发展短板效应突出，发展迎机遇

近年来，广西第三产业发展取得了积极成效，产业规模不断扩大，结构不断优化，为全区经济社会发展作出了重要贡献。但是，广西第三产业发展仍存在不足。具体表现为规模小、层次低、增速慢、发展以传统第三产业为主，多数行业处于产业链中低端，对经济发展的拉动力比较弱。与全国乃至西部平均水平相比，广西第三产业发展无论在产业素质还是占 GDP 比重方面仍显落后。同时必须看到，伴随着国家及广西重大发展战略的实施，广西第三产业也面临着重大的发展机遇。具体而言，国家层面正在实施“一带一路”发展战略和深化经济体制改革，自治区层面则正在实施的“三区统筹”发展格局，二者均有利于促进广西对外贸易和经济结构转型，也为推进本地第三产业快速发展，打造广西第三产业升级版创造了良好的发展环境。我们应该充分利用当前较好的外部发展环境，加快广西第三产业发展。

二、第三产业的内涵及分类

(一)第三产业的内涵

1.“第三产业”由来

经济学家费希尔 1935 年在其所著的《安全与进步的冲突》一书中最先提出了“第三产业”的概念。而科林·克拉克 1957 年在他所著的《经济进步的条件》中明确了三次产业的划分，同时指出第三产业是第一、第二产业以外的一切生产活动，该产业主要是由从事服务性的各项活动所构成，因此又将其称为“服务业”。

2. 我国对第三产业的界定

1985 年国家统计局首次明确提出了第三产业是除第一、第二产业以外的其他所有一切社会经济活动，第三产业的定义沿用至今。但随着经济社会的发展，第三产业内部所包含的行业也相应变化。2012 年，国家统计局根据《国民经济行业分类》(GB/T 4754—2011)，明确规定第三次产业划分为以下行业类别：批发和零售业，交通运输、仓储和邮政业，住宿和餐饮业，信息传输、软件和信息技术服务业，金融业，房地产业，租赁和商务服务业，科学研究和技术服务业，水利、环境和公共设施管理业，居民服务、修理和其他服务业，教育，卫生和社会工作，文化、体育和娱乐业，公共管理、社会保障和社会组织，国际组织，以及农、林、牧、渔业中的农、林、牧、渔服务业，采矿业中的开采辅助活动，制造业中的金属制品、机械和设备修理业。

3. 第三产业与服务业的渊源

第三产业指除第一、第二产业以外所有的生产行业，而服务业指的是能够提供相关服务或服务产品的行业。尽管第三产业和服务业范畴不相统一，但为了便于服务业统计和核算，按照国务院《关于加快发展服务业的若干意见》和国家统计局《关于加强和完善服务业统计工作的意见》的规定，国家统计局明确第三产业即为服务业。以下本文交替使用第三产业和服务业两种表述方法。

(二)三次产业的内部分类

1. 生产性服务业和生活性服务业

根据产品用途和提供者不同可以把服务业分为：生活性服务业和生产性服务业。生活性服务业指的是那些可以直接向最终的消费者提供服务的行业，比如住宿和餐饮、批发和零售等行业。这些行业大多属于劳动密集型产业，其就业吸纳力一般比较大。生产性服务业指的是为企业生产而并非直接向个体消费者直接提供消费服务的服务业。生产性服务业现已成为现代服务业中最核心的部分。生产性服务业是随着生产服务部门从企业内部的独立和分离而发展起来的新兴服务业。生产性服务业中相当大的一部分行业是属于资本密集型的高端型服务业，其对资本要求很高。生产性服务业的快速发展带动了服务业的快速升级转换，同时对国民经济的增长贡献也越来越大。在实际生活中，大多数服务业都是生活性服务业和生产性服务业的结合体，并不存在所谓的纯粹性的生活性服务业或纯粹性的生产性服务业。

2. 现代服务业与传统服务业

这个分类法主要依据的是服务业在不同经济发展阶段的特点进行分类的，它是由美国著名社会经济学家丹尼尔·贝尔提出的。贝尔认为，工业社会初期的服务业主要是交通运输业和零售批发业等传统服务业为主，但是到了后工业化社会时期，服务业应该转变成以现代服务业为主。

具体而言，传统服务业主要包括批发零售业、住宿餐饮业、交通运输、邮政和仓储业。而现代服务业指主要是依靠现代通信和管理技术、经营方式而发展起来的新兴服务业，主要包括金融、通信、计算机应用服务、房地产、网络传媒与文化业等高技术行业。这些行业通常需要较高的科技水平来提供物质基础，所以现代服务业要获得大规模发展壮大只能在工业化后期。

三、第三产业促进经济增长的机制

服务业促进经济增长的作用主要是通过三种机制实现：首先，与工业发展的普遍存在生产边际收益递减规律不同，服务业具有收益递增的特性，因此服务业的发展可促进经济增长效率的提高。其次，与实现自动化的工农业相比，服务业对作为生产要素的劳动力有较高的吸纳能力，这对社会稳定和经济增长起到至关重要的作用。第三，服务业延长了产业链条，增加了产品附加值。

（一）第三产业增长提高经济增长效率

服务业提高经济增长效率的一个途径是提高社会分工。服务业的产生是适应社会分工的结果，而服务业的发展又进一步提高了社会分工的水平。随着服务业的发展，社会分工持续深化，经济活动的专业化水平不断提高。经典的经济学理论告诉我们，分工和专业化提高生产效率，因此一地服务业的发展将促进生产力水平提升，从而使当地经济增长更具效率。

服务业提高经济增长效率的另一途径是降低交易成本。20 世纪末经济学理论的重大突破为服务业发展促进经济增长的效率提供了新的理论依据。新制度经济学提出总成本由制造成本和交易成本构成。交易成本降低，使得社会总产出总成本下降，总产出生产效率也因此提高，经济增长加快。服务业的发展带来经济活动专业化的同时，也带来了服务的一体化和生产的社会化，生产流通效率进一步提高，交易成本得到下降。因此，发展服务业对降低总成本和提高整体效率具有重要意义。

服务业不仅促进了经济增长效率的提高，而且推动了国民经济结构的变化。服务业发展一方面加快第一产业和第二产业的发展，另一方面也为自身的发展拓展了更大的空间，这使得国民经济结构进一步趋于优化。

（二）第三产业促进就业

劳动力作为生产函数的一个基本要素，对于经济增长至关重要。随着服务业的不断发展，经济活动的专业化水平不断提高，需要更多的人从事不同的专业化工作，因此服务业能够吸纳更多的劳动力，创造更多的产出，进而推动经济快速增长。服务业的发展不仅促进就业的增长，更重要的是推动就业结构的变化，这对推动经济结构的调整，提高经济增长的质量和效益有重要意义。

服务业对就业的促进作用，不仅有利于经济的增长，也有利于减缓经济的波动。美国经济学家富克斯以美国服务业为例，分析服务业稳定经济波动的重要作用。富克斯发现服务业的就业和产出远比工业稳定，富克斯将之归因于服务业特殊的职业特性——工资弹性。多数服务业工资不像工业那样是固定工资，而是弹性工资，工资往往与工作结果密切相关。因此，经济下滑时，并不会因为工资问题涌现大量失业人员，一定程度上保证就业与产出的稳定，进而稳定经济。

(三)延长产业链条,增加产品附加值

服务业的发展使工业生产过程变得“服务密集”,工业产品的生产融入越来越多的服务作为中间投入要素,即产业服务化。服务业的发展并没有改变工业生产的中心地位,而是延长了工业的产业链条,实现了产品附加值的增加。现代社会中,包含产前服务、产中服务和产后服务在内的生产性服务业的增长速度远远大于生活性服务业的增长速度,服务业作为中间投入的部分逐渐增加,促进社会总产出的增加。

四、近年来广西第三产业发展状况

(一)发展规模不断扩大,年均增速高于全国

近年来,全区第三产业保持较为良好发展势头,年均增速超过两位数。2005－2014年,全区第三产业增加值年均增长11.4%,比全国高0.8个百分点。随着第三产业较为快速增长,其发展规模不断取得新的突破。2005年,全区第三产业增加值仅为1560.92亿元。2010年突破3000亿元,达到3383.11亿元。2013年突破5000亿元,达到5427.94亿元。2014年,全区第三产业增加值5925.16亿元,比2005年翻了1.92番。

(二)金融业和其他营利性服务业发展迅猛

随着全区金融业主体大幅增加,业务总量实现不断扩张,广西从一个金融业欠发达地区迅速跃升为金融业发展充满生机活力的区域。2005－2014年,全区金融业增加值年均增长23.3%,是第三产业中发展最为活跃的行业。其次是其他营利性服务业(包括租赁和商务服务业,居民、服务修理和其他服务业,文化、体育和娱乐业)年均增长17.7%。

增速最低的行业为交通运输邮政仓储业,其次为其他非营利性行业(包括科学研究和技术服务业,水利、环境和公共设施管理业,教育,卫生和社会工作),分别增长8.8%和8.0%。

表1　2005－2014年第三产业内部行业平均增速

行　业	平均增速(%)
交通运输、仓储和邮政业	8.8
批发和零售业	10.6
住宿和餐饮业	9.3
金融业	23.3
房地产业	10.0
信息传输、计算机服务和软件业	9.6
其他营利性服务业	17.2
公共管理和社会组织	9.1
其他非营利性服务业	8.0

(三)迈入工业化中期阶段后，第三产业比重出现明显上升趋势

产业结构演变的一般规律显示，在工业化初期向中期推进时期，第一产业产值在国民经济中的比重逐渐缩小；第二产业有较大发展，占主导地位。在工业中期向后期推进时，第三产业会出现明显上升趋势，第二产业比重逐渐回落。2014 年，全区第三产业比重比 2005 年下降 1.4 个百分点，但在工业化中期向后期过渡的 2011－2014 年，出现较为明显的回升趋势，符合产业结构演变的一般规律。第一阶段，2005—2011 年，广西工业化由初期向中期推进时期。第二产业比重大幅上升，由 2005 年的 37.9%提高到 48.4%，而第三产业比重则由 39.2%下降到 34.1%，年均下降 0.85 个百分点。第二个阶段，2012 年－2014 年，广西迈入工业化中期阶段，第三产业比重出现明显上升。2014 年全区第三产业比重 37.8%，比 2011 年提高 3.7 个百分点。第二产业则由 48.4%回落到 46.8%。

(四)从其内部结构看，呈现"两升七降"态势

从内部产业比重看，伴随着金融业与其他营利性服务业持续快速发展，金融业、其他营利性行业比重明显上升。2014 年，金融业比重由 2005 年的 5.9%提高到 14.8%，提高了 8.4 个百分点，在第三产业产业内部排位由 9 位跃升至第 2 位。其他营利性服务业比重由 2005 年的 7.6%提高到 11.4%，提高了 3.0 个百分点，在第三产业产业内部排位由 6 位升至第 5 位。

2014 年，占第三产业比重下降最多的行业是其他非营利性服务业，比重比 2005 年下降 4.76 个百分点；其次是信息、计算机服务和软件业比重下降 2.40 个百分点；批发和零售业仍是第三产业内部占比最大的行业，但比重下降 2.07 个百分点；交通运输邮政仓储业、公共管理和社会组织、住宿餐饮业以及房地产业分别下降 1.22、1.10、0.55 和 0.42 个百分点。

表 2　全区第三产业内部结构对比　　单位：%

行　业	2005 年		2014 年		比重变动
	比重	排位	比重	排位	
交通运输、仓储和邮政业	13.71	3	12.06	4	－1.22
信息传输、计算机服务和软件业	5.99	8	3.51	9	－2.40
批发和零售业	22.02	1	19.73	1	－2.07
住宿和餐饮业	7.18	7	6.65	8	－0.55
金融业	5.89	9	14.80	2	8.44
房地产业	10.57	4	10.01	6	－0.42
其他营利性服务业	7.63	6	11.44	5	3.04
其他非营利性服务业	18.17	2	13.05	3	－4.76
公共管理和社会组织	8.84	5	7.67	7	－1.10

资料来源：《广西统计年鉴 2014》。

(五)劳动生产率大幅提高

2013 年，全区第三产业劳动生产率为 7.0 万元/人，是全社会劳动生产率的 1.3 倍，为

2005 年的 3.9 倍。分行业看,金融业,房地产业,信息传输、计算机软件业以及租赁和商务服务业等生产性服务业劳动生产率较高,分别为 52.2 万元/人、37.0 万元/人、14.3 万元/人和 11.6 万元/人。

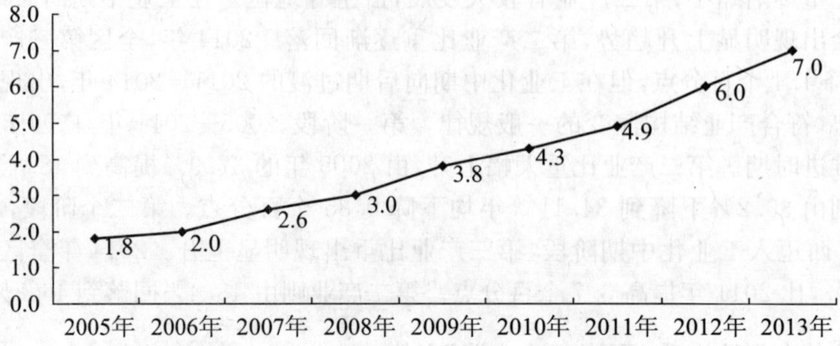

图 1　2005—2013 年第三产业劳动生产率(万元/人)

五、广西第三产业发展的经济效应

每个产业都和经济体系中的其它产业之间存在着复杂的联系,通过研究这种联系,某个产业发展的经济效应可得到揭示。投入产出表以表格形式反映经济系统中各个构成部分之间投入产出依存关系,为研究第三产业的经济效应提供了丰富的信息。以下我们将以 2012 广西投入产出表对第三产业的经济效应进行研究。

(一)广西第三产业发展的产业关联效应

1. 第三产业与其他产业的关联特性

直接消耗系数和完全消耗系数可体现某产业和其他产业之间的关联特性。

① 直接消耗系数,也可称为投入系数,记为 $a_{ij}(i,j=1,2,\cdots n)$,它是指在生产经营过程中第 j 产业部门的单位总产出直接消耗的第 i 产业部门货物或服务的价值量。直接消耗系数 a_{ij} 反应出任意两个部门之间的直接依存关系,a_{ij} 越大,说明两部门之间的联系就越紧密。直接消耗系数的计算方法为:用第 j 产业部门的总投入 X_j 去除该产业部门生产经营中直接消耗的第 i 产品部门的货物或服务的价值量,用公式表示为:

$$a_{ij}=\frac{x_{ij}}{X_j}(i,j=1,2,\cdots,n)$$

直接消耗系数矩阵记为 A,根据 2007 年、2012 年广西投入产出表,可以算出这两年反映服务业与其他产业之间的直接消耗系数矩阵。如表 3 所示(见下页)。

由表 3 可以看到,2012 年第三产业对自身的依赖最强,直接消耗系数为 0.225,即服务业每单位产出需直接消耗自身 0.225 单位的产出,且这种依赖性比 2007 年(0.170)明显增加。除此之外,第三产业较依赖的是第二产业,单位第三产业产出对第二产业的直接消耗是 0.174 单位。第三产业对第一产业的依赖度最低,直接消耗系数仅为 0.012。第三产业对第一、第二产业的依赖于 2007 年基本相同。综上,广西第三产业的生产受其自身和第二产业影响较大,原因应该跟第三产业的发展需要制造业提供相关的制造设备以及服务业提供相应的服务相关。

表 3 三次产业直接消耗系数

	第一产业		第二产业		第三产业	
	2007 年	2012 年	2007 年	2012 年	2007 年	2012 年
第一产业	0.146	0.131	0.067	0.065	0.012	0.012
第二产业	0.201	0.215	0.517	0.531	0.173	0.174
第三产业	0.040	0.031	0.109	0.099	0.170	0.225

从表 3 还可看到，除自身外，对第三产业直接依赖最高的是第二产业，直接消耗系数为 0.099，第一产业对服务业的直接依赖度最低为 0.031。而且与 2007 年相比，第一、二产业对服务业的依赖度都有微幅下降。

②完全消耗系数，通常记为 b_{ij}，是指第 j 产品部门每提供一个单位最终使用时，对第 i 产品部门货物或服务的直接消耗和间接消耗之和。利用直接消耗系数矩阵 A 计算完全消耗系数矩阵 B 的公式为：

$$B=(I-A)^{-1}-I$$

根据广西直接消耗系数矩阵以及完全消耗系数矩阵公式，可以计算得到广西 2007 年、2012 年完全消耗系数矩阵，结果如下表：

表 4 三次产业完全消耗系数

	第一产业		第二产业		第三产业	
	2007 年	2012 年	2007 年	2012 年	2007 年	2012 年
第一产业	0.216	0.196	0.182	0.177	0.056	0.058
第二产业	0.554	0.595	1.255	1.326	0.478	0.532
第三产业	0.132	0.125	0.304	0.306	0.271	0.361

由表 4 可以看到，与直接消耗不同，第三产业最依赖的是第二产业，其次才是其自身，这可能是由于第三产业对第二产业的间接消耗较大；第三产业对第一产业的完全消耗居最末。其他产业对第三产业的依赖方面，第二产业对服务业的依赖高于第一产业，完全消耗系数为 0.306。

从时间对比上看，第三产业 2012 年对第二产业和自身的依赖显著增加，可能是由于随着国民经济的增长，服务业和第二产业及产业自身内部的联系变得更加紧密；最后，第一、二产业对服务业的完全消耗与 2007 年相比变化不大，第一产业对服务业的完全消耗有所下降，第二产业对服务业的完全消耗稍有增加。

2. 第三产业内部各行业的关联效应

以上讨论了服务业与其它行业之间的产业关联特性。但是，第三产业是一个大类，其内部包括许多小的子行业，那么第三产业内部各个子行业之间的产业关联特性又是怎样的呢？第三产业对内部众多行业哪些依赖性大，而服务业内部众多子行业中哪些又对服务业依赖较大？下面我们运用直接消耗系数①来进一步研究上述问题。首先研究服务业

① 使用完全消耗系数的结果基本类似，因此不再列出完全消耗系数的分析过程。

对其内部各子行业的直接消耗系数，结果见表 5。

表 5　第三产业对内部各行业的直接消耗系数

行　业	2007 年	2012 年
批发和零售	0.0085	0.0211
交通运输、仓储和邮政	0.0379	0.0457
住宿和餐饮	0.0268	0.0259
信息传输、软件和信息技术服务	0.0133	0.0140
金融	0.0272	0.0478
房地产	0.0107	0.0147
租赁和商务服务	0.0217	0.0328
科学研究和技术服务	0.0009	0.0018
水利、环境和公共设施管理	0.0015	0.0004
居民服务、修理和其他服务	0.0086	0.0101
教育	0.0046	0.0052
卫生和社会工作	0.0018	0.0000
文化、体育和娱乐	0.0062	0.0049
公共管理、社会保障和社会组织	0.0007	0.0004

第三产业对内部各子行业的直接消耗系数反映了服务业自身对这些细分行业的直接依存度，由表 5 可以看到，2012 年第三产业对自身子行业最依赖的是金融业（0.0478），其次是交通运输、仓储和邮政（0.0457），第三是租赁和商务服务（0.0328）。而 2007 年排前三位的行业是交通运输、仓储和邮政、金融，住宿和餐饮。金融业与交通运输、仓储和邮政业的换位体现了近年来金融业的相对较快的发展速度，而租赁和商务服务取代住宿和餐饮说明近年来企业商务活动的活跃和深入。房地产的数值从 0.0107 增加到 0.0147，增长十分明显，说明广西服务业对房地产这类传统产业的依赖进一步增强。值得注意的是，与经济结构转型紧密联系的几个细分子行业中：科学研究和技术服务数值翻番，但绝对数仍较小；信息传输、软件和信息技术服务以及教育则仅稍有增加。这说明广西服务业从传统服务业向现代服务业转型有一定成效，但进步仍不够显著。

接下来我们研究第三产业内部各子行业对服务业本身的依赖性，第三产业内部各行业对服务业的直接消耗系数如表 6 所示。

表 6　第三产业内部各行业对服务业的直接消耗系数

行　业	2007 年	2012 年
批发和零售	0.1654	0.1990
交通运输、仓储和邮政	0.4012	0.2823
住宿和餐饮	0.0814	0.1355
信息传输、软件和信息技术服务	0.1382	0.1900
金融	0.2821	0.3685
房地产	0.1503	0.1316
租赁和商务服务	0.2892	0.2200

续表

行　业	2007年	2012年
科学研究和技术服务	0.3241	0.3272
水利、环境和公共设施管理	0.0610	0.2039
居民服务、修理和其他服务	0.1841	0.2132
教育	0.1132	0.1068
卫生和社会工作	0.0469	0.1116
文化、体育和娱乐	0.1336	0.1528
公共管理、社会保障和社会组织	0.2641	0.2666

第三产业内部各子行业对服务业的直接消耗系数反映了这些行业对服务业的直接依存度。由表6可见，2012年对服务业依赖度最大的三个细分行业是金融业(0.3685)、科学研究和技术服务(0.3272)，交通运输、仓储和邮政(0.2823)。而2007年排前三位的子行业分别是交通运输、仓储和邮政(0.4012)、科学研究和技术服务(0.3241)、租赁和商务服务(0.2892)。5年来突出变化为金融业对服务业的依赖度显著增强，这可能与近年来政府投资狂飙突进使金融业的规模扩张有关，促进了金融业对各种服务的需求有关。此外，交通运输、仓储和邮政业对服务业的依赖度下降明显，而科学研究和技术服务对服务业的依赖度基本不变。另一个较值得注意的变化是住宿和餐饮，水利、环境和公共设施管理，卫生和社会工作对服务业的直接消耗增长极为显著，说明随着经济发展水平的提高，这三个子行业与服务业内部各细分行业的关联大为增强。

(二)广西第三产业发展的产业波及效应

经济体系中各部门各行业之间是相互联系，相互影响的。当某个经济部门发生变化时，就会对其他经济部门产生直接或间接地影响，这就是所谓的波及效应。通过投入产出表分析产业之间的波及效果，就是分析当投入产出表的某一系数发生变化时，对其他系数可能产生的波及影响。具体地，由投入产出表计算影响力系数和感应度系数可反映行业之间的波及效应。

产业经济学中把某产业对其他产业的影响程度称为该产业的影响力，把受到其他产业影响的程度称为该产业的感应度。综合影响力和感应度两个绝对指标可全面反映一个产业对国民经济发展的影响能力和受到国民经济发展拉动的能力。

1. 第三产业对其他产业的影响力系数分析

影响力系数表示当国民经济某部门增加1个单位最终使用时[①]，对国民经济的各部门所产生的需求波及程度。影响力系数的计算公式为：

$$F_j = \frac{\sum_{i=}^{n} \overline{b_{ij}}}{\frac{1}{n}\sum_{i=1}^{n}\sum_{j=i}^{n} \overline{b_{ij}}} \qquad (j=1,2,\cdots,n)$$

① 注：同时其它部门的最终使用保持不变。

其中，$\sum_{i=1}^{n}\overline{b_{ij}}$ 为列昂惕夫逆矩阵的第 j 列之和，表示部门 j 最终使用增加 1 单位（同时其它部门的最终使用增加为 0）时，经济体系中各部门的产值将增加多少单位。$\frac{1}{n}\sum_{i=1}^{n}\sum_{j=1}^{n}\overline{b_{ij}}$ 为列昂惕夫逆矩阵的列和平均值。

当 $F_j>1$ 时，意味着部门 j 对国民经济各部门所产生的需求波及影响程度超过社会平均影响水平；当 $F_j=1$ 时，意味着部门 j 对国民经济各部门所产生的需求波及影响程度等于社会平均影响水平；当 $F_j<1$ 时，意味着部门 j 对国民经济各部门所产生的需求波及影响程度低于社会平均影响水平。显然，影响力系数越大，说明部门 j 对经济中各部门拉动作用越大。

利用 2012 年广西 42 部门投入产出表，计算 42 个产品部门的影响力系数，各产品部门的影响力系数分别按由大到小顺序排列在表 7 中。全社会平均影响力系数为 1，其中大于 1 的有 21 个部门。表中属于第三产业的部门以黑体标出。

表 7　42 部门影响力系数

序号	投入产出部门	影响力系数
1	交通运输设备	1.356410
2	专用设备	1.350011
3	电气机械和器材	1.285290
4	通信设备、计算机和其他电子设备	1.275025
5	仪器仪表	1.268249
6	通用设备	1.265025
7	建筑	1.232475
8	金属制品	1.222905
9	金属冶炼和压延加工品	1.211944
10	金属制品、机械和设备修理服务	1.192992
11	燃气生产和供应	1.189108
12	其他制造产品	1.166414
13	纺织服装鞋帽皮革羽绒及其制品	1.159817
14	电力、热力的生产和供应	1.142561
15	化学产品	1.138219
16	非金属矿物制品	1.121821
17	造纸印刷和文教体育用品	1.116883
18	木材加工品和家具	1.089744
19	纺织品	1.064162
20	**卫生和社会工作**	**1.058173**
21	食品和烟草	1.003146
22	**交通运输、仓储和邮政**	**0.979829**

续表

序号	投入产出部门	影响力系数
23	**住宿和餐饮**	**0.927220**
24	**租赁和商务服务**	**0.908369**
25	金属矿采选产品	0.905984
26	废品废料	0.904431
27	煤炭采选产品	0.898601
28	石油、炼焦产品和核燃料加工品	0.896411
29	非金属矿和其他矿采选产品	0.888241
30	**科学研究和技术服务**	**0.882778**
31	**公共管理、社会保障和社会组织**	**0.871048**
32	水的生产和供应	0.871020
33	**文化、体育和娱乐**	**0.869743**
34	**金融**	**0.858902**
35	**水利、环境和公共设施管理**	**0.801814**
36	农林牧渔产品和服务	0.793182
37	**信息传输、软件和信息技术服务**	**0.746513**
38	**居民服务、修理和其他服务**	**0.728167**
39	**教育**	**0.682701**
40	**批发和零售**	**0.631021**
41	**房地产**	**0.603854**
42	石油和天然气开采产品	0.439800

由表7可以看到，广西服务业的影响力系数排位平均而言都比较靠后。排在42个部门中30位以前的仅有4个行业，分别是卫生和社会工作（1.058173）、交通运输、仓储和邮政（0.979829）、住宿和餐饮（0.927220）、租赁和商务服务（0.908369）。排位最靠前也是唯一影响力系数高于1的卫生和社会工作仅位列第20。此外，影响力系数排位最后的12个行业有9个属于第三产业，尤其是服务业中很重要的代表现代服务业发展方向的几个子行业如：金融业，信息传输、软件和信息技术服务，教育的影响力系数排位都很靠后。值得注意的，产业带动作用很强的房地产业的影响力系数排位倒数第二，说明房地产业需要的许多中间投入和服务并未来自省内。总之，上述结果说明服务业目前对广西的国民经济的发展的推动作用总体上还比较低。这可能与广西仍处于工业化初、中期的发展阶段有关。

2. 第三产业对其他产业的感应度分析

感应度系数表示当经济体系中各个部门的最终使用均增加1个单位时，某一部门由此而受到的需求感应程度，即需要该部门为此而增加多少单位的产出。感应度系数的计算公式为：

$$E_i = \frac{\sum_{j=1}^{n} \overline{b_{ij}}}{\frac{1}{n}\sum_{i=1}^{n}\sum_{j=1}^{n} \overline{b_{ij}}} \qquad (i=1,2,\cdots,n)$$

其中，$\sum_{j=1}^{n}\overline{b_{ij}}$ 为列昂惕夫逆矩阵的第 i 行之和，表示经济中各部门的最终使用均增加1单位时，部门 i 的产值将增加多少单位。由此，我们可知部门 i 受经济各部门的影响程度。$\frac{1}{n}\sum_{i=1}^{n}\sum_{j=1}^{n}\overline{b_{ij}}$ 为列昂惕夫逆矩阵的行和平均值，即所有部门的平均感应度。

当感应度系数 $E_i>1$，表示第 i 部门所受到经济各部门的影响高于社会平均的受影响程度；当感应度系数 $E_i=1$，表示第 i 部门所受到经济各部门的影响等于社会平均的受影响程度；当感应度系数 $E_i<1$，表示第 i 部门所受到经济各部门的影响低于社会平均的受影响程度。显然，感应度系数越大表明第 i 部门的基础性越强，对其它产业的制约作用也越强。那么在发展与之相关的产业时，应优先发展该产业，以免造成其它产业的发展的“瓶颈”效应。

利用2012年广西投入产出表，计算42个产品部门的感应度系数，各部门的感应度系数分别按由大到小顺序排列在表8中。全社会平均感应度系数为1，其中大于1的有18个部门。表中第三产业部门以黑体标出。

表8　42部门感应度系数表

序号	投入产出部门	感应度系数
1	金属冶炼和压延加工品	2.662654
2	电力、热力的生产和供应	2.430682
3	化学产品	2.412769
4	农林牧渔产品和服务	1.803202
5	通信设备、计算机和其他电子设备	1.786431
6	**交通运输、仓储和邮政**	**1.571290**
7	**金融**	**1.485599**
8	石油、炼焦产品和核燃料加工品	1.385728
9	**批发和零售**	**1.375917**
10	造纸印刷和文教体育用品	1.247424
11	石油和天然气开采产品	1.189548
12	金属矿采选产品	1.175543
13	电气机械和器材	1.157699
14	交通运输设备	1.126243
15	食品和烟草	1.096642
16	煤炭采选产品	1.066274
17	**租赁和商务服务**	**1.053843**
18	通用设备	1.040474
19	**住宿和餐饮**	**0.913349**
20	纺织品	0.818177
21	非金属矿物制品	0.808532
22	专用设备	0.805326

续表

序号	投入产出部门	感应度系数
23	燃气生产和供应	0.782688
24	金属制品	0.755868
25	废品废料	0.731499
26	木材加工品和家具	0.717480
27	非金属矿和其他矿采选产品	0.661259
28	**信息传输、软件和信息技术服务**	**0.653048**
29	纺织服装鞋帽皮革羽绒及其制品	0.636793
30	**居民服务、修理和其他服务**	**0.614178**
31	**房地产**	**0.600247**
32	仪器仪表	0.557691
33	金属制品、机械和设备修理服务	0.538306
34	其他制造产品	0.516879
35	**文化、体育和娱乐**	**0.509835**
36	建筑	0.504198
37	**教育**	**0.497467**
38	**科学研究和技术服务**	**0.494080**
39	水的生产和供应	0.469393
40	**水利、环境和公共设施管理**	**0.461165**
41	**公共管理、社会保障和社会组织**	**0.444344**
42	**卫生和社会工作**	**0.440235**

由表 8 可见，感应度系数排在前 20 位的第三产业部门有 5 个：交通运输、仓储和邮政(1.571290)排第 6，金融(1.485599)排第 7，批发和零售(1.375917)排第 9，租赁和商务服务(1.053843)排第 17，住宿和餐饮(0.913349)排第 19。这其中感应度系数大于 1 的为上述的前 4 个部门，说明这 4 个部门受经济各部门影响超过社会平均水平，是当前广西发展的瓶颈部门，应得到优先发展。此外，感应度系数最小的 10 个部门有 6 个属于第三产业，包括：文化、体育和娱乐(第 35 位)、教育(第 37 位)、科学研究和技术服务(第 38 位)、水利、环境和公共设施管理(第 40 位)、公共管理、社会保障和社会组织(第 41 位)、卫生和社会工作(第 42 位)。感应度系数越小，说明这些产业对经济中各部门发展水平的制约较小，在广西平均经济发展水平较落后的环境下，也可优先发展这些行业。

六、广西第三产业发展实证分析

(一)2000—2013 年第三产业供给要素实证分析

从供给角度出发，服务业中资本、劳动力和全要素生产率等要素投入构成了第三产业经济增长的动力。依据索洛模型关于全要素生产率测算的经典方法，选取柯布—道格拉斯(Cobb—Douglas)生产函数，沿用规模收益不变和希克斯技术中性的基本假设，总产出由供给方面的各个因素决定：

$$Y_t = A_t K_t^{\alpha} L_t^{\beta} \qquad (1)$$

其中，Y_t 为第 t 年服务业总产出，K_t 为 t 年资本存量，L_t 为 t 年劳动力，A_t 为 t 年全要素生产率(TFP)。

对方程两边取对数，得到：

$$Ln(Y_t) = Ln(A_t) + \alpha Ln(K_t) + \beta Ln(L_t) \qquad (2)$$

要估算资本、劳动力和全要素生产率对经济增长的贡献，可在方程两边对时间求导，可获得经济增速与劳动力增速、资本存量增速和全要素生产率增速之间的关系：

$$g_Y(t) = g_A(t) + \alpha g_K(t) + \beta g_L(t) \qquad (3)$$

利用 2000—2013 年的年度数据，以 2000 年为基期，其中资本存量数据按照永续盘存原理，参考上海(361.3 亿元)和江西(125.16 亿元)在 1978 年的全社会资本存量水平，大致估计 1978 年广西的资本存量为 150 亿元，根据资本形成总额指数换算至 2000 年基期，假设每年的资本折旧为 5%，服务业占 1/3 水平，粗略估计广西第三产业资本存量为 3000 亿元。采用最小二乘法(OLS)对生产函数模型式(4)进行回归，各项参数在 10%的显著性水平下直接通过检验，拟合优度 $R^2 = 0.980$。回归结果：

$$Ln(Y_t) = 0.679 Ln(K_t) + 1.222 Ln(L_t) - 6.780 \qquad (4)$$

$$(22.3) \qquad (4.04) \qquad (-3.36)$$

对回归系数进行归一化处理，可得 $\alpha = 0.357$，$\beta = 0.643$，即资本要素弹性为 0.357，劳动力要素弹性为 0.643。劳动力要素弹性明显大于资本，结合目前劳动力显著弱于资本供给的现状，这两个结论数据也是较为合理的。对比广西全社会的资本要素弹性(0.27，1978—2013 年)，服务业发展相对于工业仍处于资本投入不足的阶段。由此可得：

$$g_A(t) = g_Y(t) - 0.357 g_K(t) - 0.643 g_L(t) \qquad (5)$$

据此，可以测算广西全要素生产率和分析经济增长因素。

表 9　2001—2013 年广西服务业资本、劳动力和全要素生产率增速及对经济增长的贡献率(%)

年份	服务业增加值增速	增速			贡献率		
		资本	劳动力	全要素	资本	劳动力	全要素
2001	11.8	5.2	2.2	8.5	15.7	27.7	56.6
2002	12.0	5.8	1.6	8.9	17.3	18.1	64.6
2003	10.0	7.2	2.8	5.6	25.6	25.3	49.1
2004	10.7	9.0	8.4	2.1	30.0	59.7	10.3
2005	11.3	12.4	3.9	4.4	39.1	20.1	40.9
2006	12.1	13.7	5.0	4.0	40.5	23.4	36.1
2007	14.6	15.9	−8.4	14.3	39.0	−33.9	94.9
2008	11.8	16.0	2.2	4.7	48.4	8.7	42.9
2009	13.8	26.4	−8.9	10.1	68.2	−21.8	53.6
2010	11.1	28.8	2.2	−0.6	92.6	4.8	2.6
2011	10.5	25.8	2.7	−0.4	87.6	6.6	5.7
2012	9.8	24.3	−5.2	4.5	88.3	−13.7	25.4
2013	10.2	22.8	1.0	1.4	79.7	2.9	17.4

资料来源：《广西统计年鉴 2014》。

2001－2013年，广西服务业发展呈现加快又回落的过程。在这14年中有13年保持高于两位数的增长。2001－2007年，第三产业增加值增速一度达到近年来的最高值（14.6%）。此后，受世界金融危机和国内环境的影响，2008年前后有所波动。2009－2012年呈现不断回落的趋势，一度下滑至个位数（9.8%）。截止2014年，第三产业增加值同比增长8.1%，比上年回落2.1个百分点。

纵观近年来广西服务业发展，供给要素呈现以下特征：

1. 资本要素供给呈现两阶段快速增长。资本要素的计算前文已经介绍。这主要受第三产业投资的影响。2000年以来，广西第三产业投资一直保持较高的增长速度，尤其以2004－2005年、2009－2010年为甚。这四年投资名义增速分别为29.0%、37.1%、69.7%和40.2%。后者主要受全国四万亿投资的大背景的影响。受投资大幅增加的影响，资本贡献率在这两个时期呈现“大跳跃”的趋势，分别比前几年提高15、20个百分点左右。广西的投资主要还是体现为政府的导向。从这两个时点也能看出在五年计划末期都会推出大规模投资刺激计划。2010年之后，广西的资本要素贡献率呈现回落趋势，但降幅整体不大，但仍然保持在80%左右，是经济的主要推动力。

2. 劳动力供给逐渐放缓，供需矛盾较为突出。广西第三产业就业规模增长缓慢。在2007年、2009年、2012年出现下降，这可能是由于数据调整的原因。总的来看，劳动力供给明显弱于投资力度。2001－2006年劳动力贡献率大约在20%－30%左右。2010年以来，这一指标平均低于10%水平。劳动力贡献率下滑可能受两方面影响因素：一是人口红利的减少，广西又是人口净流出的一个省份，广西第三产业发展亟需高素质的人才队伍，这方面的矛盾日益突出。二是投资的强刺激也压缩了劳动力的贡献空间，进而造成供给结构出现一些不合理的状况。

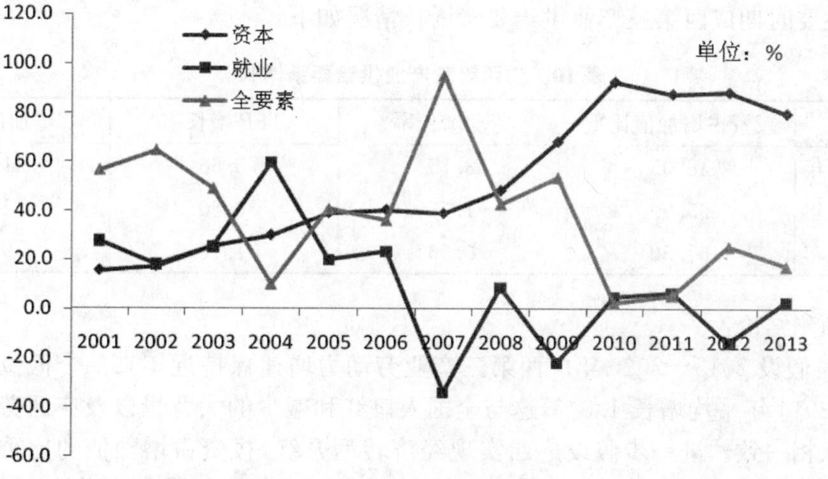

图2　2001－2013年广西服务业资本、劳动力和全要素生产率对经济增长的贡献率

3. 新常态下科技进步促进经济转型升级不很明显。全要素生产率的增长率常常被视为科技进步的指标。全要素生产率的来源包括技术进步、组织创新、专业化和生产创新等。产出增长率超出要素投入增长率的部分为全要素生产率（TFP，也称总和要素生产率）增长率。在本模型中，全要素生产率的计算取决于资本和劳动力的变化。2000－2013

年，全要素生产贡献率的走势与劳动力保持一致。随着资本要素供给的突飞猛进，全要素生产贡献率也不断回落，2010 年约估保持在 10%－20%的水平上。由于全要素生产贡献率主要是衡量科技进步的范畴，这也符合全区科技水平落后全国平均水平的现状。随着全区进入新常态，经济转型升级过程中科技创新将扮演愈来愈重要的角色，而全要素生产率也将成为亟需密切关注的指标。

(二)"十三五"时期第三产业增长预测

以 2001－2014 年数据建模预测，依据经典理论，建立罗伯特·索洛(Robert Solow)描述的增长模型，该模型包括四个方程，第一个等式为前文所用的柯布－道格拉斯(Cobb－Douglas)生产函数：

$$Y_t = A_t K_t^{0.357} L_t^{0.643} \tag{6}$$

第二个等式描述资本增长，即：

$$K_t = (1-\xi_t) K_{t-1} + I_t \tag{7}$$

其中，ξ_t 为折旧率，采用学界普遍认可的 5%的折旧率。

第三个等式描述劳动增长，即：

$$L_t = a L_{t-1} \tag{8}$$

由于 2014 年第三产业就业人数还未公布，本文参照 2013 年的增速，假设增长 10 万就业人数。

第四个等式描述投资增长，即：

$$I_t = \mathrm{b} Y_{t-1} \tag{9}$$

其中，Y_t 为 t 年的地区生产总值，I_t 为实际资本形成总额，a、b 为设定的常数。等式(9) 表示，在模型中，将 t 期的实际资本形成总额定义为 $t-1$ 期实际 GDP 的一个份额。

另附主要时期广西第三产业供给要素增长情况如下：

表 10　广西第三产业供给要素增长　　单位：%

年　份	投资占增加值比重	劳动增长率	TFP 增长率	增加值增速
2001－2005 年	48.05	3.75	5.66	11.16
2006－2010 年	95.99	－1.78	6.80	12.67
2011－2014 年	167.50	－0.56	1.76	9.65

模型预测结论：

情景 1：假设 2015－2020 年广西第三产业劳动力增速保持近年来一个低位增长的水平，2010－2014 年平均增长 1.0%，这与全国人口红利减少的大背景以及广西劳动力输出省份的现状相一致。进一步假设广西实现经济转型升级，投资占增加值的比重回归一个理性的水平，即由 2014 年超过 180%降至 2020 年 100%，投资拉动经济增长的动力逐步向科技创新转化。倘若全要素生产率(TFP)能够由 2010 年以来的平均增长 1.8%恢复至 2006－2010 年平均 6.8%较高水平，则第三产业增加值有望保持逐年略升的增长速度。到 2020 年能够再次实现两位数的快速增长。这说明通过技术创新不仅能够实现替代投资拉动经济的角色，还能保持经济增长在"十三五"时期稳中有升。

情景 2：假设广西第三产业保持原有的发展模式不改变，即投资仍为上年增加值的超高水平，劳动力增速为1%的低位增长，TFP增长仅为2%。在“十三五”时期第三产业增加值增速呈现逐年回落的态势，到2020年可能跌破7%的临界线。

情景3：假设广西通过多种渠道，譬如提高收入，增加劳动供给。截止2020年能提高至4%，即恢复至2000—2005年劳动力平均增长率水平(3.8%)。此外，TFP增长率提高至5%，即“十一五”时期平均水平。投资比重下降至80%，即比情景一的假设更进一步。则在“十三五”时期第三产业增加值仍能保持8%—9%逐年提高的增长态势。

表11 2015—2020年广西第三产业增长预测和情景分析 单位：%

	预测年份	投资占增加值比重	劳动增长率	TFP增长率	增加值增长率
情形1	2015	166.7	1.0	2.0	8.3
	2016	153.3	1.0	3.0	8.4
	2017	140.0	1.0	4.0	8.6
	2018	126.7	1.0	5.0	9.0
	2019	113.3	1.0	6.0	9.5
	2020	100.0	1.0	7.0	10.1
情形2	2015	180.0	1.0	2.0	8.9
	2016	180.0	1.0	2.0	8.3
	2017	180.0	1.0	2.0	7.8
	2018	180.0	1.0	2.0	7.4
	2019	180.0	1.0	2.0	7.1
	2020	180.0	1.0	2.0	6.8
情形3	2015	163.3	1.0	2.0	8.2
	2016	146.7	1.6	2.6	8.1
	2017	130.0	2.2	3.2	8.2
	2018	113.3	2.8	3.8	8.5
	2019	96.7	3.4	4.4	8.9
	2020	80.0	4.0	5.0	9.3

(三)服务业效率的测度

1. 测度方法的选择

本文以全要素生产率的计算及分解来测度我国金融业效率以及其变化。全要素生产率(TFP)是衡量总投入与总产出之间的关系的指标。在著名的生产函数柯布—道格拉斯生产函数中：

$$Y_t = A_t K_t^{\alpha} L_t^{\beta} \tag{10}$$

全要素生产率的测度方法分为两大类，一类是需要设定生产函数的参数分析法；另一类是不需要设定具体函数的非参数分析法。参数分析法包括索洛余值法、增长核算法以及随机前沿分析法；非参数分析法包括Malmquist指数法、数据包络分析法(DEA)以及指数法等。其中，Malmquist指数法因不必进行严格的假设而直接从投入与产出的角度对全要素生产率进行测度，具有较强的客观性，同时可以将测度的全要素生产率进一步分解，因而广受推崇。

Malmquist 指数的分解可以用下图来表示：

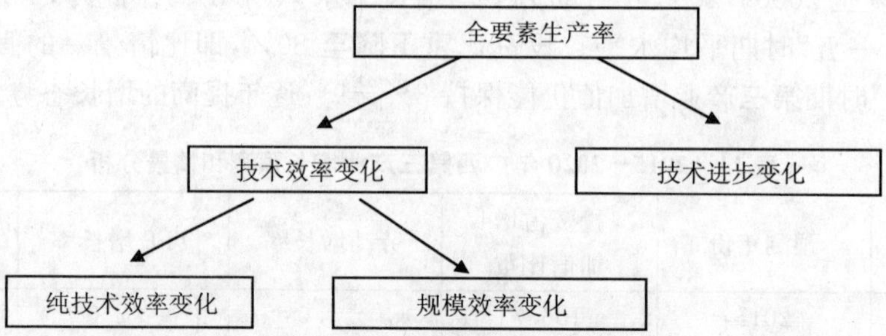

图 3　Malmquist 指数的分解图

在计算结果中，可以根据 Malmquist 指数来评价效率的增长趋势，如果 Malmquist 指数>1，当年的效率与去年相比有所提升；如果 Malmquist 指数<1，则说明当年的效率与去年相比呈现下降趋势。

全要素生产率＝技术进步×技术效率

技术效率＝纯技术效率×规模效率

Malmquist 指数法的操作可以由 Maxdea 软件实现。

2. 测度结果及分析

数据上，我们选取 2008—2013 年第三产业及分行业增加值作为产出变量，固定资本存量和从业人员作为产出变量。

下表给出了 2009—2013 年广西 TFP 的变化和构成情况：

表 12　2008—2013 年广西第三产业 Malmquist 分解

年　份	技术效率变化	技术进步变化	纯技术效率变化	规模效率变化	全要素生产率
2009	1.184	0.747	1.072	1.104	0.884
2010	1.003	1.033	0.983	1.020	1.036
2011	0.998	1.118	1.082	0.922	1.115
2012	0.960	1.057	0.992	0.968	1.015
2013	0.819	1.238	0.892	0.918	1.015
平均	0.986	1.025	1.002	0.984	1.010

2008—2013 年期间，从第三产业的全要素生产率（TFP）来看，广西呈现先升后降的局面。TFP 在 2011 年的增长率为 11.5%，其后两年的增长率下降至 1.5%。

从表中还可以看出广西 TFP 平均年增长率为 1.0%，技术进步年平均增长率为 2.5%，但是技术效率的年平均增长率为负数（−1.4%），说明从 2008 年以来，广西的技术效率并未提高。在总的 TFP 增长中，主要由技术进步主导，技术效率未见明显改善。

下表给出了 2009—2013 年广西三产业分行业 Malmquist 分解结果：

表 13　2008—2013 年广西第三产业分行业 Malmquist 分解

行　业	技术效率变化	技术进步变化	纯技术效率变化	规模效率变化	全要素生产率
批发和零售业	0.918	1.106	1.000	0.918	1.015
交通运输、仓储和邮政业	1.164	0.948	0.994	1.172	1.104
住宿和餐饮业	1.012	1.052	0.972	1.041	1.065
信息传输、软件和信息技术服务业	0.992	0.955	1.061	0.935	0.947
金融业	1.000	0.959	1.000	1.000	0.959
房地产业	0.853	0.942	0.875	0.975	0.803
租赁和商务服务业	1.125	1.043	1.113	1.010	1.174
科学研究和技术服务业	0.880	1.081	0.889	0.991	0.952
水利、环境和公共设施管理业	1.059	0.950	0.966	1.097	1.006
居民服务、修理和其他服务业	0.932	1.097	1.000	0.932	1.022
教育	0.926	1.073	0.945	0.979	0.994
卫生和社会工作	0.928	1.096	0.966	0.960	1.017
文化、体育和娱乐业	1.132	0.973	1.356	0.835	1.101
公共管理和社会组织	0.944	1.100	0.966	0.977	1.038
平均值	0.986	1.025	1.002	0.984	1.010

从表中可以看到，分行业的全要素生产率中，有 9 个行业 TFP 年平均增长率为正增长，5 个行业为负增长。

由下图则可看出，有 5 个行业的 Malmquist 分解值是在平均截面之下。其中，租赁和

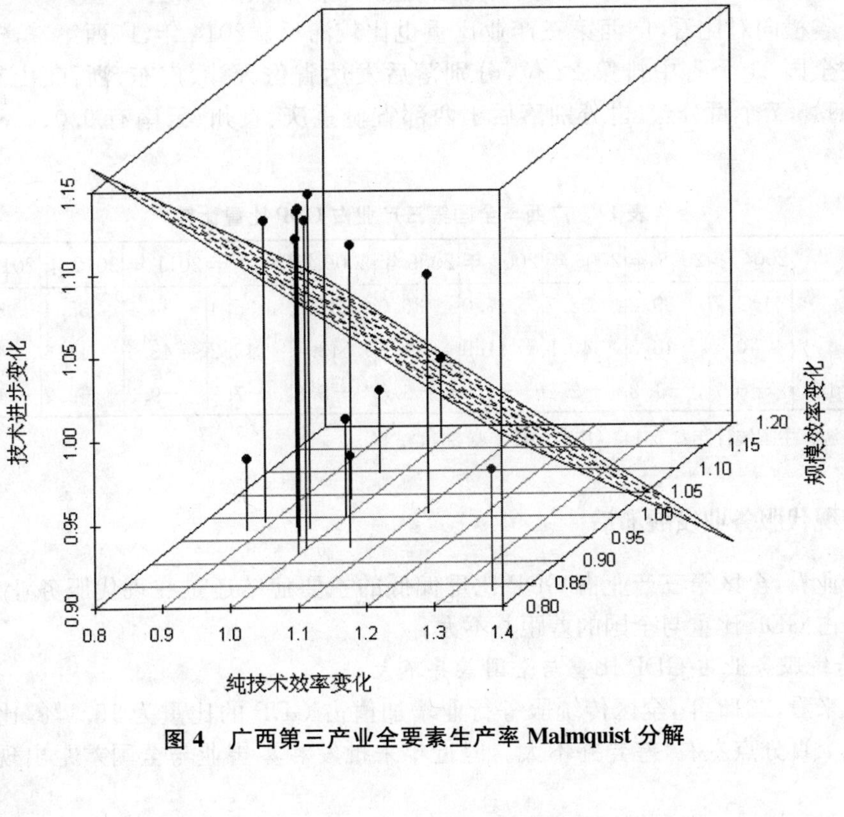

图 4　广西第三产业全要素生产率 Malmquist 分解

商务服务业最高，TFP 年平均增长率为 17.4%；其次为交通运输、仓储和邮政业和文化、体育和娱乐业，TFP 年平均增长率分别为 10.4%和 10.1%；房地产业下滑最为严重，TFP 年平均下降 19.7%。

七、广西第三产业发展存在主要问题

目前，全区第三产业发展取得一定的成效。但与全国以及发达地区相比，发展还明显滞后，也与西部周边省份存在一定的差距。

(一)第三产业发展明显落后于全国及发达省份

1. 第三产业增速低于 GDP 增速，与全国呈相反态势

2004—2014 年间，广西第三产业增速有 9 年低于 GDP 增速，而全国有 9 年高于 GDP 增速；2005—2014 年，广西第三产业增加值年均增长 11.4%，低于 GDP 增速 1.1 个百分点；而全国第三产业增加值年均增长 10.6%，高于 GDP 增速 0.6 个百分点。从增速排位情况看，2014 年，广西 GDP 增速在全国排 17 位，第三产业增速排 18 位，GDP 增速在全国排位前于第三产业。

2. 三产占 GDP 比重滞后全国 15 年左右

广西第三产业发展滞后逐年累积，导致广西产业结构与全国差距逐年拉大。广西第三产业增加值占 GDP 比重与全国的差距由 2005 年的 1.3 个百分点扩大到 2014 年的 10.4 个百分点，滞后全国 15 年左右。全国经济结构在服务业的引领下已由“二三一”型向“三二一”型转变，而广西仍以工业拉动为主，经济结构依然呈“二三一”型。

从分省横向对比看，广西第三产业比重也比较滞后。2014 年，广西第三产业占 GDP 的比重在全国 31 个省中排第 22 位，分别落后发达省份天津、广东、浙江、山东有 11.5、11.3、10.1、5.7 个百分点，也分别落后于西部省份重庆、贵州、云南有 9.0、6.8、5.4 个百分点。

表 14　广西与全国第三产业占 GDP 比重比较

单位：%

	2004 年	2005 年	2006 年	2007 年	2008 年	2009 年	2010 年	2011 年	2012 年	2013 年	2014 年
广西	39.7	39.2	38.7	37.0	36.0	37.6	35.4	34.1	35.4	36.0	37.8
全国	40.4	40.5	40.9	41.9	41.8	43.4	43.2	43.4	44.6	46.1	48.2
广西—全国	−0.7	−1.3	−2.2	−4.9	−5.8	−5.8	−7.8	−9.3	−9.2	−10.1	−10.4

资料来源：《中国统计年鉴 2014》《广西统计年鉴 2014》。

(二)现代服务业发展滞后

分行业看，全区第三产业占 GDP 比重偏低的主要症结还是在现代服务业发展滞后，传统产业占 GDP 比重与全国的差距并不大。

1. 传统服务业占 GDP 比重与全国差异不大

总体来看，2012 年，全区传统服务行业增加值占 GDP 的比重为 15.1%，比重略低于全国 1.1 个百分点左右，差异并不大。但近年来批发和零售业与全国差距出现逐年扩大

趋势明显。2010年以来，批发和零售业占GDP比重与全国差距扩大到2个百分点以上。

2. 现代服务业占GDP比重下降，且大幅低于全国

2012年，全区现代服务业占GDP比重由2005年的22.4%下降到为20.3%，与全国差异由2005年的2.4个百分点扩大到2012年的8.1个百分点。

现代服务业中，金融业、房地产业、科学研究技术服务业以及公共管理和社会组织业增加值占GDP比重与全国差距超过1个百分点，分别为1.1、1.9、1.2和1.0个百分点。

与其他省份对比看，广西金融业增加值占GDP比重分别低于浙江、广东、天津和重庆有1.7、1.4、3.2和3.0个百分点；房地产业增加值占GDP比重分别低于浙江、广东、山东和重庆有1.7、2.7、0.5和1.9个百分点。

表15　2012年广西与全国第三产业占GDP比重　单位：%

行业	全国	广西	广西－全国
第三产业	44.6	35.4	－9.2
交通运输、仓储和邮政业	4.7	4.8	0.1
批发和零售业	9.5	7.5	－2.0
住宿和餐饮业	2.0	2.8	0.8
信息传输、计算机服务和软件业	2.1	1.5	－0.6
金融业	5.5	4.4	－1.1
房地产业	5.7	3.8	－1.9
租赁和商务服务业	2.1	1.7	－0.4
科学研究、技术服务	1.6	0.6	－1.0
水利、环境和公共设施管理业	0.5	0.3	－0.2
居民服务和其他服务业	1.5	1.0	－0.5
教育	3.1	2.4	－0.7
卫生、社会保障和社会福利业	1.7	1.6	－0.1
文化、体育和娱乐业	0.7	0.5	－0.2
公共管理和社会组织	3.9	2.7	－1.2

资料来源：《中国统计年鉴2014》《广西统计年鉴2014》。

(三)生产性服务业发展缓慢

加快发展生产性服务业，推进现代产业体系建立，促进制造业发展方式转变和产业结构升级的重要途径。但目前，全区生产性服务业比重偏低，且发展较为缓慢。2012年，全区生产性服务业占GDP比重为13%，比2005年提高0.9个百分点，年均仅提高0.11个百分点，且低于全国平均水平3.0个百分点。

(四)投资导向偏弱

近年来广西第三产业投资占固定资产投资的比重偏低，投入明显不足，影响第三产业

发展后劲。2005—2014年,广西服务业投资年均增长25.9%,低于同期固定资产投资增速4.4个百分点;同期,与全国基本同步,仅低0.1个百分点。2013年广西第三产业投资占固定资产投资比重仅为53.6%,比北京、广东分别低33.2和18.8个百分点,比西部地区的贵州、四川、重庆分别低16.9、9.9和10.9个百分点。

(五)第三产业就业人员比重远远低于全国

十年来,全区第三产业发展规模翻了近两番,但第三产业就业人数反而出现下降。2014年全区为74.1万人,比2005年减少87万人。第三产业从业人员比重17.85%,比2005年下降4个百分点,比全国低10.7个百分点。第三产业吸纳就业的能力不足,就业蓄水池的作用没有得到完全发挥。

(六)科技投入明显不足

2013年,全区R&D经费内部支出107.68亿元。但工业占比高达76.2%,第三产业R&D经费内部支出仅有25.28亿元,占全部支出比重的23.5%,远远低于第三产业增加值37.6%的比重。目前,全国迎来了万众创新的新热潮,创新成为了支撑经济快速发展的新驱动,第三产业科技投入不足,严重影响第三产业的发展的同时,也会对制造业发展形成制约。

八、广西第三产业发展面临的机遇和挑战

当前,在全国经济进入新常态下,广西第三产业发展处于稳中有进、提质增效、转型升级的阶段。随着我国大力推动"一带一路"战略,"三区统筹"实现国家战略全覆盖,广西进入高铁时代,全区第三产业迎来历史性发展机遇。但是广西工业化仍未完成,第三产业发展基础不够牢靠,投资效率水平较低,劳动力供给结构不合理,劳动力素质不高等因素都一直制约第三产业的发展。

(一)第三产业发展迎来历史性发展机遇

1."一带一路"国家战略力促广西第三产业更上一个台阶。加快推进"一带一路"战略的实施,是党中央、国务院统筹国内国际两个大局做出的重大决策。国家制定的"一带一路"战略规划对我区的三个定位是:构建面向东盟的国际大通道;打造西南中南地区开放发展新的战略支点;形成21世纪海上丝绸之路与丝绸之路经济带有机衔接的重要门户。当前,国家加快实施"一带一路 "战略,中央对广西的"三大定位"凸显广西在全国对外开放大格局中的重要位置。国际影响力和区域竞争力将不断提升。这将有力促进广西对外贸易,进而推动第三产业快速发展。

2."三区统筹"实现国家战略全覆盖,为我区打造服务业升级版创造了良好条件。继2008年《广西北部湾经济区发展规划》上升为国家发展战略后,国家又相继批复了《珠江—西江经济带发展规划》和《左右江革命老区振兴规划》。与此同时,国家还出台了支持南宁内陆开放型经济战略高地、桂林国际旅游胜地、东兴和凭祥国家重点开发开放试验区、沿边金融综合改革试验区,以及北部湾海关特殊监管区、中马钦州产业园等一系列政策举

措，进一步凸显了我区在国家发展总体战略格局中的重要地位和作用，为我区打造服务业升级版创造了良好条件。

3. 高铁网络的全面铺开将拉动广西与周边地区的经济互动，增强服务业的发展动力。2014 年，是广西高铁建设的收获之年。目前，全区高铁新增里程快速增长，新增梧州、贵港、贺州 3 个市开通高铁，贯通区内 10 个市，通达全国 13 个省份，"12310"高铁经济圈初步形成。尤其作为两广间首条直通直联的高铁线路，南广铁路将进一步促进桂粤两省区间经贸合作和旅游交流，带动广西融入粤港澳"大珠三角"经济圈，实现互利共赢发展，对全区第三产业发展极大利好。

(二)第三产业发展仍存在一些固有的制约因素

1. 经济进入新常态时期与全国不同，经济发展面临更大困难。广西作为一个欠发达的落后地区，加快发展首当其冲。全国经济在新常态下已经出现积极变化，也做出了预期引导，逐步重视服务业、消费方面的拉动，更加重视民生支出和投入。广西仍然处于工业化、城镇化加速阶段，工业和投资拉动经济增长需要充分保障。当前我区的政策、人口红利下降，资源环境、土地供应、财政金融的约束加大，能源依存度攀升，新的增长动力不足，经济潜在增长率下降。这势必影响全区工业化、城镇化的进程，没有成熟的工业基础，服务业的发展也不牢靠。

2. 经济下行压力加大，今年一季度是新世纪以来最艰难的开局，多项宏观指标回落，经济升级的难度大于全国。广西服务业比重落后全国 10.4 个百分点，发展落后全国 15 年。服务业中，传统服务业比重明显高于全国，新兴服务业比重则明显低于全国。我区创新基础仍较薄弱，在全国逐渐切换增长动力，依靠转型升级、生产率提升、技术创新及消费驱动增长背景下，我区转换经济发展动力难度很大。倘若无法实现经济成功转型升级，广西第三产业与全国的差距将进一步拉大。

3. 贫困人口多，收入水平低，引致消费信心不足。2013 年我区贫困人口总量仍有 634 万人，在全国排第 5 位。过去十多年，尽管我区经济增速持续快于全国，但城乡居民收入不但低于全国，也低于周边及西部大部分省份，近几年差距在拉大，我区居民收入长期偏低的状况仍未得到根本扭转。收入预期信心不足，住房、教育、医疗和养老等未来支出预期影响到居民消费信心，抑制消费意愿，导致消费预期信心不足，进而制约第三产业的发展。同时，广西的低收入状况也制约了高素质人才入桂就业，而第三产业发展亟需优秀人才队伍，这方面的矛盾日益突出。

九、加快发展第三产业的对策建议

(一)加快建立广西北部湾自由贸易试验区

在当前国家加快推进"一带一路"战略实施的背景下，扶持广西加快服务业发展，既有利于国家"一带一路"战略有效实施，也有利于广西适应经济新常态的要求；对于加快转方式、调结构，促进广西经济社会快速发展，进一步巩固民族团结和边疆稳定，实现各民族共同发展、共同繁荣也具有重要意义。

目前,上海、广东、天津、福建已获准建立自由贸易试验区,上海自由贸易试验区已取得显著成效。我国正与多个国家谈判建立双边自由贸易区,其中有些已经谈成,有些仍在谈判中。其中较早达成的中国一东盟自由贸易区比较成熟,目前正在打造中国一东盟自由贸易区升级版。在此背景下,应争取国家尽早批准建立广西北部湾自由贸易试验区。这将有利于结合广西实际复制推广中国(上海)自由贸易试验区成功经验,以开放倒逼改革,改革行政管理体制,促进贸易投资自由化、便利化,推进经济金融监管制度和金融跨境合作创新,通过构建互联互通体系,打造面向东盟的贸易、产业、港航、物流、金融、信息和人文合作等重要平台,并进而与中国一东盟自由贸易区的升级版对接,这也是使李克强总理提出的将广西打造成西南中南开放发展的战略支点落到实处的有力举措。

(二)突出创新驱动,提升科技水平促三产

创新驱动是增强经济增长内生动力的源泉。科技研发投入不足、渠道单一,创新驱动能力不强,是当前我区第三产业发展的短板。首先,需要加大 R&D 投入,提升广西第三产业的综合科技实力。这包括进一步加大 R&D 资金、R&D 人员的投入力度,完善科技创新服务体系等,以充分挖掘创新载体的创新潜能,推动各创新主体协调发展;其次,要优化 R&D 经费投入结构,提升基础研究在 R&D 经费中的比重,紧紧扭住原始创新这个自主创新的基础,把握好科学研究这个原始创新的源泉。第三,要促进科技与服务业发展的深度融合。大力发展科技服务业,要以研发中介、技术转移、创业转移、科技咨询、知识产权等领域为重点,抓住关键环节精准发力,深化改革、坚持市场导向,推动科技服务业壮大发展。

(三)大力发展生产性服务业和现代服务业,做强三产产业素质

目前,广西服务业以传统服务业为主,产业素质不强,要通过加快发展生产性服务业、现代服务业,既做大产业规模,又做强产业素质,培育产业竞争优势。这方面一可以大力发展电子商务。引导扶持电子商务园区、公共服务平台、重点电子商务企业、跨境电子商务、农村和社区电子商务发展,鼓励中小企业利用电子商务开拓国内外市场。二应该用好房地产土地利用政策,引导未开发房地产转型利用。优先用于国家支持的新兴行业、养老产业、文化产业、体育产业等项目用途的开发建设,促进现代新兴服务业发展。

(四)多措并举,促使第三产业提供更多"饭碗"

近年来,广西第三产业就业吸纳能力明显低于全国,明显低于第二产业,应通过多方面措施,提高第三产业对劳动人口的吸纳能力,促使三产提供更多"饭碗"。首先,应改善服务业内部结构,大力发展吸纳能力强的现代服务业,通过发展现代服务业,释放第三产业吸纳就业的活力。其次,应提升第三产业中中小企业的就业吸纳能力,一方面通过政府鼓励支持创业,提高就业吸纳主体的数量;另一方面用好财税金融支持政策,积极推进"个转企、小上限"政策,壮大中小企业发展规模。第三,加快人力资源开发,大力培养高层次、高技能、高素质的人才,提高劳动者素质,以高素质劳动力来有效带动第三产业的创业、创新,从而为社会提供更多的劳动岗位。

(五)创造良好环境吸引多元投入,壮大三产发展

目前广西第三产业投资不足,导致基础设施落后,影响第三产业发展,因此要多方面吸引投资,壮大第三产业发展。一是充分发挥金融作为投资主要来源作用,加大信贷投放力度,引导鼓励多渠道资金投入。二是必须抓住"一带一路"建设和打造中国一东盟自由贸易区升级版等重大机遇,在国家政策允许范围内,实行更为开放的政策,以多种形式和灵活方式吸引外资。三是加大政府投资力度,继续安排自治区服务业发展专项资金,重点支持园区基础设施、现代服务业集聚区、农产品批发市场、冷链、物流配送等项目。

(六)促进互联网产业快速发展,为大众创业创造有利条件

互联网是大众创业、万众创新的有力工具。目前,全区信息传输、计算机服务和软件业增加值比重在第三产业各行业中排中后水平。要加快我区互联网产业的发展,首先,需要改变传统观念,高度重视、大力支持互联网发展。互联网突破既是科技革命,又是保障公平的社会变革。应以拥抱的姿态对待互联网,用市场的思维培育发展互联网产业,努力实现经济主体自由进入市场、由市场配置资源、实现企业的公平竞争。其次,应以互联网为突破口,推动大众创业万众创新。信息传输、计算机服务和软件业行业绝大多数是小微企业,很多都与互联网、信息技术应用有关,也是大众创业的重要舞台。因此需要不断加强网络基础设施建设,提高网络普及率。

(七)提高居民收入水平,刺激消费带动服务业发展

居民收入的提高是对消费保持较快增长的有力支撑。由于工资增长缓慢,我区保持消费较快增长的难度逐年加大。为此需采取措施,一方面增加居民收入,另一方面减少收入不平等状况,以促进消费水平,进而带动服务业的健康发展。首先,应加大转移支付的力度,尤其是补贴贫困落后地区。经济学研究早就指出,严重的贫富分化是消费受抑制的重要原因。一小部分人占有了巨大的社会财富,其消费却不可能同比例大幅增加,而占绝对多数的人口尽管有消费需要却无相应的消费能力,这是造成消费不振,经济萧条的重要原因。因此应通过加大转移支付力度的形式提高广大中低收入人群的消费能力,这不但有利于服务业的发展,也有助于实现社会公平正义、维护社会稳定。其次应建立有效的工资增长机制,逐步缩小与全国的差距。政府应根据财力增长情况,适时调整工资政策,引导企业提薪,建立职工工资增长机制,缩小与全国的差距,促进居民收入和消费水平的不断提高,为服务业的发展创造良好的外部环境。

参考文献

[1]　2012 广西投入产出表,广西统计局,2012.

[2]　第三产业对经济增长贡献率分析,张倩,现代经济信息,2012,4,pp:210—212.

[3]　第三产业生产服务与第三产业生产率:理论与实证研究,蓝文妍 朱胜勇 李江帆,产经评论,2014,9,pp:16—26.

[4]　服务业对经济增长做出五大贡献,国家统计局《服务业发展现状及其对经济增长的影响》课题组,中国信息报,2006.9.21,002 版.

[5]　服务业生产率与服务业经济增长研究,徐 宏 毅,博士论文,2004.

［6］ 南京市第三产业发展研究，欧阳旭，博士论文，2007.
［7］ 湖南省第三产业对经济增长贡献的实证分析，阳玉香，特区经济，2011，12，pp：193－195.

作者信息

庞丽萍，广西壮族自治区统计局，在职研究生学历。邮箱：gxhsc@gx.stats.cn，联系电话：18877100646。

廖鸣霞，广西壮族自治区统计局，本科。

陈家芹，广西壮族自治区统计局，硕士。

韦冬艺，广西壮族自治区统计局，硕士。